W0401407

Ex Libris

Märchen der Welt

Von Zaubertieren und Wunderpflanzen

Herausgegeben von Almut Gaugler
Illustriert von Ruth Tesmar

Edition Stuttgart

Vorwort

»Es war einmal …«

Es gibt viele Märchen, die so beginnen, doch jedes ist anders. Ein Märchen hält nicht an einem bestimmten Ereignis oder Erlebnis fest, jeder einzelne Teil seines Aufbaus ist nur ein Baustein – ein Märchenmotiv, das sich mit anderen Motiven zu einem großen filigranen Mosaik zusammenfügt. So wird auch verständlich, daß viele Märchen zu einem bestimmten Thema erst einmal ähnlich erscheinen, in ihrer weiteren Entwicklung aber einen anderen, einen »neuen« und oft überraschenden Verlauf nehmen.

Dies hängt auch damit zusammen, daß Märchen »erzähltes Volksgut« sind – mündlich überliefert – über alle Landesgrenzen hinausgetragen und letztendlich von Sammlern und Dichtern wie Giambattista Basile, den Brüdern Grimm, Charles Perrault, Ludwig Bechstein, Hans Christian Andersen und vielen anderen zusammengetragen und für die Nachwelt aufgeschrieben wurden. Da sich dieser Prozeß über Jahrhunderte hinzog, spiegelt sich der Zeitgeist der Märchensammler und -dichter in den jeweiligen Märchen wider.

Aber auch das Zeitgenössische der Übersetzer fremdländischer Sammlungen wie des »Pentamerone« oder »Tausend und eine Nacht« verändert die Vorlage und prägt die Übertragung. Diese Eingriffe sind jedoch meist nicht von all zu großer Bedeutung, wenn man einmal davon absieht, daß beispielsweise die Erzählungen von Giambattista Basile oder aus dem Märchenzyklus »Tausend und eine Nacht« im Original deftiger, frecher, offener und erotischer sind als in den Übersetzungen der vorherigen Jahrhunderte. Die eigentlichen Märchenstoffe aber werden nicht verändert – die Motive als solche bleiben erhalten.

Und gerade diese Motive sind es, auf die wir immer wieder stoßen. Sei es in Europa oder im Vorderen Orient; auch in den Märchen anderer Kulturkreise findet man sie – zumindest in ähnlicher Form – wieder. Die einzelnen Erzähler schmücken die elementaren Grundmotive meist auf ihre Art und Weise aus, variieren sie je nach Bedarf – und so entsteht ein breitgefächertes Märchenspektrum, das uns in viele Länder der Welt entführt und uns Einblick in die unterschiedlichsten Kulturen gibt.

Im vorliegenden Band »Von Zaubertieren und Wunderpflanzen« trifft der Leser auf eine besondere Art der Wunder- und Zauberkräfte. Da gibt es etwa den »fliegenden Baum« von Rafik Schami, der fühlen, denken und sprechen kann wie ein Mensch, oder die »Wunderblume Romanial«, deren Heilkraft unvorstellbar ist.

Aber auch viele Tiere mit wundersamen Fähigkeiten bevölkern die Märchen: »Der Gestiefelte Kater« von Erich Kästner, der mittels seines Einfallsreichtums, seines Geschicks und seiner Gewitztheit seinem Herrn den Weg in ein glückliches Leben mit Reichtum und einer schönen Prinzessin ebnet, oder der »Hirsedieb« von Ludwig Bechstein – jenes Pferdchen, das dem dritten Kaufmannssohn die rechte Braut zuführt …

Zaubertiere und Wunderpflanzen haben ihren festen Platz im Märchen. Sie dienen dem Helden als zauberkräftige Requisiten, die ihm zu seinem Glück verhelfen. Dabei verwirklicht sich aller Zauber mühelos und ohne zeitliche Begrenzung.

Auffallend ist auch die Selbstverständlichkeit, mit der Wunderbares geschieht und von den Protagonisten hingenommen wird. Niemals tauchen Zweifel an der Realität der Wunder oder der zaubermächtigen Tiere und Pflanzen auf. Selbst wenn Veränderungen der realen Welt oder ein Außerkraftsetzen physikalischer Gesetze und logischer Zusammenhänge durch diese Zaubertiere und Wunderpflanzen beim Leser Erstaunen hervorrufen – vom Märchenhelden werden diese Vorgänge niemals in Frage gestellt. Er nimmt sein Glück hin, so wie es eben kommt.

Aber nicht immer endet alles im Guten. Wenn der Fischer aus dem Grimmschen Märchen »Von dem Fischer un syner Fru« mit seinen Wünschen den Bogen überspannt, nimmt die Geschichte einen neuen, unvorhergesehenen Lauf: Der Märchenheld, der dem gefangenen Butt das Leben schenkt und dadurch sein Glück macht, wird zum »Unhelden« degradiert, der sein Unglück durch eigenes Versagen – beziehungsweise durch die Maßlosigkeit seiner Frau – selbst verschuldet.

Schlechte Charaktereigenschaften bleiben im Märchen nicht ungestraft; und auch Zaubertiere können einen Märchenhelden zwar zum Papst, aber nicht zum »lewen Gott« machen.

Das Zauberroß

Es war einmal ein Vater, der hatte drei Söhne. Zwei von ihnen waren klug, aber der dritte war sehr dumm, er konnte weiter nichts als Kuchen aus Asche backen. Nun wurde eines Tages bekanntgemacht, daß der König seine Tochter verheiraten wolle. Er ließ mitten im Lande eine drei Klafter* hohe Diele aufrichten und darauf ein kleines Häuschen bauen. Hier hinein setzte er seine Tochter, und wer mit dem Pferde hinaufspringen konnte, sollte sie zur Frau haben. Da strömte viel Volks dorthin, und die klugen Brüder des Aschenhans waren auch dabei. Der Aschenhans aber verstand von alledem nichts, denn er war zu dumm.

Nun begab es sich aber, daß die Brüder hinter dem Hause Weizen geschnitten hatten. Da kam der Teufel in der Nacht und stahl von dem Weizen. Als sie sahen, daß der Weizen weniger geworden war, schickten sie den Aschenhans die folgende Nacht auf den Acker als Wache. Der machte sich aus Gerten drei große Ringe und sprach dabei: »Bist du ein guter Geist, so bleibst du im ersten Ring hängen, bist du ein böser, bleibst du im zweiten hängen, und bist du der Teufel selbst, dann bleibst du im dritten hängen.«

Da sieht er, schon naht der Teufel mit Feuer. Eine halbe Werst* senkt sich der Boden unter ihm. Wie er an das Weizenfeld kommt, schneidet er mit einem Wurf einen halben Morgen Weizen, der bleibt ihm unterm Arm hängen, und er läuft damit weg. Der Aschenhans springt ihm nach, wirft ihm einen Ring um den Hals und ruft: »Zerreiß den Ring, wenn du's kannst!« Und der Teufel zerriß ihn. Er warf ihm den zweiten Ring um den Hals: »Zerreiß auch den!« Und der Teufel zerriß auch den zweiten. Dann warf er ihm den dritten Ring zu und sagte: »Zerreiß auch den dritten!«

Aber der Teufel sprach: »Das kann ich nicht!«

»Aha, das kannst du nicht, dann bist du gefangen.«

Und der dumme Hans ergriff den Teufel und sagte zu ihm: »Was zahlst du mir, wenn ich dich laufen lasse?«

Der Teufel sprach: »Ich gebe dir ein Pferd, das, wenn du von der einen Seite hineingehst und kommst aus der andern heraus und dann zum linken Ohr hinein- und zum rechten wieder herauskriechst, dich zum schönsten Manne der Welt macht.«

Und der Aschenhans fragte: »Wo ist denn das Pferd?« Da pfiff der Teufel dreimal, da kam das Pferd. Aus den Nüstern blies es Feuer drei Klafter weit vor sich her.

»Was befiehlst du, mein junger Herr?« fragte es den Aschenhans.

Und der dumme Hans sagte: »Ei, gar nichts, ich wollte nur einen Versuch mit dir machen.« Er kroch ihm zum rechten Ohr hinein und zum linken kam er heraus, da war er so häßlich, wie er häßlicher nicht hätte sein können. Dann ging er durch die rechte Seite hinein und zur linken kam er heraus, und zum linken Ohr hinein und kam aus dem rechten heraus, da war er der schönste Mann von der Welt. Dann ließ er das Roß wieder laufen. Doch kaum war es verschwunden, so war er wieder so häßlich wie früher.

Er ging nach Hause, kroch auf den Ofen und backte dort Kuchen. Die andern Brüder hatten sich die Königstochter angesehen, und der Aschenhans fragte: »Ist es hübsch dort? Wenn ich doch auch einmal mitkäme!«

Da sagten die Brüder: »Wer wird dich, Dümmling, wohl einlassen? Du bist so dumm, daß du den Menschen unter die Füße kommst.«

Da sprach der Aschenhans: »Wenn ihr mich nicht mitnehmt, so denkt an mich.«

Als er am Morgen aufgestanden war, nahm er einen Rindenkorb in die Hand und ging in den Wald. Er versteckte seinen Korb unter einen Busch, pfiff zwölfmal und sprach: »Komm her zum dummen Hans, du flinkes Roß.« Und des Teufels Pferd kam. Der Aschenhans kroch ihm zum linken Ohr hinein, und zum rechten kam er wieder heraus. Da war er der schönste Mann auf Erden. Dann machte er sich auch dahin auf, wo die Königtochter angestaunt und bewacht wurde. Dort angelangt, sprach er zu seinem Pferde: »Spring zur halben Höhe der Säule, spring nicht bis hinauf!« Aber das Roß lief zu und sprang über die Säule hinweg. Da staunte das ganze Volk. War das der Böse, oder war es ein Mensch? Unglaublich schien es allen, daß das Pferd so hoch springen konnte. Dann machte sich der Aschenhans auf den Heimweg.

Unterwegs begegnete er seinen Brüdern, die auch von dort kamen, die drehten sich um und sagten: »Das war er.« Aber sie wußten nicht, daß es ihr dummer Bruder war. Wie er nun an ihnen vorbeikam, schlug er sie zweimal mit der Knute – erst den einen, dann den andern – so fest, daß ihnen die Haut vom Buckel fiel. Dann ging er in den Wald und ließ das Roß laufen. Danach wurde er wieder alt und häßlich wie zuvor. Er sammelte Teufelspilze und brachte sie nach Hause. Da lachte der Vater:

»Du Tropf, du bist wahrhaftig nicht gescheit, die Pilze bringen ja den Tod, die Krötenpilze.«

Der Aschenhans aber kroch wieder auf seinen Ofen. Als die andern Brüder zur Tür hereinkamen, foppte er sie und sprach: »Haben die Hiebe gut getan?«

Die Brüder sagten: »Sei still, oder wir prügeln dich.«

Am folgenden Tage gingen sie wieder dorthin, und der Aschenhans bat sie wieder, ihn mitzunehmen, doch sie taten es nicht. »Wartet nur, ihr werdet an mich denken«, sprach der dumme Hans zu seinen Brüdern, nahm den alten Rindenkorb und ging in den Wald, um Schwämme zu suchen. Aber er suchte gar keine Schwämme, sondern pfiff bloß zwölfmal, da kam sein Roß.

»Was befiehlst du, mein junger Gebieter?«

»Wir machen heute einen großen Ritt.« Dann kroch er ihm zum linken Ohr hinein, zum rechten heraus und war ein so schöner Mann, daß es auf Erden nicht seinesgleichen gab. Er machte sich auf, zwei Werst weit sank der Boden unter ihnen ein, drei Klafter weit spie das Roß Feuer. Er kam hin und sprach zu dem Rosse. »Spring so hoch, daß ich der Königstochter die Hand geben kann.« Da sprang das Roß so hoch, daß der Jüngling der Königstochter die Hand geben konnte.

Das ganze Volk war von Schrecken erfaßt, und sie sagten: »Das ist kein Christ mehr.«

Dann machte er sich wieder auf den Heimweg. Unterwegs traf er die Brüder wieder. Als er an ihnen vorbeikam, schlug er jeden viermal mit seiner Knute, daß sie kaum nach Hause gehen konnten. Im Walde aber ließ er sein Roß laufen, und danach war er wieder ebenso dumm und häßlich wie zuvor, kroch wieder in die Asche und backte Kuchen.

Die Nacht schliefen die Brüder, aber am andern Morgen zogen sie wieder hinaus zur Königstochter. Er bat: »Nehmt mich auch zu dem Fest mit!«

Doch die Brüder antworteten: »Da werden keine Dummen zugelassen.«

»Wenn ihr mich nicht mitlaßt, so kommt ihr nicht auf meine Hochzeit.«

Da lachten die andern: »Auf wessen Hochzeit?«

»Nun, wenn ich die Königstochter heirate.«

Und er ging hinter ihnen her in den Wald, pfiff zwölfmal, da kam sein Roß. Er kroch ihm zum linken Ohr hinein, zum rechten heraus und war so schön, daß dem, der ihn sah, die Augen geblendet wurden. Er ritt durch das staunende Volk mit seinem Roß, und dann befahl er ihm hinaufzuspringen. Da gab er der Königstochter die Hand und einen Kuß. Sie drückte ihm ein Zeichen auf die Stirn und steckte ihm einen goldenen Ring an den Finger. In dem Ring aber stand ihr Name.

Dann sagte er dem Mädchen Lebewohl, und im Fluge ging es heimwärts. Im Walde ließ er das Pferd laufen, und er war wieder so dumm wie früher. Doch als er nach Hause kam, umwickelte er den Ring am Finger mit Pech, daß er nicht leuchten sollte, und verband sich den Kopf, damit der Stempel nicht glänzte. Da fragte sein Vater: »Warum bindest du dir die Stirn zu?«

»Mir tut der Kopf so weh«, antwortete der Aschenhans.

Nun, und dann machte sich das ganze Volk auf, um zu sehen, wie ihr der Bräutigam die Hand reichte. Alle hatten sich in Reih und Glied aufgestellt. Und die Königstochter schritt durch die Menge und suchte ihren Verlobten. Zwei Tage suchte sie nach ihm, aber sie fand ihn nicht. Da stieg der König auf den Tisch und rief: »Ist noch einer meiner Untertanen daheim?«

Und die Brüder sagten: »Wir haben noch einen blöden Bruder zu Hause.«

»Dann bringt ihn hierher!«

Die Brüder aber meinten: »Der kann überhaupt nichts.«

Da schickte der König seinen Kutscher nach ihm aus, aber der Aschenhans ging nicht mit dem Kutscher. Der König ließ seine drei besten Rosse anschirren und schickte seinen eignen Bruder hin, um ihn zu holen, aber auch da kam er noch nicht, und des Königs Bruder kehrte wieder heim.

Danach sagte der Aschenhans zu seinem eignen Ofen: »Geh, Ofen, geh!« Und der Ofen ging durch die Tür und lief davon wie eine Eisenbahn. Und er kam bis unter des Königs Fenster auf seinem eignen Ofen. Da lief ein alter Soldat hinter ihm her und riß ihm die Kleider vom Leibe. Und es rührte sich alles in des Königs Schloß, und sie wollten ihn festnehmen, aber sie kriegten ihn nicht. Er lief aufs Feld, pfiff zwölfmal, da kam sein Roß zu ihm. Flink kroch er ihm zum linken Ohr hinein und zum rechten heraus und ward ein schöner Mann, daß des Königs ganzes Schloß von ihm widerstrahlte. Als er zum drittenmal gegen das Schloß anstürmte, zerbrach er alle Fenster und sprang in die große Halle, wo die ganze königliche Familie beim Mahle saß. Und sie nahmen ihn mit Ehren auf. Dann feierten sie Hochzeit und lebten im Glück bis ans Ende ihrer Tage.

Finnisches Märchen

Der fliegende Baum

Auf einem kleinen Feld lebten einst ein alter, knorriger Apfelbaum und ein junger, hochgewachsener Aprikosenbaum. Sie hatten genug Platz zum Leben und standen so weit auseinander, daß keiner im Schatten des anderen leben mußte. Von Jahr zu Jahr brachte der Aprikosenbaum immer mehr Blüten hervor, und der alte Apfelbaum regte sich über seinen Nachbarn auf.

»Du trägst viel zu viele Blüten. Die Bienen haben kaum noch Zeit, die meinen zu befruchten.«

»Ich bin nun mal fleißig«, antwortete der Aprikosenbaum stolz, »und die Bienen auch. Du bist alt und taugst höchstens noch für den Ofen.«

Diese Zankereien hörten zum Ende des Frühlings hin auf, denn die emsigen Bienen hatten die Blüten beider Bäume bestäubt. Im Sommer strahlte dann der Apfelbaum. »Was für miese Früchte trägst denn du? Es sind viel zu viele, bei der kleinsten Windböe fallen sie dir herunter. Schau her, jeder Apfel ist ein Stern. Kein Wunder, daß der Bauer euch nur noch zu Marmelade zerquetscht. Ein jämmerlicher Marmeladenheini bist du!« spottete der Apfelbaum und schaute stolz auf seine großen, rotbackigen Äpfel.

»Wasserkopf! Aus dir wird ja nur ein geschmackloser Saft gepreßt. Ein ganz billiger Saftladen bist du!«

Doch als der Herbst ins Land zog, redeten die Bäume immer weniger miteinander; denn ihre Früchte waren geerntet, und sie wußten nicht, worüber sie sich noch streiten sollten. Sie langweilten sich den ganzen Tag, bis der Winter den Herbst ablöste, dann fielen sie in tiefen Schlaf.

Eines schönen Tages im Frühjahr jedoch drängte sich ein kleiner Baum aus dem Boden ans Licht der Welt. Als erster bemerkte ihn der Apfelbaum.

»Dieser Aprikosenschuft hat heimlich einen Kern in den Boden geschlagen, und bald wird der Bauer mich abholzen und nur noch Aprikosenbäume auf seinem Land beherbergen. Ich bin alt und trage von Jahr zu Jahr weniger. Der Bauer läßt nicht einen Apfel am Boden verkommen, so daß ich mich an keinem einzigen Sprößling erfreuen kann!«

»Guten Morgen!« grüßte der kleine Baum fröhlich und erschreckte den Aprikosenbaum, der damit beschäftigt gewesen war, den Bienen den Hof zu machen.

»Guten Morgen! Wer bist denn du?« fragte dieser erstaunt zurück. Er dachte dabei im stillen, der Apfelbaum wolle den Bauern auf seine alten Tage mit einem Sproß verführen.

»Iich? Ein Baum!«

»Ja, gut, aber was für einer?« fragten die beiden Alten im Chor.

»Das weiß ich nicht. Genügt es nicht, ein Baum zu sein?«

»Nein, du mußt etwas Bestimmtes werden! Schau, Aprikosen sind am fleißigsten. Gefallen sie dir nicht?« sprach der Aprikosenbaum schmeichelnd.

»Ja, doch«, antwortete der junge Nachbar und bekam sogleich zwei zierliche Aprikosenblätter.

»Laß dich, junger Freund, von dem Marmeladentrottel nicht einmachen. Äpfel sind das Schönste auf der Welt!« Der Apfelbaum sprach so überzeugend, daß der kleine Baum zwei Apfelblätter bekam.

»So geht es nicht! Du mußt dich entscheiden. Apfel oder Aprikose?« erboste sich wieder der andere Nachbar.

»Ich weiß es noch nicht! Ich brauche doch Zeit!« wunderte sich der junge Baum.

»Armer Trottel!« stöhnten die beiden Alten und kümmerten sich wieder um die Bienen. Der kleine Baum beobachtete die Sonne, und sie gefiel ihm, weil sie so rund und leuchtend war. Kurz vor ihrem Untergang bekam er ein rundes Blatt. Es wurde dunkel, aber der junge Baum war so aufgeregt, daß er nicht schlafen konnte. Es war seine erste Nacht. Die Sterne grüßten ihn, und alsbald erkannte er, daß kein Stern dem anderen glich, jeder hatte eine andere Geschichte. Der Mond verzauberte seinen Zuhörer mit Erzählungen, bis er in der Dämmerung in Schlaf fiel.

Am nächsten Morgen staunten die Nachbarn über die vielen neuen Blätter, einige sahen wie Sterne aus, und aus dem Wipfel ragte ein kleiner Stiel, der einen grünen Halbmond trug.

»Das kann ja heiter werden«, spottete der Apfelbaum.

»Du Nichtsnutz, jeder Baum trägt nur eine Art von Blättern und kümmert sich um seine Früchte«, belehrte ihn der Aprikosenbaum.

»Warum denn? Ist es nicht wunderbar, Sterne und Monde zu tragen?«

»Nein, wozu?«

»Sie erzählen doch die schönsten Geschichten!«

»Was nutzt einem Baum das schönste Märchen. Früchte mußt du tragen.«

»Ich finde aber Geschichten sehr schön. Könnt ihr mir auch welche erzählen?«

»Das wird ja immer lustiger! Geschichten, sagst du?«

»Ja! Ihr seid doch alt genug, oder?« fragte der junge Baum.

»Ich kann keine Geschichten erzählen. Ich kann dir aber die Wahrheit sagen«, stöhnte der Aprikosenbaum.

»Und was ist die Wahrheit?«

»Die Erde ist eine große Aprikose! Das ist die Wahrheit.«

»Er lügt«, unterbrach giftig der Apfelbaum. »Das ist ein Märchen. Die Wahrheit ist, die Erde ist ein runder Apfel.«

Über diesem Streit vergaßen die beiden Nachbarn den kleinen Baum. Eine Schwalbe jagte mit graziösem Flug eine Mücke. Plötzlich sah sie den prächtigen Baum.

»Du siehst aber komisch aus. Was bist du denn für einer?«
»Ich weiß es noch nicht. Ich bin ein Baum, genügt das nicht?«
»Doch, doch! Ich finde dich toll«, rief die Schwalbe.
»Kannst du Geschichten erzählen?«
»Na, du bist vielleicht ein komischer Kerl! Aber warte, ich komme gleich mit einer Freundin zurück. Sie erzählt am besten von uns allen!« und sie flog davon.

Nach kurzer Zeit kam sie mit einer anderen Schwalbe zurück. Die kicherte erst einmal, als sie die wundersame Blätterpracht sah; denn sie hatte gedacht, daß ihre Freundin reichlich übertrieben hätte. Sie ließ sich auf einem wippenden Zweig nieder und kramte ihre schönsten Geschichten aus dem Gedächtnis hervor. Schwalben sind die besten Märchenerzähler. Sie reisen um die ganze Welt und nisten unter den Dächern der Häuser und Ställe. Sie sehen und hören viel und können sich an alles erinnern. Die Schwalbe erzählte dem jungen Baum lange über die bunte Welt, und als er am Schluß voller Bewunderung fragte, ob die Erde wie eine Schwalbe aussähe, fiel sie vor Heiterkeit fast von ihrem Zweig. Seitdem glaubte der junge Baum nicht, daß die Erde wie ein Apfel oder wie eine Aprikose aussieht.

Als der Herbst kam, verabschiedeten sich die Schwalben schweren Herzens und flogen in den Süden. Der junge Baum dachte traurig die ganze Nacht an seine Freunde, und in der Morgendämmerung entfalteten sich zwei Schwalbenblätter an seinen Ästen.

»Höre endlich auf, neue Blätter in die Welt zu setzen, der Herbst kommt«, riet ihm der Apfelbaum. Doch der kleine Baum wunderte sich nur über die Blässe, die alle Blätter der beiden Nachbarn verfärbte.
»Warum werdet ihr so bleich?«
»Das muß so sein, sonst können wir den Winter nicht überleben.«
»Warum?«
»Das war schon immer so!« rief der Aprikosenbaum, und der Wind fegte viele seiner Blätter hinweg.
»Laß deine Blätter fallen!« brüllte der Apfelbaum in den tosenden Wind.
»Ich liebe aber meine Blätter!« Der Kleine umklammerte sie trotzig und verteidigte sie verbissen gegen die Wut des Sturmes.

Der Winter zog ins Land und verbreitete eisiges Schweigen. Einsam und verlassen fühlte sich der kleine Baum. Er zitterte mehr vor Angst als vor der Kälte. Um seine Angst zu besiegen, fing er an, sich die Geschichten der Schwalben zu erzählen. »Laß uns schlafen!« schimpfte der Apfelbaum. »Früchte tragen will er nicht, aber eine große Klappe hat der junge Nachbar«, nörgelte der Aprikosenbaum, und die beiden Gegner waren sich zum erstenmal einig.

Es war ein kalter Winter, der Himmel geizte mit Regen und Schnee. Je kälter es wurde, um so mehr dachte der junge Baum an die Schwalben und träumte von ihren Geschichten.

Ermüdet und fast verdurstet erwachten die Bäume aus ihrem Winterschlaf. Sie schlugen ihre Wurzeln tief in die ausgedörrte Erde, um etwas Feuchtigkeit aufzuspüren. Ihre Zweige streckten sich weit hinauf, den spärlichen Tau aufzusaugen. Verzweifelt versuchte auch der junge Baum, seinen Durst zu stillen. Seine feinen Wurzeln stießen auf der Suche nach Wasser aber immer wieder auf die kräftigen Wurzeln seiner Nachbarn. Sie versperrten ihm den Weg, und als er sie um etwas Platz bat, riefen sie:

»Tut uns leid, Junge, wir müssen später unsere Früchte ernähren.«

Oft träumte der Baum vom Regen und von den Wolken, und seine jungen Blätter ähnelten den Bildern seiner Träume.

Die Schwalben hörten sich den Kummer ihres Freundes an, der keine Märchen mehr hören wollte. Wenn ein Baum Durst und Hunger hat, mag er keine Geschichten hören.

»Meine Nachbarn lassen mir kaum Platz. Könnt ihr mir nicht helfen?«

»Wie denn?« fragten die Schwalben besorgt.

»Ich will mit euch in den Süden ziehen, denn hier werde ich den nächsten Winter nicht überleben.«

Als die Schwalben sich im Herbst sammelten, um in den Süden zu fliegen, verabschiedete sich der kleine Baum von seinen Nachbarn.

»Was heißt hier, lebt wohl! Ein Baum reist nirgendwohin!« empörte sich der Aprikosenbaum.

»Doch! Wenn einer nichts mehr zu essen und zu trinken hat, dann reist er fort, egal ob er ein Baum oder eine Schwalbe ist.«

Der junge Baum packte mit seinen Wurzeln etwas Erde und reckte seine Zweige hoch hinauf. Hunderte von Schwalben zogen ihn aus der staubigen, trockenen Erde und flogen mit ihm davon.

»So einen verrückten Baum habe ich noch nie gesehen!« sagte der Aprikosenbaum und gähnte herzhaft, und der Apfelbaum nickte zustimmend.

Die Schwalben flogen immer höher. Sie eilten ohne Rast in den Süden. Der kleine Baum erblickte staunend Berge, Täler und Flüsse. Nach mehreren Tagen erreichten sie gemeinsam ihr Ziel.

»Wo wollt ihr hin?«

»In die Felswand dort drüben«, antworteten die Schwalben.

»Können Bäume in Felsen leben?«

»Nein, das nicht, aber du kannst dort unten im Wald leben!«

Der kleine Baum schaute sich den dichten Wald an.

»Nein! Dort gibt es keinen Platz. Tragt mich hinunter zum silbernen Fluß! Dort kann ich leben.«

Die Schwalben glitten hinab und setzten den kleinen Baum sanft auf das Wasser.

»Wir werden dich besuchen!« riefen sie und flogen zu ihren Nestern in der Felswand.

Das Wasser trug den Baum hinunter bis zu einer ruhigen Flußbiegung. Erfreut über das kühle Wasser, begann der Baum, sich den Staub der weiten Reise von seinen Blättern abzuwaschen.

»Was bist du für ein komischer Fisch?« hörte er plötzlich eine leise Stimme. Ein kleiner roter Fisch starrte ihn verwundert an.

Der fliegende Baum
von Rafik Schami

»Der liegt einfach so auf dem Wasser und schwimmt. Meine Güte, wir müssen uns abrackern, damit wir nicht umkippen.«

»Wer bist du?« drängte sich ein schwarzer Fisch vor.

»Ich bin ein Baum!«

»Ein Baumfisch? So etwas habe ich noch nie gehört!«

»Können Baumfische alle so gut schwimmen?« fragte neugierig der rote Fisch.

»Weiß ich nicht! Ich kann es«, antwortete der junge Baum verlegen.

»Bäume müssen ganz tolle Fische sein«, schwärmte der schwarze Fisch, und der junge Baum fühlte sich überglücklich. Er erzählte von seiner Reise, und nach einer Weile hörte ihm ein großer Fischschwarm zu. Viele junge Fische schwärmten davon, eines Tages zu fliegen, aber ältere Fische schüttelten den Kopf über den kleinen redseligen Baum. Ob alt oder jung, einerlei, sie lauschten seinen spannenden Geschichten und freuten sich über den neuen Nachbarn. Fische reden in der Regel wenig und hören gerne zu. Während aber der junge Baum sich wusch und den Fischen erzählte, löste das Wasser die Erdkrumen aus seinen Wurzeln.

»Ich habe Hunger«, rief er.

»Und was essen Baumfische?« fragte ihn ein kleiner roter Fisch.

»Erde und Sonne schenken mir das Leben, dafür muß ich gerade stehen. Wir Bäume können nur aufrecht leben. Helft mir, bitte, meine Wurzeln in den Boden zu schlagen.« Ein großer Fischschwarm packte seine Wurzeln und zog sie in die Tiefe. Das Wasser tat das seine dazu, und nach mehreren Versuchen stand der Baum aufrecht. Er grub seine Wurzeln tief in den weichen Boden. Stolz, doch etwas ermüdet schauten die Fische den Baum an und staunten über die vielen jungen Blätter, die wie grüne Fische aussahen. An diesem ersten Tag erzählte der Baum den Fischen Märchen bis in die Nacht hinein.

Als er erwachte, stand die Sonne bereits hoch am Zenit. Kein einziger Fisch war weit und breit zu sehen. Er rief nach ihnen, aber sie schienen seine Stimme nicht zu hören.

»Ein Pelikan lauert in der Nähe«, erklärte ihm eine Schwalbe, die vorbeisegelte und seine besorgten Rufe vernahm. »Deshalb flüchten alle Fische.«

Plötzlich fühlte sich der junge Baum an seine Einsamkeit im Norden erinnert. Eine große Wut auf den Pelikan packte ihn.

»Habt keine Angst vor dem Pelikan! Ich bin doch euer Freund!« rief der junge Baum den Fischen zu. »Solange ich in der Nähe bin, wird kein Pelikan der Welt euch auch nur eine Schuppe ausreißen.«

Erst nach mehreren Rufen wagte sich ein kleiner schwarzer Fisch aus seinem Versteck heraus.

»Hast du keine Angst vor dem Pelikan?« fragte er den jungen Baum mit dünner Stimme.

»Nein! Ich werde ihm zeigen, was ein Baum ist!« Seine Zweige peitschten das Wasser. Er kannte den Pelikan nicht, und Bäume haben keine Angst vor jemandem, den sie nicht kennen. Fische jedoch kennen den Pelikan. Deshalb wagten sich nur drei kleine Fische heraus und drückten sich eng an den Stamm ihres Freundes.

Plötzlich krachte es. Hoch aufspritzendes Wasser nahm dem jungen Baum die Sicht. Wie durch einen Schleier sah er aus dem Sprudel den Pelikan auftauchen. Die drei Fische waren verschwunden. Wütend streckte der junge Baum seine Zweige aus und packte den Pelikan am Hals. Dieser zappelte wild, konnte sich aber nicht befreien. Der Baum zog den Pelikan zu sich heran und haute ihm mit einem kräftigen Ast über den Kopf.

»Tu das nicht noch einmal! Gib sofort meine Freunde heraus!« brüllte er den erschrockenen Vogel an.

»Was geht das dich an! Du bist doch nicht ihr Vater!« krächzte der Pelikan heiser und japste nach Luft, denn die Zweige schnürten ihm den Hals zu.

»Ich bin nicht ihr Vater, doch wohl ihr Freund. Spuck sie aus!« Er schüttelte den Pelikan und gab ihm noch einen Hieb auf den Kopf.

Der Pelikan fürchtete um sein Leben. Er sperrte seinen großen Schnabel auf, und die kleinen Fische konnten ins Wasser springen.

»Kommt alle heraus und schaut euch den Pelikan an!« rief der Baum, und immer mehr Fische kamen aus ihrem Versteck. Sie lachten zum erstenmal über den Pelikan, der gefangen in den Zweigen hing und wütend mit seinen Flügeln schlug.

»Verschwinde und laß dich hier nie wieder blicken!« befahl der Baum und versetzte dem Pelikan noch einen Schlag auf den Hintern.

Die Fische sahen erfreut zu, wie der Vogel das Weite suchte.

»Es gibt kein größeres Unglück als die Freundschaft der Bäume mit den Fischen«, fluchte der Pelikan und verschwand.

Doch dieses Unglück bereitete den Fischen ein großes Vergnügen. Fröhlich tanzten sie um den Stamm ihres Freundes herum wie leuchtende Ringe. Und wer sie genau belauschte, der konnte die Fische zum erstenmal singen hören.

Rafik Schami

Schwan, kleb an

Es waren einmal drei Brüder, von denen hieß der älteste Jacob, der zweite Friedrich und der dritte und jüngste Gottfried. Dieser jüngste war das Stichblatt aller Neckereien seiner Brüder und der gewöhnliche Ablenker ihres Unmuts. Wenn ihnen etwas quer über den Weg lief, so mußte Gottfried es entgelten, und er mußte sich das alles gefallen lassen, weil er von schwächlichem Körperbau war und sich gegen seine stärkeren Brüder nicht wehren konnte. Dadurch wurde ihm das Leben sauer gemacht, und er sann Tag und Nacht darauf, sein Schicksal erträglicher zu machen.

Als er einst im Walde war, um Holz zu sammeln, und bitterlich weinte, trat ein altes Weiblein zu ihm, das fragte ihn um seine Not, und er vertraute ihr all seinen Kummer. »Ei, mein Junge«, sagte das Weiblein darauf, »ist die Welt nicht groß? Warum versuchst du nicht anderswo dein Glück?«

Das nahm sich Gottfried zu Herzen und verließ eines Morgens frühe das väterliche Haus und machte sich auf den Weg in die weite Welt, um, wie das Weiblein gesagt hatte, sein Glück zu suchen. Aber der Abschied von dem Ort, wo er geboren worden war und wenigstens eine glückliche Kindheit verlebt hatte, ging ihm doch nahe, und er setzte sich auf einen Hügel nieder, um noch einmal recht das heimatliche Dorf zu betrachten. Siehe, da stand das Weiblein hinter ihm, schlug ihm auf die Schulter und sprach: »Das hast du einmal gut gemacht, mein Junge! Aber was willst du nun anfangen?«

Gottfried dachte jetzt erst daran, was er beginnen solle. Er hatte bis jetzt geglaubt, das Glück müsse ihm wie eine gebratene Taube in den Mund fliegen.

Das Weiblein mochte seine Gedanken erraten, lächelte grinsend und sagte: »Ich will dir sagen, was du anfangen sollst. Warum? Weil ich dich lieb habe und weil ich glaube, daß du auch mich nicht vergessen wirst, wenn du dem Glücke im Schoß sitzest.«

Gottfried versprach dies mit Hand und Mund; die Alte fuhr fort: »Heute abend, wenn die Sonne untergeht, gehe an den großen Birnbaum, der dort am Kreuzweg steht. Darunter wird ein Mann liegen und schlafen, an den Baum aber wird ein großer schöner Schwan angebunden sein; den Mann hütest du dich aufzuwecken, und du mußt deswegen gerade mit Sonnenuntergang kommen, den Schwan aber knüpfst du los und führst ihn mit dir fort. Die Leute werden in seine schönen Federn vernarrt sein, und du magst ihnen erlauben, davon eine auszurupfen. Wenn aber der Schwan berührt wird, so wird er schreien, und wenn du dann sagst: Schwan, kleb an!, so wird dem, der ihn berührt, die Hand fest ankleben und nicht eher wieder loswerden, bis du sie mit diesem Stöcklein antippst, das ich dir hiermit zum Geschenk mache. Wenn du nun so einen weidlichen Zug Menschenvögel gefangen hast, so führe sie nur immer gradaus. Da wirst du in eine große Stadt kommen, da wohnt eine Königstochter, die noch nie gelacht hat. Bringst du sie zum Lachen, so ist dein Glück gemacht; aber dann vergiß auch mich nicht, mein Junge!«

Gottfried gab nochmals das Versprechen und war mit Sonnenuntergang richtig an dem bezeichneten Baum. Der Mann lag da und schlief, und ein großer schöner Schwan war mit einem Bande an den Baum gebunden. Gottfried knüpfte den Vogel beherzt los und führte ihn davon, ohne daß der Mann erwachte.

Nun traf es sich, daß Gottfried mit seinem Schwan an einer Baustätte vorüberkam, wo einige Männer mit aufgestreiften Beinkleidern Lehm kneteten; die bewunderten die schönen Federn des Vogels, und ein vorwitziger Junge, der über und über voll Lehm war, sagte laut: »Ach wenn ich doch nur eine solche Feder hätte.«

»Zieh dir eine aus!« sprach Gottfried freundlich; der Junge griff nach dem Schweife des Vogels, der Schwan schrie; »Schwan, kleb an!« sprach Gottfried, und der Junge konnte nicht wieder loskommen, er mochte anfangen, was er wollte. Die andern lachten, je mehr der Junge schrie, bis vom nahen Bache eine Magd herzugelaufen kam, die mit hoch aufgeschürztem Rocke dort gewaschen hatte. Die fühlte Mitleid mit dem Jungen und reichte ihm die Hand, um ihn loszumachen. Der Schwan schrie; »Schwan, kleb an!« sprach Gottfried, und die Magd war ebenfalls gefangen.

Als Gottfried mit seiner Beute eine Strecke gegangen war, begegnete ihm ein Schornsteinfeger, der lachte über das sonderbare Gespann und fragte die Magd, was sie denn da triebe? »Ach, herzliebster Hans«, antwortete die Magd kläglich, »gib mir doch deine Hand und mach mich von dem verteufelten Jungen los.«

»Wenn's weiter nichts ist!« lachte der Schornsteinfeger und gab der Magd die Hand, der Vogel schrie; »Schwan, kleb an!« sprach Gottfried, und der schwarze Mensch war ebenfalls behext.

Sie kamen nun in ein Dorf, wo eben Kirchweih war; eine Seiltänzergesellschaft gab dort Vorstellungen, und der Bajazzo machte eben seine Narreteidinge. Der riß Mund und Nase auf, als er das seltsame Kleeblatt sah, das an dem Schweife des Schwans festhing. »Bist du ein Narr geworden, Schwarzer?« lachte er.

»Da ist gar nichts zu lachen!« antwortete der Schornsteinfeger. »Das Weibsbild hält mich so fest, daß meine Hand wie angenagelt ist. Mach mich los, Bajazzo; ich tu dir einmal einen andern Liebesdienst.« Der Bajazzo faßte die ausgestreckte Hand des Schwarzen, der Vogel schrie; »Schwan, kleb an!« sprach Gottfried, und der Bajazzo war der Vierte im Bunde.

Nun stand in der vordersten Reihe der Zuschauer der stattlich wohlbeleibte Amtmann des Dorfes, der machte ein gar ernsthaftes Gesicht dazu, und er ärgerte sich gar höchlich über das Blendwerk, das nicht mit rechten Dingen zugehen könne. Sein Eifer ging so weit, daß er den Bajazzo an der ledigen Hand faßte und ihn losreißen wollte, um ihn dem Büttel zu übergeben; da schrie der Vogel, und »Schwan, kleb an!« sprach Gottfried, und der Amtmann teilte das Schicksal der Vorgänger.

Die Frau Amtmännin, eine lange dürre Spindel, entsetzte sich über das Mißgeschick ihres Eheherrn und riß mit Leibeskräften an dem freien Arm desselben, der Vogel schrie; »Schwan, kleb an!« sprach Gottfried, und die arme Frau Amtmännin mußte trotz ihres Geschreis folgen. Hinfort hatte niemand mehr Lust, die Gesellschaft zu vergrößern.

Gottfried sah schon die Türme der Hauptstadt vor sich; da kam ihm eine wunderschöne Equipage entgegen, in der eine schöne junge, aber ernste Dame saß. Als diese den bunten Zug erblickte, brach sie jedoch in lautes Gelächter aus, und ihre Dienerschaft lachte mit. »Die Königstochter hat gelacht!« rief alles vor Freuden. Sie stieg aus, betrachtete sich die Sache noch genauer und lachte immer mehr bei den Kapriolen, welche die Festgebannten machten. Der Wagen mußte umwenden und fuhr langsam neben Gottfried nach der Stadt zurück.

Als der König die Kunde vernahm, daß seine Tochter gelacht habe, war er voll Entzücken und nahm selbst Gottfried, seinen Schwan und dessen wunderliches Gefolge in Augenschein, wobei er selbst lachen mußte, daß ihm die Tränen in den Augen standen.

»Du närrischer Gesell«, sprach er zu Gottfried, »weißt du, was ich dem versprochen habe, der meine Tochter zum Lachen bringt?«

»Nein«, sagte Gottfried.

»So will ich dir's sagen«, antwortete der König. »Tausend Goldgulden oder ein schönes Gut. Wähle dir zwischen den beiden.«

Gottfried entschied sich für das Gut. Dann berührte er den Buben, die Magd, den Schornsteinfeger, den Bajazzo, den Amtmann und die Amtmännin mit seinem Stäbchen, und alle fühlten sich frei und liefen davon, als brenne die Hölle hinter ihnen her, was neues unauslöschliches Gelächter verursachte. Da wurde die Königstochter bewegt, den schönen Schwan zu streicheln und sein Gefieder zu bewundern. Der Vogel schrie; »Schwan, kleb an!« sprach Gottfried, und so gewann er die Königstochter.

Der Schwan aber erhob sich in die Lüfte und verschwand in den blauen Horizont. Gottfried erhielt nun ein Herzogtum zum Geschenk; er erinnerte sich aber auch des alten Weibleins, das schuld an seinem Glücke war, und berief sie als seine und seiner auserwählten Braut Haushofmeisterin in sein stattliches Residenzschloß.

Ludwig Bechstein

Die Geschichte von Abu Muhammad, dem Faulpelz

und von dem, was er mit dem Affen
sowie auf Meeren und Inseln Wunderbares erlebte,
oder
Wie sich Leid in Freude wandelte

Im Namen Gottes des Barmherzigen, des Allerbarmers.

Es wird erzählt – aber Gott weiß es am besten, er ist weiser als alle, ist der Mächtigste und Edelste:

Harun ar-Raschid saß eines Tages im Kalifenschloß in geselligem Kreise, indes sein Diener Masrur vor ihm stand. Während er dort saß, trat auf einmal der Wesir* Dscha'far ibn Jahja al-Barmaki ein und sagte: »Heil sei dir, Fürst der Gläubigen!«

Der Kalif antwortete: »Auch dir sei Heil und allen, die der Rechtleitung folgen und sich vor einem bösen Ende fürchten! Mir ist die Brust beklommen, Dscha'far, und ich bin deshalb auf den Wunsch verfallen, in Volkstracht auf den Märkten Bagdads umherzuschlendern. Vielleicht weichen dann Kummer und Beklemmung aus meinem Herzen.«

»Ich höre und gehorche Gott sowie dem Fürsten der Gläubigen«, gab der Wesir zur Antwort. Nun legte ar-Raschid Hand an seine Kalifengewänder, zog sie aus und kleidete sich in Volkstracht. Seine herabwallenden Haare kämmte er unter den Scheitel hoch und gab sich das Aussehen eines arabischen Kaufmanns. Dscha'far tat das gleiche. So zogen sie aus, von Ort zu Ort wandernd, bis sie an das Ufer des Tigris kamen. Auf einmal hörten sie die Schiffer ausrufen: »Herbei, wer gern eine Vergnügungsfahrt machen möchte!«

Da sagte ar-Raschid: »Ich beschwöre dich bei meinem Leben, Dscha'far! Wir wollen einsteigen, um den Rest des Tages mit diesen Schiffern zu fahren.«

»Ich höre und gehorche«, erwiderte Dscha'far.

Nun schrie der Diener Masrur: »Fahre deine Barke heran, Schiffer, daß wir einsteigen können.« Nachdem er sie dicht an sie herangefahren hatte, nahmen sie gemeinsam darin Platz und traten die Fahrt an, um sich zu vergnügen. Als sie in dieser Weise dahintrieben und höchst froh und lustig waren, näherten sich ihnen plötzlich von Basra her zehn mit spanischem Messing beladene Boote, wobei je fünf von diesen Booten fünfzig Burschen mit Schiffsflaggen und Tüchern aus dem Hidschaz* vorausfuhren. An Bord der Boote befanden sich noch unbehaarte und bartlose Jünglinge mit ägyptischen Keulen und fein geritzten Schilden in den Händen. Sie waren in Brokat gekleidet und trugen auf dem Kopf goldbestickte Turbane. Weiter hielten sie in den Händen Armbrüste. Sie schossen damit nach den Vögeln in der Luft, trafen sie und lachten. Danach schrien sie jubelnd »Es gibt keinen Gott außer Gott« und »Gott ist am größten« und ergingen sich in Heilrufen über Muhammad, den Freudenboten und Warner.

Da sagte der Kalif Harun ar-Raschid: »Staunst du nicht darüber, Dscha'far, wie schön diese Boote sind, was sie Herrliches tragen und was sie wohl an Pfeffer, Zimt, Kampfer, Ambra, stark duftendem Moschus, indischem Aloeholz und prächtigen Kleidern aus China bringen?«

Dscha'far befahl darauf dem Diener Masrur: »Stehe auf und frage, wem diese Boote gehören, was für Waren sie mit sich führen und was die vielen Jünglinge auf ihnen sollen.«

Masrur erzählt: Da stand ich auf, ging nach vorn, grüßte sie und fragte: »Junge Leute, wem gehören die Boote, die Waren und die Jünglinge?«

Sie antworteten: »Einem Kaufmann aus Basra namens Abu Muhammad der Faulpelz. Wie gut würde es ihm erst gehen, wenn er rührig wäre!«

Und ein Mann, der gerade anwesend war, sagte: »Wundere dich nicht darüber, mein Herr; denn diese Güter hier sind für ihn nur wie ein Tropfen in einem Meer.«

Da ärgerte ar-Raschid sich sehr, verließ die Barke und sprach: »Laß uns nach Hause gehen, Dscha'far. Wir haben genug von der Vergnügungsfahrt!«

So gingen sie, kamen wieder ins Schloß, und ar-Raschid war nachdenklich und verwundert, als er sich auf seinen Kalifenthron setzte. Da trat auf einmal ein Diener herein, in der Hand einen goldenen Siegelring und eine Krone aus rotem Gold, die mit Perlen und Edelsteinen besetzt war. Er küßte den Fußboden, sprach die üblichen Segenswünsche und erklärte: »Deine Schwester, mein Herr, läßt dir ihren Gruß entbieten und sagen: ›Ich habe für deinen Sohn al-Mu'tasim diese Krone anfertigen lassen. Es fehlt ihr nur noch ein Edelstein an dieser Stelle zwischen den beiden großen seitlichen Steinen.‹«

Da ließ ar-Raschid die Edelsteinkörbe kommen, öffnete sie und begann, die Edelsteine Stück für Stück zu betrachten, ob er vielleicht einen für diese Stelle passenden finden werde. Allein er fand keinen, und seine Brust wurde beklommen. Doch da stürzte plötzlich ein alter Mann herbei und sprach: »Wisse, Fürst der Gläubigen: Diesen Edelstein findest du nur bei einem Kaufmann namens Abu Muhammad der Faulpelz, und nur bei ihm gibt es, was du brauchst.«

Da packte den Kalifen eine unheimliche Wut, und er befahl auf der Stelle, daß ein Brief nach Basra geschrieben werde mit dem Auftrag, Abu Muhammad den Faulpelz seiner prophetischen Durchlaucht vorzuführen. Diesen Brief ließ er am Flügel eines Vogels befestigen. Als dann der Emir Muhammad ibn Sulaiman ar-Raba'i am Nachmittag an seinem Amtssitz saß, kam auf einmal der Vorsteher der Brieftaubenpost mit dem Vogel zu ihm herein.

Der Emir sprach: »So Gott der Erhabene will, ist es eine gute Nachricht.« Nachdem er den Brief aufgebrochen und gelesen hatte, erhob er sich sofort und machte sich in Begleitung seiner Diener auf den Weg zum Hause Abu Muhammads des Faulpelzes. Als er dort ankam, stürzten ihm die Diener entgegen, liefen zu ihrem Herrn hinein und riefen:

»Der Emir Muhammad ibn Sulaiman ist an der Tür!« Erschreckt und voller Furcht erhob sich der Mann und ging hinaus. Kaum hatte er den Emir erreicht, da ließ er sich nieder, küßte ihm die Hand und sprach:

»Alles Gute, mein Gebieter! Dies ist ein gesegneter Tag, so Gott der Erhabene will.«

Der Emir antwortete: »Auch weiterhin möge es nur Gutes geben! Wisse, daß der Fürst der Gläubigen mir die Nachricht hat zukommen lassen, daß er dich zu sehen wünscht.«

Jener sprach: »Ich höre und gehorche Gott, dem Fürsten der Gläubigen und dir. Mein Herr wird mir wohl soviel Zeit lassen, daß ich mich von meinen Kindern verabschieden kann und dann meine Reise antrete.«

Der Emir widersprach: »Dies ist unmöglich. Ich bin deshalb auch ausgegangen, um dich aufzusuchen. Hier ist der Brief des Fürsten der Gläubigen, den er eigenhändig unterschrieben hat.«

Da sprach Abu Muhammad ein Wort, das seinen Sprecher nie enttäuscht: »Es gibt keine Macht und keine Kraft außer bei Gott dem Mächtigen und Erhabenen.«

Danach wandte er sich, aus lauter Angst von Sinnen, an einen seiner Diener und befahl ihm: »Gehe zum Laden und bringe mir mein Mundtuch.« Dieser eilte fort, brachte sein Mundtuch, und Abu Muhammad steckte es in seinen Ärmel. Dann beauftragte der Emir Muhammad ibn Sulaiman einige Leute, ihn zum Flußufer zu bringen. Dort setzten sie ihn in eine Barke, fuhren zunächst nach Wasit und von dort nach Bagdad hinauf. Nachdem sie die Stadt betreten hatten und bis ins Kalifenschloß gekommen waren, wurde um Audienz für ihn gebeten. Als der Kalif sie gewährte, trat er ein und küßte den Boden vor ihm. Der Kalif hieß ihn willkommen und befahl ihm, Platz zu nehmen. Dies tat er und sprach sodann:

»Der Fürst der Gläubigen möge fragen, wonach ihn gutdünkt.« Dann steckte er seine Hand in den Ärmel, holte ein Mundtuch heraus, das er vor sich ausbreitete, und brachte viele Geschenke dar, darunter einen goldenen Vogel mit Augen aus Rubinen und Füßen aus Smaragden. Ar-Raschid fand ihn sehr schön, gab es doch etwas Derartiges in seiner Schatzkammer nicht.

Abu Muhammad sagte: »Mein Gebieter, sein Inneres enthält etwas, was noch schöner ist als sein Äußeres.« Als jetzt der Fürst der Gläubigen den Rücken des Vogels mit der Hand berührte, drehte er sich. Dann tat sich der Rücken an einer Stelle auf, und durch eine von diesen Bewegungen fiel eine schwere Perle heraus, die einem Stern glich, der am Horizont des Himmels leuchtet. Von der Schönheit, dem Licht und dem Glanz dieser Perle erstrahlte das ganze Haus. Dann fiel eine zweite heraus und schließlich im ganzen sieben Perlen, die die Augen blendeten und von denen jede einzelne soviel wert war wie die gesamten Grundsteuereinkünfte von Bagdad.

Da rief ar-Raschid aus: »Bei Gott, wie schön, wie schön!« Darauf ließ er die Krone kommen, die ihm seine Schwester übersandt hatte, und ließ eine von diesen Perlen in sie einsetzen. Die Stelle war von der Perle ganz ausgefüllt, und es sah aus, als ob die Perle eigens für sie angefertigt worden wäre. Ar-Raschid freute sich darüber und fragte: »Von wem hast du erfahren, Abu Muhammad, daß ich diese Perle brauche?«

Er antwortete: »Dies hat mir niemand mitgeteilt, Fürst der Gläubigen, und wenn mich der Emir Muhammad ibn Sulaiman noch einmal in mein Haus hätte gehen lassen, so hätte ich meinem Herrn, dem Fürsten der Gläubigen, noch etwas Schöneres als dies geschenkt.«

Da erklärte ar-Raschid: »Wer dich einen Faulpelz genannt hat, der hat sich, bei Gott, geirrt. Woher hast du alle diese Reichtümer? Erzähle mir deine Geschichte.« Da hub Abu Muhammad der Faulpelz an:

»Ich höre und gehorche Gott sowie dir, Fürst der Gläubigen. Wisse, mein Gebieter: Mein Vater war ein armer, mittelloser Mann. Er pflegte den Leuten Dienste zu leisten und sorgte für mich, bis ich zehn Jahre alt wurde. Aus lauter Faulheit rührte ich mich nicht von der Stelle, sondern aß und trank, auf der Erde liegend. Wenn meine Mutter von den Leuten etwas bekam, legte sie es vor mich hin und sagte: ›Iß mein Junge.‹ Aus Trägheit aß ich es aber nicht, so daß meine Mutter mich mit der Hand füttern mußte. Dann sagte ich aber zu ihr, obwohl mir eigentlich auch das Reden zu schwer fiel: ›Kaue es mir vor, Mutter, und gib es mir dann zu essen.‹ So pflegte sie mir das Brot vorzukauen, bis es in ihrem Mund weich wie Brei wurde, und es mir dann in den Mund zu stecken. Alles dies kam von meiner Faulheit, die so groß war, daß ich nicht einmal meine Lippen bewegte.«

Da warf der Kalif ein: »Jetzt hast du mich aber sehr böse gemacht; bist du doch ein Kind gewesen, wie es kein zweites gibt.« Und er fügte hinzu: »Erzähle mir deine Geschichte weiter.«

So fuhr Abu Muhammad fort: »Wir hatten, Fürst der Gläubigen, eine Behausung ohne Dach und ohne Mauern und besaßen nichts, womit wir sie hätten ausbessern können; vielmehr deckten wir sie gegen die Sonnenhitze mit Stroh und Rohr zu. Meine Mutter pflegte sich auf die Nahrungssuche für mich zu machen, während ich an einem Platze sitzenblieb, ohne mich von ihm zu rühren, so daß sie zu mir sagte: ›Geh doch auf die Straße, mein Sohn. Spiel mit den Jungen und streife mit ihnen umher. Vielleicht wird es dann etwas besser mit dieser Faulheit.‹ Ich aber kümmerte mich nicht um ihre Mahnung. Ja sie brachte die Jungen auch absichtlich zu mir her, so daß sie mich herauszuholen, ja herauszuschleppen versuchten, während ich weinte und mich nicht von der Stelle rührte, bis sie schließlich die Geduld verlor und manchmal den Lendenrock unter mir wegriß. Ich ließ auch, Fürst der Gläubigen, meine eine Körperhälfte ruhig in der Sonne brennen, während sich die andere im Schatten befand, weil ich aus Faulheit nicht in der Lage war, in den Schatten zu gehen, und blieb in dieser Weise sitzen, bis meine Mutter kam, mich in diesem Zustand sah und mich dann aus Mitleid aus der Sonne in den Schatten trug. Ja, meine Mutter grämte sich aufs tiefste wegen meiner Faulheit und meines Elends.«

Da sprach der Fürst der Gläubigen: »Wer dich einen Faulpelz genannt hat, der hat, bei Gott, recht gehabt!«

Abu Muhammad fuhr fort: »Dieses Leben führte ich, Fürst der Gläubigen, ohne Unterbrechung weiter, bis meine Mutter eines Tages einen echten Dirhem* bekam. Sie brachte ihn zu mir her und sprach: ›Stehe auf, mein Junge, gehe auf die Straße und freue dich am Anblick der Leute. Abu'Abdallah al-Basri hat nämlich fromme Stiftungen gemacht, um von Gott Lohn zu erlangen, und er will nach Indien reisen. Ganz Basra ist seinetwegen wie von einem Erdbeben erfaßt, und mit seinen Einwohnern bildet es ein wogendes Meer, so daß keiner mehr übrig ist, ob klein oder groß, der nicht ausgegangen ist, um sich den Aufbruch der Reisegesellschaft anzusehen, die er auf den großen Platz bestellt hat. Rings um den Platz liegen viele Schiffe vor Anker. Der Führer der Reisegesellschaft sitzt dort, von Dienern, Gesinde und Knechten umgeben, auf einem eisernen Stuhl.‹ So drang meine Mutter in mich auszugehen, und sie fügte hinzu: ›Nimm diesen Dirhem für dich, schlendere draußen umher und schaue dir die Leute an.‹ Da stellte ich mich, Fürst der Gläubigen, aufrecht auf meine Füße; doch ich wähnte, die Erde könnte mich nicht tragen. Nun begannen die einen, mich zu bewerfen, die anderen, mich zu stoßen, und wieder andere, mich zu drängen, ohne daß ich den Kopf hob oder zu irgendeinem etwas sagte. Der Rotz lief mir über das Gesicht herunter, und ich bildete eine Unglücksgestalt. Das Volk lachte mich aus, ich aber weinte, bis ich schließlich bei jenem von den Leuten umringten Mann ankam. Ich grüßte ihn und sprach: ›Nimm diesen Dirhem, mein Herr, und kaufe mir etwas dafür, was mir etwas einbringt; denn ich bin ein Waisenknabe.‹ Dabei überwältigten mich die Tränen. Dann kehrte ich schleunigst wieder nach Hause zurück. Jener Herr fragte aber die Leute seiner Umgebung zornerfüllt: ›Kennt ihr diesen Knaben?‹ Sie antworteten: ›Ja, er heißt Abu Muhammad der Faulpelz.‹

Darauf hißten sie die Segel zur Fahrt nach Indien und China. Gott wollte, daß sie Glück hatten. Sie verkauften und kauften unterwegs, und ihre Reise war gesegnet. Dann trieb der Scheich Abu'Abdallah an Ort und Stelle Handel und erzielte einen hohen Gewinn. Sie hatten auch eine gewisse Menge getrockneter und unreifer Datteln bei sich. Er machte sich auf und brachte sie dem Fürsten von China als Geschenk, weil er krank war und ihm die Gelehrten und Weisen die irakischen Datteln gelobt hatten. Als der Scheich mit den Datteln zu ihm kam, freute er sich sehr. Er verlieh ihm ein prächtiges Ehrengewand, erwies ihm Gutes und schenkte ihm viel Geld. Schließlich stachen sie wieder in See und fuhren zwanzig Tage lang in der Richtung auf die Heimat. Am einundzwanzigsten Tage aber blieben die Schiffe plötzlich stehen, fuhren weder vorwärts noch rückwärts und rührten sich nicht mehr von der Stelle. Da sprach der Scheich: ›Es gibt keine Macht und keine Kraft außer bei Gott dem Mächtigen und Erhabenen.‹ Als er dann seine Blicke schweifen ließ, gewahrte er einen Tuchfetzen, der am Schiffsmast festgebunden war. Da fiel ihm Abu Muhammad der Faulpelz ein. Er sprach: ›Ihr Kaufleute, wisset: Die Schiffe sind nur wegen dieses Dirhems stehengeblieben, der dem Waisenknaben Abu Muhammad dem Faulpelz gehört. Er hat mir doch ans Herz gelegt, ihm etwas Einträgliches dafür zu erstehen.‹ Die Kaufleute erwiderten: ›Nimm dir von unserem Besitz, was du auch immer willst, und schenke es ihm.‹ Er wandte ein: ›Ich kann nichts nehmen, was irgendeinem gehört, selbst wenn ihr mir die gesamten Schiffsladungen schenktet; ich muß vielmehr für ihn etwas kaufen, was ihm etwas einbringt.‹ Nun befand sich in ihrer Nähe eine von den Negerinseln. Er nahm deshalb sogleich einen kleinen Nachen, stieg ein und verließ das Schiff. Unter Mitnahme einiger seiner Knechte und des Dirhems fuhr er fort. Auf der Insel traf er auf einen schwachen Greis, der allerlei Affen an der Hand hielt, darunter einen, der schwächlich, verhungert und krank war. Er fragte ihn: ›Was kostet einer von diesen Affen?‹ – ›Zehn Dirhems‹, antwortete der Greis, worauf er sagte: ›Wir wollen einen billigeren.‹ – ›Da käme dieser schwächliche in Betracht‹, meinte der Alte. Auf die Frage, was er koste, sagte er: ›Zwei Dirhems.‹ Der Scheich erwiderte: ›Wir haben aber nur einen einzigen Dirhem. Diesen hat uns ein armer Mann anvertraut, für den du uns den Affen verkaufen könntest.‹ Da nahm er von ihnen den Dirhem und gab ihnen den Affen mit den Worten: ›Wisset: Dieser Affe frißt nur süßen Dattelbrei mit Mandeln und Mohn. Setzt ihm deshalb nichts anderes vor als dieses, was er frißt.‹ – ›Wir hören und gehorchen‹, antworteten sie. Einer von seinen Knechten nahm den Affen und lud ihn auf. Dann machte er sich auf den Weg und bestieg wieder das Schiff. Als der Scheich wieder auf seinem Schiff war, fuhren die Schiffe mit der Erlaubnis Gottes des Erhabenen ab und segelten, bis sie nach Basra kamen. Bevor die Leute jedoch die Küste erreichten, pflegten sie keinen Bissen zu essen, ohne daß zu ihren Häupten der Affe mit von ihrem Essen fraß und davon wegschnappte, so daß sie sich am Ende über ihn ärgerten. Die Kaufleute sagten deshalb: ›Werft diesen Affen fort; denn er hat uns schon viele Unannehmlichkeiten bereitet.‹ Der Scheich meinte jedoch: ›Laßt ihn, Leute. Er macht euch doch auch manchen Spaß, und ihr könnt über ihn lachen. Im übrigen sind wir schon in Landnähe, und Gott der Erhabene hat uns vor Unglück bewahrt durch den Segen, den er dem Eigentümer des Affen, dem Waisenknaben, erweisen will.‹ So fuhren sie weiter, bis sie nach Oman kamen. Dort sahen sie die Taucher ins Meer hinuntersteigen und Juwelen und Perlen herausholen. Die Händler aber kauften ihnen ab, was auch immer an Juwelen aus der Tiefe heraufkam.

Während sie damit beschäftigt waren, sprang der Affe auf einmal auf, streifte sein Halsband ab und stürzte sich ins Meer. Da freuten sich die Kaufleute und sprachen: ›Jetzt haben wir endlich vor ihm und vor seinen bösen Streichen Ruhe.‹ Als sie dem Scheich, dem das Schiff gehörte, meldeten, der Affe habe sich ins Meer gestürzt, warf er ihnen vor: ›Ihr habt ihn absichtlich hineingeworfen.‹ Sie aber schworen, davon wüßten sie nichts und es habe ihn keiner hineingeworfen. Da wurde ihm beklommen ums Herz. Während er noch seinen trüben Gedanken nachhing, stieg der Affe plötzlich aus der Tiefe wieder auf, indem er zwei Muscheln vor sich her und eine weitere in der Schnauze trug. Er trat mit ihnen auf den Scheich zu, übergab sie ihm, kehrte um wie ein Blitz und tauchte abermals. Nachdem er eine Weile fortgeblieben war, stieg er wieder mit drei Muscheln hoch. Dann setzte er das Tauchen und Hochbringen der Muscheln fort, bis er zehnmal getaucht und dreißig Muscheln aus der Tiefe geholt hatte. Alle im Schiff wunderten sich über das Verhalten des Affen. Dieser aber tat plötzlich einen Sprung und setzte sich wieder an seinen Platz unter dem Mast. Die Kaufleute wurden nun allmählich begehrlich nach den Juwelen. Als der Scheich dann die Muscheln öffnete, fand er in jeder Muschel eine Perle im Wert des Grundsteueraufkommens von Syrien und dem Irak. Der Scheich wunderte sich hierüber wie auch die Kaufleute und nahm die Juwelen an sich. Verblüfft über den Affen und sein Verhalten und erstaunt über die Juwelen, murrten die Händler untereinander und sprachen zu dem Scheich: ›Du wirst uns doch etwas davon verkaufen?‹ Er erwiderte jedoch: ›Ich kann nicht darüber verfügen, weil sie dem Eigentümer des Affen gehören.‹ Dann fuhren sie weiter in der Richtung auf Basra, und Gott hatte ihnen vorherbestimmt, daß sie wohlbehalten eintreffen sollten. Die Kunde von der Ankunft der Schiffe ging in Basra von Mund zu Mund. Die Leute liefen hinaus, um ihre Angehörigen wiederzusehen. Das Volk genoß das Schauspiel und freute sich über die glückliche Heimkehr.

Da sagte meine Mutter zu mir: ›Stehe auf, mein Junge, und schaue dir die Schiffe an. Begrüße den Scheich Abu'Abdallah und sieh, was du für den Dirhem Schönes aus Indien bekommen hast.« Alles dies wirkte auf mich als ein Zwang, munter zu werden. So erhob ich mich, obwohl ich eigentlich nicht aufstehen wollte, und begab mich zu dem Scheich. Nachdem ich ihn gegrüßt und er meinen Gruß erwidert hatte, fragte ich ihn: ›Welches ist nun meine Ware, lieber Herr?‹ Er antwortete: ›Sie liegt hier bereit für dich.‹ Sprach's und holte ein Kästchen hervor. Diesem entnahm er etwas Eingewickeltes, packte die Juwelen daraus aus und zählte sie. Siehe, da waren es dreißig Juwelen, ein jedes soviel wert wie der Grundsteuerertrag des Irak. Als ich dies sah, freute ich mich unbändig, und die Trägheit verließ mich im Fluge. Ich erhob mich als der Munterste von allen, die auf Erden leben. Ohne Maßen wurden mir Wonne und Seligkeit zuteil, und Gott öffnete mir die Pforten des Glücks. Meine Mutter fragte mich: ›Was hältst du nun von dem Rat, den ich dir erteilt habe?‹ Der Scheich aber erzählte uns von dem Affen und wie er ins Meer getaucht war. Er riet uns: ›Passet gut auf diesen Affen auf und hütet euch, ihn zu verkaufen; denn er ist hundert Zentner Goldes wert. Er ist die Quelle eures Glückes. Gebt ihm nur süßen Dattelbrei mit Mandeln und Mohn zu fressen. O Gott, o Gott, seid nur ja nicht leichtsinnig, was den Affen angeht!‹ Dann verkaufte er zu unseren Gunsten von jenen Juwelen für fünfzigtausend Dinare an die Kaufleute. Den Rest händigte er uns aus, worauf wir ihn nahmen und mit dem Affen heimgingen. In der Folge beteten wir für den Scheich und besserten unser Haus aus. Danach erwarben wir Häuser, Liegenschaften, Gärten, Sklaven und Sklavinnen. Nach einiger Zeit ging ich mit dem Affen auf ein schönes Schiff und fuhr zusammen mit dem Scheich und den Kaufleuten nach Oman. Als wir dort ankamen, trafen wir die Taucher, wie sie ins Meer hinunterstiegen. Nachdem ich den Affen losgelassen hatte, begann er zu tauchen und drei Muscheln, eine in der Schnauze und eine in jeder Pfote, herauszuholen. Insgesamt tauchte er zwanzigmal und holte sechzig wertvolle Juwelen heraus. Ich verkaufte das Ganze und kehrte nach Basra zurück. Mein Verkaufserlös betrug hunderttausend Dinare. Nun baute ich mir ein Schloß und legte daneben einen schönen Garten an. Den Garten versah ich mit munteren Bächen und setzte Tauben hinein. Ferner errichtete ich zwei Mühlen, die eine für Safran, die andere für Weizen, und kaufte Landgüter, Gärten und Wohnungen. Ich wurde Eigentümer von Sklaven, Mägden und Beischläferinnen. In kurzer Zeit war ich der reichste Einwohner von Basra, wurde schließlich sogar sprichwörtlich. Ja, ich war ein angesehener Mann.

Eines Tages hatte ich es mir bequem gemacht. Vor mir saß der Affe auf einem Stuhl aus rotem Gold, der mit Perlen und Juwelen besetzt war. Neben ihm stand etwas Dattelbrei, und er fraß, bis er genug hatte. Als er satt war, schüttelte er sich, sprang von dem Stuhl herunter und setzte sich vor mich. Dann sprach er mich in gutem Arabisch an und sagte zu mir: ›Ach, Abu Muhammad, wie lange muß ich dir noch dienen und Reichtümer für dich erwerben, bis ich dich zum Reichsten unter deinen Zeitgenossen gemacht habe?‹ Als ich ihn so reden hörte, fürchtete ich mich vor ihm und bekam eine Gänsehaut. Ich sprach bei mir: ›Es wäre erstaunlich, wenn dieser Affe nicht ein Geisterkönig wäre.‹ Ich fragte ihn deshalb: ›Wer bist du, mein Herr?‹ Da sprach er: ›Wisse, daß ich dir Gutes erwiesen habe, damit du mich von meinem Liebesschmerz und meinen Sehnsuchtsqualen erlöst, die mich krank gemacht und in Flammen gesetzt haben.‹ Ich fragte weiter: ›Teile mir mit, mein Herr, wer du bist, was du wünschst und wen du liebst.‹ Er antwortete: ›Wisse: Ich bin ein Geisterkönig und bin in ein Mädchen aus Basra namens Badr as-Sama', Tochter des Marhab at-Tamimi, leidenschaftlich verliebt.‹ Ich sprach: ›Du vermagst doch Dinge, mein Herr, die ich nicht vermag.‹ Allein er erwiderte: ›Es ist nicht so, wie du denkst. Wenn ich Macht über sie hätte, so hätte ich dir nicht gedient und diese Reichtümer geschenkt. Mir ist der Zugang zu ihr durch Beschwörungen, Bücher, Zaubersprüche, heilige Namen und Amulette verwehrt; denn ich kann mich dem Hause, in dem sie wohnt, nicht nähern, obwohl ich an ihrer Liebe zugrunde gehe.‹ – ›Wie kann man denn zu ihr gelangen?‹ fragte ich, und er sagte mir: ›Handle nach meinem Geheiß, dann gelangst du zu ihr. Handle mir nicht zuwider, sonst kommst du um.‹ Ich entgegnete: ›Sprich, und ich werde dir nie zuwiderhandeln.‹ Da befahl er: ›Mache dich morgen mit einem Beutel auf den Weg, der tausend Dinare enthält. Gehe zum Richter und händige ihm davon hundert Dinare als Geschenk aus. Das gleiche gibst du den Zeugen. Dann bittest du sie, mit dir zu ihrem Vater zu kommen und bei ihm um ihre Hand anzuhalten. Was er auch an Geld verlangen mag, gibst du ihm. Ich werde es dir ersetzen.‹ – ›Ich höre und gehorche‹, gab ich zur Antwort.

Am nächsten Tag nahm ich tausend Dinare, trat bei dem Richter ein und grüßte ihn. Er erhob sich mir zu Ehren, freute sich über mein Kommen und sagte: ›Dies ist ein gesegneter Tag.‹ Darauf gab ich ihm zweihundert Dinare, verteilte weitere zweihundert an die Zeugen und sprach zu ihm: ›Ich möchte von euch, daß ihr für mich um Badr as-Sama', die Tochter von Marhab at-Tamimi, freit.‹ Sie erwiderten: ›Wir hören und gehorchen. Wer wäre ihrer würdiger als du? Bist du doch heute der Reichste unter deinen Zeitgenossen.‹ Nun machten sie sich alle mit dem Richter auf und kamen zu einer Moschee dicht bei Marhabs Haustür. Wir hatten kaum die Moschee betreten, da kam Marhab schon auf uns zu. Als er den Richter erblickte, trat er an ihn heran, grüßte ihn und küßte ihm die Hand. Der Richter und die Zeugen eilten auf ihn zu und begrüßten ihn. Nachdem sie sich dann hingestellt und, hinter dem Richter stehend, das Gebet gesprochen hatten, trat der Richter vor und sagte: ›Erhabener Herr, wir kommen als Freier zu dir, um die verborgene Perle, das wohlbehütete Juwel für deinen Sohn, diesen erhabenen Herrn Abu Muhammad, zu erbitten. Keiner kennt ihn, seinen guten

Leumund und seinen Reichtum so gut wie du.‹ – ›Sehr gern‹, gab er zur Antwort. ›Wenn er sich zutraut, die Bedingung zu erfüllen, die ich ihm stelle, werde ich sie ihm zur Frau geben. Ich verlange nämlich mit Rücksicht auf die Hochzeitsfeier als Brautgeld für sie zehntausend Dinare, zehn Bekleidungen aus Atlasseide, zehn Zofen, tausend Stück Kleinvieh, hundert Rinder, zehntausend Hühner, tausend Ritl* Zucker, zehn Ritl Safran, zehn Ritl indisches Aloeholz, zehn Ritl Moschus und tausend Ritl rote Schminke.‹ Ich sagte: ›Ich besitze alles, was du verlangst, und noch mehr. Ich bin damit einverstanden und kann es zahlen.‹ Marhab versicherte noch: ›Sie wird also mein Haus nicht verlassen‹, worauf ich abermals mein Einverständnis erklärte.

Danach stand ich auf, begab mich nach Hause und teilte dem Affen alles mit, was jener verlangte. Der Affe sprach: ›Ich bringe dir alles, was er verlangt hat.‹ Dann erhob er sich und ging in die Stube hinein, ohne daß ich wußte, was er tun wollte. Unversehens war er verschwunden. Ich ging nun ebenfalls in die Stube, um zu sehen, was er tun werde. Weil ich ihn aber nicht vorfand, blieb ich verblüfft stehen. Ich sagte mir: ›Er ist fortgelaufen, und ich glaube nicht, daß er wiederkommt.‹ Dann verließ ich die Stube und setzte mich draußen eine Weile hin. Auf einmal erschien er und sagte zu mir: ›Warum sitzt du hier? Stehe auf und gehe in die Stube.‹ – ›Was soll ich tun?‹ fragte ich, und er wiederholte: ›Stehe auf und gehe in die Stube.‹ Als ich mich nun erhob und die Stube betrat, schaute ich dort zu meiner Überraschung zehn goldene und zehn silberne Tafeln voller Dinare sowie zehn Bündel Atlasseide. Nachdem ich dies gesehen hatte, ging ich wieder hinaus und fragte ihn: ›Was soll ich damit tun?‹ Er antwortete: ›Schicke dem Marhab, was er von dir verlangt hat, und gib ihm noch tausend Dinare obendrein.‹ Da lud ich es den Knechten, Mägden und Dienern auf den Kopf. Alles, was er verlangt hatte, ließ ich ihm zukommen und fügte ihm noch tausend Dinare bei. Er aber freute sich darüber. Nun ließ er den Richter und die Zeugen kommen, schloß den Ehevertrag zwischen mir und dem Mädchen und kehrte von der Amtshandlung zurück in Glück und Seligkeit.

Als die Hochzeitsnacht bevorstand, ließ sich der Affe vor mir nieder und fragte mich: ›Was hast du nun vor?‹ – ›Was du befiehlst‹, gab ich ihm zur Antwort. Da sprach er: ›Hüte dich, dich's nach dem Mädchen gelüsten zu lassen; denn dann komme ich wieder, um dich im Feuer zu verbrennen und zu einem warnenden Beispiel zu machen für solche, die sich warnen lassen.‹ Darauf versprach ich ihm, sein Verbot zu beachten. Als es Abend wurde, sah ich die Welt in Flammen stehen ob der Fülle von Kerzen, Ambra und Leuchtfeuern, die in goldenen und silbernen Geräten aller Art brannten. Ich sah Diener und Dienerinnen, und jeder, der mich erblickte, sprach zu mir: ›Viel Glück zu dem, was dir zuteil geworden ist!‹ Sie aber war eine Maid, wie es auf dem Angesicht der Erde keine schönere gibt. Man brachte mich in ihr Haus und ließ mich auf einem Ehrensitz Platz nehmen inmitten von Seide und byzantinischem Brokat, von Räucherwerk aus Nadd, Ambra und Aloeholz und umklungen von Liedern, Trommeln und Flöten. Ja, die ganze Welt war eitel Freude. Dann näherten sich zehn Mädchen, Monden gleich, die den Kleidersaum der Maid hielten, während sie selbst wie der Mond in der

Nacht seiner Fülle war, schöner als ein Götzenbild und auffallender als ein Banner. Sie hatte Haare wie die dunkle Nacht, und über diese ging der Scheitel als der schmale Pfad hinweg, der über den Höllengrund zum Paradies führt. Die Bogen leiten ihre Form von ihren Augenbrauen her, der Zauber stammt aus ihren Augen, und die Plejaden* gehen auf von ihrer Stirn. Um sie herum lagen aufgeschlagene Korane. Sie trug goldene Halsbänder, Perlen und Ketten, und ihr Geschmeide war aus rotem Gold. Ihr Erscheinen hatten die Mädchen mit den Rufen ›Es gibt keinen Gott außer Gott‹ und ›Gott ist am größten‹ verkündet sowie mit Segenswünschen für Muhammad, den Freudenboten und Warner. Verstohlen blickte ich sie an, und siehe, es war eine Maid, die jeder Beschreibung spottet, angetan mit einem goldenen Gewand und auf dem Haupt ein Netz aus großen Perlen. Nachdem ich sie gesehen hatte, o Fürst der Gläubigen, senkte ich den Kopf zu Boden, weil ich sie nicht noch einmal anzuschauen wagte, und sprach in meinem Herzen: ›Bei Gott, dies ist eine Maid, derengleichen ich noch nie gesehen habe und wie man sie auch in Zukunft nicht mehr sehen wird.‹ Ich war von einem heißen Verlangen danach erfüllt, sie möchte die meine sein; denn sie war soviel wert wie der Grundsteuerertrag der ganzen Welt. So verharrte ich schmerzerfüllt, da ich ihr fernbleiben mußte, während die Leute sagten: ›Hebe doch deinen Kopf hoch, lieber Herr, und betrachte, was dir Gott der Erhabene geschenkt hat.‹ Ich aber vermochte aus lauter Furcht vor dem Affen nicht, den Kopf zu ihr zu erheben. Danach übergaben sie mir die Maid, ließen sie bei mir und gingen von dannen. Ich setzte mich in der Halle an eine Seite, ohne mich ihr zu nähern, und schlief ein. Nachdem ich am nächsten Morgen auf den Markt gegangen war, kamen die Leute zu ihr herein und fragten sie, wie sie die Nacht verbracht habe. Da sagte sie: ›Der Mann hat nicht einmal seinen Blick zu mir erhoben.‹

Als ich dann am Nachmittag zu meinem Hause kam, saß der Affe an der Tür und sprach: ›Nun erzähle mir, was du getan hast.‹ – ›Bei Gott‹, gab ich ihm zur Antwort, ›ich weiß nichts von ihr, weiß nicht einmal, was sie ist, ob ein Mädchen oder ein Mann.‹ Da sprach er: ›Gerade so wünsche ich dich.‹ Dann verließ er mich bis Mitternacht, während ich zu Gott betete, er möchte nicht wiederkommen. Jetzt erschien er in Begleitung von Sklaven, Negern sowohl wie Indern. Diese trugen auf dem Kopf goldene und silberne Tafeln, gefüllt mit Dinaren, Perlen, Edelsteinen, Moschus, indischem Aloeholz, zerstückeltem Nadd und anderen Dingen, die der Beschreibung spotten. Eine Weile war ich verblüfft und sprachlos angesichts dieser Reichtümer. Dann wandte ich mich an den Affen mit der Frage: ›Was befiehlst du mir nun?‹ Er antwortete: ›Ich wünsche von dir heute nacht folgendes: Wenn du in jenes Haus kommst und siehst das Mädchen schlafen, dann gehe zu dem erhöhten Teil der Stube, hebe den Brokatvorhang, der vor der eisernen Tür hängt, und öffne diese. Dann wirst du eine eiserne Liege mit vier Beinen sehen, auf denen Zauberworte stehen, und an der Tür einen weißen Hahn mit gespaltenem Kamm. Schlachte den Hahn, wickele ihn in das Speisetuch ein und wirf vier auf der Liege ruhende Speere darüber. Dann bist du gefeit gegen alle Übel, die dir von mir und den übrigen Geistern drohen könnten.‹

In der zweiten Nacht führten sie das Mädchen zu mir herein. Nachdem die Dienerschaft sie verlassen und fortgegangen war, legte sie sich schlafen. Sobald sie eingeschlafen war, ging ich zu dem Hahn, schlachtete ihn, wickelte ihn in das Speisetuch ein und warf die vier Speere darüber, die auf der Liege ruhten. Da ertönte plötzlich ein gewaltiges, dumpfes Krachen wie von rollendem Donner, und schon hatte sich ein feuerähnlicher Dämon auf das Mädchen gestürzt. Bei seinem Anblick wurde ich ohnmächtig, und ich kam erst wieder zu mir, als irgendjemand sagte: ›Beim Herrn der Kaaba*, das Mädchen ist entführt worden!‹ Ja, Fürst der Gläubigen, das war so schlimm für mich wie eine Krankheit und ein Grund zu heißen Tränen. Als ich sah, was geschehen war, weinte ich bitterlich und schlug mir ins Gesicht. Ich empfand Reue, wo Reue mir nichts mehr nützen konnte, und die ganze Welt war für mich nur soviel wert wie eine Bohne. Ich verließ Basra, indem ich blindlings von dannen zog, ohne zu wissen, wohin ich ging. Dabei weinte ich in meinem Schmerz und sagte mir die Verse her:

Das Trennungsleid
hat mich schier verzehrt:
Des Buhlen Los,
dem die Liebste wehrt.

Ei, daß so still
und beherrscht ich war,
als sie mir fern!
Das ist wunderbar.

Weißt, Liebste, du
seit dem Scheiden nicht,
daß Liebeswahn
mir das Herz zerbricht?

Auf einmal hörte ich eine Stimme rufen: ›Wehe dir! Du hast dich nicht vor Gott gefürchtet, ein Mädchen an einen ungläubigen Dämon auszuliefern!‹ Nachdem ich dann eine Zeitlang zwischen den Dattelpalmen gewandert war, erblickte ich jemand und fragte ihn, wer er sei. Er antwortete: ›Ich bin einer von den Geistern, die sich durch den Kalifen 'Ali ibn abi Talib, dem Gott Ehre erweisen möge, zum Islam haben bekehren lassen.‹ Ich fragte ihn weiter: ›O du, wie kann ich meine Frau wiederfinden?‹ – ›Du Armer‹, sagte er, ›hast einen Vogel besessen, den du freigelassen hast, und nun möchtest du wieder zu ihm fliegen.‹ Und er fuhr fort: ›Gehe die ganze Nacht hindurch mit Gottes Segen und Hilfe diesen Weg entlang. Am Morgen wirst du dann am Ufer des Stromes eine Höhle entdecken. In dieser steht ein Götzenbild aus weißem Stein. Aus der Höhle fließt Wasser heraus. Trinke von diesem Wasser, bestreiche dir das Gesicht mit dem Lehm und bleibe dort stehen. Nun wird eine Barke ohne Segel bei dir vorbeifahren. Stelle dich dann auf die dem Götzenbild gegenüberliegende Seite. Der Barke werden nämlich verschiedengestaltige Wesen entsteigen, darunter Köpfe ohne Leiber und Leiber ohne Köpfe, die sich nicht vor Gott dem Erhabenen, sondern vor jenem Götzenbild niederwerfen werden. Wenn du dies siehst, dann besteige die Barke, fahre hinüber auf die andere Seite und wandere bis Sonnenuntergang am Flußufer entlang. Wenn du dich dann einem hochgelegenen, aus goldenen und silbernen Platten erbauten Schloß näherst, so wisse, daß dort deine Gefährtin weilt. Nun habe ich dich über die Verhältnisse unterrichtet, und damit Gott befohlen!‹

Danach wanderte ich seinem Rat entsprechend, bis ich zu der Höhle gelangte. Ich sah, daß die Wesen bereits eingetroffen waren. So verließ ich sie, worauf sie sich der Anbetung des Götzenbildes widmeten, und bestieg die Barke. Nachdem ich auf die andere Seite gefahren war, wanderte ich den ganzen Tag am Flußufer entlang, bis es Abend wurde. Dann setzte ich meinen Weg fort, bis der Morgen anbrach und die Sonne aufging. Da näherte ich mich einem hohen Schloß mit großen Höfen, das weit in die Lüfte ragte, starke Eckpfeiler hatte und aus Gold und Silber erbaut war. Es hatte ein Tor aus indischem Aloeholz mit eingelegten Elfenbeinstücken, leuchtenden Perlen und Beschlägen aus funkelndem Silber. An dem Tor befand sich ein goldener, mit Rubinen verzierter Ring. Beim Aufstieg fragte ich mich: ›Wo mögen hier die Recken, wo die Helden sein?‹ Dann machte ich mich stark und sprach mir Mut zu, hielt ich doch in der Hand ein tödliches Schwert. Ich dachte: ›Entweder werde ich das Mädchen befreien, oder ich gebe mein Leben für sie hin.‹ So trat ich mutigen Herzens, aber mit Angst vor dem Affen in das Schloß ein. Als ich mitten darin war, schaute ich mich um, und da sah ich zu meinem Erstaunen Sitzgelegenheiten aus rotem Gold und eine gewölbte, mit Perlen und Edelsteinen ausgelegte Wandnische. Diese hatte eine Ebenholztür, die mit Silberplatten belegt war, die ihrerseits wieder mit Edelsteinen aller Art besetzt waren. Inmitten der Wandnische stand eine mit Juwelen und Metallplättchen verzierte Elfenbeinliege, die mit Figurenschmuck verschiedenster Art bedeckt war. Auf dieser Liege ruhte das Mädchen, in den Koran vertieft und Gott den Erhabenen lobend, ehrend und preisend. Als sie mich erblickte, sprach sie: ›O Abu Muhammad, in unser beider Sache ist ein gerechtes Urteil ergangen.‹ Ich jammerte: ›Ach, Herrin, ich bitte Gott den Erhabenen und dich um Verzeihung.‹ Sie aber sprach: ›Du Unhold, du Bösewicht, du hast dich nicht vor Gott gefürchtet, mich einem verbrecherischen Dämon auszuliefern!‹ – ›Preis sei Gott für die Rettung!‹ sagte ich, während sie erwiderte: ›Du hast mich im Stich gelassen. Da hat Gott der Mächtige und Erhabene mir seinen Beistand gewährt und meinen Widersacher vernichtet.‹ Ich fragte sie: ›Wodurch ist er umgekommen?‹ Sie antwortete: ›Als er mich entführt hatte und mich bewußtlos durch die Luft trug, kam ich erst in diesem Schlosse wieder zu mir. Ich nahm alle seelische Kraft zusammen, da er sich mir nun nähern wollte, hob meinen Blick gen Himmel und rief: ›O Hilfe aller, die Hilfe suchen! O du, der du das Gebet der Bedrängten erhörst, der du denen, die dich bitten, ihre Wünsche erfüllst! Bei Muhammad, dem Siegel der Propheten, so du willst, o Barmherzigster der Barmherzigen, wehre ab von mir das Unheil dieses fluchwürdigen Dämons.‹ Bei Gott, ich hatte mein Gebet noch nicht vollendet, da fiel ein Feuerbrand vom Himmel auf ihn herunter, verzehrte ihn und ließ nur noch Asche von ihm übrig. So hat Gott sein Unheil von mir abgewendet.‹ Da sprach ich: ›Preis sei Gott für deine Rettung!‹ Dann erhoben wir uns beide, nahmen alles, was sich an wertvollen Edelsteinen, Gütern und Kostbarkeiten in dem Schlosse befand, an uns und begaben uns nach Basra. Der Vater und die übrigen Angehörigen des Mädchens kamen uns entgegen und freuten sich über die Güter und Schätze, die wir gewonnen hatten. Darunter, o Fürst der Gläubigen, war auch dieser Edelstein, den ich meinem gnädigen Herrn verschafft habe.«

Da wunderte und freute sich ar-Raschid über seine Geschichte und erwies ihm seine Huld. Er erhielt Zutritt zur Tafelrunde ar-Raschids und fand sich immer wieder im geselligen Kreis des Kalifen ein. Mit seiner Gattin aber lebte Abu Muhammad der Faulpelz ohne Unterlaß sehr herrlich und zufrieden, der Sorgen bar und in ungetrübtem Glück, bis der Tod zu ihnen kam, dem keiner entkommen und keiner entrinnen kann.

Dies ist die Geschichte, wie sie sich zugetragen hat. Preis sei Gott allein, und Gott schenke Segen und Heil unserem Herrn Muhammad, seinen Familienangehörigen und Freunden!

Arabisches Märchen

Vogel Phönix

Im Paradiesgarten, unter dem Baum der Erkenntnis, stand ein Rosenstrauch; hier, in der ersten Rose, kam ein Vogel zur Welt, sein Flug war wie der des Lichts, herrlich seine Farbe, wunderbar sein Gesang.

Als aber Eva die Frucht der Erkenntnis pflückte, als sie und Adam aus dem Paradiesgarten vertrieben wurden, fiel von dem Flammenschwert des Racheengels ein Funke in das Nest des Vogels und zündete es an. Der Vogel kam in den Flammen um, aber aus dem roten Ei flog ein neuer auf, der einzige, der immerdar einzige Vogel Phönix. Die Sage berichtet, daß er in Arabien nistet und daß er sich alle hundert Jahr in seinem Nest selber verbrennt und daß ein neuer Phönix, der einzige in der Welt, von dem roten Ei auffliegt.

Der Vogel umflattert uns, hurtig wie das Licht, schön an Farbe, mit herrlichem Gesang. Wenn die Mutter an der Wiege des Kindes sitzt, ist er neben dem Kopfkissen und schlägt mit den Flügeln einen Strahlenkranz um des Kindes Kopf. Er fliegt durch die Stube der Genügsamkeit, und drinnen ist Sonnenglanz, auf der armseligen Ziehkiste duftet es von Veilchen.

Aber der Vogel Phönix ist nicht allein Arabiens Vogel, er flattert im Scheine des Nordlichts über die Eisflächen Lapplands, er hüpft während des kurzen Sommers in Grönland zwischen den gelben Blumen herum. Unter den Kupferfelsen von Falun, in Englands Kohlengruben fliegt er als gepuderte Motte über das Gesangbuch in den Händen des frommen Arbeiters. Er fährt auf dem Blütenblatt der Lotosblume die heiligen Wasser des Ganges hinab, und die Augen des Hindumädchens leuchten, wenn sie ihn erblicken.

Vogel Phönix! Kennst du ihn nicht? Der Vogel des Paradieses, der heilige Schwan des Gesanges. Auf dem Thespiskarren saß er als schwatzhafter Rabe und schlug mit den schwarzen, hefebeschmierten Flügeln; über die Sängerharfe von Island strich der rote, klingende Schnabel des Schwans; auf Shakespeares Schulter saß er als Wotans Rabe und flüsterte ihm ins Ohr: Unsterblichkeit; er flog beim Sängerfest durch den Rittersaal auf der Wartburg.

Vogel Phönix! Kennst du ihn nicht? Er hat dir die Marseillaise gesungen, und du küßtest die Feder, die von seiner Schwinge fiel; er kam im Glanz des Paradieses, und du wandtest dich vielleicht dem Sperling zu, der Rauschgold auf den Flügeln hatte.

Der Vogel des Paradieses! Jedes Jahrhundert neu geboren, in Flammen zur Welt gekommen, in Flammen umgekommen; dein Bild, in Gold gefaßt, hängt in den Sälen der Reichen, du selber fliegst oftmals verirrt und einsam umher – eine Sage nur: der Vogel Phönix in Arabien.

Im Paradiesgarten, als du unter dem Baum der Erkenntnis zur Welt kamst, in der ersten Rose, küßte dich der Herrgott und gab dir deinen richtigen Namen – Poesie.

Hans Christian Andersen

Die goldene Wurzel

Es war einmal ein sehr armer Gärtner, der trotz aller angestrengten Arbeit nichts erübrigen konnte und endlich einmal für die drei Töchter, die er besaß, drei Ferkel kaufte, damit sie dieselben auffüttern und so etwas zur Mitgift haben sollten. Pascuzza und Cice, die ältesten der Mädchen, trieben ihre Schweinchen auf eine schöne Wiese, gestatteten aber nicht, daß ihre jüngste Schwester Parmetella mit ihnen ginge, sondern jagten sie von sich, damit sie ihr Ferkel anderswohin auf die Weide führe. Parmetella trieb also ihr Tierchen in einen Wald, in welchem die Dunkelheit sich gegen die Angriffe der Sonne befestigt hatte, und indem sie auf einer Lichtung anlangte, in deren Mitte eine Quelle gleich einem Wirtshaus, in dem frisches Wasser geschenkt wird, mit silberner Zunge die Reisenden aufforderte, einen halben Schoppen zu trinken, sah sie einen Baum mit goldenen Blättern, von denen sie eins abpflückte und es dem Vater brachte, der es mit großer Freude für mehr als zwanzig Dukaten verkaufte und mit dem Gelde ein und das andere Loch in seiner Wirtschaft zustopfte.

Als er nun aber seine Tochter fragte, wo sie es gefunden, erwiderte sie: »Nimm nur, was ich dir gebe, lieber Vater, und frage nicht weiter«, worauf sie es am folgenden Tage wieder so machte und den Baum so lange seiner Blätter beraubte, bis er am Ende ganz entlaubt dastand, als wäre er von den Herbststürmen geplündert worden. Da sie jedoch am Ende bemerkte, daß der Baum auch eine goldene Wurzel hatte, die sie mit den Händen nicht auszureißen vermochte, holte sie von zu Hause eine Axt und fing an, den Fuß des Baumes ringsumher bloßzulegen, worauf sie, so gut es gehen wollte, die Wurzel emporhob und darunter eine schöne Treppe von Porphyr sah. Parmetella, die ungeheuer neugierig war, stieg nun diese hinunter und durchschritt alsdann einen sehr tiefen, langen Gang, bis sie auf eine schöne Au gelangte, auf welcher sich ein herrlicher Palast befand, der von lauter Gold und Silber schimmerte und nichts anderes zeigte als Perlen und Edelsteine. Als nun Parmetella außer sich vor Staunen diese Herrlichkeiten eine lange Zeit betrachtet hatte und in diesem prächtigen Wohnsitz keine lebende Seele erblickte, trat sie endlich in ein Zimmer, in dem sie eine große Anzahl Gemälde erblickte, die viele schöne Dinge darstellten, unter anderm die Dummheit eines für klug gehaltenen Menschen, die Ungerechtigkeit eines, der die Waage hielt, und die vom Himmel bestrafte Gewalttätigkeit, alles so lebendig und treu dargestellt, daß es zum Erstaunen war; außerdem aber befand sich auch noch in dem Zimmer eine reich gedeckte Tafel. Parmetella, die von ihrem Magen ungestüm gemahnt wurde und niemand sah, setzte sich zu Tisch und fing an, es sich gutgehen zu lassen wie ein Graf; während sie aber mitten im besten Zugreifen war, trat ein Mohr herein, der zu ihr sprach:

»Bleib hier und gehe nicht von der Stelle, denn ich will dich heiraten und dich zur glücklichsten Frau der Erde machen.« Obwohl nun Parmetella einen gewaltigen Schreck bekam, faßte sie dennoch bei dem freundlichen Versprechen wieder Mut, und indem sie auf den Antrag des Mohres einging, erhielt sie sogleich von demselben einen Wagen von Diamanten, der von vier Rossen aus Gold, mit Flügeln aus Smaragd und Rubinen durch die Luft getragen wurde, damit sie in demselben spazierenführe; außerdem bestellte ihr Gemahl auch noch eine Schar von Affen, die in Goldstoff gekleidet waren, zu ihrem Dienst, die Parmetella alsbald vom Kopf bis auf die Füße in neue Gewänder kleideten und so herrlich schmückten, daß sie wie eine Königin aussah.

Als aber die Nacht erschien und die Sonne voll Verlangen, an den Ufern des indischen Stromes von den Mücken unbelästigt zu schlafen, das Licht auslöschte, sprach der Mohr zu Parmetella: »Wenn du Ninnei machen willst, mein liebes Kind, so lege dich in dieses Bett; sobald du dich aber in die Decke gewickelt hast, lösche das Licht aus und tue ja, wie ich dir sage; denn sonst möchte es dir schlimm ergehen.« Parmetella tat also, wie ihr geheißen war, hatte jedoch kaum die Augen geschlossen, als der Mohr sich in einen schönen Jüngling verwandelte und neben sie legte. Hierüber erwachte Parmetella, und indem sie merkte, daß ihre Wolle ohne Krempel kardätscht wurde, wäre sie fast vor Schreck gestorben; da sie aber wahrnahm, daß die Sache sich auf einen innerlichen Krieg beschränkte, so hielt sie bei den wiederholten Angriffen mutig stand. Ehe sich jedoch Aurora erhob, um zur Stärkung ihres bejahrten Geliebten frische Eier zu holen, sprang der Jüngling aus dem Bette und nahm seine andere Gestalt wieder an, während Parmetella zurückblieb voll Neugier, zu wissen, was für ein Leckermaul das Erstlingsei einer so schönen Henne ausgeschlürft habe.

Als nun wieder die Nacht erschien und Parmetella ganz so wie am vergangenen Abend sich gelegt und die Lichter ausgelöscht hatte, erschien auch wieder der schöne Jüngling, um sich zu ihr zu legen, und sobald er, von seinen Kunststücken ermüdet, in Schlaf gesunken war, ergriff Parmetella ein Feuerzeug, das sie sich zur Hand gesetzt hatte, schlug den Stahl, zündete den Schwefelfaden und mit diesem das Licht an, worauf sie die Decke emporhob und das Ebenholz in Elfenbein, den Kaviar in Milch und Sahne und die Kohlen in ungelöschten Kalk verwandelt sah. Indem sie jedoch so mit offenem Munde dasaß und den schönsten aller Pinselstriche, den die Natur jemals auf die Leinwand des Wunders getan, anstaunte, erwachte der Jüngling und fing an, Parmetella mit Vorwürfen zu überhäufen, indem er ausrief: »Wehe mir, um deinetwillen muß ich noch sieben Jahre lang diese verwünschte Strafe erdulden, da du aus Neugier deine Nase in meine Geheimnisse gesteckt hast; aber geh nur und mache, daß du fortkommst, packe dich aus meinen Augen und kehre zu deinen Bauernliesen zurück; denn du ahnst nicht, was für ein Glück du verlierst.«

So sprechend, verschwand er wie Quecksilber, während die arme Parmetella starr und kalt vor Schrecken und mit gesenktem Haupte den Palast verließ. Als sie jedoch aus dem unterirdischen Gang getreten war, begegnete sie einer Fee, die zu ihr sprach: »Dein Leid, meine Tochter, schmerzt mich in der tiefsten Seele; denn du Unglückliche gehst der Schlachtbank entgegen und hast eine haarbreite Brücke zu passieren. Um daher deiner Gefahr zuvorzukommen, nimm diese sieben Spindeln, diese sieben Feigen, dieses Näpfchen mit Honig und diese sieben Paar Eisenschuhe und wandere ohne auszuruhen so lange, bis sie zerreißen, dann wirst du auf dem Austritt eines Hauses sieben Frauenzimmer sehen, die von oben herabspinnen und die Fäden auf Totenknochen aufgewickelt haben. Weißt du nun, was du tun sollst? Halte dich ganz ruhig und versteckt, und immer, wenn ein Faden herunterkommt, zieh den Knochen heraus und stecke dafür eine mit Honig bestrichene Spindel an, mit einer Feige statt des Knopfes; denn wenn sie diese heraufziehen und die Süßigkeit schmecken, so werden sie sagen: ›Wer uns versüßt hat unsern Mund, dem werd nur süßes Leben kund.‹ Nach diesen Worten wird nun eine nach der andern sprechen: ›O du, der du uns diese Süßigkeiten gebracht hast, laß dich sehen!‹, und du mußt dann antworten: ›Ich will nicht; denn ihr fresset mich auf‹, und sie werden erwidern: ›Wir fressen dich nicht, so wahr uns Gott unseren Löffel behüten möge‹; du aber rühre dich nicht und bleibe ruhig an deinem Orte; darum werden sie fortfahren: ›Wir fressen dich nicht, so wahr uns Gott unsern Spieß behüte‹; du jedoch halte dich bewegungslos, als wärst du an den Boden gewurzelt; dann werden sie weitersprechen: ›Wir fressen dich nicht, so wahr uns Gott unsern Besen behüte‹, du aber traue ihnen nicht; und wenn sie auch sprächen: ›Wir fressen dich nicht, so wahr uns Gott unsern Eimer behüte‹, so halte du dennoch deinen Mund und muckse nicht; bis sie endlich sagen werden: ›So wahr uns Gott Donnerundblitz behüte, wir fressen dich nicht‹; dann steige du hinauf und sei sicher, daß sie dich nicht fressen werden.«

Sobald Parmetella dies vernommen hatte, fing sie an, über Berg und Tal so lange zu wandern, bis nach Verlauf von sieben Jahren die eisernen Schuhe zerrissen und sie an einem großen Hause anlangte, wo sie auf einem Balkon die sieben spinnenden Frauenzimmer erblickte, und nachdem sie dem Rate der Fee gemäß gehandelt und jene endlich nach tausenderlei Finten und Lockungen den Schwur bei Donnerundblitz geleistet hatten, stieg sie hinauf, worauf die Frauenzimmer zu ihr sagten: »Du schändliche Bübin bist Ursach, daß unser Bruder zweimal sieben Jahre fern von uns in der Gestalt eines Mohren in jener unterirdischen Behausung gelebt hat; jedoch sei unbekümmert; denn wenn du es auch verstanden hast, uns durch den Schwur ein Schloß vor unsern Rachen zu legen, so wirst du gleichwohl bei erster Gelegenheit die alte und die neue Rechnung bezahlen. Jetzt aber tu folgendes, verbirg dich hinter diesem Trog, und wenn unsere Mutter nach Hause kommt, die dich ohne weiteres verschlingen würde, so sieh zu, daß du hinter ihren Rücken kommst, packe sie dann bei ihren Brüsten, welche sie wie Quersäcke über den Schultern hängen hat, und ziehe aus Leibeskräften, ohne eher loszulassen, als bis sie bei Donnerundblitz schwört, dir nichts zuleide zu tun.«

Parmetella tat, wie ihr geheißen war, und nachdem die Hexe bei der Feuerschüppe, bei der Zange, bei dem Spinnrade, bei der Weife*, bei dem Topfbrett und endlich bei Donnerundblitz geschworen hatte, ließ Parmetella sie los und trat vor die Hexe, worauf diese zu ihr sprach: »Du hast mich dieses Mal angekriegt, Bübin; aber sieh dich vor; denn bei der ersten Wäsche wirst du mit eingeseift.« Indem nun so die Hexe die Gelegenheit, Parmetella aufzufressen, wie mit Licht suchte, nahm sie eines Tages zwölf Säcke verschiedener Hülsenfrüchte, wie Erbsen, Kichern, Linsen, Wicken, Fasolen*, Bohnen, Reis und Lupinen, mengte sie untereinander und sprach zu ihr: »Hier nimm diese Hülsenfrüchte, du schändliches Weibsbild, und lese sie mir dergestalt aus, daß jede Fruchtart besonders sei; wenn du aber bis heute abend nicht fertig bist, so verzehre ich dich wie eine Dreiersemmel.«

Die arme Parmetella setzte sich neben die Säcke hin und sprach weinend: »O du lieber Gott, wie ist mir doch die goldene Wurzel zur Wurzel so großer Drangsal geworden; diesmal ist es mit mir vorbei; und weil ich ein schwarzes Gesicht weiß gesehen habe, wird mir jetzt dafür ganz schwarz vor den Augen. Weh mir, meine Stunde hat geschlagen, mir ist nicht mehr zu helfen; schon scheint es mir, als wäre ich zwischen den Zähnen der scheußlichen Hexe; niemand ist da, mir beizustehen, niemand ist da, mir zu raten, niemand ist da, mich zu trösten.« Während sie so jammerte, erschien plötzlich wie ein Blitz Donnerundblitz, der die ihm durch eine Verwünschung auferlegte Verbannungszeit beendet hatte. Obwohl er nun noch voll Zorn gegen Parmetella war, so ließ ihm dennoch seine Liebe zu ihr keine Ruhe, und indem er sie so laute Klagen ausstoßen hörte, fragte er sie:

»Was hast du denn, Verräterin, daß du so weinst?« Worauf Parmetella ihm die üble Behandlung von seiten seiner Mutter und wie sie es darauf absah, ihr den Garaus zu machen und sie zu verschlingen, der Länge nach mitteilte. »Beruhige dich und fasse Mut«, erwiderte Donnerundblitz; »denn nichts von dem allen wird geschehen«; zugleich streute er alle Hülsenfrüchte auf die Erde und ließ eine Unzahl Ameisen hervorkommen, welche sogleich anfingen, alle Früchte einzeln aufzuhäufen, so daß Parmetella eine jede Gattung für sich zusammenraffte und in die Säcke füllte.

Als nun die Hexe nach Hause kam und alles fertig fand, so geriet sie fast in Verzweiflung und rief aus: »Der verdammte Donnerundblitz hat mir diesen Streich gespielt, aber du sollst mir nicht so davonkommen; darum nimm hier diese Überzüge von Zwillich, welche für zwölf Unterbetten sind, und sieh zu, daß sie bis heute abend voll Federn sind; sonst zerreiße ich dich in Stücke.« Die Ärmste nahm die Bettziechen*, setzte sich auf die Erde und fing an, ganz kläglich zu jammern, indem sie sich ganz zerkratzte und ihre Augen in zwei Tränenquellen verwandelte. Wiederum jedoch erschien Donnerundblitz und sprach zu ihr: »Weine nicht, Verräterin, sondern laß mich nur machen, ich werde schon für dich sorgen. Du aber löse dir deine Haare auf, breite die Bettziechen auf die Erde und fange an zu weinen und zu heulen und rufe dabei aus, daß der König der Vögel gestorben ist, dann wirst du sehen, was geschieht.« Parmetella tat, wie ihr geheißen war, und plötzlich erschien eine Wolke von Vögeln, welche die Luft verdunkelten und mit den Flügeln schlagend die Federn haufenweise herunterfallen ließen, so daß in weniger als einer Stunde die Betten voll waren.

Sobald nun die Hexe nach Hause kam und dies sah, schwoll sie vor Zorn dermaßen an, daß sie fast barst, wobei sie ausrief: »Donnerundblitz hat es sich in den Kopf gesetzt, mich zu ärgern; hol mich aber dieser und jener, wenn ich sie nicht einmal so ankriege, daß sie mir nicht entwischen kann«, hierauf wandte sie sich zu Parmetella und sprach: »Lauf, eile zu meiner Schwester und sage zu ihr, sie soll mir die Instrumente schicken; denn Donnerundblitz soll sich verheiraten, und wir wollen ein königliches Hochzeitsfest feiern.« Zugleich aber ließ sie der Schwester sagen, wenn Parmetella nach den Instrumenten käme, solle sie dieselbe sogleich schlachten und kochen; denn sie würde zu ihr kommen, um an dem Mahle teilzunehmen.

Als nun Parmetella sah, daß ihr leichtere Dienste aufgelegt wurden, war sie ganz erfreut, da sie glaubte, daß das Wetter jetzt heiterer würde; aber wie blind sind doch oft die Menschen! Indessen begegnete ihr unterwegs Donnerundblitz, welcher, sie so rasch darauf losschreiten sehend, sie fragte: »Wohin gehst du da, Unglückliche? Du weißt nicht, daß du deinem Tode entgegeneilst, dir selbst deine Fesseln schmiedest, dir selbst das Messer schleifest, selbst das Gift mischst; denn du wirst zu einer Hexe geschickt, damit sie dich verschlinge. Jedoch höre mir zu und sei ohne Furcht. Nimm hier dieses Brötchen, dieses Bund Heu und diesen Stein; und wenn du in dem Hause meiner Base anlangst, so wird ein bellender Fleischerhund auf dich losstürzen, um dich zu beißen; du aber stopfe ihm mit diesem Brötchen die Kehle. Nach dem Hunde wirst du ein Pferd frei herumlaufen sehen, das gegen dich wird ausschlagen und dich wird unter seine Hufe treten wollen, jedoch gib ihm das Bund Heu, dadurch fesselst du ihm die Füße. Zuletzt wirst du an eine Tür kommen, die immer auf und zu schlägt; lege daher diesen Stein vor, dadurch wirst du sie zum Stehen bringen. Alsdann steige hinauf, woselbst du die Hexe mit einem kleinen Kinde auf dem Arme und das Feuer, um dich zu braten, auch schon angezündet finden wirst. Die Hexe wird dann zu dir sagen: ›Halte mir ein bißchen das Kind und warte so lange, bis ich die Instrumente heruntergeholt habe‹; sie wird jedoch nur gehen, um sich die Hauer zu wetzen und dich dann stückweise zu zerreißen. Du aber wirf inzwischen das Kind ohne Mitleid in den Ofen, denn es ist Hexenfleisch, nimm die Instrumente, die hinter der Tür stehen, und mach dich davon, ehe die Hexe zurückkehrt; denn sonst ist es mit dir vorbei. Jedoch merke dir, daß die Instrumente sich in einem Futteral befinden, das du nicht öffnen darfst, wenn es dir nicht sehr schlimm ergehen soll.« Parmetella tat, wie ihr Geliebter ihr riet, jedoch öffnete sie auf dem Heimwege das Futteral, in dem sich die Instrumente befanden – da, mit einem Male, flog hier eine Flöte, dort eine Schalmei, hüben eine Pfeife, drüben ein Dudelsack empor, welche in der Luft tausenderlei Musik machten, während Parmetella sich vor Kummer das ganze Gesicht zerkratzte.

Inzwischen kam die Hexe in die Stube zurück, und als sie Parmetella nicht mehr vorfand, trat sie an ein Fenster und rief der Tür zu: »Quetsch die Verräterin tot!« Worauf die Tür erwiderte:

»Warum soll ich der Armen Böses tun? Durch sie kann ich ja endlich ruhn!«

Hierauf rief die Hexe dem Pferde zu: »Tritt die Spitzbübin mit deinen Hufen tot!«

Aber das Pferd versetzte: »Wenn ich sie träte, fühlte ich Reu, sie gab mir ja ein Bündel Heu!«

Endlich rief die Hexe den Hund und sprach zu ihm: »Beiß die Schelmin tot!«

Der Hund jedoch entgegnete: »Führwahr, ich beiße sie nicht tot, sie gab mir ja ein groß Stück Brot!«

Parmetella aber, welche indessen hinter den fortgeflogenen Instrumenten herschrie, begegnete Donnerundblitz, der sie gehörig aushunzte und zu ihr sprach: »Hast du denn noch nicht auf deine Kosten gelernt, Verräterin, daß du dich durch deine verwünschte Neugier in diese große Not gebracht hast, in der du dich befindest?« So sprechend, rief er die Instrumente durch einen Pfiff herbei und schloß sie wieder in das Futteral ein, indem er zu Parmetella sagte, daß sie sie nun der Mutter überbringen sollte.

Sowie diese nun Parmetella erblickte, rief sie mit lauter Stimme: »O grausames Schicksal, sogar meine Schwester handelt mir zuwider, da sie mir nicht einmal diesen Gefallen hat tun wollen.«

Bald nachher langte die Braut ihres Sohnes an, welche eine wahre Pest, ein wahres Unglück, eine Harpyie, ein Gespenst, ein Grauen, ein Scheusal, ein Ungeheuer von Häßlichkeit und dabei die leibhaftige Schwindsucht war, und durch die Blumen und Reiser, womit sie sich aufgeputzt hatte, wie ein neu eröffnetes Wirtshaus aussah. Die Hexe veranstaltete nun sogleich ein großes Fest, und da sie noch ganz voll Gift und Galle war, ließ sie den Tisch nahe bei einem Brunnen aufstellen und setzte die sieben Töchter, jede mit einer Fackel in der Hand, daneben hin, Parmetella aber gab sie deren zwei und wies ihr außerdem ihren Platz auf dem Rande des Brunnens an, damit sie, wenn sie schläfrig würde, hinunterstürze. Während nun die Speisen auf- und abgetragen wurden und die Köpfe schon anfingen warm zu werden, sprach Donnerundblitz, dem gar sehr übel zumute war, zu Parmetella: »Liebst du mich, Verräterin?«, worauf diese erwiderte:

»Mehr als mich selbst.«

»Nun denn, wenn du mich liebst«, entgegnete Donnerundblitz, »so gib mir einen Kuß.«

»Behüte Gott«, versetzte Parmetella, »das sei fern von mir; du hast ja ein so niedliches Geschöpf neben dir, die der Himmel dir hundert Jahre lang bei Gesundheit und zahlreicher Nachkommenschaft bewahren möge.«

»Man sieht wohl, was du für ein einfältiges Ding bist und bleiben wirst, wenn du auch ewig lebtest«, sprach nun die Braut, »da du die Spröde spielst und einem so hübschen Jüngling keinen Kuß geben willst; denn ich habe mich für ein paar Kastanien von einem Viehhirten nach Herzenslust küssen lassen.« Der Bräutigam wurde bei diesen Worten ganz giftig und schwoll an wie eine Kröte, so daß ihm das Essen im Halse steckenblieb, gleichwohl machte er eine gute Miene zum bösen Spiele und verschlang die Pille, indem er sich vornahm, späterhin sich zu revanchieren und die Rechnung auszugleichen.

Als man nun abgegessen hatte, schickte er die Mutter und die Schwestern fort, während er selbst, die Braut und Parmetella zurückblieben, um zu Bette zu gehen. Indem er sich nun von Parmetella die Schuhe ausziehen ließ, sprach er zu seiner Braut: »Hast du achtgegeben, liebes Weibchen, wie dieses hochmütige Ding mir einen Kuß verweigerte?«

»Sie hat unrecht getan«, versetzte die Braut, »dir den Kuß abzuschlagen, da du ein so hübscher Mann bist; denn ich habe mich für ein paar Kastanien von einem Schafhirten küssen lassen.« Donnerundblitz konnte sich nun nicht länger halten, sondern mit Blitzen von Zorn und Donner von Taten ergriff er, da ihm diese Rede gar zu sehr in die Nase gefahren war, ein Messer, stach die Braut über den Haufen und vergrub sie alsdann in einem Loche, das er in dem Keller machte. Hierauf umarmte er Parmetella und sprach zu ihr:

»Du bist mein Juwel, du bist die Blume der Frauen und der Spiegel der Ehre; schau mich daher mit deinen Augen an, gib mir deine Hand, reiche mir deinen Mund, nähere dich mir, die du mein Leben bist, denn ich will dein sein, solange die Welt besteht.« So sprechend ging er mit Parmetella zu Bett und scherzte mit ihr, bis zur Zeit, da die Sonne die Feuerrosse aus dem Wasserstalle zieht und auf die von Aurora besäten Felder auf die Weide führt.

Als nun die Hexe mit frischen Eiern erschien, damit die Neuvermählten sich stärken sollten und die junge Frau sagen könnte: »Glückselig ist die, welche sich verheiratet und eine Schwiegermutter bekommt!« und sie Parmetella in den Armen ihres Sohnes fand und außerdem noch vernahm, was vorgefallen war, eilte sie zu ihrer Schwester, um mit ihr zu überlegen, wie sie sich diesen Dorn aus den Augen schaffen könnte, ohne daß Donnerundblitz ihr zu helfen vermöchte. Sie fand jedoch, daß sie aus Schmerz über ihre im Ofen gebratene Tochter gleichfalls in den Ofen gekrochen war und bereits der Brandgeruch die ganze Nachbarschaft verpestete, worüber die Hexe in solche Verzweiflung geriet, daß sie gleich einem Widder so lange mit dem Kopf gegen die Mauer rannte, bis sie ihr Gehirn verspritzte. Donnerundblitz aber söhnte Parmetella mit seinen Schwestern aus, worauf sie sämtlich ein frohes und fröhliches Leben führten und die Wahrheit des Sprichwortes erkannten:

»Geduld überwindet alles.«

Giambattista Basile

Der Vogel, der goldene Eier legte

Es war einmal ein armer Holzfäller, der hatte eine Frau, die gebar ihm zwei Söhne. Täglich ging der arme Mann in den Wald, schlug Holz und trug es auf dem Rücken in die Stadt zum Bäcker – dafür bekam er zwei Brote und etwas Geld, das reichte gerade knapp für den Lebensunterhalt. Als er eines Tages wieder wie gewohnt in den Wald ging, um Holz zu schlagen, fand er einen Vogel, hübsch und zahm, der ließ sich mit der Hand greifen. Der Mann nahm ihn mit und brachte ihn seinen Kindern, damit sie eine Freude hätten. Als er ohne Brot oder Holz heimkam, zu so früher Stunde, fragte ihn seine Frau, was das zu bedeuten habe. Er zeigte nur den Vogel und gab ihn den Kindern, aber die Frau schimpfte so lange, bis er wieder in den Wald ging und seine Arbeit verrichtete.

Die Kinder spielten mit dem Vogel und bauten ihm ein Kästchen, das gefiel dem Vogel sehr, und er sang schön. Am anderen Morgen fanden die Kinder ein goldenes Ei im Kästchen. Sie zeigten es ihrem Vater, der nahm es erfreut und ging damit zu einem Juden im Juwelierbasar und verkaufte es ihm für einen guten Preis; davon konnte er nun gute Nahrung und Kleidung kaufen und brachte alles froh nach Hause. Auch am nächsten Morgen fanden die Kinder wieder ein goldenes Ei im Kästchen des Vogels, das brachte der Mann abermals zu dem Juden und erhielt gutes Geld dafür. Das ging eine ganze Weile so. Der Mann kaufte nun ein schönes großes Haus, Felder und Viehherden, Sklaven und Hirten, schickte seine beiden Söhne in die Koranschule und lebte selbst sehr fromm und zufrieden.

Eines Tages sprach er zu seiner Frau: »Liebe Frau, wir haben nun alles, was zum guten Leben nötig ist, es fehlt uns nichts. Und doch wünsche ich mir noch etwas über alles, das ist die Pilgerfahrt nach Mekka, den Ort der Gnade. Du bist wohlversorgt, also kann ich ruhig ziehen und, so Gott will, werde ich auch wieder zu dir zurückkehren.« Er nahm Abschied von seinen Söhnen und seiner Frau, befahl seiner ältesten Sklavin, alltäglich das goldene Ei zum Juden zu bringen, und zog dann auf die weite Reise nach Arabien.

Einige Tage ging alles gut, dann wurde die Frau von Neugierde geplagt und begleitete die Sklavin eines Morgens auf ihrem Weg zum Juden, wo sie das goldene Ei verkaufte. Als der Jude die Frau sah, war er von ihrer Schönheit ergriffen, und auch die Frau fand Gefallen an dem Juden. Dieser fragte sie: »Woher kommen diese goldenen Eier, die mir immer hergebracht werden?«

Die Frau antwortete: »Wir haben zu Hause einen hübschen Vogel, der legt jeden Morgen ein goldenes Ei.«

»Diesen Vogel würde ich gerne sehen«, sprach der Jude. Da nahm ihn die Frau mit zu sich nach Hause und zeigte ihm den Vogel in seinem Kästchen. Als der Vogel die beiden sah, sang er ein Lied:

»Wer meinen Kopf ißt, wird König,
wer mein Herz ißt, wird Richter.«

Als das der Jude hörte, wurde er sehr freundlich zu der Frau und sprach zu ihr: »Dein Mann ist weit fortgereist, wer weiß, ob er je zurückkehrt. Ich werde dich heiraten!« Die Frau stimmte zu.

Sie setzten den Tag für die Hochzeit fest, und der Jude verlangte nur, daß man ihm den Vogel als Hochzeitsmahl bringe.

Während nun die Feier stattfand, befahl die Frau der Sklavin, den Vogel zu schlachten und zu braten. Inzwischen kamen die beiden Söhne aus der Schule, gingen in die Küche und sahen den Vogelbraten über dem Feuer. Da naschten sie davon: Der eine nahm den Kopf, der andere das Herz, und verzehrten es beide.

Als der Vogelbraten aufgetragen wurde, suchte der Jude vergeblich Kopf und Herz des Vogels, dann wurde er sehr zornig und ließ die Sklavin rufen. Die Frau fragte die Sklavin: »Hast du nicht acht gehabt auf den Braten? Es fehlen zwei Stückchen!«

Die Sklavin sprach: »Außer mir und euren Kindern war niemand in der Küche.« Da rief die Frau ihre Söhne, und diese gestanden, daß sie zwei kleine Stückchen von dem Braten genascht hatten.

Da verlangte der Jude: »Nun mußt du deine Söhne opfern, und was in ihrem Magen ist, soll mir gebracht werden!« Die Frau gab ihrer Sklavin den Auftrag, die beiden Kinder in den Wald mitzunehmen und dort zu töten, dann Kopf und Herz aus ihren Mägen zu holen und herzubringen.

Als sie in den Wald kamen, sagte die Sklavin den beiden Burschen, was die Mutter ihr befohlen hatte, und sprach: »Ich kann euch nicht töten. Fangt doch einen Vogel, der aussieht wie euer Vogel, und ich will Kopf und Herz davon nehmen und zurückbringen!«

Das taten die Burschen, dann gingen sie fort und schworen, nie wieder zurückzukehren. Die Sklavin brachte Kopf und Herz des Vogels zurück und trug es zum Juden, der aber schrie: »Diese sind es nicht!« Da verfluchte die Frau ihre Sklavin und jagte sie aus dem Hause.

Der Jude nahm nun die Frau zu sich in sein Haus, da lebten sie einige Jahre miteinander.

Inzwischen waren die beiden Burschen immer weiter gewandert, bis sie zur größten Stadt des Landes kamen, da war gerade der König gestorben. Es war aber ein Richtspruch ergangen: Wer am Morgen als erster durch das Tor hereinkommt, der soll der neue König sein. Nun gingen die beiden Burschen als erste durchs Tor, da wurden sie von den Wachen ergriffen und zum Palast gebracht. Dort stellte man sie vor die Versammlung, und alle Leute freuten sich über die schönen Knaben. Den ältesten machten sie zum König, seinen jüngeren Bruder zum obersten

Richter. Die beiden regierten nun zur Zufriedenheit aller Einwohner, und niemals wurde ein besserer König oder ein gerechterer Richter gefunden.

Nach einigen Jahren war auch der Mann, der Vater der beiden Burschen, von der beschwerlichen Pilgerreise zurückgekehrt und wurde sehr traurig, als er sein Haus verlassen fand. Er fragte herum und erfuhr, daß seine Frau zu einem Juden gezogen sei, die beiden Kinder aber hatte niemand mehr gesehen. Er ging nun vors Haus des Juden, machte Lärm und verlangte seine Frau. Aber diese beschimpfte ihn und sprach: »Schafft mir den Kerl weg, ich kenne ihn nicht, er muß verrückt sein!«

Als der Mann gar keine Ruhe geben wollte, ließ der Jude die Marktwächter holen und den Mann einsperren. Dieser aber rief ganz laut allen Leuten immer wieder zu: »Diese Frau ist meine Frau und nicht des Juden Frau!« Da brachte man ihn vor den Richter, der scheute sich aber, ein Urteil zu sprechen, und verlangte, daß man die drei Streitenden in die Hauptstadt zum König bringe, der habe den gerechtesten Richter.

Man führte sie nun vor den König und seinen Bruder, den Richter, die auch beide sogleich ihre Eltern erkannten. Aber sie sagten zuerst nichts. Die Frau beklagte den Mann und sagte immer wieder, er müsse verrückt sein, wenn er sie als seine Frau verlange. Der Mann bestand aber auf seinem Recht und forderte von ihr Bericht über den Verbleib der Kinder. Als die beiden Söhne ihre Mutter so falsch schwören hörten, erschraken sie sehr und erzählten, wie es sich zugetragen hatte. Dann umarmten sie ihren Vater, nahmen ihn zu sich und ließen ihn bei sich wohnen. Die Mutter und den Juden aber verurteilten sie; beide wurden Maultieren an die Schwänze gebunden und in die Wildnis geschleift, bis sie starben.

Märchen der Berber

Die hölzerne Elster

Ist einmal ein König gewesen. Zu dem sind drei Wanderer gekommen, ein Schlosser, ein Wagner und ein Tischler. Und die haben gesagt, sie seien drei Künstler und bei einem großen Meister in die Schule gegangen. Da hat ihnen der König drei Räume als Werkstätten zur Verfügung gestellt und ihnen ein halbes Jahr Frist gegeben, ein Kunstwerk herzustellen, was er noch nicht gesehen.

Nach Verlauf eines halben Jahres kam der Schlosser und hat einen Fisch aus Stahl gebracht; wie man denselben ins Wasser geworfen, ist er geschwommen wie ein natürlicher Fisch. Das hat dem König sehr gut gefallen, hat dem Schlosser viel Geld gegeben und das Kunstwerk in die Schatzkammer gestellt.

Am nächsten Tag kam der Wagner und brachte einen Wagen; der ist von selber gegangen, wenn er droben gesessen und in einem Rad umgedreht hat. Auch der König hat sich hineingesetzt und ist gefahren. Das hat ihm noch besser gefallen, er hat den Wagner glänzend belohnt und den Wagen in die Schatzkammer stellen gelassen.

Am dritten Tag kam der Tischler und brachte eine kleine hölzerne Elster.

»Was, das soll ein Kunstwerk sein?« rief der König enttäuscht. »Da seh ich, wenn ein Tandlmarkt ist, viel schönere hölzerne Vögel.«

Der Tischler ließ sich aber nicht einschüchtern, sondern hat bei einer der vier Schrauben gedreht, die am Rücken angebracht waren, und der Vogel ist gewachsen, immer größer und größer ist er geworden und hat die Flügel auseinandergebreitet.

Dann ist er auf diese große Elster rittlings hinauf gesessen und hat eine zweite Schraube gedreht. Da hat die Elster ihre Schwingen gebraucht und ist bald hoch gegangen, hoch über die Häuser, über das Schloß und über die drei hohen Türme des Domes.

Eine dritte Schraube bewog den hölzernen Vogel, in waagrechter Richtung zu fliegen, und weil der Tischler des Vogels Geheimnisse kannte, so wandte sich bald das Tier. Nun machte er sich bei der vierten Schraube zu tun, die hölzerne Elster senkte sich, und der Tischler landete vor dem König.

Der aber rief ihm entgegen: »Das ist das Allerschönste, und ich werde dich königlich belohnen!« Mit viel Geld zog der Tischler wieder weiter in die Fremde, die holzerne Elster ward aber in der Schatzkammer hinterlegt.

Bei dem Probeflug war des Königs Sohn anwesend, und derselbe konnte das nicht mehr vergessen, in den Träumen erschien ihm die hölzerne Elster, und sein höchster Wunsch war, einmal auf diesem Fahrzeug durch die Luft eilen zu können, aber nie bot sich ihm die Gelegenheit, dies auszuführen.

Erst nach Verlauf etwa eines Jahres verreiste der König und vergaß, den Schlüssel für die Schatzkammer mitzunehmen. Der Königssohn sperrte auf und holte sich aus der Schatzkammer die hölzerne Elster. Unter dem Mantel verborgen trug er seinen Schatz hinaus in den Park und schraubte dort an dem Vogel; der wuchs und wuchs, und der Königssohn ritt voll Freude auf, drehte die zweite, die dritte Schraube. Da stieg der hölzerne Vogel in die Luft und dann kerzengerade hinweg über die waldbedeckten Berge und Städte und Dörfer und war schon weit weg von der heimischen Königsstadt, als er nach der vierten Schraube griff. Er kannte die Einrichtung der Elster nicht so gut, um sie zur Umkehr zu bewegen, und glaubte, die vierte Schraube werde dies erreichen. Doch senkte sich die Elster langsam und landete auf einer fremden Weide. Dort hüteten Buben Rindvieh. Als der Luftschiffer niederging, liefen die Rinder und deren Halterbuben fort und kamen erst zurück, als der Königssohn Josef die Elster in ihre kleine Gestalt zurückgeschraubt hatte. Nun fragte er die Buben, wo er sei, konnte sich aber nicht verständigen. Es war die gleiche Sprache, doch die Form ganz anders.

Seine Heimatstadt war ihnen gänzlich unbekannt; der Name seines königlichen Vaters klang ihnen fremd.

Was nun tun? Dort in der Ferne sah eine Stadt mit Türmen und einer Burg herüber. Und je mehr er hinüberschaute, desto mehr ward ihm klar, daß er nun mit dem Bettel sich fortbringen müsse.

Und so machte er einem Halterbuben von gleicher Größe den Antrag, mit ihm das Gewand zu tauschen. Gern gab ihm der Bub sein zerflicktes Gewand gegen das seidene Prinzenkleid, und die hölzerne Elster unter dem Mantel, schritt der Königssohn Josef in seinem armseligen Gewand der Stadt zu.

Er ging durchs Stadttor; gleich daneben stand ein großes Kaufmannshaus. Dort trat er ein, um ein Almosen zu erbetteln. Der Kaufmann selbst war zufällig im Geschäft, schaute den Bettelbuben an, dessen vornehme Sprache so gar nicht zum miserablen Aufzug paßte, fragte ihn, woher er sei: »Von Kronstadt.«

»Kannst du lesen und schreiben?« fragte ihn der Kaufmann weiter, und auf dessen Jawort ließ er ihn etwas niederschreiben. Der Kaufmann war damit hoch zufrieden und sagte: »Kind, du gefällst mir. Hättest du nicht Lust, Kaufmann zu werden und bei mir als Lehrling einzustehen?«

Da nun der Königssohn Josef dies als einen besseren Ausweg ansah als den armseligen Bettel, so ging er gern auf den Vorschlag ein und wurde Lehrbub beim Kaufmann. Und dieser ließ ihm ein anständiges Gewand machen.

Da lernte er drei Jahre, und sein Wesen war derart, daß von der ganzen Stadt die Leute bei diesem Kaufmann einkaufen gingen. Kein Wunder, daß Josef auch dort weiterhin als Kommis bleiben konnte.

Als solcher hatte er endlich an den Sonntagnachmittagen frei und konnte sich nun auch die Stadt anschauen. Und da kam er an einem Sonntagabend zur Königsburg. Er blickte hinauf zu dem mächtigen Bau. Da schaute aus einem Fenster des dritten Stockes eine junge Frau heraus. Er sah sie, dann ging er heim. Am nächsten Sonntag abends kam er wieder dahin, und wiederum schaute die junge Frau heraus. Er blickte hinauf, und sie fragte ihn, was er sieht.

»Einen Engel sehe ich«, erwiderte er; dann ging er wieder weiter.

Am dritten Sonntag aber war es schon spät abends, und es war schon dunkel umher. Da kam er mit seinem hölzernen Vogel vor das Schloß. Er schraubte ihn auf, saß auf und war bald oben beim Fenster der jungen Frau. Dasselbe stand offen, und er stieg ein, schraubte den Vogel zurück und trat zur Jungfrau.

Jetzt erst sah er, wie schön sie war. Sie schlief, lächelte aber, als er sie leise ansprach. Als er sie aber berührte, wachte sie auf und erstaunte nicht wenig. Sie fragte ihn, wer er sei, und er bezeichnete sich als »Engel Rafael«. Und sie blieben die ganze Nacht beisammen, und erst am Morgen flog er wieder heim.

Noch des öfteren besuchte er die Königstochter mit Hilfe seines hölzernen Vogels; denn einen anderen Weg hätte er nicht nehmen können. Standen doch überall die Wachen.

Als das Jahr vorüber ging, war große Aufregung in der Königsburg. Denn der König hatte durch seine Tochter einen Enkel bekommen. Wer der Vater des Bübchens sei, fragte sie der König, doch sie konnte nur antworten: »Der Engel Rafael«.

Und so blieb ihm auf den Rat der Ärzte nichts anderes übrig, als die gesamten jungen Männer der Stadt zu versammeln, und die Ärzte sollten aus der Ähnlichkeit des Kindes den Vater herausbringen. Schon waren die meisten Männer entlassen, unter den letzten war Josef. Wie er vortrat, riefen die Ärzte: »Der ist es, der ist der Vater des Kindes, der ist der Missetäter.«

Mit wildem Zorn, daß ein Kaufmannsgehilfe der Vater seines Enkels sei, ließ der König einen Scheiterhaufen errichten, um Josef, die Königstochter und das Kind zu verbrennen. Doch konnten sich die zwei noch etwas vor der Hinrichtung wünschen. Josef bat, man möchte ihm seinen Koffer bringen, und gern bewilligte man ihm diese Bitte. Dem Koffer entnahm er seine hölzerne Elster und bestieg mit der Königstochter und deren Kind den Scheiterhaufen. Nun zündeten die Henker den Haufen an, und ein dicker Qualm entzog die drei den Blicken der umstehenden Menge. Da schraubte er rasch die Elster auf, setzte sich auf sie, nahm seinen Schatz und sein Kind zu sich und stieg, die zweite Schraube drehend, kerzengerade in die Luft. Dann drehte er die dritte Schraube, und die Elster trug die drei durch die Lüfte hinweg, weit fort.

Da tauchten die drei Türme eines Domes auf und des Königssohnes heimische Königsburg. Rasch schraubte er an der vierten Schraube, der Vogel senkte sich und landete knapp vor den Stadtmauern.

Er ging mit den Seinen in die Stadt und quartierte seinen Schatz und das Kind im nächsten Gasthaus ein, er aber ging hinauf in das Schloß.

Der königliche Vater hatte anfangs den Verlust seines einzigen Kindes kaum ertragen können, aber die Jahre haben ihn mehr beruhigt.

Als nun Josef vor den König trat, erkannte ihn dieser nicht, und als er sich als Königssohn bekannte, wollte er es nicht glauben. Erst als er seine hölzerne Elster hervorzog, deren Abgang nie bemerkt worden war, und seine Geschichte erzählte, glaubte ihm der König und begrüßte ihn mit Freuden, besonders aber den tapferen Enkelbuben.

Nun gab es eine große Hochzeit, zu der auch der Nachbarskönig geladen war. Wie staunte der, als er in der Braut seine eigene Tochter erkannte. Er war aber mit der Lösung des Falles sehr zufrieden und gab gern seinen Segen.

Österreichisches Märchen

Das Märchen vom Goldlaub

Es war einmal eine arme Witwe, die lebte mit ihren drei kleinen Kindern in einer schlechten Hütte. Sie arbeitete fleißig bei fremden Leuten und verdiente so das Notwendigste zum Leben. Aber einmal, im kalten Herbst, wurde sie krank. »Mutter, gib uns zu essen«, sagten die Kinder und: »Mutter, uns friert!« Aber die Mutter konnte ihnen nicht helfen. Schließlich stand der älteste, der kleine Thomas, von der Bank auf und meinte: »Ich will wenigstens ein wenig dürres Holz im Wald sammeln zum Einschüren.« Und gleich ging er fort und fing damit an. Als er ein großes Bündel Reisig beisammen hatte, setzte er sich für einen Augenblick auf einen Stein und rieb seine kalten Hände.

Da kam auf einmal ein schönes Kind zwischen den Bäumen gegangen und sagte zu Thomas: »Ich will dir helfen. Hier, nimm diesen kleinen Stab. Wenn du damit an einen Baum klopfst, fallen goldene Blätter herunter. Merk dir aber: Wer mehr verlangt, als er braucht, wird gestraft.« Und dann war das schöne Kind verschwunden.

Thomas dachte: »Das muß ein Engel gewesen sein.«

Und dann klopfte er an den nächsten Buchenstamm und sagte:

»Liebes Bäumlein, ich bitte dich,
liebes Bäumlein, schüttle dich!
Laß fallen ein Blättlein hold,
nur ein einziges Blatt aus Gold!«

Und wirklich – es fiel ein Blatt herunter, das war aus reinem Gold. Da sprang Thomas voller Glück damit heim, und von da an war alle Not zu Ende. Aber die Mutter erlaubte nicht, daß mehr Blätter heruntergeholt wurden, als für ein einfaches Leben notwendig waren. Nur armen Leuten zuliebe durfte Thomas hie und da ein Goldblatt extra von einem Baum klopfen.

So vergingen die Jahre, und die Kinder wuchsen heran. Den Leuten im Dorf war der bescheidene Wohlstand im Häuschen der Witwe aufgefallen, und eines Tages beobachtete ein Nichtstuer und Taugenichts, wie Thomas im Wald ein Goldblatt von einer Buche herunterholte. Er sprang auf den erschrockenen Buben zu, riß ihm das Stäbchen aus der Hand und rannte davon. Ehe Thomas ihn einholen konnte, hatte er schon an einen Baum geklopft und gerufen:

»Liebes Bäumlein, schüttle dich,
überdeck mit Golde mich,
laß fallen deine Blätter hold,
nichts will ich als Gold, Gold, Gold!«

»Gold, Gold, Gold!« tönte das Echo zurück. Der Baum verwandelte alle seine Blätter in Gold und ließ sie auf den Burschen herunterfallen, so daß er durch ihre Last erstickt wurde. Thomas konnte ihn nicht mehr retten.

Da kam auch wieder das schöne Kind zwischen den Bäumen hervor und nahm das Stäbchen an sich. »Das Gold, das auf der Erde liegt, gehört euch!« sagte es zu Thomas, und dann war es verschwunden. Nun war die kleine Familie reich für ihr ganzes Leben, aber sie blieben immer bescheiden und hilfsbereit gegen alle Leute.

Franz Graf von Pocci

Fioravante und die schöne Isolina

Ein König, der nicht mehr der Jüngste war und einen erwachsenen Sohn hatte, der nichts lernen wollte, machte sich Sorgen und ließ ihn rufen. »Fioravante«, sprach er zu ihm, »ich gebe mir soviel Mühe, dir etwas beizubringen, aber es ist, als ob man Wasser im Mörser stößelt. Wie soll ich dir die Krone vererben?«

»Lieber Vater«, sagte Fioravante, »ich bin in ein schönes Mädchen verliebt, und alles, was Ihr mir sagt, geht mir zum einen Ohr rein und zum andern wieder raus.«

Das Mädchen hieß Sandrina und war eine arme Weberin, was dem König sehr mißfiel. »Was werden die Leute sagen? Ein Königssohn, der sich in ein Webermädchen verliebt? Hast du denn gar keinen Anstand im Leib?« Und er beschloß, einen Brief an seinen Bruder, den König von Paris, zu schreiben mit der Bitte, seinen Sohn eine Weile bei sich am Hof zu behalten, damit er sein Webermädchen vergesse.

Fioravante nahm sich ein schnelles Pferd und ritt los. Nach einer Weile, als er gerade durch einen dichten, dunklen Wald voller Wölfe ritt, zogen finstere Wolken am Himmel auf. Donner begann in der Ferne zu grollen, dann zuckten Blitze, und ein gewaltiges Unwetter brach los. Die Wölfe heulten in ihren Höhlen. Fioravante stieg vom Pferd, legte sich darunter, zündete sich ein Pfeifchen an und ließ das Unwetter toben. Als der Regen nachließ, sah er in der Ferne ein kleines Licht. Er kam zu einer Hütte, klopfte an, und eine alte Frau öffnete ihm die Tür. »Oh, mein Herr, wo Ihr hingeraten seid ...«, begann sie mit krächzender Stimme, da erschien hinter ihr ein großer, ungeschlachter Kerl mit einem Bart bis auf die Brust.

Es war einer, der sich als Mörder verdingte. »Wer seid ihr?« fragte er den Prinzen, und Fioravante erwiderte: »Ich bin der Sohn des Königs von London und reite zu meinem Onkel, dem König von Paris, um bei ihm etwas zu lernen.«

Da sagte der Mörder: »Wenn dir dein Leben lieb ist, tausche die Kleider mit mir und tu so, als wärst du mein Diener und ich wäre du, so daß der König von Paris mich als seinen Neffen nimmt. Aber wehe dir, wenn du mich verrätst! Hast du verstanden?«

»Jawohl.«

So ritten sie nach Paris. Der Onkel empfing den Mörder im Glauben, er wäre der erwartete Neffe. Und Fioravante wurde in den Stall geschickt, um die Pferde zu striegeln und Hafer mit ihnen zu fressen.

Eines Tages sagte der Mörder zum König: »Majestät mein Herr Onkel, alle Könige haben schöne Gespanne für ihre Kutschen, nur Ihr nicht. Wie kommt das?«

Der König erwiderte: »Ich hätte Pferde genug, um mir die schönsten Gespanne der Welt zu leisten. Aber es sind wilde Pferde, sie ziehen in Herden auf den Weiden umher. Niemandem ist es bisher gelungen, ein Gespann für meine Kutsche einzufangen.«

Darauf der Mörder: »Mein Diener ist imstande, Euch jedes Gespann einzufangen, das Ihr wollt, jedenfalls rühmt er sich dessen.«

»Stellen wir ihn auf die Probe«, sagte der König. »Aber wenn er versagt, büßt er es mit dem Kopf.«

Der Mörder lief sofort zu Fioravante und sagte: »Hör mal, der König hat sich in den Kopf gesetzt, daß du ihm ein Pferdegespann für seine Kutsche besorgen sollst, und zwar aus der Herde, die draußen auf seinen Weiden grast. Und wenn du's nicht schaffst, wirst du geköpft.«

Fioravante, den es langweilte, immer nur im Stall zu sein, sattelte sich ein Pferd und ritt hinaus auf die Weide. Unterwegs kam er durch einen Garten, in dem es alle Arten von Blumen und Pflanzen gab, und als er dicht an einer Eiche vorbeikam, hörte er eine Stimme, die wie eine Frauenstimme klang und ihn anrief: »Fioravante! Fioravante!«

Er war sehr verwundert, denn er war noch nie zuvor in jener Gegend gewesen und konnte sich nicht erklären, wie jemand dort seinen Namen wußte. »Wer ist da?« rief er, und siehe, da sprang aus dem Stamm der Eiche eine schöne junge Stute hervor, die sprechen konnte und sagte: »Fürchte dich nicht, ich bin es! Wenn du dir ein Gespann aus der Herde fangen willst, laß dein Pferd stehn und setz dich auf meinen Rücken.«

Fioravante band sein Pferd an einen Baum, setzte sich auf den blanken Rücken der Stute und ritt auf die Weide. Er gelangte zur Herde, warf das Lasso, fing zwei Pferde ein und legte ihnen das Halfter an, als wäre das alles die leichteste Sache der Welt.

Als der König das Zweiergespann erblickte, das schöner war, als er je eines gesehen, sprach er zum Mörder: »Du hast einen tüchtigen Mann als Diener. Aber nun wollen wir sehen, ob er sie auch zähmen kann.«

Fioravante, immer den Ratschlägen seiner Stute folgend, machte die beiden Pferde mit Hilfe eines Dreschflegels brav und folgsam.

Da sagte der König: »Ich will deinen Diener zum Essen einladen.«

Aber der Mörder erwiderte: »Lieber nicht, Majestät mein Herr Onkel, denn er hat sich daran gewöhnt, wie die Pferde Hafer zu fressen, und wenn er sich das wieder abgewöhnt, wer weiß, was er dann für Ansprüche stellt.«

So brachte er den König davon ab, Fioravante an die Tafel zu laden, und dafür verfolgte er ihn andauernd mit Reden wie diesen: »Majestät mein Herr Onkel, Ihr seid nicht mehr der Jüngste, leider. Wem werdet Ihr Eure Krone vererben? Ihr habt keine Söhne, und es wäre mir nicht lieb, wenn am Ende ich …«

»Söhne habe ich keine«, sagte der König. »Allerdings hatte ich einst eine Tochter, die war schön wie der helle Tag, aber mit vierzehn ist sie mir gestorben. Ich habe noch nicht einmal ihr Grab gesehen, denn sie liegt in einem Kloster im fernen Indien begraben, und ich weine noch immer um sie.«

»Weint nicht, Majestät mein Herr Onkel«, sagte der falsche Neffe. »Mein Diener behauptet, er sei imstande, Euch diese Eure Tochter heil und gesund wiederzubringen.«

Darauf der König: »Wer ist denn dieser dein Diener, daß er Tote auferwecken kann?«

»Nun, das sagt er jedenfalls«, antwortete der Mörder.

»Dein Diener nimmt den Mund zu voll. Sag ihm, er solle beweisen, daß er wirklich kann, was er sagt, und mir bei Strafe des Todes die schöne Isolina herbringen.«

Aber Fioravante hatte ja seine Stute, die zu ihm sprach: »Verzage nicht. Geh zu deinem Herrn und verlange ein Glas aus makellosem Kristall, einen Käfig aus purem Gold, mit goldenen Stäben, goldenen Stangen und goldenem Wassernäpfchen, sowie ein Schiff, das nicht das kleinste Leck hat.«

Fioravante ging zum Mörder und setzte ihm auseinander, was er brauchte. Und der König ließ ihm alles wunschgemäß herrichten.

Mit dem Schiff machte sich Fioravante auf die Reise nach Indien, und die treue Stute nahm er mit an Bord. Als sie auf hoher See waren, sah er einen Fisch aus dem Wasser springen. »Schnapp ihn dir!« sagte die Stute, und Fioravante langte hin und fing den Fisch im Fluge auf. »Jetzt tu ihn in das Kristallglas«, sagte die Stute.

In Indien angekommen, machten sie sich auf den Weg zu dem Kloster. Ein Vogel kam niedrig vorbeigeflogen, und die Stute sagte: »Schnapp ihn dir!« Fioravante langte hin und fing den Vogel im Fluge auf. »Jetzt tu ihn in den goldenen Käfig«, sagte die Stute.

Schließlich kamen sie zum Kloster, und Fioravante fragte die Äbtissin, wo Isolina begraben lag, die Tochter des Königs von Paris. Die Äbtissin zündete eine Kerze an, führte ihn in die Kirche, zeigte ihm das Grab und ließ ihn allein. Sofort begann Fioravante zu graben. Er grub und grub, und unter der Erde erschien die Tochter des Königs, mit Gold und Diamanten geschmückt, frisch wie eben eingeschlafen. Er versuchte sie aufzuheben, aber sie ließ sich nicht bewegen, als wäre sie mit dem Stein verwachsen. Da ging er die Stute um Rat fragen, die draußen vor Kirche wartete. »Du mußt wissen«, sagte die Stute, »daß Isolina einen blonden Zopf vermißt, den sie um den Kopf gelegt trug. Ohne den rührt sie sich nicht vom Fleck. Laß dir von den Nonnen sagen, wo sie ihn hingetan haben. Wenn Isolina den Zopf wiederhat, wird sie sich leicht wie ein Rosenblatt aufheben lassen.«

Fioravante ging zur Äbtissin, klopfte an und fragte sie nach dem Zopf. »Der Zopf ist im Meer verlorengegangen, als wir auf der Fahrt zu diesem Kloster waren, um sie hier zu begraben.«

Da sagte die Stute zu ihm: »Weißt du, was du jetzt tun mußt? Wirf den Fisch, den du im Kristallglas hast, wieder ins Meer und sag ihm, daß er dir für seine wiedergewonnene Freiheit Isolinas Zopf herbringen soll.«

Der Zopf lag auf dem Grund des Meeres, und zwei Delphine stritten sich darum, indem sie jeder an einer Seite daran zerrten. Der Fisch glitt rasch dazwischen, packte den Zopf mit dem Maul und riß ihn mit sich fort. Die beiden Delphine hoben überrascht die Schwänze und begriffen nicht, wo der Zopf geblieben war. Um sich zu rächen, fingen sie an, alle kleinen Fische, die ihnen vors Maul kamen, zu fressen. Aber schon hatte der Fisch den Zopf zu Fioravante gebracht, der ihn am Ufer erwartete, und Fioravante dankte ihm sehr und schenkte ihm die Freiheit.

Sodann legte Fioravante den Zopf um Isolinas Kopf, hob sie an, und sie ließ sich leicht wie eine Feder aufheben. Er trug sie aufs Schiff, aber sie war tot, und er fragte sich, ob ihr Vater sich nicht noch mehr grämen würde, wenn er sie so wiederkehren sah. Aber da sagte die Stute zu ihm: »Geh zur Äbtissin und frag sie, wo Isolinas Geist geblieben ist. Wenn sie ihren Geist wiederhat, wird sie wieder lebendig.«

Die Äbtissin sagte: »Isolinas Geist ist so weit fort, daß ihn niemand erreichen kann. Denkt nur, er befindet sich oben auf einem Berg, der so steil wie ein Turm ist und so hoch, daß man, um auf den Gipfel zu gelangen, durch die rote Luft und die grüne Luft und die schwarze Luft hindurch muß, wo es wilde Tiere aller Arten und Länder gibt.«

»Was soll ich jetzt tun?« fragte Fioravante die Stute.

Und sie antwortete ihm: »Laß den Vogel aus dem goldenen Käfig frei.«

Der Vogel flog schnurstracks zum Himmel empor, stieg auf bis in die rote Luft und wurde ganz rot, stieg weiter auf in die grüne Luft und wurde ganz grün, stieg noch weiter auf in die schwarze Luft und wurde ganz schwarz. Aus der schwarzen Luft ragte oben der Gipfel des Berges heraus, und auf diesem Gipfel, in einer kleinen Flasche, befand sich der Geist der schönen Isolina. Der Vogel nahm das Fläschchen in den Schnabel, tauchte wieder in die Luft hinab, wurde wieder schwarz und wieder grün und wieder rot und kehrte schließlich mit dem Fläschchen auf das Schiff zurück. Fioravante schenkte ihm die Freiheit, nahm das Fläschchen und goß es auf Isolinas Lippen. Isolina tat einen Seufzer, ihre Wangen röteten sich, und sie sprach: »Oh, wie tief habe ich geschlafen!«

Das Schiff hob die Anker und legte ab.

Im Hafen von Paris stand der König und wartete schon auf sie. Als er sah, daß Fioravante ihm seine Tochter lebendig wiederbrachte, war er außer sich vor Freude und sagte zu dem falschen Neffen: »Dein Diener ist wirklich der tollste Kerl, den es auf der ganzen Welt gibt!«

Er ordnete ein großes Festmahl an, mit Königen und Königinnen als Gästen, und bestand darauf, daß auch der Diener daran teilnahm. Diesmal gelang es dem falschen Neffen nicht, ihn mit der Geschichte vom Hafer zu überzeugen, und so blieb ihm nichts anderes übrig, als die Einladung zu überbringen. Doch er fügte hinzu: »Aber merk dir, Fioravante, du darfst bei Tisch keinen Ton sagen. Du bist gewohnt, mit den Pferden zu leben, und nachher fängst du noch an zu wiehern. Haben wir uns verstanden?« Dabei sah er ihn mit einem Blick an, der keinen Zweifel daran ließ, daß er bereit war, ihn beim ersten Wort, das er sagen würde, für immer zum Schweigen zu bringen.

Da sagte Fioravante, der sich schon mit seiner Stute beraten hatte: »Ganz wie du willst, aber sag dem König, daß ich nur dann zum Festmahl komme, wenn er auch meine Stute einlädt.«

Als der König die sonderbare Bedingung hörte, wollte er zuerst nicht darauf eingehen, aber immerhin hatte der Mann ihm seine Tochter von den Toten auferweckt, und da konnte man nicht so pingelig sein. So kam es, daß bei dem Festmahl die geladenen Könige und Königinnen sich mit einem Pferdeknecht und einer Stute am Tisch sitzen sahen und nicht wußten, wie sie sich verhalten sollten. Als sie gegessen und getrunken hatten, begannen sie miteinander zu plaudern, und jeder gab etwas zum besten. Nur Fioravante blieb stumm.

»Und du, der du doch sicherlich viel erlebt hast, willst du gar nichts erzählen?« fragten sie ihn. Doch er lächelte nur und sagte kein Wort.

Da erhob sich die Stute, indem sie mit den Vorderfüßen auf den Tisch trat, und sagte: »Wenn die Herrschaften gestatten, werde ich für ihn sprechen.«

Als sie die Stute sprechen hörten, erschraken alle sehr. Aber noch größer war ihr Erstaunen, als sie und durch den Mund der Stute die ganze Geschichte von Fioravante hörten, von Anfang bis Ende. Der falsche Neffe versuchte zu fliehen, aber die Wachen ergriffen ihn sofort.

»Fioravante, mein Neffe«, sagte der König, »nimm diesen Mörder und züchtige ihn, wie er es verdient.«

Da sprach die Stute: »Es genügt, wenn Fioravante auf meinen Rücken steigt und der Mörder an meinen Schwanz gebunden wird. Wir werden einmal die Stadt umkreisen. Wenn er dann noch lebt, hat er Glück gehabt.«

So trabte sie los und schleppte den Mörder hinter sich her, schlug ihn rechts und links an die Mauern, schleifte ihn durch alle Pfützen und über jeden Stein auf dem Weg, und als sie zurückkamen, rührte er sich nicht mehr.

Da sagte der König: »Fioravante, du hast mir meine Tochter wiedergebracht, nun sollst du sie heiraten.«

Darauf Fioravante: »Ich werde es tun, wenn mir mein Vater erlaubt, meine Cousine zu heiraten.«

Der König von Paris schrieb einen Brief an seinen Bruder in London, der vor Freude ganz außer sich war, auch weil sein Sohn sich auf diese Weise das arme Webermädchen aus dem Kopf schlug.

Nach der Hochzeit ging Fioravante zur Stute. »Weißt du was?« sagte er. »Ich habe die Königstochter geheiratet.«

»Ich weiß«, antwortete die Stute. »Jetzt gibt es für mich keine Freude mehr ...«

»Was soll das heißen, liebe Stute? Ich werde dich immer liebhaben, ich werde dich nie verlassen ...«

»Nein, du wirst mich vergessen ...«

Am Abend, bevor er sich mit seiner Braut zurückzog, wollte Fioravante der Stute noch gute Nacht wünschen, wie er es jeden Abend tat. Aber Isolina sagte: »Jetzt ist es zu dunkel, du kannst doch morgen hingehen«, und Fioravante gab nach. Am andern Morgen, als er in den Stall ging, sagte die Stute zu ihm: »Siehst du? Schon bist du dabei, mich zu vergessen ...«

»Aber, liebste Stute ...«

»Nun denn, wohlan, wenn du mich wirklich so liebhast, sei dies der letzte Beweis dafür: Zieh dein Schwert und schlag mir den Kopf ab!«

»Nein! Niemals!«

»Dann hast du mich also nicht lieb?«

Da hob Fioravante schweren Herzens sein Schwert und schlug – *zack!* – der Stute den Kopf ab. Und was sah er? Aus dem Hals der Stute trat prächtig gekleidet ein schönes Mädchen hervor, weiß und rot wie ein Apfel. Es war Sandrina, die Weberin, seine erste Liebe. »Siehst du, Fioravante«, sagte sie, »um dir das Leben zu retten, habe ich mich von einer Magierin verzaubern lassen und habe die Gestalt einer Stute angenommen. Und nun hast du mich verlassen ...«

»O Sandrina! Hätte ich gewußt, daß du es warst, nie hätte ich Isolina geheiratet! O könnte ich doch nur zurück!«

Aber es gab kein Zurück, und um das einigermaßen wiedergutzumachen, stattete er Sandrina mit einer reichen Mitgift aus, so daß sie einen Kaufmann aus Fiesole heiraten konnte, und er selber blieb König von London und von Paris und Gemahl der schönen Isolina mit dem blonden Zopf.

Italo Calvino

Die drei Federn

Einem Mann wurde ein Söhnlein geboren, und da der Vater ausging, einen Paten zu suchen, der das Kind aus der Taufe hebe, so fand er einen jungen wunderschönen Knaben, gegen den sein Herz gleich ganz voll Liebe wurde. Und als er ihm nun seine Bitte vortrug, war der schöne Knabe gern bereit mitzugehen und das Kind zu heben, und hinterließ ein junges weißes Roß als Patengeschenk. Dieser Knabe ist aber niemand anders gewesen als Jesus Christus, unser Herr.

Der junge Knabe, welcher in der Taufe den Namen Heinrich empfangen hatte, wuchs zu seines Vaters und seiner Mutter Freude, und wie er die Jünglingsjahre erreicht hatte, da hielt es ihn nicht mehr daheim, sondern es zog ihn in die Ferne, nach Taten und Abenteuern. Nahm daher Urlaub von seinen Eltern, setzte sich auf sein gesatteltes Rößlein, das ihm der unbekannte Knabe zum Patengeschenk gegeben, obschon er nicht wußte, wieviel dieses Rößlein wert war, und ritt frisch und fröhlich darauf in die Welt hinein.

Da ritt er eines Tages durch einen Wald, und siehe, da lag hart am Wege eine Feder aus dem Rad eines Pfauen, und die Sonne schien auf die Feder, daß ihre bunten Farben in ihrem Glanze prächtig leuchteten. Der junge Knabe hielt sein Rößlein an und wollte absteigen, um die Feder aufzuheben und sie an seinen Hut zu stecken. Da tat das Rößlein sein Maul auf und sprach: »Ach, laß die Feder auf dem Grunde liegen!« Des verwunderte sich der junge Reiter, daß das Rößlein sprechen konnte, und es kam ihn ein Schauer an; blieb im Sattel, stieg nicht ab, hob die Feder nicht auf, ritt weiter.

Nach einer Zeit geschah es, daß der Knabe am Ufer eines Bächleins hinritt, siehe, da lag eine bunte, viel schönere Feder auf dem grünen Gras, als jene war, die im Walde gelegen hatte, und des Knaben Herz verlangte nach ihr, seinen Hut damit zu schmücken; denn dergleichen Pracht von einer Feder hatte er all sein Lebtag noch nicht gesehen. Aber wie er absteigen wollte, sprach das Rößlein abermals: »Ach, laß die Feder auf dem Grunde!« Und wieder verwunderte sich der Knabe über alle Maßen, daß das Rößlein sprach, während es doch sonst nicht redete, folgte auch dieses Mal, blieb im Sattel, stieg nicht ab, hob die Feder nicht auf, ritt weiter.

Nun währte es nur eine kleine Zeit, da kam der Knabe an einen hohen Berg, wollte da hinaufreiten, da lag an seinem Fuße im Wiesengrunde wieder eine Feder, das war nach seinem Vermeinen aber die allerschönste in der ganzen weiten Welt, und die mußte er haben. Sie glänzte und funkelte wie lauter blaue und grüne Edelgesteine oder wie die hellen Tautropfen in der Morgensonne. Aber wiederum sprach das Rößlein: »Ach, laß die Feder auf dem Grunde!« Dieses Mal vermochte der Jüngling dem Rößlein nicht zu gehorchen und wollte seinen Rat nicht hören, denn es gelüstete ihm allzusehr nach dem lieblichen und stattlichen Schmuck. Er stieg ab, hob die Feder vom Grunde und steckte sie auf seinen Hut. Da sprach das Rößlein: »O weh, das tust du dir zum Schaden! Es wird dich wohl noch reuen!« Weiter sprach es nichts.

Wie der Jüngling weiterritt, so kam er an eine stattliche und wohlgebaute Stadt, da sah er viel geschmückte Bürgersleute, und es kam ihm ein feiner Zug entgegen mit Pfeifern, Paukern und Trompetern und vielen wehenden Fahnen, und das war prächtig anzusehen. Und in dem Zuge gingen Jungfrauen, die streuten Blumen, und die vier schönsten trugen auf einem Kissen eine Königskrone. Und die Ältesten der Stadt reichten die Krone dem Jüngling und sprachen: »Heil dir, du uns von Gott gesandter edler Jüngling! Du sollst unser König sein! Gelobt sei Gott der Herr in alle Ewigkeit!« Und alles Volk schrie: »Heil unserm König!« Der Jüngling wußte nicht, wie ihm geschehen, als er auf seinem Haupte die Königskrone fühlte, kniete nieder und lobte Gott und den Heiland. Hätte er die erste Feder aufgehoben, so wäre er ein Graf geworden; die zweite: ein Herzog, und hätte er die dritte Feder nicht aufgehoben, so hätte er auf dem Bergesgipfel eine vierte gefunden, und das Rößlein hätte dann gesprochen: »Diese Feder nimm vom Grunde.« Dann wär er ein mächtiger Kaiser geworden über viele Reiche der Welt, und die Sonne wäre nicht untergegangen in seinen Landen. Doch war er auch so zufrieden, und ward ein gütiger, weiser, gerechter und frommer König.

Ludwig Bechstein

Das Birkenmädchen

In einem Dorf zu Füßen des Langen Weißen Gebirges lebte ein Jäger mit Namen Udjir. Er war ein vortrefflicher Schütze, der mit der Jagd sich selbst und seine alte Mutter unterhielt. Die Mutter hatte ein hartes Los, denn kaum war Udjir zur Welt gekommen, als ihr Mann starb. Mit Ginsengsuchen und Kräutersammeln zog sie ihren Sohn allein auf. Nun war der Sohn bald dreißig Jahre alt und hatte noch immer keine Frau. Die Mutter hoffte nicht auf Gold und nicht auf Silber, sondern nur darauf, daß ihr Sohn sich bald mit einem guten Mädchen verloben würde. Die Mutter dachte an ihren Sohn, der Sohn liebte seine Mutter. Von den Innereien, von Herz und Leber der erbeuteten Tiere aß er nie selbst einen Happen, und das weichste Leder nahm er nie für eigene Kleidung. Was die Mutter sagte, das führte er aus, und alle Leute des Dorfes meinten, daß Udjir ein »sain haha« (guter Mann) sei.

Eines Tages nahm Udjir wieder von seiner Mutter Abschied, er lud sich eine kleine Wegzehrung auf den Rücken, hängte sich Pfeil und Bogen über, setzte sich auf sein geliebtes, schwarzmähniges Pferd und ritt zur Jagd aus. Der Sage nach gab es zu jener Zeit in den Wäldern des Langen Weißen Gebirges Vögel und Hirsche in Hülle und Fülle, und als Udjir so durch Bergwälder ritt und über Schluchten und Bäche setzte, gab er bei der Jagd nach dem kostbaren Wild auf nichts anderes acht. Er ritt und ritt, und die Sonne senkte sich bereits über den Bergen, aber er bemerkte nichts davon. Allmählich wurde es dunkel. Da erst sprang er vom Pferd und überlegte, wie er eine Hütte errichten könnte. Zu seinem Pech schien kein Mond am Himmel, und kein Stern leuchtete; es war so stockfinster, daß man nicht die Hand vor Augen sehen konnte. Es hätte ihm gar nichts ausgemacht, unter freiem Himmel die Nacht zuzubringen, da er keine Hütte aufschlagen konnte. Nur fürchtete er, daß wilde Tiere ihn ohne Erbarmen fressen würden.

So in besorgtes Grübeln versunken, erblickte er auf einmal nicht weit von sich den Lichtschein eines Feuers. Seltsam, wie konnte es im tiefsten Bergwald Menschen geben? Ihm wurde ganz beklommen zumute, aber unwillkürlich ging er näher. Als er herankam, stand da ein hübsches, ordentliches Häuschen mit drei Zimmern und einem Strohdach. Ah, die Götter haben mir heute nacht einen Unterschlupf geschenkt, dachte Udjir bei sich. Vor der Tür rief er: »Ist jemand im Haus?«

»Jawohl, jawohl!«

Noch bevor diese Worte gefallen waren, trat durch die knarrende Tür ein großes, schlankes Mädchen heraus. Es trug eine lange, silberweiße Bluse und darüber einen smaragdgrünen, kurzen Umhang. Wie das Mädchen Udjir erblickte, betrachtete es, ganz ohne Scheu, den jungen Mann vom Scheitel bis zur Sohle und sprach dann lächelnd: »Großer Bruder, so tretet doch ein!«

Wie Udjir sah, daß es ein großes Mädchen war, wurde ihm etwas unbehaglich, und als er dann noch hörte, daß ihn das Mädchen ins Haus bat, wurde er vor Scham rot bis zum Hals. Wie das Mädchen da den jungen Mann erröten sah, sprach es wiederum lachend: »Großer Bruder, Ihr seid aber wirklich schüchtern! Wenn die Leute in den Bergwäldern ein Haus sehen, so nehmen sie es als ihr Zuhause. Seht doch, wie dunkel es draußen ist! Kommt schnell herein!«

Lange stand Udjir am Eingang und überlegte hin und her. Er hatte ja tatsächlich für die Nacht keine Bleibe. Schließlich band er sein schwarzmähniges Pferd fest und folgte dem Mädchen über die Türschwelle. Im Zimmer blickte er sich um und sah, daß das Ofenbett ganz leer und sonst niemand da war. Nun wurde ihm noch unbehaglicher; er wollte sich umwenden und wieder hinausgehen. Da trat das Mädchen auf ihn zu und sprach:

»Verehrter Bruder, ich weiß wohl, daß Ihr allein mit Eurer Mutter Eure Tage verbringt. Da trifft es sich gut, daß auch ich ganz allein bin. Ihr kamt nun heute Abend hierher, und wir sind so miteinander verbunden worden. Wenn Ihr nichts einzuwenden habt, so will ich gern Eure Gemahlin sein.«

Wie Udjir ihre Worte hörte, begann er mit sich selbst ein Zwiegespräch zu führen: »Es geht doch aber nicht, ich habe nicht mit der Mutter darüber gesprochen – allein kann ich es doch nicht entscheiden.« Als ob das Mädchen seine Gedanken durchschaut hätte, sprach es:

»Deine Mutter hofft den ganzen Tag darauf, daß du eine Frau findest. So führ mich doch zu euch nach Haus. Deine Mutter wird sicher erfreut sein.«

Als das Mädchen sah, daß Udjir ihr immer noch nichts antwortete, sprach es weiter: »Du gibst mir nichts zur Antwort. Brauchst du für all deine späteren Tage niemand im Haus?«

Udjir spürte, wie recht sie mit ihren Worten hatte. Noch einmal blickte er verstohlen zu ihr hin: Dieses Mädchen sah wirklich zu anmutig aus! Unter ganz langen Wimpern leuchteten zwei große Augen, das glänzende, schwarze Haar hing wie lange Ranken vom Scheitel bis unter die Knie hinab, und selbst eine Fee stand ihr an Schönheit bei weitem nach. Wie Udjir sah, daß das Mädchen sowohl hübsch als auch aufrichtig war, willigte er schließlich ein. Das Mädchen sprach:

»Du willst morgen wieder auf Jagd gehen, und ich will dich nicht abhalten. Nach der Jagd aber mußt du unbedingt zurückkommen und mich zu euch nach Hause führen!«

Udjir entgegnete: »Ach, sei unbesorgt! Ich bringe dich bestimmt hin!«

Das Mädchen legte darauf seinen kurzen Umhang und seine lange Bluse ab, und den Umhang legte es Udjir unter den Körper und mit seiner Bluse deckte es ihn zu. Udjir war es ganz weich und warm. Da er den ganzen Tag herumgeritten war, konnte er sich vor Erschöpfung kaum auf den Beinen halten, fiel auf das Ofenbett und schlief sogleich ein.

Als er wieder die Augen aufschlug, wußte er nicht, wie lange er geschlafen hatte. Es war schon hell, zwischen dichtem Blattwerk schien ein wenig das Sonnenlicht hindurch und fiel auf seinen Körper. Mit einem Ruck erhob er sich. Da sah er, daß unter ihm eine dicke Schicht Birkenblätter ausgebreitet war und er mit einem großen Stück Birkenrinde zugedeckt war. Ihm zur Seite erhob sich eine große Birke, so hoch wie der Himmel. Der Stamm jener Birke war silberweiß und ihre Krone smaragdgrün, und er selbst lag zu ihren Wurzeln. Lange Zeit war er starr vor Staunen, aber dann begriff er auf einmal, daß es der Geist einer Birke in Menschengestalt war, den er getroffen hatte.

Nachdem Udjir den Birkenwald verlassen hatte, war er zwei Tage lang auf Jagd, fing einige Zobel und machte sich dann auf den Rückweg. Er fürchtete sich davor, auf demselben Weg zurückzukehren und wieder dem Birkenmädchen zu begegnen. Aber seltsam war, daß er vor Furcht immer kopfloser wurde und hierhin und dorthin umherlief und doch wieder unter der hohen Birke ankam. Gerade wollte er sein Pferd peitschen und an dem Baum vorbeipreschen, als das Birkenmädchen schon vor ihm stand, lächelnd den Kopf des Pferdes festhielt und sprach: »Da du nun zurückgekommen bist, so wollen wir zusammen zu dir nach Hause zurückkehren!«

Udjir hatte wirklich große Furcht. Er dachte bei sich, daß das Mädchen nicht nachgeben werde, wenn er es nicht nach Hause führte. Falls er sie aber heimbrächte, wüßte er nicht, was sie im Schilde führte. Mensch und Baum sind schließlich Wesen zweierlei Art! Wie das Mädchen sah, daß Udjir zögerte, sprach es:

»Wir Leute in den Bergen sagen oft: Ausgesprochene Worte sind wie abgeschossene Pfeile. Die Bogensehne ist Herr über den Pfeil, der Mensch ist Herr seiner Worte. Kennst du nicht den Sinn dieser Sätze?«

Udjir wußte nichts darauf zu erwidern, er sagte nur kurz und hart: »Gut, dann lauft hinter meinem Pferd her!«

Nach diesen Worten peitschte er sein Pferd, und sie liefen über Berggipfel und sprangen über Schluchten und setzten so über mehrere Berge hinweg. Wie er sich einmal umblickte, lief das Birkenmädchen schweißüberströmt und lächelnd dicht hinter seinem Pferd her. Da fühlte sich Udjir so schuldig, daß er die Peitsche einrollte, abstieg und das Mädchen auf sein Pferd bat.

Als sie gegen Abend zu seinem Haus kamen, hatte seine Mutter schon davon vernommen, daß er eine Frau gefunden hatte, und eilig trat sie heraus. Das Birkenmädchen rief sie »nana« (Mutter), fiel auf beide Knie nieder, schlug dreimal mit der Stirn auf den Boden, strich einmal über die Haare ihrer Schläfen, schlug insgesamt neunmal mit der Stirn auf den Boden, und strich dreimal über ihre Schläfen, und führte so die große Begrüßungszeremonie aus. Die Mutter war glücklich wie ein Ginsengsammler, der einen großen, alten Ginseng gefunden hat, ja sie war einfach außer sich vor Freude. Am nächsten Tag schlachtete man ein Schwein, lud alle Freunde und Verwandten des gashan (Dorfes) ein, stimmte acabumi-Lieder (Hochzeitslieder) an und tanzte den Mang-Tanz – und so wurden Udjir und das Birkenmädchen ein Paar.

Alle Menschen in den Bergen freuten sich darüber, daß Udjir sich eine Frau genommen hatte. Nur Udjir selbst war es, als ob in seinem Herzen ein Hase versteckt sei, und den ganzen Tag über pochte es heftig dort. Er hatte nicht erwartet, daß das Birkenmädchen, nachdem es in sein Haus gezogen war, immer früh am Morgen, noch beim Sternenschein, aufstehen und sich den ganzen Tag über keine Ruhe gönnen würde. Gerade hatte sie den Stößel niedergelegt, als sie schon siebte, und kaum hatte sie den Besen hingelegt, da spülte sie schon den Kochkessel. Das bescheidene Leben der Familie ließ sie rot und warm wie glühende Kohle werden. Besonders aufmerksam wartete sie der alten Mutter auf, und jeden Morgen, wenn sie aufstand, stopfte sie ihr eine Pfeife. Die Mutter rauchte sie genüßlich, und ihr wurde ganz behaglich zumute. Am Abend bereitete sie ihr das Bettzeug, ganz warm und wohlig lag die Mutter dann in der Steppdecke. Die alte Frau war darüber unsagbar erfreut. Auch zu Udjir war das Mädchen sehr liebevoll, und nach einem Jahr wurde ihr ein dickes Kindchen geboren. Allmählich beruhigte sich auch Udjirs Herz, das ihm erst so in der Kehle geschlagen hatte. Das Birkenmädchen war gutherzig und geschickt und dazu von hübschem Äußeren, und in allen Lebensdingen klug und erfahren. Ihr guter Name verbreitete sich, wie die Wellenkreise einer in den Himmelssee auf dem Langen Weißen Gebirge geworfenen Perle immer größer und weiter werden, und über kurz oder lang erfuhr ein entfernt wohnender Onkel Udjirs davon.

Eines Tages kam Udjirs Onkel in sein Haus. Die alte Mutter rief eilig ihre Schwiegertochter herbei, ihn zu begrüßen. Das Birkenmädchen war gerade hinter dem Haus zugange, als sie die Rufe der Mutter hörte, und sogleich trat sie durch die Tür ins Haus. Mit einem Blick wußte sie, daß Unheil drohte. Weil Udjirs Onkel sich gut auf das Unterwerfen böser Geister und das Fangen von Dämonen verstand, fürchteten ihn alle Geister sehr. Da wollte sie schnell wieder umkehren, aber nach den Regeln der Bannerleute kam sie nicht daran vorbei, als neue Schwiegertochter zuerst einen Angehörigen der älteren Generation zu begrüßen und das Ritual des Stopfens einer Pfeife auszuführen. So blieb dem Birkenmädchen nichts anderes übrig, als den Onkel höflich zu begrüßen, langsam eine Pfeife zu stopfen und sie ihm mit beiden Händen ehrerbietig zu überreichen.

Sobald der Onkel die Schwiegertochter hinausgehen sah, warf er die gestopfte Pfeife hin und sprach:

»Oje, meine liebe Schwester, ich glaube, Ihr habt aber eine kostbare Schwiegertochter bekommen! Sie ist kein Mensch, sondern ein teuflischer Geist.«

Als die alte Mutter das vernahm, war sie gar nicht erfreut, und sprach: »Herr Onkel! Früher, als wir arm waren, habt Ihr nie einen Blick zu uns hineingeworfen. Jetzt aber, da nun Euer Neffe eine gute Frau hat und wir gerade ein paar glückliche Tage verlebt haben, kommt Ihr, um Geister und Dämonen zu fangen. Wollt Ihr zwei Tage hierbleiben, vertreibe ich Euch nicht. Wollt Ihr aber nicht bleiben, so geht schnell fort. Ich werde es nicht dulden, daß Ihr meiner Familie Unheil bringt!«

Wie der Onkel sah, daß seine Schwester seine Worte nicht aufgenommen hatte, sprach er: »Es ist deine Sache, meinen Worten zu glauben. Sei aber später auf der Hut!«

Nach diesen Worten erhob er sich und ging fort.

Eigentlich schenkte ihm die Mutter keinen Glauben, aber in ihrem Herzen kamen nun doch Zweifel auf. Sie liebte ihren Sohn und liebte ihren Enkel, und sie fürchtete, daß der Geist ihnen Schaden bringen könnte. Eines Morgens, als die Schwiegertochter noch nicht bei der Arbeit in der Küche war, entzündete sie heimlich eine Schweinsfettlampe, blickte durch das Holzgitter ins äußere Zimmer und sah, wie die Schwiegertochter gerade dort beim Kämmen war. Aber was war das für ein Kämmen?! Mit beiden Händen befestigte sie Stück für Stück leuchtendgrüne Birkenblätter an ihrem Kopf. Vor Schreck stürzte die Mutter aufs Ofenbett, der Atem stockte ihr. Das Birkenmädchen lief schnell ins innere Zimmer, hielt die Mutter fest und rief sie lange Zeit. Da erst kam die Mutter wieder zu sich. Als die Schwiegertochter gerade einmal hinausgegangen war, trug sie ihrem Sohn auf:

»Schnell, schnell, geh und hol den Onkel!«

Udjir fürchtete, daß die Mutter wieder die Besinnung verlieren und sterben würde, und so blieb ihm nichts übrig, als den Onkel zu suchen.

Als die alte Frau ihren Bruder sah, erzählte sie ihm hastig, wie sie am frühen Morgen das Mädchen sich kämmen gesehen hatte. Der Onkel sprach zu ihr: »Schwester, Ihr wißt es noch nicht! Dieser Geist will Euch wirklich übel zusetzen. Noch vor Ablauf eines Jahres werdet Ihr am ganzen Körper schwer erkranken, und es mag sein, daß Ihr dann bald sterben müßt. Wenn sie Euch zu Tode gequält haben wird, wird sie das Blut ihres Gatten trinken und das Fleisch ihres Kindes essen.«

Wie die alte Frau dies hörte, begann sie am ganzen Körper vor Schreck zu zittern, so wie ein Sieb beim Sieben von Spreu, und sagte: »Herr Onkel, helft mir, sie aus der Welt zu schaffen!«

Da sagte ihr Bruder:

»Seid unbesorgt, Schwester! Überlaßt das Fangen des Geistes nur ganz mir!«

Nach diesen Worten hieß er Udjir, ihm einen Beschwörstand zu errichten. Udjir wußte wohl, daß der Onkel seiner Frau zu schaden trachtete und wollte nicht gehorchen, aber da er den Zorn seiner Mutter fürchtete und es auch nicht ertragen konnte, vom Onkel dazu genötigt zu werden, baute er unter Tränen im Hof einen Beschwörstand. Der Onkel löste sein Haar auf, erhob sein Schwert, sprang mit einem hohen Satz auf den Beschwörstand und murmelte:

»Bei des Südgestirns Schein zum Nordbären hin,
bei des Nordbären Schnauze stehend,
das Siebensternschwert erhebend,
steigt der Wahre Mensch zum Beschwörplatz empor.
Schluckt es in euren Bauch!
Gebt mir Dämonen und Teufel!
Sechs Sterne des Südbären!
Sieben Sterne des Nordbären!
Eure heilige Weisung empfang ich!
Damit dieses Wesen zu fangen gelingt ...«

Während der Onkel im Hof seine Beschwörung vollzog, vergoß das Birkenmädchen im Haus Tränen, und vor Angst begann auch das Kind zu schreien. Wie Udjir das Kind weinen hörte, ging er zitternd ins Haus. Das Birkenmädchen sprach zu ihm: »Mein Gemahl! Seitdem wir Mann und Frau wurden – wie bin ich zu Euch und der alten Mutter bisher gewesen?«

Udjir war ein ehrlicher Mann, und er sagte aufrichtig: »Bisher immer sehr gut!«

Weiter sagte das Birkenmädchen: »Da es bisher immer sehr gut war – warum holt Ihr dann den Onkel, um Aufregung zu stiften?«

Udjir wußte, daß er keinen Grund nennen konnte, und antwortete nichts. Das Birkenmädchen sah, daß er bekümmert war, und um ihn nicht zu quälen, sagte es: »Euer Onkel will mich jetzt mit allerlei Worten fangen. Sein ganzes Zeug ist eine betrügerische Kunst, und ich habe keine Angst, gefangen zu werden. Aber wenn sich die Kunde davon verbreitet und die Nachbarn und das Dorf die Sache nicht begreifen – wie kann ich dann weiter hier leben? Ich will gehen!«

Als Udjir hörte, daß das Birkenmädchen gehen wollte, hielt er seine Hand fest und sagte: »Nein, tu doch uns Eltern den Gefallen und hab Erbarmen mit unserem Kind! Geh nicht fort!«

Das Birkenmädchen antwortete: »Wenn du ehrlich willst, daß ich bleibe, nimm aus der Ahnenschachtel unserer Familie die Ahnenschnur heraus und häng sie mir an die Hüfte. Wenn die alte Mutter sieht, daß die Ahnen mich schützen, kann sie mir nicht böse sein.«

Die Ahnenschnur ist Sinnbild für das Gedeihen der Nachkommen bei den Mandschu. Jeder Sohn und Enkel hängt einen fünffarbenen Faden an die Schnur, um so die Fodo mama, die Ahnin der Mandschu, um Glück und Segen zu bitten und Unheil abzuwenden. Wie es jedoch die Vorschrift will, darf diese Ahnenschnur nur beim Opfer an die Ahnen herausgenommen werden, nicht an gewöhnlichen Tagen. Um jedoch das Birkenmädchen bei sich zu behalten, kümmerte sich Udjir nicht um dieses Verbot. Er ging ins westliche Zimmer, nahm die Ahnenschnur aus der Ahnenschachtel und band sie dem Birkenmädchen an die Hüfte.

Was den Onkel anging, so sprach der Beschwörungen und bot seine ganze Kunst auf, aber das Birkenmädchen hatte er nicht gefangen. Als er dann unterhalb des Beschwörstands fehltrat, hätte er sich fast verletzt. Er erhob sich mühsam vom Boden und war wütend und zornig. Als er ins Haus trat und das Birkenmädchen mit der Ahnenschnur an der Hüfte vor dem Platz der Ahnen knien sah, verdrehte er einige Male die Augen und rief dann: »Schwester, Schlimmes ist geschehen! Der teuflische Geist besudelt die Ahnen!«

Und noch bevor die Mutter verstand, was los war, rief er nach Udjir: »Geh nach draußen und grab für mich eine Grube von drei Klafter und neun Fuß im Geviert. Darin häuf Reisig auf, und gieß Wildschweinfett darüber. Ich will den Feuerdrachen laufen lassen. Heut muß ich sie fangen!«

Udjir wollte nicht gehen, aber die Mutter forderte ihn von der Seite her weiter auf: »Geh, grab schnell die Grube!«

So hatte Udjir wieder keine Wahl, als draußen die Grube auszuheben. Wie der Onkel sah, daß die Grube fertig und voll Reisig war, goß er einen Krug Wildschweinfett darüber, gab einmal Zunder darauf, und die ganze Grube begann lichterloh zu brennen. Wie das Birkenmädchen sah, daß es so wild herging, sprach es da zu Udjir: »Ich kann nicht länger bleiben! Ich sage dir nur einen Satz: Sorge gut für die Mutter!«

Nach diesen Worten ergriff sie eine Schale, nahm das Kind auf den Arm, trat über die Türschwelle und erhob sich in die Luft, wo sie über dem Feuerdrachen hinwegflog. Der Onkel war gerade dabei, sein Haar aufzulösen, das Schwert zu ergreifen und Beschwörungen zu murmeln, um sie zu fangen. Dieser Anblick ließ das Birkenmädchen hoch droben in der Luft erzürnen, sie warf die Schale hinab, so daß der Onkel vom Schlag zurücktaumelte. Als er schließlich wieder auf die Beine kam, war das Birkenmädchen schon längst verschwunden.

Der Onkel, beschämt und zornig zugleich, beschimpfte Udjir heftig und beschuldigte ihn, dem teuflischen Geist dabei geholfen zu haben, seine Künste zu vereiteln und seinen Ruf zunichte zu machen. Nachdem er zu Ende geschimpft hatte, verlangte er von seiner Schwester die Silberstücke für die Unterwerfung des Dämonen und wollte gehen. Da hielt ihn die alte Frau eilig fest und sprach:

»Herr Onkel, Ihr habt den teuflischen Geist dazu gebracht, fortzulaufen, und auch den Enkel hat er mitgenommen. Ihr seid klug und erfahren! So helft doch Udjir, eine neue Frau zu finden!«

Da sagte der Onkel zu ihr: »Ach, meine liebe Schwester, wie könnte ich mich um soviel Dinge kümmern, die mich nichts angehen! Mein Geschäft ist nur, Dämonen zu fangen, und nicht, nach Frauen zu suchen!«

Mit diesen Worten ging er davon, ohne sich umzublicken.

Nun verbrachten Udjir und seine alte Mutter ihre Tage wieder allein. Das lächelnde Gesicht jenes Mädchens war nicht mehr da, die Stimme des Enkels, sein Schreien und sein Rufen nach der Oma waren verklungen, die bitter verdienten Silberstücke hatte der Bruder, der Dämonen unterwarf, eingesteckt, und die gerade warm und strahlend gewordenen Tage wurden wieder kühl und glanzlos. Die Mutter konnte es nicht genug bereuen, aß und trank nichts mehr, lag nur auf dem Ofenbett und konnte sich nicht mehr erheben.

Nach dem Tod der Mutter blieb Udjir allein übrig. Er ritt nicht mehr und schoß nichts mehr und ging nur nach Laune in die Berge. So kam er, ohne es zu merken, zu jener ganz hohen Birke. Ihm war, als ob er wieder in jenes kleine Strohhäuschen mit den drei Zimmern träte, jener weiche, warme, grünleuchtende Umhang ausgebreitet würde und er mit der langen, silberweißen Bluse zugedeckt würde.

Einige Tage später kamen Männer aus dem Dorf zur Jagd in die Berge und auch an jenem Birkenwald vorbei. Da erblickten sie Udjir. Nicht Tiger hatten ihn gefressen und auch Schlangen nicht gebissen. Jene große, hohe Birke umarmend, war er gestorben.

Märchen aus der Mandschurei

Von dem Fischer un syner Fru

Dar wöör maal eens en Fischer un syne Fru, de waanden tosamen in'n Pißputt, dicht an der See, un de Fischer güng alle Dage hen und angeld – un he angeld un angeld. So seet he ook eens by de Angel un seeg jümmer in dat blanke Water henin – un he seet un seet.

Do güng de Angel to Grund, deep ünner, un as he se heruphaald, so haald he enen grooten Butt heruut. Do säd de Butt to em: »Hör mal, Fischer, ik bidd dy, laat my lewen, ik bün keen rechten Butt, ik bün'n verwünschten Prins. Wat helpt dy dat, dat du my doot maakst? Ik würt dy doch nich recht smecken. Sett my wedder in dat Water un laat my swemmen.«

»Nu«, säd de Mann, »du bruukst nich so veel Wöörd to maken, eenen Butt, de spreken kann, hadd ik doch wol swemmen laten.« Mit des sett't he em wedder in dat blanke Water, do güng de Butt to Grund un leet enen langen Strypen Bloot achter sik.

Do stünn de Fischer up un güng na syne Fru in'n Pißputt.

»Mann«, säd de Fru, »hest du hüüt niks fungen?«

»Ne«, säd de Mann, »ik füng enen Butt, de säd, he wöör en verschwünschten Prins, do hebb ik em wedder swemmen laten.«

»Hest du dy denn niks wünschd?« säd de Fru.

»Ne«, säd de Mann, »wat schull ik my wünschen?«

»Ach«, säd de Fru, »dat is doch äwel, hyr man jümmer in'n Pißputt to waanen, dat stinkt un is so eeklig. Du haddst uns doch ene lüttje Hütt wünschen kunnt. Ga noch hen un roop em; seeg em, wy wählt 'ne lüttje Hütt hebben, he dait dat gewiß.«

»Ach«, säd de Mann, »wat schull ik door noch hengaan?«

»I«, säd de Fru, »du haddst em doch fungen, un hest em wedder swemmen laten, he dait dat gewiß. Ga glyk hen.«

De Mann wull noch nich recht, wull awerst syn Frau ook nich to weddern syn un güng hen na der See.

Als he door köhm, wöör de See ganß gröön un geel un goor nich meer so blank. So güng he staan un säd:

»Manntje, Manntje, Timpe Te,
Buttje, Buttje in der See,
myne Fru de Ilsebill
will nich so, as ik wol will.«

Do köhm de Butt answemmen un säd: »Na, wat will se denn?«

»Ach«, säd de Mann, »ik hebb dy doch fungen hatt, nu säd myn Fru, ik hadd my doch wat wünschen schullt. Se mag nich meer in'n Pißputt wanen, se wull geern ne Hütt.«

»Ga man hen«, säd de Butt, »se hett se all.«

Do güng de Mann hen, un syne Fru seet nich meer in'n Pißputt, dar stünn awerst ene lüttje Hütt, un syne Fru seet vor de Döhr up ene Bänk. Do nöhm syne Fru em by de Hand un säd to em: »Kumm man herin, süh, nu is dat doch veel beter.«

Do güngen se henin, un in de Hütt was een lüttjen Vörplatz un en lüttje herrliche Stuw un Kamer, wo jem eer Beed stünn, un Kääk un Spysekamer, allens up dat beste mit Gerädschoppen un up dat schönnste upgefleyt, Tinntüüg un Mischen (Messing), wat sik darin hööort. Un achter was ook en lüttjen Hof mit Hönern un Aanten, un en lüttjen Goorn mit Grönigkeiten un Aaft (Obst).

»Süh«, säd de Fru, »is dat nich nett?«

»Ja«, säd de Mann, »so schall't blywen, nu wähl wy recht vergnöögt lewen.«

»Dat wähl wy uns bedenken«, säd de Fru. Mit des eeten se wat un güngen to Bedd.

So güng dat wol'n acht oder veertein Dag, do säd de Fru: »Hör, Mann, de Hütt is ook goor to eng, un de Hof un de Goorn is so kleen. De Butt hadd uns ook wol een grötter Huus schenken kunnt. Ich much woll in enem grooten stenern Slott wanen. Ga hen tom Butt, he schall uns en Slott schenken.«

»Ach, Fru«, säd de Mann, »de Hütt is jo god noog, wat wähl wy in'n Slott wanen.«

»I wat«, säd de Fru, »ga du man hen, de Butt kann dat jümmer doon.«

»Ne, Fru«, säd de Mann, »de Butt hett uns eerst de Hütt gewen, ik mag nu nich all wedder kamen, den Butt muchd et vördreten.«

»Ga doch«, säd de Fru, »he kann dat recht good un dait dat geern; ga du man hen.«

Dem Mann wöör syn Hart so swoor, un wull nich; he säd by sik sülwen: »Dat is nich recht«, he güng awerst doch hen.

As he an de See köhm, wöör dat Water ganß vigelett un dunkelblau un grau un dick, un goor nich meer so gröön un geel, doch wöör't noch still. Do güng he staan un säd:

»Manntje, Manntje, Timpe Te,
Buttje, Buttje in der See,
myne Fru de Ilsebill
will nich so, as ik wol will.«

»Na, wat will se denn?« säd de Butt.

»Ach«, säd de Mann half bedrööft, »se will in'n groot stenern Slott wanen.«

»Ga man hen, se stait vör der Döhr«, säd de Butt.

Da güng de Mann hen un dachd, he wull na Huus gaan, as he awerst daar köhm, so stün door'n grooten stenern Pallast, un syn Fru stünn ewen up de Trepp un wull henin gaan. Do nöhm se em by de Hand un säd: »Kumm man herin.«

Mit des güng he mit ehr henin, un in dem Slott wöör ene grote Dehl mit marmelstenern Asters (Estrich), un dar wören so veel Bedeenters, de reten de grooten Dören up, un de Wende wören all blank un mit schöne Tapeten, un in de Zimmers luter gollne Stöhl un Dischen, un krystallen Kroonlüchters hüngen an dem Bähn, un so wöör dat all de Stuwen un Kamers mit Footdeken. Un dat Eeten un de allerbeste Wyn stünn up den Dischen, as wenn se breken wullen. Un achter dem Huse wöör ook'n grooten Hof mit Peerd- un Kohstall un Kutschwagens up dat allerbeste, ook was door en grooten herrlichen Goorn mit de schönnsten Blomen un fyne Aaftbömer, un en Lustholt wol 'ne halwe Myl lang, door wören Hirschen un Reh un Hasen drin un allens, wat man sik jümmer wünschen mag.

»Na«, säd de Fru, »is dat nu nich schön?«

»Ach ja«, säd de Mann, »so schall't ook blywen, nu wähl wy ook in dat schöne Slott wanen un wähl tofreden syn.«

»Dat wähl wy uns bedenken«, säd de Fru, »un wählen't beslapen.« Mit des güngen se to Bedd.

Den annern Morgen waakd de Fru to eerst up, dat was jüst Dag, un seeg uut jem ehr Bedd dat herrliche Land vör sich liggen. De Mann reckd sik noch, do stödd se em mit dem Ellbagen in de Syd un säd: »Mann, sta up un kyk mal uut dem Fenster. Süh, kunnen wy nich König warden äwer all düt Land? Ga hen tom Butt, wy wählt König syn.«

»Ach, Fru«, säd de Mann, »wat wähl wy König syn! Ik mag nich König syn.«

»Na«, säd de Fru, »wult du nich König syn, so will ik König syn. Ga hen tom Butt, ik will König syn.«

»Ach, Fru«, säd de Mann, »wat wullst du König syn? Dat mag ik em nich seggen.«

»Worüm nich?« säd de Fru, »ga stracks hen, ik mutt König syn.«

Do güng de Mann hen und wöör ganß bedröft, dat syne Fru König warden wull.

»Dat is nich recht un is nich recht«, dachd de Mann. He wull nich hen gaan, güng awerst doch hen.

Un as he an de See köhm, do wöör de See ganß swartgrau, un dat Water geerd so von ünnen up un stünk ook ganß fuul.

Do güng he staan un säd:

»Manntje, Manntje, Timpe Te,
Buttje, Buttje in der See,
myne Fru de Ilsebill
will nich so, as ik wol will.«

»Na, wat will se denn?« säd de Butt.

»Ach«, säd de Mann, »se will König warden.«

»Ga man hen, se is't all«, säd de Butt.

Do güng de Mann hen, un as he na dem Pallast köhm, so wöör dat Slott veel grötter worren, mit enem grooten Toorn un herrlyken Zyrat doran. Un de Schild-

Von dem Fischer un syner Fru
von den Brüdern Grimm

wacht stünn vor de Döhr, un dar wören so väle Soldaten un Pauken un Trumpeten. Un as he in dat Huus köhm, so wöör allens von purem Marmelsteen mit Gold un sammtne Deken un groote gollne Quasten.

Do güngen de Dören von dem Saal up, door de ganße Hofstaat wöör, un syne Fru seet up enem hogen Troon von Gold un Demant, un hadd ene groote gollne Kroon up un den Zepter in der Hand von purem Gold un Edelsteen, un up beyden Syden by ehr stünnen ses Jumpfern in ene Reeg, jümmer ene enen Kops lüttjer as de annere.

Do güng he staan un säd: »Ach, Fru, büst du nu König?«

»Ja«, säd de Fru, »nu bün ik König.«

Do stünn he un seeg se an, un as he se do een Flach (eine Zeitlang) so ansehn hadd, säd he: »Ach, Fru, wat lett dat schöön, wenn du König büst! Nu wähl wy ook niks meer wünschen.«

»Ne, Mann«, säd de Fru un wöör ganß unruhig, »my waart de Tyd un Wyl al lang, ik kann dat nich meer uthollen. Ga hen tom Butt, König bün ik, nu mutt ik ook Kaiser warden.«

»Ach, Fru«, säd de Mann, »wat wullst du Kaiser warden.«

»Mann«, säd se, »go tom Butt, ik will Kaiser syn.«

»Ach, Fru«, säd de Mann, »Kaiser kann he nich maken, ik mag dem Butt dat nich seggen; Kaiser is man eenmal im Reich. Kaiser kann de Butt jo nicht maken, dat kann un kann he nich.«

»Wat«, säd de Fru, »ik bünn König, und du büst man myn Mann, wullt du glyk hengaan? Glyk ga hen, kann he König maken, kann he ook Kaiser maken, ik will un will Kaiser syn; glyk ga hen.«

Do mussd he hengaan. Do de Mann awer hengüng, wöör em ganß bang, un as he so güng, dachd he by sik: Düt gait un gait nich good. Kaiser is to uutvörschaamt, de Butt wart am Ende möd.

Mit des köhm he an de See, do wöör de See noch ganß swart un dick un füng al so von ünnen up to geeren, dat et so Blasen smeet, un et güng so een Keekwind äwer hen, dat et sik so köhrd; un de Mann wurr groen (grauen). Do güng he staan un säd:

»Manntje, Manntje, Timpe Te,
Buttje, Buttje in der See,
myne Fru die Ilsebill
will nich so, as ik wol will.«

»Na, wat will se denn?« säd de Butt.

»Ach, Butt«, säd he, »myn Fru will Kaiser warden.«

»Ga man hen«, säd de Butt, »se is't all.«

Do güng de Mann hen, un as he door köhm, so wöör dat ganße Slott von poleertem Marmelsteen mit albasternen Figuren un gollnen Zyraten. Vör de Döhr marscheerden de Soldaten, un se blösen Trumpeten un slögen Pauken un Trummeln. Awerst in dem Huse, da güngen da Baronen un Graven un Herzogen man so as Bedeenters herüm; do maakden se em de Dören up, de von luter Gold wören. Un as he herinköhm, door seet syne Fru up enen Troon, de wöör von een Stück Gold, un wöör wol twe Myl hoog. Un hadd ene groote gollne Kroon up, de wöör dre Elen hoog un mit Briljanten un Karfunkelsteen besett't; in de ene Hand hadde se den Zepter un in de annere Hand den Reichsappel, un up beyden Syden by eer door stünden de Trabanten so in twe Reegen, jümmer en lüttjer as de annere, von dem allergröttesten Rysen, de wöör twe Myl hoog, bet to dem allerlüttjesten Dwaark, de wöör man so groot as min lüttje Finger. Un vör ehr stünnen so vele Fürsten un Herzogen.

Door güng de Mann tüschen staan un säd: »Fru, büst du nu Kaiser?«

»Ja«, säd se, »ik bün Kaiser.«

Do güng he staan un beseeg se sik so recht, un as he se so'n Flach ansehen hadd, so säd he: »Ach Fru, wat lett dat schöön, wenn du Kaiser büst.«

»Mann«, säd se, »wat staist du door? Ik bün nu Kaiser, nu will ik awerst ook Paabst warden, ga hen tom Butt.«

»Ach, Fru«, säd de Mann, »wat wulst du man nicht? Paabst kannst du nich warden, Paabst is man eenmal in der Kristenhait, dat kann he doch nik maken.«

»Mann«, säd se, »ik will Paabst warden, ga glyk hen, ik mutt hüüt noch Paabst warden.«

»Ne, Fru«, säd de Mann, »dat mag ik em nich seggen, dat gait nich good, dat is to groff, tom Paabst kann de Butt nich maken.«

»Mann, wat Snack!«, säd de Fru, »kann he Kaiser maken, kann he ook Paabst maken. Ga foorts hen, ik bün Kaiser, un du büst man myn Mann, wult du wol hengaan?«

Do worr he bang un güng hen, em wöör ganß flau, un zitterd un beewd, un de Knee un de Waden slakkerden em. Un dar streek so'n Wind äwer dat Land, un de Wolken flögen, as dat düster wurr gegen Awend. De Bläder waiden von den Bömern, un dat Water güng un bruusd as kaakd dat, un platschd an dat Oever, un von feern seeg he de Schepen, de schöten in der Noot un danßden un sprüngen up den Bülgen.

Doch wöör de Himmel noch so'n bitten blau in de Midd, awerst an den Syden door toog dat so recht rood up as en swohr Gewitter. Do güng he recht vörzufft (verzagt) staan in de Angst un säd:

»Manntje, Manntje, Timpe Te,
Buttje, Buttje in der See,
myne Fru de Ilsebill
will nich so, as ik wol will.«

»Na, wat will se denn?« säd de Butt.

»Ach«, säd de Mann, »se will Paabst warden.«

»Ga man hen, se is't all«, säd de Butt.

Do güng he hen, un as he door köhm, so wöör dar as en groote Kirch mit luter Pallastens ümgewen. Door drängd he sik dorch dat Volk. Inwendig was awerst allens mit dausend un dausend Lichtern erleuchtet, un syne Fru wöör in luter

Gold gekledet un seet noch up enem veel högeren Troon und hadde dre groote gollne Kronen up, un üm ehr dar so veel von geistlykem Staat, un up beyden Syden by ehr door stünnen twe Reegen Lichter, da gröttste so dick un groot as de allergröttste Toorn, bet to dem allerkleensten Käkenlicht; un alle de Kaisers un de Königen de legen vör ehr up de Kne un küßden ehr den Tüffel.

»Fru«, säd de Mann un seeg se so recht an, »büst du nu Paabst?«

»Ja«, säd se, »ik bün Paabst.«

Do güng he staan un seeg se recht an, un dat wöör, as wenn he in de hell Sunn seeg.

As he se do en Flach ansehn hadd, so segt he: »Ach, Fru, wat lett dat schöön, wenn du Paabst büst!«

Se seet awerst ganß styf as en Boom un rüppeld un röhrd sik nich.

Do säd he: »Fru, nu sy tofreden, nu du Paabst büst, nu kannst du noch niks meer warden.«

»Dat will ik my bedenken«, säd de Fru. Mit des güngen se beyde to Bedd, awerst se wöör nich tofreden, un de Girighait leet se nich slapen, se dachd jümmer, wat se noch warden wull.

De Mann sleep recht good un fast, he hadd den Dag veel lopen, de Fru awerst kunn goor nich inslapen un smeet sik von een Syd to der annern de ganße Nacht un dachd man jümmer, wat se noch wol waren kunn, un kunn sik doch up niks meer besinnen.

Mit des wull de Sünn upgaan, un as se dat Morgenrood seeg, richt'd se sik äwer End im Bedd un seeg door henin, un as se uut dem Fenster de Sünn so herup kamen seeg, »ha«, dachd se, »kunn ik nich ook de Sünn un de Maan upgaan laten?«

»Mann«, säd se un stöd em mit dem Ellbagen in de Ribben, »waak up, ga hen tom Butt, ik will warden as de lewe Gott.«

De Mann was noch meist in'n Slaap, awerst he vörschrok sik so, dat he uut dem Bedd füll. He meend, he hadd sik vörhöörd, un reef sik de Ogen uut un säd: »Ach, Fru, wat säd'st du?«

»Mann«, säd se, »wenn ik nich de Sünn un de Maan kann upgaan laten un mutt dat so ansehn, dat de Sünn und de Maan upgaan, ik kann dat nich uuthollen, un hebb kene geruhige Stünd meer, dat ik se nich sülwst kann upgaan laten.« Do seeg se em so recht gräsig an, dat em so'n Schudder äwerleep. »Glyk ga hen, ik will warden as de lewe Gott.«

»Ach, Fru«, säd de Mann un füll vör eer up de Knee, »dat kann de Butt nich. Kaiser un Paabst kann he maken, ik bidd dy, sla in dy un blyf Paabst.«

Do köhm se in de Booshait, de Hoor flögen ehr so wild üm den Kopp, do reet se sik dat Lyfken up un geef em eens mit dem Foot un schreed: » Ik holl dat nich uut un holl dat nich länger uut, wult du hengaan?«

Do slööpd he sik de Büxen an un leep wech as unsinnig.

Buten awerst güng de Storm un bruusde, dat he kuum up de Föten staan kunn. De Huser un de Bömer waiden um, un de Baarge beewden, un de Felsenstücke rullden in de See, un de Himmel wöör ganß pickswart, un dat dunnerd un blitzd, un de See güng in so hoge swarte Bülgen as Kirchentöörn un as Baarge, un de hadden bawen alle ene witte Kroon von Schuum up. Do schre he un kun syn egen Woord nich hören:

»Manntje, Manntje, Timpe Te,
Buttje, Buttje in der See,
myne Fru de Ilsebill
will nich so, as ik wol will.«

»Na, wat will se denn?« säd de Butt.

»Ach«, säd he, »se will warden as de lewe Gott.«

»Ga man hen, se sitt all weder in'n Pißputt.«

Door sitten se noch bet up hüüt un düssen Dag.

Brüder Grimm

Das Wunderpferd

Ein Mann heiratete eine Frau. Sie gebar einen Sohn und starb. Der Mann heiratete eine zweite Frau. Inzwischen wuchs der Sohn heran, besuchte die Schule und lernte sehr gut. Die Stiefmutter aber haßte ihren Stiefsohn und trachtete ihm nach dem Leben.

Der Vater hatte eine Stute. Diese Stute bekam ein Fohlen, das der Vater seinem Sohn schenkte. Der Junge liebte dieses Fohlen, und wenn er aus der Schule heimkam, ging er als erstes zum Fohlen, streichelte und fütterte es und redete mit ihm, denn das Fohlen konnte sprechen.

Eines Tages vergiftete die Stiefmutter die Speise, die sie für ihren Stiefsohn gekocht hatte. Als er aus der Schule kam, ging er wie immer zuerst zum Fohlen. Das Fohlen warnte ihn, daß die Speise heute vergiftet sei: »Sage deiner Stiefmutter, daß du heute zusammen mit deinem Vater essen willst.«

Als der Junge darauf bestand, daß er zusammen mit seinem Vater essen wolle, mußte die Stiefmutter eine neue Speise kochen (um ihren Mann nicht zu vergiften). Nun kam ein westafrikanischer Arzt und Zauberer in das Dorf. Die Stiefmutter suchte ihn auf, damit er ihr rate, wie sie ihren Stiefsohn töten könnte. Der Zaubermeister antwortete: »Dein Stiefsohn hat ein Fohlen, und dieses Fohlen warnt ihn jedesmal, wenn ihm eine Gefahr droht. Zuerst müssen wir das Fohlen töten. Ich werde dir gleich erklären, wie wir das tun werden: Du mußt viele Fladenbrote aus Hirse machen und sie in der Sonne trocknen. Die trockenen Fladenbrote legst du auf dein Bett und bedeckst sie mit einer Matte. Dann legst du dich auf diese Matte und brüllst laut, daß deine Knochen im Leibe zerbrechen. Wenn du dich dabei bewegst, wird man auch etwas krachen hören. Dann werde ich kommen und sagen, daß dich nur die Leber des Fohlens kurieren kann. Das Fohlen wird daraufhin geschlachtet werden. Deinen Stiefsohn dann zu töten wird nicht mehr schwierig sein.«

Die Stiefmutter tat, wie es ihr der Westafrikaner geraten hatte. Ihr Mann rief einen Arzt nach dem anderen, bis schließlich auch der Westafrikaner gerufen wurde. Dieser machte sein Orakel, warf die Kaurischnecken auf den Sand und sprach: »Die Kaurischnecken sagen, daß deine Frau durch die Leber eines Fohlens, das sich in diesem Gehöft befindet, geheilt werden kann.«

Der Vater war bestürzt und sagte: »Ich habe das Fohlen meinem Sohn gegeben. Er müßte einverstanden sein, daß wir sein Fohlen schlachten.«

Inzwischen war der Junge aus der Schule gekommen und ging zuerst zu seinem Fohlen. Da sprach das Fohlen zu ihm: »Man wird dich um dein Einverständnis bitten, mich zu schlachten. Dann sage: ›Ich will einen Sattel aus Gold, ein Zaumzeug aus Gold, ein Schwert und Schuhe aus Gold. Dann möchte ich auf meinem Fohlen gegen Norden und gegen Süden reiten, und wenn ich zurückkomme, dann könnt ihr das Fohlen töten.‹«

Als der Junge dann seinen Vater begrüßen ging, bat dieser seinen Sohn, einzuwilligen, daß man sein Fohlen schlachte. Der Junge antwortete, wie es ihm das Fohlen geraten hatte, und es wurde mit einem Geschirr aus Gold gesattelt. Mit goldenen Schuhen bekleidet und mit einem Schwert aus Gold bewaffnet bestieg der Junge das Fohlen und ritt gegen Norden, er ritt gegen Süden und kam zu den Leuten zurück, die auf ihn warteten. Da sprach er zu seinem Vater: »Friede sei mit dir!« Nach diesen Worten erhob sich das Pferd in die Lüfte und flog davon. Die Leute liefen nach, so schnell sie konnten, blieben aber bald zurück.

So flogen sie eine Weile, dann fragte das Fohlen den Jungen, was er sehen könne? »Ich sehe ein Wasserschöpfrad«, lautete die Antwort.

»Das ist unser Ort, wir fliegen jetzt herunter«, sagte das Fohlen und fuhr fort: »Ich werde dich jetzt verlassen. Du kannst hier arbeiten, aber wann immer du mich brauchen solltest, dann nimm zwei Haare von meiner Mähne, reibe sie aneinander, und ich werde wieder zu dir kommen.«

In der Nähe des Wasserschöpfrades war ein Garten. In dem Garten war eine Höhle, und in dieser Höhle lebte eine alte Frau. Der Junge fragte die alte Frau, ob sie ihm erlaube, bei ihr zu bleiben. Die alte Frau war gern damit einverstanden.

Nun, der Garten gehörte einem König. Ein Sklave berichtete dem König, daß bei der alten Frau ein Jüngling sei, und der König ließ den Jüngling fragen, ob er bereit sei, die Rinder am Wasserschöpfrad anzutreiben. Der Junge war damit einverstanden und wurde so der Wasserschöpfräder-Rinderantreiber des Königs.

Die Tage vergingen. Wie gern hätte der Junge sein Pferd wiedergesehen, aber er hatte keine Gelegenheit dazu, denn immer waren Leute zugegen. An einem Freitag jedoch gingen alle in die Moschee beten, nur er allein war im Garten geblieben. Da rieb er die zwei Haare aus der Mähne seines Pferdes, und schon stand es vor ihm mit all den goldenen Sachen. Schnell sprang er auf sein Pferd und ritt im Garten herum. Dabei zertrat das Pferd einige Pflanzen.

Der König hatte sieben Töchter, die an seinem Hofe lebten. Die Jüngste von ihnen schaute gerade aus einem Fenster des Hofes heraus und erblickte den Reiter auf dem goldgeschmückten Pferd. Sie eilte zu ihrer Mutter, der Königin, und fragte sie, wer die Nahrung für den Wasserschöpfrad-Rinderantreiber bereite? Als die Königin antwortete, daß es die und die Dienerin mache, sagte die Prinzessin, daß sie ab heute selber die Nahrung für den Jüngling richten möchte. Jeden Tag bereitete sie frische Fladenbrote aus Hirse und steckte in die Tunke ein Goldstück hinein. Jeden Tag fand der Junge ein Stück Gold in seiner Speise, verwahrte es gut auf und wunderte sich, wer wohl diese Goldstücke in sein Essen tut.

Einmal wollte der König zusammen mit seinen Töchtern in seinen Gärten lustwandeln und ließ die große Kupferpauke schlagen, damit ihn viele Leute dabei begleiten.

Im Garten angekommen lief die älteste der Königstöchter auf eine Bananenstaude zu, die mittlere auf einen Orangenbaum und die jüngste auf einen Zitronenstrauch zu. Sie pflückte eine reife gelbe, eine grüne und eine unreife Zitrone. Mit diesen Zitronen lief sie unbemerkt zu unserem Jüngling und sprach: »Ich werde diese drei Zitronen meinem Vater geben. Daraufhin wird mein Vater die Leute fragen, was diese Zitronen wohl bedeuten mögen. Dann tritt vor meinen Vater und verlange von ihm zuerst sein Versprechen, daß er dir Straflosigkeit zusichert. Dann sage: ›Deine Töchter waren vor einigen Jahren wie die unreife Zitrone. Dann wuchsen sie heran – so wie die grüne Frucht. Nun sind sie alle reif – so wie die gelbe Zitrone – und müssen verheiratet werden!‹«

Nach diesen Worten eilte die Prinzessin davon, mischte sich zwischen die Begleiter des Königs und reichte ihm die drei Zitronen. Der König ließ sie in einem Tuch bringen und die Kupferpauke zum Zeichen schlagen, daß sich die Leute an seinem Hofe versammeln sollen, um die Frage zu beantworten, was diese drei Zitronen bedeuten. »Fehlt noch jemand?« fragte der König.

»Es sind alle da bis auf den Rinderantreiber am Wasserschöpfrad«, antworteten die Leute.

»Dann schlagt nochmals die Kupferpauke!« befahl der König.

Jetzt trat der Rinderantreiber vor den König und sagte: »Ich werde die Frage beantworten, doch der König möge schwören, daß ich unter seinem Schutz stehe«, und als der König ihm seinen Schutz zusicherte, fuhr er fort: »Deine Töchter waren vor Jahren wie die unreife Frucht, dann wuchsen sie heran wie die grüne Zitrone, jetzt aber sind sie wie die reife Frucht und brauchen Ehemänner.«

Lange dachte der König nach, dann ließ er sieben Ochsen schlachten und die große Kupferpauke schlagen, damit sich alle Leute bei ihm versammeln. Es kamen alle Einwohner des Landes. Die Männer mußten sich in einer Reihe hinsetzen, und der König reichte jeder seiner Töchter ein Kopftuch, damit sie es dem Mann ihrer Wahl, dem Mann, den sie heiraten möchten, zuwerfen. Die sechs älteren Töchter des Königs warfen ihre Tücher mal auf einen dicken Mann, mal auf einen Mann mit einem Schnurrbart oder auf einen vornehm gekleideten Mann. Die Jüngste jedoch ging mehrere Male zwischen den Männern herum, aber sie kehrte zu ihrem Sitz zurück, ohne eine Wahl getroffen zu haben. »Fehlt da noch jemand, warum hat meine Jüngste noch nicht gewählt?« rief der König.

»Es sind alle da bis auf den jungen Mann vom Wasserschöpfrad«, antwortete ein Sklave. So wurde nochmals die Kupferpauke geschlagen und der Rinderantreiber geholt. Die jüngste Tochter des Königs ging noch zweimal zwischen den Männern herum und warf beim drittenmal ihr Tuch diesem Jüngling zu.

Der König ärgerte sich sehr, daß seine Jüngste den Rinderantreiber des Wasserschöpfrades gewählt hatte. Eine jede seiner älteren Töchter bekam ein gut eingerichtetes Gemach in seinem Palast, die Jüngste hingegen wurde in ein Taubenhaus eingewiesen. Doch ihr Mann rieb die zwei Pferdehaare aneinander, da erschien sein Pferd, reinigte das Taubenhaus, richtete es aufs beste ein und parfümierte es mit Moschus, und dieser Duft war so stark, daß man ihn von weitem riechen konnte.

Nun pflegten jedes Jahr die Feinde das Königreich anzugreifen. Als der Kampf nahte, schickte der König seinen sechs Schwiegersöhnen je ein gutes Pferd und ein scharfes Schwert, damit sie zusammen mit seinen Wesiren* kämpfen. Sein siebter Schwiegersohn bekam ein lahmes Pferd und ein abgebrochenes Schwert. »Er kann ja hinter der Armee nachkommen«, sagte der König.

Als der Kampf begann, liefen die sechs Schwiegersöhne davon. Da nahm unser Jüngling die zwei Haare und rieb sie aneinander, erhob sich auf seinem Pferd in die Luft, zog sein Schwert, und bei jedem Schwertstreich fielen tausend Feinde, so daß alle von einer großen Angst ergriffen wurden. Sie erbaten den Schutz des Königs und ergaben sich.

Dies wiederholte sich sieben Jahre lang. Nach der siebten Schlacht sagte der Wesir zum König: »In allen diesen Kämpfen, als wir schon fast verloren waren, kam ein Ritter auf einem Pferd geflogen und schlug die Feinde in die Flucht. Wir aber wissen nicht, wer es ist.«

Da sagte der König zu seinem Wesir: »Beim nächsten Kampf wirst du dieses Tuch auf den Ritter werfen!«

Als es im achten Jahr wieder zur Schlacht kam, gelang es dem Wesir, das Tuch auf den Ritter zu werfen. Dabei riß er ihm einen Fingernagel ab. Als der Wesir dies berichtete, hörten davon die sechs Schwiegersöhne und schnitten sich die Fingernägel ab, um behaupten zu können, daß sie es waren. Der wahre Ritter hingegen zeigte niemandem seine kleine Verletzung. Wiederum wußte niemand, wer der Ritter war.

Eines Tages wurde der König blind. Es wurden viele Ärzte gerufen, aber keiner konnte ihm helfen. Schließlich gab ein Arzt folgenden Rat: »Wenn man einen Tropfen der Milch einer Gazelle, die zum erstenmal geworfen hat, in die Augen des Königs träufelt, dann wird er wieder sehen können.« Die sechs Schwiegersöhne bekamen je ein gutes Pferd, ein Schwert und Wasser und zogen los, um diese Gazellenmilch zu beschaffen. Der Mann der jüngsten Tochter bekam nur ein lahmes Pferd, ein verrostetes Schwert und wurde erst zwei Tage später als die anderen ausgeschickt. Als er ein Stück Weges auf dem lahmen Pferd geritten war, rieb er die zwei Pferdehaare aneinander und flog auf seinem Wunderroß in drei Stunden den Weg von sieben Reittagen.

Mitten in der Wüste blieb das Pferd vor einer Zeriba* stehen, vor der ein Araber saß. In der Zeriba befanden sich Gazellen verschiedenen Alters und unterschiedlicher Größe. Unser Ritter begrüßte den Araber mit den Worten: »Friede sei mit dir, du Sheikh* der Araber. Überlasse mir eine Woche lang diese Zeriba und zeige mir die älteste der Gazellen und auch die Gazelle, die zum erstenmal geworfen hat. Ich werde dir Gold geben, soviel du willst.«

»Komm in einer Woche wieder. Ich werde dir die Zeriba überlassen und dir die zwei Gazellen zeigen«, antwortete der Araber.

Als unser Ritter schon lange wieder fort war, kamen die sechs anderen Schwiegersöhne des Königs bei der Zeriba an. Der Araber begrüßte die Fremden und schlachtete einen Hammel für sie. Er bereitete ihnen ein gutes Abendessen, und sie verbrachten die Nacht als seine Gäste.

Am nächsten Tag sagte der Araber: »Seit vielen Jahren hat uns hier kein Gast mehr aufgesucht. Warum seid ihr hierher gekommen?«

»Unser König ist erblindet. Die Ärzte sagen, daß ihn die Milch einer Gazelle, die zum erstenmal geworfen hat, heilen kann. Wir sind dieser Gazellenmilch wegen hier«, antworteten sie.

»So!« erwiderte der Araber, »wir Araber verkaufen keine Milch. Wenn jemand von uns Milch kaufen will, dann müssen wir ihm vorerst am Hintern unsere Eigentumsmarke einbrennen, und so wird er unser Sklave!«

Einige der sechs Schwiegersöhne des Königs waren einverstanden, sich markieren zu lassen, einige von ihnen wollten jedoch von diesem Handel nichts hören. Sie stimmten ab, und die Mehrheit war der Meinung, daß es besser sei, sich markieren zu lassen und die Gazellenmilch zu bekommen als den weiten Weg erfolglos zu machen. »Schließlich ist es von hier so weit zu uns, daß der Araber niemandem sagen kann, daß wir seine Sklaven sind«, meinten sie.

Daraufhin legte der Araber das Markierungseisen ins Feuer, und als es rot glühte, zog er das Kleid des Ältesten von ihnen aus, brannte ihm seine Eigentumsmarke ins Gesäß ein und sagte: »Du Soundso, du bist Sklave des Soundso!« Dann kam der Nächstälteste dran, bis sie schließlich alle markiert waren.

Dann melkte der Araber die älteste seiner Gazellen, füllte einem jeden der Männer einen Lederschlauch mit ihrer Milch an und sagte: »Geht!«

Während dieser ganzen Zeit hatte sich der Jüngste der Schwiegersöhne in der Wüste versteckt gehalten. Als seine Schwäger schon weg waren, kam er wieder zum Araber zurück, füllte einen Lederschlauch mit der Milch einer Gazelle, die zum erstenmal geworfen hatte, gab dem Araber reichlich Gold und traf gleichzeitig mit seinen Schwägern am Hofe des Königs an.

Die sechs Schwiegersöhne tröpfelten etwas von der Gazellenmilch, die sie mitgebracht hatten, in die Augen des Königs, doch der König blieb so blind wie zuvor. Der jüngste Schwiegersohn gab die Gazellenmilch seiner Frau und sagte: »Vielleicht wird unsere Milch ihm helfen!«

Als die jüngste Prinzessin vor ihren Vater trat, weigerte sich dieser, die Gazellenmilch zu nehmen: »Mir wurde schon so viel Milch in die Augen geschüttet, daß mein Zustand sich nur noch verschlimmert hat.«

»Vielleicht wird aber unsere Gazellenmilch dir helfen!« meinte die Prinzessin.

Ihr Mann hatte der Prinzessin nicht nur die Milch, sondern auch drei Akaziendorne mitgegeben und gesagt: »Lege einen Dorn auf das Kissen, einen auf den Stuhl und einen unter die Füße des Königs. Wenn nach dem Einträufeln der Milch der König die Dornen sieht, dann ist er geheilt, wenn nicht, dann ist er noch blind.«

Die jüngste der Töchter träufelte schließlich die Gazellenmilch in die Augen des Königs. Er stand auf, um hinauszugehen, und als er zurückkam, war die Tochter immer noch in seinem Gemach. Da schrie der König: »Was sollen die Dornen auf dem Kissen, auf dem Stuhl und vor meinen Füßen?« und rief die Diener, die Dornen zu entfernen.

Die Leute aber waren überaus glücklich, denn ihr König war nun geheilt. Der König gab ein großes Dankessen, und der Ehemann seiner Jüngsten sprach zu ihm: »Hoch lebe der König! Zuerst sei festgestellt, daß sich unter den Anwesenden sechs meiner Sklaven befinden. Sie sind am Gesäß mit meinem Namen markiert. Deine Soldaten sollen sie suchen!«

Die Soldaten untersuchten die Anwesenden, aber sie konnten die Markierung nicht finden. Doch der Ritter wies auf die Männer in der Umgebung des Königs und sagte: »Untersucht auch diese!« So entdeckten die Soldaten die sechs markierten Männer.

»Das sind meine Sklaven, und dies war der erste Punkt meiner Ansprache!« sprach der jüngste der Schwiegersöhne des Königs und fuhr fort: »Ich war der Ritter, der in den Schlachten den Sieg erkämpfte! Ich war es, auf den der Wesir das Tuch warf!«, und er zeigte den Finger und den abgebrochenen Nagel.

Darauf befahl der König: »Diese sechs Männer sollen mit den anderen Sklaven am Wasserschöpfrad arbeiten, und meine älteren Töchtern sollen die Dienerinnen meiner jüngsten Tochter sein. Und ab nun ist dieser Mann da der König, denn ich bin nur noch sein Wesir!«

Und ich, euer Erzähler, war einer der Soldaten des Königs, und als ich diese Worte hörte, da klatschte ich laut Beifall, und meine Kameraden klatschten mit.

Nubisches Märchen

Die Laus

Da waren einmal in Aurenque, einem Weiler im Kanton Fleurance, ein Müller und eine Müllerin; die hatten eine Tochter, hübsch wie ein Herz und rechtschaffen wie Gold. Jeden Tag, nach dem Essen, schickten die Eltern sie hinaus, um das Vieh zu hüten, und dort, auf den Wiesen, am Ufer des Gers, blieb sie, bis es Nacht wurde.

Eines Abends saß die kleine Müllerin am Fuß einer alten hohlen Weide, und während sie ihre Spindel drehte, dachte die Kleine: »Heute bin ich genau achtzehn Jahre alt. Bald wird ein schöner Jüngling kommen und bei meinen Eltern um mich anhalten.«

In diesem Augenblick kam ein armer Mann mit einem langen, weißen Bart am Flußufer daher, den Stock in der Hand und den Quersack auf dem Rücken.

»Kleine Müllerin, gebt mir ein Almosen um der Liebe Gottes und der Heiligen Jungfrau willen. Pater noster ...«

»Da, armer Mann, nehmt mein Brot.«

»Danke, kleine Müllerin. Du sollst belohnt werden für deine Barmherzigkeit. Ich weiß, woran du denkst, wenn du so deine Spindel drehst. Du denkst: ›Heute bin ich genau achtzehn Jahre alt. Bald wird ein schöner Jüngling bei meinen Eltern um meine Hand anhalten.‹«

»Armer Mann, du hast es erraten. Wer bist du?«

»Kleine Müllerin, ich bin Jean du Ramier*. Hab Geduld, dein Wunsch soll erfüllt werden.«

In diesem Augenblick trat ein Mann aus der hohlen Weide, der war einen Klafter* groß und schwarz wie der Herd.

Das war Cagolouisdors*, ein Schurke, der böser war als hundert Teufel zusammen, und der hatte große Macht auf Erden.

»Jean du Ramier«, sagte er, »ich übernehme es, den schönen Jüngling zu finden, der bei den Müllersleuten um die Hand der kleinen Müllerin anhalten wird.«

Dann verschwand Cagolouisdors wieder in der alten hohlen Weide, und Jean du Ramier ging seines Weges, am Ufer des Gers entlang.

Die kleine Müllerin trieb ihr Vieh in den Stall. Unterwegs dachte sie: »Da sind Dinge im Gange, die recht traurig für mich sind.« Und so war es.

Eine Stunde nach Sonnenuntergang aß die kleine Müllerin mit ihren Eltern zu Abend. Plötzlich hörte man einen gewaltigen Lärm auf dem Mühlendach. Der Kamin rauchte fürchterlich, und durch den Schacht fiel ein Mann ins Zimmer, der war einen Klafter groß und schwarz wie der Herd.

Es war Cagolouisdors.

»Guten Appetit, ihr braven Leute. Ich bringe euch einen Mann für die kleine Müllerin.«

Cagolouisdors zog eine Schachtel aus der Tasche, öffnete sie und warf eine Laus auf den Tisch, die war dick wie ein Bohne.

»Das ist der schöne Bursche, der bei deinen Eltern um dich anhalten wird, kleine Müllerin. Jean du Ramier hat ihn jung, stark und kühn gewählt. Ich habe daraus gemacht, was du hier siehst. Komm nur her, kleine Müllerin. Ich werde dir drei Kopfhaare ausreißen und sie verstecken, wo es mir gefällt. In drei Tagen komme ich zurück. Kannst du erraten, wo ich die drei Haare versteckt habe, dann wird deine Laus sich auf der Stelle in einen schönen, jungen, starken Burschen zurückverwandeln. Wenn nicht, verdamme ich dich, ihn so zu heiraten, wie er ist und wie er bis in den Tod bleiben wird.«

Während Cagolouisdors also sprach, verlor die Laus keine Zeit. Sie krabbelte, ohne gesehen zu werden, ins Ohr der kleinen Müllerin. Dort flüsterte sie ihr leise, ganz leise, zu: »Fürchte dich nicht, kleine Müllerin. Laß Cagolouisdors nur machen. Ich übernehme es, das Versteck deiner drei Haare zu entdecken. Und so werde ich in einen schönen, jungen, starken und kühnen Burschen zurückverwandelt.«

»Cagolouisdors«, sprach die kleine Müllerin, »hier ist mein Kopf. Nehmt, was Ihr braucht.«

Während Cagolouisdors der kleinen Müllerin die drei Haare ausriß und sie um ein Stückchen Holz wickelte, verlor die Laus keine Zeit. Sie krabbelte aus dem Ohr des Mädchens heraus und setzte sich ins Haar ihres Feindes. So verborgen, hörte und sah sie alles, ohne selbst gesehen zu werden.

Cagolouisdors ging fort. Die ganze Nacht wanderte er gen Süden in Richtung auf die Stadt Auch. Der Morgen graute, als er dort im Stadtteil Sankt Peter ankam, wo sich ganz in der Nähe ein tiefer, finsterer Brunnen befindet. Er sah sich nach allen Seiten um, ob auch niemand ihn beobachtete, dann nahm er eins der Haare und warf es in den Brunnen.

Aber die Laus, die in Cagolouisdors Haaren saß, hörte und sah, ohne gesehen zu werden.

Nachdem Cagolouisdors so das erste Haar versteckt hatte, ging er in eine Herberge, um zu trinken und zu essen. Dann begab er sich in die Sankt-Marien-Kathedrale, versteckte sich im rechten Augenblick hinter aufgestapelten Stühlen und schlief ein. Aber die Laus, die in Cagolouisdors Haaren saß, hörte und sah, ohne gesehen zu werden.

Beim ersten Schlag der Mitternachtsglocke wachte Cagolouisdors auf. Er trat aus seinem Versteck, zündete eine Kerze an der Lampe des Allerheiligsten an, drückte mit einem Stoß seiner Schulter die Tür ein, die auf die Turmtreppe führte, stieg zu den Glocken hinauf, nahm das zweite Haar der kleinen Müllerin und band es um den großen Glockenschwengel.

Aber die Laus, die in Cagolouisdors Haaren saß, hörte und sah, ohne gesehen zu werden.

Dann ging Cagolouisdors in sein Versteck zurück, um den rechten Augenblick abzuwarten und sich bei Morgengrauen, wenn der Glöckner das Angelus läutete, aus dem Staube zu machen.

Aber die Laus, die in Cagolouisdors Haaren saß, hörte und sah, ohne gesehen zu werden.

Cagolouisdors kehrte in seine Herberge zurück, um zu trinken und zu essen. Dann zog er weiter, ohne recht zu wissen, wohin.

»Vorsicht«, sagte er sich, als er so wanderte. »Du mußt dieses letzte Haar der kleinen Müllerin noch besser verstecken als die beiden andern.«

Den ganzen Tag und die ganze Nacht, den ganzen folgenden Tag zog Cagolouisdors umher, ohne sich für ein bestimmtes Versteck entscheiden zu können. Als die Sonne unterging, sah er sich um. Zu seinem Erstaunen befand er sich ganz in der Nähe von Aurenque.

»Tausend Götter! Die drei Tage sind bald vorüber, und ich habe noch kein Versteck für das letzte Haar der kleinen Müllerin gefunden. Unsinn! Am besten, ich lasse es in meiner Tasche. Wer das errät, müßte ein ganz gerissener Schlauberger sein.«

Und Cagolouisdors ließ das dritte Haar der kleinen Müllerin in seiner Tasche.

Aber die Laus, die in Cagolouisdors Haaren saß, hörte und sah, ohne gesehen zu werden.

Leise, ganz leise krabbelte sie in die Tasche hinunter, wickelte das dritte Haar ab und schlang es um Cagolouisdors Leib. Dann begab sie sich schnell an ihren Posten.

Eine Stunde nach Sonnenuntergang aß die kleine Müllerin mit ihren Eltern zu Abend. Plötzlich hörte man einen gewaltigen Lärm auf dem Mühlendach. Der Kamin rauchte fürchterlich. Durch den Schacht fiel ein Mann ins Zimmer, der war einen Klafter groß und schwarz wie der Herd. Es war Cagolouisdors.

»Guten Appetit, ihr braven Leute. Kleine Müllerin, die drei Tage sind vorüber. Wenn du errätst, wo deine drei Haare versteckt sind, wird deine Laus auf der Stelle in einen schönen, jungen, starken, kühnen Burschen zurückverwandelt. Wenn nicht, verdamme ich dich, ihn so zu heiraten, wie er ist und bis in den Tod bleiben wird.«

Während Cagolouisdors sprach, verlor die Laus keine Zeit. Ohne gesehen zu werden, verließ sie ihren Posten, krabbelte ins Ohr der kleinen Müllerin und flüsterte ihr leise, ganz leise zu: »Hab keine Angst, kleine Müllerin. Ich weiß, wo deine drei Haare versteckt sind. Nimm mich aus deinem Ohr, behutsam, sehr behutsam, und lege mich in deinen Mund. Von dort werde ich auf Cagolouisdors Fragen antworten.«

Die kleine Müllerin gehorchte und stand da mit offenem Mund.

»Sage mir, kleine Müllerin«, sprach Cagolouisdors, »wo ich das erste deiner Haare versteckt habe.«

»Cagolouisdors«, erwiderte die Laus, »das erste meiner Haare hast du in einen Gartenbrunnen geworfen, in einen tiefen, finsteren Brunnen in Auch, im Sankt-Peter-Stadtviertel.«

»Sage mir, kleine Müllerin, wo habe ich das zweite deiner Haare versteckt?«

»Cagolouisdors, das zweite meiner Haare hast du um den großen Glockenschwengel von Sankt Marien in Auch gewickelt.«

»Sage mir, kleine Müllerin, wo ich das letzte deiner Haare versteckt habe?«

»Cagolouisdors, das letzte meiner Haare ist um deinen Leib geschlungen.«

»Das ist gelogen, kleine Müllerin. Das letzte deiner Haare habe ich in meiner Tasche behalten.«

»Cagolouisdors, du bist es, der lügt. Sieh selbst nach.«

Während er nachsah, kam Jean du Ramier herein.

»Kleine Müllerin«, sagte er, »es ist aus mit der Macht des Cagolouisdors. Speie deine Laus aus.« Die kleine Müllerin gehorchte. Kaum ausgespien, wurde die Laus ein schöner, junger, starker und kühner Bursche. Nun war aber das Haar, das um Cagolouisdors Leib geschlungen war, lang, dick und stark wie ein Tau. Damit band Jean du Ramier seinen Feind an einen Tragpfeiler des Raumes fest.

»Vorwärts, Freunde!« rief er. »Jeder nehme einen Stock und schlage mit aller Kraft auf Cagolouisdors' Hintern.«

Der Müller, seine Frau, seine Tochter und der schöne Bursche gehorchten. Bei jedem Stockschlag fiel ein doppelter Louisdor aus Cagolouisdors' Hintern.

Schließlich hörte Cagolouisdors auf zu scheißen. Da band ihn Jean du Ramier vom Pfeiler los.

»Hinaus mit dir, du Räuber! Du hast nichts mehr im Bauch, und du hast keine Macht mehr, Böses zu tun. Und ihr, liebe Freunde, sammelt alle diese Goldstücke auf. Die sind für die kleine Müllerin. Schon morgen soll sie diesen schönen Burschen heiraten.«

Es geschah, wie er gesagt hatte. Nach der Hochzeit nahm Jean du Ramier seinen Quersack und seinen Stock.

»Lebt wohl, Freunde. Lebt reich, glücklich und zufrieden. Ich ziehe weiter. Ich habe anderswo zu tun.«

Und Jean du Ramier zog fort. Man hat ihn nie und nimmer wiedergesehen.

Französisches Märchen

Der Gestiefelte Kater

Vom Kater ist noch nicht die Rede

Es war einmal ein Müller. Der hatte eine Windmühle und drei Söhne. Und die drei Söhne arbeiteten von klein auf, wie sich das gehört, in der Mühle des Vaters. Dafür bekamen sie von ihm zu essen und zu trinken und alle drei Jahre einen neuen Anzug. Das war alles in schönster Ordnung und hätte noch lange so weitergehen können, doch das tat es leider nicht. Denn eines Tages erlebte der Müller etwas, was jeder Mensch eines Tages erlebt, ob er nun ein Müller oder ein König ist: Er legte sich hin und starb.

Die Hinterlassenschaft wird geteilt

Das Geld, das die Söhne des Müllers in der Kommode gefunden hatten, reichte gerade für das Begräbnis. Und als die drei vom Friedhof heimkamen, putzten sie sich erst einmal vor Rührung die Nase.

Dann sagte der älteste: »Ihr wißt, was der Vater hinterlassen hat.«

»Jawohl«, meinte der zweite. »Die Mühle, den Esel im Stall und den Kater, der die Mäuse fängt.«

»Wir wollen die Erbschaft schnell aufteilen, weil wir noch so traurig sind«, erklärte der älteste. »Später gäbe es womöglich Streit.«

Der jüngste kratzte sich hinterm Ohr: Denn er konnte sich schon denken, was nun kam.

»Ich übernehme die Mühle«, sagte der älteste. »Dem zweiten gehört der Esel im Stall, und der jüngste kriegt den Kater.«

»Seid mir nicht böse«, bat der jüngste, »aber können wir nicht weiter, wie bisher, zusammen in der Mühle leben und arbeiten? Warum müssen wir denn auf einmal teilen?«

»Das verstehst du nicht«, meinte der älteste. »Ich werde bald heiraten, und wenn man heiratet, bekommt man Kinder, und dann ist für dich kein Platz mehr in der Mühle.«

»Aber das ist doch ungerecht!« rief der jüngste. »Schließlich sind wir doch alle drei die Söhne unseres Vaters! Ihm hat die Mühle gehört, und nun gehört sie uns!«

»Nein!« erwiderte der älteste. »Nun gehört sie mir, weil ich der älteste bin. Das ist nicht gerecht und auch nicht ungerecht, sondern es ist ganz einfach so. Wenn du der älteste wärst, bekämst du die Mühle. Das schwöre ich dir, bei allem, was mir heilig ist!«

»Ich bin doch aber nun einmal der jüngste!« rief der jüngste.

»Das ist dein persönliches Pech«, meinte der älteste. »Doch es läßt sich nicht ändern.«

»Was soll denn ich sagen?« fragte der zweite den jüngsten. »Ich bin volle drei Jahre älter als du, und auch ich bekomme die Mühle nicht!«

»Aber du hast wenigstens den Esel, der die Mehlsäcke in die Dörfer trägt! Davon kann man ganz gut leben!«

Der zweite sagte freundlich: »Wenn du statt meiner der zweite wärst, bekämst du den Esel. Das schwöre ich dir, bei allem, was mir heilig ist!«

Der jüngste stampfte mit dem Fuß auf. Er war richtig ärgerlich. »Was soll ich denn mit dem Kater anfangen? Soll ich ihn schlachten, wenn ich Hunger habe? Dann bleibt mir gerade noch sein Fell. Das reicht vielleicht für eine Pelzmütze.«

»Vielleicht«, sagte der älteste. »Vielleicht auch nicht.«

»Du kannst dir natürlich auch ein Paar warme Handschuhe daraus machen lassen«, meinte der zweite. »Pelzhandschuhe sind sehr gesund.«

»Ist das euer letztes Wort?« fragte der jüngste. Die beiden anderen Brüder nickten im Chor mit den Köpfen, und der älteste sagte: »Du kannst, bis du etwas Passendes gefunden hast, in meiner Mühle schlafen. Aber nur bis zum nächsten Ersten.«

Der jüngste machte den Mund auf, sagte dann aber doch nichts mehr, sondern ging ohne ein weiteres Wort hinaus.

Der Kater ist kein gewöhnlicher Kater

Der jüngste – er hieß übrigens Hans – saß lange Zeit in seiner Kammer, starrte vor sich hin und wußte nicht, was er nun anfangen sollte.

Plötzlich stand der Kater, den er geerbt hatte, vor ihm, rieb sich an seinem Knie und legte sich schnurrend neben ihn.

»Du hast gut schnurren«, brummte der traurige Hans. »Wenn ich wenigstens wüßte, ob gebratener Kater überhaupt schmeckt.«

Da sagte jemand in der Nähe: »Gebratener Kater schmeckt scheußlich.«

Der junge Mann blickte sich erstaunt um.

Es war weit und breit kein Mensch zu sehen. Er mußte wohl geträumt haben.

»Wenn ich bloß wüßte, was nun werden soll«, seufzte Hans aus tiefster Brust.

Da sagte jemand wieder ganz in seiner Nähe: »Es wird uns schon etwas einfallen.«

Der junge Mann blickte blitzschnell nach allen Seiten. Aber wieder war niemand zu sehen! »Jetzt wird es mir aber zu bunt!« rief er. »Wer spricht denn hier?«

Da drehte sich der Kater um und sagte seelenruhig: »Ich, wenn Sie nichts dagegen haben!« Hans sperrte Mund und Nase auf. Und die Augen traten ihm einen halben Zentimeter aus dem Kopf.

Endlich faßte er sich wieder und fragte: »Seit wann kannst du denn reden?«

»Schon immer«, antwortete der Kater.

»Und warum hast du es noch nie vorher getan?«

Der Kater erwiderte: »Ich rede nur, wenn es wirklich darauf ankommt.«

»Aha«, meinte Hans, »so ist das.«

»Ich war vorhin dabei«, sagte der Kater, »als Sie mit Ihren Brüdern sprachen. Ich saß unter Ihrem Stuhl und habe alles mitangehört.«

»Um so besser«, rief Hans. »Dann brauche ich dir nicht erst lange zu erzählen, wie sehr ich mich geärgert habe! Was wollen wir jetzt tun? Soll ich bis zum nächsten Ersten in der Mühle bleiben?«

»Ach was«, sagte der Kater. »Das kommt gar nicht in Frage. Wir wollen weg von hier!«

»Und wohin?«

»Irgendwohin, wo man uns nicht kennt!«

»Meinetwegen!« rief Hans. »Mehr als verhungern können wir nirgends.« Dann nahm er den Kater auf den Arm, trat auf die Straße hinaus, blickte noch einmal zu der lieben, alten Windmühle zurück und wanderte dann durch den Tannenwald und das nächste Kirchdorf und immer, immer weiter.

Am Abend krochen sie in eine Feldscheune. Nachdem Hans ein Stück trocken Brot gegessen und der Kater sich ein paar Mäuse gefangen hatte, legten sie sich ins Heu und schliefen ungewiegt.

Der Kater hat drei seltsame Wünsche

Den nächsten Morgen wachten sie beizeiten auf. Es war empfindlich kalt, obwohl die Sonne schon am Himmel hochkam. Hans war mutlos und sehr traurig. Außerdem knurrte ihm der Magen.

»Schade, daß Sie sich nichts aus Mäusen machen«, meinte der Kater. »Sonst könnte ich Ihnen im Handumdrehen ein reichliches Frühstück einfangen.«

»Laß deine dummen Witze!« brummte Hans. »Mir ist gar nicht zum Lachen. Sag mir lieber, was aus uns werden soll!«

Da strich sich der Kater nachdenklich seinen Schnurrbart und fragte: »Wieviel Geld haben Sie noch?«

Hans stülpte die Taschen um und zählte die Geldstücke, die herausfielen. Es waren zwei rheinische Taler und viereinhalb Silbergroschen. »Das ist der ganze Segen«, meinte er.

»Es wird ausreichen«, sagte der Kater nach einer Weile.

»Wofür?« fragte Hans erstaunt.

Da begann der Kater: »Ich brauche dringend ein Paar hohe Stiefel, eine kleine grüne Jagdtasche und einen Sack! Kommen Sie. Gehen wir.«

»Ausgeschlossen!« rief Hans. »Wozu um alles in der Welt brauchst du denn hohe Stiefel, eine Jagdtasche und einen Sack?«

»Das erzähle ich Ihnen ein andermal«, sagte der Kater. »Ich brauche sie aber, damit ich Ihnen helfen kann.«

Hans wollte nicht. »Ich habe dich zwar sehr gern«, meinte er, »außerdem kannst du sprechen und bist auch sonst ein hübsches Tier. Aber mein letztes Geld für solchen Firlefanz hergeben – nein, das ist eine Kateridee!«

»Natürlich ist es eine Kateridee«, erklärte der Kater stolz. »Sie stammt ja von mir!«

Hans betrachtete seinen Kater lange. Dann sagte er seufzend: »Also schön! Wir wollen dir die drei Dinge, die du dir wünschst, besorgen. Aber erst kaufe ich mir ein Vierpfundbrot. Sonst habe ich am Abend womöglich einen solchen Hunger, daß ich dich aus Versehen schlachte und brate. Und das täte mir hinterher sicher leid.«

Mit diesen Worten stand er auf, und sie machten sich auf den Weg nach dem nächsten größeren Dorf.

Mittags kamen die beiden zum Schuster. Den Sack und die Jagdtasche hatten sie bereits eingekauft. Schon das dritte Paar Stiefel, das der Kater anprobierte, paßte wie angegossen!

Wunderbar sah der Kater jetzt aus! Die hohen Stulpenstiefel standen ihm prächtig. Die Jagdtasche war schön bestickt und kleidete ihn wie einen kühnen Jäger.

Er warf den Sack über die Schulter, verbeugte sich tief und sagte: »Auf baldiges Wiedersehen, mein Herr!«

»Wo willst du hin?« fragte Hans besorgt.

Doch da war sein Kater auch schon aus der Tür und im Kornfeld verschwunden.

Rebhühner fressen gerne Weizenkörner

Der Kater stiefelte stundenlang durch Wiese und Wald, bis er in eine Gegend kam, in der es viele Rebhühner gab. Dort suchte er sich ein stilles Fleckchen, legte den Sack, den ihm sein junger Herr gekauft hatte, in ein Feld und tat ein paar Weizenkörner in die Öffnung des aufgesperrten Sackes.

Dann legte er sich selber neben die Falle, streckte alle viere von sich und stellte sich, so gut es ging, tot. Manchmal machte er die Augen halb auf, um zu sehen, ob sich noch kein Rebhuhn blicken ließ.

So lag er eine ganze Weile, ohne daß sich etwas gerührt hätte.

Aber plötzlich tauchten drei Rebhühner in seiner Nähe auf. Sie reckten ihre kleinen Hälse und waren sehr aufgeregt. Denn Körner, das weiß man ja, fressen die Rebhühner am liebsten.

Das dümmste und verfressenste der drei kleinen Tiere begann eifrig Körner zu picken, und weil in dem aufgesperrten Sack noch mehr Körner waren, kroch es in den Sack hinein.

Darauf hatte der Kater nur gewartet! Er machte einen Satz, und schon hatte er den Sack zugeklappt!

Eine Minute später hatte er das Rebhuhn totgebissen; und zwei Minuten später steckte der Braten in der schönen, bestickten Jagdtasche. Nachdem das erledigt war, setzte der Gestiefelte Kater seinen Weg fort.

Eine halbe Stunde entfernt lag ein Königsschloß. Ein großes Schloß mit vielen Zinnen und Türmchen. Der König, der in dem Schloß wohnte, war ein guter König, weil er ein edles Herz hatte.

Andere Leute sagten, er sei ein guter König, weil er magenkrank war.

Aber das war wohl nicht richtig. Obwohl es freilich stimmte, daß sein Magen nicht in Ordnung war. Doch das hatte mit seiner Güte sicher nicht das geringste zu tun, eher mit seinem gewaltigen Appetit.

Jedenfalls hatte ihm einer seiner zwölf Leibärzte geraten, daß er unbedingt ein gebratenes Rebhuhn essen müsse. Ein Rebhuhn sei das einzige, was ihm und seinem kranken Magen helfen könne.

Nun hatte er seine Oberförster, Förster und Jagdgehilfen beauftragt, ihm ein Rebhuhn zu besorgen. Wem das gelänge, dem solle der Oberhofmeister tausend Taler auszahlen.

Wie das nun so ist: Seit die Oberförster, Förster und Jagdgehilfen des Königs wußten, daß sie tausend Taler verdienen konnten, schossen sie, kaum daß ihnen ein Rebhuhn vor die Flinte kam, prompt daneben.

Deswegen geriet, wie man sich denken kann, der Oberportier des Schlosses, als der Gestiefelte Kater sich bei ihm melden ließ, in große Aufregung.

Der Hauptmann der Schloßwache rannte sofort zum König hinauf. Er nahm jedesmal zwei Stufen.

Der herzensgute und magenkranke König, hinter dem die zwölf Leibärzte standen, saß auf dem Thron und kaute unfreundlich an einem trockenen Brötchen.

Da kam der Hauptmann der Schloßwache in den Saal gestürzt und rief: »Majestät, ein Rebhuhn!«

»Wie?« fragte der König.

Doch da stand schon der Gestiefelte Kater in der Tür, schritt, tief grüßend, bis zum König, kniete vor diesem nieder, holte das Rebhuhn aus der Jagdtasche und sagte: »Mein Herr, der Graf von Carabas, schickt Eurer Majestät dieses zarte Geflügel und hofft, daß es der Gesundheit Eurer Majestät wohl bekommen möge!«

Dem braven König traten zwei dicke Tränen in die Augen, als er dies hörte.

»Der Graf von Carabas?« rief er »Wieso kenne ich den Herrn nicht?«

Die zwölf Ärzte zuckten mit den Achseln.

»Das sieht euch ähnlich!« rief der herzensgute, aber magenkranke König.

Dann sagte er zu dem Kater: »Überbringe deinem Herrn, dem Grafen von Carabas, meine herzlichsten Grüße, und lasse dir, als seinem Diener, die tausend Taler ausbezahlen, die ich für das Rebhuhn ausgesetzt habe!«

»Die Grüße Eurer Majestät will ich meinem Herrn, dem Grafen von Carabas, gern ausrichten«, erwiderte der Gestiefelte Kater. »Aber die tausend Taler nehme ich nicht. Das würde mir mein Herr, der Graf von Carabas, bis ans Lebensende verübeln.«

Damit verbeugte er sich tief und verließ, stolz wie ein Spanier, das königliche Schloß.

Wenn man ein König ist und zwölf Leibärzte hat, gibt es mindestens zwölf Möglichkeiten, krank zu sein und gesund zu werden.

Das gebratene Rebhuhn hatte dem braven, herzensguten König wohlgetan. Er fühlte sich seitdem bedeutend frischer.

Doch dann war der elfte Arzt gekommen, hatte ihn gründlich untersucht und ernst gesagt:

»Majestät müßten dringend ein Kaninchen essen!«

Der König setzte natürlich sofort eine Prämie von tausend Talern aus.

Aber es war wie verhext. Seitdem kam keinem der Oberförster, Förster und Jagdgehilfen ein Kaninchen vor die Flinte, obwohl die Felder voll davon waren.

Bis sich eines Tages der Gestiefelte Kater wieder im Schloß beim Oberportier meldete und dem guten König ein Kaninchen überreichte, das er in der kleinen grünen Jagdtasche mitgebracht hatte.

Der König war selig! Er ließ schleunigst tausend Taler holen. Doch der Abgesandte des Grafen von Carabas verzichtete wiederum auf die hohe Belohnung.

»Der Graf von Carabas muß ein Millionär sein«, sagten viele am Tisch. »Denn wer verzichtet sonst, noch dazu das zweite Mal, auf tausend Taler?«

»Ein Millionär bestimmt nicht«, sagte der Hofastronom, der ein kluger Mann war.

Doch, was die Hauptsache ist: Dem König wurde, nachdem er das Kaninchen verzehrt hatte, noch wohler als vorher.

Das ließ nun wieder dem zehnten Leibarzt keine Ruhe. Er untersuchte den König noch gründlicher, schüttelte den Kopf und sagte dann: »Majestät müßten unbedingt ein paar Wachteln essen. Sonst übernehme ich keine Verantwortung für Ihre Konstitution.«

Der König bekam einen furchtbaren Schreck. »Konstitution?« fragte er ängstlich. »Ich habe eine Konstitution? Was ist denn das schon wieder?«

Er setzte sofort eine Belohnung, diesmal sogar von zweitausend Talern, aus! Aber auch das half nichts. Seine Oberförster, Förster und Jagdgehilfen fingen und fingen keine Wachteln, obwohl sie vor lauter Jagdeifer kaum ins Bett gingen.

Der König nahm zwei Pfund ab. So eine Angst hatte er wegen der Konstitution.

Endlich kam, als er eines Tages an der Tafel saß und wieder an einem altbackenen Brötchen kaute, der Hauptmann der Schloßwache in den Saal gestürzt. Er strahlte über das ganze Gesicht.

»Wo brennt's?« fragte der König.

Doch da erschien schon der Gestiefelte Kater hinter dem strahlenden Hauptmann, verneigte sich nach allen Seiten, kniete vor dem König nieder und legte vier Wachteln auf den goldenen Tisch.

Dazu sagte er: »Mein Herr, der Graf von Carabas, schickt Eurer Majestät diese Wachteln und wünscht gute Besserung.«

Da stand der König vor Rührung auf, und seine Tochter, die Minister und Generäle mußten wohl oder übel mit ihm aufstehen. Und dann sagte er: »Dein Herr, der Graf von Carabas, ist die Güte selbst. Schade, daß er so ein reicher Mann ist. Sonst würde ich ihm ein Vermögen schenken. Und wie steht es mit dir? Willst du die Belohnung auch dieses Mal nicht annehmen?«

»Niemals«, erwiderte der Kater erhaben.

»Oder willst du bei mir Generaloberförster werden?« fragte der König.

»Nein«, sagte der Kater. »Verbindlichen Dank, Majestät!«

»Warum nicht?«

»Erstens liebe ich meinen Herrn, den Grafen von Carabas, zu sehr, und zweitens könnten Eure Majestät mich nicht bezahlen. Das würde Euer Königreich ruinieren.«

Damit schritt der Gestiefelte Kater hoch erhobenen Hauptes von dannen.

»Wenn ich diesen Grafen von Carabas nicht bald kennenlerne«, sagte der König, »so werde ich wahnsinnig.«

»Ich auch, Papa«, erklärte die Königstochter. Und sie war bekannt dafür, daß sie durchsetzte, was sie wollte.

Hans muß im Fluß baden

Der Gestiefelte Kater hatte Hans, seinem Herrn und Eigentümer, in all der Zeit kein Sterbenswort davon gesagt, daß er den guten, magenkranken König kenne und wie sehr dieser ihn und den vermeintlichen Grafen von Carabas wertschätze. Manchmal hatte Hans, wenn sich der Kater besonders lange herumgetrieben hatte, gefragt, was das denn heißen solle.

Aber der Kater hatte dann immer irgendein Huhn oder Kaninchen aus der Jagdtasche hervorgeholt, und Hans war das Wasser im Munde zusammengelaufen. Und wenn einem das Wasser im Munde zusammenläuft, spricht man nicht gern.

Eines schönen Tages bat der Kater seinen Herrn, er möge mit ihm einen Spaziergang machen.

Sie kamen auch an einen Fluß, und der Kater sagte: »Jetzt müssen Sie baden!«

»Ich habe doch erst gestern gebadet«, meinte Hans.

Aber der Kater ließ nicht locker und gab nicht eher Ruhe, als bis Hans sich ausgezogen hatte und unlustig in dem Fluß hin und her schwamm.

Plötzlich rief er: »Was fällt dir denn ein?«

Die Frage war gar nicht so unberechtigt. Denn der Kater hatte Hansens Hemd und Anzug in den Fluß geworfen und sogar die Schuhe und Strümpfe.

»Was soll ich denn nun machen?« rief Hans ärgerlich. »Ich kann doch nicht als Nacktfrosch weiterleben!«

»Das wird auch nicht nötig sein«, antwortete der Kater. »Sie müssen sich nur ganz fest einbilden, daß Sie der Graf von Carabas sind!«

»Was?« rief Hans. »Ein Graf? Das fehlte noch!«

Aber der Kater hörte nicht mehr auf ihn, sondern lief plötzlich, als sei er völlig verzweifelt, am Ufer auf und nieder, rang die Pfoten und schrie aus Leibeskräften: »Hilfe! Hilfe! Mein Herr, der Graf von Carabas, ertrinkt! Hilfe! Hilfe!«

Es näherte sich gerade eine goldene Kutsche mit vier Schimmeln davor.

»Hilfe!« schrie der Kater. »Mein Herr, der Graf von Carabas, ertrinkt!«

Da hielt die goldene Kutsche an, und der König blickte aus dem Kutschschlag. »Was muß ich hören?« fragte er entsetzt. »Der Graf von Carabas ertrinkt? Warum denn?«

Neben ihm saß die Prinzessin. Sie tat einen zierlichen Schnaufer und fiel anschließend in Ohnmacht.

Der König erteilte rasch seine Befehle. Drei Lakaien sprangen sofort ins Wasser und zogen den maßlos verwunderten Hans ans Ufer.

Der Kater erzählte inzwischen dem König, daß Diebe die Kleider seines Herrn gestohlen hätten.

Da mußten sich drei Mann aus dem Gefolge der Edelleute, die hinter der goldenen Kutsche dreingeritten waren, ausziehen: einer das Spitzenhemd und den goldbetreßten Rock, der zweite die Hosen und Reitstiefel und der dritte den Federhut samt der Perücke.

Die drei sahen, als sie wieder zu Pferde stiegen, recht albern aus.

Um so prächtiger wirkte nun Hans, der all die schönen Sachen angezogen hatte und von den triefnassen Lakaien zu der goldenen Kutsche geführt wurde.

Der König nahm zum Gruß seine Krone ab und schüttelte Hans die Hand, als wolle er sie ihm abreißen.

Hans wußte beim besten Willen nicht, was er machen sollte. Da schlug die Prinzessin gerade die veilchenblauen Augen auf und sagte mit zitternder Stimme: »Oh, mein lieber Graf von Carabas!«

Hans starrte sie an, als sei sie ein Marzipanengel.

Da setzte der König die Krone wieder auf und rieb sich heimlich die Hände.

Dann mußte Hans in der goldenen Kutsche Platz nehmen, ob er wollte oder nicht. Und im Grunde wollte er natürlich.

»Wo ist denn mein Kater?« fragte er noch. Doch der war nirgends zu sehen.

Der Kater hatte nämlich andere Sorgen. Er war vorausgeeilt, und überall, wo er Bauern begegnet war, die in den Feldern und Wiesen arbeiteten, hatte er gerufen: »Gleich wird der König vorbeikommen. Wenn er euch fragt, wem diese Felder und Wiesen gehören, müßt ihr antworten: ›Dem Grafen von Carabas, Majestät.‹ Wenn ihr das nicht tut, lasse ich euch in ranzigem Öl braten!«

Wer will nun schon in ranzigem Öl gebraten werden? Ich wüßte keinen.

Und als die goldene Kutsche angerollt kam und anhielt, und als der König die Bauern leutselig fragte, wem das alles gehöre, riefen sie, ohne lange zu zögern: »Dem Grafen von Carabas, Majestät!«

Als er das gut ein Dutzend Male gehört hatte, fragte der König, ob er dem Grafen von Carabas auf die Schulter klopfen dürfe. »Wem?« fragte Hans. »Ach so, mir! Gerne, Majestät!«

Der König klopfte ihm also auf die Schulter und sagte nichts weiter als: »Donnerwetter, mein lieber Graf!«

Der Gestiefelte Kater macht ganze Arbeit

In Wirklichkeit gehörten all die Wiesen und Felder aber einem bösen Zauberer, der in der Nähe ein prächtiges Schloß bewohnte und vor dem die Bauern eine Heidenangst hatten. Deswegen hatten sie dem Gestiefelten Kater auch ohne weiteres geglaubt, daß sie in ranzigem Öl gebraten würden, wenn sie ihm nicht folgten. Denn sie hatten ihn für einen Boten des Zauberers gehalten.

Als der Kater im Schloß des bösen Zauberers angekommen war, ließ er durch einen Diener anfragen, ob er dem Herrn Zauberer einen Besuch machen dürfe.

Der Diener kam zurück und sagte: »Mein Herr, der Zauberer, hat nichts dagegen. Aber wenn ich Ihnen einen Rat geben darf: Gehen Sie lieber nicht hinauf, Herr Kater! Mein Herr, der Zauberer, ist ein schrecklicher Kerl!«

Doch der Gestiefelte Kater hatte keine Angst, sondern ging in den Saal, in dem der böse Zauberer an einem Tische saß, verbeugte sich und sagte: »Guten Tag!«

Der Zauberer sah ganz abscheulich aus. Ein Riese war er außerdem.

Der Kater nahm darauf keine Rücksicht, sondern fuhr fort: »Ich komme gerade aus Afrika. Dort erzählt man sich, Sie könnten sich in einen Elefanten verwandeln. Ich glaube es aber nicht.«

»Du glaubst das nicht?« brummte der Zauberer: »Na warte!« Und ehe man hätte bis drei zählen können, hatte sich der Zauberer doch tatsächlich in einen richtigen Elefanten verwandelt!

Der Kater war vor Schreck an der Gardine hochgeklettert, saß jetzt zitternd auf der Gardinenstange und sagte: »Das ist ja allerhand!«

Der Elefant spazierte im Saal auf und ab und tat, als wolle er den Kater mit dem Rüssel herunterholen.

»Bitte nicht«, sagte der Kater. »Seien Sie so freundlich, und verwandeln Sie sich wieder zurück!«

Da verschwand der Elefant, und der Zauberer saß wieder an seinem Tisch, als wäre nichts gewesen. »Ich kann noch mehr«, sagte er. »Paß gut auf!«

Und schon war aus dem Zauberer ein Löwe geworden, der laut brüllte, mit dem Schweif schlug und tat, als wolle er an der Gardine hochspringen.

Erst als der Kater sehr gebettelt hatte, wurde aus dem Löwen wieder der Zauberer, der am Tische saß.

Der Kater traute sich nur zögernd von seiner Gardinenstange herunter, faßte neuen Mut und sagte: »Sie haben mir ja einen schönen Schreck eingejagt.«

»Das freut mich«, antwortete der böse Zauberer und lachte fürchterlich.

»In Afrika hat man mir sogar erzählt, Sie könnten sich nicht nur in große, sondern auch in kleine Tiere verwandeln. Können Sie sich zum Beispiel in ein Reh verwandeln?«

»Selbstverständlich«, knurrte der Zauberer hochmütig.

»Oder in eine Katze?«

»Natürlich!«

»Fabelhaft!« sagte der Gestiefelte Kater. »Sogar in eine Maus?«

»Wenn es weiter nichts ist!« rief der Zauberer.

»So leid es mir tut«, meinte der Kater, »aber daß Sie sich in eine Maus verwandeln können, das halte ich für unmöglich!«

»Unmöglich?« rief der Zauberer und lachte beleidigt. Und ehe man hätte bis drei zählen können, hatte er sich in eine ganz, ganz kleine Maus verwandelt!

»So ist's recht!« rief der Kater. Und ehe man bis eins zählen konnte, hatte er die ganz, ganz kleine Maus aufgefressen!

Dann wischte er sich den Schnurrbart und sagte: »Sooo klein wäre gar nicht nötig gewesen!«

Der Graf von Carabas verlobt sich

Nachdem der Gestiefelte Kater die ganz, ganz kleine Maus gefressen hatte, rief er geschwind die gesamte Dienerschaft des Schlosses zusammen und sagte: »Der Zauberer ist tot!«

Da murmelten alle: »Gott sei Dank!«

Denn der Zauberer hatte sie immer sehr schlecht behandelt; und sie waren heilfroh, daß der unheimliche Mann nicht mehr lebte.

»Das Schloß, die Wälder, Wiesen und Felder gehören von dieser Stunde an meinem Herrn, dem Grafen von Carabas«, erklärte der Kater. »Er wird gleich in einer goldenen Kutsche vorfahren. Mit dem König und der Prinzessin. Was werdet ihr also rufen, wenn mein Herr ankommt?«

»Der Zauberer ist tot!« erklärte der Gärtner.

»Nicht doch«, meinte der Silberputzer. »Wir werden rufen: Der Graf von Carabas soll leben!«

»Richtig!« sagte der Kater. »Wenn ihr das schön laut ruft, bekommt ihr vielleicht Gehaltszulage!«

Da hörte man auch schon Peitschenknallen, und der Kater rannte vors Schloß.

Die goldene Kutsche hielt schon vor dem Portal. Der König beugte sich heraus und fragte: »Wem gehört denn dieses herrliche Schloß?«

Der Gestiefelte Kater verbeugte sich tief und sagte feierlich: »Meinem Herrn, dem Grafen von Carabas, Euer Majestät!« Der König schlug beide Hände über der Krone zusammen, so begeistert war er. Hans blickte den Kater an, als wollte er sagen: »Nun bist du aber endgültig übergeschnappt!«

Doch der Kater zwinkerte nur mit seinem linken Katzenauge und fuhr fort: »Mein Herr, der Graf von Carabas, wird Eurer Majestät und Höchstderen Tochter sicher mit tausend Freuden sein Schloß zeigen wollen.«

»Wirklich?« fragte die Prinzessin und drückte Hans heimlich die Hand.

Ja, da blieb ihm natürlich nichts weiter übrig, als mit den königlichen Herrschaften aus der Kutsche zu klettern.

Und als sie in die marmorne Schloßhalle eintraten, brüllte die gesamte Dienerschaft aus vollster Kehle: »Unser lieber Herr, der Graf von Carabas, soll leben!«

Nur der alte Gärtner rief: »Hurra, der Zauberer ist tot!« Aber das hörte in dem Lärm kein Mensch.

Der Gestiefelte Kater fragte dann den König höflich, ob er einen Happen essen wolle.

»Was gibt's denn?« fragte der König neugierig. »Kaninchenbraten, Rebhühner und Wachteln«, meinte der Kater. »Es dauert aber ein halbes Stündchen, Majestät.«

»Das macht nichts«, sagte der König. »Wir haben Zeit.«

Da stellte sich die Prinzessin auf ihre niedlichen Zehenspitzen und flüsterte ihrem Vater etwas ins Ohr.

»Eine sehr gute Idee!« rief der König. »Wie ist das, Herr Graf, wollen Sie mein Schwiegersohn werden?«

Hans sah die Prinzessin an, bis sie rot wurde. Dann ging er auf sie zu, sagte: »Ich bin so frei!« und küßte sie. Das war der Verlobungskuß.

Er dauerte genau eine halbe Stunde und zwei Minuten.

Als sie mit dem Verlobungskuß fertig waren, kam der Gestiefelte Kater wieder und rief: »Das Essen ist aufgetragen!«

Der König hakte bei seiner Tochter, der Prinzessin, und bei dem Grafen Hans von Carabas, seinem Schwiegersohn, unter und sagte vergnügt: »Ihr habt die letzte halbe Stunde sehr vernünftig ausgenützt, meine Kinder. Jetzt wollen wir aber essen und auf euer Wohl trinken!« Das taten sie dann auch.

Die Hochzeit fand noch in derselben Woche statt. Der Gestiefelte Kater streute Blumen. Und Hans, der ihm all das Glück zu verdanken hatte, machte ihn zu seinem Oberfeldwaldwiesenundhaushofmeister.

Und wenn sie nicht gestorben sind, leben sie heute noch.

Erich Kästner

Die milchweiße Taube

Es war einmal ein Mann, der tat seine Arbeit auf dem Felde. Er hatte ein Weib, einen Sohn und eine Tochter. Eines Tages hatte er einen Hasen gefangen, den nahm er mit heim zu seinem Weibe und sagte ihr, sie solle ihn zum Mittagessen zubereiten. Wie der Hase über dem Feuer war, kostete die Frau immer und immer wieder davon, bis sie ihn ganz und gar aufgekostet hatte, und dann wußte sie nicht, was sie ihrem Mann zu Mittag geben sollte. Da rief sie Hänschen, ihren Sohn, herein, er solle kommen und sich das Haar kämmen lassen. Wie sie nun sein Haar kämmte, schlachtete sie ihn und tat ihn in den Topf. Bald darauf kam der Mann heim zum Essen, und sein Weib setzte ihm Hänschen wohlgekocht vor; wie er nun aß, nimmt er einen Fuß heraus und sagt: »Das ist gewiß meines Hänschens Fuß.«

»Was für ein Unsinn! Es ist einer vom Hasen«, sagt die Frau.

Darauf nahm er eine Hand auf und sagt. »Das ist gewiß meines Hänschens Hand.«

»Was faselst du da, Mann, es ist noch ein Fuß vom Hasen.«

Als nun der Mann sein Mittagsmahl gegessen hatte, sammelte Klein-Kätchen, Hänschens Schwester, alle die Köchelein und vergrub sie unter einem Stein beim Türpfosten:

Da wurden sie alsogleich
zu einer Taube wie Milch so weiß,
die schwang sich auf
und flog davon.

Und sie flog, bis sie dahin kam, wo zwei Frauen Kleider wuschen, und sie ließ sich nieder auf einen Stein und rief:

»Gurru, gurru,
mein Mütterchen, die mich schlacht',
mein Väterchen, der mich aß,
meine Schwester sammelt' mein Gebein
und legt es zwischen zwei milchweiße Stein,
und da ward ich sogleich
zu einer Taube wie Milch so weiß,
und ich schwang mich auf und flog davon.«

»Sag das noch einmal, mein guter Vogel, und wir wollen dir alle diese Kleider geben«, sagten die Frauen.

»Gurru, gurru,
mein Mütterchen, die mich schlacht',
mein Väterchen, der mich aß,
meine Schwester sammelt' mein Gebein
und legt es zwischen zwei milchweiße Stein,
und da ward ich sogleich
zu einer Taube wie Milch so weiß,
und ich schwang mich auf und flog davon.«

Und da bekam die Taube die Kleider, und dann flog sie weiter, bis sie zu einem Mann kam, der einen großen Haufen Silberstücke zählte, und sie ließ sich nieder und rief:

»Gurru, gurru,
mein Mütterchen, die mich schlacht',
mein Väterchen, der mich aß,
meine Schwester sammelt' mein Gebein
und legt es zwischen zwei milchweiße Stein,
und da ward ich sogleich
zu einer Taube wie Milch so weiß,
und ich schwang mich auf und flog davon.«

»Sag das noch einmal, mein guter Vogel, und ich will dir all dies Silber geben«, sagte der Mann.

»Gurru, gurru,
mein Mütterchen, die mich schlacht',
mein Väterchen, der mich aß,
meine Schwester sammelt' mein Gebein
und legt es zwischen zwei milchweiße Stein,
und da ward ich sogleich
zu einer Taube wie Milch so weiß,
und ich schwang mich auf und flog davon.«

Und sie bekam all das Silber, und darauf flog sie, bis sie zu zwei Müllern kam, die Korn mahlten, und sie rief:

»Gurru, gurru,
mein Mütterchen, die mich schlacht',
mein Väterchen, der mich aß,
meine Schwester sammelt' mein Gebein
und legt es zwischen zwei milchweiße Stein,

und da ward ich sogleich
zu einer Taube wie Milch so weiß,
und ich schwang mich auf und flog davon.«

»Sag das noch einmal, mein guter Vogel, und ich will dir diesen Mühlstein geben«, sagte der Müller.

»Gurru, gurru,
mein Mütterchen, die mich schlacht',
mein Väterchen, der mich aß,
meine Schwester sammelt' mein Gebein
und legt es zwischen zwei milchweiße Stein,
und da ward ich sogleich
zu einer Taube wie Milch so weiß,
und ich schwang mich auf und flog davon.«

Und sie bekam den Mühlstein, und alsobald flog sie auf, bis sie sich niederließ auf ihres Vaters Hausgiebel. Sie warf kleine Steinchen in den Rauchfang, und Kätchen kam heraus, um zu sehen, woher die kamen, und die Taube warf ihr alle Kleider zu. Darauf kam der Vater heraus, und die Taube warf ihm alles Silber herunter. Und dann kam die Mutter heraus, und die Taube warf den Mühlstein auf sie herab und tötete sie. Und zuletzt flog sie davon, und der Vater und seine Tochter

Lebten glücklich und starben glücklich
und tranken nie aus einem trockenen Becherlein.

Schottisches Volksmärchen

Piktors Verwandlungen

Kaum hatte Piktor das Paradies betreten, so stand er vor einem Baume, der war zugleich Mann und Frau. Piktor grüßte den Baum mit Ehrfurcht und fragte: »Bist du der Baum des Lebens?« Als aber statt des Baumes die Schlange ihm Antwort geben wollte, wandte er sich ab und ging weiter. Er war ganz Auge, alles gefiel ihm so sehr. Deutlich spürte er, daß er in der Heimat und am Quell des Lebens sei.

Und wieder sah er einen Baum, der war zugleich Sonne und Mond.

Sprach Piktor: »Bist du der Baum des Lebens?«

Die Sonne nickte und lachte, der Mond nickte und lächelte.

Die wunderbarsten Blumen blickten ihn an, mit vielerlei Farben und Lichtern, mit vielerlei Augen und Gesichtern. Einige nickten und lachten, einige nickten und lächelten, andere nickten und lächelten nicht: sie schwiegen trunken, in sich selbst versunken, im eigenen Dufte wie ertrunken. Eine sang das Lila-Lied, eine sang das dunkelblaue Schlummerlied. Eine von den Blumen hatte große blaue Augen, eine andre erinnerte ihn an seine erste Liebe. Eine roch nach dem Garten der Kindheit, wie die Stimme der Mutter klang ihr süßer Duft. Eine andere lachte ihn an und streckte ihm eine gebogene rote Zunge lang entgegen. Er leckte daran, es schmeckte stark und wild, nach Harz und Honig, und auch nach dem Kuß einer Frau.

Zwischen all den Blumen stand Piktor voll Sehnsucht und banger Freude. Sein Herz, als ob es eine Glocke wär, schlug schwer, schlug sehr; es brannte ins Unbekannte, ins zauberhaft Geahnte sehnlich sein Begehr.

Einen Vogel sah Piktor sitzen, sah ihn im Grase sitzen und von Farben blitzen, alle Farben schien der schöne Vogel zu besitzen. Den schönen bunten Vogel fragte er: »O Vogel, wo ist denn das Glück?«

»Das Glück?« sprach der schöne Vogel und lachte mit seinem goldenen Schnabel, »das Glück, o Freund, ist überall, in Berg und Tal, in Blume und Kristall.«

Mit diesen Worten schüttelte der frohe Vogel sein Gefieder, ruckte mit dem Hals, wippte mit dem Schwanz, zwinkerte mit dem Auge, lachte noch einmal, dann blieb er regungslos sitzen, saß still im Gras, und siehe: der Vogel war jetzt zu einer bunten Blume geworden, die Federn Blätter, die Krallen Wurzeln. Im Farbenglanze, mitten im Tanze, ward er zur Pflanze. Verwundert sah es Piktor.

Und gleich darauf bewegte die Vogelblume ihre Blätter und Staubfäden, hatte das Blumentum schon wieder satt, hatte keine Wurzeln mehr, rührte sich leicht, schwebte langsam empor, und war ein glänzender Schmetterling geworden, der wiegte sich schwebend, ohne Gewicht, ganz Licht, ganz leuchtendes Gesicht. Piktor machte große Augen.

Der neue Falter aber, der frohe bunte Vogelblumenschmetterling, das lichte Farbengesicht flog im Kreise um den erstaunten Piktor, glitzerte in der Sonne, ließ sich sanft wie eine Flocke zur Erde nieder, blieb dicht vor Piktors Füßen sitzen, atmete zart, zitterte ein wenig mit den glänzenden Flügeln, und war alsbald in einen farbigen Kristall verwandelt, aus dessen Kanten ein rotes Licht strahlte. Wunderbar leuchtete aus dem grünen Gras und Gekräute, hell wie Festgeläute, der rote Edelstein. Aber seine Heimat, das Innere der Erde, schien ihn zu rufen; schnell ward er kleiner und drohte zu versinken.

Da griff Piktor, von übermächtigem Verlangen getrieben, nach dem schwindenden Steine und nahm ihn an sich. Mit Entzücken blickte er in sein magisches Licht, das ihm Ahnung aller Seligkeit ins Herz zu strahlen schien.

Plötzlich am Ast eines abgestorbenen Baumes ringelte sich die Schlange und zischte ihm ins Ohr: »Der Stein verwandelt dich in was du willst. Schnell sage ihm deinen Wunsch, eh es zu spät ist!«

Piktor erschrak und fürchtete, sein Glück zu versäumen. Rasch sagte er das Wort und verwandelte sich in einen Baum. Denn ein Baum zu sein hatte er schon manchmal gewünscht, weil die Bäume ihm so voll Ruhe, Kraft und Würde zu sein schienen.

Piktor wurde ein Baum. Er wuchs mit Wurzeln in die Erde ein, er reckte sich in die Höhe, Blätter trieben und Zweige aus seinen Gliedern. Er war damit sehr zufrieden. Er sog mit durstigen Fasern tief in der kühlen Erde, und wehte mit seinen Blättern hoch im Blauen. Käfer wohnten in seiner Rinde, zu seinen Füßen wohnten Hase und Igel, in seinen Zweigen die Vögel.

Der Baum Piktor war glücklich und zählte die Jahre nicht, welche vergingen. Sehr viele Jahre gingen hin, eh er merkte, daß sein Glück nicht vollkommen sei. Langsam nur lernte er mit den Baum-Augen sehen. Endlich war er sehend und wurde traurig.

Er sah nämlich, daß rings um ihn her im Paradiese die meisten Wesen sich sehr häufig verwandelten, ja daß alles in einem Zauberstrome ewiger Verwandlung floß. Er sah Blumen zu Edelsteinen werden, oder als blitzende Schwirrvögel dahinfliegen. Er sah neben sich manchen Baum plötzlich verschwinden: der eine war zur Quelle zerronnen, der andre zum Krokodil geworden, ein andrer schwamm froh und kühl, voll Lustgefühl, mit muntern Sinnen als Fisch von hinnen, in neuen Formen neue Spiele zu beginnen. Elefanten tauschten ihr Kleid mit Felsen, Giraffen ihre Gestalt mit Blumen.

Er selbst aber, der Baum Piktor, blieb immer derselbe, er konnte sich nicht mehr verwandeln. Seit er dies erkannt hatte, schwand sein Glück dahin; er fing an zu altern und nahm immer mehr jene müde, ernste und bekümmerte Haltung an, die man bei vielen alten Bäumen beobachten kann. Auch bei Pferden, bei Vögeln, bei Menschen und allen Wesen kann man es ja täglich sehen: Wenn sie nicht die Gabe der Verwandlung besitzen, verfallen sie mit der Zeit in Traurigkeit und Verkümmerung, und ihre Schönheit geht verloren.

Eines Tages nun verlief sich ein junges Mädchen in jene Gegend des Paradieses, im blonden Haar, im blauen Kleid. Singend und tanzend lief die Blonde unter den Bäumen hin, und hatte bisher noch nie daran gedacht, sich die Gabe der Verwandlung zu wünschen.

Mancher kluge Affe lächelte hinter ihr her, mancher Strauch streifte sie zärtlich mit einer Ranke, mancher Baum warf ihr eine Blüte, eine Nuß, einen Apfel nach, ohne daß sie darauf achtete.

Als der Baum Piktor das Mädchen erblickte, ergriff ihn eine große Sehnsucht, ein Verlangen nach Glück, wie er es noch nie gefühlt hatte. Und zugleich nahm ein tiefes Nachsinnen ihn gefangen, denn ihm war, als riefe sein eigenes Blut ihm zu: »Besinne dich! Erinnere dich in dieser Stunde deines ganzen Lebens, finde den Sinn, sonst ist es zu spät, und es kann nie mehr ein Glück zu dir kommen.« Und er gehorchte. Er entsann sich all seiner Herkunft, seiner Menschenjahre, seines Zuges nach dem Paradiese, und ganz besonders jenes Augenblicks, ehe er ein Baum geworden war, jenes wunderbaren Augenblicks, da er den Zauberstein in Händen gehalten hatte. Damals, da jede Verwandlung ihm offenstand, hatte das Leben in ihm geglüht wie niemals! Er gedachte des Vogels, welcher damals gelacht hatte, und des Baumes mit der Sonne und dem Monde; es ergriff ihn die Ahnung, daß er damals etwas versäumt, etwas vergessen habe, und daß der Rat der Schlange nicht gut gewesen sei.

Das Mädchen hörte in den Blättern des Baumes Piktor ein Rauschen, es blickte zu ihm empor und empfand, mit plötzlichem Weh im Herzen, neue Gedanken, neues Verlangen, neue Träume sich im Innern regen. Von der unbekannten Kraft gezogen, setzte sie sich unter den Baum. Einsam schien er ihr zu sein, einsam und traurig, und dabei schön, rührend und edel in seiner stummen Traurigkeit; betörend klang ihr das Lied seiner leise rauschenden Krone. Sie lehnte sich an den rauhen Stamm, fühlte den Baum tief erschauern, fühlte denselben Schauer im eigenen Herzen. Seltsam weh tat ihr das Herz, über den Himmel ihrer Seele liefen Wolken hin, langsam sanken aus ihren Augen die schweren Tränen. Was war doch dies? Warum mußte man so leiden? Warum begehrt das Herz die Brust zu sprengen und hinüber zu schmelzen zu Ihm, in Ihn, den schönen Einsamen?

Der Baum zitterte leise bis in die Wurzeln, so heftig zog er alle Lebenskraft in sich zusammen, dem Mädchen entgegen, in dem glühenden Wunsch nach Vereinigung. Ach, daß er von der Schlange überlistet, sich für immer allein in einen Baum festgebannt hatte! O wie blind, o wie töricht war er gewesen! Hatte er denn so gar nichts gewußt, war er dem Geheimnis des Lebens so fremd gewesen? Nein, wohl hatte er es damals dunkel gefühlt und geahnt – ach, und mit Trauer und tiefem Verstehen dachte er jetzt des Baumes, der aus Mann und Weib bestand!

Ein Vogel kam geflogen, ein Vogel rot und grün, ein Vogel schön und kühn kam geflogen, im Bogen kam er gezogen. Das Mädchen sah ihn fliegen, sah aus seinem Schnabel etwas niederfallen, das leuchtete rot wie Blut, rot wie Glut, es fiel ins grüne Kraut und leuchtete im grünen Kraut so tief vertraut, sein rotes Leuchten warb so laut, daß das Mädchen sich niederbückte und das Rote aufhob. Da war es ein Kristall, war ein Karfunkelstein, und wo der ist, kann es nicht dunkel sein.

Kaum hielt das Mädchen den Zauberstein in seiner weißen Hand, da ging alsbald der Wunsch in Erfüllung, von dem sein Herz so voll war. Die Schöne wurde entrückt, sie sank dahin und wurde eins mit dem Baume, trieb als ein starker junger Ast aus seinem Stamm, wuchs rasch zu ihm empor.

Nun war alles gut, die Welt war in Ordnung, nun erst war das Paradies gefunden. Piktor war kein alter bekümmerter Baum mehr, jetzt sang er laut Piktoria, Viktoria.

Er war verwandelt. Und weil er dieses Mal die richtige, die ewige Verwandlung erreicht hatte, weil er aus einem Halben ein Ganzes geworden war, konnte er sich von Stund an weiter verwandeln, so viel er wollte. Ständig floß der Zauberstrom des Werdens durch sein Blut, ewig hatte er Teil an der allstündlich erstehenden Schöpfung.

Er wurde Reh, er wurde Fisch, er wurde Mensch und Schlange, Wolke und Vogel. In jeder Gestalt aber war er ganz, war ein Paar, hatte Mond und Sonne, hatte Mann und Weib in sich, floß als Zwillingsfluß durch die Länder, stand als Doppelstern am Himmel.

Hermann Hesse

Die Rosenkönigin

Es war einmal ein König, der lebte sehr glücklich mit seiner schönen, tugendsamen Gemahlin; ein einziges Söhnlein war ihnen vom Himmel geschenkt, und dieses war die Lust der Eltern. Doch nicht nur in des Königs hoher Familie war es so friedsam, sondern in seinem ganzen Lande; überall, auch in dem kleinsten Dörflein, waren Verdienst und Wohlstand, und das Volk war zufrieden und freundlich. Einer weisen, milden Regierung entblüht Ordnung; Ordnung aber bringt Wohlstand, Wohlstand Zufriedenheit, Freundlichkeit.

Der gute König mußte jedoch ein gar herbes Schicksal erfahren; seine liebe Gemahlin starb und ließ ihn einsam zurück, mit dem nun mutterlosen Prinzen. Tief trauerte der König und das ganze Land mit ihm. Auch das kleine fromme Kindesherz des Prinzen war sehr betrübt, denn es hatte mit aller kindlichen Liebe an seiner Mutter gehangen. Auf dem Sterbebette hatte sie ihn gesegnet und ihn noch scheidend zu allem Guten ermahnt, zum treuen Glauben an Gott, zur Liebe und Milde gegen alle Menschen.

»Und wenn du ein Jüngling worden bist«, waren ihre letzten Worte, »so wähle dir nur ein Mägdlein frommen, guten Herzens zu deiner Gemahlin, und ehre das Andenken deiner Mutter und ihrer letzten Worte.« Dieses hatte einen tiefen Eindruck in das weiche Herz des Knaben gemacht, immerdar gedachte der Prinz seiner sterbenden Mutter, und es kam ihm oft vor, als umschwebe sie ihn und lächle ihm selig zu. So wuchs der Prinz in frommer Sitte empor und wurde ein schöner, blühender Jüngling.

Doch das königliche Vaterauge war verblendet worden von einer fürstlichen, listigen Dame, die den Herrscher gar bald mit ihren erkünstelten Reizen also schlau zu fesseln wußte, daß er ihr nachgab und sie ihn völlig beherrschte. Bald fand das glänzende Hochzeitgelag statt. Der bejahrte König, sonst so gut und milde, war zum alten Toren geworden und hatte sein Leben an ein listiges, böses Schlangenherz gekettet; nur zu bald mußte er die bittere Frucht seiner Torheit kosten; das böse Weib stiftete allenthalben Unheil an, erregte den Vater wider den Sohn und den Sohn wider den Vater und die Herrschaft wider die Diener, und übte ihre frevle Verblendungskunst immer fort, so daß sie die Herzen alter und junger Männer für sich entflammte. Eine kurze Zeit, und das reuevolle Leben des Königs hatte geendet. Der Prinz wurde König und beherrschte das Volk mit der Klugheit und Milde, die überall zum wahren Wohle des Landes dient. Aber an ihm übte die arge Stiefmutter ihre Künste vergebens, er verachtete sie im stillen und suchte sich immer in heilsamer Entfernung von ihr zu halten.

Da wünschte das Land, daß der jugendliche König sich vermähle; auch er in seinem Innern trug das stille Verlangen, sein Glück mit einem würdigen Frauenbilde zu teilen, aber nicht Stand und Reichtum oder eine Krone sollten diejenige schmücken, die er sich wählen wollte, sondern ein gutes, frommes Herz, wie es seine sterbende Mutter gewünscht. Und ein solches hatte er gefunden, zwar nur das eines armen, schlichten Gärtnermädchens, das aber voll war von reiner Liebe und frommem Glauben. Diese Jungfrau war dem Königssohn bald so innig befreundet, daß der Jüngling ihr zu Füßen sank und ihr ewige Liebe und Treue schwor. Zärtlich und in Tränen schmiegte sich das liebliche Mädchen an die Brust des Jünglings und lispelte: »Ach, du darfst mich ja nicht zur Gemahlin nehmen, siehe, ich bin ja arm, bin keine Prinzessin.«

»Sei ruhig, liebes Herz«, sprach der Jüngling, »du sollst meine Gemahlin, meine Königin werden, du und keine andere.«

Der Wunsch nach der Vermählung des Königs wurde lauter und dringender; von allen Seiten her begannen die Väter fürstlicher Töchter, dem Könige Vorschläge zu machen. Die böse Stiefmutter wähnte den so jungen König gänzlich unter ihrer Herrschaft, daß sie sich anmaßte, eine Gemahlin für ihn zu wählen. Sie ordnete glänzende Festlichkeiten an, wozu viele Prinzessinnen geladen waren, die reich geschmückt und voll Hoffnung zur Schau kamen. Acht Tage hatten die Feste schon gewährt, und der König hatte noch keine Prinzessin zur Braut erwählt und hatte auch alle Vorschläge seiner Stiefmutter unbeachtet gelassen. Am neunten und letzten Festtag sollte sich's entscheiden, so hatte der König selbst verheißen. Die Stiefmutter glaubte voll Zuversicht, daß der König in ihre Wahl eingehen werde, denn sie hatte eine hohe Prinzessin, zwar häßlich von Gesicht und Gestalt, aber unsäglich reich an Gut und Geld, für ihn auserwählt. Ein glänzender Ball sollte die Feste beschließen, und diesmal waren alle Prinzessinnen doppelt mit Juwelen und Schmuck beladen, da eine jede glaubte, den Sieg davonzutragen.

Doch wie alle in gespanntester Erwartung dem König entgegenharrten, tat sich die Flügeltüre auf, und der König trat lächelnd mit seinem lieblichen Gärtnermädchen herein, die so sittig und bescheiden in einem weißen Kleidchen und völlig ohne Schmuck erschien. Da sprühten manche Augen im Kreise der Prinzessinnen voll Ärger und Wut, doch die der Stiefmutter rollten am wildesten und schleuderten grimme Blitze nach dem glücklichen Liebespaar. Jetzt nahten sich diese beiden der königlichen Stiefmutter, die in der Mitte des Saales, von boshaft lächelnden Prinzessinnen umgeben, weilte; und der König sprach mild und freundlich: »Hohe, verehrte Mutter, hier bringe ich Euch meine liebe, fromme Braut und bitte mit ihr um Euren Segen.«

Aber die Dame sprach voll Zorn und Wut: »König, solltet Ihr also Eurer Ehre vergessen und eine gemeine Dirne freien? Oh, schämt Euch, mich so tief zu kränken und um meinen Segen für eine schlechte Magd zu bitten.« Und sie wandte ihm den Rücken und schritt voll Grimm und Bosheit einem Nebengemach zu.

Aber der König folgte ihr nach und sprach mit einem strengen, drohenden Ernst: »Weib, das Wort soll Euch schwer wiegen. Wahrlich, ich will Euch zeigen, daß dieses arme Mädchen würdiger ist, Königin zu heißen, als Ihr und alle eitlen Prinzessinnen. Eine Kunst habe ich einstmals von einem alten Einsiedler erlernt: die Menschen zu verzaubern, ihre Herzen zu prüfen, ob sie gut oder böse sind. Schwört, hohe Frau, mir dann die schönste zu wählen, wenn alle hier anwesenden Jungfrauen verzaubert in Gestalt einer Blume stehen, so will ich Euch gehorsam sein. Aber trifft Eure Wahl dann mein armes Gärtnermädchen, so falle der Zauber auf Euch, daß Ihr ewig darinnen verstrickt bleibet.«

Der König schwieg; und die stolze Dame grinste voll Zuversicht ob ihres Sieges. »Ach, mein hoher Künstler«, entgegnete sie, »verzaubert immerhin alle anwesenden Jungfrauen, ich will Euch die schönste wählen und bin gewiß, daß ich nicht Eurer Drohung teilhaftig werde. Eure seltsame Laune soll mir ein ergötzlicher Scherz sein.«

Und sie ließ sich auf einem samtenen Sessel nieder und harrte der Dinge, die da kommen sollten.

Da breitete der königliche Jüngling ein großes weißes Tuch aus, führte schweigend eine Prinzessin um die andere in das Nebengemach und verhüllte sie damit, wo sie alle sobald einschlummerten. Dann schnitt er einer jeglichen das Herz aus, zuletzt auch seinem lieben Gärtnermädchen. Der Ballsaal verwandelte sich in eine grünende Gartenflur, von einem goldenen Zaun umschlossen, von singenden Vögeln durchflattert. Da vergrub der Jüngling die Herzen und sprach bei einem jeglichen:

»Blühe, blühe, blühe
aus der Erde auf!
Bist du rein,
wirst du hold gedeihn.
Aber treibe wilde Dornen,
wenn du bös wirst sein.«

Bald keimten und sproßten Zweiglein und Blättlein empor. Wilde Dornsträuche wuchsen rasch aus der Erde; nur hier und da erschloß sich eine farbige Blüte.

Aber in des Gartens Mitte stand ein Blütenstengel, dessen zartem Kelch entfaltete sich eine herrliche Rose, eine *Rosenkönigin*. Glänzender Tau träufte auf sie nieder, und das grüne Laub schmiegte sich zärtlich an die Blüten. Jetzt kam eine Schar Nachtigallen geflogen, die die Rosenkönigin umkreisten und sangen:

»Holde Rose, holde Rose,
hehre Blumenkönigin!
Du, die schönste unter allen,
du, die reinste unter allen,
sollst die ganze Welt bezwingen
mit der frommen Liebe Sinn.
Hehre Rosenkönigin!«

Aber um die Dornensträucher flogen schwarze Raben und krächzten auch ihr Lied:

»Wilde Dornen, wilde Dornen,
schwarz wie unser Nachtgewand.
Sollt am besten uns gefallen
mit den tausendfachen Krallen.
Sollet dienen in der Höllen,
in der ew'gen Pein, zum Brand.
Schwarze Dornen, Nachtgewand.«

Da führte der König die stolze Dame herein in den Garten, auf daß sie die schönste der Blüten für ihn wähle, und als sie die zauberschöne Rose sah und die Nachtigallen singen hörte, die über ihr im Kreise flatterten, als sie das liebliche Liedlein vernahm – da stand sie so beschämt und war von der Rose zaubervoller Macht ergriffen und gerührt, ihr war, als fühle sie eine warme Liebe, und sie dachte in diesem Augenblick reuevoll an ihre verübten Bosheiten und Ränke. Und als sie nun die Dornensträucher sah, darüber die schwarzen Raben ein Höllenlied krächzten, da überlief sie eine Angst, ein Todesgrauen; und sie sprach: »Mein Königssohn, ich muß Euch die holde Rose wählen, sie ist die Schönste.« Nun bewegten sich alsbald der Rose Zweige und Blätter und Blüten und verschmolzen sanft zum Körper eines lieblichen Mädchens, das keine andere war als das fromme Gärtnermädchen. Und es schien noch schöner und bescheidener als zuvor.

Aus den anderen Blumen und Dornensträuchen bildeten sich wieder Prinzessinnen, die wie aus einem schweren Traum erwachten. Aber des Königs Stiefmutter war vor Scham und Reue niedergesunken und lag in Betäubung. Und die schwarzen Rabenvögel hackten ihr das Herz aus, und sie wurde zu Stein, von wilden Dornen umstarrt. Die Prinzessinnen eilten scheu davon, wurden aber besser und demütiger in ihren Herzen.

Und der König lebte glücklich und fromm mit seiner Gemahlin, dem Gärtnermädchen, und des Himmels Segen war mit ihnen.

Ludwig Bechstein

Das Märchen von Komanditchen

Es war einmal ein sehr reicher Kaufmann, der hieß Seligewittibs-Erben und Compagnie. Er hatte eine sehr schöne Tochter, die hieß Komanditchen, und diese mußte ihm alle Morgen die Zeitung und den Kalender vorlesen, wenn er sein Täßchen Zichorienkaffee trank und dazu sein Pfeifchen Runkelrübenkanaster rauchte, wobei er große Spekulationen und Pläne zu Kauf und Verkauf machte.

Aus der Zeitung merkte er sich Krieg und Frieden, Todesfälle und Heiraten und ob einer ein General, ein Kaiser, ein Papst, ein Doktor, ein Fürst geworden sei und so weiter; aus dem Kalender merkte er sich die Geburts- und Namenstage aller vornehmen Leute und wie das Wetter durch das ganze Jahr hindurch sein werde. Stand im Kalender: »Der Sommer wird sehr heiß sein«, so ließ er gleich viele Zitronen aus Italien kommen, weil er gleich spekulierte, die Leute werden viel Limonade trinken und viele Zitronen kaufen. Stand im Kalender: »Es wird viel Regenwetter sein«, so ließ er gleich sehr viele Regenschirme kommen. Stand im Kalender: »Es wird sehr viel Wein wachsen, aber er wird etwas sauer sein«, so ließ er sich gleich sehr viele Heringe aus Hamburg senden; denn er spekulierte, die Leute würden auf den gesalzenen Hering den sauern Wein lieber trinken. Stand im Kalender: »Es wird kein gutes Kornjahr sein«, so kaufte er gleich alle Katzen zusammen, die er auftreiben konnte; denn er spekulierte: »Wenn wenig Korn da ist, wird man sehr besorgt sein, die Mäuse abzuhalten, damit sie das bißchen nicht gar auffressen, und da werde ich das Dutzend ordinäre vermischte Katzen zu 1 fl., das Dutzend fein sortierte Mittelkatzen zu 1 fl. 12 kr., das Dutzend extrafein supra-ordinäre Durchschnittskatzen zu 2 fl., das Dutzend fein fein ausgesuchte spinnende Favoritkatzen nach den geschmackvollsten Mustern gezeichnet zu 4 fl.; das Besteck von dergleichen zu 1 fl. 12 kr. leicht verkaufen können; wer zehn Dutzend nimmt, erhält das elfte frei; zu Ende des Verkaufs wird der Rest des Warenlagers in einer Lotterie ausgespielt, worin alle Nummern gewinnen, wenigstens eine ausrangierte Ausschußkatze.« Stand im Kalender: »Es wird ein gutes Sauerkrautjahr werden«, so kaufte er viele Erbsen und Schweinefleisch zusammen; denn er spekulierte, das essen die Leute gern zum Sauerkraut und werden es mir teuer bezahlen. Stand im Kalender: »Es wird eine große Trockenheit sein«, so kaufte er viele Gießkannen. Stand im Kalender: »Es wird eine große Sonnenfinsternis sein«, ließ er sich eine Menge Talglichter und Lampenöl kommen, weil er spekulierte, man werde vieles Licht brennen, und so benutzte er auch alle Zeitungsnachrichten. Fing ein großer Herr an zu kränkeln, so kaufte er gleich schwarzes Tuch ein, um es zur Hoftrauer verkaufen zu können. Las ihm Komanditchen vor, es werde bald eine Hochzeit vornehmer Leute sein, so kaufte er alle alten Töpfe zusammen, um sie wieder an die Hofkavaliere zu verkaufen, welche sie bei der Hochzeit nach altem Gebrauch zu zerschmettern pflegen.

Alle diese Geschäfte gelangen ihm, und er ward täglich reicher; aber ein Handel schlug ihm über alle Begriffe gut ein, so daß er sich sein ganzes Haus mit Talern pflastern konnte. Es war im Dezember Anno Elf, da kamen der neue Kalender auf das Jahr Zwölf und die Zeitung morgens an, und er rief seiner Tochter: »Komanditchen! Komanditchen! Komm spekulieren.« Da kam Komanditchen mit dem Kaffee und der Pfeife und las aus dem Kalender:

»Im Januar Anno Zwölf wird der St. Paulustag voll Nebel, Regen und Sturm sein.«

»Viktoria! Viktoria!« schrie da der Kaufmann, »oh, nun wird Seligewittibs-Erben und Compagnie einen außerordentlichen Schlag tun; aber nun lese auch die Zeitung, Komanditchen! Ich will gar nichts mehr weiter aus dem Kalender hören, damit ich nicht irre werde.« Da las Komanditchen aus der Zeitung:

»Der politische Horizont beginnt sich hier sehr aufzuhellen; man siehet einem sehr vorteilhaften Viehhandel entgegen; der Rindviehmarkt zu Jenseits dürfte große Aussichten eröffnen; es ist bereits am 25. dieses ein bedeutender Mann unter dem Namen des Herrn von Incognito mit einer Kolonne von zweitausend Stück inländischen Stempelochsen mit geheimen Instruktionen, die er aber erst auf dem hohen Gebirg an der Grenze eröffnen darf, abgegangen. Man sieht dem Erfolg dieser wichtigen Sendung mit gespannter Erwartung entgegen. Die öffentlichen Papiere fallen übrigens außerordentlich, und ist der hiesige Platz ganz mit denselben überhäuft.«

Hier rief Seligewittibs-Erben und Compagnie aus: »Oh, teures, liebes, einziges Komanditchen! Oh, welche einzigen Konjunkturen hast du mir heute vorgelesen! Ich sehe den vortrefflichsten Handelsgeschäften entgegen.«

Komanditchen aber sprach in ebenso großer Freude: »Ach, teurer Vater! Hier steht noch etwas; oh, das mußt du mir kaufen!«

»Kaufen! Kaufen!« sagte der Vater, »gewiß wieder ein schwärmerisches Buch. Komanditchen! Komanditchen! Ich habe dir viele schöne Lesebücher gegeben, zum Beispiel die *Regula Caeci* oder die Geliebte des blinden Flötenspielers und die welsche Praktika oder das italienische Banditenmädchen und den faulen Rechenknecht in Clairobscür für die Lesewelt, und du willst immer mehr haben; ich fürchte, ich fürchte, du wirst mir von dem vielen Romanenlesen am Ende gar krank werden.«

»Lieber Vater!« sagte Komanditchen, »höre nur den Titel dieses vortrefflichen Buches, du wirst es mir gewiß kaufen: Der altteutsche Spritzkuchen, aus den Papieren einer perfekten Köchin; ach, das Buch muß ich haben.«

»Ei, ei! Aus den Papieren einer perfekten Köchin, der altteutsche Spritzkuchen!« sagte der Kaufmann kopfschüttelnd; »es wird mir ganz wunderlich bei diesem Titel; wer mag diese Papiere deiner Mutter, aus welchen ich Tüten machen ließ, bekannt gemacht haben?«

»Meiner Mutter?« rief Komanditchen.

»Ja, deine Mutter«, erwiderte der Kaufmann, »welche gestorben, da du auf die Welt kamst, war eine geborne perfekte Köchin und brachte einstens, um sich zu zerstreuen und zu bilden, den altteutschen Spritzkuchen zu Papier, eine Arbeit von vielem Geschmack. Da sie es aber in ihr Ausgabebüchlein zwischen Semmel, Milch, Butter, Eier, Licht, Petersilie, Meerrettich, Knoblauch geschrieben, so ist dieses herrliche Schriftchen meinen Ladenjungen in die Hände geraten, welche Schnupftabakstüten daraus gemacht haben; gewiß hat ein Gelehrter, der den Schnupftabak bei mir kauft, die herrlichen Gedanken deiner Mutter aus diesen Tüten benützt und dieses Buch herausgegeben. Wir wollen es sogleich bei dem Buchhändler holen lassen; aber da kommt der Briefträger, ich bin sehr begierig, was mir Gebrüder Seligensohnsschwiegermutter von Jenseits schreiben werden, das ist ein Freund, der mir schon sehr viel Geld gebracht hat; ihre Winke und Neuigkeiten sind immer ganz vortrefflich; denn der Minister, Graf Horstbutter, ist in geheimer Compagnie mit ihnen.«

Da kam der Brief. Komanditchen erbrach und las: »Dero vom 1. Current haben erhalten und melden im höchsten Vertrauen, daß ein hoher Freund unter dem Namen Herr von Incognito an der Spitze einer Kolonne von dreitausend Stück Kühen nach ihrem diesjährigen Viehmarkt von hier abgereiset; wir empfehlen Ihnen denselben Ihrer Freundschaft und bitten Sie, demselben auf alle Weise gefällig zu sein. Man spricht hier von baldigen hohen Vermählungen. Die Papiere fallen hier gänzlich; Rosinen steigen bis zum Himmel; Heringstran ist angenehm; spanische Fliegen ziehen stark; Löschpapier ist flau; aufrichtige alte Ölfässer werden gesucht; Hasenfelle schleppen; Leim hält sich; Pfeffergurken schwanken; Spinnräder schwindeln« usw.

»Allmächtiger Gott!« rief hier der Kaufmann aus, »welche Ereignisse! Ich sehe einem ungeheuren Geschäft entgegen, und wenn es nur halb gelingt, so lasse ich mich adeln, werde Kommerzienrat, baue mir ein Treibhaus, verheirate dich an einen großen Herrn, lasse mich in Kupfer stechen, lese ein Buch über die Unsterblichkeit der Seele, lasse unsern Schimmel englisieren, kurz, so will ich zeigen, daß ich nicht ohne Empfindung bin. – Lasse mich allein, Komanditchen, ich muß spekulieren.« Da machte Komanditchen einen Knicks, schlich sich zur Haustüre hinaus, fort in den Buchladen, kaufte sich den altteutschen Spritzkuchen aus den Papieren einer perfekten Köchin, küßte und drückte das Buch tausendmal und setzt sich damit in ein großes, leeres Kaffeefaß, welches der Lehrjunge ihres Vaters ihr zu ihrem Geburtstage in ein schönes, wohlriechendes Kabinett verwandelt hatte.

Dieses Kaffeefaß stand aufrecht auf dem Heuboden des Hauses, mitten in dem duftenden Heu wie eine Ritterburg zwischen grünen Bergen. Auswendig sah es noch ganz aus wie ein Faß, und die Türe war so geschickt darin angebracht, daß man sie nicht bemerkte. Wenn man hineintrat, sah man durch ein Fenster, das mit einer Bohnenlaube umzogen war, die aus einer alten Zuckerkiste an Bindfäden hinaufwuchs, auf die Dächer des Hauses und in den Taubenschlag. Das ganze Faß war inwendig mit Matten und Tuch von Ingwer- und Pfeffer- und Anisballen ausgeschlagen; oben herum hing eine Girlande von Morcheln, gedörrten Pflaumen, Mandeln und Rosinen, Feigen, Hausenblase*, Zitronat, verzuckerten Pomeranzenschalen und Kakaobohnen. An der Wand ringsherum war ein Sitz von alten Zitronenkistenbrettern angebracht, auf welchen Polster lagen von den Binsensäcken, worin die Smyrnaschen Feigen gepackt werden, und diese waren mit verdorbenem Safran und Sennesblättern ausgestopft. Der Tisch, der mitten in dem Faß stand, war eine aufgerichtete Zimtkiste; auf diese war ein Brett genagelt, auf dem einstens Schokolade war gemacht worden. Ein blechernes Vanillekästchen stand hierauf als Schreibzeug, das Tintenfäßchen, eine ausgetrocknete Zitronenschale, war auf die Galläpfel festgeleimt, und das Sandfäßchen, worin der Sand der wohlriechendste Gewürzstaub war, bestand aus einer trockenen Pomeranzenschale mit Muskatnüssen beleimt. Oben an der Decke hing ein Kronleuchter, aus den Brettern einer Siruptonne künstlich zusammengefügt, damit die Fliegen, welche der süße Geruch häufig in das Faß zog, daran kleben blieben. Als Gemälde hingen an der Wand herum Papierbogen, auf welchen Biskuit, Anisschnittchen, Pfeffernüsse, Honigkuchen, Zuckerbrezeln, Schokoladenküchlein waren gebacken worden; auf dem Tisch stand als Lampe ein Pomadenglas voll feinem Öl, worauf ein brennender Mandelkern schwamm, und daneben stand ein Senftopf voll der schönsten Rosen als Blumenurne. Vor dem Fenster hingen ein Eichhörnchen in einem Trillerhäuschen und ein Star, der sprechen konnte, in seinem Vogelbauer und auch eine Wachtel in ihrem grünen Haus. An der Wand stand auf Goldpapierbogen geschrieben: ›Tempel der Liebe und Freundschaft, der Dankbarkeit und Erinnerung geweiht‹ und ›Ruheplätzchen holder Schwärmerei‹ und ›Lieblingsörtchen der Sehnsucht‹, ›Wandle auf Rosen und Vergißmeinnicht!‹, ›Komanditchens-Ruh‹, ›Hüttchen für Komanditchen‹ und allerlei solche bedeutenden Sprüche deutscher Lieblingsdichter. Und was das allerlustigste hier war, war ein kleines Loch im Boden des Fasses, welches hinunter in das Besuchszimmer des Vaters ging und durch welches man alles hören und sehen konnte, was da vorging.

Der Kaufmann wußte gar nichts von diesem einzigen Faßkabinettchen. Der gute Ladenpeter, so hieß der Lehrjunge, hatte für Komanditchen diesen reizenden Aufenthalt in seinen Feierstunden eingerichtet, aus Dankbarkeit, weil sie einstens ihm eine Tracht Schläge bei ihrem Vater abgebeten, da er einem Landkrämer, der Sirup kaufte, diesen in ein Heringsfäßchen einpackte, wodurch er verdarb.

Hier pflegte Komanditchen, umgeben von den süßesten Wohlgerüchen, oft stundenlang mit ihrem Strickstrumpf ihrem lustigen Eichhorn zuzusehen und auf den Schlag ihrer Wachtel zu hören oder mit dem Star zu plaudern, welchem der gute Ladenpeter die artigsten Sprüche und Redensarten eingelehrt hatte, zum Beispiel ›Komanditchen! Favoritchen! Biskuitchen! Komm ins Hüttchen‹ oder ›Die Liebe ist ein Spazierstöckchen, die Freundschaft ist ein Knotenstock auf Reisen‹ oder ›Arm und klein ist dieses Hüttchen, aber Ruh und Einsamkeit findet hier Komanditchen an der Hand der Dankbarkeit‹ oder ›Fantasie! Fantasie! Fantasiemus, o verehrte Komandite!‹ oder ›Der ich verbleibe bis in das Grab dero untertänigster Ladenpeter‹.

Auch sah sie hier den Tauben zu, wie sie in der Sonne auf dem Dach spielten, und den Katzen, wie sie auf die Tauben lauerten, und dem Rauch, wie er aus den Schloten in die Luft wirbelte. Kurz, wenn sie in ihrer Faßeinsiedelei saß, war sie ganz glücklich und vergnügt und hätte es nicht mit einem königlichen Palaste vertauscht.

In diesem Tempel der Erinnerung verschloß sich nun Komanditchen und las die Geschichte des altteutschen Spritzkuchens aus den Papieren einer perfekten Köchin mit der größten Begierde, weil ihr der Vater gesagt hatte, daß ihre verstorbene Mutter die perfekte Köchin gewesen sei. Und wie schön muß die Geschichte gewesen sein: Es kam eine alte böse Königin Waffeleisen drin vor und eine Prinzessin Marzipan und ein Prinz Mandelwandel und viele andre schöne Sachen, die gar nicht zu beschreiben sind.

Während nun Komanditchen ganz in ihr Buch vertieft saß, ging der Kaufmann in seinem braunen damastnen Schlafrock unten in seiner Stube auf und ab und spekulierte über alle Nachrichten, die er heute erhalten hatte, folgendes heraus:

Der Kalender sagt: Der Paulustag wird voll Regen, Nebel und Sturm sein; des Kaufmanns Vater aber, der ein frommer Bauer gewesen war, hatte ihn folgendes Sprüchlein gelehrt:

Sankt Paulus Sonn bringt fruchtbar Jahr;
Sankt Paulus Sturm bringt Kriegsgefahr;
Sankt Paulus Nebel bringt Viehestod;
Sankt Paulus Regen bringt teures Brot,
bewahr uns Gott vor Hungersnot!

Also war Krieg, Viehsterben und Kornmangel zu befürchten; also mußte der Kaufmann alles, was man im Krieg braucht, und alles Vieh und alles Korn, das er auftreiben konnte, zusammenkaufen, um es desto teurer wieder zu verkaufen, wenn es überall daran fehlte.

Weiter stand in der Zeitung, daß ein vornehmer Herr unter dem Namen Incognito mit dreitausend Ochsen von Diesseits nach dem Viehmarkt zu Jenseits in das benachbarte Königreich gehe und daß er geheime Aufträge habe, die er erst im Gebirg eröffnen dürfe, sein Handelsfreund von Jenseits aber schreibt ihm, daß eine ebenso große Kolonne von Kühen von einem vornehmen Mann unter dem nämlichen Namen eines Herrn von Incognito auch mit geheimen Aufträgen an dem nämlichen Tag von Jenseits nach dem Viehmarkt von Diesseits ausgezogen sei, und empfiehlt ihm diesen Anführer; spricht auch von bevorstehenden großen Verbindungen. Der König von Diesseits war ein junger Prinz, die Königin von Jenseits war eine junge Prinzessin, es konnte eine Vereinigung beider Königreiche stattfinden. Aber der stürmische Paulustag deutet auf Krieg, ganz gut – die zwei Viehherden, welche von beiden Königreichen ausgezogen waren, mußten einander im hohen Gebirge in einem Hohlweg begegnen, da konnte es leicht zu Streit und Händeln kommen, und der Friede konnte durch eine Vermählung der beiden Regenten geschlossen werden; da war auf die Feierlichkeiten und Illuminationen zu gedenken und alles zu kaufen, was dann begehrt werden könnte.

Weiter: Die Papiere fielen so gewaltig, daß der Platz damit überschwemmt war, also mußte er so viele aufzusammeln suchen wie möglich, um sie zu haben, wenn sie wieder steigen würden, weil es viel leichter ist, etwas zu verlangen, was fällt, als etwas, was steigt.

Auf diese Weise überlegte und spekulierte er, und am Ende rief er: »Komanditchen! Komanditchen!« Die hörte es durch die Öffnung im Boden des Dankbarkeitsfasses und kam geschwind gelaufen; da mußte sie dem Vater etwas Wäsche in seinen Mantelsack packen, und der Ladenpeter mußte den alten Schimmel aus dem Stall ziehen und satteln und vorführen. Der Kaufmann schrieb noch eine Menge Briefe, schnallte sich eine große Geldkatze voll Goldstücke um und sagte seinem Kassierer: »Ich werde einige Tage verreisen und mache Sie unterdessen auf folgendes aufmerksam: Die Rosinen steigen bis zum Himmel; drum sagen Sie allen, die welche kaufen wollen, daß wir keine haben, und wenn sie dann am höchsten sind, so verkaufen Sie schnell. Spanische Fliegen ziehen stark: Drum halten Sie die unsrigen zurück, und wenn sie im höchsten Zug sind, lassen Sie los, so werden wir am weitesten kommen. Löschpapier ist flau: Gießen sie deswegen Essig in die Tinte, welche wir verkaufen, und verkaufen schlechteres Papier, so wird es durchschlagen, und die Leute werden mehr Löschpapier kaufen. Hasenfelle schleppen: Lassen Sie in die Zeitung setzen, daß der türkische Kaiser befohlen hat, die ganze türkische Nation solle keine Turbane mehr, sondern dreieckige Filzhüte tragen, so werden die Hutmacher mehr Hasenhäute kaufen, um Filz aus den Haaren zu machen. Leim hält sich: Also lassen Sie ihn ruhig gehen. Pfeffergurken schwanken, und Spinnräder schwindeln: Drum kaufen sie wohlfeil und verkaufen teuer, bis ich wiederkomme. Apropos, echte alte aufrichtige Ölfässer werden gesucht: Drum verkaufen Sie.« Nach diesen Worten ging der Kaufmann in den Hof, um zu Pferd zu steigen.

Der Ladenpeter hielt den Schimmel am Zaum, und Komanditchen hatte sich draufgesetzt, um den Mantelsack bequemer festzuschnallen; die Riemen aber waren so hart geworden, daß sie den Vater bat, er möge ihr helfen; da rückte er ein echtes altes aufrichtiges Ölfaß zu dem Schimmel, stieg auf dasselbe und sprach: »Ladenpeter, mache einstweilen das Tor auf.«

Ladenpeter tat es, aber pratsch, da brach der Boden des alten Fasses ein, und Seligewittibs-Erben und Compagnie fielen hinein, der alte Schimmel aber wurde von dem Gerumpel scheu, sah das Tor offen, Komanditchen hielt sich fest an seinen Mähnen, und er sprengte Karriere mit ihr zum Tor und zur Stadt hinaus, und der arme Ladenpeter, welcher das verehrte Komanditchen in solcher Gefahr sah, lief wie ein Rasender hinter ihr drein und rief immer: »Halt auf! Halt auf!« Aber der Gaul war, als ob er Flügel hätte, rannte alles über den Haufen, und Ladenpeter lief ihm nach bis in einen dicken, dicken Wald, wo der arme Lehrbursche halb tot vor Laufen endlich dem Schimmel den Vorsprung abgewann und sich ihm grad vor die Füße in den Weg hinwarf. Da stand der Schimmel still, der auch von Schweiß triefte. Komanditchen sprang nun von dem Pferde herab, das sie jedoch am Zügel festhielt, und sah nach dem armen Ladenpeter, der ihr mit so großer Gefahr das Leben gerettet hatte; aber dieser raffte sich bald wieder auf und war nur froh, daß Komanditchen noch frisch und gesund war.

»Ei! Was für ein tolles Pferd ist dies!« sagte Komanditchen, »es ist ein Glück, daß der Vater nicht auf ihm fortgeritten.«

»Es ist ein größeres Glück, daß Sie unverletzt heruntergekommen«, erwiderte Ladenpeter, »aber der Schimmel ist recht gut gelaufen, er wollte zu seinem alten Herrn zurück, einem Landkrämer, der eine Viertelstunde von hier im Dorfe wohnt, und wenn Sie ein halbes Stündchen hier im Walde verziehen wollen, will ich geschwinde zu dem Krämer reiten. Er ist uns noch Geld schuldig, und es wird Ihrem Vater Freude machen, wenn ich dieses unglückliche Wegrennen des Schimmels benütze, um diesem bösen Schuldner etwas abzudrängen.«

»Der arme Mann!« sagte Komanditchen, »kennst du ihn?«

»Ihn nicht«, erwiderte Ladenpeter, »aber seine Tochter; sie ist eine sehr fromme und artige Jungfrau, sie kam immer in unsern Laden einzukaufen. Als ihr Vater aber endlich an tausend Taler schuldig war und nicht zahlen konnte, gingen Herr Seligewittibs-Erben und Compagnie zu ihm und nahmen ihm diesen Schimmel für hundert Taler ab, so daß er noch neunhundert schuldig ist; nun will ich hin und sehen, ob er nicht wieder etwas zu Geld gekommen ist und mir etwas abzahlen kann.«

»Der arme Mann!« sagte Komanditchen wieder; »ach! Wie muß es seine Tochter geschmerzt haben, da man ihm den Schimmel fortführte. Guter Schimmel! Ich kann es dir gar nicht verdenken, daß du zu deinem Herrn zurück wolltest, nur hättest du mich nicht mitnehmen sollen.« Bei diesen Worten streichelte sie dem Schimmel den Hals und war sehr gerührt; denn sie sah, daß dem Pferd viele große Tränen von den Augen herabrannen. »Sieh, er weint, er weint«, sagte Komanditchen.

»Verehrte Jungfer!« versetzte Ladenpeter, »das ist Erhitzung, ich muß schnell aufsitzen und hinreiten; wenn der Schimmel länger steht im kühlen Wald auf diese Erhitzung, verkältet er sich und wird steif, und wenn ich auch nichts von dem Krämer herauskriege, so ist es nur, damit ich dagewesen bin und einmal seine fromme Tochter wiedersehe.« Nun wollte Ladenpeter aufsteigen, aber der Schimmel wollte ihm auf keine Weise stehen; bald ging er rechts, bald ging er links; doch schlug er nicht und biß er nicht und machte nur mit seinen Bewegungen das Aufsitzen unmöglich. Da wollte der Ladenpeter ihn schlagen, aber da warf sich das Pferd plötzlich vor Komanditchen auf die Knie und weinte bitterlich.

Komanditchen sprach: »Lieber guter Schimmel! Was willst du von mir?«

»Ach!« erwiderte das Pferd, »du hast deinen Vater einmal gebeten, er soll den Ladenpeter nicht schlagen; bitte nun auch den Ladenpeter, daß er mich nicht schlägt.«

»Allmächtiger Gott!« schrien nun beide aus, »der Schimmel kann sprechen!« und standen wie versteinert da.

»Ja«, sagte das Pferd, »ich kann sprechen, und das Herz ist mir beinahe zerbrochen, Ladenpeter, daß du auf mir hinreiten willst, deinen eignen armen Vater um Geld zu drängen.«

Da ward Ladenpeter wie Blut so rot, und Komanditchen sagte: »So, Ladenpeter! Ist das wahr? Ist der Krämer dein eigener Vater? Pfui, schäme dich!«

»Ach! Verehrte Komandite und einziger Schimmel!« sagte Ladenpeter, »habt mich nicht in so schändlichem Verdacht und hört die Wahrheit an. Ja, der Krämer ist mein Vater, ich bin ihm entlaufen, da ich merkte, daß er an Seligewittibs-Erben und Compagnie so viel schuldig war, und habe mich in dieser Handlung vom Betteljungen zum Hausknecht, vom Hausknecht zum Ladenburschen aufgeschwungen und wollte so immer mehr und mehr lernen, um meinem Vater einst, wenn mein Herr mich recht gut brauchen könnte, die Schuld abzuverdienen, und nun habe ich nur einmal zu meinem Vater hingewollt, um ihn und meine geliebte Schwester Kreditchen wiederzusehen und zu trösten.«

»Das läßt sich hören«, sagte Komanditchen zu dem Schimmel, »und ich dächte, du ließest ihn nun aufsitzen und mich hinten drauf; ich will dabeisein, damit er Wort hält und seinem Vater kein Geld abfordert.«

»In Gottes Namen«, sagte der Schimmel und ließ den Ladenpeter aufsitzen, und Komanditchen setzte sich hinter ihn und hielt sich an ihm fest, und der Schimmel trabte mit ihnen den Wald hinaus nach einem kleinen Dorf im Tale.

Da sie das Dorf von oben übersehen konnten, sagte der Schimmel: »Sieh, Ladenpeter! Da unten sitzt dein armer Vater auf seinem Dach und flickt es mit Stroh.«

»Ja«, sagte Ladenpeter und weinte: »Oh, der arme Vater!« Da drückte Komanditchen dem guten Ladenpeter die Hand.

Nun stand der Schimmel auf einmal still und sprach: »O Ladenpeter, steige ab und Komanditchen auch und geht zu Fuß hin; wenn der alte arme Krämer sähe, daß ihr auf mir geritten kämet, so könnte er denken, es wäre Seligewittibs-Erben und Compagnie, die Geld von ihm holen wollten, und könnte vor Schrecken vom Dache herunter sich zu Tode fallen.«

»Du hast recht«, sagte Komanditchen, »du herrlicher, treuer, feinfühlender Schimmel!« – und sprang herab, auch Ladenpeter sprang herab und umarmte das edle Tier für seine Aufmerksamkeit.

Nun sprach der Schimmel: »Gehe du voraus, Ladenpeter, ich sehe, dein Vater ist gleich fertig mit dem Dach und wird heruntergestiegen sein, wenn du langsam hingehst; da umarme ihn und erzähle ihm alles und sage ihm von Komanditchen, damit er nicht erschrickt; ich will für mich ganz still hinten am Gartenzaun herumtraben.«

»Sehr brav!« sagte Komanditchen, und nun trennten sie sich.

Ladenpeter ging voraus, Komanditchen brach hier und da Blumen am Weg. Das liebe kleine Dörfchen in dem grünen Tal gefiel ihr gar wohl, und der Schimmel graste langsam längs dem Abhang hinab.

Der alte Landkrämer Risiko war eben von der Leiter herabgestiegen, da hörte er ein Liedchen pfeifen. »Ach!« sagte er, »das ist das nämliche Stückchen, das mein Junge, der Peter, sonst pfiff; oh, wo mag der ehrliche Junge nur hingekommen sein? Seit drei Jahren ist er verloren, und ich habe das Geld nicht, ihn in den Reichsanzeiger setzen zu lassen. Wahrhaftig, es ist, als wenn er selbst pfiffe; wart! Nun kommt eine Stelle in dem Liede, wenn er da einen Triller pfeift, so ist er es gewiß – ach! Da haben wir's ja, ach Gott! Er pfeift den Triller, o Peter! Peter!« Da sprang Ladenpeter über den Zaun, und sein Vater Risiko hielt ihn in den Armen, und sie küßten sich und drückten sich und weinten die süßesten Tränen des Wiedersehens, und Komanditchen lauschte am Zaun und weinte mit.

Nun erzählte der Sohn dem Vater alles: daß er bei Seligewittibs-Erben und Compagnie Ladenjunge geworden; daß sein Herr viel auf ihn halte, ihn aber nicht kenne; daß er hoffe, ihm einstens aus den Schulden heraushelfen zu können, und wie es ihm mit dem Schimmel gegangen, und daß die Tochter seines Herrn, Komanditchen, gleich kommen werde, und der Schimmel auch, und daß der Schimmel sprechen könne.

»Laß gut sein«, sagte der Landkrämer, »und schneid mir nichts auf; ihr Herrn Ladenjungen aus der Residenz könnt das Aufschneiden doch nicht lassen; verdirb mir die Freude des Wiedersehens nicht mit Lügen von sprechenden Schimmeln; du wirst mir deinen alten Vater nicht gleich zum Narren haben; einige Pfiffe hat man in der Stadt immer voraus; da gibt es Gelegenheit, sich zu bilden, man spielt etwa an einem freien Sonnabend einmal als Affe oder Löwe in der Komödie mit; aber deswegen muß man seinem Vater doch keinen sprechenden Schimmel aufbinden.«

»Lieber Vater!« erwiderte Ladenpeter, »wir waren erschrocken wie Ihr; Komanditchen wird gleich kommen, die könnt Ihr fragen, oder am besten den Schimmel selbst. Er hat gesagt, er wolle hinten am Zaun herumgehen.«

Da trat Komanditchen, die alles gehört hatte, zur Hoftüre herein und grüßte den alten Mann und sagte: »Ja, Herr Risiko, Ihr Sohn sagt die Wahrheit, der Schimmel kann sprechen, und zwar wie es nur die edelste Seele kann.« Der Krämer zog die Mütze und sprach: »Das ist sehr, sehr wunderbar; der Schimmel, hm, hm, wo habt Ihr denn den Schimmel her?«

»Vater!« versetzte Ladenpeter, »ich habe nie gewußt, daß Ihr einen Schimmel hattet.«

»Ich weiß es auch nicht«, sagte der Krämer; »als Herr Seligewittibs-Erben und Compagnie hier war und mich an Zahlung mahnte und ich gar nichts hatte als meine gute Tochter Kreditchen, die vor ihm stand, da sagte er: ›Ei was, Tochter! Hätten Sie einen guten Schimmel im Stall, der wäre mir lieber.‹ Da ging deine arme Schwester weinend zur Türe hinaus, und als Herr Seligewittibs-Erben und Compagnie auch hinausging, wieherte es im Stall. Ich war des Todes vor Schrecken, denn ich hatte keine Ziege, viel weniger ein Pferd im Stall, ja im ganzen Dorfe ist kein Pferd. Herr Seligewittibs-Erben und Compagnie sprang nach dem Stall und sagte: ›Ei, ei! Herr Risiko! Ihr Pferd ist aufrichtiger als Sie.‹ Ich beteuerte, das Pferd sei nicht mein, ich wüßte nichts von ihm; aber er glaubte mir nicht, besah das wunderschöne Pferd hinten und vorn und zog dann einen Schein über hundert Taler aus der Brieftasche und sagte: ›Den Schimmel nehme ich für hundert Taler, die ich Ihnen gutschreibe und Sie von neuem mit neunhundert belaste‹; worauf er aufstieg und wegritt. Am Tor drehte sich der Schimmel um und wieherte so traurig, daß es mir durch Mark und Bein ging, und ich war wie versteinert. Ich suchte meine Tochter an allen Ecken; ich rief sie durchs ganze Dorf; ich fand sie nicht; ich habe sie nie wieder gesehen, seit sie weinend aus der Stubentür ging.«

»Ach!« rief Ladenpeter aus, »meine liebe, fromme Schwester ist nicht hier! Sie ist verloren!«

»Oh, ich hatte mich so auf sie gefreut!« sagte Komanditchen.

»Ja, es ist nicht anders, ich bin zum Unglück bestimmt«, sagte der alte Risiko; »aber du bist wiedergefunden, vielleicht beschert sie mir der Himmel auch einmal wieder. Ach! Als ich sie so im Dorf herum rief: ›Kreditchen! Kreditchen!‹, da wieherte der wunderliche Schimmel immer noch von dem Hügel herab; ach, mir ist's wie heute. Hier rufe ich noch alle Abend und meine, sie müsse kommen.«

Da rief er wieder: »Kreditchen! Kreditchen!«, und da wieherte es laut. »Herrjemine! Der Schimmel!« rief Risiko und lief gegen die Türe, und ein schönes blondes Bauernmädchen, seine Tochter, sank ihm in die Arme, und Ladenpeter umarmte die Schwester und Komanditchen auch.

Da war Freude an allen Ecken. »Aber wo ist der sprechende Schimmel hingekommen?« sagte der alte Risiko. »He, Schimmelchen, komm, komm! Schimmel!« – da war kein Schimmel zu hören und zu sehen.

»Was wollt Ihr denn mit einem Schimmel?« sagte Kreditchen. Da erzählten sie ihr die ganze Schimmelgeschichte von ihrem Verschwinden bis zu ihrer Zurückkunft, und sie sagte immer: »Ei, ei! Das ist sehr seltsam! Das sollte man kaum glauben!« Und als sie endlich gefragt wurde, wo sie denn so lange gewesen sei, sagte sie: »Ich habe das Unglück des Vaters nicht mehr mitansehen können und bin in die Stadt dienen gegangen, um dem Vater meinen Lohn zu schicken. Nun hab ich aber ein großes Glück gehabt: Ich habe an einem Morgen, da ich an den Brunnen ging, diese Brieftasche gefunden und nachher gehört, daß ausgetrommelt wurde, der ehrliche Finder, der sie zurückbringe, solle hundert Taler haben. Da bin ich aus Freude zu Euch herausgelaufen, um Euch die Brieftasche zu geben, damit Ihr den Finderlohn holen und an Euren Gläubiger geben könnt.« Da reichte sie dem Vater die Brieftasche, welcher mit derselben in seine Kammer ging, um zu sehen, was sie enthalte.

Komanditchen war müde, Kreditchen auch. Der Ladenpeter meinte, er wolle morgen mit Tagesanbruch Komanditchen zurückbringen, drum ging Komanditchen mit Kreditchen nach ihrer Kammer, und sie aßen ein wenig Brot und wilden Honig und legten sich zusammen ins Bett.

Da sprach Komanditchen zu Kreditchen: »Jungfer Risiko! Lege Sie sich doch nicht so krumm; ich habe gar keinen Platz neben ihr im Bett.«

»Ach, verzeihen Sie!« erwiderte Kreditchen und legte sich gerade, seufzte aber sehr tief dabei.

Als sie kaum eingeschlafen waren, wachte Komanditchen wieder auf und rief: »O Kreditchen! Sie liegt wieder so krumm und drückt mich ganz zum Bett hinaus.«

Da bat Kreditchen wieder sehr um Verzeihung und legte sich wieder mit Seufzen grad. Dieses geschah aber öfters, und weil Kreditchen bei dem Geradelegen immerzu seufzte, als habe sie Schmerzen, und es doch nie eingestehen wollte, fühlte Komanditchen ihr im Schlaf an den Rücken und bemerkte, daß das arme Mädchen eine große Wunde auf demselben habe. Da stand Komanditchen auf und legte sich an die Erde, um das arme Kreditchen nicht mehr zu stören.

Am Morgen aber fragte sie das Mägdlein, was sie denn auf dem Rücken habe; da ward sie ganz rot und sagte: »Ach! Das viele Tragen der Wasserbutten hat mir die Wunde gedrückt.« Nun zog Komanditchen wohlriechendes Wasser hervor, das sie bei sich hatte, und rieb Kreditchens Wunde damit und verband sie; da wurde Kreditchen ihr noch viel dankbarer.

Risiko aber saß die ganze Nacht mit dem Ladenpeter auf, und sie sahen mit Verwunderung die Brieftasche durch.

Es war dieses aber eine Brieftasche von Seligewittibs-Erben und Compagnie, und es lagen Scheine über die 900 Taler drin, welche ihm Risiko noch schuldig war, so daß der Krämer, wenn er sie behielt, hätte sagen können, er sei ihm nichts schuldig. Aber er war ehrlich und entschloß sich, nächstens in die Stadt zu gehen und die Brieftasche zurückzubringen und sich nur die hundert Taler Trinkgeld auszubitten.

Nun erzählte ihm der Ladenpeter noch allerlei, wie es im Handel und Wandel jetzt stehe und bei welchen Waren man jetzt am meisten gewinnen könne, unter anderm auch, daß die aufrichtigen echten alten Ölfässer so sehr stark gesucht würden, worüber sie endlich auch schlafen gingen. Gute Nacht zusammen! –

Der Kaufmann, welcher, als er den Mantelsack auf den Schimmel schnallen wollte, in das Faß gefallen war und durch das Spundloch sah, wie das Pferd weggaloppierte, hielt sich in dem Faß ganz still und dachte, die Nacht abzuwarten, um herauszusteigen, weil er fürchtete, seine Handlungsdiener möchten ihn auslachen. Als es nun anfing zu dämmern, kam sein Nachbar Herr Base-und-Vetters-Geschwister-Seliger-Eidam durch das offene Tor auf den Hof getreten und nahte sich dem Faß und sprach: »Ei, ei, Seligewittibs-Erben und Compagnie scheinen viel echte, alte, aufrichtige Ölfässer zu haben; ich habe Auftrag, ein Dutzend zu kaufen und sie nach Ölreichsstadt zu senden, da kann ich einen guten Handel machen«, und nun ging er zu dem Kassierer und kaufte ihm zwölf alte Ölfässer ab. Der Kaufmann hielt sich ganz still in dem Faß und dachte: »Bravo, nun werde ich von meinem eigenen Nachbarn ganz unentgeltlich den Weg gefahren werden, welchen ich reisen wollte, und spare Zoll und Weggeld.«

Der Kassierer hatte den Schimmel traben hören und glaubte nicht anders, als daß sein Herr weggeritten sei; er verkaufte also dem Nachbarn seinen Herrn unter den zwölf Fässern mit, und man merkte nicht, daß er darin stak, denn er hatte, als der Käufer in die Zahlstube gegangen war, den eingefallenen Faßdeckel leicht wieder über seinem Kopf in die Höhe gedrückt. So wurde er unter den andern Fässern aufgeladen, und sein Nachbar setzte sich selbst auf das vorderste Faß, in welchem Seligewittibs-Erben steckte, und fuhr die Ladung zur Stadt hinaus dem Walde zu.

Die Pferde gingen langsam, der Fuhrmann schlief ein, da ging es noch langsamer. Das ärgerte den Kaufmann im Fasse, welcher gern geschwind fort wollte, und er fing deswegen an, so im Fasse zu wackeln, daß der Fahrende herunterfiel. Der stand wieder auf, schimpfte über das Faß, legte es fester, setzte sich wieder auf und fuhr rascher weiter.

Bald schlief er wieder ein, der im Faß wackelte wieder, es ging wie vorher; da ärgerte sich der Fahrende und packte das Faß hinten auf und setzte sich auf ein anderes. Nun schlief er wieder ein, und der Kaufmann im Fasse, um ihn zu wecken, fing an, sich so zu bewegen, daß das Faß herunterfiel, und weil sie gerade zum Walde herausfuhren, wo man hinunter in das Dorf des Risiko sah, rumpelte das Faß den Weg hinunter ins Dorf und stieß pumps gegen die Hoftür des armen Landkrämers.

Daß der Weg da hinunterging, hatte der Kaufmann im Fasse nicht gesehen, sonst hätte er sich gewiß nicht vom Wagen herabgeworfen, denn alle Rippen taten ihm von dem Rumpeln über den steinigen Dorfweg sehr weh. Es war eben beim anbrechenden Morgen, und Risiko nebst Kreditchen begleiteten den Ladenpeter und das Komanditchen, welche in die Stadt zurückgingen, hinter dem Garten hinaus über die Wiese. Komanditchen schenkte der guten Kreditchen etwa zwölf Taler, die sie bei sich hatte, für ihren Vater und bat sie um ihren Besuch in der Stadt, worauf sie sich alle unter Glückwünschungen trennten.

Als der Krämer und Kreditchen in das Häuschen zurücktraten, tat das Faß gerade den Puff gegen das Hoftor. »Ei!« rief Risiko aus, »das ist gewiß der Schimmel, der mit dem Huf anschlägt« – und lief mit seiner Tochter ans Tor; aber wie freute er sich, als er ein echtes, aufrichtiges, altes Ölfaß davor fand, von welchem er durch Ladenpeter wußte, daß sie sehr gesucht wurden.

Aber da kam auch schon der Besitzer des Fasses den Berg herabgelaufen und schimpfte gewaltig auf das Faß, das nie auf dem Wagen ruhen wollte.

»Laß mir das alte Faß«, sagte Risiko; »was wollt Ihr es mühsam wieder hinaufwälzen, da es Euch doch nicht gehorchen will!«

»Ei!« sagte da der Eigentümer, »diese Fässer werden jetzt stark gesucht und sind hoch im Preis! Doch wenn Ihr mir fünf Taler geben wollt, könnt Ihr es haben; es kostet mich zwei Taler auf dem Platz, dazu kommen drei Groschen Provision und drei Groschen aus dem Haus auf die Straße und drei Groschen auf den Wagen und drei Groschen für jedes Mal Herunterfallen, macht für dreimal neun Groschen, und wieder dreimal aufgeladen à 3 Groschen macht wieder 9 Groschen, und hierhergefahren 12 Groschen und hier heruntergelaufen à 3 Groschen und ihm nachgelaufen à 6 Groschen, macht Summa Summarum fünf Reichstaler in Gold zu 5 Taler 16 Groschen den Friedrichsdor gerechnet.«

Dem Risiko stach das Faß sehr in die Augen, aber er hatte kein Geld und gestand dem Verkäufer ein, daß er dieses nicht zahlen könnte, er möge es ihm auf Kredit geben. Da erwiderte der Verkäufer: »Habt Ihr denn auch nicht Geldeswert?«

»Ach!« sagte Risiko, »ich habe nichts als hier meine fromme Tochter Kreditchen.«

Da lachte der Verkäufer und sagte: »Auf die wird Euch niemand etwas kreditieren, ein recht schönes Stück Federvieh von seltener Art wäre mir lieber.« Diese Rede ging der Tochter durchs Herz, sie weinte und ging in das Haus.

»Nun, habt Ihr keine Perlhühner, Fasanen, Pfauen oder seltene Tauben? Ich bin ein Liebhaber von dergleichen.«

»Ach!« sagte Risiko, »wie soll ich zu so etwas kommen, ich habe nicht einmal Hühner!« Da girrte es auf einmal auf dem Dach der Hütte; der Kaufmann schaute hinauf und rief aus: »Ha, ha! Ihr wollt nur nicht herausrücken, da sitzt ja die wunderschönste Pfauentaube auf dem Dach; wollt Ihr sie mir ablassen, so mögt Ihr das Faß dafür behalten.«

Risiko hatte diese Taube nie gesehen und sprach verwundert: »Wenn Ihr sie wollt, so holt sie Euch; ich bin's zufrieden.« Der Verkäufer, welcher ein großer Taubenkünstler war, nahm ein Fläschchen Anisöl, das die Tauben gern riechen, aus der Tasche, schmierte sich die Finger damit, nahm Wicken in die hohle Hand und wollte eben auf das Dach hinaufsteigen; aber die schöne Pfauentaube flog ihm entgegen und setzte sich ihm auf die Schulter. »Seht Ihr, ich verstehe es«, sagte er stolz lächelnd und ging mit dem Wunsche von dannen, daß Risiko das aufrichtige alte Ölfaß in Glück und Segen verzehren möge, zufrieden mit seinem Handel den Berg hinan nach seinem Fuhrwerk.

Risiko hörte noch lange die Taube zärtlich Ruckruck rufen. Da rief er: »Kreditchen! Kreditchen!«, aber sie war nicht zu hören und zu sehen, er hörte nur immer das Ruckruck der schönen Taube. Da setzte sich Risiko auf das erhandelte Ölfaß und sagte traurig: »Ach! Was soll mir das Faß, ich habe mein gutes Kreditchen wieder verloren, welches mir doch das Liebste auf der Welt war. Aber vielleicht ist sie wieder in die Stadt dienen gegangen, ich will nur auch hinein und mir die hundert Taler für die Brieftasche als Trinkgeld ausbitten; dann zahle ich sie an Herrn Seligewittibs-Erben und Compagnie und bin ihm dann 100 Taler weniger schuldig.« Da sprach es auf einmal aus dem Faß: »Ich schreibe Ihnen nur 100 Taler Münze gut; restieren 800 Taler, welche abermals belastet bleiben«; und Risiko, der auf dem Fasse saß, machte einen Sprung herunter und lief mit dem Geschrei ins Haus: »Alle guten Geister! Das Faß kann sprechen.«

Herr Seligewittibs-Erben war ganz wider seinen Willen hier verkauft worden; er gedachte weitertransportiert zu werden und dann an Ort und Stelle herauszuschlüpfen. Er fürchtete nichts mehr, als daß Risiko, der vor dem Fasse floh, nicht wiederkommen und ihn darin stecken lassen möge; deswegen kollerte er dem Risiko nach bis an die Haustüre und rief immer: »Herr Risiko! Sehr schätzbarer langer Freund! Sehr gutes Haus, mit welchem ich noch interessante Geschäfte zu machen gedenke! Herr Risiko! Ich stecke hier auf Ihr Risiko im Faß; bitte, mich zu hören; ich mache denselben Antrag, mir das Faß zu einem Friedrichsdor abzulassen, soviel Herr Vetter-und Basens-Geschwister-Seliger-Eidam dafür begehrt.«

Risiko streckte auf dieses Geschrei den Kopf schüchtern zum Fenster hinaus und sprach: »O du echtes, altes, aufrichtiges Ölfaß! Du bist mit Recht aufrichtig zu nennen, denn du sprichst wie ein Mensch; ich habe nichts dagegen, wenn du dich selbst von mir kaufen willst; für einen Friedrichsdor kannst du dich haben, aber zahle mir bar.«

Da schrie es aus dem Faß: »Schreibe Ihnen das Faß mit 5 Thlr 8 Groschen gut, da die Louisdors so hoch stehen.« Risiko aber sprach: »Mir ward 5 Thlr 16 Groschen gefordert«, worüber sie lange hin und her handelten. Da aber Risiko nicht anders wollte, war Seligewittibs-Erben und Compagnie es zufrieden und verlangte aus dem Faß heraus. »Faß! Du willst aus dem Faß heraus? Das versteh ich nicht; ich kann weiter nichts tun, als dich auf ein trockenes Lager legen und deine Reife ein wenig antreiben und dich mit heißem Wasser ausspülen, welches ich dir berechnen werde.«

Da kam Risiko mit heißem Wasser und einem Hammer heraus. Aber der Kaufmann schrie entsetzlich im Faß: »Ach! Schlagen Sie das Faß zusammen und lassen Sie mich heraus; ich bin Herr Seligewittibs-Erben und Compagnie.« Da ging dem Risiko erst ein Licht auf, und er sagte: »Mein Herr! Ich habe das Faß gekauft, wie es ist, auf mein Risiko, und gedenke mit dem Fasse in Compagnie zu gehen, mit allen seinen Eigenschaften, kann Sie daher nicht herauslassen.«

Nun begann der Kaufmann im Faß hin und her zu handeln. Er ließ ihm einhundert Taler nach dem andern von seiner Schuld nach und mußte endlich noch seine ganze Geldkatze, welche er um den Leib geschnallt hatte, aus dem Spundloch herauslaufen lassen und dann noch die zwei Finger herausstrecken und schwören, daß er den Risiko in Compagnie nehmen wolle und daß die Firma heißen solle: Seligewittibs-Erben Risiko und Compagnie. Hierauf schrieb er alles dieses zu Papier, reichte die Schrift, Feder und Tinte und Licht und Siegellack ins Faß, und der Kaufmann mußte alles unterschreiben und besiegeln, worauf Risiko die Reifen von dem Faß schlug und den Kaufmann heraussteigen ließ.

Man hätte denken sollen, der Kaufmann würde gegen Risiko sehr böse sein; aber im Gegenteil. Er umarmte ihn zärtlich und sprach: »Herr Risiko, ich habe nicht erwartet, daß Sie ein so feiner Kopf seien; hätten Sie sich dieses herrliche Geschäft entschlüpfen lassen, ich würde Sie ewig verachtet haben. Nun freue ich mich sehr, mit Ihnen in Verbindung zu arbeiten; ich bin versichert, ich werde es nicht zu bereuen haben.«

Nun teilte er ihm die ganze Ursache seiner Reise und seine ganze Spekulation mit und sprach: »Es ist die höchste Zeit, daß wir uns auf den Weg machen, um bei dem Zusammentreffen der beiden Herren von Incognito mit den großen Viehherden im Hohlweg zu sein; auch fürchte ich sehr, Vetter und Base, welcher mit den Ölfässern fuhr, wird uns zuvorkommen.«

»Da bin ich gut für«, sagte Risiko, »Sie sollen mich gleich kennenlernen«, und nun stemmte er sich mit dem Rücken an einen kleinen alten Stall, der im Hof stand, und drückte tüchtig, da fiel der Stall um und verschüttete ein kleines Bächlein neben seinem Haus.

»Was soll das?« fragte der Kaufmann.

»Über diesen Bach muß Vetter und Base mit seinem Wagen, nun ist er verstopft, wird sehr anschwellen, und er wird ohne Brücke nicht hinüber können; lassen Sie uns ihm ruhig nachgehen.«

Sie machten sich auf den Weg, und Risiko sagte vorher zu einem benachbarten Bauern: »Gevatter! Hier habt Ihr einen Louisdor, wenn hier ein Faß angeschwommen kommt, so räumt den Bach wieder auf und laßt ihn laufen.« Der Bauer versprach es, und die beiden Handelsfreunde gingen ihres Wegs.

Als sie einige Stunden gegangen waren, fanden sie den Vetter und Base mit seinem Wagen an dem aufgeschwollnen Bach, der wie ein Fluß geworden war. Er konnte nicht hinüber und wünschte, diese Reise nie übernommen zu haben. Da kauften sie ihm alle sein Ölfässer um ein Spottgeld ab und warfen sie in den Bach, worauf Vetter und Base mit nichts als seiner schönen Taube wieder nach Haus zurückfuhr.

Als die Ölfässer bei der Hütte des Risiko angeschwommen kamen, räumte der Bauer den Bach auf, das Wasser lief ab, und sie gingen ruhig hinüber. So kamen sie gleich bei dem Hohlweg im hohen Gebirg an und hörten bald ein außerordentliches Gebrüll von Diesseits und Jenseits.

»Ha, ha!« sagte Risiko, »die beiden Herren von Incognito treiben schon ihr Vieh von zwei Seiten in den engen Hohlweg, bald werden sich die Ochsen begegnen und aufeinanderstoßen; der Schulze hier in dem nahegelegenen Dorf ist mein Bruder und ein Fleischer; wir wollen zu ihm gehn, und da will ich Ihnen meinen ganzen Plan mitteilen.«

Sie kamen zu dem Schulzen, und nun sagte ihm Risiko: »Lieber Bruder! Für jeden toten Ochsen, den du aus dem Hohlweg mit deinen Bauern herauf auf den Rand des Wegs ziehst und ihn in den kleinen Bach legst, sollst du einen Taler haben.« Da war der Schulze zufrieden und begab sich mit fünfzig starken Bauern, die mit Stricken und Haken versehen waren, auf den Rand des Hohlwegs in die Mitte, wo die Herden zusammentreffen mußten.

Nun redeten die zwei Handelsfreunde ab, was sie tun wollten: Jeder sollte zu einem der Herren von Incognito gehen und ihm ein Heumagazin, die Ochsen zu füttern, an dem Ort verkaufen, wo sie die Herden hintrieben, und jeder sollte von seinem Herrn von Incognito die Ochsen als Geschenk begehren, welche unterwegs sterben würden; das weitere würde sich finden. Sie trennten sich und gingen rechts und links an die zwei Eingänge des Hohlwegs.

Das Vieh marschierte hinein, die Herren von Incognito gingen nach. Da sagte jeder an seiner Stelle zu seinem Herrn von Incognito: »Kaufen Sie mir 3000 Zentner Heu ab, die Ochsen auf dem Markt zu füttern.« Die Herren waren recht froh darüber und kauften das Heu den Zentner zu 1 Louisdor, also zu 3000 Louisdor jeder, und mit der Bedingung, jedes Stück Vieh, was unterwegs sterbe, solle ihm gehören. Nun sagten sie: Wir müssen zutreiben, damit wir schnell durch den Hohlweg kommen, und prügelten hinten immer auf die Ochsen los, die trafen in der Mitte des Hohlwegs zusammen und wurden wild und stießen mit den Köpfen zusammen, bis sie tot waren, und wurden von den Bauern immer heraufgezogen. Da kamen neue zusammen und stießen sich wieder tot, und immer so fort, bis sie alle tot und heraufgezogen waren und die beiden Herren von Incognito selbst mit den Köpfen zusammenstießen. Sie kannten sich sehr gut, aber sie stellten sich, als kennten sie sich nicht, und fragten sich um ihre Namen. Da sagte jeder, er heiße

Incognito, worüber sie zu zanken begannen, und der eine rief dem Risiko, er solle ihm beistehen, der andere rief den Seligewittibs-Erben um Hilfe.

Da schlug Risiko den jenseitigen Herrn von Incognito mit seinem Stock, und Seligewittib schrie: »Schlägst du mir meinen Herrn von Incognito, so schlage ich dir deinen Herrn von Incognito«, und prügelte auf den andern los, bis die Nacht einbrach und die beiden Herren von Incognito entflohen, jeder nach seiner Hauptstadt zurück.

Die Handelsfreunde umarmten sich nach ihrem wohlgelungenen Geschäft; sie hatten zusammen 12 000 Dukaten für Heu gewonnen und noch 6000 tote Ochsen dazu. Nun ließen sie die Ochsen alle abziehen und das Fleisch einsalzen und in dem Dorf bei dem Metzger liegen, worauf sie miteinander nach der Stadt reisten.

Wie froh waren Ladenpeter und Komanditchen, daß der arme Risiko Gesellschafter der Handlung geworden war; aber daß Kreditchen die Freude nicht mitgenießen könne, machte alle sehr betrübt. Man ließ sie vergebens in alle Zeitungen setzen.

Die beiden Herrn von Incognito kamen zu ihren Königen zurück und klagten über gegenseitige Mißhandlung; da ward Krieg erklärt, und Seligewittib und Risiko verkauften ihre Ochsenhäute sehr teuer zu Soldatenschuhen und das eingesalzene Fleisch als Proviant. Die Blasen aber aus den Ochsenleibern hoben sie sehr sorgsam auf. Sie wurden hierdurch ganz unermeßlich reich, und da endlich Friede wurde, heirateten sich der König von Diesseits und die Königin von Jenseits, und es wurden große Hoffeste gegeben, wobei die Ochsenblasen sehr teuer gekauft wurden, um sie statt Kanonen zu zerknallen, weil auch kein Körnchen Pulver von dem Krieg mehr übrig war. Nun wurde Seligewittibs-Erben und Compagnie zum Kommerzienrat ernannt wegen seinen hohen Verdiensten und wurde adelig mit dem Namen Baron von Ochsenglück; Risiko aber blieb, was er war.

Der Baron von Ochsenglück überließ Risiko die Handlung ganz, baute sich ein Treibhaus, las von der Unsterblichkeit der Seele und suchte Komanditchen an einen Grafen zu verheiraten.

Der Ladenpeter war nun auch kein armer Lehrbursche mehr, sondern saß in der Schreibstube seinem Vater Risiko gegenüber am Pult und führte die Korrespondenz, hatte einen Engländer zum Spazierenreiten und zwei Kutschenpferde und einen Reitknecht und war immer so neumodisch gekleidet, daß man hätte glauben sollen, er wäre nicht recht klug im Hirn. Aber er mochte machen, was er wollte, die ganze Stadt nannte ihn doch nur Ladenpeter, und Komanditchen konnte ihn nicht mehr ausstehen; woraus er sich auch nicht viel machte, wenn er sich nur zu Pferd in der Stadt konnte sehen lassen.

Während alles dieses vorging, saß Komanditchen alle Tage einige Stunden in ihrer wohlriechenden Faßeinsiedelei und hatte das schöne Buch vom altteutschen Spritzkuchen aus den Papieren der perfekten Köchin unter bittern Tränen der Erinnerung an ihre gute Mutter beinahe auswendig gelernt.

Da sah sie einstens auf dem Taubenschlag des Nachbars eine wunderschöne Pfauentaube sitzen; es war dieselbe, für welche er dem Risiko das Faß gegeben.

Komanditchen war ganz entzückt über die Taube und rief aus: »O du wunderschöne Taube! Komm ein wenig zu Komanditchen.« Da flog die Taube zu ihr in das Faß und war so freundlich und lieblich, daß Komanditchen eine ungemeine Liebe zu ihr gewann, und wenn sie in ihrer Einsiedelei war, mußte die Taube immer bei ihr sein.

Einstens hörte sie durch das Loch im Faßboden, daß Besuch unten im Zimmer sei; sie legte sich an die Erde und sah hinunter. Es waren der alte Graf Vogelleim und sein Sohn; sie warteten auf ihren Vater, und der Graf sagte zu seinem Sohn: »Du sollst dich nur wegen dem Gelde mit dem Fräulein Komanditchen verbinden; der alte Herr von Ochsenglück hat Glück gehabt wie ein Ochs, denn er hat mit einem Maikäfer angefangen.«

Nun kam der Vater, und der Graf hielt um die Hand Komanditchens an. Das freute den Vater sehr, und er ließ Komanditchen rufen. Sie kam zu der Stube herein und sagte gleich zu ihrem Vater: »Ich mag den Grafen Vogelleim nicht.« Da machte der Graf seinen Diener und zog ab.

Der Vater sagte zu ihr: »Du bist sehr grob«; sie erzählte ihm aber, was die beiden gesprochen, und fragte: ob es wahr sei mit dem Maikäfer? »Ja«, sagte der Vater, »ich war ein Betteljunge und hatte nichts von meinen verstorbenen Eltern erhalten als den Spruch:

Findst du was auf der Gasse,
was besser als 'ne Laus:
Heb's auf, steck's in die Tasche
und trag's mit dir nach Haus.

Als ich nun zum ersten Mal hier in die Stadt kam, fand ich unter einem Baume einen Maikäfer. Ich dachte, der ist besser als eine Laus, und hob ihn auf. Da kam eben der Graf Vogelleim, der auch noch ein kleiner Junge war, mit dem Bedienten vorbei, der ihm Bücher und Papier in die Schule nachtrug. Als er meinen Maikäfer sah, wollte er ihn haben und kaufte ihn mir um einen Bogen Papier ab, weswegen du auch einen Maikäfer in dem Herzschild meines Wappens siehst. Hat nun der Graf sich darüber lustig gemacht, so soll er seine Leimrute anderswo aufstecken, er soll dich, mein Komanditchen, nicht dran fangen!« Da küßte Komanditchen dem Vater die Hand und ging wieder in ihre Einsiedelei.

Über eine Weile hörte sie unten wieder sprechen; sie guckte, es war der Baron von Hustenleder mit seinem Sohn, der sagte: der Herr von Ochsenglück habe mit Zuckerpapier gehandelt. Komanditchen wurde wieder gerufen, und sie sagte wieder: »Baron von Hustenleder, ich mag Sie nicht.« Hernach erzählte sie dem Vater wieder, was der von Hustenleder von dem Zuckerpapier gesagt. Der Vater sprach: »Es ist wahr, ich ging mit meinem Bogen Papier zu einem Zuckerbäcker, welcher gerade Biskuit in den Ofen schieben wollte; er versprach mir für meinen Bogen weißes Papier zwei, worauf Biskuite waren gebacken worden; ich ging den Handel ein und erhielt auf zwei andern Bogen 48 leichte Zuckerrinden, welche von den darauf gelegenen Biskuiten waren sitzen geblieben. Ich schnitt die achtundvierzig Biskuit-Schattenrisse auseinander und verkaufte sie an den damals jungen Herrn von Hustenleder, jedes zu einem Kreuzer, macht 48 Kreuzer. Will er mich jetzt darum verachten, so mag er sein Hustenleder anderswo anbringen. Wegen jenem Fall siehst du auch die 48 Biskuite auf dem Mantel, der um mein Wappen herum hängt!« Komanditchen küßte die Hand und ging in die Einsiedelei zurück.

Über eine Weile hörte sie unten den General von Wohlbekomms und seinen Sohn, der sagte zu seinem Sohn: »Ein gerechtes Schicksal führt durch deine Verbindung mit Komanditchen das Geld des Ochsenglücks wieder in unsere Kasse, denn er hat für Schnupftabak sein Glück an mir gemacht.«

Komanditchen ward wieder gerufen und sagte gleich beim Eintreten: »Herr General Wohlbekomms, ich mag Ihren Sohn nicht.« Da gingen diese ab, und sie sagte dem Vater, was der General von Schnupftabak gesprochen, und fragte, ob es wahr sei.

»Ja«, sagte der Vater, »als ich die achtundvierzig Kreuzer hatte, kaufte ich dafür eine schön lackierte Schnupftabaksdose, auf welcher eine Menge Leute abgebildet waren, die auf die verschiedenste Art Tabak schnupften. Mit der Dose ging ich auf der Börse herum, wenn alle Kaufleute beisammen waren, und wo einer dem andern ein Prischen präsentierte, war ich gleich bei der Hand und wünschte gute Geschäfte und bat mir eine Prise aus, die sie mir gern gaben. Ich tat, als wenn ich schnupfte, und fing entsetzlich an zu niesen, bald wie dieser, bald wie jener Kaufmann, worauf ich mich eingeübt hatte. Da guckten sich immer alle um und sprachen: ›Zum Wohlsein, Prosit!‹, und wenn sie sahen, daß ich es war, lachten sie; aber ich sammelte alle meine Prisen, die ich bekam, in die schöne Dose, und man hatte so viele Freude an meinen Possen, daß ich meine Dose bald voll hatte. Diesen Tabak mischte ich nun recht untereinander und ging damit auf die Wachtparade, wo der General Wohlbekomms die Truppen musterte. Da nun damals die Soldatenröcke so knapp geraten waren, daß keiner eine Prise Tabak, viel weniger eine Dose bei sich tragen konnte, und ich wohl wußte, daß der General gern schnupfte, so stellte ich mich in seine Nähe und drehte meinen Dosendeckel, daß der pfiff. Der General hatte eben ›Marsch!‹ kommandiert, aber als er meine Dose hörte, rief er Halt, kam auf mich zu und sprach: ›Junge, hast du Tabak?‹ Ich zeigte meine schöne Dose; das Bild der Schnupfenden darauf machte ihn noch viel begieriger; er gab mir einen Groschen und nahm eine Prise und fing so an zu niesen, daß das ganze Regiment Wohlbekomms rief. Der König von Diesseits freute sich so über diese treffliche Mannszucht, daß er den Truppen allen Zulage gab und dem General den Namen Wohlbekomms. Dadurch wurde er mir gut und schnupfte oft und viel bei mir, konnte auch keinen Tabak mehr vertragen als meinen Gemischten, den er sonst nirgends bekommen konnte, wodurch ich jede Wachtparade, besonders wenn er im Feuer exerzierte, wozu er immer nieste, meinen Taler verdiente.

Ich hatte so schon an zwanzig Taler zurückgelegt, als ich einmal wieder auf der Börse war; da ließ ein Kaufmann ein Schiff voll in der See naßgewordene Tabaksblätter an den Meistbietenden verkaufen. Dieser Kaufmann hatte eine ganz wunderbare Art zu niesen, die man auf der ganzen Börse hörte und kannte. Er hatte dem Ausrufer gesagt, wenn er ihn niesen höre, so solle er mit dem Schlüssel auf den Tisch schlagen, das Zeichen, daß der, welcher gerade geboten, die Waren haben solle. Dieses hatte ein anderer Kaufmann, der mein Niestalent kannte, gehört, und sprach zu mir: ›Bursche, wenn ich dir winke, so niese wie der Herr Gotthelf Prost. Ich verspreche dir eine gute Belohnung.‹ Nun wurde ausgerufen 100 Taler zum ersten, 150 zum ersten, 150 zum zweiten, da sagte mein Kaufmann: ›Und sechs Groschen!‹ und winkte mir, und ich nieste an der andern Ecke des Saales so laut wie der Kaufmann, daß alles Gotthelf! Prosit! rief; der Ausrufer ließ den Schlüssel fallen, und mein Kaufmann kriegte das ungeheure Schiff voll Tabak, das wohl tausendmal so viel wert war. Jedermann verwunderte sich darüber, und Herr Gotthelf Prost kam herzugelaufen und sagte: ›Es gilt nichts, ich habe nicht geniest!‹ Herr Prisius Nisius aber sagte: ›Was geht mich das an, zugeschlagen ist zugeschlagen‹, legte sein Geld hin und ging nach seinem ungeheuren Schiff voll Tabak, wohin ich ihm folgte. Kaum waren wir auf dem Schiff angelangt, als Herr Prisius Nisius mich umarmte und mir sagte: ›Du hast mein Glück gemacht mit deinem Niesen; sage, was willst du haben?‹ Ich bat ihn, er möge mich mit meinen zwanzig Talern in Compagnie nehmen, und das war er zufrieden.

Da kam auf einmal der Fischminister, Herr von Nintstöhrenstuhr, auf das Schiff und erklärte, das Schiff müsse gleich ausgepackt werden, weil die Fische alle krepierten, weil der nasse Tabak durch das Schiff ins Wasser rinne. Da mußten wir nun auspacken; aber wir machten es noch besser, wir hingen und nähten alle die feuchten Blätter an die Segel und Masten und das Tauwerk des Schiffes, und da sich eben ein guter Wind erhob, segelten wir nach Amsterdam, wo unser Tabak getrocknet ankam und Prisius Nisius fünfmal hunderttausend Taler für den Tabak allein erhielt.

Ich heiratete hernach seine Haushälterin, welche eine perfekte Köchin und deine Mutter war, welche melancholisch wurde und, nachdem sie den altteutschen Spritzkuchen schrieb, starb. Als ich sie heiratete, schenkte mir Prisius Nisius die Handlung, welche ich so lange geführt und durch welche ich zum Ochsenglücksritter geworden.

Will nun der Herr General Wohlbekomms meinen Tabakshandel mir unter die Nase reiben, so bist du, mein Komanditchen, eine zu delikate Prise für ihn, und mag er schnupfen, wo er will.« Da küßte Komanditchen ihrem Vater die Hand und ging wieder in ihre Einsiedelei.

Noch sehr viele vornehme Herren kamen und baten den Herrn von Ochsenglück um die Hand Komanditchens; aber sie belauschte sie immer und sagte zu ihrem Vater: »Ich mag diesen und jenen nicht.« Da sagte endlich der Vater ungeduldig: »Wenn dir keiner recht ist, so back dir einen.« Das zog sich Komanditchen zu Herzen und saß ganze Tage tiefsinnig in ihrem Fußkabinett und lockte die Pfauentaube zu sich und las in dem altteutschen Spritzkuchen, worin der Prinz Mandelwandel ihr besonders wohlgefiel.

Nun reiste ihr Vater einstens auf die Messe nach Leipzig und fragte Komanditchen, was er ihr mitbringen sollte. Da sagte sie: »Bringe mir mit: ein silbernes

Das Märchen von Komanditchen von Clemens Brentano

Nudelbrett, eine goldene Teigrolle, einen silbernen Mörser mit einem goldenen Stößel, einen Sack voll von dem feinsten Warschauer Weizenmehl, 50 Eier von Perlhühnern und 50 Eier von Goldfasanen, 50 Pfund frische süße Mandeln, ein Fäßchen voll Rosenöl, ein Fäßchen voll Rosenwasser, ein Fäßchen voll Rosenhonig, ein Fäßchen voll Maibutter, zwei Pfund feine Vanille, eine Schachtel voll Zitronen, eine Schachtel voll verzuckertem Anis, eine Schachtel voll Muskatnüsse, eine Schachtel voll Gewürznägelein, frische Feigen und Traubenrosinen, zwölf Pfund Gerstenzucker, zwölf Pfund Kakaobohnen und ein schönes indianisches Vogelnest.«

Der Vater wunderte sich über diese Bestellung, weil Komanditchen ihn aber sehr bat, so schrieb er sich alles in sein Büchelchen, versprach, es ihr mitzubringen, und reiste ab.

Am folgenden Morgen saß Komanditchen in ihrem Hüttchen, und ihre liebe Pfauentaube kam von dem Taubenhaus des Nachbars herüber geflogen und fraß ihr aus der Hand. Da hörte sie auf einmal ein gewaltiges Geklapper auf dem Hof und ein großes Geschrei, und die Pfauentaube flog pfeilschnell zu dem Fenster hinaus. Komanditchen lief hinunter und sah, daß Risiko und sein Sohn Ladenpeter sich mit einem großen Storch herumschlugen, der entsetzlich klapperte und mit dem Schnabel nach ihnen stach. Risiko hatte das große Hauptbuch in der Hand und Ladenpeter ein Lineal, mit welchem sie auf den Storch zuschlugen, den sie zu dem Tor hinausjagen wollten.

Da stürzte die Pfauentaube aus der Luft gegen den Ladenpeter, und er schlug sie mit dem Lineal so auf den Flügel, daß sie vor Komanditchens Füßen niedersank, und als der Storch dieses sah, verließ er den Streit und lief auch auf Komanditchen zu und schnatterte außerordentlich betrübt. Sie nahm ihn in Schutz und trug mit Tränen die verwundete Taube an ihrem Herzen hinauf in ihr Kabinettchen, wohin ihr der arme Storch sehr traurig nachhinkte und immer sehr betrübt klapperte.

Komanditchen wusch der guten Taube das Blut vom Flügel und verband sie und legte sie in ihren Schoß und fütterte sie aus ihrem Mund und hegte und pflegte sie, daß sie sich bald erholte; aber recht fliegen konnte sie nicht mehr. Der Storch aber stand immer ganz betrübt bei Komanditchen und sah das Täubchen an, das sich sehr freundlich mit ihm zu unterhalten schien. Die Ursache dieses Streites aber war folgende:

Als Risiko noch im Dorfe als armer Krämer lebte, hatte der Storch sein Nest auf seinem alten Stall seit vielen Jahren. Da der Risiko, um das Bächlein zu verschütten, den Stall umwarf, fiel das Nest des Storches, der gerade verreist war, mit herunter und zerbrach. Im Sommer kam der Storch wieder, er fand sein Nest zerstört und die Hütte leer, da suchte er den Risiko in der Stadt auf; er sah den Ladenpeter, der sehr närrisch geputzt auf der Promenade herumging und mit allerlei Damen schwätzte. Da flog er zu ihm nieder und fing an zu klappern. Die Damen lachten ihn aus, er wollte ihn verjagen, aber der Storch lief immer neben ihm her. Da strömten viele Leute und Kinder zusammen und riefen: Lord Klapperstorch! und lachten ihn aus. Da stieg Ladenpeter auf sein Pferd und wollte schnell nach Hause reiten. Aber der Storch flog immer über seinem Kopf und klapperte, bis in seine Wohnung; da er die Haustüre zumachte, um das nachlaufende Volk abzuhalten, stieß der Storch ein Fenster ein und kam in die Schreibstube geflogen; setzte sich gerade vor Risiko, der an seinem offenen Hauptbuche rechnete; beschmutzte ihm das Buch; stieß ihm die rote Tinte um und klapperte ganz entsetzlich. Da fiel Herr Risiko auch über ihn, sie jagten ihn auf den Hof, wo Komanditchen ihnen zu Hilfe kam und wo die gute Taube verletzt ward.

Der Nachbar, Herr Vetter und Base, hatte seine Spione im Hause des Risiko, die erzählten ihm von der Verwundung der Pfauentaube, und er ging sogleich mit einem Advokaten zu Herrn Risiko, auf dessen Reichtum er ohnedies sehr neidisch war, und begehrte seine Pfauentaube frisch und gesund zurück. Risiko konnte das nicht, weil ihr der Flügel zerschlagen worden war, aber er bot ihm viel Geld. Der Nachbar aber begehrte das nämliche echte, alte, aufrichtige Ölfaß, und den Herrn Seligewittibs-Erben darin so wieder, wie er es ihm einstens für die Taube gegeben. Das war nun gar nicht möglich, denn das Faß war lange verbrannt, und Herr von Ochsenglück würde sich nie wieder hineingesetzt haben.

Da ward die Sache vor den König von Diesseits gebracht, und der sagte: »Wenn Herr Risiko das Faß nicht wiedergeben kann, so muß er dem Herrn Vetter und Base alles geben, was aus dem Fasse entstanden ist. »Ach, da mußte der arme Risiko all sein Geld hergeben und seine ganze Handlung und zog nun wieder mit dem Ladenpeter auf das Dorf.

Ehe sie fortzogen, kamen sie beide zu Komanditchen und weinten sehr, und Ladenpeter besonders. »Ach!« sagte er, »warum bin ich ein solcher Narr geworden und habe ein englischer Lord sein wollen; oh, wo sind die Zeiten hin, da ich als ein unschuldiger Ladenpeter Ihnen dieses Kabinett eingerichtet!«

Komanditchen weinte mit. »Oh!« sagte Risiko zu dem Storch, der ernsthaft in der Ecke stand, »warum hab ich dir aus Handelsspekulation dein Nest mit meinem alten Stall umgeworfen; oh, wäre ich doch ewig ein armer Krämer geblieben!« Da er aber die arme, kranke Pfauentaube in Komanditchens Schoß sah, war er noch betrübter. »Ach!« sagte er, »wo mag Kreditchen, meine Tochter, sein? Wenn die bei mir wäre, so wollte ich zufrieden wieder auf meinem Dorfe wohnen.«

Komanditchen sagte ihm: »Gehet in Gottes Namen, werdet wieder ruhig und fromm, gewöhnt Euch Eure Eitelkeit und die Vornehmtuerei ab; vielleicht wird alles wieder gut«; und da schenkte sie ihm noch ihre Sparbüchse und bat ihn, ihr die kranke Taube dafür zu lassen, worauf Vater und Sohn fortgingen.

Komanditchen sah, daß der Storch und die Taube weinten, und weinte still mit.

Am Abend dieses Tages kam Komanditchens Vater von der Messe zurück und brachte ihr alles mit, was sie sich ausgebeten hatte: Kuchenbrett, Teigwalze und Mörser von Gold und Silber und das Warschauer Mehl und alle Gewürze und Süßigkeiten und Wohlgerüche. Als sie ihm das Unglück des Risiko und Ladenpeters, die wieder arm geworden, erzählte, war er nicht sehr traurig, sondern sagte nur: »Risiko war nie vorsichtig, hat immer zu viel riskiert.«

Komanditchen trug vor allem Nudelbrett und Mörser in ihr Kabinettchen und nahm das Warschauer Mehl und die Fasanen- und die Perlhühnereier und die Maibutter und den Rosenhonig und all die herrlichen Sachen und schürzte ihren seidenen Ärmel auf und knetete mit ihren weißen Händen den allerköstlichsten Teig auf dem Nudelbrett zusammen, und in dem Mörser stieß sie die Gewürze und Mandeln und knetete sie mit in den Teig; dabei halfen ihr der Storch und die Taube. Der Storch rührte alles mit seinem Schnabel um, die Taube pickte alles Schlechte weg, was hier und da im Gewürze vorkam, und tauchte die Flügel in das Rosenwasser und besprengte den Teig damit, wovon ihr Flügel bald wieder so heil wurde, daß sie ziemlich fliegen konnte.

Als dieser unschätzbare Teig fertig war, fiel sie in ein tiefes Nachdenken und sah den Teig an, wie ein Bildhauer den Ton, aus welchem er eine herrliche Bildsäule gestalten will.

In dem Buche ihrer Mutter, genannt »Der altteutsche Spritzkuchen, aus den Papieren einer perfekten Köchin«, war die Gestalt eines sehr angenehmen, sanften, schönen und tugendhaften Prinzen Mandelwandels beschrieben, welcher Komanditchen immer vor Augen schwebte, und weil ihr der Vater gesagt hatte: »Wenn dir kein Bräutigam recht ist, so backe dir einen«, so fing sie nun an, mit großer Aufmerksamkeit und Liebe zur Sache und mit außerordentlicher Geschicklichkeit aus dem Teige sich diesen Prinzen Mandelwandel zu kneten, während welcher ganzen Arbeit sie ununterbrochen folgendes Lied sang, während welchem, wenn sie dieses oder jenes, was sie brauchte, nicht zur Hand hatte, zum Beispiel Wacholderbeeren, Himbeeren, Kirschen etc., die Taube oder der Storch immer wegflogen und es ihr aus den naheliegenden Gärten ganz frisch zutrugen. Das Lied aber lautete:

Einen Teig will ich mir rollen,
ganz nach meinem eignen Sinn,
daß gleich alle merken sollen,
daß ich in der Küch die Tochter
der perfekten Köchin bin.

O du früh verlorne Mutter!
Schau das Mehl von Warschau an,
Fasaneier, Maienbutter
rührt mit flinker Hand die Tochter
der perfekten Köchin dran.

Rosenöl und Rosenhonig,
Rosenwasser, Mandelbrei,
Tränen, Seufzer auch nicht wenig
mischt dem Teige nun die Tochter
der perfekten Köchin bei.

Pim, pim, pim der Mörser klinget,
Nelken, Zimt, Muskatennuß,
alles bald zu Staub zerspringet,
wie es von der Hand der Tochter
der perfekten Köchin muß.

Rein die Hände, blank die Schürze,
unterm Häubchen fest das Haar,
knet ich in den Teig die Würze,
stelle mich so ganz als Tochter
der perfekten Köchin dar.

Aus dem edelsten der Teige
knet ich einen Zuckermann,
der den stolzen Herren zeige,
daß man fechten für die Tochter
der perfekten Köchin kann.

Sieh, schon knet ich alle Stücke,
Knie und Bein und Kopf und Wanst,
rolle, nudle, zerre, drücke;
munter, zeige, was du Tochter
der perfekten Köchin kannst.

Kugelklöß nun werd zum Kopfe,
Zuckerwerk zu Locken kraus,
Gerstenzucker zieht zum Zopfe
hinten lang die kluge Tochter
der perfekten Köchin aus.

Mandelzahn im Himbeermunde,
Augen von Wacholderbeer;
denn das Süße und Gesunde
liebt im Angesicht die Tochter
der perfekten Köchin sehr.

Prosit! Von Pomranzenschalen
voll verzuckertem Anis,
Nase, nimmer zu bezahlen,
wenn dich ab aus Hast die Tochter
der perfekten Köchin stieß.

Lipp und Wang aus Zitronate
Schnurr- und Backenbart umziert,
fein gezackt vom Kuchenrade,
was geschickt die Hand der Tochter
der perfekten Köchin führt.

Nun ein Herz von Biskuitteige,
mit Tokayerwein durchnetzt,
drauf geschrieben: Lieb und schweige!
In die Brust ihm nun die Tochter
der perfekten Köchin setzt.

Mit verzuckerten Maronen,
Königsberger Marzipan,
köstlichsten Kakaobohnen
füllet ihm den Leib die Tochter
der perfekten Köchin an.

Und nun form ich an zwei Armen,
Hände zwei, zehn Fingerlein,
diese sollen voll Erbarmen
und auch tapfer durch die Tochter
der perfekten Köchin sein.

Beine werden nun gedrechselt,
nicht zu grad und nicht verrenkt,
dick und dünn hübsch abgewechselt,
wie es angenehm die Tochter
der perfekten Köchin denkt.

Quittenfleisch wird nun zur Wade
und zum Fuße Marzipan,
Stiefel dann von Schokolade
zieht dem Zuckerbild die Tochter
der perfekten Köchin an.

Oh, wie zierlich steht dem Schelme
das indiansche Vogelnest!
Auf das Ohr statt einem Helme
macht es pfiffig ihm die Tochter
der perfekten Köchin fest.

Orden zwölf von Zuckerkandel
und Vanille Achselschnur
trägst du, Prinz von Mandelwandel,
durch die Achtung einer Tochter
der perfekten Köchin nur.

An den Zuckergriff des Degen,
dessen Klinge ganz von Zimt,
soll er seine Rechte legen,
weil in Schutz er gern die Tochter
der perfekten Köchin nimmt.

Clemens Brentano

Die Kuh Bukolla

Es war einmal ein Ehepaar, das hatte drei Söhne; der eine hieß Asmund, der zweite Sigmund und der dritte Thorstein. Thorstein wurde immer zurückgesetzt. Sie hatten eine Kuh, die Bukolla hieß, sonst aber kein anderes Vieh. Die Kuh war ganz unvergleichlich gut und konnte sprechen wie ein Mensch. Einmal hatte sie gekalbt, und man hatte gerade das Kalb versorgt, da erlosch das Licht bei den beiden Alten, und sie mußten erst hinaus in die Küche gehen und es wieder anzünden. Als sie wieder in den Stall kamen, war das Kalb verschwunden. Im nächsten Herbst ging es genauso. Im dritten Herbst sorgten die beiden schon vor und nahmen Feuer mit hinein, um das Licht wieder anzuzünden, wenn es erlöschen sollte. Aber als das Kalb im Stall auf die Beine gekommen war, erloschen das Licht und das Feuer zur gleichen Zeit. Nun mußten die beiden wieder erst in die Küche gehen und dort das Licht anzünden. Als sie wieder in den Stall kamen, war das Kalb verschwunden und die Kuh auch. Nun wurden sie sehr betrübt, denn sie hatten nichts anderes zu essen gehabt als die Milch von Bukolla. Da sagt der Alte zu seinem Sohn Asmund:

»Lieber Asi, du mußt jetzt gehen und die Kuh und das Kalb suchen; ich hoffe, du hast Glück und findest sie.«

Nun machte sich Asmund auf den Weg und bekam nichts anderes mit als Butter in einer kleinen Schale zur Wegzehrung und dazu drei Paar Strümpfe und drei Paar Schuhe. Er ging einen Tag, und da hatte er ein Paar Strümpfe und Schuhe durchgelaufen. Am Abend aß er den dritten Teil aus seiner Schale. Auch am anderen Tage ging er so, und es verlief alles genauso, und auch am dritten Tage, aber er fand nichts. An diesem Abend kam er zu einer großen Höhle, und da standen zwei Trollweiber* draußen. Sie fragten ihn, warum er unterwegs sei. Er sagte: »Ich suche Bukolla und die Kälber meines Vaters; wißt ihr vielleicht etwas von ihnen?«

»Das sollst du bald erfahren«, sagten sie und warfen Asmund ein Seil um den Hals und hängten ihn an einem Haken auf der einen Seite der Tür zur Höhle auf. Da starb er.

Etwas später, als die beiden Alten immer noch auf Asmund warteten, sagten sie zu Sigmund, jetzt solle er gehen und Bukolla suchen, denn Asmund käme wohl nicht wieder. Sie versorgten ihn gerade so wie Asmund und schickten ihn los. Aber ihm ging es ganz genauso; die Trollweiber hängten ihn an einen Haken auf der anderen Seite der Höhlentür.

Eine Zeit später sagte der Alte zu seinem Sohn Thorstein: »Jetzt ist es am besten, wenn du dich auch packst und deine Brüder und die Kuh suchst, auch wenn es wohl nichts nützen wird. Ich will dich nicht mehr länger vor meinen Augen haben.« Thorstein machte sich auf den Weg und war nur schlecht ausgerüstet.

Am ersten Abend kam er zu einer großen Eiche; dort legte er sich nieder und sagte: »Brüll nun, Bukolla, wenn du am Leben bist!« Da hörte er ein Dröhnen in der Erde, weit weit weg, und er wußte nun, daß die Kuh noch am Leben war und in welche Richtung er sich wenden mußte. Am nächsten Tag legte er sich wieder nieder und bat Bukolla zu brüllen, und da war das Brüllen schon näher. Dem ging er weiter nach, bis er zu einer Höhlentür kam, und da sah er seine Brüder an beiden Seiten der Tür hängen. Die Trollweiber standen draußen und fragten ihn, wohin er denn möchte.

»Ich bin auf der Suche nach etwas zu essen«, sagte er, »und ich bin sehr hungrig. Ich bitte euch, gebt mir einen Bissen und erlaubt mir, in der Nacht hierzubleiben.«

»Also pack dich in die Höhle«, sagten sie, »und leg dich dort auf das Lager. Wenn du dich von hier wegrührst, bringen wir dich um.«

Thorstein legte sich nieder, nachdem er ein klein wenig gegessen hatte, was man ihm gab. Am Abend standen die Trollweiber auf und gingen hinaus; Thorstein folgte ihnen. Er sieht, wie sie eine Seitenhöhle aufschließen, und dort drin sind Bukolla und die Kälber. Sie fangen an, die Kuh zu melken.

Da geht er wieder und legt sich nieder. Als die Trollweiber fertig sind, tut Thorstein, als ob er schlecht schlafen könnte und schlägt mit Armen und Beinen um sich. Die Trollweiber wachten auf und sagten, er solle Frieden geben, sonst würden sie ihn erschlagen. Er sagte, er hätte schlecht geträumt, jetzt werde er still sein. Ein wenig später fängt er an zu schnarchen und schlägt wieder um sich. Sie wachen auf und sagen, er führe sich immer noch auf, als ob er verrückt wäre, und sie würden einen solchen Krach nicht dulden. Er verspricht es ihnen wieder und bleibt nun eine Weile ganz ruhig. Dann fängt er wieder an, wie rasend um sich zu hauen, aber diesmal wachen die Trollweiber nicht auf.

Da steht er auf, steckte eine Ahle ins Bett und sagt: »Sprich für mich drei Mal, wenn ich es nötig habe.« Darauf geht er hinaus, schließt die Seitenhöhle auf, treibt die Kälber und die Kuh hinaus und steigt auf Bukollas Rücken. Nun reitet Thorstein, was er nur kann, und treibt die Kälber an.

Von den Trollweibern ist zu erzählen, daß sie aufwachen und rufen, ob Thorstein auf dem Lager liegt. »Ja«, sagt die Ahle. Dann schlafen sie wieder ein und wachen noch ein zweites und ein drittes Mal auf und fragen jedesmal dasselbe, und die Ahle antwortet: »Ja.« Als sie zum vierten Mal aufwachten, riefen sie, warum er so still sei. Da gab niemand Antwort. Nun sprangen die Trollweiber auf und fanden, daß Bukolla verschwunden war und die Kälber ebenfalls. Nun rannten sie mit großen Sätzen davon. Der Abstand zwischen ihnen und Thorstein wurde schnell kleiner.

Als er sie herankommen sah, sagte er: »Was kann man jetzt tun, Bukolla?«

»Nimm ein Haar von meinem Nacken«, sagte sie, »und wirf es hinter dich, und dann wird so viel Wasser da sein, daß niemand darüber kommen kann.« Er tat dies, und es kam gerade so, wie es Bukolla gesagt hatte: Es gab eine so große Wasserflut, daß niemand über sie wegkommen konnte außer einem Vogel im Fluge.

Als das die Trollweiber sahen, sagten sie: »Das wird dir nichts nützen; wir holen unseres Vaters Hund, und der wird das Wasser aussaufen.« Das machten sie, und der Hund soff das ganze Wasser. Da rannten sie wieder hinter Thorstein her, und der Abstand zwischen ihnen wurde rasch sehr klein.

Da sagte er: »Was ist jetzt zu tun, Bukolla?«

»Nimm ein Haar von meinem Rücken«, sagte sie, »und wirf es hinter dich. Dann wird ein so großes Feuer entstehen, daß es bis zum Himmel lodert.« Er tat es, und es entstand ein so mächtiges Feuer, daß niemand darüber wegkommen konnte außer einem Vogel im Fluge.

Da sagten die Trollweiber: »Das wird dir nichts nützen; wir holen unseres Vaters Hund und lassen ihn das ganze Wasser in das Feuer speien, und da wird es erlöschen.« Sie machten es so, und das Feuer erstarb. Da liefen sie weiter und Thorstein nach, und weil sie so große Sätze machten, wurde der Abstand wieder kleiner.

Da sagte Thorstein: »Was ist jetzt zu tun, Bukolla?«

»Nimm ein Haar aus meinem Schwanz und wirf es hinter dich, und es wird ein himmelhoher Berg entstehen.« Er machte es so, und es entstand ein so hoher Berg, daß kein Geschöpf darüber wegkommen konnte außer einem Vogel im Fluge.

Da sagten die Trollweiber: »Das wird dir auch nichts helfen; wir holen den großen Bohrer von unserem Vater und bohren ein Loch durch den Berg, und so kommen wir durch.« Dies taten sie, fingen an zu bohren und machten sich mit Riesenkraft daran, bis der Bohrer durchkam. Dann drängten sie sich durch das Bohrloch; aber jetzt war der Abstand zu Thorstein und Bukolla wieder größer geworden. Deswegen rannten die Trollweiber mit aller Kraft und näherten sich wieder so sehr, daß sie den Flüchtenden auf der Kuh sahen.

Da fragte er Bukolla wieder, was nun zu tun sei. »Du sollst ihnen sagen«, sagte sie, »sie sollen lieber schauen, was auf dem Meer vor sich geht, als sich um dich zu kümmern.« Das machte er und da schauten sie aufs Meer hinaus. Da aber schrien sie auf und wurden zu Stein, denn der Tag brach gerade über dem Meer an, sie aber waren Nachttrolle.

Märchen aus Island

Der Diamantenvogel

Nun, es waren also einmal zwei Freunde, die waren Goldschmiede und sehr reich. Aber einer von ihnen hatte Unglück und verlor sein Vermögen. Er wandte sich an den anderen um Hilfe, doch der war geizig und sagte ihm, er könne ihm nichts geben, denn er habe zwei Söhne und brauche das wenige, war er habe, für sie.

Als der Arme sich nun so ganz ohne Mittel sah, bewarb er sich um den Wachtposten eines Geheges, und als er ihn bekommen hatte, zog er sich dorthin zurück. Da er gern jagte, nahm er stets eine Flinte mit sich und erlegte Wild für seine Mahlzeiten, denn das erlaubte ihm sein Herr. Eines Tages sah er einen Vogel, der leuchtete in so schönen Farben, daß er ihn gerne gefangen hätte. Er lud seine Flinte mit Schrot, schoß ab und hatte das Glück, ihn zu treffen, ohne ihn schwer zu verletzten. Er sperrte ihn in einen Käfig ein, und als er ihm nun am nächsten Tag etwas zum Fressen brachte, da sah er in dem kleinen Nest, das er ihm gemacht hatte, einen wunderbar glänzenden Stein, den er als Goldschmied sogleich als Diamant erkannte. Er konnte sich nicht erklären, wie der dahin gekommen war; doch als er am nächsten Tag wieder einen fand und danach wieder einen, begriff er, daß der Vogel täglich statt Eiern Diamanten legte. Er brachte sie zum Goldschmied, der sie ihm abkaufte und für jeden Stein sechstausend Groschen gab.

Als er das Geld hatte, gab er den Wachtposten auf und zog wieder ins Dorf, und da der Vogel ihm weiterhin Diamanten schenkte, wurde er bald reich. Der Goldschmied, der sehr neidisch war, wollte wissen, woher er die Diamanten bekam, doch sein Freund wollte es ihm nicht sagen; da beschuldigte er ihn des Diebstahls und drohte, ihn bei Gericht als Dieb anzuzeigen. Darüber wurde der Vogelbesitzer sehr empört, und um ihm zu beweisen, daß sie nicht gestohlen waren, erzählte er ihm, was er erlebt hatte.

Der Goldschmied aber schlug vor, ihm den Vogel zu verkaufen, doch der Freund sagte nein; aber er fürchtete schließlich, daß der Goldschmied ihm eines Tages einen bösen Streich spielen würde, und da der inzwischen reich geworden war, sagte er, er wolle den Vogel gegen das Haus und die Werkstatt mit allem, was sich darin befinde, eintauschen.

Und da der Goldschmied hoffte, durch die Diamanten des Vogels bald noch reicher als der andere zu werden, willigte er ein. Er unterschrieb den Vertrag, überließ ihm sein Haus und seine Werkstatt und nahm dafür den Vogel.

Die ersten Diamanten, die er in dem Käfig fand, verkaufte er und kaufte sich dafür ein Haus, in dessen Garten er einen großen Vogelkäfig stellen ließ. Als der

Goldschmied nun eines Tages den Vogel betrachtete, der sich plusterte und mit seinen Flügeln schlug, sah er unter dem einen Flügel eine Inschrift. Er nahm den Vogel heraus, um nachzusehen, was daraufstand, und er las: »Wer meinen Kopf ißt, wird König werden.« Er hob den anderen Flügel hoch, da sah er noch eine Inschrift, darauf stand: »Wer mein Herz ganz hinunterschluckt, ohne es zu zerkauen, wird jeden Morgen unter seinem Kopfkissen eine Börse voll Gold finden.«

Der Goldschmied, der, wie ich schon sagte, geizig und habgierig war, geriet außer sich vor Freude und sprach: »Dies ist mehr wert als die Diamanten; am besten wäre es nun, den Vogel zu töten. Dann esse ich den Kopf und das Herz und werde König werden und reich sein wie kein anderer in der Welt.«

Und gesagt, getan: Er nahm den Vogel, tötete ihn und gab ihn der Köchin zum Braten mit den Worten:

»Merke dir, daß ich dir die Haut bei lebendigem Leib abziehe, wenn du ihn anbrennen läßt oder wenn irgend etwas daran fehlt.«

Nun also, die Köchin briet den Vogel und stellte ihn beiseite für die Mahlzeit. Dann ging sie aus der Küche. In der Zeit kamen die Söhne des Goldschmiedes von draußen herein, und da sie Hunger hatten und den gebratenen Vogel entdeckten, schnitt der älteste den Kopf ab und aß ihn auf, und der jüngste nahm das Herz heraus, um es zu essen. Doch in dem Augenblick kam die Köchin herein, und da schluckte er es schnell ganz hinunter, damit sie ihn nicht kauen sah und es nicht seinem Vater sagte.

Die Köchin merkte es nicht, und als ihr Herr um den Vogel bat, nahm sie die Platte und trug sie hinein. Als erstes suchte der Goldschmied das Herz und den Kopf, doch soviel er den Vogel auch hin und her wendete, konnte er sie nicht finden. Voller Wut rief er die Köchin herbei und fragte sie nach dem Kopf und dem Herzen, doch die arme Frau erklärte, daß sie es nicht aufgegessen habe.

»Hab ich dir nicht gesagt, daß ich dir bei lebendigem Leib die Haut abziehe, wenn irgend etwas fehlt? Du hast es aufgegessen, und jetzt wirst du entweder auf der Stelle Herz und Kopf von dir geben oder sterben.«

Er holte einen Stock und begann damit auf die arme Frau loszuhauen; die brach in ein fürchterliches Geheul aus und schwor beim Himmel und allen Heiligen, daß sie es nicht genommen habe.

Auf die Schreie der Köchin liefen die Söhne herbei; und als sie ihren Vater so in Zorn sahen, mischten sie sich ein und fragten ihn, was denn geschehen sei, daß er die Frau so schlage.

»Wegen ihrer Naschhaftigkeit schlage ich sie«, sagte der Vater, der Reich und Geld dahinfahren sah, »ich gab ihr den Vogel zum Braten und befahl ihr aufzupassen, daß nichts daran fehle, und nun hat sie den Kopf und das Herz aufgegessen.«

Als die Söhne das hörten, wollten sie nicht, daß die arme Frau ihretwegen bestraft wurde, und sie sagten: »Wenn es sich so verhält, habt Ihr kein Recht, sie zu schlagen, denn sie ist es nicht gewesen, sondern wir; wir kamen in die Küche, als sie gerade nicht da war, und da haben wir den Kopf und das Herz gegessen.«

»Wenigstens nicht ganz so schlimm, wie ich dachte«, sagte der Vater, der sah, daß an der Sache nichts mehr zu ändern war und daß, wenn nicht er, so doch einer seiner Söhne König werden würde, und dem der Gedanke kam, daß er ja auf den anderen Sohn aufpassen könnte, ihm nichts zu sagen brauchte und selber jeden Morgen die Börse mit Gold unter dessen Kopfkissen hervorholen könnte. So beruhigte er sich allmählich und erkundigte sich, wer das Herz hinuntergeschluckt habe; er hörte, daß es der Jüngere gewesen sei.

Und dabei ließ er es; er sagte seinen Söhnen nichts, und am nächsten Morgen ging er an das Bett des Jüngeren und fand unter dem Kopfkissen eine Börse mit Gold. Von da ab holte er jeden Morgen die Börse, ohne daß der Sohn etwas merkte.

Nun, eines Tages lud ein Freund die Söhne, die inzwischen erwachsen waren und gern jagten, zu sich auf ein Gut ein, wo es viele Kaninchen gab.

Der Vater war dagegen, aber der Freund bat so inständig darum, daß ihm nichts anderes übrigblieb, als seine Söhne ziehen zu lassen; doch er trug ihnen auf, nicht zu lange fortzubleiben.

Sie kamen auf dem Gut an, und am frühen Morgen zogen sie auf die Jagd, und als sie am Abend zurückkehrten, gab eine Magd dem jüngsten der Brüder eine Börse und sagte: »Nehmt diese Börse! Ihr habt sie heut morgen unter dem Kopfkissen vergessen.«

»Die Börse gehört mir nicht«, sagte der Jüngling.

»Doch, Herr«, beharrte die Magd, »als ich Euer Bett machte, fand ich sie, und sie gehört Euch.«

Der Jüngling glaubte, daß man Scherz mit ihm treiben wollte, und er sagte: »Gut, wenn sie mir gehört, so behalte sie; ich schenke sie dir.«

Die Magd strahlte vor Vergnügen, und wenn man sie gefragt hätte, wer der liebe Gott sei, so hätte sie auf den jungen Herrn gezeigt.

Der Jüngling ging zu Bett; als er lag, rauchte er noch eine Zigarre, und weil er nicht noch einmal aufstehen mochte, legte er die Zigarrentasche unter das Kopfkissen. Als er am nächsten Morgen erwachte und die Tasche hervorholen wollte, sah er die Börse mit Gold. Er glaubte, daß man noch weiter Scherz mit ihm trieb, und nahm sie an sich, um zu sehen, ob man sie zurückfordern würde; doch niemand sagte ihm etwas, und als er am folgenden Tag wieder solch eine Börse fand, meinte er, es sei dieselbe, und er sah nach, ob man ihm die vorige weggenommen habe; aber sie war auch noch da. Und da er jeden Tag eine neue Börse fand, wurde er aufmerksamer, denn dies konnte kein Scherz mehr sein.

»Aha«, sprach er bei sich, »das ist etwas anderes. Ohne Zweifel ist deswegen mein Vater jeden Morgen in mein Zimmer gekommen, um meine Kissen aufzuschütteln, bevor ich aufstand, und daher wollte er auch nicht, daß ich hier meinen Freund besuche. Ich muß jetzt herausbekommen, was es mit der Börse auf sich hat.«

Sie verbrachten auf dem Besitz noch einige Tage und kehrten dann nach Haus zurück.

Als sie dort angelangt waren, rief der jüngere Sohn seinen Vater und seinen Bruder zu sich und sagte: »Vater, ich habe bemerkt, daß sich jeden Morgen beim

Aufstehen unter meinem Kopfkissen eine Börse voll Gold befindet; Ihr werdet es wissen, und ich wünsche, daß Ihr mir die Ursache davon sagt.«

Da blieb nun dem Vater nichts anderes mehr übrig, und er mußte die ganze Geschichte mit dem Vogel erzählen, und er sagte seinem jüngsten Sohn, daß er jeden Tag die Börse finde, weil er damals das Herz hinuntergeschluckt habe, und daß sein Bruder zum König bestimmt sei, weil er den Kopf gegessen habe.

Diese Nachricht machte die beiden Brüder ganz glücklich, und der jüngste, der seinem Vater sein ganzes Geld gab, sagte: »Mit diesem Geld und dem, was Ihr schon habt, wird es Euch Euer Leben lang an nichts mehr fehlen. Ich möchte jetzt in die Welt hinausgehen und so viele Länder sehen, wie ich nur kann.«

Der Vater versuchte, ihn davon abzubringen, aber er erklärte, nein, er wolle losgehen und würde erst dann zurückkommen, wenn er des Reisens müde sei. Der Bruder sagte, er wolle ihn begleiten, und darüber freute er sich, denn so brauchte er nicht allein zu sein.

Der Vater bereute, die Geschichte von dem Vogel erzählt zu haben, doch da jetzt nichts mehr daran zu ändern war, mußte er sich mit dem Entschluß seiner Söhne abfinden und sie ziehen lassen, und er gab ihnen seinen Segen und bat sie, bald zurückzukehren, denn er wollte nicht sterben, ohne sie wiedergesehen zu haben.

Die beiden machten sich auf den Weg, und als sie viele Meilen zurückgelegt hatten, sahen sie eines Morgens eine Staubwolke und das Aufblitzen vieler Waffen, die ihnen entgegenkamen. Bald darauf erkannten sie, daß es ein Regiment Soldaten war, die auf sie zukamen und haltmachten; dem ältesten Bruder näherten sich einige Pagen, die reichten ihm auf einem Kissen eine Krone und die königlichen Insignien dar und sagten ihm, sie machten ihn zum König; sie hätten ihn in seinem Haus aufsuchen wollen und nun die Hälfte des Weges gespart, da er ihnen entgegengekommen sei.

Da der Vater den beiden Brüdern die Geschichte von dem Vogel erzählt hatte, waren sie von all diesem nicht überrascht. Der Älteste nahm die Krone an und stellte sich an die Spitze der Truppe, sein Bruder an seine Seite, und so setzten sie den Weg fort, bis sie die Hauptstadt des Landes erreichten, wo sie mit großem Jubel empfangen wurden.

Der jüngere Bruder blieb dort, solange die Festlichkeiten dauerten; doch als sein Bruder den Thron bestiegen hatte, sagte er, er wolle weiterreisen. Der König bat ihn zu bleiben und versprach ihm den ersten Posten in seinem Reich und die Heirat mit einer Prinzessin; aber der andere erwiderte, nein, er sehne sich danach, noch andere Länder kennenzulernen, und was die Heirat anbeträfe, so wolle er, da er Geld genug habe, nicht eine Prinzessin heiraten, sondern eine schöne Frau, die ihm gefalle.

Nun gut, mein Bursche zog also los, und er ging weiter und immer weiter und durchwanderte die ganze Welt, und die schönste Frau, die er fand, war eine Waise, die lebte mit ihrer Tante zusammen, und beide waren sehr arm. Er hielt um ihre Hand an, und obwohl er ihnen nicht sagte, was er war, willigten sie in die Heirat ein, denn er war ein hübscher Bursche, und sie sahen, daß es ihm an nichts fehlte. Und er heiratete das junge Mädchen.

Und sie lebten eine Zeitlang glücklich zusammen. Da es ihm niemals an Geld fehlte, so fehlte es auch nicht an Leuten, die herausbekommen wollten, woher es kam, denn man sah ihn niemals arbeiten.

Er sagte immer, er habe seine Güter anderswo und bekäme von dort die Einkünfte. Die Bekannten gaben sich damit zufrieden; aber die Tante der jungen Frau, die sehr habsüchtig war und niemals jemanden sah, der Geld brachte, versuchte mit allen Mitteln zu erfahren, woher er es bekomme, und da es ihr nicht gelang, beauftragte sie ihre Nichte damit.

Die junge Frau, die auch neugierig war, fragte ihn danach; er versuchte sich herauszureden, doch drang sie mit Bitten so sehr in ihn, daß er ihr schließlich die Geschichte mit dem Vogel erzählte und sagte, daß er jeden Morgen unter seinem Kopfkissen eine Börse mit Gold finde, wodurch sie immer das hätten, was sie zum Leben brauchten; doch beschwöre er sie, es niemandem zu erzählen, denn das könne ihnen nur zum Schaden gereichen.

Die Frau versprach es, doch kaum war der Mann fortgegangen, lief sie zu ihrer Tante und erzählte ihr alles; die gab ihr ein Pulver und sagte, sie solle es ihrem Mann in den Wein schütten, dann würden sie herausbekommen, ob das alles wahr sei.

Und so geschah es. Als er zum Essen kam, schüttete die Frau das Pulver in den Wein, ohne daß er es bemerkte, und er trank ihn ohne Argwohn aus.

Bald danach überkam ihn eine große Müdigkeit, und er wollte sich niederlegen; doch bevor er ins Bett ging, wurde ihm so schlecht, daß er alles ausbrach, was er im Magen hatte.

Dann legte er sich schlafen. Indessen machte sich die habsüchtige Alte daran und durchstöberte, was er ausgebrochen hatte, und als sie das Herz des Vogels fand, wusch sie es und schluckte es ganz hinunter.

Als er nun am nächsten Morgen aufstand und unter dem Kopfkissen nachsah, fand er nichts. Er fragte seine Frau, ob sie die Börse weggenommen habe, doch sie antwortete: »Nein.« Und da er an den folgenden Tagen auch nichts vorfand, begann er mißtrauisch zu werden und schalt mit seiner Frau. Da mischte sich die Tante in den Streit und warf ihn wie ein Stück Dreck hinaus und erklärte, das sei ihr Haus und ihm gehöre nichts davon.

»Altes Weib«, sprach er bei sich, »wenn du mich auf die Straße wirfst, so tust du es nicht, weil du mir die Börse weggenommen hast, denn dann würdest du keine weiteren bekommen, sondern weil meine Frau, die das vom Herzen weiß, es dir gesagt hat und du etwas angestellt hast, um es zu bekommen.«

Er fragte die Magd, und die erzählte ihm, daß er an dem Tag, an dem ihm schlecht geworden war, gebrochen habe und daß die Alte nicht gewollt habe, daß jemand anderes als sie selbst es saubermachte. Da wußte er, was geschehen war, und er sagte:

»Aha, was ich vermutet habe: Da hat diese verflixte Tante es doch so weit gebracht, daß ich das Herz ausspucken mußte. Sie hat es hinuntergeschluckt, und es ist sicher, daß sie jetzt immer die Börse hat; deswegen werfen sie mich nun auch auf die Straße. Doch habt keine Angst, ihr werdet nicht zuletzt lachen.«

Da ging mein Bursche hinaus und ging weiter und immer weiter ohne ein bestimmtes Ziel. Er kam an eine Quelle, trank daraus, setzte sich dort nieder, um ein wenig auszuruhen, und da er Hunger bekam und keinen Bissen bei sich hatte, sah er sich nach etwas zu essen um.

Er bemerkte einen Feigenbaum, der hatte einige sehr schöne Früchte, und da, wenn man kein Brot hat, Torten gut sind, kletterte er schnurstracks auf den Feigenbaum, pflückte eine Feige ab und aß sie auf; doch kaum hatte er sie gegessen, da verwandelte er sich in einen Esel. Und als er sich so sah, war er ganz verzweifelt, daß er auf den Baum gestiegen war, und es war ihm so schrecklich zumute, daß er sich auf den Boden warf und nicht wußte, was er nun beginnen sollte.

Obwohl seine Gestalt verändert war, quälte ihn der Hunger noch weiter. Da stand er auf und begann, Gras zu fressen, und nach kurzer Zeit sah er mit Befriedigung, daß er seine ursprüngliche Gestalt wiedererlangte.

»Kein Übel ist so groß, daß nicht doch noch etwas Gutes daraus erwächst«, sprach er bei sich, »dank dieser Verwandlungen, die mich in so große Schrecken versetzt haben, sollen mir die Feigen jetzt als Rache dienen.«

Da pflückte er drei der schönsten Feigen, die an dem Baum waren, und ging damit ins Dorf.

Er machte jemanden ausfindig, den er beauftragte, in sein Haus zu gehen und dort die Feigen zu verkaufen. Als die Tante die wunderschönen Feigen sah, gab sie, was man dafür verlangte, schenkte eine ihrer Nichte, die andere der Magd und aß selber die dritte auf.

Nach kurzer Zeit kam der Bursche in das Haus und sah alle drei in Esel verwandelt; er schloß sie in den Stall ein und gab acht, daß dort kein Gras war. Dann lud er den Bader ein, am nächsten Tag mit ihm auf die Jagd zu gehen. Der Bader nahm die Einladung an, und am nächsten Morgen, nachdem er den Eselinnen das Geschirr und jeder einen Maulkorb angelegt hatte, damit sie draußen kein Gras fressen könnten, ließ er den Bader auf die Magd steigen und belud die Tante mit der ganzen Jagdausrüstung. Dann zogen sie aus dem Dorf.

Da die Tante schon alt war und außer der Last auch noch ihn selbst zu tragen hatte, konnte sie nicht recht gehen, doch mit einem derben Knüppel, den er sich zurechtgemacht hatte, haute er auf sie los, daß ihr die Knochen im Leibe krachten; da raffte sich die Alte noch einmal auf, und sie erreichten den Ort der Jagd; aber als sie dort ankamen, war sie schon halb tot vor Anstrengung, und da sie Durst hatte, führte er sie an eine Quelle; da nahm sie einen solchen Riesenschluck, daß ihr übel wurde und sie alles, was sie im Magen hatte, ausbrechen mußte.

Danach konnte sie sich nicht mehr auf den Beinen halten und fiel nieder. Er suchte unter dem, was sie ausgespuckt hatte, und fand das Herz; er nahm es auf, wusch es gut ab und schluckte es hinunter und sagte: »Wir wollen sehen, ob die es mir je wieder wegnimmt.«

Und während der Bader jagte, nahm er den Eselinnen die Maulkörbe ab, damit sie Gras fressen konnten und ihre ursprüngliche Gestalt wiedererlangten; dann ging er fort und ließ sie allein, und bis heute hat man nichts mehr von ihm erfahren. Als der Bader von der Jagd kam, fand er weder den Nachbarn noch die Eselinnen und mußte zu Fuß nach Haus zurückgehen. Als er im Dorf ankam, ging er zu seinem Jagdfreund, wo er hörte, daß die Alte im Sterben lag. Da erzählte die Magd ihm alles, was geschehen war, doch hütete sie sich zu sagen, daß sie die Eselin gewesen, auf der er zur Jagd geritten war.

Und was nun den Sohn des Goldschmiedes angeht, so zog er an den Hof seines Bruders, an den er auch seinen Vater rufen ließ; dort blieben sie zusammen in Liebe, einträchtig und froh ihr Leben lang.

Spanisches Märchen

Das Märchen

An dem großen Flusse, der eben von einem starken Regen geschwollen und übergetreten war, lag in seiner kleinen Hütte, müde von der Anstrengung des Tages, der alte Fährmann und schlief. Mitten in der Nacht weckten ihn einige laute Stimmen; er hörte, daß Reisende übergesetzt sein wollten.

Als er vor die Tür hinaus trat, sah er zwei große Irrlichter über dem angebundenen Kahne schweben, die ihm versicherten, daß sie große Eile hätten und schon an jenem Ufer zu sein wünschten. Der Alte säumte nicht, stieß ab und fuhr, mit seiner gewöhnlichen Geschicklichkeit, quer über den Strom, indes die Fremden in einer unbekannten sehr behenden Sprache gegeneinander zischten und mitunter in ein lautes Gelächter ausbrachen, indem sie bald auf den Rändern und Bänken, bald auf dem Boden des Kahns hin- und widerhüpften.

Der Kahn schwankt! rief der Alte, und wenn ihr so unruhig seid, kann er umschlagen; setzt euch, ihr Lichter!

Sie brachen über diese Zumutung in ein großes Gelächter aus, verspotteten den Alten und waren noch unruhiger als vorher. Er trug ihre Unarten mit Geduld und stieß bald am jenseitigen Ufer an.

Hier ist für Eure Mühe! riefen die Reisenden, und es fielen, indem sie sich schüttelten, viele glänzende Goldstücke in den feuchten Kahn. – Ums Himmels willen, was macht ihr! rief der Alte, ihr bringt mich ins größte Unglück! Wäre ein Goldstück ins Wasser gefallen, so würde der Strom, der dies Metall nicht leiden kann, sich in entsetzliche Wellen erhoben, das Schiff und mich verschlungen haben, und wer weiß, wie es euch gegangen sein würde; nehmt euer Geld wieder zu euch!

Wir können nichts wieder zu uns nehmen, was wir abgeschüttelt haben, versetzten jene.

So macht ihr mir noch die Mühe, sagte der Alte, indem er sich bückte und die Goldstücke in seine Mütze las, daß ich sie zusammensuchen, ans Land tragen und vergraben muß.

Die Irrlichter waren aus dem Kahne gesprungen, und der Alte rief: Wo bleibt nun mein Lohn?

Wer kein Gold nimmt, mag umsonst arbeiten! riefen die Irrlichter. – Ihr müßt wissen, daß man mich nur mit Früchten der Erde bezahlen kann. – Mit Früchten der Erde? Wir verschmähen sie und haben sie nie genossen. – Und doch kann ich euch nicht loslassen, bis ihr mir versprecht, daß ihr mir drei Kohlhäupter, drei Artischocken und drei große Zwiebeln liefert.

Die Irrlichter wollten scherzend davonschlüpfen; allein sie fühlten sich auf eine unbegreifliche Weise an den Boden gefesselt; es war die unangenehmste Empfindung, die sie jemals gehabt hatten. Sie versprachen, seine Forderung nächstens zu befriedigen; er entließ sie und stieß ab. Er war schon weit hinweg, als sie ihm nachriefen: Alter! Hört Alter! Wir haben das Wichtigste vergessen! Er war fort und hörte sie nicht. Er hatte sich an derselben Seite den Fluß hinab treiben lassen, wo er in einer gebirgigen Gegend, die das Wasser niemals erreichen konnte, das gefährliche Gold verscharren wollte. Dort fand er zwischen hohen Felsen eine ungeheure Kluft, schüttete es hinein und fuhr nach Hause zurück.

In dieser Kluft befand sich die schöne grüne Schlange, die durch die herabklingende Münze aus ihrem Schlafe geweckt wurde. Sie ersah kaum die leuchtenden Scheiben, als sie solche auf der Stelle mit großer Begierde verschlang, und alle Stücke, die sich in dem Gebüsch und zwischen den Felsritzen zerstreut hatten, sorgfältig aufsuchte.

Kaum waren sie verschlungen, so fühlte sie mit der angenehmsten Empfindung das Gold in ihren Eingeweiden schmelzen und sich durch ihren ganzen Körper ausbreiten, und zur größten Freude bemerkte sie, daß sie durchsichtig und leuchtend geworden war. Lange hatte man ihr schon versichert, daß diese Erscheinung möglich sei; weil sie aber zweifelhaft war, ob dieses Licht lange dauern könne, so trieb sie die Neugierde und der Wunsch, sich für die Zukunft sicherzustellen, aus dem Felsen heraus, um zu untersuchen, wer das schöne Geld hereingestreut haben könnte. Sie fand niemanden. Desto angenehmer war es ihr, sich selbst, da sie zwischen Kräutern und Gesträuchen hinkroch, und ihr anmutiges Licht, das sich durch das frische Grün verbreitete, zu bewundern. Alle Blätter schienen von Smaragd, alle Blumen auf das herrlichste verklärt. Vergebens durchstrich sie die einsame Wildnis; desto mehr aber wuchs ihre Hoffnung, als sie auf die Fläche kam und von weitem einen Glanz, der dem ihrigen ähnlich war, erblickte. Find ich doch endlich meinesgleichen! rief sie aus und eilte nach der Gegend zu. Sie achtete nicht die Beschwerlichkeit, durch Sumpf und Rohr zu kriechen; denn ob sie gleich auf trockenen Bergwiesen, in hohen Felsritzen am liebsten lebte, gewürzhafte Kräuter gerne genoß und mit zartem Tau und frischem Quellwasser ihren Durst gewöhnlich stillte, so hätte sie doch des lieben Goldes willen und in Hoffnung des herrlichen Lichtes alles unternommen, was man ihr auferlegte.

Sehr ermüdet gelangte sie endlich zu einem feuchten Ried, wo unsere beiden Irrlichter hin- und widerspielten. Sie schoß auf sie los, begrüßte sie und freute sich, so angenehme Herren von ihrer Verwandtschaft zu finden. Die Lichter strichen an ihr her, hüpften über sie weg und lachten nach ihrer Weise. Frau Muhme, sagten sie, wenn Sie schon von der horizontalen Linie sind, so hat das doch nichts zu bedeuten; freilich sind wir nur von seiten des Scheins verwandt; denn sehen Sie nur (hier machten beide Flammen, indem sie ihre ganze Breite aufopferten, sich so lang und spitz als möglich), wie schön uns Herren von der vertikalen Linie diese schlanke Länge kleidet; nehmen Sie's uns nicht übel, meine Freundin, welche Familie kann sich des rühmen? So lang es Irrlichter gibt, hat noch keins weder gesessen noch gelegen.

Die Schlange fühlte sich in der Gegenwart dieser Verwandten sehr unbehaglich, denn sie mochte den Kopf so hoch heben, als sie wollte, so fühlte sie doch, daß sie ihn wieder zur Erde biegen mußte, um von der Stelle zu kommen, und hatte sie sich vorher im dunkeln Hain außerordentlich wohlgefallen, so schien ihr Glanz in Gegenwart dieser Vettern sich jeden Augenblick zu vermindern, ja sie fürchtete, daß er endlich gar verlöschen werde.

In dieser Verlegenheit fragte sie eilig, ob die Herren ihr nicht etwa Nachricht geben könnten, wo das glänzende Gold herkomme, das vor kurzem in die Felskluft gefallen sei; sie vermute, es sei ein Goldregen, der unmittelbar vom Himmel träufle. Die Irrlichter lachten und schüttelten sich, und es sprangen eine große Menge Goldstücke um sie herum. Die Schlange fuhr schnell darnach, sie zu verschlingen. Laßt es Euch schmecken, Frau Muhme, sagten die artigen Herren, wir können noch mit mehr aufwarten. Sie schüttelten sich noch einige Male mit großer Behendigkeit, so daß die Schlange kaum die kostbare Speise schnell genug hinunterbringen konnte. Sichtlich fing ihr Schein an zu wachsen, und sie leuchtete wirklich aufs herrlichste, indes die Irrlichter ziemlich mager und klein geworden waren, ohne jedoch von ihrer guten Laune das mindeste zu verlieren.

Ich bin euch auf ewig verbunden, sagte die Schlange, nachdem sie von ihrer Mahlzeit wieder zu Atem gekommen war, fordert von mir, was ihr wollt; was in meinen Kräften ist, will ich euch leisten.

Recht schön! riefen die Irrlichter, sage, wo wohnt die schöne Lilie? Führ uns so schnell als möglich zum Palaste und Garten der schönen Lilie, wir sterben vor Ungeduld, uns ihr zu Füßen zu werfen.

Diesen Dienst, versetzte die Schlange mit einem tiefen Seufzer, kann ich euch sogleich nicht leisten. Die schöne Lilie wohnt leider jenseits des Wassers. – Jenseits des Wassers! Und wir lassen uns in dieser stürmischen Nacht übersetzen! Wie grausam ist der Fluß, der uns nun scheidet! Sollte es nicht möglich sein, den Alten wieder zu errufen?

Sie würden sich vergebens bemühen, versetzte die Schlange, denn wenn Sie ihn auch selbst an dem diesseitigen Ufer anträfen, so würde er Sie nicht einnehmen; er darf jedermann herüber-, niemand hinüberbringen. – Da haben wir uns schön gebettet! Gibt es denn kein ander Mittel, über das Wasser zu kommen? – Noch einige, nur nicht in diesem Augenblick. Ich selbst kann die Herren übersetzen, aber erst in der Mittagsstunde. – Das ist eine Zeit, in der wir nicht gerne reisen. – So können Sie abends auf dem Schatten des Riesen hinüberfahren. – Wie geht das zu? – Der große Riese, der nicht weit von hier wohnt, vermag mit seinem Körper nichts; seine Hände heben keinen Strohhalm, seine Schultern würden kein Reisbündel tragen; aber sein Schatten vermag viel, ja alles. Deswegen ist er beim Aufgang und Untergang der Sonne am mächtigsten, und so darf man sich abends nur auf den Nacken seines Schattens setzen, der Riese geht alsdann sachte gegen das Ufer zu, und der Schatten bringt den Wanderer über das Wasser hinüber. Wollen Sie aber um Mittagszeit sich an jener Waldecke einfinden, wo das Gebüsch dicht ans Ufer stößt, so kann ich Sie übersetzen und der schönen Lilie vorstellen; scheuen Sie hingegen die Mittagshitze, so dürfen Sie nur gegen Abend in jener Felsenbucht den Riesen aufsuchen, der sich gewiß recht gefällig zeigen wird.

Mit einer leichten Verbeugung entfernten sich die jungen Herren, und die Schlange war zufrieden, von ihnen loszukommen, teils um sich in ihrem eignen Lichte zu erfreuen, teils eine Neugierde zu befriedigen, von der sie schon lange auf eine sonderbare Weise gequält ward.

In den Felsklüften, in denen sie oft hin- und widerkroch, hatte sie an einem Orte eine seltsame Entdeckung gemacht. Denn ob sie gleich durch diese Abgründe ohne ein Licht zu kriechen genötiget war, so konnte sie doch durchs Gefühl die Gegenstände recht wohl unterscheiden. Nur unregelmäßige Naturprodukte war sie gewohnt überall zu finden; bald schlang sie sich zwischen den Zacken großer Kristalle hindurch, bald fühlte sie die Haken und Haare des gediegenen Silbers und brachte ein und den andern Edelstein mit sich ans Licht hervor. Doch hatte sie zu ihrer großen Verwunderung in einem ringsum verschlossenen Felsen Gegenstände gefühlt, welche die bildende Hand des Menschen verrieten. Glatte Wände, an denen sie nicht aufsteigen konnte, scharf regelmäßige Kanten, wohlgebildete Säulen und, was ihr am sonderbarsten vorkam, menschliche Figuren, um die sie sich mehrmals geschlungen hatte und die sie für Erz oder äußerst polierten Marmor halten mußte. Alle diese Erfahrungen wünschte sie noch zuletzt durch den Sinn des Auges zusammenzufassen und das, was sie nur mutmaßte, zu bestätigen. Sie glaubte sich nun fähig, durch ihr eignes Licht dieses wunderbare unterirdische Gewölbe zu erleuchten, und hoffte auf einmal, mit diesen sonderbaren Gegenständen völlig bekannt zu werden. Sie eilte und fand auf dem gewohnten Wege bald die Ritze, durch die sie in das Heiligtum zu schleichen pflegte.

Als sie sich am Orte befand, sah sie sich mit Neugier um, und obgleich ihr Schein alle Gegenstände der Rotonde nicht erleuchten konnte, so wurden ihr doch die nächsten deutlich genug. Mit Erstaunen und Ehrfurcht sah sie in eine glänzende Nische hinauf, in welcher das Bildnis eines ehrwürdigen Königs in lauterm Golde aufgestellt war. Dem Maß nach war die Bildsäule über Menschengröße, der Gestalt nach aber das Bildnis eher eines kleinen als eines großen Mannes. Sein wohlgebildeter Körper war mit einem einfachen Mantel umgeben, und ein Eichenkranz hielt seine Haare zusammen.

Kaum hatte die Schlange dieses ehrwürdige Bildnis angeblickt, als der König zu reden anfing und fragte: Wo kommst du her? – Aus den Klüften, versetzte die Schlange, in denen das Gold wohnt. – Was ist herrlicher als Gold? fragte der König. – Das Licht, antwortete die Schlange. – Was ist erquicklicher als Licht? fragte jener. – Das Gespräch, antwortete diese.

Sie hatte unter diesen Reden beiseite geschielt und in der nächsten Nische ein anderes herrliches Bild gesehen. In derselben saß ein silberner König, von langer und eher schmächtiger Gestalt; sein Körper war mit einem verzierten Gewande überdeckt, Krone, Gürtel und Zepter mit Edelsteinen geschmückt; er hatte die Heiterkeit des Stolzes in seinem Angesichte und schien eben reden zu wollen, als an der marmornen Wand eine Ader, die dunkelfarbig hindurchlief, auf einmal hell ward und ein angenehmes Licht durch den ganzen Tempel verbreitete. Bei diesem Lichte sah die Schlange den dritten König, der von Erz in mächtiger Gestalt dasaß, sich auf seine Keule lehnte, mit einem Lorbeerkranze geschmückt war und eher einem Felsen als einem Menschen glich. Sie wollte sich nach dem vierten umsehen, der in der größten Entfernung von ihr stand, aber die Mauer öffnete sich, indem die erleuchtete Ader wie ein Blitz zuckte und verschwand.

Ein Mann von mittlerer Größe, der heraustrat, zog die Aufmerksamkeit der Schlange auf sich. Er war als ein Bauer gekleidet und trug eine kleine Lampe in der Hand, in deren stille Flamme man gerne hineinsah und die auf eine wunderbare Weise, ohne auch nur einen Schatten zu werfen, den ganzen Dom erhellte.

Warum kommst du, da wir Licht haben? fragte der goldene König. – Ihr wißt, daß ich das Dunkle nicht erleuchten darf. – Endigt sich mein Reich? fragte der silberne König. – Spät oder nie, versetzte der Alte.

Mit einer starken Stimme fing der eherne König an zu fragen: Wann werde ich aufstehn? – Bald, versetzte der Alte. – Mit wem soll ich mich verbinden? fragte der König. – Mit deinen ältern Brüdern, sagte der Alte. – Was wird aus dem jüngsten werden? fragte der König. – Er wird sich setzen, sagte der Alte. – Ich bin nicht müde, rief der vierte König mit einer rauhen stotternden Stimme.

Die Schlange war, indessen jene redeten, in dem Tempel leise herumgeschlichen, hatte alles betrachtet und besah nunmehr den vierten König in der Nähe. Er stand an eine Säule gelehnt, und seine ansehnliche Gestalt war eher schwerfällig als schön. Allein das Metall, woraus er gegossen war, konnte man nicht leicht unterscheiden. Genau betrachtet war es eine Mischung der drei Metalle, aus denen seine Brüder gebildet waren. Aber beim Gusse schienen diese Materien nicht recht zusammengeschmolzen zu sein; goldne und silberne Adern liefen unregelmäßig durch eine eherne Masse hindurch und gaben dem Bilde ein unangenehmes Ansehn.

Indessen sagte der goldne König zum Manne: Wieviel Geheimnisse weißt du? – Drei, versetzte der Alte. – Welches ist das wichtigste? fragte der silberne König. – Das offenbare, versetzte der Alte. – Willst du es auch uns eröffnen? fragte der eherne. – Sobald ich das vierte weiß, sagte der Alte. – Was kümmert's mich! murmelte der zusammengesetzte König vor sich hin.

Ich weiß das vierte, sagte die Schlange, näherte sich dem Alten und zischte ihm etwas ins Ohr. – Es ist an der Zeit! rief der Alte mit gewaltiger Stimme. Der Tempel schallte wider, die metallenen Bildsäulen klangen, und in dem Augenblicke versank der Alte nach Westen und die Schlange nach Osten, und jedes durchstrich mit großer Schnelle die Klüfte der Felsen.

Alle Gänge, durch die der Alte hindurch wandelte, füllten sich hinter ihm sogleich mit Gold, denn seine Lampe hatte die wunderbare Eigenschaft, alle Steine in Gold, alles Holz in Silber, tote Tiere in Edelsteine zu verwandeln und alle Metalle zu zernichten; diese Wirkung zu äußern, mußte sie aber ganz allein leuchten. Wenn ein ander Licht neben ihr war, wirkte sie nur einen schönen hellen Schein, und alles Lebendige ward immer durch sie erquickt.

Der Alte trat in seine Hütte, die an dem Berg angebauet war, und fand sein Weib in der größten Betrübnis. Sie saß am Feuer und weinte und konnte sich nicht zufrieden geben. Wie unglücklich bin ich, rief sie aus, wollt ich dich heute doch nicht fortlassen! – Was gibt es denn? fragte der Alte ganz ruhig.

Kaum bist du weg, sagte sie mit Schluchzen, so kommen zwei ungestüme Wanderer vor die Türe; unvorsichtig lasse ich sie herein, es schienen ein paar artige rechtliche Leute; sie waren in leichte Flammen gekleidet, man hätte sie für Irrlichter halten können; kaum sind sie im Haus, so fangen sie an, auf eine unverschämte Weise, mir mit Worten zu schmeicheln, und werden so zudringlich, daß ich mich schäme daran zu denken.

Nun, versetzte der Mann lächelnd, die Herren haben wohl gescherzt; denn deinem Alter nach sollten sie es wohl bei der allgemeinen Höflichkeit gelassen haben.

Was Alter! Alter! rief die Frau; soll ich immer von meinem Alter hören? Wie alt bin ich denn? Gemeine Höflichkeit! Ich weiß doch, was ich weiß. Und sieh dich nur um, wie die Wände aussehen; sieh nur die alten Steine, die ich seit hundert Jahren nicht mehr gesehen habe; alles Gold haben sie heruntergeleckt, du glaubst nicht mit welcher Behendigkeit, und sie versicherten immer, es schmecke viel besser als gemeines Gold. Als sie die Wände rein gefegt hatten, schienen sie sehr guten Mutes, und gewiß, sie waren auch in kurzer Zeit sehr viel größer, breiter und glänzender geworden. Nun fingen sie ihren Mutwillen von neuem an, streichelten mich wieder, hießen mich ihre Königin, schüttelten sich, und eine Menge Goldstücke sprangen herum; du siehst noch, wie sie dort unter der Bank leuchten; aber welch ein Unglück! Unser Mops fraß einige davon, und sieh, da liegt er am Kamine tot; das arme Tier! Ich kann mich nicht zufriedengeben. Ich sah es erst, da sie fort waren, denn sonst hätte ich nicht versprochen, ihre Schuld beim Fährmann abzutragen. – Was sind sie schuldig? fragte der Alte. – Drei Kohlhäupter, sagte die Frau, drei Artischocken und drei Zwiebeln; wenn es Tag wird, habe ich versprochen, sie an den Fluß zu tragen.

Du kannst ihnen den Gefallen tun, sagte der Alte; denn sie werden uns gelegentlich auch wieder dienen.

Ob sie uns dienen werden, weiß ich nicht, aber versprochen und beteuert haben sie es.

Indessen war das Feuer im Kamine zusammengebrannt, der Alte überzog die Kohlen mit vieler Asche, schaffte die leuchtenden Goldstücke beiseite, und nun leuchtete sein Lämpchen wieder allein, in dem schönsten Glanze, die Mauern überzogen sich mit Gold, und der Mops war zu dem schönsten Onyx geworden,

den man sich denken konnte. Die Abwechselung der braunen und schwarzen Farbe des kostbaren Gesteins machte ihn zum seltensten Kunstwerke.

Nimm deinen Korb, sagte der Alte, und stelle den Onyx hinein; alsdann nimm die drei Kohlhäupter, die drei Artischocken und die drei Zwiebeln, lege sie umher und trage sie zum Flusse. Gegen Mittag laß dich von der Schlange übersetzen und besuche die schöne Lilie, bring ihr den Onyx, sie wird ihn durch ihre Berührung lebendig machen, wie sie alles Lebendige durch ihre Berührung tötet; sie wird einen treuen Gefährten an ihm haben. Sage ihr, sie solle nicht trauern, ihre Erlösung sei nahe, das größte Unglück könne sie als das größte Glück betrachten, denn es sei an der Zeit.

Die Alte packte ihren Korb und machte sich, als es Tag war, auf den Weg. Die aufgehende Sonne schien hell über den Fluß herüber, der in der Ferne glänzte; das Weib ging mit langsamem Schritt, denn der Korb drückte sie aufs Haupt, und es war doch nicht der Onyx, der so lastete. Alles Tote, was sie trug, fühlte sie nicht, vielmehr hob sich alsdann der Korb in die Höhe und schwebte über ihrem Haupte. Aber ein frisches Gemüse oder ein kleines lebendiges Tier zu tragen, war ihr äußerst beschwerlich. Verdrießlich war sie eine Zeitlang hingegangen, als sie auf einmal, erschreckt, stille stand; denn sie hätte beinahe auf den Schatten des Riesen getreten, der sich über die Ebene bis zu ihr hin erstreckte. Und nun sah sie erst den gewaltigen Riesen, der sich im Fluß gebadet hatte, aus dem Wasser heraussteigen, und sie wußte nicht, wie sie ihm ausweichen sollte. Sobald er sie gewahr ward, fing er an, sie scherzhaft zu begrüßen, und die Hände seines Schattens griffen in den Korb. Mit Leichtigkeit und Geschicklichkeit nahmen sie ein Kohlhaupt, eine Artischocke und eine Zwiebel heraus und brachten sie dem Riesen zum Munde, der sodann weiter den Fluß hinauf ging und dem Weibe den Weg frei ließ. Sie bedachte, ob sie nicht lieber zurückgehen und die fehlenden Stücke aus ihrem Garten wieder ersetzen sollte, und ging unter diesen Zweifeln immer weiter vorwärts, so daß sie bald an dem Ufer des Flusses ankam. Lange saß sie in Erwartung des Fährmannes, den sie endlich mit einem sonderbaren Reisenden herüberschiffen sah. Ein junger, edler, schöner Mann, den sie nicht genug ansehen konnte, stieg aus dem Kahne.

Was bringt Ihr? rief der Alte. – Es ist das Gemüse, das Euch die Irrlichter schuldig sind, versetzte die Frau und wies ihre Ware hin. Als der Alte von jeder Sorte nur zwei fand, ward er verdrießlich und versicherte, daß er sie nicht annehmen könne. Die Frau bat ihn inständig, erzählte ihm, daß sie jetzt nicht nach Hause gehen könne und daß ihr die Last auf dem Wege, den sie vor sich habe, beschwerlich sei. Er blieb bei seiner abschlägigen Antwort, indem er ihr versicherte, daß es nicht einmal von ihm abhänge. Was mir gebührt, muß ich neun Stunden zusammen lassen, und ich darf nichts annehmen, bis ich dem Fluß ein Dritteil übergeben habe. Nach vielem Hinundwiderreden versetzte endlich der Alte: Es ist noch ein Mittel. Wenn Ihr Euch gegen den Fluß verbürgt und Euch als Schuldnerin bekennen wollt, so nehm ich die sechs Stücke zu mir, es ist aber einige Gefahr dabei. – Wenn ich mein Wort halte, so laufe ich doch keine Gefahr? – Nicht die geringste. Steckt Eure Hand in den Fluß, fuhr der

Alte fort, und versprecht, daß Ihr in vierundzwanzig Stunden die Schuld abtragen wollt.

Die Alte tat's, aber wie erschrak sie nicht, als sie ihre Hand kohlschwarz wieder aus dem Wasser zog. Sie schalt heftig auf den Alten, versicherte, daß ihre Hände immer das Schönste an ihr gewesen wären, und daß sie, ungeachtet der harten Arbeit, diese edlen Glieder weiß und zierlich zu erhalten gewußt habe. Sie besah die Hand mit großem Verdrusse und rief verzweiflungsvoll aus: Das ist noch schlimmer! Ich sehe, sie ist gar geschwunden, sie ist viel kleiner als die andere.

Jetzt scheint es nur so, sagte der Alte; wenn Ihr aber nicht Wort haltet, kann es wahr werden. Die Hand wird nach und nach schwinden und endlich ganz verschwinden, ohne daß Ihr den Gebrauch derselben entbehrt. Ihr werdet alles damit verrichten können, nur daß sie niemand sehen wird. – Ich wollte lieber, ich könnte sie nicht brauchen und man säh mir's nicht an, sagte die Alte; indessen hat das nichts zu bedeuten, ich werde mein Wort halten, um diese schwarze Haut und diese Sorge bald los zu werden. Eilig nahm sie darauf den Korb, der sich von selbst über ihren Scheitel erhob und frei in die Höhe schwebte, und eilte dem jungen Manne nach, der sachte und in Gedanken am Ufer hinging. Seine herrliche Gestalt und sein sonderbarer Anzug hatten sich der Alten tief eingedruckt.

Seine Brust war mit einem glänzenden Harnisch bedeckt, durch den alle Teile seines schönen Leibes sich durchbewegten. Um seine Schultern hing ein Purpurmantel, um sein unbedecktes Haupt wallten braune Haare in schönen Locken; sein holdes Gesicht war den Strahlen der Sonne ausgesetzt so wie seine schön gebauten Füße. Mit nackten Sohlen ging er gelassen über den heißen Sand hin, und ein tiefer Schmerz schien alle äußeren Eindrücke abzustumpfen.

Die gesprächige Alte suchte ihn zu einer Unterredung zu bringen, allein er gab ihr mit kurzen Worten wenig Bescheid, so daß sie endlich, ungeachtet seiner schönen Augen, müde ward, ihn immer vergebens anzureden, von ihm Abschied nahm und sagte: Ihr geht mir zu langsam, mein Herr, ich darf den Augenblick nicht versäumen, um über die grüne Schlange den Fluß zu passieren und der schönen Lilie das vortreffliche Geschenk von meinem Mann zu überbringen. Mit diesen Worten schritt sie eilends fort, und ebenso schnell ermannte sich der schöne Jüngling und eilte ihr auf dem Fuße nach. Ihr geht zur schönen Lilie? rief er aus, da gehen wir einen Weg. Was ist das für ein Geschenk, das Ihr tragt?

Mein Herr, versetzte die Frau dagegen, es ist nicht billig, nachdem Ihr meine Fragen so einsilbig abgelehnt habt, Euch mit solcher Lebhaftigkeit nach meinen Geheimnissen zu erkundigen. Wollt Ihr aber einen Tausch eingehen und mir Eure Schicksale erzählen, so will ich Euch nicht verbergen, wie es mit mir und meinem Geschenke steht. Sie wurden bald einig; die Frau vertraute ihm ihre Verhältnisse, die Geschichte des Hundes, und ließ ihn dabei das wundervolle Geschenk betrachten.

Er hob sogleich das natürliche Kunstwerk aus dem Korbe und nahm den Mops, der sanft zu ruhen schien, in seine Arme. Glückliches Tier! rief er aus, du wirst von ihren Händen berührt, du wirst von ihr belebt werden, anstatt daß Lebendige vor ihr fliehen, um nicht ein trauriges Schicksal zu erfahren. Doch was sage ich traurig! Ist es nicht viel betrübter und bänglicher, durch ihre Gegenwart gelähmt zu werden, als es sein würde, von ihrer Hand zu sterben! Sieh mich an, sagte er zu der Alten; in meinen Jahren, welch einen elenden Zustand muß ich erdulden. Diesen Harnisch, den ich mit Ehren im Kriege getragen, diesen Purpur, den ich durch eine weise Regierung zu verdienen suchte, hat mir das Schicksal gelassen, jenen als eine unnötige Last, diesen als eine unbedeutende Zierde. Krone, Zepter und Schwert sind hinweg, ich bin übrigens so nackt und bedürftig als jeder andere Erdensohn, denn so unselig wirken ihre schönen blauen Augen, daß sie allen lebendigen Wesen ihre Kraft nehmen und daß diejenigen, die ihre berührende Hand nicht tötet, sich in den Zustand lebendig wandelnder Schatten versetzt fühlen.

So fuhr er fort zu klagen und befriedigte die Neugierde der Alten keineswegs, welche nicht sowohl von seinem innern als von seinem äußern Zustande unterrichtet sein wollte. Sie erfuhr weder den Namen seines Vaters noch seines Königreichs. Er streichelte den harten Mops, den die Sonnenstrahlen und der warme Busen des Jünglings, als wenn er lebte, erwärmt hatten. Er fragte viel nach dem Mann mit der Lampe, nach den Wirkungen des heiligen Lichtes und schien sich davon für seinen traurigen Zustand künftig viel Gutes zu versprechen.

Unter diesen Gesprächen sahen sie von ferne den majestätischen Bogen der Brücke, der von einem Ufer zum andern hinüber reichte, im Glanz der Sonne auf das wunderbarste schimmern. Beide erstaunten, denn sie hatten dieses Gebäude noch nie so herrlich gesehen. Wie! rief der Prinz; war sie nicht schon schön genug, als sie vor unsern Augen wie von Jaspis und Prasem gebaut dastand? Muß man nicht fürchten, sie zu betreten, da sie aus Smaragd, Chrysopras und Chrysolith mit der anmutigsten Mannigfaltigkeit zusammengesetzt erscheint? Beide wußten nicht die Veränderung, die mit der Schlange vorgegangen war: denn die Schlange war es, die sich jeden Mittag über den Fluß hinüber bäumte und in Gestalt einer kühnen Brücke dastand. Die Wanderer betraten sie mit Ehrfurcht und gingen schweigend hinüber.

Sie waren kaum am jenseitigen Ufer, als die Brücke sich zu schwingen und zu bewegen anfing, in kurzem die Oberfläche des Wassers berührte und die grüne Schlange in ihrer eigentümlichen Gestalt den Wanderern auf dem Lande nachgleitete. Beide hatten kaum für die Erlaubnis, auf ihrem Rücken über den Fluß zu setzen, gedankt, als sie bemerkten, daß außer ihnen dreien noch mehrere Personen in der Gesellschaft sein müßten, die sie jedoch mit ihren Augen nicht erblicken konnten. Sie hörten neben sich ein Gezisch, dem die Schlange gleichfalls mit einem Gezisch antwortete; sie horchten auf und konnten endlich folgendes vernehmen: Wir werden, sagten ein paar wechselnde Stimmen, uns erst inkognito in dem Park der schönen Lilie umsehen, und ersuchen Euch, uns mit Anbruch der Nacht, sobald wir nur irgend präsentabel sind, der vollkommenen Schönheit vorzustellen. An dem Rande des großen Sees werdet Ihr uns antreffen. – Es bleibt dabei, antwortete die Schlange, und ein zischender Laut verlor sich in der Luft.

Unsere drei Wanderer beredeten sich nunmehr, in welcher Ordnung sie bei der Schönen vortreten wollten, denn so viel Personen auch um sie sein konnten, so durften sie doch nur einzeln kommen und gehen, wenn sie nicht empfindliche Schmerzen erdulden sollten.

Das Weib mit dem verwandelten Hunde im Korbe nahte sich zuerst dem Garten und suchte ihre Gönnerin auf, die leicht zu finden war, weil sie eben zur Harfe sang; die lieblichen Töne zeigten sich erst als Ringe auf der Oberfläche des stillen Sees, dann wie ein leichter Hauch setzten sie Gras und Büsche in Bewegung. Auf einem eingeschlossenen grünen Platze, in dem Schatten einer herrlichen Gruppe mannigfaltiger Bäume, saß sie und bezauberte beim ersten Anblick aufs neue die Augen, das Ohr und das Herz des Weibes, das sich ihr mit Entzücken näherte und bei sich selbst schwur, die Schöne sei während ihrer Abwesenheit nur immer schöner geworden. Schon von weitem rief die gute Frau dem liebenswürdigsten Mädchen Gruß und Lob zu. Welch ein Glück, Euch anzusehen, welch einen Himmel verbreitet Eure Gegenwart um Euch her! Wie die Harfe so reizend in Eurem Schoße lehnt, wie Eure Arme sie so sanft umgeben, wie sie sich nach Eurer Brust zu sehnen scheint und wie sie unter der Berührung Eurer schlanken Finger so zärtlich klingt! Dreifach glücklicher Jüngling, der du ihren Platz einnehmen konntest! Unter diesen Worten war sie näher gekommen; die schöne Lilie schlug die Augen auf, ließ die Hände sinken und versetzte: Betrübe mich nicht durch ein unzeitiges Lob, ich empfinde nur desto stärker mein Unglück. Sieh, hier zu meinen Füßen liegt der arme Kanarienvogel tot, der sonst meine Lieder auf das angenehmste begleitete; er war gewöhnt, auf meiner Harfe zu sitzen, und sorgfältig abgerichtet, mich nicht zu berühren; heute, indem ich vom Schlaf erquickt ein ruhiges Morgenlied anstimme und mein kleiner Sänger munterer als jemals seine harmonischen Töne hören läßt, schießt ein Habicht über meinem Haupte hin; das arme kleine Tier, erschrocken, flüchtet in meinen Busen, und in dem Augenblick fühl ich die letzten Zuckungen seines scheidenden Lebens. Zwar von meinem Blicke getroffen, schleicht der Räuber dort ohnmächtig am Wasser hin, aber was kann mir seine Strafe helfen, mein Liebling ist tot, und sein Grab wird nur das traurige Gebüsch meines Gartens vermehren.

Ermannt Euch, schöne Lilie! rief die Frau, indem sie selbst eine Träne abtrocknete, welche ihr die Erzählung des unglücklichen Mädchens aus den Augen gelockt hatte, nehmt Euch zusammen, mein Alter läßt Euch sagen, Ihr sollt Eure Trauer mäßigen, das größte Unglück als Vorboten des größten Glücks ansehen; denn es sei an der Zeit; und wahrhaftig, fuhr die Alte fort, es geht bunt in der Welt zu. Seht nur meine Hand, wie sie schwarz geworden ist! Wahrhaftig, sie ist schon um vieles kleiner, ich muß eilen, eh sie gar verschwindet! Warum mußt ich den Irrlichtern eine Gefälligkeit erzeigen, warum mußt ich dem Riesen begegnen und warum meine Hand in den Fluß tauchen? Könnt Ihr mir nicht ein Kohlhaupt, eine Artischocke und eine Zwiebel geben? So bring ich sie zum Flusse, und meine Hand ist weiß wie vorher, so daß ich sie fast neben die Eurige halten könnte.

Kohlhäupter und Zwiebeln könntest du allenfalls noch finden: aber Artischocken suchest du vergebens. Alle Pflanzen in meinem großen Garten tragen weder Blüten noch Früchte; aber jedes Reis, das ich breche und auf das Grab eines Lieblings pflanze, grünt sogleich und schießt hoch auf. Alle diese Gruppen, diese Büsche, diese Haine habe ich leider wachsen sehen. Die Schirme dieser Pinien, die Obelisken dieser Zypresse, die Kolosse von Eichen und Buchen, alles waren kleine Reiser, als ein trauriges Denkmal von meiner Hand in einen sonst unfruchtbaren Boden gepflanzt.

Die Alte hatte auf diese Rede wenig achtgegeben, und nur ihre Hand betrachtet, die in der Gegenwart der schönen Lilie immer schwärzer und von Minute zu Minute kleiner zu werden schien. Sie wollte ihren Korb nehmen und eben forteilen, als sie fühlte, daß sie das Beste vergessen hatte. Sie hub sogleich den verwandelten Hund heraus und setzte ihn nicht weit von der Schönen ins Gras. Mein Mann, sagte sie, schickt Euch dieses Andenken, Ihr wißt, daß Ihr diesen Edelstein durch Eure Berührung beleben könnt. Das artige, treue Tier wird Euch gewiß viel Freude machen, und die Betrübnis, daß ich ihn verliere, kann nur durch den Gedanken aufgeheitert werden, daß Ihr ihn besitzt.

Die schöne Lilie sah das artige Tier mit Vergnügen und, wie es schien, mit Verwunderung an. Es kommen viele Zeichen zusammen, sagte sie, die mir einige Hoffnung einflößen; aber ach! Ist es nicht bloß ein Wahn unserer Natur, daß wir dann, wenn vieles Unglück zusammentrifft, uns vorbilden, das Beste sei nah.

Was helfen mir die vielen guten Zeichen?
Des Vogels Tod, der Freundin schwarze Hand?
Der Mops von Edelstein, hat er wohl seinesgleichen?
Und hat ihn nicht die Lampe mir gesandt?

Entfernt vom süßen menschlichen Genusse,
bin ich doch mit dem Jammern nur vertraut.
Ach! Warum steht der Tempel nicht am Flusse!
Ach! Warum ist die Brücke nicht gebaut!

Ungeduldig hatte die gute Frau diesem Gesange zugehört, den die schöne Lilie mit den angenehmen Tönen ihrer Harfe begleitete und der jeden andern entzückt hätte. Eben wollte sie sich beurlauben, als sie durch die Ankunft der grünen Schlange abermals abgehalten wurde. Diese hatte die letzten Zeilen des Liedes gehört und sprach deshalb der schönen Lilie sogleich zuversichtlich Mut ein.

Die Weissagung von der Brücke ist erfüllt! rief sie aus; fragt nur diese gute Frau, wie herrlich der Bogen gegenwärtig erscheint. Was sonst undurchsichtiger Jaspis, was nur Prasem war, durch den das Licht höchstens auf den Kanten durchschimmerte, ist nun durchsichtiger Edelstein geworden. Kein Beryll ist so klar und kein Smaragd so schönfarbig.

Ich wünsche Euch Glück dazu, sagte Lilie, allein, verzeihet mir, wenn ich die Weissagung noch nicht erfüllt glaube. Über den hohen Bogen Eurer Brücke können nur Fußgänger hinüber schreiten, und es ist uns versprochen, daß Pferde und Wagen und Reisende aller Art zu gleicher Zeit über die Brücke herüber und hinüber wandern sollen. Ist nicht von den großen Pfeilern geweissagt, die aus dem Flusse selbst heraussteigen werden?

Die Alte hatte ihre Augen immer auf die Hand geheftet, unterbrach hier das Gespräch und empfahl sich. Verweilt noch einen Augenblick, sagte die schöne Lilie, und nehmt meinen armen Kanarienvogel mit. Bittet die Lampe, daß sie ihn in einen schönen Topas verwandle, ich will ihn durch meine Berührung beleben, und er, mit Eurem guten Mops, soll mein bester Zeitvertreib sein; aber eilt, was Ihr könnt, denn mit Sonnenuntergang ergreift unleidliche Fäulnis das arme Tier und zerreißt den schönen Zusammenhang seiner Gestalt auf ewig. Die Alte legte den kleinen Leichnam zwischen zarte Blätter in den Korb und eilte davon.

Wie dem auch sei, sagte die Schlange, indem sie das abgebrochene Gespräch fortsetzte, der Tempel ist erbauet.

Er steht aber noch nicht am Flusse, versetzte die Schöne.

Noch ruht er in den Tiefen der Erde, sagte die Schlange; ich habe die Könige gesehen und gesprochen.

Aber wann werden sie aufstehn? fragte Lilie.

Die Schlange versetzte: Ich hörte die großen Worte im Tempel ertönen: es ist an der Zeit.

Eine angenehme Heiterkeit verbreitete sich über das Angesicht der Schönen. Höre ich doch, sagte sie, die glücklichen Worte schon heute zum zweitenmal; wann wird der Tag kommen, an dem ich sie dreimal höre?

Sie stand auf, und sogleich trat ein reizendes Mädchen aus dem Gebüsch, das ihr die Harfe abnahm. Dieser folgte eine andre, die den elfenbeinernen geschnitzten Feldstuhl, worauf die Schöne gesessen hatte, zusammenschlug und das silberne Kissen unter den Arm nahm. Eine dritte, die einen großen mit Perlen gestickten Sonnenschirm trug, zeigte sich darauf, erwartend, ob Lilie auf einem Spaziergange etwa ihrer bedürfe. Über allen Ausdruck schön und reizend waren diese drei Mädchen, und doch erhöhten sie nur die Schönheit der Lilie, indem sich jeder gestehen mußte, daß sie mit ihr gar nicht verglichen werden konnten.

Mit Gefälligkeit hatte indes die schöne Lilie den wunderbaren Mops betrachtet. Sie beugte sich, berührte ihn, und in dem Augenblicke sprang er auf. Munter sah er sich um, lief hin und wider und eilte zuletzt, seine Wohltäterin auf das freundlichste zu begrüßen. Sie nahm ihn auf die Arme und drückte ihn an sich. So kalt du bist, rief sie aus, und obgleich nur ein halbes Leben in dir wirkt, bist du mir doch willkommen; zärtlich will ich dich lieben, artig mit dir scherzen, freundlich dich streicheln und fest dich an mein Herz drücken. Sie ließ ihn darauf los, jagte ihn von sich, rief ihn wieder, scherzte so artig mit ihm und trieb sich so munter und unschuldig mit ihm auf dem Grase herum, daß man mit neuem Entzücken ihre Freude betrachten und teil daran nehmen mußte, so wie kurz vorher ihre Trauer jedes Herz zum Mitleid gestimmt hatte.

Diese Heiterkeit, diese anmutigen Scherze wurden durch die Ankunft des traurigen Jünglings unterbrochen. Er trat herein, wie wir ihn schon kennen, nur schien die Hitze des Tages ihn noch mehr abgemattet zu haben, und in der Gegenwart der Geliebten ward er mit jedem Augenblicke blässer. Er trug den Habicht auf seiner Hand, der wie eine Taube ruhig saß und die Flügel hängen ließ.

Es ist nicht freundlich, rief Lilie ihm entgegen, daß du mir das verhaßte Tier vor die Augen bringst, das Ungeheuer, das meinen kleinen Sänger heute getötet hat.

Schilt den unglücklichen Vogel nicht! versetzte darauf der Jüngling; klage vielmehr dich an und das Schicksal, und vergönne mir, daß ich mit dem Gefährten meines Elends Gesellschaft mache.

Indessen hörte der Mops nicht auf, die Schöne zu necken, und sie antwortete dem durchsichtigen Liebling mit dem freundlichsten Betragen. Sie klatschte mit den Händen, um ihn zu verscheuchen; dann lief sie, um ihn wieder nach sich zu ziehen. Sie suchte ihn zu haschen, wenn er floh, und jagte ihn von sich weg, wenn er sich an sie zu drängen versuchte. Der Jüngling sah stillschweigend und mit wachsendem Verdrusse zu; aber endlich, da sie das häßliche Tier, das ihm ganz abscheulich vorkam, auf den Arm nahm, an ihren weißen Busen drückte und die schwarze Schnauze mit ihren himmlischen Lippen küßte, verging ihm alle Geduld, und er rief voller Verzweiflung aus: Muß ich, der ich durch ein trauriges Geschick vor dir, vielleicht auf immer, in einer getrennten Gegenwart lebe, der ich durch dich alles, ja mich selbst verloren habe, muß ich vor meinen Augen sehen, daß eine so widernatürliche Mißgeburt dich zur Freude reizen, deine Neigung fesseln und deine Umarmung genießen kann! Soll ich noch länger nur so hin- und widergehen und den traurigen Kreis den Fluß herüber und hinüber abmessen? Nein, es ruht noch ein Funke des alten Heldenmutes in meinem Busen; er schlage in diesem Augenblick zur letzten Flamme auf! Wenn Steine an deinem Busen ruhen können, so möge ich zu Stein werden; wenn deine Berührung tötet, so will ich von deinen Händen sterben.

Mit diesen Worten machte er eine heftige Bewegung; der Habicht flog von seiner Hand, er aber stürzte auf die Schöne los, sie streckte die Hände aus, ihn abzuhalten, und berührte ihn nur desto früher. Das Bewußtsein verließ ihn, und mit Entsetzen fühlte sie die schöne Last an ihrem Busen. Mit einem Schrei trat sie zurück, und der holde Jüngling sank entseelt aus ihren Armen zur Erde. Das Unglück war geschehen! Die süße Lilie stand unbeweglich und blickte starr nach dem entseelten Leichnam. Das Herz schien ihr im Busen zu stocken, und ihre Augen waren ohne Tränen. Vergebens suchte der Mops ihr eine freundliche Bewegung abzugewinnen; die ganze Welt war mit ihrem Freunde ausgestorben. Ihre stumme Verzweiflung sah sich nach Hilfe nicht um, denn sie kannte keine Hilfe.

Dagegen regte sich die Schlange desto emsiger; sie schien auf Rettung zu sinnen, und wirklich dienten ihre sonderbaren Bewegungen wenigstens, die nächsten schrecklichen Folgen des Unglücks auf einige Zeit zu hindern. Sie zog mit ihrem geschmeidigen Körper einen weiten Kreis um den Leichnam, faßte das Ende ihres Schwanzes mit den Zähnen und blieb ruhig liegen.

Nicht lange, so trat eine der schönen Dienerinnen Liliens hervor, brachte den elfenbeinernen Feldstuhl und nötigte mit freundlichen Gebärden die Schöne, sich zu setzen; bald darauf kam die zweite, die einen feuerfarbigen Schleier trug und das Haupt ihrer Gebieterin damit mehr zierte als bedeckte; die dritte übergab ihr die Harfe, und kaum hatte sie das prächtige Instrument an sich gedrückt und einige Töne aus den Saiten hervorgelockt, als die erste mit einem hellen runden Spiegel zurückkam, sich der Schönen gegenüber stellte, ihre Blicke auffing und ihr das angenehmste Bild, das in der Natur zu finden war, darstellte. Der Schmerz erhöhte ihre Schönheit, der Schleier ihre Reize, die Harfe ihre Anmut, und so mehr man hoffte, ihre traurige Lage verändert zu sehen, so sehr wünschte man ihr Bild ewig, wie es gegenwärtig erschien, festzuhalten.

Mit einem stillen Blick nach dem Spiegel lockte sie bald schmelzende Töne aus den Saiten, bald schien ihr Schmerz zu steigen, und die Saiten antworteten gewaltsam ihrem Jammer; einigemal öffnete sie den Mund zu singen, aber die Stimme versagte ihr, doch bald löste sich ihr Schmerz in Tränen auf, zwei Mädchen faßten sie hilfreich in die Arme, die Harfe sank aus ihrem Schoße, kaum ergriff noch die schnelle Dienerin das Instrument und trug es beiseite.

Wer schafft uns den Mann mit der Lampe, ehe die Sonne untergeht? zischte die Schlange leise, aber vernehmlich; die Mädchen sahen einander an, und Liliens Tränen vermehrten sich. In diesem Augenblicke kam atemlos die Frau mit dem Korbe zurück. Ich bin verloren und verstümmelt, rief sie aus! Seht wie meine Hand beinahe ganz weggeschwunden ist; weder der Fährmann noch der Riese wollten mich übersetzen, weil ich noch eine Schuldnerin des Wassers bin; vergebens habe ich hundert Kohlhäupter und hundert Zwiebeln angeboten, man will nicht mehr als die drei Stücke, und keine Artischocke ist nun einmal in diesen Gegenden zu finden.

Vergeßt Eure Not, sagte die Schlange, und sucht hier zu helfen; vielleicht kann Euch zugleich mitgeholfen werden. Eilt, was Ihr könnt, die Irrlichter aufzusuchen; es ist noch zu hell, sie zu sehen, aber vielleicht hört Ihr sie lachen und flattern. Wenn sie eilen, so setzt sie der Riese noch über den Fluß, und sie können den Mann mit der Lampe finden und schicken.

Das Weib eilte, so viel sie konnte, und die Schlange schien ebenso ungeduldig als Lilie die Rückkunft der beiden zu erwarten. Leider vergoldete schon der Strahl der sinkenden Sonne nur den höchsten Gipfel der Bäume des Dickichts und lange Schatten zogen sich über See und Wiese; die Schlange bewegte sich ungeduldig, und Lilie zerfloß in Tränen.

In dieser Not sah die Schlange sich überall um, denn sie fürchtete jeden Augenblick, die Sonne werde untergehen, die Fäulnis den magischen Kreis durchdringen und den schönen Jüngling unaufhaltsam anfallen. Endlich erblickte sie hoch in den Lüften mit purpurroten Federn den Habicht, dessen Brust die letzten Strahlen der Sonne auffing. Sie schüttelte sich vor Freuden über das gute Zeichen, und sie betrog sich nicht; denn kurz darauf sah man den Mann mit der Lampe über den See hergleiten, gleich als wenn er auf Schlittschuhen ginge.

Die Schlange veränderte nicht ihre Stelle, aber die Lilie stand auf und rief ihm zu: Welcher gute Geist sendet dich in dem Augenblick, da wir so sehr nach dir verlangen und deiner so sehr bedürfen?

Der Geist meiner Lampe, versetzte der Alte, treibt mich, und der Habicht führt mich hierher. Sie spratzelt, wenn man meiner bedarf, und ich sehe mich nur in den Lüften nach einem Zeichen um; irgendein Vogel oder Meteor zeigt mir die Himmelsgegend an, wohin ich mich wenden soll. Sei ruhig, schönstes Mädchen! Ob ich helfen kann, weiß ich nicht, ein einzelner hilft nicht, sondern wer sich mit vielen zur rechten Stunde vereinigt. Aufschieben wollen wir und hoffen. Halte deinen Kreis geschlossen, fuhr er fort, indem er sich an die Schlange wendete, sich auf einen Erdhügel neben sie hinsetzte und den toten Körper beleuchtete. Bringt den artigen Kanarienvogel auch her, und leget ihn in den Kreis! Die Mädchen nahmen den kleinen Leichnam aus dem Korb, den die Alte stehen ließ, und gehorchten dem Manne.

Die Sonne war indessen untergegangen, und wie die Finsternis zunahm, fingen nicht allein die Schlange und die Lampe des Mannes nach ihrer Weise zu leuchten an, sondern der Schleier Liliens gab auch ein sanftes Licht von sich, das wie eine zarte Morgenröte ihre blassen Wangen und ihr weißes Gewand mit einer unendlichen Anmut färbte. Man sah sich wechselweise mit stiller Betrachtung an, Sorge und Trauer waren durch eine sichere Hoffnung gemildert.

Nicht unangenehm erschien daher das alte Weib in Gesellschaft der beiden muntern Flammen, die zwar zeither sehr verschwendet haben mußten, denn sie waren wieder äußerst mager geworden, aber sich nur desto artiger gegen die Prinzessin und die übrigen Frauenzimmer betrugen.

Mit der größten Sicherheit und mit vielem Ausdruck sagten sie ziemlich gewöhnliche Sachen, besonders zeigten sie sich sehr empfänglich für den Reiz, den der leuchtende Schleier über Lilien und ihre Begleiterinnen verbreitete. Bescheiden schlugen die Frauenzimmer ihre Augen nieder, und das Lob ihrer Schönheit verschönerte sie wirklich.

Jedermann war zufrieden und ruhig bis auf die Alte. Ungeachtet der Versicherung ihres Mannes, daß ihre Hand nicht weiter abnehmen könne, solange sie von seiner Lampe beschienen sei, behauptete sie mehr als einmal, daß, wenn es so fortgehe, noch vor Mitternacht dieses edle Glied völlig verschwinden werde.

Der Alte mit der Lampe hatte dem Gespräch der Irrlichter aufmerksam zugehört und war vergnügt, daß Lilie durch diese Unterhaltung zerstreut und aufgeheitert worden. Und wirklich war Mitternacht herbeigekommen, man wußte nicht wie. Der Alte sah nach den Sternen und fing darauf zu reden an: Wir sind zur glücklichen Stunde beisammen, jeder verrichte sein Amt, jeder tue seine

Pflicht, und ein allgemeines Glück wird die einzelnen Schmerzen in sich auflösen, wie ein allgemeines Unglück einzelne Freuden verzehrt.

Nach diesen Worten entstand ein wunderbares Geräusch, denn alle gegenwärtigen Personen sprachen für sich und drückten laut aus, was sie zu tun hätten, nur die drei Mädchen waren stille; eingeschlafen war die eine neben der Harfe, die andere neben dem Sonnenschirm, die dritte neben dem Sessel, und man konnte es ihnen nicht verdenken, denn es war spät. Die flammenden Jünglinge hatten nach einigen vorübergehenden Höflichkeiten, die sie auch den Dienerinnen gewidmet, sich doch zuletzt nur an Lilien als die Allerschönste gehalten.

Fasse, sagte der Alte zum Habicht, den Spiegel, und mit dem ersten Sonnenstrahl beleuchte die Schläferinnen, und wecke sie mit zurückgeworfenem Lichte aus der Höhe.

Die Schlange fing nunmehr an, sich zu bewegen, löste den Kreis auf und zog langsam in großen Ringen nach dem Flusse. Feierlich folgten ihr die beiden Irrlichter, und man hätte sie für die ernsthaftesten Flammen halten sollen. Die Alte und ihr Mann ergriffen den Korb, dessen sanftes Licht man bisher kaum bemerkt hatte, sie zogen von beiden Seiten daran, und er ward immer größer und leuchtender, sie hoben darauf den Leichnam des Jünglings hinein und legten ihm den Kanarienvogel auf die Brust, der Korb hob sich in die Höhe und schwebte über dem Haupte der Alten, und sie folgte den Irrlichtern auf dem Fuße. Die schöne Lilie nahm den Mops auf ihren Arm und folgte der Alten, der Mann mit der Lampe beschloß den Zug, und die Gegend war von diesen vielerlei Lichtern auf das sonderbarste erhellt.

Aber mit nicht geringer Bewunderung sah die Gesellschaft, als sie zu dem Flusse gelangte, einen herrlichen Bogen über denselben hinübersteigen, wodurch die wohltätige Schlange ihnen einen glänzenden Weg bereitete. Hatte man bei Tage die durchsichtigen Edelsteine bewundert, woraus die Brücke zusammengesetzt schien, erstaunte man bei Nacht über ihre leuchtende Herrlichkeit. Oberwärts schnitt sich der helle Kreis scharf an dem dunklen Himmel ab, aber unterwärts zuckten lebhafte Strahlen nach dem Mittelpunkte zu und zeigten die bewegliche Festigkeit des Gebäudes. Der Zug ging langsam hinüber, und der Fährmann, der von ferne aus seiner Hütte hervorsah, betrachtete mit Staunen den leuchtenden Kreis und die sonderbaren Lichter, die darüber hinzogen.

Kaum waren sie an dem andern Ufer angelangt, als der Bogen nach seiner Weise zu schwanken und sich wellenartig dem Wasser zu nähern anfing. Die Schlange bewegte sich bald darauf ans Land, der Korb setzt sich zur Erde nieder, und die Schlange zog aufs neue ihren Kreis umher, der Alte neigte sich vor ihr und sprach: Was hast du beschlossen?

Mich aufzuopfern, ehe ich aufgeopfert werde, versetzte die Schlange; versprich mir, daß du keinen Stein am Lande lassen willst.

Der Alte versprach's und sagte darauf zur schönen Lilie: Rühre die Schlange mit der linken Hand an und deinen Geliebten mit der rechten. Lilie kniete nieder und berührte die Schlange und den Leichnam. Im Augenblick schien dieser in das Leben überzugehen, es bewegte sich im Korbe, ja, er richtete sich in die Höhe und saß; Lilie wollte ihn umarmen, allein der Alte hielt sie zurück, er half dagegen dem Jüngling aufstehn und leitete ihn, indem er aus dem Korbe und dem Kreise trat.

Der Jüngling stand, der Kanarienvogel flatterte auf seiner Schulter, es war wieder Leben in beiden, aber der Geist war noch nicht zurückgekehrt; der schöne Freund hatte die Augen offen und sah nicht, wenigstens schien er alles ohne Teilnehmung anzusehn, und kaum hatte sich die Verwunderung über diese Begebenheit in etwas gemäßigt, als man erst bemerkte, wie sonderbar die Schlange sich verändert hatte. Ihr schöner schlanker Körper war in tausend und tausend leuchtende Edelsteine zerfallen; unvorsichtig hatte die Alte, die nach ihrem Korbe greifen wollte, an sie gestoßen, und man sah nichts mehr von der Bildung der Schlange, nur ein schöner Kreis leuchtender Edelsteine lag im Grase.

Der Alte machte sogleich Anstalt, die Steine in den Korb zu fassen, wozu ihm seine Frau behilflich sein mußte. Beide trugen darauf den Korb gegen das Ufer an einen erhabenen Ort, und er schüttete die ganze Ladung, nicht ohne Widerwillen der Schönen und seines Weibes, die gerne davon sich etwas ausgesucht hätten, in den Fluß. Wie leuchtende und blinkende Sterne schwammen die Steine mit den Wellen hin, und man konnte nicht unterscheiden, ob sie sich in der Ferne verloren oder untersanken.

Meine Herren, sagte darauf der Alte ehrerbietig zu den Irrlichtern, nunmehr zeige ich Ihnen den Weg und eröffne den Gang, aber Sie leisten uns den größten Dienst, wenn Sie uns die Pforte des Heiligtums öffnen, durch die wir diesmal eingehen müssen und die außer Ihnen niemand aufschließen kann.

Die Irrlichter neigten sich anständig und blieben zurück. Der Alte mit der Lampe ging voraus in den Felsen, der sich vor ihm auftat; der Jüngling folgte ihm, gleichsam mechanisch; still und ungewiß hielt sich Lilie in einiger Entfernung hinter ihm; die Alte wollte nicht gerne zurückbleiben und streckte die Hand aus, damit ja das Licht von ihres Mannes Lampe sie erleuchten könne. Nun schlossen die Irrlichter den Zug, indem sie die Spitzen ihrer Flammen zusammenneigten und miteinander zu sprechen schienen.

Sie waren nicht lange gegangen, als der Zug sich vor einem großen ehernen Tore befand, dessen Flügel mit einem goldenen Schloß verschlossen waren. Der Alte rief sogleich die Irrlichter herbei, die sich nicht lange aufmuntern ließen, sondern geschäftig mit ihren spitzesten Flammen Schloß und Riegel aufzehrten.

Laut tönte das Erz, als die Pforten schnell aufsprangen und im Heiligtum die würdigen Bilder der Könige, durch die hereintretenden Lichter beleuchtet, erschienen. Jeder neigte sich vor den ehrwürdigen Herrschern, besonders ließen es die Irrlichter an krausen Verbeugungen nicht fehlen.

Nach einiger Pause fragte der goldne König: Woher kommt Ihr? – Aus der Welt, antwortete der Alte. Wohin geht Ihr? fragte der silberne König. – In die Welt, sagte der Alte. – Was wollt Ihr bei uns? fragte der eherne König. – Euch begleiten, sagte der Alte.

Der gemischte König wollte eben zu reden anfangen, als der goldne zu den Irrlichtern, die ihm zu nahe gekommen waren, sprach: Hebet Euch weg von mir, mein Gold ist nicht für Euern Gaum. Sie wandten sich darauf zum silbernen und schmiegten sich an ihn, sein Gewand glänzte schön von ihrem gelblichen Widerschein. Ihr seid mir willkommen, sagte er, aber ich kann Euch nicht ernähren; sättigt Euch auswärts, und bringt mir Euer Licht. Sie entfernten sich und schlichen, bei dem ehernen vorbei, der sie nicht zu bemerken schien, auf den zusammengesetzten los. Wer wird die Welt beherrschen? rief dieser mit stotternder Stimme. – Wer auf seinen Füßen steht, antwortete der Alte. – Das bin ich! sagte der gemischte König. – Es wird sich offenbaren, sagte der Alte, denn es ist an der Zeit.

Die schöne Lilie fiel dem Alten um den Hals und küßte ihn aufs herzlichste. Heiliger Vater, sagte sie, tausendmal dank ich dir, denn ich höre das ahnungsvolle Wort zum drittenmal. Sie hatte kaum ausgeredet, als sie sich noch fester an den Alten anhielt, denn der Boden fing unter ihnen an zu schwanken, der Alte und der Jüngling hielten sich auch aneinander, nur die beweglichen Irrlichter merkten nichts.

Man konnte deutlich fühlen, daß der ganze Tempel sich bewegte wie ein Schiff, das sich sanft aus dem Hafen entfernt, wenn die Anker gelichtet sind; die Tiefen der Erde schienen sich vor ihm aufzutun, als er hindurchzog. Er stieß nirgends an, kein Felsen stand ihm in dem Weg.

Wenige Augenblicke schien ein feiner Regen durch die Öffnung der Kuppel hereinzurieseln; der Alte hielt die schöne Lilie fester und sagte zu ihr: Wir sind unter dem Flusse und bald am Ziel. Nicht lange darauf glaubten sie stillzustehn, doch sie betrogen sich, der Tempel stieg aufwärts.

Nun entstand ein seltsames Getöse über ihrem Haupte. Bretter und Balken, in ungestalter Verbindung, begannen sich zu der Öffnung der Kuppel krachend hereinzudrängen. Lilie und die Alte sprangen zur Seite, der Mann mit der Lampe faßte den Jüngling und blieb stehen. Die kleine Hütte des Fährmanns, denn sie war es, die der Tempel im Aufsteigen vom Boden abgesondert und in sich aufgenommen hatte, sank allmählich herunter und bedeckte den Jüngling und den Alten.

Die Weiber schrien laut, und der Tempel schütterte wie ein Schiff, das unvermutet ans Land stößt. Ängstlich irrten die Frauen in der Dämmerung um die Hütte, die Türe war verschlossen, und auf ihr Pochen hörte niemand. Sie pochten heftiger und wunderten sich nicht wenig, als zuletzt das Holz zu klingen anfing. Durch die Kraft der verschlossenen Lampe war die Hütte von innen heraus zu Silber geworden. Nicht lange, so veränderte sie sogar ihre Gestalt; denn das edle Metall verließ die zufälligen Formen der Bretter, Pfosten und Balken und dehnte sich zu einem herrlichen Gehäuse von getriebener Arbeit aus. Nun stand ein herrlicher kleiner Tempel in der Mitte des großen, oder, wenn man will, ein Altar, des Tempels würdig.

Durch eine Treppe, die von innen heraufging, trat nunmehr der edle Jüngling in die Höhe, der Mann mit der Lampe leuchtete ihm, und ein anderer schien ihn zu unterstützen, der in einem weißen kurzen Gewand hervorkam und ein silbernes Ruder in der Hand hielt; man erkannte in ihm sogleich den Fährmann, den ehemaligen Bewohner der verwandelten Hütte.

Die schöne Lilie stieg die äußeren Stufen hinauf, die von dem Tempel auf den Altar führten, aber noch immer mußte sie sich von ihrem Geliebten entfernt halten. Die Alte, deren Hand, solange die Lampe verborgen gewesen, immer kleiner geworden war, rief: Soll ich doch noch unglücklich werden? Ist bei so vielen Wundern durch kein Wunder meine Hand zu retten? Ihr Mann deutete nach der offenen Pforte und sagte: Siehe, der Tag bricht an, eile und bade dich im Flusse. – Welch ein Rat! rief sie, ich soll wohl ganz schwarz werden und ganz verschwinden, habe ich doch meine Schuld noch nicht bezahlt. – Gehe, sagte der Alte, und folge mir! Alle Schulden sind abgetragen.

Die Alte eilte weg, und in dem Augenblick erschien das Licht der aufgehenden Sonne an dem Kranze der Kuppel, der Alte trat zwischen den Jüngling und die Jungfrau und rief mit lauter Stimme: Drei sind, die da herrschen auf Erden: die Weisheit, der Schein und die Gewalt.

Bei dem ersten Worte stand der goldne König auf, bei dem zweiten der silberne, und bei dem dritten hatte sich der eherne langsam emporgehoben, als der zusammengesetzte König sich plötzlich ungeschickt niedersetzte.

Wer ihn sah, konnte sich, ungeachtet des feierlichen Augenblicks, kaum des Lachens enthalten, denn er saß nicht, er lag nicht, er lehnte sich nicht an, sondern er war unförmig zusammengesunken.

Die Irrlichter, die sich bisher um ihn beschäftigt hatten, traten zur Seite; sie schienen, obgleich blaß im Morgenlichte, doch wieder gut genährt und wohl bei Flammen; sie hatten auf eine geschickte Weise die goldnen Adern des kolossalen Bildes mit ihren spitzen Zungen bis aufs Innerste herausgeleckt. Die unregelmäßigen leeren Räume, die dadurch entstanden waren, erhielten sich eine Zeitlang offen, und die Figur blieb in ihrer vorigen Gestalt. Als aber auch zuletzt die zartesten Äderchen aufgezehrt waren, brach auf einmal das Bild zusammen und leider gerade an den Stellen, die ganz bleiben, wenn der Mensch sich setzt; dagegen blieben die Gelenke, die sich hätten biegen sollen, steif. Wer nicht lachen konnte, mußte seine Augen wegwenden; das Mittelding zwischen Form und Klumpen war widerwärtig anzusehn.

Der Mann mit der Lampe führte nunmehr den schönen, aber immer noch starr vor sich hin blickenden Jüngling vom Altare herab und gerade auf den ehernen König los. Zu den Füßen des mächtigen Fürsten lag ein Schwert, in eherner Scheide. Der Jüngling gürtete sich. – Das Schwert an der Linken, die Rechte frei! rief der gewaltige König. Sie gingen darauf zum silbernen, der sein Zepter gegen den Jüngling neigte. Dieser ergriff es mit der linken Hand, und der König sagte mit gefälliger Stimme: Weide die Schafe! Als sie zum goldenen Könige kamen, drückte er mit väterlich segnender Gebärde dem Jüngling den Eichenkranz aufs Haupt und sprach: Erkenne das Höchste!

Der Alte hatte während dieses Umgangs den Jüngling genau bemerkt. Nach umgegürtetem Schwert hob sich seine Brust, seine Arme regten sich, und seine

Füße traten fester auf; indem er den Zepter in die Hand nahm, schien sich die Kraft zu mildern und durch einen unaussprechlichen Reiz noch mächtiger zu werden; als aber der Eichenkranz seine Locken zierte, belebten sich seine Gesichtszüge, sein Auge glänzte von unaussprechlichem Geist, und das erste Wort seines Mundes war Lilie.

Liebe Lilie! rief er, als er ihr die silbernen Treppen hinauf entgegeneilte; denn sie hatte von der Zinne des Altars seiner Reise zugesehn: Liebe Lilie! Was kann der Mann, ausgestattet mit allem, sich Köstlicheres wünschen als die Unschuld und die stille Neigung, die mir dein Busen entgegenbringt? O! mein Freund, fuhr er fort, indem er sich zu dem Alten wendete und die drei heiligen Bildsäulen ansah, herrlich und sicher ist das Reich unserer Väter, aber du hast die vierte Kraft vergessen, die noch früher, allgemeiner, gewisser die Welt beherrscht, die Kraft der Liebe. Mit diesen Worten fiel er dem schönen Mädchen um den Hals; sie hatte den Schleier weggeworfen, und ihre Wangen färbten sich mit der schönsten unvergänglichsten Röte. Hierauf sagte der Alte lächelnd: Die Liebe herrscht nicht, aber sie bildet, das ist mehr.

Über dieser Feierlichkeit, dem Glück, dem Entzücken hatte man nicht bemerkt, daß der Tag völlig angebrochen war, und nun fielen auf einmal durch die offne Pforte ganz unerwartete Gegenstände der Gesellschaft in die Augen. Ein großer mit Säulen umgebener Platz machte den Vorhof, an dessen Ende man eine lange und prächtige Brücke sah, die mit vielen Bogen über den Fluß hinüber reichte; sie war an beiden Seiten mit Säulengängen für die Wanderer bequem und prächtig eingerichtet, deren sich schon viele Tausende eingefunden hatten und emsig hin- und widergingen. Der große Weg in der Mitte war von Herden und Maultieren, Reitern und Wagen belebt, die an beiden Seiten, ohne sich zu hindern, stromweise hin- und herflossen. Sie schienen sich alle über die Bequemlichkeit und Pracht zu verwundern, und der neue König mit seiner Gemahlin war über die Bewegung und das Leben dieses großen Volks so entzückt, als ihre wechselseitige Liebe sie glücklich machte.

Gedenke der Schlange in Ehren, sagte der Mann mit der Lampe, du bist ihr das Leben, deine Völker sind ihr die Brücke schuldig, wodurch diese nachbarlichen Ufer erst zu Ländern belebt und verbunden werden. Jene schwimmenden und leuchtenden Edelsteine, die Reste ihres aufgeopferten Körpers, sind die Grundpfeiler dieser herrlichen Brücke, auf ihnen hat sie sich selbst erbaut und wird sich selbst erhalten.

Man wollte eben die Aufklärung dieses wunderbaren Geheimnisses von ihm verlangen, als vier schöne Mädchen zu der Pforte des Tempels hereintraten. An der Harfe, dem Sonnenschirm und dem Feldstuhl erkannte man sogleich die Begleiterinnen Liliens, aber die vierte, schöner als die drei, war eine Unbekannte, die scherzend schwesterlich mit ihnen durch den Tempel eilte und die silbernen Stufen hinanstieg.

Wirst du mir künftig mehr glauben, liebes Weib? sagte der Mann mit der Lampe zu der Schönen: wohl dir und jedem Geschöpfe, das sich diesen Morgen im Flusse badet!

Die verjüngte und verschönerte Alte, von deren Bildung keine Spur mehr übrig war, umfaßte mit belebten jugendlichen Armen den Mann mit der Lampe, der ihre Liebkosungen mit Freundlichkeit aufnahm. Wenn ich dir zu alt bin, sagte er lächelnd, so darfst du heute einen andern Gatten wählen; von heute an ist keine Ehe gültig, die nicht aufs neue geschlossen wird.

Weißt du denn nicht, versetzte sie, daß auch du jünger geworden bist? – Es freut mich, wenn ich deinen jungen Augen als ein wackrer Jüngling erscheine; ich nehme deine Hand von neuem an und mag gern mit dir in das folgende Jahrtausend hinüber leben.

Die Königin bewillkommte ihre neue Freundin und stieg mit ihr und ihren übrigen Gespielinnen in den Altar hinab, indes der König in der Mitte der beiden Männer nach der Brücke hin sah und aufmerksam das Gewimmel des Volkes betrachtete.

Aber nicht lange dauerte seine Zufriedenheit, denn er sah einen Gegenstand, der ihm einen Augenblick Verdruß erregte. Der große Riese, der sich von seinem Morgenschlaf noch nicht erholt zu haben schien, taumelte über die Brücke her und verursachte daselbst große Unordnung. Er war, wie gewöhnlich, schlaftrunken aufgestanden und gedachte, sich in der bekannten Bucht des Flusses zu baden; anstatt derselben fand er festes Land und tappte auf dem breiten Pflaster der Brücke hin. Ob er nun gleich zwischen Menschen und Vieh auf das Ungeschickteste hineintrat, so ward doch seine Gegenwart zwar von allen angestaunt, doch von niemand gefühlt; als ihm aber die Sonne in die Augen schien und er die Hände aufhub, sie auszuwischen, fuhr der Schatten seiner ungeheuren Fäuste hinter ihm so kräftig und ungeschickt unter der Menge hin und her, daß Menschen und Tiere in großen Massen zusammenstürzten, beschädigt wurden und Gefahr liefen, in den Fluß geschleudert zu werden.

Der König, als er diese Untat erblickte, fuhr mit einer unwillkürlichen Bewegung nach dem Schwerte, doch besann er sich und blickte ruhig erst sein Zepter, dann die Lampe und das Ruder seiner Gefährten an. Ich errate deine Gedanken, sagte der Mann mit der Lampe, aber wir und unsere Kräfte sind gegen diesen Ohnmächtigen ohnmächtig. Sei ruhig! Er schadet zum letzten Mal, und glücklicherweise ist sein Schatten von uns abgekehrt.

Indessen war der Riese immer näher gekommen, hatte vor Verwunderung über das, was er mit offenen Augen sah, die Hände sinken lassen, tat keinen Schaden mehr und trat gaffend in den Vorhof hinein.

Gerade ging er auf die Türe des Tempels zu, als er auf einmal in der Mitte des Hofes an dem Boden festgehalten wurde. Er stand als eine kolossale mächtige Bildsäule von rötlich glänzendem Steine da, und sein Schatten zeigte die Stunden, die in einem Kreis auf den Boden um ihn her nicht in Zahlen, sondern in edlen und bedeutenden Bildern eingelegt waren.

Nicht wenig erfreut war der König, den Schatten des Ungeheuers in nützlicher Richtung zu sehen; nicht wenig verwundert war die Königin, die, als sie mit größter Herrlichkeit geschmückt, aus dem Altare mit ihren Jungfrauen heraufstieg, das seltsame Bild erblickte, das die Aussicht aus dem Tempel nach der Brücke fast zudeckte.

Indessen hatte sich das Volk dem Riesen nachgedrängt, da er stillstand, ihn umgeben und seine Verwandlung angestaunt. Von da wandte sich die Menge nach dem Tempel, den sie erst jetzt gewahr zu werden schien, und drängte sich nach der Tür.

In diesem Augenblick schwebte der Habicht mit dem Spiegel hoch über dem Dom, fing das Licht der Sonne auf und warf es über die auf dem Altar stehende Gruppe. Der König, die Königin und ihre Begleiter erschienen in dem dämmernden Gewölbe des Tempels von einem himmlischen Glanze erleuchtet, und das Volk fiel auf sein Angesicht.

Als die Menge sich wieder erholt hatte und aufstand, war der König mit den Seinigen in den Altar hinabgestiegen, um durch verborgene Hallen nach seinem Palaste zu gehen, und das Volk zerstreute sich in dem Tempel, seine Neugierde zu befriedigen. Es betrachtete die drei aufrecht stehenden Könige mit Staunen und Ehrfurcht, aber es war desto begieriger zu wissen, was unter dem Teppiche in der vierten Nische für ein Klumpen verborgen sein möchte; denn wer es auch mochte gewesen sein, wohlmeinende Bescheidenheit hatte eine prächtige Decke über den zusammengesunkenen König hingebreitet, die kein Auge zu durchdringen vermag und keine Hand wagen darf wegzuheben.

Das Volk hätte kein Ende seines Schauens und seiner Bewunderung gefunden, und die zudringende Menge hätte sich in dem Tempel selbst erdrückt, wäre ihre Aufmerksamkeit nicht wieder auf den großen Platz gelenkt worden.

Unvermutet fielen Goldstücke, wie aus der Luft, klingend auf die marmornen Platten, die nächsten Wanderer stürzten darüber her, um sich ihrer zu bemächtigen, einzeln wiederholte sich dies Wunder, und zwar bald hier und bald da. Man begreift wohl, daß die abziehenden Irrlichter sich hier nochmals eine Lust machten und das Gold aus den Gliedern des zusammengesunkenen Königs auf eine lustige Weise vergeudeten. Begierig lief das Volk noch eine Zeitlang hin und wider, drängte und zerriß sich, auch noch, da keine Goldstücke mehr herabfielen. Endlich verlief es sich allmählich, zog seine Straße, und bis auf den heutigen Tag wimmelt die Brücke von Wanderern, und der Tempel ist der besuchteste auf der ganzen Erde.

Johann Wolfgang von Goethe

Gagliuso

Es war einmal in meiner geliebten Vaterstadt Neapel ein gar sehr, sehr armer Mann, der so luftig, leer und leicht, so dürftig und bloß und so ohne den geringsten Lappen und Lumpen auf dem Leibe war, daß er nackt ging wie eine Laus. Als er nun so weit war, daß er den Sack des Lebens ausschütteln sollte, rief er Oratiello und Pippo, seine Söhne, herbei und sprach zu ihnen:
»Ich bin bereits auf Grund der Schuldverschreibung, welche die Natur von mir in Händen hat, vorgefordert worden, und ihr könnt mir, so wahr wir Christen sind, glauben, daß ich diese Kummerhöhle, diesen Leidenskerker mit vieler Freude verlassen würde, wenn ich euch nicht in gar so übler Lage, so von allem entblößt wie die Karthäuser, so arm wie die Kirchenmäuse und ohne den allergeringsten Pfennig, blank wie die Barbierbecken, leicht wie die Federn und trocken wie die Pflaumenkerne zurückließe, so daß ihr nicht so viel habt, wie der Hund auf dem Schwanz forttragen kann, und wenn ihr hundert Meilen lauft, euch auch kein Heller aus der Tasche fällt; denn mein Schicksal hat mich dermaßen auf den Mist gebracht, daß es mir am Nötigsten fehlt und ich nicht mehr besitze als zur Stunde, da ich aus dem Mutterleibe kam, daß ich, wie ihr wißt, immerfort vor Hunger gähne und stets ohne Licht schlafen gegangen bin. Trotz alledem will ich euch bei meinem Tode ein Zeichen meiner Liebe zurücklassen, und daher nimm du dir, Oratiello, der du mein erstgeborener Sohn bist, das Sieb, das dort an der Mauer hängt, und du, der du das Nestvögelchen bist, nimm dir die Katze, und gedenkt beide eures Vaters!« Indem er so sprach, fing er an zu weinen und sagte bald darauf: »Lebet wohl, ich gehe schlafen!«

Sobald nun Oratiello die Beerdigungskosten für den Vater zusammengebettelt und ihn hatte begraben lassen, nahm er das Sieb und suchte hier und da Arbeit, um sich seinen Unterhalt zu erwerben, so daß er desto mehr verdiente, je mehr er durchs Sieb durchbrachte; Pippo aber nahm die Katze und sprach: »Da seh einer einmal, was für eine herrliche Erbschaft mein Vater mir hinterlassen hat; ich, der ich selbst nichts zu leben habe, muß nun gar für zwei sorgen! Hat man je ein so unseliges Vermächtnis gesehen? Wenn doch lieber die ganze Erbschaft beim Kuckuck geblieben wäre!«

Als nun die Katze dieses Gejammer vernahm, sprach sie zu ihm: »Du beklagst dich über die erlittene Unbill und hast doch mehr Glück als Verstand; denn du weißt nicht, daß ich dich reich machen kann, wann ich nur immer will.«

Sobald Pippo diese Worte hörte, dankte er Seiner Katzlichkeit und empfahl sich ihrem Wohlwollen auf das dringendste, wobei er ihr drei- oder viermal über den Rücken strich, so daß die Katze voll Mitleid über den armen Gagliuso alle Morgen um die Stunde, wenn die Sonne mit dem Köder des Lichts an dem goldenen Angelhaken die Schatten der Nacht zu fischen pflegt, sich an das Ufer begab, und wenn sie eine große Muräne oder einen hübschen Goldfisch bemerkte, ihn fing und zu dem Könige brachte, indem sie zu ihm sagte: »Herr Gagliuso, Euer Majestät ganz untertänigster Diener, schickt Euch diesen Fisch in aller Ehrfurcht, obwohl er meint, daß es für einen so großen Herrn nur ein kleines Geschenk ist!«

Der König antwortete hierauf der Katze mit einem freundlichen Gesicht, wie man es dem zu machen pflegt, der etwas bringt: »Sage dem unbekannten Herrn, daß ich mich schönstens bedanke.«

Ein anderes Mal wieder lief die Katze nach den Mooren und Gebüschen, und wenn die Jäger einen Auerhahn, eine Schnepfe oder ein Rebhuhn niederschossen, husch, war sie damit fort und überbrachte sie dem König mit denselben Worten; kurz, sie setzte dies so lange fort, bis der König einmal zu ihr sagte: »Ich fühle mich dem Herrn Gagliuso so verpflichtet, daß ich ihn kennenzulernen und mich ihm für die mir erwiesene Zuvorkommenheit dankbar zu erweisen wünsche.«

Worauf die Katze erwiderte: »Der Wunsch des Herrn Gagliuso geht nur darauf, sein Gut und Blut für Euer Majestät daranzusetzen, und morgen früh, sobald die Sonne die Stoppelfelder des Himmels in Brand gesteckt hat, wird er herkommen, Euch seine Ehrfurcht zu bezeigen.«

Als aber der Morgen erschienen war, begab sich die Katze zum König und sprach: »Herr Gagliuso läßt sich bei Euer Majestät entschuldigen, daß er nicht erscheinen kann; denn es sind ihm heute nacht einige Kammerdiener davongelaufen, die ihm auch nicht ein einziges Hemd übriggelassen haben.« Kaum hatte der König dies vernommen, so befahl er seinem Garderobenmeister, Herrn Gagliuso eine Anzahl Kleidungsstücke und Wäsche zu überbringen, so daß keine zwei Stunden vergangen waren, als dieser auch schon in Begleitung der Katze nach dem Palast kam und sich von dem König mit Höflichkeiten überhäuft sah, indem letzterer ihn sogar in seiner Gegenwart niedersitzen hieß und ein prächtiges Gastmahl veranstaltete.

Während nun Gagliuso hierbei tüchtig zugriff, wandte er sich ein Mal übers andere zu der Katze und sprach zu ihr: »Liebes Miezchen, sieh mir nur ja zu, daß die paar Lumpen mir nicht wieder aus den Händen schlüpfen!«

Worauf die Katze versetzte: »Sei nur ruhig und stopfe dir den Mund, und mache nicht so viel Gerede von dergleichen Bettel!« Und als der König wissen wollte, ob Gagliuso vielleicht etwas verlangte, antwortete die Katze, daß er eine kleine Limone wünsche, weshalb der König alsbald in dem Garten ein Körbchen voll abpflücken ließ. Gagliuso fing indes bald wieder das Lied von den alten Kleidern und Hemden an, die Katze sagte ihm von neuem, er solle sich den Mund zuspunden, und auch der König fragte ebenso, ob er etwas wünsche, so daß die Katze wie vorher mit einem schnellen Vorwande dem niedrigen Sinn Gagliusos zu Hilfe kommen mußte. Nachdem man endlich zu speisen aufgehört und eine Zeitlang von dem und jenem geplaudert hatte, beurlaubte sich Gagliuso, während jedoch die Katze noch bei dem König zurückblieb und ihm Tugend, Geist und Scharfsinn ihres Herrn, besonders aber seinen großen Reichtum und Grundbesitz pries, der sich, wie sie sagte, in der Umgegend von Rom und in der Lombardei weit und breit ausdehnte, so daß sie ihn wohl für würdig hielte, sich mit einem gekrönten Haupte zu verschwägern.

Als nun hierauf der König fragte, wie reich er wohl sein könnte, erwiderte die Katze, daß man die beweglichen und unbeweglichen Güter und Geräte dieses Krösus, der selbst nicht wüßte, wieviel er habe, gar nicht zählen könnte; wenn aber der König sich von der Wahrheit dessen, was sie sagte, zu überzeugen wünsche, so möchte er Leute mit ihr über die Grenze schicken, welche sich durch den Augenschein überzeugen sollten, daß kein Reichtum auf der Welt dem seinen gleich käme. Der König ließ daher einige seiner vertrautesten Diener kommen und befahl ihnen, sich auf das sorgfältigste von der in Rede stehenden Sache zu unterrichten, worauf diese denn auch der Katze von Ort zu Ort nachfolgten, da sie nämlich unter dem Vorwand, die notwendigen Erfrischungen für sie an den jedesmaligen Ruheplätzen bereithalten zu lassen, immer voraneilte; sooft sie aber eine Herde Schafe, Kühe, Pferde oder Schweine unterwegs antraf, rief sie den Hütern und Hirten derselben zu: »Heda, aufgepaßt, denn eine Räuberbande plündert alles, was sich auf diesen Feldern hier befindet; wenn ihr jedoch den Händen derselben entkommen und euer Eigentum unangetastet sehen wollt, so sagt nur, daß es dem Herrn Gagliuso gehört, dann wird euch kein Haar gekrümmt werden.«

Dasselbe sagte die Katze auch in den Gehöften, bei denen sie vorüberkam, so daß die Leute des Königs, wo sie auch immer anlangten, überall dieselbe Leier hörten, denn von allen Dingen, denen sie auf ihrem Wege begegneten, wurde ihnen gesagt, daß sie dem Herrn Gagliuso gehörten; daher sie endlich vom Fragen ermüdet zum König zurückkehrten und demselben Wunderdinge über den Reichtum des Herrn Gagliuso berichteten. Infolgedessen versprach der König der Katze einen hübschen Kuppelpelz, wenn sie eine Heirat zwischen seiner Tochter und Gagliuso zustande brächte; welchen Auftrag diese, wie ein Weberschiffchen hin- und herlaufend, denn auch wirklich ausführte, indem Gagliuso wieder erschien und hierauf sowohl die Tochter des Königs als auch eine sehr große Mitgift in Empfang nahm.

Nach einem mit zahlreichen Festen verbrachten Monat äußerte endlich Gagliuso, er wolle doch nun auch seine junge Frau nach ihrem neuen Wohnsitz bringen, und begab sich demgemäß, vom Könige bis an die Grenze begleitet, nach der Lombardei, woselbst er auf den Rat der Katze eine Anzahl Güter und Ländereien ankaufte und sich zum Baron machen ließ. Da sich nun Gagliuso auf diese Weise steinreich und geehrt sah, dankte er der Katze auf das allerherzlichste, indem er zu ihr sagte, er wisse wohl, daß er ihrer Liebe sein Leben und seinen Reichtum schulde und daß die Klugheit einer Katze ihm mehr Gutes erwiesen als der Verstand seines Vaters; sie könne daher ganz nach ihrem Wunsch und Belieben über seine Habe und sein Leben schalten und walten, und er verspräche ihr auf das heiligste, daß, wenn sie einst nach langen Jahren sterben sollte, er ihren Körper einbalsamieren lassen und in einem goldenen Sarge in seinem eigenen Zimmer aufbewahren würde, um die Erinnerung an sie immer vor Augen zu haben. Die Katze hörte ruhig diese Großsprecherei mit an und ließ erst einige Zeit vorübergehen, dann aber streckte sie sich eines Tages der Länge nach in dem Garten auf die Erde und stellte sich tot, so daß die Frau Gagliusos, sobald sie dies bemerkte, ausrief: »Ach liebster Mann, welch ein Unglück! Die Katze ist tot!«

»Wolle Gott, das wäre das größte Unglück, das uns je widerführe«, versetzte Gagliuso, »besser sie stirbt als wir!«

»Was fangen wir aber mit ihr an?« fragte die Frau.

»Pack sie beim Beine und wirf sie zum Fenster hinaus«, erwiderte Gagliuso.

Kaum hörte jedoch die Katze von dieser herrlichen Belohnung, die sie sich am allerwenigsten vorgestellt hätte, so sprang sie alsbald auf und rief aus: »Ist dies der Dank dafür, daß ich dich den Läusen entrissen habe? Ist dies die Vergeltung dafür, daß du durch meine Hilfe die Lumpen fortgeworfen hast und jetzt einen ganzen Rock trägst? Ist das der Lohn dafür, daß ich dich mit prächtigen Kleidern überhäuft und alle deine Wünsche befriedigt habe, der du vorher ein verhungerter Bettler, dem das Hemd zu den Hosen heraushing, ja, ein zerrissener, zerlappter, zerlumpter, zerfetzter Haufen von Hadern warst? Aber so geht es gewöhnlich denen, die ihre Perlen den Säuen vorwerfen! Verwünscht sei alles, was ich an dir getan; denn du verdienst nicht einmal, daß man dir ins Gesicht spuckt! Ist das der goldene Sarg, in den du mich legen, dies das herrliche Begräbnis, das du mir veranstalten wolltest? Da diene, arbeite, mühe und schwitze sich einer immer ab, um zuletzt diesen schönen Lohn zu erhalten! Wie beklagenswert ist doch der, welcher seinen Topf an der Hoffnung, die er auf andere setzt, erwärmen will, und wie wahr hat doch der Philosoph gesprochen, der sagte, daß, wer wie ein Esel verfährt, auch wie ein solcher behandelt wird und daß, mit einem Wort, je mehr man tut, man desto weniger Lohn erwarten möge!«

Indem die Katze dies ausrief und dabei ein ganz trauriges Gesicht machte, eilte sie hinaus, und so sehr auch Gagliuso sich bemühte, sie mit der Zunge der Demut zu lecken, gelang es ihm dennoch nicht, sie zur Rückkehr zu bewegen, vielmehr lief sie immer geradeaus, ohne auch nur einmal den Kopf umzudrehen, wobei sie zu wiederholten Malen ausrief:

»Gott hüt uns vor den Hohen, die gefallen,
sowie vor den gestiegnen Bettlern allen.«

Giambattista Basile

Das Feuerzeug

Es kam ein Soldat auf der Landstraße dahermarschiert: Eins, zwei! Eins, zwei! Er hatte seinen Tornister auf dem Rücken und einen Säbel an der Seite, denn er war im Krieg gewesen und wollte nun nach Hause. Da begegnete er einer alten Hexe auf der Landstraße; sie war widerlich, ihre Unterlippe hing ihr gerade bis auf die Brust hinunter. Sie sagte: »Guten Abend, Soldat! Was hast du doch für einen schönen Säbel und großen Tornister! Du bist ein wahrer Soldat! Nun sollst du soviel Geld haben, wie du besitzen magst!«

»Ich danke dir, du alte Hexe!« sagte der Soldat.

»Siehst du den großen Baum da?« fragte die Hexe und zeigte auf einen Baum, der ihnen zur Seite stand. »Er ist inwendig ganz hohl; da mußt du den Gipfel erklettern, dann erblickst du ein Loch, durch welches du dich hinabgleiten lassen und tief in den Baum gelangen kannst. Ich werde dir einen Strick um den Leib binden, damit ich dich wieder heraufziehen kann, wenn du mich rufst!«

»Was soll ich denn da unten im Baum?« fragte der Soldat.

»Geld holen!« sagte die Hexe. »Wisse, wenn du auf den Boden des Baumes hinunterkommst, so bist du in einer großen Halle; da ist es ganz hell, denn da brennen über hundert Lampen. Dann erblickst du drei Türen! Du kannst sie öffnen, der Schlüssel steckt darin. Gehst du in die erste Kammer hinein, so erblickst du mitten auf dem Fußboden eine große Kiste, auf derselben sitzt ein Hund; er hat ein Paar Augen so groß wie ein Paar Teetassen, doch darum brauchst du dich nicht zu kümmern! Ich gebe dir meine blaue Schürze, die kannst du auf dem Fußboden ausbreiten, geh dann rasch hin und nimm den Hund, setze ihn auf meine Schürze, öffne die Kiste und nimm soviel Geld, wie du willst; es ist lauter Kupfer. Willst du lieber Silber haben, so mußt du in das nächste Zimmer hineingehen; aber da sitzt ein Hund, der hat ein Paar Augen so groß wie Mühlräder; doch das soll dich nicht kümmern. Setze ihn auf meine Schürze und nimm von dem Gelde! Willst du hingegen Gold haben, so kannst du es auch bekommen, und zwar so viel, wie du tragen willst, wenn du in die dritte Kammer hineingehst. Aber der Hund, der auf dem Geldkasten sitzt, hat zwei Augen, jedes so groß wie ein Turm. Glaube mir, das ist ein ordentlicher Hund; aber daran sollst du dich nicht kehren. Setze ihn auf meine Schürze, so tut er dir nichts, und nimm aus der Kiste soviel Gold, wie du willst!«

»Das ist nicht übel!« sagte der Soldat. »Aber was soll ich dir geben, du alte Hexe, denn etwas willst du doch auch wohl haben?«

»Nein«, sagte die Hexe, »nicht einen einzigen Groschen will ich haben! Für mich sollst du nur ein altes Feuerzeug nehmen, das meine Großmutter vergaß, als sie das letzte Mal da unten war!«

»Nun, so binde mir den Strick um den Leib!« sagte der Soldat.

»Hier ist er«, sagte die Hexe, »und hier ist meine blaue Schürze.«

Dann kletterte der Soldat auf den Baum hinauf, ließ sich in das Loch hinuntergleiten und stand nun, wie die Hexe gesagt hatte, unten in der großen Halle, wo die vielen Lampen brannten.

Nun öffnete er die erste Tür. Uh! da saß der Hund mit den Augen so groß wie Teetassen und glotzte ihn an.

»Du bist ein netter Kerl!« sagte der Soldat, setzte ihn auf die Schürze der Hexe und nahm soviel Kupfergeld, wie seine Tasche fassen konnte, schloß dann die Kiste, setzte den Hund wieder darauf und ging in das andere Zimmer hinein. Wahrhaftig, da saß der Hund mit den Augen so groß wie Mühlräder.

»Du solltest mich lieber nicht so ansehen«, sagte der Soldat, »du könntest Augenschmerzen bekommen!« Und dann setzte er den Hund auf die Schürze der Hexe. Aber als er das viele Silbergeld in der Kiste erblickte, warf er all das Kupfergeld, das er hatte, fort und füllte die Taschen und den Tornister nur mit Silber. Nun ging er in die dritte Kammer. Das war häßlich! Der Hund darin hatte wirklich zwei Augen so groß wie ein Turm, und die drehten sich im Kopfe gerade wie Mühlräder.

»Guten Abend!« sagte der Soldat und berührte die Mütze, denn einen solchen Hund hatte er früher nie gesehen; aber als er ihn etwas genauer betrachtet hatte, dachte er: »Nun ist es genug!«, hob ihn auf den Fußboden herunter und machte die Kiste auf. Was war da für eine Menge Gold! Er konnte dafür die ganze Stadt und die Zuckerferkel der Kuchenfrauen, alle Zinnsoldaten, Peitschen und Schaukelpferde in der ganzen Welt kaufen! Ja, das war einmal Gold! Nun warf der Soldat alles Silbergeld, womit er seine Taschen und seinen Tornister gefüllt hatte, fort und nahm dafür Gold, ja, alle Taschen, der Tornister, die Mütze und die Stiefel wurden gefüllt, so daß er kaum gehen konnte; nun hatte er Geld! Den Hund setzte er auf die Kiste, schlug die Tür zu und rief dann durch den Baum hinauf:

»Zieh mich jetzt in die Höhe, du alte Hexe!«

»Hast du auch das Feuerzeug?« fragte die Hexe.

»Wahrhaftig«, sagte der Soldat, »das habe ich vergessen.« Und er ging und holte es. Die Hexe zog ihn herauf, und da stand er wieder auf der Landstraße, die Taschen, Stiefel, Tornister und Mütze voll Gold.

»Was willst du mit dem Feuerzeug?« frage der Soldat.

»Das geht dich nichts an!« sagte die Hexe. »Nun hast du ja Geld bekommen! Gib mir nur das Feuerzeug!«

»Ach was !« sagte der Soldat. »Willst du mir gleich sagen, was du damit willst, oder ich ziehe meinen Säbel und schlage dir den Kopf ab!«

»Nein!« sagte die Hexe.

Da schlug der Soldat ihr den Kopf ab. Da lag sie! Aber er band all sein Gold in ihre Schürze, nahm es wie ein Bündel auf seinen Rücken, steckte das Feuerzeug ein und ging geradewegs in die Stadt.

Das war eine prächtige Stadt, und in den prachtvollsten Wirtshäusern kehrte er ein, verlangte die allerbesten Zimmer und seine Lieblingsspeisen, denn nun war er ja reich, da er soviel Geld hatte.

Dem Diener, der seine Stiefel putzen sollte, kam es freilich vor, als seien es recht jämmerliche, alte Stiefel, die ein so reicher Herr besaß, aber er hatte sich noch keine neuen gekauft; am nächsten Tage bekam er anständige Stiefel und schöne Kleider. Nun war aus dem Soldaten ein vornehmer Herr geworden, und man erzählte ihm von all den Herrlichkeiten, die in der Stadt waren, und von dem König, und was für eine niedliche Prinzessin seine Tochter sei.

»Wo kann man sie zu sehen bekommen?« fragte der Soldat.

»Sie ist gar nicht zu Gesicht zu bekommen!« antwortete man. »Sie wohnt in einem großen kupfernen Schlosse, von vielen Mauern und Türmen umgeben. Niemand außer dem König darf bei ihr aus- und eingehen, denn es ist prophezeit, daß sie an einen ganz gemeinen Soldaten verheiratet wird, und das kann der König nicht zugeben.«

»Ich möchte sie wohl sehen!« dachte der Soldat, aber dazu konnte er ja durchaus keine Erlaubnis erhalten.

Nun lebte er recht lustig, besuchte das Theater, fuhr in des Königs Garten und gab den Armen viel Geld, und das war nett von ihm; er wußte noch von früheren Zeiten her, wie schlimm es ist, nicht einen Groschen zu besitzen! Er war nun reich, hatte schöne Kleider und fand viele Freunde, die alle sagten, er sei ein vortrefflicher Mensch, ein wahrer Edelmann, und das hatte der Soldat gern! Aber da er jeden Tag Geld ausgab und nie etwas einnahm, so blieben ihm zuletzt nicht mehr als zwei Groschen übrig, und er mußte die schönen Zimmer verlassen, in denen er gewohnt hatte, und oben in eine ganz kleine Kammer ziehen, dicht unter dem Dache, seine Stiefel selbst bürsten und sie mit einer Stopfnadel zusammennähen, und keiner seiner Freunde kam zu ihm, denn es waren viele Treppen hinaufzusteigen.

Es war ein ganz dunkler Abend, er konnte sich nicht einmal ein Licht kaufen, aber da fiel es ihm ein, daß ein kleines Stückchen in dem Feuerzeuge liege, das er aus dem hohlen Baume, in dem die Hexe ihm hinuntergeholfen, genommen hatte. Er holte das Feuerzeug und das Lichtstückchen vor; aber gerade, als er Feuer schlug und die Funken aus dem Flintenstein flogen, sprang die Tür auf und der Hund, der Augen so groß wie ein Paar Teetassen hatte und den er unten unter dem Baum gesehen hatte, stand vor ihm und sagte: »Was befiehlt mein Herr?«

»Was ist das?« fragte der Soldat. »Das ist ja ein lustiges Feuerzeug, wenn ich so bekommen kann, was ich haben will! Schaffe mir etwas Geld«, sagte er zum Hunde, und schnell war er fort und wieder da und hielt einen großen Beutel voll Geld in seinem Maule.

Nun wußte der Soldat, was für ein prächtiges Feuerzeug das war! Schlug er einmal, so kam der Hund, der auf der Kiste mit Kupfergeld saß, schlug er zweimal, so kam der, welcher das Silbergeld hatte, und schlug er dreimal, so kam der, welcher das Gold hatte. Nun zog der Soldat wieder in die schönen Zimmer hinunter, erschien wieder in schönen Kleidern, und da erkannten ihn sogleich alle seine Freunde und hielten sehr viel von ihm.

Da dachte er einst: »Es ist doch etwas recht Sonderbares, daß man die Prinzessin nicht zu sehen bekommen kann. Sie soll sehr schön sein; aber was kann das helfen, wenn Sie immer in dem großen Kupferschlosse mit den vielen Türmen sitzen soll! Kann ich sie denn gar nicht zu sehen bekommen? Wo ist mein Feuerzeug?« Er schlug Feuer, und da kam der Hund mit den Augen so groß wie Teetassen.

»Es ist freilich mitten in der Nacht«, sagte der Soldat, »aber ich möchte herzlich gern die Prinzessin nur einen Augenblick sehen!«

Der Hund war gleich aus der Tür, und ehe der Soldat daran dachte, sah er ihn schon mit der Prinzessin wieder. Sie saß und schlief auf dem Rücken des Hundes und war so lieblich, daß jedermann sehen konnte, daß es eine wirkliche Prinzessin war; der Soldat konnte es durchaus nicht unterlassen, sie zu küssen, denn er war ganz und gar Soldat.

Darauf lief der Hund mit der Prinzessin zurück; doch als es Morgen wurde und der König und die Königin kamen, sagte die Prinzessin, sie habe in der vorigen Nacht einen ganz sonderbaren Traum von einem Hund und einem Soldaten gehabt. Sie sei auf dem Hund geritten, und der Soldat habe sie geküßt.

»Das wäre wahrlich eine schöne Geschichte!« sagte die Königin.

Nun sollte in der nächsten Nacht eine der alten Hofdamen am Bette der Prinzessin wachen, um zu sehen, ob es ein Traum sei oder was sonst.

Der Soldat hatte eine außerordentliche Sehnsucht, die Prinzessin wiederzusehen, und so kam denn der Hund in der Nacht, nahm sie und lief, was er konnte; aber die alte Hofdame lief ebenso schnell hinterher. Als sie nun sah, daß jene in einem großen Hause verschwanden, dachte sie: »Nun weiß ich, wo es ist«, und machte mit einem Stück Kreide ein großes Kreuz an die Tür. Dann ging sie nach Hause und legte sich nieder, und der Hund kam auch mit der Prinzessin wieder. Aber als er sah, daß ein Kreuz an der Tür, wo der Soldat wohnte, gemacht war, nahm er auch ein Stück Kreide und machte Kreuze an alle Türen in der ganzen Stadt. Das war klug getan, denn nun konnte ja die Hofdame die richtige Tür nicht finden, da Kreuze an allen waren.

Früh morgens kamen der König und die Königin, die alte Hofdame und alle Offiziere, um zu sehen, wo die Prinzessin gewesen war.

»Da ist es!« sagte der König, als er die erste Tür mit einem Kreuz erblickte.

»Nein, dort ist es, mein lieber Mann!« sagte die Königin, als sie die zweite Tür mit einem Kreuz darauf sah.

»Aber da ist eins, und dort ist eins!« sagten alle; wohin sie blickten, waren Kreuze an den Türen. Da begriffen sie denn wohl, daß ihnen das Suchen nichts helfen würde.

Aber die Königin war eine äußerst kluge Frau, die mehr konnte, als in einer Kutsche fahren. Sie nahm ihre große, goldene Schere, schnitt ein großes Stück Seidenzeug in Stücke und nähte einen kleinen, niedlichen Beutel; den füllte sie mit feiner Buchweizengrütze, band ihn der Prinzessin auf den Rücken, und als das getan war, schnitt sie ein kleines Loch in den Beutel, so daß die Grütze den ganzen Weg bestreuen konnte, den die Prinzessin nahm.

In der Nacht kam nun der Hund wieder, nahm die Prinzessin auf den Rücken und lief mit ihr zu dem Soldaten hin, der sie lieb hatte und gern ein Prinz hätte sein mögen, um sie zur Frau bekommen zu können.

Der Hund merkte nicht, wie die Grütze gerade vom Schlosse bis zum Fenster des Soldaten, wo er die Mauer mit der Prinzessin hinauflief, sich ausstreute. Am Morgen sahen der König und die Königin nun wohl, wo ihre Tochter gewesen war, und da nahmen sie den Soldaten und setzten ihn ins Gefängnis.

Da saß er. Hu, wie dunkel und häßlich war es da! Und dazu sagte man ihm: »Morgen wirst du gehängt werden.« Das zu hören war eben nicht ergötzlich, und sein Feuerzeug hatte er zu Hause im Gasthofe gelassen. Am Morgen konnte er durch das Eisengitter vor dem kleinen Fenster sehen, wie sich das Volk beeilte, aus der Stadt zu kommen, um ihn hängen zu sehen. Er hörte die Trommeln und sah die Soldaten marschieren. Alle Menschen liefen hinaus; unter ihnen war auch ein Schuhmacherjunge mit Schurzfell und Pantoffeln; er lief so im Galopp, daß einer seiner Pantoffeln abflog gerade gegen die Mauer, wo der Soldat saß und durch das Eisengitter hinaussah.

»Ei, du Schuhmacherjunge! Du brauchst nicht solche Eile zu haben«, sagte der Soldat zu ihm; »es wird nichts daraus, bevor ich komme! Willst du aber hinlaufen, wo ich gewohnt habe, und mir mein Feuerzeug holen, so sollst du vier Groschen haben! Aber du mußt schnell machen!« Der Schuhmacherjunge wollte gern die vier Groschen haben und lief fort nach dem Feuerzeug, brachte es dem Soldaten und – ja, nun werden wir hören!

Außerhalb der Stadt war ein großer Galgen aufgestellt, ringsherum standen die Soldaten und viele tausend Menschen. Der König und die Königin saßen oben auf einem prächtigen Thron, den Richtern und dem ganzen Rate gegenüber.

Der Soldat stand schon oben auf der Leiter; aber als sie ihm den Strick um den Hals legen wollten, sagte er, daß man ja immer einem armen Sünder, bevor er seine Strafe erdulde, die Erfüllung eines unschuldigen Wunsches gewähre. Er möchte eine Pfeife Tabak rauchen, es sei ja die letzte Pfeife, die er in dieser Welt bekomme.

Das wollte der König ihm denn auch nicht abschlagen, und so nahm der Soldat sein Feuerzeug und schlug Feuer, ein-, zwei-, dreimal! Da standen alle drei Hunde, der mit den Augen so groß wie Teetassen, der mit den Augen wie Mühlräder und der, welcher Augen so groß wie ein Turm hatte.

»Helft mir, daß ich nicht gehängt werde«, sagte der Soldat, und da fielen die Hunde über die Richter und den ganzen Rat her, nahmen den einen bei den Beinen und den andern bei der Nase und warfen sie viele Ellen hoch in die Luft, daß sie beim Niederfallen sich in Stücke zerschlugen.

»Ich will nicht«, sagte der König, aber der größte Hund nahm sowohl ihn wie die Königin und warf sie den andern nach; da erschraken die Soldaten, und alles Volk rief: »Guter Soldat, du sollst unser König sein und die schöne Prinzessin haben!«

Dann setzten sie den Soldaten in des Königs Kutsche, und alle drei Hunde tanzten vorauf und riefen Hurrah! Und die Knaben pfiffen auf den Fingern, und die Soldaten präsentierten das Gewehr. Die Prinzessin kam aus dem kupfernen Schlosse und wurde Königin, und das gefiel ihr wohl! Die Hochzeit währte acht Tage lang, und die Hunde saßen mit bei Tische und machten große Augen.

Hans Christian Andersen

Rübezahls Mittagstisch

1

Es war einmal ein schöner, warmer Frühlingsmorgen, als aus dem Städtchen Hirschberg eine große Gesellschaft Herren, Damen und Kinder eine Lustpartie zu Wagen durch das Riesengebirge machte. Man hatte beschlossen, wo die Straße es zuließ, zu fahren, wo das unmöglich war, zu Fuß zu gehen. Früh um sechs Uhr hatte man sich auf den Weg gemacht und hielt jetzt – es mochte neun Uhr morgens sein – am Fuß einer Waldhöhe still, um zu einer schönen Bergansicht zu gelangen. Einer von der Gesellschaft, ein Student, hatte sich zum Führer angeboten. »Ich kenne hier jeden Weg und Steg, jeden Strauch und Stein«, sagte er, »Sie glauben es gar nicht, was ich für einen merkwürdigen Ortssinn habe. Sie können sich darauf verlassen, wo ich nur einmal im Leben gewesen bin, da will ich mich nach zehn Jahren, trotz aller alten und neuen Nebenwege, fast im Schlaf zurechtfinden. Und wenn Sie den Rübezahl selbst als Führer annehmen wollten, der könnte Sie nicht so führen wie ich!«

Einige Damen hatten nicht so rechtes Vertrauen zu seiner Führung, sie meinten, es wäre doch ängstlich, wenn man nachher den Weg verfehlte, besonders da man gar keinen Mundvorrat mitgenommen hätte.

»Gut, so wollen wir den Berggeist rufen«, sagte der Student etwas empfindlich. »Rübezahl! Alter Rübezahl!« rief er in die Berge hinein. »Komm und führ uns!« Alles war still ringsum, nur eine Elster auf dem nächsten Eichenbaum schnatterte, daß es wie ein Lachen klang, und eine runde, weiße Wolke guckte wie neugierig über die Berge.

»Sehen Sie, der Rübezahl will nicht kommen; da müssen Sie mich schon als Führer behalten«, sagte der junge Mann.

»Aber wie lange haben wir zu gehen?« fragte eine Dame. »Meine Kinder werden leicht müde«.

»Nur eine kleine halbe Stunde«, antwortete der Student, »dann haben wir die Höhe erreicht. Sie werden sehen: eine Aussicht ist da, himmlisch, göttlich. Da überblicken Sie das ganze Riesengebirge in seiner weitesten Ausdehnung, die Schneekoppe, Heuscheuer; alles in vollster Pracht. Und nun gar die Nähe! Unten im Grunde ein paar Dutzend Dörfer. Von den schwarzen Tannenwäldern steigen Rauchsäulen aus den Kohlenmeilern blau in die Luft, dazu von allen Seiten Glockenklingen, Kuhgeläute, Hundegebell und Hirtengesang. Und nun erst das Echo da oben! Nirgends in der weiten Welt ist ein Echo zu finden, das die schwierigsten Wörter mit solcher Leichtigkeit nachspricht. Zum Beispiel das berühmte

Wort: ›Sechsundsechzig Schock sächsische Schuhzwecken‹ ruft es sechsmal hintereinander zurück, wenn man es ihm nur deutlich vorgesprochen hat.«

»Singt es denn auch wohl?« fragte ein pfiffiges kleines Mädchen.

»Nein, singen tut es so recht eigentlich nicht«, erwiderte der Student, »aber wenn man den Jägerchor aus dem ›Freischütz‹ da oben anstimmt, so ist der Widerhall gerade so, als wenn ein ganzer Chor von Waldhörnern geblasen würde, und wenn ich meine Pistole in die Berge hinein abfeure, so gibt das ein Krachen, als ob von jeder Bergspitze ein Donnerwetter ins Tal hineinführe.«

»Da wollen wir denn doch lieber nicht schießen«, sagte die alte Dame, und ihre Kinder machten schon jetzt so weinerliche Gesichter, als sollten sie beim bloßen Gedanken an den Schuß umfallen. Man kannte zwar den Studenten als einen Erzaufschneider und Windbeutel, aber da er in Breslau studierte und während der letzten Zeit viel im Gebirge umhergestreift war, so vertraute man sich in Ermangelung eines anderen Führers seiner Leitung. Der Fußsteg, den er der Gesellschaft zeigte, schien bequem und schattig, man hoffte, in anderthalb Stunden wieder zurück bei den Wagen zu sein. Dazu war die Luft schön und warm, man ließ daher Mäntel und Schirme zurück und trat den Spaziergang an.

Voraus schritt natürlich der Herr Studiosus. An seinen Stock hatte er einen Eichenzweig gebunden, den er als Fahne hoch in die Luft schwenkte. Die übrige Gesellschaft, etwa dreißig Personen an der Zahl, mußten einer hinter dem anderen ziehen; das sah zwischen den dunkeln, grünen Büschen, zumal da, wo der Weg sich schlängelte, gar bunt und lustig aus. Die jungen Männer und Mädchen sangen allerlei Lieder, die Kinder, bald voran, bald wieder mitten unter den anderen, stimmten in die Melodien mit ein, suchten Blumen am Wege und liefen den Schmetterlingen nach. Die älteren Herren, ihre Zigarren im Munde, führten gelehrte Gespräche, und zuletzt kamen die Frauen; ihrer seidenen Kleider wegen mußten sie sehr vorsichtig gehen. Sie waren gleich anfangs etwas verstimmt, denn der redselige Führer machte ihnen viel zu rasche Schritte. Auf ihre Bitten, seinen Eifer zu mäßigen, hörte er gar nicht.

Trotzdem ging es sich im Anfange ganz hübsch auf dem anmutigen Wege. Rechts zog sich ein junger Tannenwald, mit lichten Birken dazwischen, den Berg in die Höhe; links rauschte unter Erlen ein geschwätziger Bach über farbige Kiesel, bald dunkel beschattet, bald mit den glänzenden Sonnenstrahlen spielend, die auf seinen Wellen wie leichte Flämmchen zitterten. Auch sah man hier und da auf ein freundliches Wiesental herunter; da stand das Heu in runden Haufen aufgeschüttet, und der frische Duft davon wurde von einem leichten Winde heraufgeweht.

»Nun, meine Herrschaften!« rief der junge Mann an der Spitze des Zuges, »was sagen Sie, versteh ich es nicht, Sie zu führen?«

»Reizend! Ganz reizend!« riefen die jungen Mädchen.

»Entzückend schön!« rief eine Dame, sah aber dabei sehr ärgerlich nach dem Saum ihres seidenen Kleides, worin sie sich eben ein großes Loch gerissen hatte.

»Nur weiter! Nur weiter! Mein Lieber!« eiferte ein alter, dicker Herr mit rotem Gesichte. »Je länger hier, je später kommen wir zum Frühstück wieder hinunter, und ich habe gewaltigen Hunger und Durst.« Die bunte Reihe der Gesellschaft zog nun in die tieferen Schatten eines dunkeln Tannenwaldes hinein.

Bald fing die Sache an, etwas unangenehm zu werden. Der Weg war voll spitzer Steine, dazwischen Pfützen und Schlamm. Von den Bäumen hingen an vielen Stellen dürre Zweige, mit weißem Moos bewachsen, tief herunter und hinderten die Gehenden. Schwarze nackte Schnecken schleiften sich an der Erde fort.

»Das sind schlimme Wetterpropheten«, rief einer in der Gesellschaft. »Ich fürchte, wir bekommen heute noch Regen!«

»Ich glaub's auch«, sagte der dicke Herr. »Da unten in dem Dorfe hört man deutlich alle Hähne krähen!«

»Ach, unsere Schirme! Wenn wir nur erst wieder zurück wären!« seufzten die anderen.

Plötzlich schrie ein junges Mädchen laut auf: »Um Himmels willen! Nehmt mir die greuliche Spinne ab, die mir da auf dem Halse herumkriecht!«

»Das wird ja immer fürchterlicher!« jammerten die älteren Damen, »lauter Spinneweben; man wird ganz davon eingewickelt.«

»Ach die Wespen! Die abscheulichen Mücken!« schrien die Kinder, und dabei schlugen sie rechts und links mit den Händen um sich.

»Sind wir denn nicht bald oben?« seufzte bald hier, bald dort einer.

»Gleich! Gleich! Nur noch um jene Ecke, da wird die Aussicht schon freier, und in einer Minute sind wir oben!« Das war die stehende Antwort des Studenten auf die immer dringender werdenden Fragen und Klagen. Aber der Weg wurde böser, der Student wurde einsilbiger, und zuletzt ging die ganze Schar stumm und still hinter ihm her.

Jetzt gelangte man an einen Punkt, wo vier Wege zu allen Himmelsgegenden führten, einer steiniger als der andere, statt der Blumen wuchsen da nur Disteln und Dornen.

Der Student stand still und sah sich um. Alles machte hinter ihm halt.

»Meine Herrschaften«, rief er nach einer Pause, »ich glaube fast, wir haben den rechten Weg verfehlt!«

»Nein, das ist abscheulich!« riefen die Damen, »das ist unmöglich!«

Die Herren aber brummten oder verhöhnten den weisen Herrn Führer, der erst so großgetan hatte.

»Aber, mein Himmel!« rief dieser, »daran sind Sie alle schuld, mit Ihrem ewigen Jammern und Seufzen haben Sie mich ganz verwirrt gemacht.«

»Umkehren!« riefen einige, »vorwärts!« die anderen, und nun wurde hin und her gestritten, was zu tun sei; auf den Studenten ward gar nicht mehr gehört, die bittersten Vorwürfe mußte er ruhig hinnehmen.

Zu dem Ärger und Zank kam jetzt auch noch ein tüchtiger Regenschauer, der alles in größte Aufregung brachte. Man drängte, man stieß sich hin und her; und je mehr man sich drängte und stieß, desto öfter blieb hier ein Kleid an den Dornen hängen, dort ein Schuh im Schlamm stecken; die Kinder weinten, die Eltern berieten sich, und bei alledem kam man nicht vom Fleck und zu keinem Entschluß.

Endlich hörte man durch den Lärm aus einiger Entfernung Hundegebell. Man horchte auf und einigte sich darüber, man wolle nach der Richtung, wo der Schall hergekommen war, in den Wald hineingehen, da hoffte man doch zuletzt einen Menschen anzutreffen, der die Gesellschaft auf dem nächsten Weg zu den zurückgelassenen Wagen bringen könnte. In dem Getümmel hatte man selbst den Pfad verloren, auf dem man hergekommen war.

Man schritt wieder vorwärts, aber das Hundegebell schien immer in derselben Entfernung zu bleiben. Bald brannte die Sonne, bald kamen neue Regenschauer, und dabei ging es fort und fort durch dichten Tannenwald; das Nadelholz gewährte gerade kein besonderes Schutzdach gegen den Regen. Schon ermüdeten die kleineren Kinder und mußten abwechselnd getragen werden, die Kleider der Frauen waren gänzlich durchnäßt und mit Schmutz bedeckt; den Männern tropfte der Regen von den Hüten, und zu allen Plagen gesellten sich noch Hunger und Durst.

2

So war man im ganzen drei Stunden lang fortgewandert, als der Wald sich endlich lichtete. Bald befand man sich in einem kleinen Talkessel, rings von Klippen und Gestrüpp umschlossen. An der einen Seite einer Bergwand lehnte ein ärmliches Häuschen hinter hohen Fliedersträuchern, ihm gegenüber ragte ein Felsblock gleich einem mächtigen Steintisch aus der Erde.

Knorrige Wurzeln, von weichem Moose wie mit Samtpolstern bedeckt, umgaben diesen Stein im Halbkreise, uralte Buchen breiteten ihr schattiges Laubdach darüber hin. Sonst war der ganze übrige Raum des Tales zu einem Gemüsegarten benutzt. Auf sauberen Erdrücken standen in zierlichen Reihen Kohlpflanzen, Rüben und Gemüse aller Art. Auch schien es hier gar nicht geregnet zu haben, die Sonne lachte freundlich und mild über die Beete hin, aber in den Buchenschatten wehte ein erquickender Wind.

Die Gesellschaft brach in einen Ruf der Freude aus, als sie aus dem Dickicht trat, und obgleich die meisten eben noch vor Müdigkeit kaum gehen konnten, stürzte jetzt alles jubelnd den Moosbänken zu und streckte die müden Glieder nach Herzenslust auf den bequemen Sitzen.

Erst jetzt entdeckte man das Strohdach hinter den Fliederbüschen. Einige Herren wollten hinlaufen, um die Bewohner des Hauses nach dem Wege zu fragen und um etwas Brot und Milch zu bitten. Aber der Student kam ihnen zuvor. Der Länge nach ins Gras gestreckt, rief er mit lauter Stimme: »Rübezahl, erscheine und deck den Tisch!« Auf den Ruf hörte man im Hause einen Hund bellen, und gleich darauf öffnete ein alter, kräftiger Holzbauer die Tür. Beim Anblick der Gäste zog er mit gutmütigem Schmunzeln seine Pelzkappe.

»Was beliebt, meine Herrschaften?« fragte er.

Im Anfang war die Gesellschaft doch etwas erschrocken, als der Mann fast gleich nach dem Ruf »Rübezahl!« vor sie hintrat. Seine Freundlichkeit aber erweckte bald Zutrauen.

Zuerst erkundigte man sich nach dem Wege und wo man denn eigentlich sei. Zur größten Freude aller berichtete der Bauer, daß sie sich nicht gar so weit von dem Punkt befänden, wo sie hin wollten. Der großen Müdigkeit wegen beschloß man, doch noch eine Stunde hier zu ruhen.

»Unbeständig Wetter heute und garstiger Weg!« sprach der Alte. »Euer Gnaden werden hungrig sein, ich kann mir's schon denken. Vielleicht kann ich mit was recht Schmackhaftem aufwarten. Wie Sie sehen, hab ich hier ein vortrefflich Gemüse, wenn's gefällig ist?«

»Nu, Alter! Was habt Ihr denn?« fragte der dicke Herr mit dem roten Gesicht, »es wird nicht viel Gescheites sein, vielleicht Brennesseln und Huflattich oder sonst so etwas Gut's, he?«

Der Bauer runzelte die Stirn. »Nu, nu!« sprach er, »so übel, wie der Herr davon denkt, ist es just auch nicht. Die Herrschaften aus der ganzen Umgegend beehren mich oft mit ihrem Besuch, um meine Rüben und Kartoffeln zu essen.«

»Die Herrschaften aus der Umgegend«, witzelte der Student, »die Euer Gemüse so schön finden, das sind wohl die Ochsen und Schafe da unten aus den Dörfern oder die Esel aus der Mühle. Nicht wahr, Alter?«

»Kann sein, daß auch so einer hier einmal herkommt«, antwortete der Bauer mit trockener Miene und ließ sich in seiner Ruhe nicht stören. »Eben heute erwartete ich eine Gesellschaft aus Warmbrunn, es hat aber da unten geregnet, und da werden sie wohl ausbleiben. Wenn sonst Euer Gnaden befehlen, eine Schüssel ist bereits angerichtet, ich brauche sie nur herzubringen.«

»Immerzu!« riefen die Herren. »Bringt Eure Siebensachen herbei!« Die Kinder aber verzogen die Gesichter bei dem Gedanken, daß das Gemüse so schmutzig aussehen würde wie das Haus des Wirts. Der Mann ging in die Hütte zurück und kam bald darauf wieder heraus mit einer großmächtigen, verdeckten Schale; die stellte er mitten auf den Steinblock vor den dicken Herrn hin. Ihm folgten sechs Knaben, wahrscheinlich seine Kinder. Es waren kleine, dickköpfige Buben mit braunen Gesichtern und strohblondem Haar. Sie brachten Salz und Pfeffer, reichten alte Scherben von Tellern herum und legten Löffel und Messer daneben; freilich war das Tischgerät so rostig und verbogen, schwarz und zerbrochen, daß man oft kaum noch daran die ursprüngliche Form erkennen konnte.

»Ihr seid ja allerliebste Engel!« rief der Student und kneipte den ersten Jungen in die Backen. »Ist das Silber oder Gold, wovon die Raritäten da sind, die ihr uns bringt?«

Die Jungen grinsten ihn an und sprachen kein Wort.

»Packt euch, ihr Jungens!« rief der alte Bauer. »Und recht guten Appetit, Euer Gnaden!«

Damit empfahl er sich und ging in sein Haus zurück. Die Jungen liefen mit wunderlich täppischen Gebärden ihm nach in die Hütte und warfen die Tür hinter sich zu.

»Nun bin ich doch neugierig«, sprach der dicke Herr mit spöttischem Lächeln, »was für seltsame naturgeschichtliche Produkte wir da zu sehen bekommen werden.« Dabei putzte er seine Brille mit dem seidenen Schnupftuche ab.

»Heben Sie doch nur den Deckel von der Terrine!« riefen ihm die anderen zu, »es wird doch immer noch zu essen sein.«

Der dicke Herr setzte die Brille auf, faßte den Knopf am Deckel der Terrine und wollte ihn aufheben, aber – der Deckel saß fest.

»Das müßte doch nicht mit rechten Dingen zugehen, wenn ich nicht auf den ersten Ruck den Deckel losbekäme«, rief der Student und drängte sich heran. Er schob und schob und rüttelte – der Deckel saß fest. »Aber jetzt passen Sie auf, jetzt muß es gehen«, rief er ganz rot vor Eifer. »Eins – zwei – und drei!«

Die Hand glitt ihm vom Knopf ab und schlug mit solcher Gewalt ihm an die Nase, daß sie zu bluten anfing, aber der Deckel rührte sich nicht.

Auch andere versuchten noch ihre Geschicklichkeit daran, alles war vergebens. Man rief nach dem Wirt, aber keine Antwort erfolgte. Im Hause blieb es mäuschenstill.

»Die Faulenzer halten da drinnen wahrscheinlich ihre Mittagsruhe und liegen auf der Bärenhaut«, rief der Student, »die wollen wir bald aus dem Schlaf wecken! Passen Sie auf!«

Schnell holte er sein Terzerol* aus der Tasche und lud es, obwohl die Damen ihn flehentlich baten, nicht zu schießen. Einige von den dümmsten Kindern hielten sich die Ohren zu und fingen an zu weinen.

»Rübezahl!« rief der Student, »öffne den Deckel!« Er schoß in die Luft, da krachte als Echo ein furchtbarer Donner von allen Bergen herunter in das Tal und schien noch lange im Innern der Erde nachzurollen. Zugleich flog der Deckel der Terrine hoch in die Luft, stieß oben gegen einen Buchenast und fiel in Scherben auf den Felsblock herunter.

In demselben Augenblick ertönte in den Felsen ein Chorgesang. Unsichtbare Stimmen sangen den Jägerchor aus dem »Freischütz«, und aus weiter Ferne klang das Echo herüber, als würden viele Waldhörner geblasen.

Vor Schreck fast versteinert, saß die Gesellschaft auf ihren Moosbänken da und rührte sich nicht. Aller Augen richteten sich auf die wunderbare Terrine. Da sah man Kartoffeln und Rüben, schwarze Rettiche und Radieschen, Gurken und Zwiebeln bunt durcheinander darinliegen – aber alles war roh und ungekocht, mit Haut und Blättern und Fasern daran, wie eben aus der Erde herausgezogen.

3

Der erste, der das Schweigen brach, war der dicke Herr. »Das ist ja eine riesenmäßige Kartoffel, die da obenauf liegt«, sprach er, »solch Exemplar habe ich noch in keinem Buche der Kochkunst beschrieben oder abgebildet gesehen!«

Eben langte er mit der Gabel nach der Kartoffel hinein, als sie sich hoch aufrichtete und ihm ein fürchterliches Gesicht schnitt. Der dicke Herr ließ vor Angst die Gabel fallen und fuhr, soweit er konnte, auf seinem Sitze zurück. Aber nicht bloß die eine Erdfrucht, nein! Alles übrige in der Terrine wurde lebendig. An dem Gemüse keimten die Wurzeln und Fasern heraus und wurden Arme und Beine.

Alle die verschiedenen Knollen und Warzen an den Kartoffeln schwollen auf und wurden Augen, Nasen, Backen und Lippen. So sprangen sie eine nach der anderen auf den Rand der Terrine und von da auf den steinernen Felsentisch. Ihnen folgten die schwarzen Rettiche als kleine dunkle Kerlchen mit dünnen Beinchen, die Gurken und Zwiebeln als Weiberchen, die Radieschen als Kinder. Bald waren sie alle aus der Terrine herausgehüpft und krabbelten lustig auf dem Felsblock herum.

Von neuem erklang der wunderbare Gesang in der Luft, da sproßten und wuchsen auf dem Steintische Moos und Gras, Farnkräuter und Blümchen zusehends auf und bildeten für das kleine närrische Volk einen allerliebsten Wald und Garten mit schattigen Bäumchen. Die wunderbaren Leutchen schienen sich darunter ganz behaglich zu fühlen, sie taten gerade wie große Menschen, sie begrüßten einander wie alte Bekannte, unterhielten sich über das schöne Wetter, über die Gegend und über allerlei Lustbarkeiten, die sie sich machen wollten, und benahmen sich so fein und anständig wie die gebildetsten Personen. Nun flogen auch noch aus der Luft Käfer, Fliegen und Mücken in den eben gewachsenen Garten hinein, setzten sich da auf Zweige und Ästchen und sangen den Kleinen ihre Lieder vor, wie die Vögel es den Menschen zu tun pflegen, und die Kartoffelherren, die Rübendamen und die Radieschenkinder hörten ihnen mit Wohlgefallen zu.

Die große wirkliche Menschengesellschaft war vor Verwunderung ganz verstummt, man sah und horchte nur und vergaß darüber Hunger und Durst und Müdigkeit. Es war aber auch gar lustig anzusehen, was die kleine Welt da unten alles trieb.

Die Kartoffel- und Rettichmännchen hatten sich von den anderen abgesondert und nach einer Seite des Steintisches hin zurückgezogen. Von einem Haufen dürrer Fichtennadeln, der da lag, nahm jeder eine auf und steckte sie in den Mund. An einem Glühwürmchen, das dicht dabei in einem dunkeln Loche leuchtete, zündeten sie ihre Fichtennadeln an und rauchten mit großem Wohlbehagen, als wären es die feinsten Zigarren von der Welt.

Einige von ihnen nahmen das große Blumenblatt einer wilden Rose in die Hände und studierten darin, als wäre es eine Zeitung. Die anderen setzten sich je vier und vier unter den Schatten eines Farnblattes; ein junger Rettich brachte große Pakete von Schlehdornblättchen herbei, die wurden verteilt und damit Karten gespielt, wie man es in unseren Gesellschaften zu tun pflegt. Von Zeit zu Zeit kam dann auch wohl ein Radieschen hergetrippelt und reichte in Blütenkelchen Pflanzensaft herum, das war der Wein, den die kleinen Spieler tranken.

Auf der anderen Seite des Felsblockes versammelte sich dagegen eine allerliebste kleine Damengesellschaft. Die Wirtin war eine schöne rote Möhre mit ihren zwei jungen Töchtern, einem gelben und einem weißen Rübchen. Der Kopfputz der drei Dämchen war besonders zierlich, feine Rübenblättchen hingen als Schleier ihnen über die Schultern herunter.

Nun kamen allmählich die anderen Kaffeegäste. Zuerst eine große, dicke saure Gurke mit sechs schlanken Pfeffergurken, das waren ihre Töchter, dann drei Zwiebelschwestern. Sie waren elegant gekleidet in rot und gelb schillernde Seide, hatten einen Reifrock über den anderen angezogen und auf dem Kopfe grüne Federn; das sah sehr stolz und vornehm aus. Darauf erschienen Schwarzwurzeln und Zuckerwurzeln und Rübenfamilien aller Art und mit ihnen eine ganze Schar rotbäckiger Kinder, frische, junge Radieschen mit weißen Strümpfchen und Schuhen.

Nach vielen Knixen und Begrüßungen setzte sich die Damengesellschaft unter eine hübsche, dunkle Mooslaube. Da stand das Kaffeegeschirr in Bereitschaft, so fein, wie die Kaiserin von China und die Kronprinzessin von Japan es nicht feiner haben können. Rote und weiße Fingerhutblüten stellten die Kaffeekannen vor, Maiglöckchen die Täßchen, und die Unterschälchen waren Erdbeerblüten.

Nun holten die kleinen Dämchen auch ihre weiblichen Arbeiten hervor. Mit blanken Dornen häkelten und strickten sie aus Spinnweben Strümpfchen und Kinderhäubchen, die Arbeiten gingen von Hand zu Hand und wurden viel gelobt und bewundert. Überhaupt war die Unterhaltung der Gemüsegesellschaft im Anfange so artig, daß es eine Lust anzuhören war. Besonders machten die Zuckerwurzeln ungemein höfliche, süße Redensarten, und die Zwiebelschwestern machten ihre Witze dazu, die allgemein belacht wurden. Aber das hielt leider nicht lange vor. Man fing bald an, einander zu necken und sich allerlei übelzunehmen. Die Zwiebeln wurden scharf und beißend, die Pfeffergurken bitter, die große Gurkenmadam machte immer saurere Gesichter, und die roten Rüben wurden vor Ärger darüber noch viel röter, als sie es schon von Natur waren. Am empfindlichsten waren die sanften, zarten Zuckerwurzeln; ihnen trat sogar bei den beißenden Witzen der Zwiebeln das Wasser in die Augen.

Auch auf der anderen Seite des Felsblockes waren indessen die Herren Kartoffeln bei ihrem Spiel in Zank und Streit geraten. Über den Ärger gingen ihre Fichtenzigarren alle Augenblicke aus, das Glühwürmchen hatte viel zu tun, um sie immer wieder von neuem anzuzünden. Höchst wunderlich war es anzusehen, wie die verschiedenen Leidenschaften sich in den verschiedenen Kartoffelgesichtern äußerten. Neid, Habsucht und Schadenfreude trieben große Beulen in den schon von Natur nicht schönen Zügen der dickköpfigen Leutchen bald hier, bald da heraus, manchem platzte sogar vor Ärger die Haut. Der dickste Kartoffelherr schnupfte im Zorn fortwährend Pfeffer aus dem Salz- und Pfefferfasse, das zufällig neben ihm stand, und zuletzt warf ein langer Rettich das Kartenspiel ärgerlich auf den Tisch, so daß alle die zweiundfünzig Blättchen lustig vom Winde durch die Luft geweht wurden.

Unterdessen hatten die rotbackigen Kinderchen, die Radieschen, in einem Heidekrautwalde »Blindekuh« und »Kämmerchen zu vermieten« gespielt, aber auch da war es nicht in der Ordnung hergegangen. In kurzer Zeit war ihnen die Sache langweilig geworden. Sie hatten nun »Ritter und Räuber« zu spielen versucht. Aber das Spiel artete bald in wirklichen Kampf aus, und sie fielen sich recht ernstlich in die Haare. Es dauerte nicht lange, so waren ihre grünen Mützen mit den langen Federn zerrissen und zerzaust. Zuletzt wurden einige noch gar von ein paar großen Schnecken gebissen. Aber das war die gerechte

Rübezahls Mittagstisch
von Robert Reinick

Strafe für ihren Vorwitz, denn sie hatten die gutmütigen Tiere aufs äußerste geneckt und gereizt. So lag die kleine Welt an allen Ecken in Kampf und Streit, da läutete plötzlich eine große blaue Glockenblume vier Schläge. Die Blume stand hoch mitten auf dem Felsblock, gerade wie ein chinesischer Glockenturm.

»Da schlägt es vier Uhr!« sprach der älteste Herr Kartoffel. »Ich denke, meine Herren, wir heben das Spiel auf und machen unsere Landpartie. Liebster Schatz!« rief er seiner Frau, der sauren Gurke, zu, die an der anderen Seite des Felsblockes saß, »es ist die höchste Zeit aufzubrechen.«

Die Gurke und mit ihr die ganze kleine Gesellschaft, Herren und Damen, erhoben sich von ihren Sitzen, Zank und Streit wurden vergessen, die Radieskinderchen herbeigerufen, und man trat den Weg an.

»Aber wer wird uns führen?« fragte eine Mohrrübe. »Ich«, rief der junge schwarze Rettich, der sich schon früher sehr eitel und anmaßend gezeigt hatte. »Ich kenne hier jeden Weg und Steg, und wenn Sie den Rübezahl selbst als Führer annehmen wollten, der könnte Sie nicht so sicher führen!«

Die Gemüseleutchen schienen nach langem Hin- und Herreden mit den Vorschlägen des Rettichs einverstanden zu sein. Der Rettich nahm nun ein Binsenstöckchen, band ein grünes Pflänzchen daran und schwang es als Fahne hoch empor. Ihm folgten die übrigen, einer hinter dem anderen, und so ging der Zug über die Erhöhungen und Vertiefungen des Steinblockes unter dichten Heidelbeerbüschen fort, bis er endlich ganz von den höheren Kräutern verdeckt wurde. Man konnte deutlich die feinen Stimmchen der kleinen Leute unter der grünen Pflanzendecke vernehmen. Zuerst sangen sie allerlei Lieder, dann wurde es stiller, später schien auch da unten wieder neues Gezänk auszubrechen.

4

Jetzt wollen wir die kleine Gesellschaft auf einige Zeit ruhig wandern lassen und wieder zu unseren großen Leuten zurückkehren.

Die saßen um den Steinblock herum wie im Traume; keiner wagte nach dem, was er eben gesehen hatte, ein Wort zu sprechen.

Ein junges, naseweises Mädchen konnte endlich nicht länger sschweigen. »Viktor!« flüsterte sie ihrem kleinen Bruder ins Ohr, »Viktor! Hast du wohl gesehen? Das eine Radieschen da unten, das so ungezogen war und dem anderen beim Spiel immer seine langen Beine in den Weg streckte, das sah doch gerade so aus wie du.«

»Und die eine Pfeffergurke«, sagte der Bruder ebenso leise, »die so krumm und einwärts ging und ihre Geschwister immer hofmeistern wollte, wem mag die wohl ähnlich gesehen haben?«

Das Mädchen wurde rot bis an die Ohren, der Student aber war vor Ärger und Beschämung ganz blaß geworden. Er merkte es wohl, daß der lange schwarze Rettich in Mienen, Worten und Gebärden seine Anmaßung lächerlich machte. Am liebsten hätte er in seinem Grimm den Rettich gleich gepackt und ihn mit

Haut und Haar aufgegessen, aber das war unmöglich, denn er fühlte alle seine Glieder wie durch eine Zaubermacht gelähmt und gefesselt. Seinem Ärger in Worten Luft zu machen, das wagte er nicht, weil er fürchtete, man würde ihn dann erst recht verhöhnen und auslachen.

Auch die anderen waren betroffen, denn jeder einzelne hatte unter den Gemüseleutchen deutlich sein eigenes Bild wiedererkannt. Aller Blicke folgten dem Geräusch unter der Pflanzendecke.

»Da kommen sie wieder! Da sind sie!« rief die ganze Gesellschaft wie aus einem Munde, und richtig! – der Zug der Gemüseleutchen trat wieder ans Tageslicht hervor. Aber wie traurig sahen sie jetzt aus! Der schöne Kopfputz der Rüben war geknickt, die Zwiebeln hoben ihre seidenen Kleiderchen, soviel es nur immer anging, in die Höhe, so daß man alle die vielen Reifröcke darunter deutlich sehen konnte, aber die Kleiderchen waren zerrissen und die weißen Reifröcke voller Schmutz. Die alte Gurkenmadam mußte sich von zwei kräftigen Kartoffeln führen lassen, so matt war sie, und die Rettiche und Möhren trugen die weinenden Radieschen mühselig auf dem Arm oder auf dem Rücken.

Gerade an der Stelle, wo der Zug aus dem Grün hervorgekommen war, lag ein großer, runder Kieselstein.

Jetzt sah man, wie die müde Gemüsegesellschaft sich um den Stein lagerte und nach Erquickung rief. Da sprang ein Eichkätzchen herbei, das trug eine große Nuß in den Pfötchen, die setzte es auf den Kieselstein und sprang wieder fort.

Nun sollte die Nuß geöffnet werden. Die Kartoffeln, die Rüben, die Zuckerwurzeln, alles versuchte daran seine Kräfte, aber jede Mühe war vergebens. Wie der Student es vorhin mit der Terrine versucht hatte, so tat es jetzt der Rettich mit der Nuß. Zuletzt sah man, wie er eine Knallschote in die Hand nahm und sie wie eine Pistole hoch in die Luft hineinstreckte.

»Rübezahl!« rief er und drückte die Knallschote ab.

»Krach!« prasselte es ringsum von allen Bergen wie hundert Donnerschläge ins Tal herunter.

Der wirklichen Menschengesellschaft vergingen die Sinne, alle sanken betäubt von den Moosbänken zu Boden.

Erst nach längerer Zeit erwachte der dicke Herr, er fühlte, daß jemand ihn am Arm rüttelte, und richtete sich auf.

»Aber um Himmels willen, so stehen Sie doch auf«, rief ihm eine bekannte Stimme zu. »Die Sonne geht bald unter, und wir müssen doch beizeiten ins Nachtquartier.«

Der dicke Herr sah auf nach dem Mann, der ihn weckte. Es war einer der Kutscher, die die Gesellschaft heute gefahren hatten. Ganz verwundert blickten sich die beiden an und wußten im Anfang nicht, was sie sagen sollten.

Nach und nach erwachten auch die übrigen aus ihrer Betäubung. Man rieb sich die Augen wie nach einem langen Schlaf voll bunter Träume, und siehe da! – da waren keine Moosbänke mehr und kein Felsblock. Mit allem, was darauf geblüht und gelebt, gespielt und sich gezankt hatte, war der Steintisch in die Erde versunken. Auch drüben das Haus des Holzbauern und weiterhin im Tal die Erdrücken mit den Gemüsepflanzen darauf, alles das war verschwunden. Im übrigen sah es ringsum noch so aus wie vorher, nur der Boden des Tales war jetzt eine einfache grüne Wiese, eben und glatt und mit hohem weichem Grase bewachsen.

Allmählich kam den Betäubten auch die Sprache wieder. Wie erfreut waren sie, den Kutscher hier zu sehen! Man drückte ihm die Hände, man überschüttete ihn mit Fragen, er sollte berichten, wie er hergekommen, wo die Wagen ständen, wo man denn eigentlich hier wäre und dergleichen mehr.

Zuerst wußte der Kutscher nicht, was er von den Leuten denken sollte, es schien ihm fast, als hätten sie zuviel Wein im Kopf. Man sagte, man habe sich verirrt gehabt, und das beruhigte ihn endlich. Er berichtete nun, die Wagen ständen nicht weit von hier, etwa eine Viertelstunde Weges hinter dem Berge, und zwar an demselben Platz, wo man heute am Morgen ausgestiegen war, die Herrschaften müßten also wohl ziemlich im Kreise herummarschiert sein. Er selbst und seine Kameraden hätten von Stunde zu Stunde auf die Gesellschaft gewartet und wären zuletzt schon in Angst um sie geraten. Da sei denn vor einem halben Stündchen ein alter Holzbauer mit pfiffigem Gesicht des Weges dahergekommen und habe im Vorübergehen ihnen zugerufen: »Kutscher! Ihr wartet wohl auf eure Herrschaften? Die liegen in guter Ruh da gleich hinter dem Berge im Grase und schlafen.« Der Bauer sei darauf weitergegangen. Da hätte er selbst sich aufgemacht, wäre auf dem nächsten Fußweg hierher gelaufen und habe es richtig so gefunden, wie der Bauer gesagt.

Der Kutscher hatte seinen Bericht beendet. In viele Worte sich weiter einzulassen, dazu war jetzt keine Zeit. Bald gelangte man, von jenem geleitet, zu den Wagen hin, stieg ein und kam noch gerade vor Einbruch der Dunkelheit im Nachtquartier an.

Von dem Abenteuer und den Mühsalen des Tages ermattet, hungrig und wie zerschlagen, waren alle in der ärmlichen Herberge, in die man einkehrte, überglücklich, und das einfache ländliche Abendbrot, was man dort erhielt, schmeckte ihnen so köstlich, wie ihnen noch nie die leckerste Mahlzeit gemundet hatte. Nun kam auch jedem die alte Lustigkeit zurück, und man besprach sorglos die wunderbaren Begebenheiten, die man erlebt hatte. Zuletzt brachte sogar der dicke Herr mit dem roten Gesicht bei einigen Flaschen Grüneberger Wein die Gesundheit des Berggeistes aus, der jedem von ihnen seine Schwächen und Fehler so ergötzlich vorgeführt hatte. Denn wer konnte der alte Holzbauer wohl anders gewesen sein als der Berggeist Rübezahl?

Und so nahm ein jeder von dieser Lustfahrt eine gute Lehre für sein ganzes Leben mit, vor allen anderen aber der Student. Jede Anmaßung und Eitelkeit hat er seit jenem Tage abgelegt. Kam ihn später auch bisweilen die Versuchung an, in seine alten Fehler zurückzufallen, so brauchte er nur einen schwarzen Rettich anzusehen, und er war gleich wieder von den Fehlern geheilt.

Robert Reinick

Der goldene Vogel

Ein Müller hatte in seinem Garten einen Baum, der ganz voll goldener Äpfel war. Alle Tage schaute sich der Müller den Baum an und hatte jedesmal seine helle Freude daran. Als er nun wieder einmal in den Garten ging, um sich an den goldenen Früchten zu erfreuen, bemerkte er, daß die Äpfel weniger geworden waren. Das ärgerte ihn gar sehr. Er ging in das Haus und traf dort in der Stube seine drei Söhne Toni, Max und Karl. Er erzählte diesen, daß von den goldenen Äpfeln mehrere gestohlen worden waren, und befahl seinem ältesten Sohn, dem Toni, daß er hinausgehe und achtgebe, wer der Dieb sei.

Toni ging also hinaus in den Garten, um beim Goldapfelbaum zu wachen. Es war aber so warm, und da er nur aufzupassen hatte und dieses ihn müde machte, legte er sich unter dem Baume nieder und schlief ein.

Als er wieder erwachte, stand der Müller vor ihm und warf ihm vor, daß er eingeschlafen war. Inzwischen sei wieder ein Apfel gestohlen worden.

Nun gingen beide in das Haus, der Müller noch immer klagend um seine goldenen Äpfel. Am nächsten Tage befahl er seinem Sohn Max, beim Goldapfelbaum auf den Dieb zu passen. Max ging gehorsam hinaus in den Garten. Es war aber wieder ein sehr warmer Tag. Max wurde des Wartens müde, legte sich unter den Baum und schlief auch ein. Als sein Vater nachschauen kam und den Max schlafend fand, zählte er die Äpfel, und siehe da, es fehlte schon wieder einer. Der Müller weckte den Max auf, schalt ihn einen verschlafenen Sohn, der einen Apfel hatte stehlen lassen, und nahm ihn mit in das Haus.

Am dritten Tage sagte Karl, daß er heute aufpassen wolle. Der Müller lachte und sagte: »Heute ist wieder ein warmer Tag. Deine Brüder sind beim Aufpassen eingeschlafen, und da wirst du, der ohnehin nicht zu den Gescheiten gehört, nicht einschlafen?«

Karl aber sagte: »Vater, laßt mich heute aufpassen. Ihr werdet sehen, daß ich nicht einschlafe, sondern den Dieb fangen werde.«

Sagte der Vater: »Nun, dann geh, es soll mich freuen, wenn dir gelingt, was deinen Brüdern nicht gelungen ist!«

Also ging Karl in den Garten, schnitzte Keile für die Mühle und gab nebenbei auf den Goldapfelbaum acht. Nach einiger Zeit kam ein Vogel auf den Baum geflogen, pflückte mit seinem Schnabel einen goldenen Apfel und flog damit fort. Karl hatte gleich gesehen, daß der Vogel ebenso von Gold war wie die Äpfel. Da er den Dieb, hier also den Vogel, dem Vater bringen wollte, warf er rasch einen

Keil nach dem Vogel. Dieser wurde vom Keil wohl getroffen, dadurch aber nur so weit beschädigt, daß er nur eine Feder seines goldenen Gefieders verlor. Karl warf rasch die übrigen Keile nach, doch umsonst. Der Vogel flog mit dem Apfel davon. Karl aber merkte sich genau die Richtung, nach welcher der Goldvogel fortgeflogen war. Dann hob er die Feder, die wie das ganze Gefieder des Vogels aus lauterem Golde war, auf und brachte sie seinem Vater. Er sagte:

»Siehe Vater! Den Dieb habe ich zwar nicht erwischt, denn wer hätte daran gedacht, daß ein Vogel der Dieb sein könnte, aber eine Feder dieses Vogels habe ich doch. So wie die Äpfel des Baumes, so ist auch der Vogel golden, wie du hier aus dieser Feder sehen kannst.«

Damit übergab Karl dem Müller die goldene Feder.

Der Müller nahm die Feder und wollte seinem jüngsten Sohn seine Anerkennung aussprechen, aber er konnte nicht sprechen. Seit er nun im Besitze der goldenen Feder war, konnte er nicht mehr sprechen, er war stumm. Seine Söhne waren darüber sehr erschrocken, und besonders Karl umsorgte den Vater mit aller Liebe, deren er fähig war.

Durch Zeichen gab nun der Vater seinen Söhnen zu erkennen, daß sie den goldenen Vogel suchen sollten, und durch Zeichen beauftragte er Toni, seinem Wunsche nachzukommen.

Toni nimmt viel Geld aus der Truhe und zieht aus, den goldenen Vogel zu fangen. Er kommt in einen Wald und trifft da einen Fuchs. Dieser gesellt sich zu ihm und sagt ihm:

»Du kommst jetzt in einen Ort, wo zwei Wirtshäuser sind. In dem einen geht es lustig her, denn dort gibt es Musik und Tanz. Im andern aber ist es still und traurig wegen eines Begräbnisses. Dort gehe hin!«

Toni kam in den Ort, und wie er beim ersten Wirtshaus ankam und drinnen Musik spielte, konnte er nicht widerstehen und ging hinein. Hier vergaß Toni ganz und gar, wozu er ausgezogen war, blieb sitzen und verspielte und vertrank sein ganzes Geld. Und als er keines mehr hatte, wurde er hinausgeworfen. Nun mußte er schwer arbeiten oder betteln, damit er leben konnte.

Da Toni nicht mehr heimkam, schickte der Vater nun den Max aus, damit er den Vogel fange und bringe, auf daß der Vater wieder sprechen könne. Max nahm auch viel Geld und ging fort. Im Walde gesellte sich der Fuchs zu ihm und sagte: »Max, du wirst jetzt in einen Ort kommen, wo zwei Wirtshäuser sind. In dem einen ist es lustig, denn dort gibt es Musik und Tanz, im anderen ist es still und traurig wegen eines Begräbnisses. Dort sollst du hineingehen!«

Als Max zum ersten Wirtshaus kam und hörte, daß es drinnen so lustig war, konnte er nicht widerstehen und ging hinein, vergaß, zu welchem Zwecke er ausgezogen war, und vertrank und verspielte sein ganzes Geld. Als er nichts mehr hatte und die Zeche nicht bezahlen konnte, wurde er hinausgeworfen und mußte entweder schwer arbeiten oder betteln, damit er nicht verhungerte. So traf er seinen älteren Bruder Toni, und sie gingen gemeinsam betteln oder arbeiten.

Als nun auch Max nicht nach Hause kam, erbat sich Karl von seinem Vater Urlaub, damit er gehe und den Goldvogel fange. Der Müller aber wollte seinen jüngsten Sohn, da er nicht ganz gescheit war, nicht fortgehen lassen, aber Karl bat so lange, bis der Vater endlich die Erlaubnis gab.

Auch Karl nahm sich viel Geld mit, kam in den Wald und zum Fuchs, und dieser sagte zu ihm wie zu seinen Brüdern:

»Karl, du kommst jetzt in einen Ort, wo zwei Wirtshäuser sind. In dem einen gibt es Musik und Tanz; da ist es lustig. Im anderen Wirtshaus aber ist es wegen eines Begräbnisses still und ruhig. Dort gehe hin!«

Dort war so der Brauch, daß nur reiche Leute ein kirchliches Begräbnis bekamen und eingesegnet wurden; arme Leute wurden still begraben. Als Karl in den Ort kam, ging er am ersten Wirtshaus, wo es lustig herging, vorbei und ging zum zweiten Wirtshaus. Er trat ein und fand das Haus voll Leute, aber alle machten traurige Gesichter.

Karl tröstete sie und sagte, daß gar keine Ursache zum Weinen sei, da ja alle Menschen sterben müssen und es daher im Jenseits ein Wiedersehen gibt. Da sagte ein Mann zu ihm: »Du bist ein Fremder hier, denn sonst würdest du wissen, daß arme Leute bei uns nicht eingesegnet werden. Wir sind arme Leute und sind nicht in der Lage, für das Einsegnen zu zahlen. So müssen wir unseren Toten ohne jede Feierlichkeit und kirchliche Zeremonie und ohne Glockengeläute begraben. Das macht uns gar so traurig.«

Da fragte Karl den Mann, was der Pope für das Einsegnen verlange, und als er den Preis hörte, ging er zum Popen hin und bezahlte für das Einsegnen.

Den Popen nahm er aber gleich mit. Die Trauernden waren sehr erfreut, als er mit dem Popen zurückkam, was ihnen zeigte, daß der Tote nun eingesegnet werden würde. Und es geschah so, und unter Glockengeläute legten sie den Weg zum Friedhof zurück.

Als alle Leute in das Wirtshaus zurückkamen, hatten sie frohe Gesichter und fragten Karl, ob sie ihm auch einen Wunsch erfüllen könnten. Da erzählte ihnen Karl, daß er ausgezogen sei, den goldenen Vogel zu fangen, und da sagten sie ihm, daß er noch weit gehen müsse.

Karl ging also weiter. Unterwegs gesellte sich wieder der Fuchs zu ihm und sagte: »Karl, du wirst jetzt zu einem kleinen Häuschen kommen, in dem ein älteres Weiblein wohnt. Dieses fragst du um den goldenen Vogel.«

Karl ging also weiter und kam auch bald zu dem Häuschen. Vor dem Häuschen sitzt auf einem Schemel ein Weiblein, und Karl fragt dieses nach dem goldenen Vogel. Da fragt ihn das Weiblein, wozu er den goldenen Vogel haben wolle, und Karl erzählt dem Weiblein nun seinen Kummer. Dem Weiblein tut Karl leid, und es gab diesem also ein gutes Pferd und sagte, daß Karl den goldenen Vogel in einem Keller eines Schlosses finden würde.

Am nächsten Tage bekam Karl vom Weiblein noch das Frühstück, dann bekam Karl das Pferd und ritt fort. Unterwegs gesellte sich wieder der Fuchs zu ihm, um ihm den richtigen Weg zu zeigen. Als sie nun in die Nähe des Schlosses kamen, sagte der Fuchs: »Karl, durch das Schloßtor mußt du sehr scharf hineinreiten. Zwei große Hunde halten dort Wache und werden dich anspringen. Gib acht, daß sie dich nicht zu fassen bekommen.«

Karl ritt also zum Schloß hin und im Galopp durch das Tor. Da springen ihn die Hunde an, erwischen aber nur das Pferd. Im Hof stieg Karl ab und begab sich in das Schloß. Der Schloßherr fragt ihn, was er wolle, und als Karl den goldenen Vogel begehrte, wird ihm gesagt, daß er ihn bekommen werde, doch müsse er zuerst eine geraubte Frau retten.

Also ritt Karl fort. Unterwegs erzählte ihm der Fuchs, daß sich jene geraubte Frau in einem Schloß befinde, wo sie von Wölfen bewacht werde. Als er zu dem bezeichneten Schloß kam, ritt er scharf durch die Wölfe durch, hob die Frau auf das Pferd und sprengte mit ihr davon. Als er zum anderen Schloß zurückkam, erhielt er aus Freude und Dank für die Rettung der Frau den goldenen Vogel ausgefolgt und ritt gleich damit fort.

Der Fuchs erscheint wieder und sagt ihm, wenn er in das Dorf komme, dürfe er kein Menschenfleisch loskaufen. Wie er in das Dorf kommt, verkauft er das Pferd und erfährt dabei, daß zwei Männer aufgehängt werden würden, und wenn er Lust habe, könne er dabei zuschauen. Karl ging wirklich hin und sieht, daß seine beiden Brüder unter dem Galgen stehen mit gefesselten Händen. Da sie ihr ganzes Geld vertrunken und verspielt hatten, sich aber durch Arbeit und Bettelei nicht genug verdienten, hatten sie Einbrüche verübt, wurden dabei erwischt und sollten dafür aufgehängt werden. Karl erbarmte sich seiner Brüder, vergaß die Warnung des Fuchses, ging hin und kaufte seine Brüder los. Sein Geld reichte gerade dafür.

Dann gingen die drei miteinander weiter, der Heimat zu. Als nun die beiden sahen, daß Karl den goldenen Vogel hatte, beschlossen sie, ihm diesen abzunehmen und ihn dann über die Brücke in den Fluß zu stürzen. Als sie zur Brücke kamen, verlangten sie von Karl, daß er ihnen den goldenen Vogel zum Tragen geben solle. Karl übergab Max den Vogel. Als sie auf der Brücke gingen, wurde Karl von Toni an das Geländer gedrängt und in den Fluß gestürzt. Max und Toni gingen weiter, brachten dem Vater den goldenen Vogel und erzählten, daß sie ihn gefangen hätten. Der Müller übernahm den Vogel. Als er ihn aber in der Hand hielt, konnte er trotzdem nicht sprechen.

Als Karl in den Fluß gefallen war, erschien wieder der Fuchs und rettete ihn. Dann ging auch Karl nach Hause, machte sich unkenntlich und verdingte sich bei seinem Vater als Pferdeknecht.

In der Nacht geht er in das Schlafzimmer des Müllers, gibt sich diesem als sein Sohn Karl zu erkennen und erzählt, was er alles erlebt hatte. Dann nahm Karl den goldenen Vogel in die Hand, und – nun konnte der Müller wieder sprechen. Daran erkannte dieser nun, daß Karl die Wahrheit erzählt hat, und ließ ein großes Fest ausrichten für viele Gäste. Als das Fest seinen Höhepunkt erreicht hatte, fragte der Müller seine beiden älteren Söhne, was dem gebühre, der seinen Bruder in den Fluß stürzt. Die beiden Brüder, nichts ahnend, daß der Vater um ihre böse Tat wisse, erklärten, daß jener Bruder aufgehängt gehöre. Nun ließ der Müller die beiden Bösewichte aufhängen, und der Pferdeknecht wurde als Sohn anerkannt.

Österreichisches Märchen

Die Geschichte der zwei neidischen Schwestern

Herr, es war einmal ein König in Persien mit Namen Chosru Schah, der vom Anfang an seit seinem Eintritt in die Welt großen Gefallen an nächtlichen Abenteuern fand. Oft verkleidete er sich und streifte mit einem seiner vertrauten Diener, der ebenso verkleidet war, durch die Straßen der Stadt, und es stießen ihm allerlei seltsame Abenteuer zu, mit denen ich jedoch meinen Herrn heute nicht unterhalten werde; dagegen hoffe ich, daß du mit Vergnügen anhören wirst, was ihm gleich bei seinem ersten Ausgang einige Tage nach seiner Thronbesteigung zustieß, als sein Vater in hohem Alter gestorben war und ihm das Königreich Persien als Erbe hinterlassen hatte.

Nach den gewöhnlichen Feierlichkeiten bei seiner Krönung und dem Leichenbegängnis des Sultans, seines Vaters, ging der neue Sultan Chosru Schah sowohl aus Neigung als auch, weil er es für seine Pflicht hielt, sich von allem, was da vorging, mit eigenen Augen zu überzeugen, eines Abends, etwa zwei Stunden nach Sonnenuntergang, mit seinem ebenso wie er verkleideten Großwesir* aus seinem Palast. Als er nun in das Stadtviertel kam, wo nur niedriges Volk wohnte, hörte er in einer Straße ziemlich laut sprechen. Er näherte sich dem Hause, von dem die Stimmen kamen, blickte durch eine Spalte der Tür hinein und sah um ein Licht herum drei Schwestern, die auf einem Sofa saßen und sich nach dem Abendessen miteinander unterhielten. Aus der Rede der ältesten erkannte er bald, daß Wünsche den Gegenstand ihres Gespräches bildeten.

»Da wir nun einmal am Wünschen sind«, sagte sie, »so wünschte ich mir den Bäcker des Sultans zum Manne, dann könnte ich mich doch sattessen an dem köstlichen Brot, das man nur Sultansbrot nennt. Laßt hören, ob ihr auch einen so guten Geschmack habt wie ich.«

»Und ich«, versetzte die zweite Schwester, »wünsche mir, die Frau des Oberkochs vom Sultan zu werden: Da würde ich gar leckere Gerichte essen, und da ich überzeugt bin, daß das Sultansbrot im ganzen Palast gegessen wird, so würde es mir auch daran nicht fehlen. Du siehst, Schwesterchen«, setzte sie gegen die ältere hinzu, »daß mein Geschmack so gut ist wie der deine.«

Die jüngste Schwester, die ausnehmend schön war und weit mehr Anmut und Geist besaß als die beiden älteren, sprach hierauf, als die Reihe an sie kam: »Was mich betrifft, Schwestern, so beschränkt sich mein Verlangen nicht auf solche Kleinigkeiten, sondern ich nehme einen höheren Flug, und da es sich einmal ums Wünschen handelt, so wünsche ich mir, die Gemahlin des Sultans zu werden. Ich würde ihm einen Prinzen schenken, dessen Locken auf der einen Seite von Gold und auf der andern von Silber wären, dessen Tränen, wenn er weinte, als Perlen aus seinen Augen fielen und dessen rote Lippen, sooft er lachte, einer eben erblühenden Rosenknospe glichen.«

Die Wünsche der drei Schwestern, und besonders der jüngsten, erschienen dem Sultan Chosru Schah so merkwürdig, daß er sie zu erfüllen beschloß. Ohne dem Großwesir etwas von seinem Plan mitzuteilen, befahl er ihm, sich das Haus wohl zu merken und am folgenden Morgen alle drei Schwestern abzuholen und vor ihn zu führen.

Der Großwesir führte am andern Morgen den Befehl des Sultans so schnell aus, daß er den drei Schwestern kaum Zeit ließ, sich schleunigst anzukleiden, um vor ihm zu erscheinen. Er sagte ihnen indes bloß, der Sultan wolle sie sehen. Als er sie nun in den Palast geführt und dem Sultan vorgestellt hatte, fragte dieser die drei Schwestern: »Sagt mir, erinnert ihr euch noch der Wünsche, die ihr gestern abend tatet, als ihr so guter Dinge wart? Verhehlt mir nichts, ich will alles wissen.«

Bei dieser unerwarteten Anrede gerieten die drei Schwestern in große Verlegenheit. Sie schlugen die Augen nieder, der jüngsten aber stieg holde Schamröte ins Gesicht, was ihr einen solchen Reiz gab, daß sie das Herz des Sultans vollends gewann. Da sie aus Scham und aus Furcht, den Sultan durch ihre Reden beleidigt zu haben, alle drei stillschwiegen, suchte sie der Sultan, der dies bemerkte, zu beruhigen, indem er sagte: »Fürchtet nichts, ich habe euch nicht kommen lassen, um euch etwas zuleide zu tun; da ich sehe, daß meine Frage euch gegen meine Absicht beunruhigt, und da ich ohnehin eure Wünsche schon weiß, so verlange ich nicht, daß ihr sie mir beantwortet. Du«, fuhr er fort, »die du mich zum Gemahl wünschst, sollst heute noch befriedigt, und ihr«, sagte er zur ersten und zweiten Schwester, »sollt mit meinem Mundbäcker und meinem Oberkoch verheiratet werden.«

Sobald der Sultan diesen seinen Willen erklärt hatte, warf sich die jüngste Schwester, den beiden älteren mit gutem Beispiel vorangehend, ihm zu Füßen, um ihren Dank zu bezeigen. »Herr«, sprach sie, »meinen Wunsch, der dir bekannt geworden ist, habe ich nur gesprächsweise und zur Unterhaltung geäußert; ich bin der Ehre, die du mir antust, nicht würdig und bitte dich um Verzeihung für meine Kühnheit.«

Die beiden älteren Schwestern wollten sich ebenfalls entschuldigen, allein der Sultan unterbrach sie mit den Worten: »Nein, nein, es bleibt dabei, der Wunsch von jeder soll erfüllt werden.«

Die drei Hochzeiten wurden, wie der Sultan Chosru Schah es beschlossen hatte, noch am selben Tage gefeiert, aber auf eine sehr verschiedene Weise. Die der jüngsten Schwester ward mit aller Pracht und den glänzendsten Freudenfesten begangen, wie es sich bei der Vermählung eines Sultans und einer Sultanin von Persien geziemt; die Hochzeiten der beiden anderen Schwestern dagegen wurden mit keinen größeren Feierlichkeiten begangen, als dem Range ihrer Gatten, nämlich des Mundbäckers und des Oberkochs, angemessen war.

Die beiden älteren Schwestern fühlten den unermeßlichen Abstand zwischen ihrer Heirat und der ihrer jüngsten Schwester tief im Herzen. Deswegen begnügten sie sich auch nicht mit ihrem Glück, das ihnen doch ganz nach Wunsch und ohne daß sie es hoffen konnten, gewährt worden war; sie gaben sich vielmehr dem heftigsten Neide hin, der nicht nur ihre Freude trübte, sondern auch ihrer jüngsten Schwester, der Sultanin, großes Unglück und die kränkendsten Demütigungen und Leiden bereitete. Sie hatten noch nicht Zeit gehabt, einander ihre Gedanken über diese ihrer Meinung nach ungerechte Zurücksetzung von seiten des Sultans mitzuteilen, weil sie sich sogleich auf die Hochzeitsfeier vorbereiten mußten. Einige Tage nachher aber, als sie sich verabredetermaßen in einem öffentlichen Bade wiedersahen, sagte die älteste Schwester zu der zweiten: »Nun, was sagst du denn von unserer jüngsten Schwester? Nicht wahr, ein sauberes Stück von einer Sultanin.«

»Ich muß gestehen«, sagte die andere Schwester, »daß ich die ganze Sache nicht begreifen kann; ich kann mir nicht denken, welche Reize der Sultan an ihr gefunden haben mag, daß er sich dermaßen die Augen verblenden ließ. Sie ist ja ein wahres Murmeltier, und du weißt wohl, in welchem Zustand wir beide sie gesehen haben. Konnte das bißchen Jugend, das sie vor uns voraus hat, wohl ein Grund für den Sultan sein, daß er seine Augen nicht auf dich richtete? Du wärst seiner Wahl würdig gewesen; er hätte so gerecht sein sollen, dir den Vorzug zu geben.«

»Liebe Schwester«, erwiderte die älteste, »sprechen wir nicht von mir: Ich hätte durchaus nichts einzuwenden, wenn der Sultan dich gewählt hätte; aber daß er ein so garstiges Ding vorgezogen hat, das kränkt mich tief. Ich will mich aber auch rächen, so gut ich kann, und dir muß die Sache ebenso angelegen sein wie mir. Ich bitte dich daher, verbinde dich mit mir, laß uns einander in die Hände arbeiten bei einer Sache, die uns beide auf gleiche Weise betrifft, und teile mir die Mittel, sie zu kränken, mit, welche dir einfallen, so wie ich dir hiermit von allem Rechenschaft zu geben verspreche, was der heiße Wunsch, sie zu demütigen, mir eingeben mag.«

Nach diesem boshaften Bündnis besuchten die beiden Schwestern einander oft und sprachen jedesmal nur von den Mitteln und Wegen, wie sie das Glück ihrer jüngsten Schwester, der Sultanin, trüben oder gar vernichten könnten. Sie brachten mehrere Pläne in Vorschlag; wenn sie aber deren Ausführung besprachen, so fanden sie immer so große Schwierigkeiten, daß sie es nicht wagen konnten, Versuche damit zu machen. Indes besuchten sie von Zeit zu Zeit ihre Schwester, und mit verruchter Verstellung gaben sie ihr alle möglichen Beweise von Freundschaft, um sie zu überzeugen, wie sehr sie über diese hohe Erhebung einer Schwester erfreut seien. Die Sultanin ihrerseits empfing sie immer mit allen Beweisen der Achtung und Freundschaft, die sie von einer Schwester erwarten konnten, die sich auf ihre Würde nichts einbildete und sie nach wie vor mit gleicher Herzlichkeit liebte.

Einige Monate nach ihrer Vermählung fühlte die Sultanin sich schwanger. Der Sultan äußerte große Freude darüber, die sich bald überall im Palast mitteilte und sich von da weiter durch die ganze Hauptstadt von Persien verbreitete. Die beiden Schwestern kamen, um ihr Glück zu wünschen; sie sprachen sogleich davon, daß sie nun einer Hebamme zu ihrer Entbindung bedürfe, und baten sie, keine andere dazu zu wählen als sie beide. Die Sultanin antwortete ihnen freundlich: »Liebe Schwestern, ihr könnt euch wohl denken, daß dies für mich höchst angenehm sein müßte, wenn es allein von mir abhinge. Ich bin euch für euern guten Willen unendlich verbunden, muß mich aber hierin notwendig dem Willen des Sultans unterwerfen. Sprecht indes mit euern Männern, daß sie den Sultan durch ihre Freunde um diese Gnade bitten lassen, und wenn der Sultan mit mir darüber spricht, so seid überzeugt, daß ich ihm sagen werde, er könne mir keinen größeren Gefallen tun, als wenn er euch hierzu erwähle.«

Die beiden Ehemänner wandten sich an die Höflinge, deren Gunst sie genossen, und baten sie um Verwendung bei dem Sultan, daß ihren Frauen die Ehre, nach welcher sie strebten, zuteil werden möge; und die Höflinge betrieben die Sache so nachdrücklich und wirksam, daß der Sultan versprach, er wolle darüber nachdenken. Er hielt auch Wort, und bei einer Unterredung mit der Sultanin sagte er zu ihr, ihre beiden Schwestern schienen ihm weit mehr geeignet, ihr bei der Niederkunft beizustehen, als jede andere fremde Hebamme; indes wolle er sie nur dazu ernennen, wenn es ihr lieb und angenehm sei. Die Sultanin empfand die Achtung, von der ihr der Sultan einen so verbindlichen Beweis gab, tief in ihrem Herzen und sagte zu ihm: »Herr, ich war gesonnen, in dieser Sache nur zu tun, was du mir befehlen würdest, da du indes die Güte hattest, deine Augen auf meine Schwestern zu werfen, so danke ich dir für die Rücksicht, die du auf mich nimmst, und will nicht verhehlen, daß sie mir weit lieber sein werden als jede Fremde.«

Der Sultan Chosru Schah bestimmte also die beiden Schwestern der Sultanin dazu, Hebammendienst bei ihr zu verrichten, und seitdem durften diese im Palaste aus- und eingehen und waren äußerst erfreut, endlich eine über alle Erwartung gute Gelegenheit gefunden zu haben, die abscheuliche Bosheit auszuführen, die sie gegen die Sultanin, ihre Schwester, ausgesonnen hatten.

Die Zeit der Niederkunft kam heran, und die Sultanin wurde glücklich von einem Prinzen entbunden, schön wie der Tag. Doch weder seine Schönheit noch sein hilfloser Zustand vermochten das Herz der erbarmungslosen Schwestern zu rühren oder zu erweichen. Sie wickelten ihn nachlässig in Windeln, legten ihn in einen kleinen Korb und überließen diesen Korb dem Strom eines Kanals, der unter den Zimmern der Sultanin vorbeifloß. Statt des Knaben aber brachten sie einen jungen toten Hund zum Vorschein und verkündeten laut, die Sultanin habe ihn geboren. Diese ärgerliche Nachricht wurde dem Sultan überbracht, der darüber in gewaltigen Zorn ausbrach, welcher der Sultanin leicht hätte verderblich werden können; allein, der Großwesir stellte ihm vor, es wäre eine Ungerechtigkeit, sie für die launenhaften Spiele der Natur verantwortlich machen zu wollen.

Indes schwamm der Korb, in welchem der kleine Prinz ausgesetzt war, auf dem Kanal bis zur Ringmauer hinaus, die den Gesichtskreis der Wohnung der Sultanin nach dieser Seite hin begrenzte, und kam gerade so durch den Garten des Palastes. Der Zufall wollte es, daß der Aufseher der königlichen Gärten, einer der vornehmsten und angesehensten Beamten des Reichs, oben am Kanal hin im Garten spazierenging. Da er den schwimmenden Korb bemerkte, rief er einen in der Nähe stehenden Gärtner und sagte zu ihm, indem er darauf hindeutete: »Geh hin und hole mir diesen Korb da, damit ich sehe, was darin ist.« Der Gärtner ging und zog mit einer Hacke, die er in der Hand hatte, vom Ufer des Kanals aus den Korb geschickt heran, nahm ihn heraus und überbrachte ihn. Der Aufseher der Gärten wunderte sich über die Maßen, als er in dem Korb ein Kind eingewickelt fand – ein Kind, welches, obgleich man ihm ansah, daß es eben erst geboren war, bereits Spuren von großer Schönheit an sich trug. Der Aufseher war schon geraume Zeit verheiratet, aber so sehnlich er sich auch Nachkommen wünschte, so hatte der Himmel bisher immer noch nicht seine Gebete erhört. Er stellte nun seinen Spaziergang ein, befahl dem Gärtner, ihm mit dem Korb und dem Kind zu folgen, ging in seine Wohnung, deren Eingang im Garten des Palastes war, und begab sich sogleich in die Zimmer seiner Frau.

»Frau«, sagte er zu ihr, »wir haben bisher keine Kinder gehabt, hier beschert uns Gott eines. Ich empfehle es dir; sorge schleunigst für eine Amme und versorge es, als wenn es unser eigener Sohn wäre; denn dafür erkenne ich es von heute an.« Die Frau nahm das Kind mit Freuden auf, und es war ihr ein großes Vergnügen, es zu versorgen.

Der Aufseher der Gärten wollte nicht ergründen, woher das Kind komme. »Ich sehe wohl«, sprach er bei sich selbst, »daß es von den Zimmern der Sultanin herkommt, aber es steht mir nicht zu, nach dem zu fragen, was dort vorgeht, oder an einem Ort, wo der Friede so notwendig ist, Störung zu verursachen.«

Im folgenden Jahr kam die Sultanin wieder mit einem Prinzen nieder, und die unnatürlichen Schwestern hatten ebensowenig Mitleid mit ihm wie mit seinem ältern Bruder. Sie setzten ihn auch in einen Korb auf dem Kanal aus und behaupteten, die Sultanin habe eine Katze zur Welt gebracht. Zum Glück für das Kind war der Aufseher der Gärten wieder am Kanal; er ließ es herausholen, seiner Frau bringen und empfahl ihr, für dieses Kind ebenso große Sorgfalt zu tragen wie für das erste. Seine Frau tat dies auch – ebenso aus eigener Neigung, wie um die gute Absicht ihres Mannes zu befördern.

Der Sultan von Persien war über diese neue Geburt noch weit zorniger als das erstemal und würde seinem Grimm auch Luft gemacht haben, wenn nicht die Gegenvorstellungen des Großwesirs eindringlich genug gewesen wären, ihn zu beruhigen.

Endlich kam die Sultanin zum dritten Male nieder, nicht mit einem Prinzen, sondern mit einer Prinzessin. Die Unschuldige hatte dasselbe Schicksal wie die Prinzen, ihre Brüder: Die beiden Schwestern, fest entschlossen, ihren fluchwürdigen Anschlägen nicht eher ein Ende zu setzen, ehe sie nicht ihre jüngste Schwester, die Sultanin, zum mindesten verstoßen, verjagt und gedemütigt sehen würden, setzten auch die Prinzessin auf dem Kanal aus. Aber auch sie wurde durch das Mitleid und die Menschenliebe des Aufsehers der Gärten gerettet, dem sicheren Tode entrissen und mit den beiden Prinzen, ihren Brüdern, erzogen. Die beiden Schwestern fügten zu ihrer Unmenschlichkeit wiederum Lüge und Verleumdung hinzu. Sie wiesen ein Stück Holz vor und behaupteten dreist, die Sultanin sei davon entbunden worden. Der Sultan Chosru Schah aber konnte, als er von dieser neuen Mißgeburt vernahm, seinen Zorn nicht mehr bezähmen. »Ha!« rief er aus, »diese unwürdige Frau würde meinen Palast mit Ungeheuern anfüllen, wenn ich sie länger leben ließe. Nein, das soll nicht geschehen«, setzte er hinzu, »sie ist selbst ein Ungeheuer, von dem ich die Welt reinigen will.« So sprach er denn ihr Todesurteil aus und befahl seinem Großwesir, es vollziehen zu lassen. Der Großwesir und die Höflinge, die zugegen waren, warfen sich dem Sultan zu Füßen und flehten ihn an, den Urteilsspruch zu widerrufen. Der Großwesir nahm das Wort und sprach: »Herr, es möge deinem Knecht erlaubt sein, dir vorzustellen, daß die Gesetze, die zum Tode verurteilen, nur zur Bestrafung von Verbrechen eingeführt sind. Die drei so unerwarteten Geburten der Sultanin sind keine Verbrechen. Denn wie könnte man sagen, daß sie selbst daran schuld sei? Unzähligen anderen Frauen ist dasselbe Schicksal begegnet, und es kommt tagtäglich vor; sie sind zu beklagen, aber nicht strafwürdig. Mein Herr möge sie von seinem Angesichte verstoßen, aber leben lassen. Der Gram, in dem sie nach dem Verlust deiner Gunst den Rest ihrer Tage zubringen muß, wird ihr Strafe genug sein.« Der Sultan ging in sich, und da er die Ungerechtigkeit einsah, die Sultanin wegen Fehlgeburten, selbst wenn sie, wie er fälschlich glaubte, wirklich vorgekommen wären, zum Tode zu verurteilen, so sagte er: »So mag sie denn meinetwegen leben! Ich schenke ihr das Leben, jedoch nur unter einer Bedingung, die ihr täglich mehr als einmal den Tod wünschenswert machen soll. Man zimmere ihr ein Gemach an der Tür der Hauptmoschee mit einem fortwährend offenen Fenster; dort sperre man sie ein, in das gröbste Gewand gekleidet, und jeder Muselmann, der zum Gebet in die Moschee geht, speie ihr im Vorübergehen ins Gesicht. Wer es unterläßt, soll derselben Strafe verfallen. Und damit mein Gebot befolgt werde, befehle ich dir, Wesir, Wächter dabei aufzustellen.« Der Ton, in dem der Sultan diesen Ausspruch tat, verschloß dem Großwesir den Mund. Der Befehl wurde zum großen Vergnügen der beiden neidischen Schwestern vollzogen. Man baute ein Gemach, und sobald es vollendet und die Sultanin von ihrem Wochenbett aufgestanden war, sperrte man diese wahrhaft bedauernswürdige Frau ganz so, wie der Sultan es befohlen hatte, darin ein, so daß sie auf schmähliche Weise dem Spott und Hohn des ganzen Volkes bloßgestellt war. Sie ertrug indes diese unverdiente Mißhandlung mit einer Standhaftigkeit, die ihr die Bewunderung und zugleich das Mitleid derjenigen erwarb, die ein richtigeres Urteil über diese Sache hatten als der Pöbel.

Die beiden Prinzen und die Prinzessin wurden indes von dem Aufseher der Gärten und seiner Frau mit der Zärtlichkeit eines Vaters und einer Mutter versorgt und aufgezogen, und diese Zärtlichkeit wuchs immer mehr, je älter die Kinder wurden; denn sowohl bei der Prinzessin als bei den Prinzen machte sich eine gewisse Hoheit bemerkbar, der niemand widerstehen konnte, und namentlich entwickelte sich die ausnehmende Schönheit der Prinzessin von Tag zu Tag mehr; alle drei waren zudem sehr gelehrig, und ihre Neigung war nicht wie bei andern Kindern auf Spielereien gerichtet; endlich aber hatten sie ein gewisses Etwas, das nur Prinzen und Prinzessinnen zukommen kann. Um die beiden Prinzen nach ihrem Alter zu unterscheiden, nannten sie den ältern Bahman und den jüngern Perwis: Namen, welche alte Könige von Persien geführt hatten. Der Prinzessin gaben sie den Namen Parisade, den gleichfalls mehrere Königinnen und Prinzessinnen des Reichs gehabt hatten. Sobald die beiden Prinzen alt genug waren, gab der Aufseher der Gärten ihnen einen Lehrmeister im Lesen und Schreiben, und die Prinzessin, ihre Schwester, die bei dem Unterricht zugegen war, äußerte, obgleich jünger als sie, so großes Verlangen, ebenfalls lesen und schreiben zu lernen, daß ihr Pflegvater voll Freude darüber ihr denselben Lehrer gab. Durch ihre Lebhaftigkeit zum Wetteifer gereizt, wurde sie dank ihrer ausgezeichneten Anlagen in kurzer Zeit ebenso geschickt wie die Prinzen, ihre Brüder. Seitdem hatten die Brüder und die Schwester in allem dieselben Lehrer: in der Erdbeschreibung, der Dichtkunst, der Geschichte und in anderen, sogar den geheimen Wissenschaften, und da ihnen nichts zu schwer war, machten sie bald so bewundernswürdige Fortschritte, daß die Lehrer darüber erstaunten und unverholen bekannten, die Kinder würden es in diesen Wissenschaften, wenn sie so fortfahren, noch weiter bringen als sie selbst. In den Erholungsstunden lernte die Prinzessin auch Musik, nämlich Singen und verschiedene Instrumente. Als die Prinzen reiten lernten, wollte sie auch hierin nicht zurückstehen und nahm an ihren Übungen teil, so daß sie mit derselben Geschicklichkeit reiten, Bogen schießen und Speere werfen konnte. Im Wettlauf übertraf sie ihre Brüder manchmal sogar.

Der Aufseher der Gärten konnte sich vor Freude kaum fassen, als er seine Pfleglinge in allen Übungen des Geistes und des Körpers so vortrefflich ausgebildet und den Aufwand für ihre Erziehung weit über seine Hoffnungen hinaus belohnt sah, und er beschloß, ihnen zuliebe noch viel mehr Geld auszugeben als bisher. Er hatte sich unterdessen mit der Wohnung im Palast des Gartens begnügt und kein eigenes Landhaus gehabt. Jetzt kaufte er eines in der Nähe der Stadt mit vielen Feldern, Wiesen und Waldungen, und da ihm das Wohnhaus nicht schön und bequem genug schien, ließ er es niederreißen und scheute keine Kosten, um das neue, das er baute, zum prachtvollsten in der ganzen Umgegend zu erheben. Er ging selbst täglich auf den Bauplatz, um die große Menge von Arbeitern, die hier beschäftigt waren, anzutreiben, und sobald ein passendes Zimmer im Hause für ihn fertig war, bezog er es und blieb oft mehrere Tage hintereinander dort, wenn seine Geschäfte und seine Amtspflichten es ihm erlaubten. So war das Haus bald erbaut, und während es ebenso schnell mit den reichsten Gerätschaften, wie sie zur Pracht des Hauses paßten, versehen wurde, ließ er nach einer von ihm selbst entworfenen Zeichnung an dem Garten arbeiten und ihn ebenso einrichten wie die anderen großen Herren von Persien. Er fügte auch noch einen sehr großen Park hinzu, den er mit einer guten Mauer umschließen und mit allen Arten von Wild besetzen ließ, damit die Prinzen und die Prinzessin sich darin nach Gefallen mit der Jagd belustigen könnten.

Als das Landhaus ganz vollendet und im wohnlichen Stande war, ging der Aufseher der Gärten zum Sultan, warf sich ihm zu Füßen, und nachdem er ihm seine lange Dienstzeit sowie die Gebrechlichkeit seines Alters vorgestellt hatte, bat er ihn um die Gnade, sein Amt in die Hände seines Herrn niederlegen und sich von den Geschäften zurückziehen zu dürfen. Der Sultan bewilligte ihm sein Gesuch um so lieber, als er mit seinen langjährigen Diensten sowohl unter der Regierung seines Vaters, wie auch seit seiner eigenen Thronbesteigung sehr wohl zufrieden war; zugleich fragte er ihn, was er sonst noch zu seiner Belohnung tun könne.

»Herr«, antwortete der Aufseher der Gärten, »du selbst und der Sultan, dein Vater seligen Andenkens, habt mich dermaßen mit Wohltaten überhäuft, daß mir nichts mehr zu wünschen übrigbleibt, als bis ans Ende meiner Tage im Besitz deiner Gnade zu bleiben, die mich so hoch ehrt.«

Er nahm hierauf Abschied vom Sultan Chosru Schah und bezog mit den beiden Prinzen Bahman und Perwis und der Prinzessin Parisade sein neuerbautes Landhaus. Seine Frau war schon vor einigen Jahren gestorben. Er selbst wurde, nachdem er kaum fünf bis sechs Monate mit den Kindern in seinem neuen Hause gelebt hatte, so schnell vom Tode überrascht, daß ihm keine Zeit übrigblieb, ihnen über ihre wahre Herkunft ein Wort zu sagen. Er hatte es sich indes vorgenommen, dies zu tun, damit sie dadurch veranlaßt werden möchten, auch zukünftig gemäß ihrem Rang und Stand sowie der Erziehung, die er ihnen gegeben hatte, zu leben, wozu indes ihre eigene Neigung sie von selbst antrieb. Die Prinzen Bahman und Perwis und die Prinzessin Parisade, die von keinem anderen Vater wußten als dem Aufseher der Gärten, betrauerten ihn als solchen und erwiesen ihm auch im Tode alle Ehre, wozu kindliche Liebe und Dankbarkeit sie verpflichteten. Zufrieden mit den großen Gütern, die er ihnen hinterlassen hatte, lebten sie nach wie vor in derselben Eintracht beisammen, und die Prinzen ließen sich nicht vom Ehrgeiz verleiten, sich am Hofe zu zeigen, um dort nach höchsten Ämtern und Würden zu trachten, was ihnen etwas leichtes gewesen wäre.

Eines Tages, als die beiden Prinzen auf der Jagd waren, befand sich die Prinzessin Parisade allein zu Hause; da erschien eine sehr alte fromme Muselmännin vor dem Haustor und bat um Erlaubnis, ins Haus zu treten, um ihr Gebet zu verrichten, wozu die Stunde gekommen. Man meldete ihren Wunsch der Prinzessin, und diese befahl, sie hereinzulassen und ihr das Betzimmer zu zeigen, mit dem der Aufseher der königlichen Gärten wohlbedacht sein Haus versehen hatte, weil keine Moschee in der Nähe war. Zugleich befahl sie, wenn die fromme Frau ihre Andacht verrichtet haben würde, so solle man ihr das Haus und den Garten zeigen und sie darauf zu ihr führen. Die fromme Frau trat ein, verrichtete ihr Gebet in dem Betzimmer, wohin man sie gewiesen hatte, und als sie damit fertig war, luden zwei Frauen der Prinzessin, die vor der Tür gewartet hatten, sie ein, das Haus und den Garten zu sehen. Da sie sich geneigt zeigte, ihnen zu folgen, wurde sie von ihnen in allen Zimmern nacheinander herumgeführt, und sie betrachtete alle Sachen wie eine Frau, die sich auf Hausgerätschaften und schöne Anordnung der einzelnen Stücke sehr gut verstand. Auch in den Garten wurde sie geführt, dessen Anlage sie so neu und wohlersonnen fand, daß sie voll Bewunderung erklärte: Derjenige, der den Plan dazu entworfen habe, müsse ein vortrefflicher Meister in seiner Kunst sein. Endlich kam sie auch zur Prinzessin, die sie in einem großen Saal erwartete, dessen Schönheit, Anmut und Reichtum alles übertraf, was sie in den andern Zimmern bewundert hatte. Sobald die Prinzessin die fromme Frau eintreten sah, sagte sie zu ihr: »Komm heran, gute Mutter, und setz dich zu mir. Ich bin sehr erfreut, daß der Zufall mir das Glück schenkt, mich einige Augenblicke an dem guten Beispiel und der frommen Unterhaltung einer Frau, wie du es bist, zu erbauen, die den besseren Teil erwählt und sich ganz Gott gewidmet hat und in deren Fußstapfen alle Welt treten sollte, wenn sie ihren wahren Vorteil verstehen würde.«

Die fromme Frau wollte sich nicht auf das Sofa, sondern nur auf dessen Rand setzen; allein, die Prinzessin gab es nicht zu. Sie erhob sich von ihrem Sitz, ging auf sie zu, faßte sie bei der Hand und nötigte sie, sich neben ihr auf dem Ehrenplatz niederzulassen. Die fromme Frau wußte diese Höflichkeit wohl zu schätzen und sagte zu ihr:

»Edles Fräulein, eine solch ehrenvolle Behandlung gebührt mir nicht, und ich gehorche dir bloß, weil du es befiehlst und Herrin in deinem Hause bist.« Als sie sich gesetzt hatte, stellte, ehe die Unterhaltung begann, eine von den Frauen der Prinzessin einen kleinen, niedrigen, mit Perlmutter und Ebenholz ausgelegten Tisch vor sie hin und auf den Tisch eine Porzellanplatte mit Kuchen, mehrere andere Platten mit Obst, wie es gerade die Jahreszeit mit sich brachte, und verschiedene andere eingemachte Früchte. Die Prinzessin nahm einen von den Kuchen und überreichte ihn der frommen Frau mit den Worten:

»Nimm und iß, gute Mutter, und wähle von diesen Früchten, was dir beliebt; du bedarfst einiger Speise nach dem langen Weg, den du hierher gemacht hast.«

»Edles Fräulein«, antwortete die fromme Frau, »ich bin nicht gewohnt, so leckere Sachen zu essen; wenn ich es aber tue, so geschieht es nur, weil ich nicht verschmähen will, was mir Gott durch eine so freigebige Hand wie die deine zusendet.«

Während die fromme Frau aß, richtete die Prinzessin, die ebenfalls etwas zu sich nahm, um sie durch ihr Beispiel zu ermuntern, allerlei Fragen über ihre Andachtsübungen und Lebensweise an sie, worauf die Alte mit großer Bescheidenheit antwortete. Unter anderem fragte die Prinzessin im Laufe des Gesprächs, was sie von dem Hause halte, das sie gesehen, und ob es ihr gefalle.

»Edles Fräulein«, erwiderte die fromme Frau, »ich müßte einen sehr schlechten Geschmack haben, wenn ich etwas daran auszusetzen fände. Es ist schön, freundlich, prächtig eingerichtet, jedoch ohne Überladung, trefflich eingeteilt und der Zierat könnten nicht schicklicher angebracht sein. Dabei liegt es in einer anmutigen Landschaft, und man kann sich keinen Garten denken, der einen lieblicheren Anblick gewährte als der, welcher zum Hause gehört. Wenn du mir übrigens erlaubst, meine ganze Meinung auszusprechen, so will ich mir die Freiheit nehmen, dir zu sagen, daß das Haus ganz unvergleichlich sein würde, wenn noch drei Sachen dabei wären, die nach meiner Meinung fehlen.«

»Gute Mutter«, antwortete die Prinzessin Parisade, »was sind das für drei Sachen? Ich beschwöre dich im Namen Gottes, nenne sie mir. Ich werde alles aufbieten, sie zu erwerben, wenn es nur irgend möglich ist.«

»Edles Fräulein«, sagte hierauf die fromme Frau, »die erste von den drei Sachen ist der sprechende Vogel, dies ist ein seltsamer Vogel, Bülbülhesar* genannt, der die Eigenschaft hat, alle Singvögel aus der ganzen Umgegend an sich zu ziehen, so daß sie herbeikommen, um mit ihm zu singen. Die zweite der singende Baum, dessen Blätter ebenso viele Zungen und Kehlen sind, deren mannigfaltige Stimmen unaufhörlich einen höchst anmutigen Gesang bilden. Die dritte endlich ist das goldgelbe Wasser, von dem man nur einen einzigen Tropfen in ein ausdrücklich dazu an irgendeinem Orte des Gartens bereitetes Becken ausgießen darf, so schwillt er alsbald dermaßen an, daß das Becken davon voll wird und aus der Mitte ein Bündel von Wasserstrahlen hervorspringt, das unaufhörlich auf- und niedersteigt, ohne daß jedoch das Becken überläuft.«

»Ach, meine gute Mutter«, rief die Prinzessin, »wie sehr danke ich dir, daß du mir von diesen Dingen Kunde gegeben hast! Sie sind sehr wunderbar, und ich habe noch nie gehört, daß es etwas so Seltsames und Merkwürdiges auf der Welt gebe; da ich indes überzeugt bin, daß du den Ort kennst, wo sie sich befinden, so erwarte ich von dir die Gefälligkeit, ihn mir anzuzeigen.«

Darauf antwortete die fromme Frau, um den Wunsch der Prinzessin zu erfüllen: »Edles Fräulein, ich würde mich der Gastfreundschaft, die du mir soeben mit so vieler Güte erwiesen hast, unwürdig machen, wenn ich mich weigerte, deine Frage zu beantworten und deine Neugier zu befriedigen. Ich habe also die Ehre, dir zu sagen, daß die drei Dinge, von denen ich eben sprach, sich an einem und demselben Orte an der Grenze dieses Königreichs nach Indien zu befinden. Der Weg dahin führt an deinem Hause vorbei. Derjenige, welchen du danach aussenden willst, darf ihn nur zwanzig Tagereisen verfolgen und am zwanzigsten Tage fragen, wo der sprechende Vogel, der singende Baum und das goldgelbe Wasser seien. Der erste, an den er sich wendet, wird es ihm sagen.« Mit diesen Worten stand sie auf, nahm Abschied und ging ihres Weges weiter.

Die Prinzessin Parisade war so ganz damit beschäftigt, die Anweisung der frommen Frau über den sprechenden Vogel, den singenden Baum und das gelbe Wasser ihrem Geiste einzuprägen, daß sie ihr Aufbrechen erst bemerkte, als sie noch einige Fragen über diese Sache stellen wollte. Das, was sie aus ihrem Munde vernommen hatte, schien ihr nicht genug, um mit einiger Aussicht auf Erfolg die Reise unternehmen zu können. Gleichwohl wollte sie der frommen Frau niemanden nachschicken, um sie zurückzuholen, sondern sie strengte ihr Gedächtnis an und bemühte sich, alles, was sie gehört hatte, in ihren Geist zurückzurufen. Da sie nun glaubte, daß ihr nichts entgangen sei, dachte sie mit großem Wohlgefallen daran, wie groß ihre Freude sein würde, wenn sie in den Besitz so wunderbarer Dinge gelangen könnte. Zugleich aber geriet sie in große Unruhe wegen der Schwierigkeiten, die sie dabei erkannte, und weil sie fürchtete, es möchte ihr nicht gelingen.

Sie war ganz in diese Gedanken vertieft, als die Prinzen, ihre Brüder, von der Jagd zurückkamen. Sie traten in den Saal und wunderten sich sehr, ihre Schwester nicht wie gewöhnlich mit heiterem Gesicht und in froher Laune, sondern vielmehr in sich gekehrt und beinahe betrübt anzutreffen, denn sie hob nicht einmal den Kopf, um wenigstens zu erkennen zu geben, daß sie ihre Ankunft bemerkte. Der Prinz Bahman nahm das Wort und sagte zu ihr: »Liebe Schwester, wo sind denn der Frohsinn und die Heiterkeit, die bisher unzertrennlich von dir gewesen? Bist du unwohl? Ist dir vielleicht irgendein Unfall zugestoßen? Hat dir jemand Anlaß zum Verdruß gegeben? Sage es uns, damit wir den geziemten Anteil daran nehmen und die nötigen Maßregeln ergreifen, um dich zufriedenzustellen oder dich zu rächen, wenn jemand sich erfrecht haben sollte, ein Fräulein wie dich, der alle Ehrfurcht gebührt, zu beleidigen.«

Die Prinzessin Parisade blieb noch einige Augenblicke in derselben Stellung, ohne zu antworten. Endlich hob sie die Augen auf, sah die Prinzen, ihre Brüder, an, lenkte aber ihren Blick schnell wieder zur Erde, nachdem sie ihnen geantwortet hatte, die Sache habe nichts zu bedeuten.

»Liebe Schwester«, fuhr der Prinz Bahman fort, »du verhehlst uns die Wahrheit, und es muß sich wohl etwas Wichtiges zugetragen haben. In der kurzen Zeit, da wir abwesend waren, kann unmöglich um nichts und wieder nichts eine so große und unerwartete Veränderung mit dir vorgegangen sein. Du wirst erlauben, daß wir dich mit dieser ungenügenden Antwort nicht davonkommen lassen. Verbirg uns also nicht, was es ist, denn wir müßten sonst glauben, daß du die Freundschaft und die innige Eintracht, die von unserer zartesten Jugend an bis auf diese Stunde zwischen uns bestanden, nicht länger fortsetzen wollest.«

Die Prinzessin, die ganz und gar nicht im Sinn hatte, mit ihren Brüder zu brechen, wollte sie nicht in diesem Wahn lassen und antwortete ihnen also: »Als ich euch sagte, es sei nichts Wichtiges, was mich so beschäftigt, so meinte ich dies in Beziehung auf euch und nicht auf mich, denn ich finde, daß die Sache doch von einiger Erheblichkeit ist. Da ihr nun aufgrund unserer Freundschaft und Eintracht, welche mir so teuer sind, in mich dringt, so will ich euch alles sagen. Ihr glaubtet bisher, und ich glaubte es ebenfalls, das Haus, das unser seliger Vater uns erbauen ließ, sei in jeder Beziehung vollkommen, und es fehle durchaus nicht das mindeste daran. Heute aber habe ich erfahren, daß ihm noch drei Sachen fehlen, die es weit über alle Landhäuser auf der ganzen Welt erheben würden. Diese drei Sachen sind: der sprechende Vogel, der singende Baum und das goldgelbe Wasser.« Nachdem sie ihnen sofort auseinandergesetzt hatte, worin die Vortrefflichkeit derselben bestehe, fuhr sie fort: »Eine fromme Frau hat mich darauf aufmerksam gemacht und mir zugleich den Ort, wo sie sind, sowie den Weg dazu angezeigt. Ihr werdet vielleicht finden, daß diese Sachen für die Vollkommenheit unseres Hauses durchaus keine Bedeutung haben und daß es auch ohne sie immerhin für sehr schön gelten könne, weshalb wir sie durchaus nicht benötigen. Ihr mögt übrigens davon denken, wie ihr wollt, ich für meine Person kann nicht umhin, euch zu erklären, daß ich sie durchaus für notwendig zu unserm Hause erachte und mich nicht eher zufriedengeben werde, bis ich mich in ihrem Besitz befinde. Ob nun die Sachen in euren Augen gleichgültig sind oder nicht, so ersuche ich euch jedenfalls, mir mit euerm Rate beizustehen und zu sagen, wen ich wohl zur Beschaffung derselben aussenden kann.«

»Liebe Schwester«, versetzte darauf der Prinz Bahman, »nichts kann dir am Herzen liegen, was uns nicht ebenso wichtig wäre. Da du nun den Besitz der erwähnten Gegenstände so sehr wünschst, so halten wir es für unsere Pflicht, sie dir zu verschaffen. Übrigens fühlen wir uns auch, abgesehen von deinem Wunsch, aus freien Stücken zu unserer eigenen Befriedigung dazu angetrieben; ich bin fest überzeugt, daß mein Bruder ebenso denkt wie ich, und wir müssen alles daransetzen, um diese Eroberung zu machen. Die Sache ist von solchem Belang und so merkwürdig, daß ich wohl diesen Ausdruck gebrauchen darf. Ich übernehme die Ausführung; sage mir nur den Weg, den ich einschlagen muß, und den Ort, so will ich gleich morgen die Reise antreten.

»Geliebter Bruder«, wandte der Prinz Perwis ein, »ich halte es nicht für ratsam, wenn du, das Haupt und die Stütze des Hauses, dich so lange entfernen willst; ich bitte daher unsere Schwester, daß sie mit mir zusammen darauf dringen möge, dich von diesem Vorsatz abzubringen. Gestatte, daß ich die Reise mache; ich werde die Sache so gut ausführen wie du, und jedenfalls wäre dies mehr in der Ordnung.«

»Bruder«, erwiderte der Prinz Bahman, »ich bin von deinem guten Willen überzeugt und zweifle keineswegs, daß du das Abenteuer so gut bestehen würdest wie ich. Im übrigen ist es eine abgemachte Sache, und du mußt es mir überlassen. Du bleibst bei unserer Schwester, die ich dir nicht erst zu empfehlen brauche.«

Nun brachte er den übrigen Teil des Tages mit Vorbereitungen zur Reise zu und ließ sich von seiner Schwester genau die Anweisungen der frommen Frau wiederholen, um sich nicht zu verirren. Am andern Morgen in aller Frühe stieg der Prinz Bahman zu Pferde; der Prinz Perwis und die Prinzessin Parisade, die ihn abreisen sehen wollten, umarmten ihn und wünschten ihm eine glückliche Reise. Während des Abschieds aber fiel der Prinzessin ein Gedanke aufs Herz, der ihr bisher nicht gekommen war.

»Aber, mein Bruder«, sagte sie, »ich habe gar nicht an die Unfälle gedacht, mit denen eine solche Reise verbunden sein kann. Wer weiß, ob ich dich jemals wiedersehe! Ich beschwöre dich, steig wieder ab und unterlaß diese Reise. Lieber will ich den Anblick und den Besitz des sprechenden Vogels, des singenden Baumes und des goldgelben Wassers entbehren, als Gefahr laufen, dich auf immer zu verlieren.«

»Schwesterchen«, antwortete der Prinz Bahman, lächelnd ob der plötzlichen Ängstlichkeit der Prinzessin Parisade, »mein Entschluß steht fest, im andern Fall würde ich ihn jetzt noch fassen, und du wirst erlauben, daß ich ihn ausführe. Solche Unfälle, von denen du sprichst, widerfahren nur den Unglücklichen. Es ist wahr, ich kann auch zu diesen gehören, aber vielleicht gehöre ich auch zur Zahl der Glücklichen, die viel größer ist als die der Unglücklichen. Da indes der Erfolg ungewiß und es wohl möglich ist, daß ich bei meiner Unternehmung umkomme, so kann ich weiter nichts tun, als dir dieses Messer hier zu überlassen.« Mit diesen Worten zog der Prinz Bahman ein Messer hervor, überreichte es der Prinzessin in der Scheide und sagte zu ihr: »Da, nimm es, und mach dir von Zeit zu Zeit die Mühe, dieses Messer aus seiner Scheide zu ziehen; solange du es blank siehst, wie jetzt, so ist dies ein Zeichen, daß ich noch lebe; wenn du aber Blut herabträufeln siehst, so kannst du mit Gewißheit annehmen, daß ich nicht mehr bin, und dann bete für mich.«

Die Prinzessin Parisade konnte den Prinzen Bahman zu keinem andern Entschluß bringen. Er sagte ihr und dem Prinzen Perwis zum letzten Male Lebewohl und ritt dann auf einem stattlichen Rosse, wohlbewaffnet und ausgerüstet, davon. Er begab sich auf den ihm bezeichneten Weg, und ohne rechts oder links abzuweichen, ritt er quer durch Persien auf demselben fort, bis er am zwanzigsten Tage seiner Reise seitwärts am Weg einen Greis von abscheulichem Aussehen erblickte, der in einiger Entfernung von einer Hütte, die ihm bei schlimmem Wetter zum Obdach diente, unter einem Baume saß. Seine Augenbrauen, die, wie auch die Haare, der Schnauzbart und der Backenbart, schneeweiß waren, reichten ihm bis auf die Nasenspitze herab; der Schnauzbart bedeckte ihm den Mund, der Backenbart und die Kopfhaare aber fielen ihm fast bis auf die Füße nieder. An Händen und Füßen hatte er Nägel von übermäßiger Länge, und seinen Kopf bedeckte eine Art flacher, sehr breiter Hut in Form eines Sonnenschirms. Seine ganze Kleidung bestand aus einer Binsenmatte, in welche er sich gewickelt hatte. Dieser gute Greis war ein Derwisch*, der sich schon vor langen Jahren von der Welt zurückgezogen und seinen Körper vernachlässigt hatte, um sich einzig und allein Gott zu widmen, so daß er am Ende das Aussehen bekam, das ich geschildert habe.

Der Prinz Bahman, der schon den ganzen Morgen genau achtgegeben hatte, ob er nicht vielleicht jemanden träfe, bei dem er sich über das Ziel seiner Reise erkundigen könnte, hielt an, als er in die Nähe des Derwischs kam. Dies war nämlich der erste Mensch, der ihm begegnete, und er stieg daher ab, um allem pünktlich nachzukommen, was die fromme Frau zu Prinzessin Parisade gesagt hatte. Indem er nun sein Roß am Zügel führte, näherte er sich dem Derwisch und begrüßte ihn mit den Worten: »Guter Vater, Gott verlängere deine Tage und gewähre dir die Erfüllung all deiner Wünsche!«

Der Derwisch erwiderte den Gruß des Prinzen, aber so undeutlich, daß dieser kein Wort davon verstand. Da nun der Prinz Bahman sah, daß der Schnauzbart, der den Mund des Derwischs bedeckte, das Hindernis war, so nahm er eine Schere, die er bei sich führte, und nachdem er sein Pferd an einen Baumast gebunden, sagte er zu ihm: »Guter Derwisch, ich habe mit dir zu reden, aber dein Schnauzbart hindert mich, dich zu verstehen. Darum bitte ich dich, erlaube mir, ihn zu stutzen und ebenso deine Augenbrauen, die dich entstellen und dir mehr das Aussehen eines Bären als eines Menschen geben.«

Der Derwisch hatte hiergegen nichts einzuwenden. Er ließ den Prinzen gewähren, und da dieser nach Vollendung seiner Arbeit bemerkte, daß der Derwisch eine frische Gesichtsfarbe hatte und weit jünger aussah, als er wirklich war, so sagte er zu ihm: »Guter Derwisch, wenn ich einen Spiegel hätte, würde ich dir zeigen, wie sehr du verjüngt bist. Jetzt bist du ein Mensch, vorher aber konnte niemand erkennen, was du warst.«

Bei diesen Schmeicheleien des Prinzen Bahman lächelte der Derwisch und erwiderte höflich: »Herr, wer du auch sein magst, ich bin dir unendlich verpflichtet für diese Gefälligkeit, die du mir erwiesen hast; zugleich erkläre ich mich bereit, dir mit allem, was in meinen Kräften steht, meine Erkenntlichkeit zu beweisen. Du bist nicht abgestiegen, ohne daß irgendein Anliegen dich dazu genötigt hätte; sage mir nun, was es ist, ich will deinen Wunsch zu befriedigen versuchen, wenn es mir möglich ist.«

»Guter Derwisch«, erwiderte der Prinz Bahman, »ich komme aus weiter Ferne und suche den sprechenden Vogel, den singenden Baum und das goldgelbe Wasser. Ich weiß, daß diese drei Sachen sich irgendwo in dieser Gegend befinden, aber den Ort, wo sie sind, weiß ich nicht. Wenn er dir bekannt ist, so beschwöre ich dich, zeige mir den Weg dahin, damit ich nicht auf einen falschen gerate und die Frucht der langen Reise, die ich unternommen, verliere.«

Der Prinz bemerkte, daß der Derwisch bei seiner Rede nach und nach das Gesicht veränderte, die Augen niederschlug und ein äußerst ernstes Wesen annahm, ja sogar, statt zu antworten, längere Zeit in seinem Schweigen verharrte. Das veranlaßte ihn, nochmals das Wort zu nehmen und also fortzufahren: »Guter Vater, ich glaube, daß du mich verstanden hast; sag mir nun, ob du das weißt, was ich durch dich zu erfahren wünsche, oder ob du es nicht weißt, auf daß ich keine Zeit verliere, sondern mich anderwärts erkundige.«

Der Derwisch brach endlich sein Stillschweigen und sagte zu dem Prinzen Bahman. »Herr, der Weg, nach dem du fragst, ist mir bekannt; allein, ich habe dich gleich auf den ersten Anblick so liebgewonnen, und die Gefälligkeit, die du mir erwiesen, hat diese Freundschaft so sehr gesteigert, daß ich unentschlossen bin, ob ich dir die erwünschte Auskunft erteilen soll oder nicht.«

»Was mag dich davon abhalten?« fragte der Prinz, »und welche Bedenken kannst du haben, mir auf meine Frage zu antworten?«

»Das will ich dir sagen«, antwortete der Derwisch. »Die Gefahr, der du dich aussetzt, ist weit größer, als du glauben kannst. Schon viele andere Herren, die nicht weniger Kühnheit und Mut hatten, als du besitzen magst, sind hier vorbeigekommen und haben dieselbe Frage gestellt wie du. Ich habe nichts unterlassen, um sie von ihrem Vorhaben abzubringen, allein sie wollten mir nicht glauben, und so ließ ich mich denn, obwohl mit großem Widerwillen, durch ihre dringenden Bitten bestimmen, ihnen den Weg zu zeigen. Ich kann dir übrigens versichern, daß sie alle verunglückt sind und ich keinen einzigen habe zurückkommen sehen. Wenn dir dein Leben nur im mindesten lieb ist und du meinen Rat befolgen willst, so geh nicht weiter, sondern kehre sogleich wieder heim.«

Der Prinz Bahman aber beharrte auf seinem Entschluß und erwiderte dem Derwisch: »Ich will gerne glauben, daß dein Rat gut gemeint ist, auch bin ich dir für diesen Beweis der Freundschaft sehr verpflichtet. Indes mag die Gefahr, von der du sprichst, so groß sein, wie sie will, ich werde mich durch nichts von meinem Vorhaben abbringen lassen. Wenn ich angegriffen werde, so habe ich gute Waffen, und ich glaube nicht, daß mein Gegner tapferer oder beherzter sein wird als ich.«

»Wenn aber«, wandte der Derwisch ein, »diejenigen, die dich angreifen – denn es sind ihrer mehrere –, sich gar nicht sehen lassen, wie willst du dich dann gegen unsichtbare Feinde verteidigen?«

»Gleichviel«, erwiderte der Prinz, »du wirst mich nie überreden, gegen meine Pflicht zu handeln. Da du den Weg weißt, nach dem ich dich frage, so beschwöre ich dich noch einmal, zeige ihn mir und schlage mir diese Gefälligkeit nicht ab.«

Da der Derwisch sah, daß er den Prinzen Bahman nicht auf andere Gedanken bringen konnte, sondern daß dieser, ungeachtet der wohlmeinenden Warnung, die er ihm gab, hartnäckig auf dem Entschluß beharrte, seine Fahrt fortzusetzen, so griff er in einen Sack, den er neben sich hatte, zog eine Kugel heraus und überreichte sie ihm mit den Worten: »Da ich es nicht erreichen kann, daß du auf meine Stimme hörst und meinen Rat befolgst, so nimm diese Kugel, und wenn du wieder zu Pferde sitzt, wirf sie vor dich hin und folge ihr bis an den Fuß eines Berges, wo sie stehenbleiben wird. Sobald sie still liegt, steig ab und wirf deinem Pferd den Zügel um den Hals; es wird an derselben Stelle bleiben, bis du zurückkommst. Wenn du nun den Berg hinaufsteigst, wirst du rechts und links eine große Menge dicker schwarzer Steine erblicken und von allen Seiten ein verworrenes Getöse von Stimmen hören, die dir tausend Schimpfworte zurufen werden, um dich zu entmutigen und zu verhindern, daß du die Höhe erreichst. Nimm dich indes wohl in acht, darüber zu erschrecken, und vor allen Dingen drehe den Kopf nicht, um zurückzusehen; du würdest im Augenblick in einen schwarzen Stein verwandelt werden ähnlich denen, die du dort sehen wirst. Denn auch diese sind nichts anderes als solche Herren wie du, denen ihr Unternehmen mißlungen ist, wie ich dir schon gesagt habe. Wenn du nun der Gefahr, die ich dir bloß andeute, damit du sie bedenken sollst, entrinnst und wirklich den Gipfel des Bergs erreichst, so wirst du dort einen Käfig finden und in dem Käfig den Vogel, den du suchst. Da er sprechen kann, so frage ihn, wo der singende Baum und das goldgelbe Wasser sind, und er wird es dir anzeigen. Mehr habe ich dir nicht zu sagen; du weißt jetzt alles, was du zu tun und zu lassen hast; laß dich indes belehren, folge meinem Rat und setze dich nicht der Gefahr aus, dein Leben zu verlieren. Noch einmal, solange du noch Zeit hast zu überlegen, bedenke wohl, daß dieser unwiederbringliche Verlust an eine Bedingung geknüpft ist, die man, wie du gewiß einsehen wirst, leicht, selbst durch bloße Achtlosigkeit, übertreten kann.«

Darauf erwiderte der Prinz Bahman, nachdem er die Kugel empfangen hatte: »Sosehr ich dir auch für deinen Rat verbunden bin, den du soeben wiederholt hast, so kann ich ihn doch nicht befolgen, werde mir indes Mühe geben, deine Warnung, daß ich beim Hinaufsteigen auf den Berg nicht hinter mich sehen soll, zu beachten; auch hoffe ich, daß du mich bald mit der gewünschten Beute zurückkommen sehen wirst, um dir noch ausführlicher zu danken.« Nach diesen Worten, auf die der Derwisch nichts mehr erwiderte, als daß er sich freuen würde, ihn wiederzusehen, und wünsche, daß es so gehen möge, stieg der Prinz wieder zu Pferd, verabschiedete sich von dem Derwisch mit einer tiefen Verneigung des Kopfes und warf die Kugel vor sich hin.

Die Kugel rollte mit derselben Schnelligkeit, die der Prinz Bahman ihr durch den Wurf gegeben hatte, fort und fort, so daß er den Lauf seines Pferdes beschleunigen mußte, um ihr zu folgen und sie nicht aus dem Auge zu verlieren. Am Fuße des Berges hielt sie, wie der Derwisch gesagt hatte, still, der Prinz stieg ab, legte dem Pferd die Zügel um den Hals, und es rührte sich nicht mehr vom Fleck. Nachdem er nun den Berg gehörig besehen und die schwarzen Steine darauf bemerkt hatte, fing er an, ihn zu ersteigen, aber kaum hatte er vier Schritte getan, so ließen sich schon die Stimmen vernehmen, die ihm der Derwisch angekündigt hatte, ohne daß er jemand erblickte.

Einige sprachen: »Wohin will dieser Tollkopf? Was will er? Laßt ihn nicht vorbei!«

Andere: »Haltet ihn an, greift ihn, tötet ihn!«

Wieder andere schrien mit einer Donnerstimme: »Ein Dieb, ein Mörder, ein Taugenichts!«

Noch andere riefen in spöttischem Tone: »Nein, tut ihm nichts zuleide, laßt das hübsche Büblein ziehen; wahrhaftig, nur für ihn hat man den Käfig und den Vogel aufbewahrt.« Ungeachtet dieser ärgerlichen Stimmen klomm der Prinz Bahman eine Zeitlang standhaft und fest den Berg hinan, indem er sich selbst Mut zusprach; nun aber wurden die Stimmen immer lauter, sie machten ein so schreckliches Getöse und kamen ihm sowohl von hinten als von vorne so nahe, daß Angst und Entsetzen sich seiner bemächtigten. Seine Füße und Knie fingen an zu zittern, er wankte, und bald darauf, als er spürte, daß ihm die Kräfte versagten, vergaß er die Warnung des Derwischs und drehte sich um, um schnell den Berg wieder hinabzusteigen; allein, in demselben Augenblick wurde er in einen schwarzen Stein verwandelt, wie es schon vielen anderen vor ihm ergangen war, welche dieselbe Unternehmung versucht hatten. Seinem Roß wiederfuhr das gleiche.

Seit der Abreise des Prinzen Bahman hatte die Prinzessin Parisade, die das Messer mit der Scheide, das er ihr zum Kennzeichen seines Todes oder Lebens zurückgelassen, stets an ihrem Gürtel trug, es nicht versäumt, dasselbe häufig, ja sogar mehrmals des Tages hervorzuziehen und zu befragen. Auf diese Weise hatte sie den Trost gehabt, zu wissen, daß er vollkommen gesund sei, und sich oft über ihn mit dem Prinzen Perwis unterhalten, der manchmal zuerst davon anfing und sie um Nachrichten fragte. So auch an dem unglückseligen Tage, als der Prinz Bahman in einen Stein verwandelt wurde. Der Prinz Perwis und die Prinzessin unterhielten sich abends nach ihrer Gewohnheit von ihm, und der Prinz sagte zu seiner Schwester:

»Liebe Schwester, ich bitte dich, zieh das Messer hervor, auf daß wir erfahren, wie es ihm ergeht.« Die Prinzessin zog es heraus, und als sie es betrachteten, sahen sie von der Spitze Blut herabträufeln. Von Schmerz und Entsetzen ergriffen, warf Parisade das Messer weg und rief:

»Ach, mein geliebter Bruder, so habe ich dich also verloren, durch meine eigene Schuld verloren, und werde dich nie wiedersehen! Weh mir, o ich Unglückliche! Warum mußte ich dir auch von dem sprechenden Vogel, dem singenden Baum und dem goldgelben Wasser sagen, oder vielmehr, was konnte es mich kümmern, ob die alte Betschwester unser Haus schön oder häßlich, vollkommen oder unvollkommen fand. Wollte Gott, es wäre ihr nie eingefallen, hier vorzusprechen! Heuchlerin, Betrügerin!« fügte sie hinzu, »mußtest du den freundlichen Empfang, den ich dir werden ließ, so vergelten! Warum hast du mir nur von einem Vogel, einem Baum und einem Wasser erzählt, die gewiß nur in der Einbildung der Toren vorhanden sind, wie ich an dem unglücklichen Ende meines geliebten Bruders erkenne, aber dennoch durch deine Verzauberung fortwährend mein Gemüt beunruhigen!«

Der Prinz Perwis war über den Tod seines Bruders Bahman nicht minder betrübt als die Prinzessin Parisade; da er aber aus den Wehklagen seiner Schwester erkannt hatte, daß ihr Herz noch immer mit aller Macht nach dem Besitz des sprechenden Vogels, des singenden Baumes und des goldgelben Wassers verlangte, so beschloß er, die Zeit nicht mit fruchtlosen Klagen zu verlieren.

»Liebe Schwester«, sagte er zu ihr, »vergeblich betrauern wir unseren Bruder Bahman: Unsere Klagen und unser Schmerz werden ihm das Leben nicht wiedergeben. Dies ist nun einmal Gottes Wille, wir müssen uns ihm unterwerfen und seine Ratschlüsse verehren, wenn wir sie auch nicht verstehen können. Warum willst du jetzt auf einmal die Worte der frommen Frau bezweifeln, nachdem du sie mit so festem Glauben für wahr und zuverlässig gehalten hast! Meinst du, sie würde dir von diesen drei Sachen erzählt haben, wenn sie nicht wirklich vorhanden wären, und sie habe dieselben bloß erfunden, um dich zu betrügen, während du ihr doch durchaus nie und nimmermehr Anlaß dazu gegeben, sondern sie vielmehr so ehrenvoll und gütig aufgenommen und bewirtet hast? Lieber wollen wir glauben, daß der Tod unseres Bruders durch irgendein Versehen von ihm oder durch einen Unfall herbeigeführt worden ist, den wir uns freilich nicht denken können. Darum, liebe Schwester, wollen wir uns durch seinen Tod nicht abhalten lassen, unser Ziel zu verfolgen; ich hatte mich gleich anfangs erboten, statt seiner die Reise zu machen, und bin noch jetzt dazu bereit. Sein Beispiel vermag mich nicht von meinem Vorhaben abzubringen, und ich will mich gleich morgen auf den Weg machen.«

Die Prinzessin tat alles mögliche, um es dem Prinzen Perwis auszureden; sie beschwor ihn mit den rührendsten Ausdrücken, er möge sie doch nicht der Gefahr aussetzen, statt eines Bruders beide zu verlieren; allein, er blieb taub gegen alle ihre Vorstellungen. Vor seiner Abreise gab er ihr, damit sie ständig über den Erfolg seiner Reise Bescheid habe, wie sie von dem Schicksal des Prinzen Bahman durch das zurückgelassene Messer unterrichtet worden war, einen Rosenkranz von hundert Perlen zu demselben Zwecke; und indem er ihn ihr überreichte, sagte er: »Sprich diesen Rosenkranz für mich während meiner Abwesenheit. Wenn du ihn abbetest und die Perlen wie angeleimt feststehen, so daß du sie nicht mehr bewegen und nacheinander fallen lassen kannst, so ist das ein Zeichen, daß ich dasselbe Schicksal erlitten habe wie unser Bruder. Hoffen wir indes, daß dies nicht geschehen wird, sondern daß ich vielmehr das Glück habe, dich nach Erreichung unseres Zweckes wiederzusehen.«

Der Prinz Perwis ritt also fort, und am zwanzigsten Tag seiner Reise traf er denselben Derwisch an derselben Stelle, wo der Prinz Bahman ihn gesehen hatte. Er ritt auf ihn zu, und nachdem er ihn begrüßt hatte, bat er ihn, wenn er es wüßte, ihm den Ort anzuzeigen, wo der sprechende Vogel, der singende Baum und das goldgelbe Wasser zu finden seien. Der Derwisch machte ihm dieselben Schwierigkeiten und Vorstellungen wie dem Prinzen Bahman und setzte noch hinzu, erst vor ganz kurzer Zeit habe ein junger Herr, mit dem er viel Ähnlichkeit besitze, ihn um denselben Weg gefragt; durch seine dringenden und ungestümen Bitten bewogen, habe er ihm denselben gezeigt, eine Art Wegweiser mitgegeben und genau vorgeschrieben, was er zu beobachten habe, wenn der Erfolg glücklich sein solle. Indes habe er ihn nicht zurückkommen sehen und könne daher nicht zweifeln, daß ihm dasselbe Schicksal zuteil geworden sei wie seinen Vorgängern.

»Guter Derwisch«, antwortete der Prinz Perwis, »ich weiß, wer derjenige ist, von dem du sprichst: Es war mein älterer Bruder, und ich weiß zuverlässig, daß er tot ist; auf welche Art er aber gestorben, kann ich mir nicht denken.«

»Das will ich dir sagen«, versetzte der Derwisch, »er ist wie alle seine Vorgänger in einen schwarzen Stein verwandelt worden, und auch du hast dieselbe Verwandlung zu erwarten, wenn du die guten Ratschläge, die ich ihm ebenfalls erteilt hatte, nicht besser befolgst oder nicht lieber deinen Plan ganz aufgeben willst, wozu ich dich noch einmal recht dringend ermahne.«

»Derwisch« antwortete der Prinz Perwis, »ich kann dir meinen Dank für den Anteil, den du an der Erhaltung meines Lebens nimmst, obgleich ich dir ganz fremd bin und nichts getan habe, um dein Wohlwollen zu verdienen, nicht genügend ausdrücken. Auch das muß ich dir bemerken, daß ich die Sache reiflich überlegt habe, ehe ich meinen Entschluß faßte, und jetzt nicht mehr davon abgehen kann. Darum bitte ich dich, erweise mir dieselbe Gnade wie meinem Bruder: Vielleicht wird es mir besser als ihm gelingen, den Anweisungen, die ich von dir erwarte, nachzukommen.«

»Da es mir also«, sagte der Derwisch, »nicht gelingen will, dich von deinem Entschlusse abzubringen, so sei es denn; wenn mein hohes Alter mich nicht daran hinderte und ich mich aufrecht auf meinen Beinen halten könnte, so würde ich aufstehen, um dir die Kugel zu geben, die ich hier habe und die dir zum Wegweiser dienen muß.«

Der Prinz Perwis ließ den Derwisch nicht mehr sagen, sondern stieg sogleich vom Pferde und trat auf den Alten zu. Der Derwisch hatte soeben die Kugel aus seinem Sack hervorgeholt, worin er noch einen großen Vorrat davon hatte; er gab sie ihm und setzte ihm auseinander, welchen Gebrauch er davon zu machen hätte. Nachdem er ihm nun, wie früher dem Prinzen Bahman, aufs dringendste geraten hatte, vor den unsichtbaren Stimmen, so bedrohlich sie auch sein mögen, nicht zu erschrecken und nicht abzulassen, bis er den Berg erstiegen und den Käfig mit dem Vogel gefunden hätte, ließ er ihn weiterziehen.

Der Prinz Perwis dankte dem Derwisch, und als er wieder aufgestiegen war, warf er die Kugel vor sich hin, gab seinem Pferd beide Sporen und folgte ihr. Endlich gelangte er an den Fuß des Berges, und als er sah, daß die Kugel liegen blieb, stieg er ab. Ehe er den ersten Schritt den Berg hinan tat, blieb er noch einen Augenblick stehen, um sich die Anweisungen, die der Derwisch ihm gegeben hatte, recht lebhaft ins Gedächtnis zurückzurufen. Endlich faßte er Mut und stieg hinan, fest entschlossen, den Gipfel des Berges zu erklimmen; kaum aber war er fünf bis sechs Schritte vorwärtsgegangen, so hörte er hinter sich eine Stimme, die ihm sehr nahe zu sein schien, als wenn jemand ihn mit Schimpfworten zurückriefe und ihm zuschrie:

»Halt ein, Verwegener! Ich werde dich für deine Frechheit züchtigen.«

Bei dieser Beleidigung vergaß der Prinz alle Warnungen des Derwischs, legte die Hand an seinen Säbel, zückte ihn und drehte sich um, um Rache zu nehmen; kaum aber konnte er noch sehen, daß niemand ihm folgte, als er schon in einen schwarzen Stein verwandelt war, desgleichen auch sein Roß.

Indes hatte die Prinzessin Parisade seit der Abreise ihres Bruders Perwis es keinen Tag versäumt, den im Augenblick des Abschieds von ihm empfangenen Rosenkranz an der Hand zu tragen und, wenn sie gerade nichts anderes zu tun hatte, ihn abzubeten, indem sie die Perlen eine nach der anderen durch die Finger laufen ließ. Sie hatte ihn diese ganze Zeit hindurch sogar nachts nicht von sich gelassen; jeden Abend, wenn sie zu Bett ging, hatte sie ihn um ihren Hals gelegt und morgens gleich beim Erwachen mit der Hand danach gegriffen, um zu untersuchen, ob die Perlen sich noch immer bewegen ließen. An dem Tage und in dem Augenblicke, da dem Prinzen Perwis dasselbe Schicksal wie seinem Bruder Bahman widerfuhr, in einen schwarzen Stein verwandelt zu werden, hielt sie wie gewöhnlich den Rosenkranz in der Hand und betete ihn. Da fühlte sie auf einmal, daß die Perlen sich nicht mehr bewegen ließen, wenn sie ihnen mit dem Finger einen Druck gab, und zweifelte nicht daran, daß dies ein sicheres Zeichen vom Tode ihres Bruders sei. Da sie nun für diesen Fall bereits ihren Entschluß gefaßt hatte, so verlor sie keine Zeit damit, ihren Schmerz durch äußere Zeichen zu verraten. Sie tat sich Gewalt an, ihn ganz in ihr eigenes Herz zurückzudrängen. Am folgenden Morgen aber kleidete, bewaffnete und rüstete sie sich wie ein Mann, sagte ihren Leuten, sie werde in wenigen Tagen zurückkommen, stieg zu Pferd und ritt auf derselben Straße dahin, welche die beiden Prinzen, ihre Brüder, gezogen waren.

Die Prinzessin Parisade, die von ihren Jagdbelustigungen das Reiten gewohnt war, ertrug die Strapazen der Reise leichter, als andere Frauen es vermocht hätten. Sie machte dieselben Tagereisen wie die Prinzen, ihre Brüder, und traf ebenfalls am zwanzigsten Tage den Derwisch. Als sie in seine Nähe kam, stieg sie ab, führte ihr Roß am Zügel und setzte sich neben ihm nieder. Nachdem sie ihn hierauf gegrüßt hatte, sprach sei zu ihm: »Guter Derwisch, wirst du mir wohl erlauben, daß ich einige Augenblicke bei dir ausruhe, und hättest du wohl die Güte, mir zu sagen, ob du nie gehört hast, daß irgendwo in dieser Gegend ein Ort ist, wo man den sprechenden Vogel, den singenden Baum und das goldgelbe Wasser finden kann?«

Der Derwisch antwortete: »Edles Fräulein – denn trotz deiner Verkleidung erkenne ich dein Geschlecht an deiner Stimme und muß dich also so nennen –, ich danke dir für deinen Gruß und nehme die Ehre, die du mir erweisest, mit großem Vergnügen an. Ich kenne allerdings den Ort, wo die genannten Dinge sich finden, aber in welcher Absicht fragst du mich darum?«

»Guter Derwisch«, erwiderte die Prinzessin Parisade, »man hat mir soviel Schönes von diesen Sachen erzählt, daß ich vor Verlangen brenne, sie zu besitzen.«

»Edles Fräulein«, versetzte der Derwisch, »man hat dir die Wahrheit gesagt; diese Dinge sind sogar noch weit erstaunlicher und wunderbarer, als man sie dir geschildert hat; aber von den Schwierigkeiten scheint man dir nichts gesagt zu haben, die du überwinden müßtest, um zu ihrem Genusse zu gelangen. Hätte man dich gebührend davon unterrichtet, so hättest du dich gewiß nicht auf eine so mühsame und gefährliche Unternehmung eingelassen. Laß dir einen guten Rat geben: Reite nicht weiter, sondern kehre wieder um, und mute mir nicht zu, daß ich zu deinem Verderben beitragen soll.«

»Guter Vater«, sagte hierauf die Prinzessin, »ich komme aus weiter Ferne, und es wäre mir höchst unangenehm, wenn ich heimkehren müßte, ohne meinen Plan ausgeführt zu haben. Du sprichst von Schwierigkeiten und Lebensgefahr, sagst mir aber nicht, was das für Schwierigkeiten sind und worin diese Gefahren bestehen. Ich wünschte jedoch sehr, es zu erfahren, damit ich mich darüber besinnen und sehen kann, ob ich auf meine Entschlossenheit, meinen Mut und meine Kräfte vertrauen darf oder nicht.«

Hierauf wiederholte der Derwisch der Prinzessin Parisade dieselbe Rede, die er an die Prinzen Perwis und Bahman gehalten hatte, ja, er übertrieb sogar die Schwierigkeiten, die mit der Übersteigung des Berges verbunden seien, auf welchem der Vogel sich in seinem Käfig befinde. Des Vogels, sagte er, müsse sie sich zuerst bemächtigen, dieser werde ihr dann über den Baum und das goldgelbe Wasser Auskunft geben. Sodann schilderte er ihr das Getöse und den Wirrwarr der drohenden und schrecklichen Stimmen, die sich von allen Seiten hören lassen, ohne daß man jemand sehe, und endlich erzählte er von den vielen schwarzen Steinen, die allein schon sowohl sie als jeden andern abschrecken sollten, da diese Steine allesamt tapfere Ritter gewesen seien und diese Verwandlung deswegen erlitten, weil sie die Hauptbedingungen zur glücklichen Ausführung des Unternehmens, nämlich sich vor Erreichen des Käfigs nicht umzudrehen und zurückzuschauen, nicht gehörig beachtet hätten.

Als der Derwisch seinen Vortrag beendet hatte, sagte die Prinzessin zu ihm: »Soviel ich aus deiner Rede ersehe, bestehen die Hauptschwierigkeiten bei dieser Unternehmung darin, daß man bis zum Käfig hinanklimmen muß, ohne sich durch das Getöse der unsichtbaren Stimmen erschrecken zu lassen, und zweitens, daß man nicht rückwärts schauen darf. Was nun die letzte Bedingung betrifft, so hoffe ich, Herrschaft genug über mich zu besitzen, um sie pünktlich einzuhalten; in Beziehung auf die erste gestehe ich, daß solche Stimmen, wie du sie mir schilderst, wohl imstande sein können, auch die Beherztesten zu erschrecken. Da es indes bei keiner sehr wichtigen und gefährlichen Unternehmung verboten ist, List zu gebrauchen, so frage ich dich, ob mir bei diesem für mich so hochwichtigen Abenteuer nicht welche erlaubt ist.«

»Und welcher List würdest du dich wohl bedienen?« fragte der Derwisch.

»Mich dünkt«, antwortete die Prinzessin, »wenn ich mir die Ohren mit Baumwolle verstopfte, so würden jene Stimmen, wie stark und erschrecklich sie auch sein mögen, weit geringeren Eindruck auf mich machen und weniger auf meine Einbildungskraft wirken können; mein Geist würde also seine Freiheit behalten und nicht so sehr in Verwirrung geraten, daß er die Besinnung verlöre.«

»Edles Fräulein«, erwiderte der Derwisch, »ich weiß nicht, ob von allen denen, die sich bisher an mich gewandt und nach eben diesem Wege gefragt haben, sich irgendeiner dieser List bedient hat, welche du hier erwähnst. Nur das weiß ich, daß keiner derselben zu mir davon gesprochen hat und daß sie alle umgekommen sind. Wenn du indes auf deinem Beschluß beharrst, so magst du wohl eine Probe damit machen und darfst von Glück sagen, wenn es dir gelingt; übrigens rate ich dir noch einmal, setze dich dieser Gefahr nicht aus.«

»Guter Vater«, versetzte die Prinzessin, »nichts kann mich abhalten, meinen Vorsatz auszuführen; mein Herz sagt mir, daß diese List gelingen wird, und ich bin entschlossen, mich ihrer zu bedienen. Ich brauche jetzt bloß noch von dir zu erfahren, welchen Weg ich nehmen muß, und ich beschwöre dich, versage mir diese Gefälligkeit nicht.«

Der Derwisch ermahnte sie zum letzten Male, die Sache wohl zu überlegen; da er aber sah, daß sie unerschütterlich blieb, zog er eine Kugel aus seinem Sack heraus und überreichte sie ihr mit den Worten: »Nimm diese Kugel, steige wieder zu Pferde, und wenn du sie vor dich hingeworfen hast, so folge ihr auf allen Umwegen, in denen sie rollen wird, bis an den Berg, auf welchem das ist, was du suchst. Am Fuße desselben wird sie liegen bleiben, dann halte du ebenfalls an, steige ab und erklimme den Berg. Das übrige weißt du; vergiß ja nicht, es zu beachten, und ziehe hin.«

Die Prinzessin Parisade dankte dem Derwisch, verabschiedete sich von ihm und stieg wieder zu Pferd; sie warf die Kugel vor sich hin und ritt ihr auf dem Wege, den sie rollte, nach, bis sie endlich am Fuß des Berges stille lag.

Hier stieg die Prinzessin ab, verstopfte sich die Ohren mit Baumwolle, und nachdem sie den Weg zum Gipfel des Berges genau ins Auge gefaßt hatte, fing sie an, festen Schrittes und unerschrockenen Mutes hinanzusteigen. Sie hörte wohl die Stimmen, merkte aber sogleich, daß die Baumwolle ihr von großem Nutzen war. Je weiter sie hinaufkam, um so stärker und vielfacher wurden die Stimmen, doch nicht so, daß sie darüber in Verwirrung geraten wäre. Sie hörte zwar allerlei Schmähworte und beißende Spottreden in Beziehung auf ihr Geschlecht, allein sie verachtete dieselben und lachte ihrer. »Ich ärgere mich nicht über eure Beleidigungen und Spöttereien«, sprach sie bei sich selbst, »ihr dürft noch Schlimmeres sagen, ich spotte eurer, und ihr sollt mich nicht hindern, meinen Weg fortzusetzen.«

Endlich kam sie so weit hinauf, daß sie den Käfig und den Vogel bemerkte, welch letzterer im Bunde mit den unsichtbaren Stimmen sich ebenfalls bemühte, sie einzuschüchtern, indem er ihr, so klein er auch war, mit donnernder Stimme zurief: »Zurück, tritt nicht näher!« Die Prinzessin aber, durch diesen Anblick ermutigt, verdoppelte ihre Schritte, als sie sich dem Ziel ihres Vorhabens so nahe sah. Sie erreichte auch glücklich den Gipfel des Berges, wo der Boden eben war, lief geradewegs auf den Käfig zu, ergriff ihn mit der Hand und sagte zu dem Vogel:

»Vogel, du bist jetzt trotz deines Sträubens in meiner Gewalt und sollst mir nicht entschlüpfen.«

Indem nun Parisade die Baumwolle wieder aus ihren Ohren zog, sagte der Vogel zu ihr: »Tapferes Fräulein, grolle mir nicht, daß ich mich mit denjenigen vereinigt habe, die sich für die Behauptung meiner Freiheit bemühten. Obgleich in einen Käfig gesperrt, war ich dennoch mit meinem Schicksal zufrieden; da ich nun aber einmal zur Sklaverei bestimmt bin, so will ich lieber dich zur Herrin haben, die du mich auf eine so mutige und würdige Art erworben hast, als irgendeinen andern Menschen auf der Welt; auch schwöre ich dir von diesem Augenblicke an unverbrüchliche Treue und gänzliche Unterwerfung unter alle deine Befehle. Ich weiß, wer du bist, und will dir auch sagen, daß du dich selbst nicht als das erkennst, was du bist; aber es wird ein Tag kommen, da ich dir einen Dienst zu erweisen hoffe, den du mir gewiß sehr danken wirst. Um dir sogleich Beweise meiner Aufrichtigkeit zu geben, so sage mir jetzt, was du wünschst; ich bin bereit, zu gehorchen.«

Die Freude der Prinzessin war unbeschreiblich, um so mehr, da die Eroberung, die sie soeben gemacht hatte, mit dem Tode der aufs zärtlichste geliebten Brüder erkauft und für sie selbst mit so vielen Anstrengungen und Gefahren verbunden war; denn jetzt, nachdem sie die Gefahren überstanden hatte, erkannte sie deren Größe viel besser als damals, da sie sich trotz der Abmahnungen des Derwisches hineinbegab. Sie antwortete nun dem Vogel also: »Vogel, es war meine Absicht, dir zu sagen, daß ich mehrere Dinge wünsche, die für mich von äußerster Wichtigkeit sind. Es freut mich nun ungemein, daß du mir zuvorgekommen bist und deine Willfährigkeit zugesagt hast. Fürs erste habe ich gehört, es gebe hier ein goldgelbes Wasser, das ganz wunderbare Eigenschaften habe; ich bitte dich nun, mir vor allen Dingen den Ort zu sagen, wo es zu finden ist.« Der Vogel sagte ihr den Ort, der nicht weit entfernt war; sie ging hin und füllte ein silbernes Fläschchen, das sie mitgebracht hatte, mit dem Wasser; dann kam sie zum Vogel zurück und sagte zu ihm:

»Vogel, ich bin noch nicht zufrieden, ich suche auch den singenden Baum; sage mir, wo er ist.«

Der Vogel antwortete: »Dreh dich um, und du wirst hinter dir einen Wald erblicken, worin sich dieser Baum befindet.«

Der Wald war ganz in der Nähe; die Prinzessin ging hin und erkannte an dem wohllautenden Zusammenklang von Stimmen unter mehreren anderen Bäumen bald denjenigen, den sie suchte. Da er aber sehr dick und sehr hoch war, ging sie zum Vogel zurück und sagte zu ihm: »Vogel, ich habe den singenden Baum zwar gefunden, kann ihn aber weder aus der Erde heben noch mitnehmen.«

»Dies ist auch nicht nötig«, antwortete der Vogel, »du brauchst bloß den kleinsten Zweig abzubrechen, mit nach Hause zu nehmen und in deinem Garten zu pflanzen; er wird alsbald Wurzeln schlagen, und in kurzer Zeit wirst du ihn zu einem ebenso schönen Baum heranwachsen sehen, wie dieser ist.«

Als nun die Prinzessin Parisade sich im Besitz der drei Dinge sah, nach denen die fromme Frau ein so heißes Verlangen in ihr erregt hatte, sprach sie weiter zu dem Vogel: »Vogel, soviel du auch schon für mich getan hast, so ist es immer noch nicht genug. Du bist schuld an dem Tod meiner beiden Brüder, die unter den schwarzen Steinen sein müssen, welche ich beim Heraufsteigen gesehen habe; ich möchte sie gerne mit nach Hause nehmen.«

Es schien, als ob der Vogel dieses Gebot gern unbeachtet gelassen hätte, denn er machte Schwierigkeiten. Die Prinzessin bestand indes darauf und fuhr fort: »Erinnere dich, Vogel, daß du eben gesagt hast, du seist mein Sklave; du bist es wirklich, und dein Leben steht in meiner Gewalt.«

»Ich kann«, antwortete der Vogel, »diese Wahrheit allerdings nicht bestreiten, und obgleich deine jetzige Forderung mit größeren Schwierigkeiten verbunden ist als die andern, so will ich sie dennoch ebenfalls erfüllen. Sieh dich überall hier um, ob du nicht einen Krug erblickst.«

»Allerdings«, sagte die Prinzessin, »da steht einer.«

»So nimm ihn«, fuhr der Vogel fort, »und beim Hinabsteigen vom Berge gieße auf jeden der schwarzen Steine ein wenig von dem Wasser, womit er angefüllt ist: Auf diese Art wirst du deine Brüder wiederfinden.«

Die Prinzessin Parisade ergriff den Krug, nahm in samt dem Vogel im Käfig, dem Fläschchen und dem Zweig mit sich, und beim Hinabsteigen sprengte sie auf alle schwarzen Steine nacheinander Wasser aus dem Krug, und siehe da, jeder verwandelte sich in einen Mann. Da sie keinen einzigen überging, so kamen auch sämtliche Pferde –, sowohl die der Prinzen, ihrer Brüder, als auch die der übrigen Herren –, wieder zum Vorschein. Auf diese Art erkannte sie Bahman und Perwis wieder, und diese erkannten sie ebenfalls und umarmten sie. Sie erwiderte ihre Umarmung mit großer Herzlichkeit, und noch voll Erstaunen fragte sie: »Liebe Brüder, was macht ihr denn hier?«

Als sie nun beide geantwortet hatten, sie hätten soeben geschlafen, fuhr sie fort: »Jawohl, aber ohne mich würde euer Schlaf noch fortdauern und hätte vielleicht bis zum Tage des jüngsten Gerichts gewährt. Erinnert ihr euch nicht, daß ihr ausgezogen seid, den sprechenden Vogel, den singenden Baum und das goldgelbe Wasser zu suchen, und daß ihr hier auf dem Wege die schwarzen Steine erblickt habt, mit denen dieser Ort übersät war? Schaut euch um und seht, ob noch ein einziger davon übrig ist. Diese Herren hier und ihr wart selbst diese Steine, desgleichen auch eure Pferde, die, wie ihr sehen könnt, euch erwarten. Wenn ihr nun«, fuhr sie fort, indem sie auf den Krug zeigte, den sie jetzt nicht mehr brauchte und den sie bereits am Fuße des Berges hingestellt hatte, »wenn ihr nun zu erfahren wünscht, wie dieses Wunder geschehen ist, so wisset, es geschah durch die Kraft des Wassers, mit dem dieser Krug angefüllt war und mit dem ich die Steine alle besprengt habe. Als ich den sprechenden Vogel, den ihr hier im Käfig seht, zu meinem Sklaven gemacht und durch seine Hilfe den singenden Baum – hier ist ein Zweig von ihm – sowie das goldgelbe Wasser, mit dem das Fläschchen hier angefüllt ist, gefunden hatte, wollte ich nicht nach Hause zurückkehren, ohne euch mitzunehmen. Ich habe daher den Vogel durch die Macht, die ich über ihn erworben habe, gezwungen, mir das Mittel dazu anzugeben, und er hat mir diesen Krug sowie den Gebrauch desselben angezeigt.«

Die Prinzen Bahman und Perwis erkannten aus dieser Rede, wie sehr sie der Prinzessin, ihrer Schwester, verpflichtet waren, und ebenso die fremden Herren, die sich alle um sie versammelt und diese Rede ebenfalls gehört hatten. Sie erklärten ihr, daß sie weit entfernt seien, ihr diese Eroberung, nach der sie ebenfalls gestrebt hatten, zu mißgönnen, daß sie vielmehr ihren Dank für das Leben, das sie ihnen wiedergeschenkt, nicht besser an den Tag legen zu können glauben, als dadurch, daß sie sich zu ihren Sklaven erklären, bereit, alles zu tun, was sie ihnen gebiete.

»Edle Herren«, antwortete die Prinzessin, »wenn ihr auf meine Rede achtgegeben habt, so kann es euch nicht entgangen sein, daß ich bei dem, was ich tat, keine andere Absicht hatte, als meine Brüder wiederzufinden; wenn es nun auch euch zugute gekommen ist, so seid ihr mir dafür keinen Dank schuldig. Ich sehe euer Anerbieten nur als einen Beweis von Höflichkeit gegen mich an und danke euch dafür, wie sich's gebührt. Im übrigen betrachte ich euch, einen wie den andern, als ebenso freie Leute, wie ihr vor euerm Unglück wart, und freue mich mit euch über das Glück, das euch durch meine Vermittlung zuteil geworden ist. Laßt uns indes nicht länger an einem Orte bleiben, wo uns weiter nichts mehr aufhalten kann. Steigen wir jetzt zu Pferd und kehren wir in die Länder zurück, aus denen wir gekommen sind.«

Die Prinzessin Parisade ging mit gutem Beispiel voran, indem sie ihr Pferd holte, das sie an derselben Stelle wiederfand, wo sie es gelassen hatte. Bevor sie aufstieg, bat sie der Prinz Bahman, sie möge ihn zu ihrer Erleichterung den Käfig tragen lassen. »Lieber Bruder«, antwortete die Prinzessin, »der Vogel ist mein Sklave, und ich will ihn selbst tragen; wenn du indes den Zweig des singenden Baumes übernehmen willst, so ist es mir lieb. Halte auch den Käfig, bis ich aufgestiegen bin, und gib ihn mir dann zurück.« Als sie nun wieder zu Pferde saß und der Prinz Bahman ihr den Käfig mit dem Vogel zurückgegeben hatte, wandte sie sich zu ihrem zweiten Bruder Perwis und sagte zu ihm: »Und du, Bruder Perwis, nimm die Flasche mit dem goldgelben Wasser in Verwahrung, wenn es dir nicht beschwerlich ist.« Der Prinz Perwis tat es mit großem Vergnügen.

Als nun die Prinzen Bahman und Perwis sowie die anderen Herren alle zu Pferde saßen, wartete die Prinzessin Parisade, bis einer von ihnen sich an die Spitze setzen und den Zug beginnen würde. Die beiden Prinzen wollten aus Höflichkeit den fremden Herren den Vorzug lassen, und diese wiederum der Prinzessin. Da nun die Prinzessin sah, daß keiner von den Herren sich die Ehre zueignen, sondern alle dieselbe ihr überlassen wollten, sagte sie zu ihnen: »Ihr Herren, ich warte darauf, daß ihr euch in Bewegung setzt.«

»Edles Fräulein«, antwortete einer der Nächststehenden im Namen aller, »wenn wir auch nicht wüßten, welche Ehre deinem Geschlechte gebührt, so gibt es doch nach dem, was du für uns getan hast, keine Ehre, die wir nicht dir zu erweisen bereit wären, obschon deine Bescheidenheit sich dawidersetzt. Wir bitten dich nun, daß du uns nicht länger des Glücks berauben mögest, dir zu folgen.«

»Ihr Herren«, sagte darauf die Prinzessin, »ich verdiene die Ehre, die ihr mir erweist, nicht und nehme sie nur an, weil ihr es so wünscht.« Mit diesen Worten setzte sie sich an die Spitze des Zugs, und die beiden Prinzen folgten ihr, unter die übrigen Herren gemischt, ohne Rangordnung. Diese Gesellschaft wollte im Vorbeireiten den Derwisch begrüßen und ihm für einen guten Empfang und seine wohlmeinenden Ratschläge, deren Wahrheit sie empfunden hatten, danken; allein er war gestorben, und man hatte nicht ermitteln können, ob aus Altersschwäche, oder weil man seiner nicht mehr bedurfte, um den Weg zu den drei Wunderdingen zu zeigen, welche die Prinzessin Parisade jetzt erobert hatte. So ritt denn die Gesellschaft ihres Weges fort, verminderte sich aber mit jedem Tage. Die Herren, die, wie schon oben erzählt, aus verschiedenen Ländern gekommen waren, verabschiedeten sich, nachdem sie der Prinzessin ihren tiefgefühlten Dank wiederholt hatten, einer nach dem andern von ihr und den Prinzen, ihren Brüdern, sowie jeder auf die Straße kam, die er hergeritten war. Die Prinzessin und die Prinzen Bahman und Perwis aber ritten auf demselben Weg weiter, bis sie nach Hause kamen.

Hier stellte die Prinzessin vor allem den Käfig in den mehrfach erwähnten Garten, an welchen der Saal stieß, und sobald der Vogel seine Stimme hören ließ, flogen die Nachtigallen, die Finken, die Lerchen, die Grasmücken, die Stieglitze und eine zahllose Menge anderer Vögel des Landes herbei, um in seinen Gesang mit einzustimmen. Den Zweig ließ sie in ihrer Gegenwart auf einem Rasenplatz in der Nähe des Hauses einsenken. Er faßte Wurzel und ward in kurzer Zeit zum starken Baum, dessen Blätter bald dieselbe liebliche Musik und denselben vielstimmigen Gesang hören ließen wie der Baum, von dem sie ihn abgebrochen hatte. Was endlich das Fläschchen mit dem goldgelben Wasser betrifft, so ließ sie mitten im Garten ein großes schönes Marmorbecken machen und goß das goldgelbe Wasser, das sie in dem Fläschchen hatte, bis auf den letzten Tropfen hinein. Sogleich fing es an aufzuwallen, und als es beinahe den Rand des Beckens erreicht hatte, sprang es aus der Mitte in einer dicken Strahlengarbe fünfzig Fuß hoch empor, fiel dann nieder und fuhr so fort, ohne daß das Becken überlief.

Die Nachricht von diesen Wunderdingen verbreitete sich in der Nachbarschaft, und da weder die Tür des Gartens noch die des Hauses jemandem verschlossen war, so strömte bald aus der Umgegend eine große Volksmasse herbei, um sie zu bewundern.

Die Prinzen Bahman und Perwis fingen einige Tage nach ihrer Heimkehr, als sie sich von den Beschwerden ihrer Reise völlig erholt hatten, ihre alte Lebensweise wieder an, und da die Jagd ihre gewöhnliche Belustigung war, so stiegen sie zu Pferde und ritten zum erstenmal seit ihrer Rückkehr nicht in den eigenen Park, sondern zwei bis drei Meilen weit von ihrem Hause weg. Während sie hier jagten, kam der Sultan von Persien, ebenfalls auf der Jagd begriffen, an denselben Ort. Sobald sie an der Menge von Reitern, die von allen Seiten zum Vorschein kamen, seine nahe Ankunft erkannten, wollten sie aufhören und sich zurückziehen, um eine Begegnung zu vermeiden; allein, gerade auf dem Wege, den sie zu diesem Zweck einschlugen, begegneten sie ihm an einer so engen Stelle, daß sie weder ausweichen noch umkehren konnten, ohne gesehen zu werden. In ihrer Überraschung hatten sie nur noch Zeit, abzusteigen und sich vor dem Sultan niederzuwerfen. So blieben sie mit der Stirn am Boden liegen, ohne ihn anzublicken; der Sultan aber, der sie so wohlberitten und anständig gekleidet sah, als wenn sie zu seinem Hofstaat gehörten, war neugierig, ihre Gesichter zu sehen; er hielt an und befahl ihnen aufzustehen. Die Prinzen richteten sich auf und standen mit edlem Anstand und in bescheidener, ehrfurchtsvoller Stellung vor ihrem Sultan.

Der Sultan betrachtete sie einige Zeit von Kopf bis Fuß, ohne ein Wort zu sprechen, und nachdem er ihr gutes Aussehen und ihre edle Haltung bewundert hatte, fragte er sie, wer sie seien und wo sie wohnen. Der Prinz Bahman nahm das Wort und sprach: »Herr, wir sind Söhne des verstorbenen Aufsehers deiner Gärten und wohnen in einem Haus, das er kurz vor seinem Tode bauen ließ, damit wir darin bleiben sollen, bis wir das Alter erreicht hätten, unserm Herrn zu dienen, wenn sich Gelegenheit dazu finden würde.«

»Wie ich sehe«, fragte der Sultan weiter, »liebt ihr die Jagd?«

»Herr«, erwiderte Prinz Bahman, »dies ist unsere gewöhnlichste Übung, und keiner von den Untertanen meines Herrn, der sich dazu bestimmt, dereinst die Waffen in seinen Heeren zu führen, vernachlässigt sie.«

Der Sultan war hocherfreut über diese kluge Antwort und sagte zu ihnen: »Da dem so ist, so möchte ich euch wohl jagen sehen. Kommt und wählt euch eine Jagd, wie sie euch beliebt.«

Die Prinzen stiegen wieder zu Pferde, folgten dem Sultan und waren noch nicht weit geritten, als sie mehrere Tiere zugleich hervorkommen sahen. Der Prinz Bahman erwählte sich einen Löwen und der Prinz Perwis einen Bären. Sie ritten beide zu gleicher Zeit mit einer Unerschrockenheit auf dieselben los, welche den Sultan überraschte, auch erreichten sie ihre Tiere fast zu gleicher Zeit und warfen ihre Speere mit solcher Geschicklichkeit, daß der Prinz Bahman den Löwen und der Prinz Perwis den Bären durchbohrte und der Sultan beide Tiere bald nacheinander fallen sah. Ohne sich länger aufzuhalten, verfolgte der Prinz Bahman einen anderen Bären und der Prinz Perwis einen anderen Löwen, und in wenigen Augenblicken durchbohrten sie auch diese, so daß sie tot niederstürzten. Sie wollten noch weiter jagen, aber der Sultan gab es nicht zu; er ließ sie zurückrufen, und als sie wieder in seine Nähe gekommen waren, sagte er zu ihnen: »Wenn ich euch schalten und walten ließe, so würdet ihr bald meine ganze Jagd verwüstet haben. Indes will ich nicht sowohl meine Jagd schonen, als euch selbst, denn euer Leben soll mir fortan sehr teuer sein, da ich die Überzeugung hege, daß eure Tapferkeit mir dereinst noch nützlicher sein wird, als sie mir soeben ergötzlich war.«

Kurz, der Sultan Chosru Schah fühlte für die beiden Prinzen eine so starke Zuneigung, daß er sie einlud, sogleich bei ihm zu bleiben und ihm zu folgen. »Herr«, erwiderte der Prinz Bahman, »du erweisest uns eine Ehre, die wir nicht verdienen, und wir bitten unsern Herrn, daß er uns dies erlassen wolle.«

Der Sultan, der nicht begriff, welche Gründe die Prinzen wohl haben konnten, diesen Beweis seiner Achtung abzulehnen, fragte sie darum und verlangte dringend, es zu erfahren. »Herr«, sagte der Prinz Bahman, »wir haben eine

Schwester, die jünger ist als wir beide und mit der wir in so inniger Eintracht leben, daß wir niemals etwas unternehmen oder tun, ohne ihren Rat eingeholt zu haben, so wie auch sie ihrerseits nichts tut, ohne uns zu befragen.«

»Diese eure geschwisterliche Eintracht gefällt mir sehr wohl«, versetzte der Sultan; »so befraget denn eure Schwester und kommt dann morgen wieder zu mir auf die Jagd, dann will ich ihren Bescheid hören.«

Die Prinzen ritten nach Hause, dachten aber beide nicht mehr daran, daß der Sultan ihnen begegnet war und daß sie die Ehre gehabt hatten, mit ihm zu jagen, und somit erzählten sie der Prinzessin auch nichts davon, daß er ihnen die Ehre erwiesen hatte, sie mit sich nehmen zu wollen. Als sie sich nun am andern Morgen wieder beim Sultan zur Jagd eingestellt hatten, fragte sie dieser: »Nun, habt ihr mit eurer Schwester gesprochen? Will sie mir das Vergnügen gönnen, das ich erwarte, euch näher um mich zu sehen?«

Die Prinzen blickten einander an, und die Röte stieg ihnen ins Gesicht. »Herr«, antwortete Prinz Bahman, »wir bitten demütig um Entschuldigung; weder mein Bruder noch ich haben daran gedacht.«

»So denkt heute daran«, fuhr der Sultan fort, »und vergeßt nicht, mir morgen Bescheid zu bringen.«

Die Prinzen vergaßen die Sache abermals, und der Sultan ärgerte sich nicht über ihre Gleichgültigkeit, sondern zog vielmehr drei kleine goldene Kugeln aus seiner Börse, steckte sie dem Prinzen Bahman in den Busen und sprach dabei lächelnd: »Diese Kugeln werden verhindern, daß ihr heute zum drittenmal das vergeßt, was ihr mir zuliebe tun sollt; sie werden heute abend, wenn du deinen Gürtel ablegst, ein solches Geräusch machen, daß du dich der Sache erinnern wirst, falls du nicht schon vorher daran gedacht hast.«

Es ging, wie es der Sultan vorausgesehen hatte. Ohne die drei goldenen Kugeln hätten die Prinzen abermals vergessen, mit der Prinzessin Parisade, ihrer Schwester, zu sprechen. Sie entfielen dem Busen des Prinzen Bahman, als er seinen Gürtel abgenommen hatte und sich anschickte, zu Bett zu gehen.

Er eilte nun sogleich zu dem Prinzen Perwis, und beide gingen zusammen durch die Zimmer der Prinzessin, die sich noch nicht niedergelegt hatte. Sie baten um Verzeihung, daß sie zu so ungebührlicher Stunde stören, und setzten ihr dann die Sache samt allen Umständen ihres Zusammentreffens mit dem Sultan auseinander.

Die Prinzessin Parisade war durch diese Nachricht beunruhigt und sagte: »Euer Zusammentreffen mit dem Sultan ist glücklich und ehrenvoll für euch und kann es in Zukunft noch mehr werden; für mich aber ist es verdrießlich und sehr traurig. Ich sehe wohl, daß ihr aus Rücksicht auf mich den Wunsch des Sultans abgelehnt habt, und bin euch unendlich dafür verbunden; denn ich erkenne daraus, daß eure Freundschaft für mich vollkommen der meinigen zu euch entspricht. Ihr habt sozusagen lieber eine Unhöflichkeit gegen den Sultan begehen wollen, indem ihr seinen Wunsch eurer Meinung nach auf eine anständige Art ablehntet, als den geschwisterlichen Zusammenhalt, den wir uns geschworen haben, zu beeinträchtigen; und ihr habt wohl bedacht, daß ihr, sobald ihr ihn einmal besucht habt, allmählich genötigt sein werdet, mich zu verlassen, um euch ihm ganz zu widmen. Haltet ihr es indes für so leicht, dem Sultan eine Sache gänzlich abzuschlagen, die er so angelegentlich zu wünschen scheint? Der Wunsch der Sultane ist ein Wille, dem zu widerstehen Gefahr bringt. Wenn ich euch also auch meiner Neigung zufolge abreden wollte, ihm die Gefälligkeit zu erzeigen, die er von euch fordert, so würde ich euch nur seinem Zorn aussetzen und unglücklich machen. Dies ist meine Ansicht hierüber; ehe wir jedoch einen Entschluß fassen, laßt uns den sprechenden Vogel befragen und hören, was er uns rät. Er ist verständig und voraussehend, und er hat uns für schwierige Fälle seine Hilfe versprochen.«

Die Prinzessin Parisade ließ den Käfig bringen, und nachdem sie dem Vogel in Gegenwart der beiden Prinzen diese verwickelte Sache vorgetragen hatte, fragte sie ihn, wozu er ihnen unter solchen Umständen rate.

Der Vogel antwortete: »Die Prinzen, deine Brüder, müssen dem Willen des Sultans entsprechen und sogar ihrerseits ihn einladen, euch hier zu besuchen.«

»Aber Vogel«, wandte die Prinzessin ein, »meine Brüder und ich, wir lieben uns ohnegleichen, und wird diese Liebe durch einen solchen Schritt keine Beeinträchtigung erleiden?«

»Nichts weniger«, antwortete der Vogel, »sie wird dadurch nur um so stärker werden.«

»Auf diese Art«, versetzte die Prinzessin, »wird der Sultan auch mich sehen.«

Der Vogel antwortete ihr, es sei notwendig, daß er sie sehe, und alles werde dann um so besser gehen.

Am folgenden Morgen stellten die Prinzen Bahman und Perwis sich wieder zur Jagd ein, und der Sultan fragte sie schon aus der Ferne, sobald er nur gehört werden konnte, ob sie diesmal daran gedacht haben, mit ihrer Schwester zu sprechen.

Der Prinz Bahman nahte sich ihm und sprach: »Herr, gebiete über uns nach deinem Wohlgefallen, wir sind bereit, dir zu gehorchen; wir haben nicht nur keine Mühe gehabt, die Einwilligung unserer Schwester zu erlangen, sondern sie hat es sogar mißbilligt, daß wir in einer Sache, die unsere Pflicht gegen unsern Herrn mit sich bringe, diese Rücksicht auf sie genommen haben. Aber, Herr, sie hat sich derselben auch so würdig gemacht, daß wir hoffen, du werdest uns verzeihen, wenn wir gefehlt haben.«

»Laßt euch das nicht bekümmern«, erwiderte der Sultan, »ich nehme das, was ihr getan habt, nicht nur nicht übel, sondern billige es sogar so sehr, daß ich hoffe, ihr werdet auch mich mit derselben Ergebenheit und Anhänglichkeit an meine Person erfreuen, wofern ich nur ein wenig Anteil an eurer Freundschaft habe.« Die Prinzen gerieten bei dieser überschwenglichen Güte des Sultans in Verwirrung und antworteten nur durch eine tiefe Verbeugung, um die hohe Ehrfurcht zu bezeugen, mit der sie dieselbe empfingen.

Der Sultan jagte entgegen seiner Gewohnheit an diesem Tag nicht lange. Da er erkannte, daß die Prinzen ebensoviel Geist besaßen wie Tapferkeit und Kühnheit, beschleunigte er seine Rückkehr, um sich recht bald und bequem mit ihnen unterhalten zu können. Sie mußten unterwegs an seiner Seite sein, eine Ehre, die, um von den vornehmen Hofleuten seines Gefolges zu schweigen, selbst die Eifersucht des Großwesirs erregte, den es tief kränkte, sie vor sich reiten zu sehen.

Als der Sultan in seine Hauptstadt einritt, heftete das Volk, das die beiden Seiten der Straßen besetzt hielt, seine Augen nur auf die beiden Prinzen Bahman und Perwis und forschte, wer sie wohl sein möchten, Fremdlinge oder Eingeborene. »Wer sie auch seien«, sagten die meisten, »wollte Gott, daß der Sultan uns zwei so wohlgebildete und stattliche Prinzen geschenkt hätte! Er könnte sie fast von demselben Alter haben, wenn die Geburten der Sultanin, die schon so lange dafür leidet, glücklicher gewesen wären.«

Das erste, was der Sultan nach der Rückkehr in seinen Palast tat, war, daß er die Prinzen in den vorzüglichsten Zimmern umherführte, deren Schönheit, Reichtümer, Gerätschaften, Zierat und Einteilung sie ohne Übertreibung lobten, wie Leute, die sich darauf verstanden. Man trug endlich ein herrliches Mahl auf, und der Sultan hieß sie neben sich zu Tische sitzen. Sie wollten es anfangs ablehnen, gehorchten aber, als der Sultan sagte, daß dies sein Wille sei.

Der Sultan, der ungemein viel Verstand besaß und große Fortschritte in den Wissenschaften, namentlich in der Geschichte, gemacht, hatte wohl vorausgesehen, daß die Prinzen aus Bescheidenheit und Ehrfurcht es nicht wagen würden, die Unterhaltung anzufangen. Um ihnen nun Anlaß zum Sprechen zu geben, brachte er selbst etwas auf die Bahn und tat dies während der ganzen Mahlzeit; aber auf was er auch zu sprechen kommen mochte, sie zeigten in allem so viele Kenntnisse, Verstand, Scharfsinn und Urteil, daß er darüber in Verwunderung geriet.

»Wenn es meine eigenen Kinder wären«, sprach er bei sich selbst, »und wenn ich sie ihren Geistesgaben gemäß hätte erziehen lassen, so könnten sie nicht besser unterrichtet, gewandter und gebildeter sein.« Kurz, er fand so großes Wohlgefallen an ihrer Unterhaltung, daß er, nachdem er länger als gewöhnlich bei Tische geblieben war, aus dem Speisesaal mit ihnen in sein Zimmer ging und sich dort noch sehr lange mit ihnen unterhielt.

Endlich sagte der Sultan zu ihnen: »Ich hätte nie geglaubt, daß es auf dem Lande unter meinen Untertanen so wohlerzogene, so verständige und so gewandte junge Herren gäbe; in meinem Leben habe ich keine Unterhaltung gehabt, die mir mehr Vergnügen gemacht hätte als die eurige. Für heute ist es indes genug und Zeit, daß ihr euch durch irgendeine Ergötzlichkeit am meinem Hofe unterhaltet, und da nichts die Wolken besser zerstreuen kann als Musik, so sollt ihr ein Konzert mit Gesang und Saitenspiel hören, das euch nicht unangenehm sein wird.«

Als der Sultan so gesprochen hatte, traten die dazu bestellten Spielleute und Sänger herein und entsprachen ganz der Erwartung, die man von ihrer Geschicklichkeit gehabt hatte. Vortreffliche Lustigmacher ließen sich danach hören, und Tänzer und Tänzerinnen beschlossen die Ergötzlichkeit.

Als die beiden Prinzen das Ende des Tages herannahen sahen, warfen sie sich dem Sultan zu Füßen, und nachdem sie ihm für die Ehre und Güte, womit er sie überhäuft, gedankt hatten, baten sie ihn um die Erlaubnis heimzukehren, worauf der Sultan sie mit den Worten verabschiedete: »Ich entlasse euch jetzt; aber bedenkt wohl, daß ich euch nur den Weg zu meinem Palast zeigen wollte, damit ihr künftig von selbst kommen sollt; ihr werdet willkommen sein, und je öfter ihr mich besucht, um so größere Freude werdet ihr mir machen.«

Ehe sie sich aus dem Angesicht des Sultans entfernten, sagte der Prinz Bahman zu ihm: »Herr, dürften wir uns wohl die Freiheit nehmen, dich zu bitten, daß du uns und unserer Schwester die Gnade erweisen mögest, das nächstemal, wenn die Jagdlust dich in unsere Gegend führt, auch unsrem Hause zu nahen und einige Augenblicke darin auszuruhen; es ist zwar deiner Gegenwart nicht würdig, allein die Könige verschmähen es zuweilen nicht, in niedriger Hütte einzukehren.«

Darauf antwortete der Sultan: »Das Haus von Herren wie ihr kann nicht anders als schön und eurer würdig sein. Ich werde es mit großem Vergnügen besuchen und noch mit größerem euer und eurer Schwester Gast sein, die mir, ohne daß ich sie gesehen habe, schon durch die bloße Erzählung von ihren schönen Eigenschaften teuer geworden ist; auch will ich mir dies Vergnügen nicht länger vorenthalten als bis übermorgen. Ich werde mich in aller Frühe an demselben Ort einfinden, wo ich mich wohl erinnere, euch das erstemal getroffen zu haben. Kommt auch dahin, auf daß ihr mir zu Führern dienet.«

Die Prinzen Bahman und Perwis ritten noch am selben Tag nach Hause und erzählten der Prinzessin Parisade sogleich, wie ehrenvoll der Sultan sie aufgenommen habe. Zugleich sagten sie ihr, sie haben nicht vergessen, ihn einzuladen, daß er im Vorbeireiten ihr Haus mit einem Besuch beehren möchte, und er habe es auch auf übermorgen zugesagt.

»Wenn dem so ist«, sagte die Prinzessin, »so müssen wir von Stund an darauf denken, dem Sultan ein würdiges Mahl zu bereiten, und es wird gut sein, wenn wir dazu den sprechenden Vogel befragen: Dieser nennt uns vielleicht ein Gericht, das mehr nach dem Geschmack des Sultans ist als andere.«

Da die Prinzen ihrer Schwester alles überließen, was sie für gut hielt, so befragte sie, als jene sich entfernt hatten, allein den Vogel.

»Vogel«, sagte sie zu ihm, »der Sultan wird uns die Ehre erzeigen, in unser Haus zu kommen, und wir müssen ihn bewirten; sage uns, wie wir es am besten anstellen können, daß er zufrieden ist.«

»Meine liebe Herrin«, antwortete der Vogel, »du hast vortreffliche Köche, laß diese ihr Bestes tun; hauptsächlich aber sollen sie eine Schüssel Gurken mit einer Füllung von Perlen zurichten, und diese laß vor dem Sultan gleich beim ersten Gang vor allen anderen Gerichten aufstellen.«

»Gurken mit einer Füllung von Perlen!« rief die Prinzessin Parisade verwundert. »Du bist nicht bei Sinnen, Vogel, das ist ein unerhörtes Gericht. Der Sultan könnte es zwar als eine große Pracht bewundern, aber er ist doch bei Tische, um zu essen, und nicht, um Perlen zu bewundern. Überdies würden alle Perlen, die ich besitze, nicht zu dieser Füllung ausreichen.«

»Herrin«, versetzte der Vogel, »tue, was ich sage, und kümmere dich nicht um das, was daraus entsteht, denn dies kann nur etwas Gutes sein. Was indes die Perlen betrifft, so geh morgen in aller Frühe an den ersten Baum rechts in deinem Garten und laß dort nachgraben: Du wirst mehr Perlen finden, als du nötig hast.«

Die Prinzessin Parisade ließ noch am selben Abend einem Gärtner sagen, daß er sich zu einer bestimmten Stunde bereithalten solle; am andern Morgen in aller Frühe ging sie mit ihm zu dem Baum, den der Vogel ihr bezeichnet hatte, und befahl ihm, am Fuß desselben zu graben. Als der Gärtner eine Weile gegraben hatte, fühlte er Widerstand, und bald entdeckte er ein goldenes Kästchen, ungefähr einen Fuß groß im Geviert, und zeigte es der Prinzessin. »Eben darum habe ich dich hierhergeführt«, sagte sie zu ihm, »fahre fort und gib wohl acht, daß du es mit dem Spaten nicht verletzt.«

Der Gärtner zog das Kästchen endlich hervor und übergab es der Prinzessin. Da es nur durch kleine, sehr zierliche Häkchen verschlossen war, öffnete es die Prinzessin auf der Stelle und sah, daß es voll Perlen war, zwar von mittelmäßiger Größe, aber alle gleich und zu dem beabsichtigten Gebrauch passend. Sehr vergnügt über den Fund dieses kleinen Schatzes verschloß sie das Kästchen wieder, nahm es unter den Arm und ging zum Hause zurück, während der Gärtner die Erde am Fuße des Baumes wieder zusammenscharrte und alles in den vorigen Stand setzte.

Die Prinzen Bahman und Perwis, die, während sie sich ankleideten, von ihren Zimmern aus die Prinzessin, ihre Schwester, früher als gewöhnlich im Garten gesehen hatten, gingen ihr, sobald sie fertig waren, entgegen und trafen sie mitten im Garten; da sie nun schon von fern bemerkt hatten, daß sie etwas unter dem Arm trug, und jetzt in der Nähe sahen, daß es ein goldenes Kästchen war, wunderten sie sich sehr darüber.

»Liebe Schwester«, sagte der Prinz Bahman zu ihr, indem er auf sie zutrat, »als wir dich mit dem Gärtner hierhergehen sahen, trugst du nichts, und jetzt kommst du mit einem goldenen Kästchen zurück. Ist dies vielleicht ein Schatz, den der Gärtner gefunden und dir angekündigt hat?«

»Meine Brüder«, antwortete die Prinzessin, »die Sache verhält sich gerade umgekehrt; ich habe den Gärtner an den Ort geführt, wo das Kästchen verborgen war, und es ausgraben lassen. Ihr werdet über meinen Fund noch mehr erstaunen, wenn ihr seht, was es enthält.«

Die Prinzessin öffnete das Kästchen, und die Prinzen waren höchst erstaunt, als sie es mit Perlen angefüllt sahen, die zwar, jede einzeln betrachtet, sich nicht durch Größe auszeichneten, aber durch ihre Vollkommenheit und Menge sehr bedeutenden Wert hatten. Sie fragten die Prinzessin, durch welchen Zufall sie von diesem Schatz Kunde erhalten habe. »Liebe Brüder«, antwortete sie, »wenn euch nicht ein dringenderes Geschäft anderswohin ruft, so kommt mit mir, ich will es euch sagen.«

Der Prinz Perwis versetzte darauf: »Wie könnten wir ein dringenderes Geschäft haben, als Kunde von dieser Sache zu erhalten, die für uns so wichtig ist? Ohnehin wollten wir weiter nichts, als dir entgegengehen.«

Hierauf ging die Prinzessin Parisade mit den beiden Prinzen zum Hause zurück und erzählte ihnen unterwegs, wie sie, der Übereinkunft mit ihnen gemäß, den Vogel befragt, was er ihr geantwortet, was sie ihm in bezug auf das Gericht Gurken mit Perlen gefüllt entgegengehalten und wie er ihr den Ort, wo sie soeben das Kästchen gefunden, angezeigt habe, um daselbst die nötige Anzahl Perlen zu holen. Die Prinzen und die Prinzessin gerieten auf allerlei Vermutungen, in welcher Absicht der Vogel wohl ein solches Gericht für den Sultan bereitet wissen wolle und sogar die Mittel angezeigt habe. Endlich aber, nachdem sie lange über diese Sache gesprochen hatten, mußten sie sich gestehen, daß sie den Zweck nicht einsehen, den Rat des Vogels jedoch Punkt für Punkt unfehlbar befolgen müssen. Als sie wieder ins Haus kamen, ließ die Prinzessin den Küchenmeister zu sich auf ihr Zimmer rufen und gab ihm ihre Anweisungen, wie er das Mahl für den Sultan zu bereiten habe.

Dann fügte sie hinzu: »Außer dem, was ich dir soeben gesagt habe, mußt du noch ein besonderes Gericht für den Sultan machen, und zwar darf niemand außer dir Hand dabei anlegen. Dieses Gericht ist eine Schüssel mit gefüllten Gurken, und die Füllung hast du aus diesen Perlen hier zu machen.« Mit diesen Worten öffnete sie das Kästchen und zeigte ihm die Perlen.

Der Küchenmeister, der nie von einer ähnlichen Füllung gehört hatte, trat zwei Schritte zurück, und auf seinem Gesicht stand deutlich geschrieben, was er von der Sache denke. Die Prinzessin erriet seine Gedanken und sagte: »Ich sehe wohl, du hältst mich für aberwitzig, daß ich von dir ein Gericht verlange, von dem du niemals sprechen gehört hast und von dem man mit Gewißheit behaupten kann, daß es noch nie bereitet worden ist. Es ist wahr, und ich weiß es so gut wie du; aber ich bin nicht aberwitzig, sondern befehle dir mit vollem Verstande, es zu bereiten. Gehe, sinne darauf und tu dein Bestes; nimm das Kästchen mit und bringe es mir dann mit den übrigen Perlen zurück, wenn du nämlich nicht alle brauchst.«

Der Küchenmeister wußte hierauf nichts zu erwidern, er empfing das Kästchen und nahm es mit. An demselben Tage erteilte die Prinzessin Parisade noch ihre Befehle, daß alles sowohl im Hause als auch im Garten recht hübsch in Ordnung gebracht wurde, um den Sultan würdig zu empfangen. Am andern Morgen waren die beiden Prinzen bereits an dem verabredeten Orte, als der Sultan von Persien ankam. Der Sultan begann die Jagd und setzte sie fort, bis die brennende Hitze der Sonne, die sich der Mittagshöhe nahte, ihn nötigte aufzuhören. Während nun der Prinz Bahman beim Sultan blieb, um ihn zu begleiten, stellte sich der Prinz Perwis als Wegweiser an die Spitze des Zuges, und als er in der Nähe des Hauses war, gab er seinem Roß die Sporen, um der Prinzessin Parisade die Ankunft des Sultans zu verkünden; indes war die Prinzessin schon von ihren eigenen Leuten, die sie nach verschiedenen Seiten ausgeschickt hatte, davon benachrichtigt, und so fand der Prinz sie zu seinem Empfang bereit.

Als endlich der Sultan ankam und an der Vorhalle abgestiegen war, trat die Prinzessin Parisade hervor und warf sich zu seinen Füßen; die Prinzen Bahman und Perwis aber, die zugegen waren, sagten dem Sultan, dies sei ihre Schwester, und baten ihn, die Beweise ihrer Ehrfurcht gegen ihn zu genehmigen. Der Sultan bückte sich, um der Prinzessin aufstehen zu helfen, und nachdem er sie betrachtet und einige Zeit den blendenden Glanz ihrer Schönheit, ihre Holdseligkeit, ihren edlen Anstand und ein gewisses Etwas, das nicht zu ihrem ländlichen Wohnorte stimmte, bewundert hatte, sagte er: »Die Brüder sind der Schwester würdig und die Schwester der Brüder; vom Äußeren auf das Innere zu schließen, wundere ich mich nicht mehr, daß die Brüder nichts ohne Einwilligung der Schwester tun wollen; aber ich hoffe, sie von dieser Seite noch besser kennenzulernen, als es auf den ersten Anblick möglich ist, wenn ich zuvor das Haus gesehen habe.«

Hierauf nahm die Prinzessin das Wort und sprach: »Herr, es ist nur ein Landhaus, wie es Leuten unserer Art, die von der großen Welt zurückgezogen leben, zukommt, und darf durchaus nicht mit den Häusern der großen Städte, noch weniger mit den prachtvollen Palästen verglichen werden, die nur Sultanen zukommen.«

»Ich kann mich hierin nicht ganz auf dein Urteil verlassen«, sagte der Sultan sehr höflich; »das, was ich jetzt sehe, macht mir deine Worte etwas verdächtig. Ich behalte mir übrigens mein Urteil vor, bis du mich das Haus hast sehen lassen; geh also voraus und zeige mir den Weg.«

Die Prinzessin führte nun den Sultan mit Ausnahme des Saals in alle Zimmer, und nachdem er jedes einzelne aufmerksam betrachtet und die Mannigfaltigkeit derselben bewundert hatte, sprach er zu der Prinzessin Parisade: »Wie, mein schönes Kind, das nennst du ein Landhaus? Die schönsten und größten Städte würden bald verlassen sein, wenn alle Landhäuser dem deinen glichen. Jetzt wundere ich mich nicht mehr, daß du dir so gut darin gefällst und die Stadt verschmähst. Laß mich auch den Garten sehen, gewiß entspricht er dem Hause.«

Die Prinzessin öffnete eine Tür, die in den Garten führte, und das erste, was dem Sultan in die Augen fiel, war der Strahl des goldgelben Wassers. Überrascht durch dieses für ihn so neue Schauspiel, stand er lange still bewundernd da und sagte dann: »Woher kommt dieses wunderbare Wasser, das einen so lieblichen Anblick gewährt? Wo ist seine Quelle, und durch welche Kunst hat man einen so außerordentlichen Springbrunnen gemacht, desgleichen es, glaube ich, keinen mehr auf der Welt gibt? Ich will dieses Wunder noch genauer beschauen.« Mit diesen Worten ging er darauf zu, und die Prinzessin führte ihn an dem Ort vorbei, wo der singende Baum stand.

Als der Sultan sich ihm nahte, hörte er ein Konzert, wie er noch nie eines gehört hatte. Er blieb stehen und sah sich überall um, wo die Musikanten wohl sein möchten; da er aber niemand weder in der Nähe noch in der Ferne erblickte, die Musik jedoch ganz deutlich hörte, so daß er davon bezaubert war, so wandte er sich an die Prinzessin Parisade und sagte zu ihr: »Aber, meine Holde, wo sind denn die Musikanten, die ich höre? Sind sie unter der Erde, oder sind sie unsichtbar in der Luft? Mit so vortrefflichen und bezaubernden Stimmen dürfen sie sich guten Mutes sehen lassen, denn sie könnten überall nur Vergnügen bereiten.«

»Herr«, antwortete die Prinzessin lächelnd, »das Konzert, das du hörst, wird nicht von den Musikanten gemacht, sondern von dem Baume, den mein Herr hier vor sich sieht; wenn du dir die Mühe nehmen willst, noch vier Schritte näher heranzukommen, so wirst du nicht mehr daran zweifeln können und die Stimmen noch deutlicher hören.«

Der Sultan trat näher und war von dem süßen Wohlklang des Konzerts so bezaubert, daß er nicht müde werden konnte, es zu hören. Endlich erinnerte er sich, daß er auch noch das goldgelbe Wasser in der Nähe zu besehen hatte; er brach daher sein Stillschweigen und sagte zur Prinzessin: »Ich bitte dich, meine Schöne, sage mir, befindet sich dieser wunderbare Baum zufällig in deinem Garten? Hat man ihn dir zum Geschenk gemacht, oder hast du ihn aus einem fernen Lande kommen lassen? Er muß wohl sehr weit herkommen, denn sonst hätte ich, als großer Freund von Seltenheiten der Natur, gewiß schon davon reden gehört. Welchen Namen gibst du ihm?«

»Herr«, antwortete die Prinzessin, »dieser Baum hat keinen andern Namen als: der singende Baum, und er wächst nicht hierzulande; es wäre indessen zu lang, wenn ich dir erzählen wollte, durch welchen Zufall er sich hier befindet. Diese Geschichte hängt mit dem goldgelben Wasser und dem sprechenden Vogel zusammen, den wir zugleich bekommen haben und den du auch sehen kannst, wenn du das goldgelbe Wasser nach Gefallen aus der Nähe beschaut hast. Ist es meinem Herrn genehm, so werde ich die Ehre haben, dir alles zu erzählen, sobald du ausgeruht und dich von den Anstrengungen der Jagd erholt hast, die du durch diesen mühsamen Gang in der Sonnenhitze noch vermehrst.«

»Mein schönes Kind«, antwortete der Sultan, »ich weiß durchaus nichts von dieser Mühe, sie wird mir ja so schön durch die wunderbaren Dinge belohnt, die du mich sehen läßt; sag vielmehr, daß ich nicht an die Mühe denke, die ich dir verursache. Deshalb laß uns eilen und das goldgelbe Wasser betrachten; ich brenne schon vor Verlangen, hernach den sprechenden Vogel zu sehen und zu bewundern.«

Als nun der Sultan an den Springbrunnen des goldgelben Wassers gekommen war, blieben seine Augen lange auf die Wassergarbe geheftet, die unaufhörlich in die Luft emporstieg und dann wieder in das Becken sank, was eine wunderbare Wirkung hervorbrachte. »Nach deiner Rede, mein schönes Kind,« sagte er hierauf zur Prinzessin, »hat dieses Wasser keine Quelle und kommt auch nicht durch unterirdische Röhren aus irgendeinem Ort der Umgebung; ich begreife also nur soviel, daß es ebenso wie der singende Baum von fremden Landen herstammt.«

»Herr«, erwiderte die Prinzessin, »die Sache verhält sich ganz, wie du gesagt hast, und zum Beweis, daß das Wasser nicht anderswoher, weder von der Seite noch von unten kommen kann, versichere ich dir, daß das Marmorbecken aus einem einzigen Stück besteht. Was dieses Wasser aber in deinen Augen noch wunderbarer erscheinen lassen muß, ist der Umstand, daß ich nur ein einziges Fläschchen davon in das Becken gegossen habe und es dann durch seine ihm innewohnende besondere Eigenschaft so angeschwollen ist.«

Der Sultan entfernte sich endlich von dem Becken mit den Worten: »Es ist jetzt genug für das erste Mal, denn ich denke noch öfter wiederzukommen; führe mich nun zu dem sprechenden Vogel.« Indem er sich nun dem Saale näherte, bemerkte der Sultan auf den Bäumen umher eine erstaunliche Menge Vögel, die mit ihrem Gesang und Gezwitscher die Luft erfüllten. Er fragte, warum dieselben gerade hier und nicht auf den anderen Bäumen des Gartens versammelt seien, wo er keinen gesehen oder singen gehört habe.

»Herr«, antwortete die Prinzessin, »dies kommt daher, weil alle Vögel aus der Gegend zusammenfliegen, um den Gesang des sprechenden Vogels zu begleiten. Mein Herr kann denselben in dem Käfig sehen, der in einem der Fenster des Saales steht, den du jetzt betreten wirst; wenn du darauf achtgibst, wirst du bemerken, daß sein Gesang den aller übrigen Vögel bei weitem übertrifft, sogar den Gesang der Nachtigall, die ihn kaum von ferne erreicht.«

Der Sultan trat in den Saal, und da der Vogel fortfuhr zu singen, sprach die Prinzessin mit erhabener Stimme zu ihm: »Höre, Sklave, hier ist der Sultan, bezeige ihm deine Ehrfurcht.«

Der Vogel hörte im Augenblick auf zu singen und ebenso auch alle anderen Vögel mit ihm. Dann sagte er: »Sehr willkommen sei der Sultan, der Himmel überhäufe ihn mit Segen und verlängere die Zahl seiner Tage!«

Da das Gastmahl vor dem Sofa in der Nähe des Fensters, wo der Käfig stand, bereitet war, sprach der Sultan, indem er sich zu Tisch begab: »Vogel, ich danke dir für deinen Gruß und bin sehr erfreut, in dir den Sultan und König der Vögel zu erblicken.«

Als der Sultan die Schüssel mit Gurken bemerkte, die er auf gewöhnliche Art gefüllt glaubte, griff er danach und war außerordentlich erstaunt, sie mit Perlen gefüllt zu finden. »Welche Sonderbarkeit!« sagte er, »was soll eine Füllung von Perlen? Man kann doch die Perlen nicht essen.« Dabei blickte er die beiden Prinzen und die Prinzessin mit fragenden Augen an, was dies zu bedeuten habe; aber der Vogel nahm nun das Wort und sagte: »Herr, wie magst du dich über eine Füllung von Perlen, die du mit eigenen Augen siehst, so sehr verwundern, da du doch so leicht glauben konntest, daß die Sultanin, deine Gemahlin, einen Hund, eine Katze und ein Stück Holz zur Welt gebracht habe?«

»Ich habe es geglaubt«, versetzte der Sultan, »weil die Hebammen es so versicherten.«

»Diese Hebammen, Herr«, erwiderte der Vogel, »waren die Schwestern der Sultanin, aber neidisch und eifersüchtig auf das Glück, mit dem du sie vor ihnen beehrt hattest, und um ihre Wut zu befriedigen, haben sie die Leichtgläubigkeit meines Herrn mißbraucht; sie werden ihr Verbrechen gestehen, sobald du sie verhören läßt. Die beiden Brüder und ihre Schwester, die du hier siehst, sind deine eigenen Kinder, die von diesen Hebammen ausgesetzt wurden; der Aufseher der Gärten hat sie aufgenommen, gepflegt und großgezogen.«

Die Rede des Vogels klärte dem Sultan in einem Augenblick alles auf. »Vogel!« rief er aus, »es wird mir nicht schwer, dem Glauben beizumessen, was du mir entdeckt und verkündest. Die Neigung, die mich zu ihnen hinzog, und die Zärtlichkeit, die ich von Anfang an gleich für sie fühlte, sagten mir nur zu deutlich, daß ich ihr Vater sei. So kommt denn, meine Kinder, komm, liebe Tochter, laßt euch umarmen und empfangt von mir die ersten Beweise meiner väterlichen Liebe und Zärtlichkeit.«

Dabei stand er auf, und nachdem er die beiden Prinzen und die Prinzessin nacheinander umarmt und seine Tränen mit den ihren vermischt hatte, sagte er: »Das ist noch nicht genug, liebe Kinder, ihr müßt euch jetzt ebenfalls umarmen, nicht als die Kinder des Aufsehers meiner Gärten, dem ich zu ewigem Dank verpflichtet sein werde, daß er euch das Leben gerettet hat, sondern als meine Kinder, als Sprößlinge der Könige von Persien, deren Ruhm ihr, wie ich überzeugt bin, glänzend aufrechterhalten werdet.«

Nachdem sich nun die beiden Prinzen und die Prinzessin mit freudigen Gefühlen ganz neuer Art, wie der Sultan es wünschte, gegenseitig umarmt hatten, setzte sich dieser wieder mit ihnen zu Tische; er aß eilig, und als er fertig war, sagte er: »Liebe Kinder, ihr erkennt nun in mir euern Vater, morgen werde ich auch eure Mutter, die Sultanin, zu euch führen; bereitet euch vor, sie zu empfangen.«

Der Sultan stieg zu Pferd und ritt in aller Eile zu seiner Hauptstadt zurück. Sobald er abgestiegen und in seinen Palast gekommen war, befahl er vor allem seinem Großwesir, den beiden Schwestern der Sultanin aufs schleunigste den Prozeß machen zu lassen. Die beiden Schwestern wurden aus ihren Wohnungen geholt, einzeln befragt, einander gegenübergestellt, durch die Folter zum Geständnis gebracht, zur Strafe des Vierteilens verurteilt und hingerichtet; und dies alles geschah in weniger als einer Stunde.

Indes ging der Sultan Chosru Schah, begleitet von allen Herren an seinem Hofe, die gerade zugegen waren, zu Fuß bis an die Tür der großen Moschee, und nachdem er selbst die Sultanin aus dem engen Gefängnis geführt hatte, in dem sie seit so vielen Jahren schmachtete und litt, sprach er zu ihr, indem er sie mit Tränen in den Augen in ihrem jammervollen Zustand umarmte: »Teure Frau, ich komme, um dich wegen der Ungerechtigkeit, die ich dir angetan habe, um Verzeihung zu bitten und dir die schuldige Genugtuung zu geben. Ich habe dies bereits mit der Bestrafung derjenigen begonnen, die mich durch einen fluchwürdigen Betrug verleitet haben; und ich hoffe, daß du diese Genugtuung für vollständig halten wirst, da ich dir zwei ausgezeichnete Prinzen und eine liebenswürdige, von Schönheit strahlende Prinzessin schenke, die deine und meine Kinder sind. Komm und nimm deinen Rang wieder ein samt allen Ehren, die dir gebühren.«

Diese Genugtuung geschah im Angesicht einer großen Volksmenge, die von allen Seiten herbeigeströmt war, denn die Nachricht von dieser frohen Begebenheit hatte sich in wenigen Augenblicken in der ganzen Stadt verbreitet.

Am andern Morgen in aller Frühe begaben sich der Sultan und die Sultanin, die nun ihr bisheriges Kleid der Erniedrigung und Trauer wieder mit einem prachtvollen königlichen Gewand vertauscht hatte, nebst dem ganzen dazu entbotenen Hofstaat zu dem Landhaus der beiden Prinzen und der Prinzessin. Als sie dort angekommen und abgestiegen waren, stellte der Sultan die Prinzen Bahman und Perwis und die Prinzessin Parisade der Sultanin vor mit den Worten: »Teures Weib, hier sind die beiden Prinzen, deine Söhne, und hier ist die Prinzessin, deine Tochter; umarme sie mit derselben Zärtlichkeit, wie ich sie bereits umarmt habe: Sie sind meiner und deiner würdig.« Da floß nun eine unzählige Menge Tränen bei diesen rührenden Umarmungen, besonders von seiten der Sultanin, die jetzt den Trost und die Freude erlebte, zwei Prinzen als ihre Söhne und eine Prinzessin als ihre Tochter zu umarmen, nachdem sie ihretwegen so schwer und so lange gelitten hatte.

Die beiden Prinzen und die Prinzessin hatten für den Sultan, die Sultanin und den ganzen Hofstaat ein prächtiges Mahl bereiten lassen. Man setzte sich zu Tisch, und nach der Mahlzeit führte der Sultan die Sultanin in den Garten, wo er ihr den singenden Baum und das schöne Spiel des goldgelben Wassers zeigte. Den Vogel hatte sie schon in seinem Käfig gesehen, und der Sultan hatte ihn während der Mahlzeit gerühmt.

Als nun der Sultan keinen Grund mehr hatte, länger hierzubleiben, stieg er wieder zu Pferde, und der Prinz Bahman ritt zu seiner Rechten, der Prinz Perwis zu seiner Linken, ihnen folgte die Sultanin mit der Prinzessin zu ihrer Linken. Voraus und hinter ihnen ritten die Hofbeamten je nach ihrem Range, und in diesem Aufzug kehrten sie nach der Hauptstadt zurück. Als sie sich nahten, strömte ihnen das Volk haufenweise bis weit vor die Tore heraus entgegen, und alle hefteten ihre Blicke nicht weniger auf die Sultanin, mit herzlicher Teilnahme an ihrer Freude nach so langer Betrübnis, als auf die beiden Prinzen und die Prinzessin, die sie mit lautem Freudengeschrei empfingen. Auch der Vogel in seinem Käfig, den die Prinzessin Parisade bei sich trug, zog ihre Aufmerksamkeit auf sich, und sie bewunderten seinen Gesang, der alle anderen Vögel so anlockte, daß sie ihm auf dem Felde von Baum zu Baum und in den Straßen der Stadt von Dach zu Dach nachfolgten.

In diesem feierlichen Aufzug wurden die Prinzen Bahman und Perwis und die Prinzessin Parisade in den Palast geführt, und am Abend folgten große Beleuchtung und allgemeine Freudenfeste im Palast und in der Stadt, und die Lustbarkeiten dauerten mehrere Tage hintereinander fort.

Aus »Tausend und eine Nacht«

Goldhähnchen

Es lebte einmal ein alter Mann in einem Waldhäuschen, der besaß außer mehreren Kindern auch ein *Goldhähnchen*, das ist der kleinste unter den europäischen Vögeln und gehört in das Geschlecht der Zaunkönige. Dieses allerliebste Vögelchen hatte der Alte sehr lieb, und die Kinder hatten es nicht minder lieb, und wie der Alte starb, so sagte er zu den Kindern: »Verkauft nur ja das Goldhähnchen nicht, denn das ist ein Glücksvögelchen.« Aber wie der Alte gestorben war, kehrten Not und Mangel in das Häuschen der Kinder ein.

Nun legte Goldhähnchen jede Woche ein Ei, so groß wie eine Erbse und von erbsengelber Farbe. Diese Eier hatte der Vater immer fortgetragen und war mit Geld und Lebensmitteln zurückgekehrt. Da nun die Lebensmittel ausgegangen waren, entschloß sich der älteste Sohn, die indes gelegten Eier zu nehmen und sie feilzubieten. Wo er die Goldhähncheneier aber anbot, wurde er ausgelacht, und endlich gab ihm ein Mann, den der arme hungernde Knabe dauerte, aus Mitleid ein paar Pfennige dafür. Als diese verzehrt waren und der Hunger stärker als zuvor war, so machte sich der Knabe wieder auf den Weg, diesmal nur mit einem einzigen Ei, und da war er glücklicher. Er fand den Mann, dem der Vater immer die Eier verkauft hatte und der ihren Wert wohl kannte, denn sie waren von purem Gold. Wie der Mann aber merkte, daß der Junge nichts von dem Geheimnis wußte, so sagte er: »Was soll ich mit dem Ei? Verkaufe mir den Vogel, ich will ihn dir sehr gut bezahlen.« Und ging auch gleich mit in das Waldhäuschen.

Die andern Kinder weinten und klagten, als ihr ältester Bruder das Goldhähnchen an den Mann verkaufte, der einige blanke Taler dafür auf den Tisch legte. Das Vöglein flatterte unruhig im Käfig hin und her, und den Kindern war es, als wenn es schrie: »Verkauf mich nicht, verkauf mich nicht!« Aber es wurde doch verkauft.

Und wie das Vöglein fort war, da war es vollends aus mit dem Glück in dem Waldhäuschen; die Kinder konnten dasselbe nicht erhalten und mußten betteln gehen und kamen weit voneinander.

Um diese Zeit geschah es, daß der König des Landes starb, und seine junge schöne Witwe ließ nach der Trauerzeit bekanntmachen, sie werde demjenigen ihre Hand reichen und den Thron mit ihm teilen, der mit verbundenen Augen die aufgehängte Krone mit einer Lanze herabstechen werde. Das Goldhähnchen sang damals immerfort: »Wer mich ißt, wird König! Wer mich ißt, wird König!« Das gefiel dem Mann, der es gekauft hatte, und obgleich er nun auf die goldnen

Eier verzichten mußte, wenn er es verspeiste, so tötete er es doch, ließ es rupfen und mit bunter Seide bezeichnen, um es, gebraten, wiederzuerkennen, und gab der Köchin strengen Befehl, ja recht darauf acht zu haben. Er hatte viele Freunde zu einem festlichen Mahle geladen, damit ihm gleich gehuldigt werde, wenn er den Vogel gegessen und plötzlich König werde.

Während nun zu dem Festmahl alle möglichen Zurüstungen geschahen, kam der junge Mensch, der das Goldhähnchen verkauft hatte, als ein armer müßiger Bettler vor das Haus und sprach die Köchin um ein Almosen oder ein Stück Brot an, und diese sagte: »Haben sollst du etwas, mußt aber auch etwas tun!« Und dazu war jener gern bereit. Er holte Wasser, spaltete Holz zum Herdfeuer, drehte den Bratenwender und hatte acht auf die Vögel, die in der Pfanne brieten und darunter das Goldhähnchen auch war. Von ungefähr stieß er mit einem Stück Holz an die Pfanne, und da fiel das Goldhähnchen heraus in die glühenden Kohlen.

Schad um das Vögelein! dachte der Jüngling, obschon er sehr erschrocken war, und schob es in den Mund und verspeiste es, obschon er sich tüchtig verbrannte. Er wußte es aber nicht, daß es *sein* ehemaliges Goldhähnchen gewesen. Als die Köchin in die Küche kam, zählte sie die Vögel, sah, daß eins fehlte, und jagte den neuen ungetreuen Küchenbuben mit Schimpfen und Schelten von dannen, zeichnete aber geschwind einen andern kleinen Vogel und trug das Gericht ihrem Herrn auf. Dieser aß das gezeichnete Vöglein und sitzt heute noch und wartet, bis er König wird, und ärgert sich, daß er seine Freunde traktiert hat.

Der Fortgejagte schlich trübselig durch die Straßen und bettelte vor der Türe eines Müllers. Dieser brauchte just einen Eseltreiber und verlieh diese Stelle dem armen Burschen; er durfte bei den Eseln im Stalle schlafen. Und siehe, am andern Morgen fand der Müller, als er anderes Stroh streute und das alte wegräumte, goldne Eier in dem Stroh, darauf sein Eseltreiber geschlafen hatte. Das gefiel ihm, und er dachte, den Burschen mußt du lange behalten, das ist ein Goldfink, während der vorige ein Mistfink war.

Jetzt kam der Tag des Kronenstechens, und da meinte der Eseltreiber, wenn jedermann stechen und sein Glück versuchen dürfte, möcht er's auch wagen, bat den Müller um einen Speer und um ein Pferd. Der Müller lachte aus vollem Halse, doch dachte er, das gibt einen Hauptspaß, gab ihm eine alte lahme und spindeldürre Mähre und einen alten Speer und sandte in hin zum Stechen um die Königskrone.

Alles lachte, wie der wunderliche Ritter von der traurigen Gestalt dahergetrabt kam, und die Königin schaute unwillig drein, daß so ein armseliger Bursche sich zu dem Kronenstechen drängte, zu welchem sich so viele vornehme Ritter und Herren eingefunden; allein da sie das Kronenstechen einmal gänzlich freigegeben hatte, so durfte sie dasselbe nun nicht ausschließlich machen.

Das Kampfspiel begann damit, daß ein Graf und ein Ritter nach dem andern nach der Krone mit verbundenen Augen stachen und keiner dieselbe erlangte; und es endete damit, daß der Eseltreiber so glücklich war, die Krone zu treffen und herabzustechen. Der Königin war das gar unlieb, allein sie mußte des Eseltreibers Gemahlin werden, weil sie das einmal beschworen hatte, und so wurde derselbe König, und jener Müller, sein Herr, fand fürder keine Goldeier mehr im Stroh seines Stalles, sondern nur solche, wie sie die Esel legen.

Da die Königin ihren Gemahl nicht liebte wegen seiner geringen Herkunft, so sann sie Tag und Nacht darauf, sich seiner zu entledigen. Sie nahm deshalb ihre nächste Zuflucht zu einer alten mächtigen Zauberin, und die gab ihr ein Kraut, das die Kraft hatte, die menschliche Gestalt in eine tierische zu verwandeln. Dieses Kraut mischte die böse Königin ihrem Gemahl und Herrn unter die Speise, und siehe, als der König die Speise genossen hatte, so begann er sich zu verwandeln und wurde ein leibhaftiger Esel aus ihm, der vorher ein sehr schöner junger Mensch gewesen war. Dieserhalb wurde er mit Schimpf und Schande aus dem Hofe gejagt, und nun wurde ein andrer zum König gewählt, dessen Wahl man klugerweise nicht wieder dem Glück und dem blinden Zufall überließ, weil man fürchtete, abermals einen Esel zur höchsten Stelle gelangen zu sehen.

Der arme gewesene Eseltreiber, jetzt selbst Esel, hatte alle Mühseligkeit seines neuen Standes zu empfinden. Er hatte seinen Weg nach der Mühle genommen, wo er einst zufrieden die Esel getrieben und auf Stroh geschlafen hatte. Der Müller, als er ihn kommen sah, vermochte nicht, ihn von den andern Eseln zu unterscheiden, obgleich in seinen Augen etwas Menschliches war. Und da wurde er in der Mühle zu den andern Eseln gestellt, mußte Säcke mit Getreide und Mehl tragen jahraus, jahrein und hatte es um kein Haar besser oder schlimmer als die übrigen Esel auch.

Nun hatte dieser arme Esel, als er weiland noch ein Mensch gewesen war, eine Schwester gehabt, die war auch damals von ihm gekommen und hatte gebettelt, und da hatte sie auch in einem Kloster Brot geheischt, und man hatte sie als junges kräftiges Ding zu Mägdediensten angenommen. Sie war treu und fleißig, wurde endlich selbst eine Nonne, und man vertraute ihr das Amt der Pförtnerin. Dieses Kloster ließ nun just in derselben Mühle mahlen, in welcher der gewisse Esel sich befand, und wie er zum ersten Male mit seinen Säcken an die Klosterpforte kam, erkannte er gleich in der Pförtnerin seine Schwester, denn er hatte noch menschliche Gedanken und menschliche Erinnerungen. Da iahte er hellauf und gab seine Freude zu erkennen, und auch im Busen der Pförtnerin erwachte eine gewisse Sympathie für diesen Esel; das war die Stimme der Natur.

Nun war die Pförtnerin kundig aller Kräuter, und baute die besten und kräftigsten in dem Klostergarten selbst. Da ging sie hin, pflückte ein Zauberkraut, das die Kraft besaß, die tierische Gestalt, wenn sie durch Zauberei verliehen war, wieder in menschliche zu verwandeln, und gab es dem Esel zu fressen. Da wurde er wieder Mensch, wie zuvor, und bedankte sich bei seiner guten Schwester mit vielen Küssen und Tränen. Er hatte aber sieben Jahre Säcke und Prügel genug getragen und verlangte nicht wieder zu den Menschen. In der Nähe des Klosters, wo er seine gute fromme Schwester wiedergefunden, erbaute er sich eine Hütte von Baumzweigen und wurde ein frommer Einsiedel und Waldbruder. Da lebte er von Wurzeln und Kräutern und hatte seine Lust an dem lieblichen Gesang der Waldvögel und fütterte und pflegte sie, mit Ausnahme der Goldhähnchen, die konnte er nicht leiden und verwünschte sie, weil das eine ihm nur Unglück gebracht hatte, und fing sie und tötete sie, wo er nur eins habhaft werden konnte.

Ludwig Bechstein

Der kluge Zaubervogel

Es war einmal in den Bergen des nördlichen Khanghai ein kluger Zaubervogel, der sehr weise war und der Menschen Sprache sprechen konnte. Fürsten und Herren vieler Völker und Reiche und Mächtige hatten Leute nach ihm ausgeschickt, aber obwohl diese ihn selbst gesehen hatten, war es nicht einem Menschen gelungen, ihn zu fangen, aber der kluge Zaubervogel war auch nicht fortgeflogen. Er saß auf einer Föhre mit schönen Nadeln, die seit zehntausend Jahren im Winde flatterten. Inmitten der schaukelnden Nadelbüschel saß er und sang und trillerte mit schöner Stimme.

Und während so die Menschen immer wieder sich aufmachten und sagten, sie wollten den klugen Zaubervogel fangen, gingen sie diesen beschwerlichen Weg. Von diesem klugen Zaubervogel hörte auch König Irteger, der die Völker im Osten beherrschte. »Was ist das für ein sonderbares Tier, wer auch immer zu ihm hingeht, kehrt angeführt zurück«, sagte er, »wenn ich gehe, werde ich es schon auf irgendeine Weise fangen können!« und brach auf.

König Irteger kam nach dem nördlichen Khanghai, und als er unter dem Föhrenbaum mit den schönen Nadeln, die seit zehntausend Jahren sich im Winde wiegten, angelangt war, da ergriff der kluge Zaubervogel nicht die Flucht. Ohne abzustreichen, ließ er sich brav einfangen. König Irteger war hoch erfreut. Als sie auf dem mühseligen Weg zurückkehrten, sagte der weise Zaubervogel dies: »Erhabener König, mich zu fangen war nicht schwer. Nur, in der Zeit, die du mich hast, darfst du dich nicht grämen und ebenso auch nicht ohne einen Ton hervorzubringen schweigsam reisen. Wenn das nicht so ist, werde ich im Augenblick hochfliegen und fliehen. Ist das geschehen, bleibt es auch so. Es ist nötig, daß einer von uns beiden eine bestimmte Geschichte beim Gehen erzählt!«

Als er das gesagt und König Irteger: »Ja, wenn das so ist, fang an und erzähle eine Geschichte!« geantwortet hatte, sagte der kluge Zaubervogel:

»Ja, nun will ich dir, Herr, eine Geschichte zum besten geben!«, und er hat diese Geschichte erzählt:

»In diesem Gebiet hier lebte ein junger Jägersmann mit einem guten Hund. Eines Tages nun, wie es eben so kam, hatte er seinen Hund ihm folgen lassen und war zur Jagd gegangen. Da war auf der Paßstraße des Berges ein Zweiradkarren mit Silber vollgeladen zerbrochen. Der Besitzer, am Ende seines Witzes, saß daneben. Mit ihm traf nun der Jäger zusammen. Sie tauschten Grüße aus, dann setzte er sich ihm gegenüber, und als sie am Tabak sogen, sagte der Wagenbesitzer: ›Ehrenwerter Jäger, ich will in jenen Ort dort gehen und einen Wagner herbeirufen. Bleib du mit jenem guten Hund hier sitzen und paß auf meinen Wagen auf!‹

Als er dies gesagt hatte und der Jägersmann mit einem ›Ja, so wollen wir es halten!‹ geantwortet hatte und da saß und den Wagen bewachte, ging der Wagenbesitzer voller Freude über den Bergpaß.

Nachdem der Jäger gewartet hatte, bis es Abend wurde, dachte er, als der Wagenbesitzer nicht zurückkam, bei sich: ›Meine alte Mutter hat schlechte Augen. Seit der Frühe hat sie bis in die Nacht hinein nichts zu essen gefunden und ist dagesessen ohne Speisen.‹ Zu seinem Hund sagte er: ›Du wachst hier, bis der Herr dieses Wagens kommt! Laß die Räuber ja nichts stehlen! Ich kehre um und will der Mutter Speise bereiten und zu essen geben!‹ So sagte er und kehrte nach Hause zurück. Der Hund nun folgte treu und brav den Worten, die sein Herr gesagt hatte, ließ die Kühe des Wagens nicht stehlen, ging im Kreis und blieb wie ein wirklicher guter Wachposten nahe beim Wagen. Als es nun tiefe Nacht geworden war und der Wageneigentümer, der durch viele Orte gewandert war, bis er einen Schmied und Wagner gefunden hatte, zurückgekehrt war, sah er, daß der Jägersmann nicht mehr da war und nur der Hund treu und fest wachte und den Wagen beschützte. Nachdem der Wageneigentümer dies nun gesehen, sagte er, daß dies wirklich ein guter Hund sei, und indem er es Dankesgeld nannte, ließ er den Hund ein Stück Silber ins Maul nehmen und ließ ihn zurückkehren.

Wie der Herr nun an seinem Tore wartend stand, legte sogleich, da sie aufeinandergetroffen, der Hund das Silberstück, das er im Maul gehalten hatte, hin. Da wurde der Jäger in seinem Herzen traurig und zornig. ›Aber ich habe doch gesagt, bewache die Habe dieses Mannes gut! Und da kommt doch dieses Tier und hat vom Silber dieses Mannes gestohlen!‹ sagte er, nahm einen Knüppel und erschlug den Hund!«

Als er das erzählt hatte, sagte König Irteger: »Nein, so was! Solch einen guten Hund fälschlich zu töten!« Wie er sich so grämte, sagte der kluge Zaubervogel: »Ja, du grämst dich ja«, und kaum hatte er es gesagt, war er auch schon auf und davon geflogen.

Nun sagte König Irteger: »Warum habe ich auch das Versprechen gebrochen, mich nicht zu grämen!« Nachdem er dies sehr bereut hatte, kehrte er wieder nach dem Khanghai zurück. Als er den klugen Zaubervogel von der schönen Föhre, die sich seit zehntausend Jahren im Winde wiegte, herunterfing, sagte nun der kluge Zaubervogel: »Ja, jetzt will ich eine Geschichte zum besten geben!«, und er erzählte dies:

»In diesem Lande lebte eine Frau, die ein gutes Kätzchen hatte. Eines Tages nun, als diese Frau zum Brunnen ging, trug sie ihrem Kätzchen auf: ›Schau du gut nach meinem kleinen Buben in der Wiege!‹ Nachdem sie nach Wasser gegangen war – die Katze hatte sich nahe der Wiege hingelegt und verjagte dem Säugling die Fliegen –, kam plötzlich hinter der Tür eine große Maus hervor. Wie sie sich vorsichtig herausschlich, um des kleinen Buben Ohr zu nagen, wurde die Katze sehr wütend und jagte die Maus. In dem Zeitraum aber, in dem sie nach draußen gegangen war, kam noch eine dicke Maus. Als diese nun eines der beiden Ohren des kleinen Jungen abgebissen hatte, fing der kleine Junge vor Schmerzen an zu weinen. Die Katze, die die Maus verjagt hatte, erschrak sehr. Nachdem sie kehrtgemacht hatte und hineingangen war, zerriß und tötete sie die fette Maus hinter der Tür. Das Blut vom Ohr des kleinen Knaben ließ sie verspritzen. Als nun die Frau eintrat und dies sah, wurde sie sehr zornig.

Da habe ich doch dieser bösen Katze gesagt: ›Bewach meinen Jungen, und da zeigt sie doch ihren bösen Sinn und hat meinem Jungen das Ohr gefressen!‹ sagte sie und erschlug sie. Nachdem sie sich dann umgesehen und gesehen hatte, daß hinter der Tür eine dicke Maus mit dem Ohr des kleinen Jungen im Maul getötet war, sagte sie, daß sie die Katze doch fälschlich getötet, und brach in Tränen aus!«

Als er dies erzählt hatte, sagte König Irteger: »Ach, ist das traurig!« Und wie er so Gefühle bezeigt hatte, war der kluge Zaubervogel auch schon auf und davon geflogen.

Daraufhin zog der König Irteger zum dritten Male nach dem nördlichen Khanghai, und als er den klugen Zaubervogel von der zehntausendjährigen Föhre gefangen hatte und auf der mühseligen Straße zurückkehrte, erzählte der kluge Zaubervogel noch eine Geschichte:

»Da war in einem Jahr Regen und Wasser knapp, das Land vertrocknete, und als sich die Zeichen einer großen Katastrophe mehrten, wanderte ein Mann namens Arbai vor der Katastrophe aus. ›Ich will nach einem Gebiet schauen, das nicht so schlecht ist, und in Frieden und gut leben!‹ sagte er, als er auf die Wanderschaft ging.

Während er so dahinschritt, wurde er in der heißen Sonne gebraten, Mund und Schlund dörrten aus, er war völlig verdurstet, so daß er nicht mehr weiterkonnte. Als er so am Fuß eines hohen Felsens saß und darauf wartete zu sterben, machte es auf der anderen Seite ›tropf, tropf‹. Von der Spitze des Felsens tropfte, ein Tropfen nach dem anderen, Wasser, herab. Arbai war, nachdem er dies gesehen, sehr froh, holte seine kleine Trinkschale hervor, und indem er es auffing, wurde es fast eine ganze Schale voll. Wie er ›Jetzt will ich aber trinken‹ sagte, kam plötzlich eine Krähe angeflogen, schlug mit ihren Schwingen an die Schale des Arbai, und das in der Trinkschale befindliche Wasser spritzte alles heraus.

Da es nun dahin war, befiel Arbai ganz großer Zorn. ›Da hat der Himmel nun mit mir Erbarmen und gewährt gnädigst Wasser, und dieses böse Tier rettet den verdurstenden Menschen nicht!‹ sagte er, griff nach einem dicken Stein, rannte hinter der Krähe her, warf einmal und tötete sie. Als er nach oben ging und sah, daß der Platz, an dem die Krähe heruntergefallen, nicht weit entfernt war, und er dorthin ging, da sprudelte aus einer Felsspalte nahe des Weges kühles Quellwasser. Wie er sah, daß es aus der Öffnung oben kam und unten in einem Loch verschwand, war er wirklich sehr froh. Nachdem er sich an Wasser vollgetrunken hatte, kehrte er um, um zu dem Platz zu gehen, wo er gesessen hatte, um sein Bündel Sachen zu nehmen. Als er nach oben schaute, lag da auf der Spitze des Felsens eine riesige Schlange. Die atmete und schlief, ihre giftige Zunge hing heraus, und ihr Speichel tropfte nach unten. Nachdem er dies gesehen hatte, sagte er:

›Ah, nun weiß ich, daß das Wasser, das mir da herabtropfte, dein Speichel war. Die Krähe rettete mein Leben!‹, und weinend bereute er, daß er die Krähe erschlagen hatte.«

Als nun König Irteger: »Oh, die Krähe war wirklich arm dran! Sie gab ihr Leben, um dem Menschen zu nützen, der ihre Güte nicht erkannte!« gesagt hatte, rief der kluge Zaubervogel: »Du hast ja wieder Gefühle gezeigt!« und flog davon.

Da nun ist König Irteger, der gesagt hatte: »Die beschwerliche Straße schlugen alle ein, die sagten, sie fangen den klugen Zaubervogel«, selbst dahin gekommen:

»Ja, lassen wir es! Diesen zu fangen und zurückzubringen ist eine Sache, die ich nicht vollbringen kann!« sagte er und kehrte nach Hause zurück.

Mongolisches Märchen

Die weiße Schlange

Es ist nun schon lange her, da lebte ein König, dessen Weisheit im ganzen Lande berühmt war. Nichts blieb ihm unbekannt, und es war, als ob ihm Nachricht von den verborgensten Dingen durch die Luft zugetragen würde. Er hatte aber eine seltsame Sitte. Jeden Mittag, wenn von der Tafel alles abgetragen und niemand mehr zugegen war, mußte ein vertrauter Diener noch eine Schüssel bringen. Sie war aber zugedeckt, und der Diener wußte selbst nicht, was darin lag, und kein Mensch wußte es, denn der König deckte sie nicht eher auf und aß nicht davon, bis er ganz allein war.

Das hatte schon lange Zeit gedauert, da überkam eines Tages den Diener, der die Schüssel wieder wegtrug, die Neugierde, daß er nicht widerstehen konnte, sondern die Schüssel in seine Kammer brachte. Als er die Tür sorgfältig verschlossen hatte, hob er den Deckel auf, und da sah er, daß eine weiße Schlange darin lag. Bei ihrem Anblick konnte er die Lust nicht zurückhalten, sie zu kosten; er schnitt ein Stückchen davon ab und steckte es in den Mund. Kaum aber hatte es seine Zunge berührt, so hörte er vor seinem Fenster ein seltsames Gewisper von feinen Stimmen. Er ging hin und horchte, da merkte er, daß es die Sperlinge waren, die miteinander sprachen und sich allerlei erzählten, was sie im Felde und Walde gesehen hatten. Der Genuß der Schlange hatte die Fähigkeit verliehen, die Sprache der Tiere zu verstehen.

Nun trug es sich zu, daß gerade an diesem Tage der Königin ihr schönster Ring fortkam und auf den vertrauten Diener, der überall Zugang hatte, der Verdacht fiel, er habe ihn gestohlen. Der König ließ ihn vor sich kommen und drohte ihm unter heftigen Scheltworten, wenn er bis morgen den Täter nicht zu nennen wüßte, so sollte er dafür angesehen und gerichtet werden. Es half nichts, daß er seine Unschuld beteuerte, er ward mit keinem besseren Bescheid entlassen. In seiner Unruhe und Angst ging er hinab auf den Hof und bedachte, wie er sich aus seiner Not helfen könne. Da saßen die Enten an einem fließenden Wasser friedlich nebeneinander und ruhten, sie putzten sich mit ihren Schnäbeln glatt und hielten ein vertrauliches Gespräch. Der Diener blieb stehen und hörte ihnen zu. Sie erzählten sich, wo sie heute morgen all herumgewackelt wären und was für ein gutes Futter sie gefunden hätten, da sagte eine verdrießlich: »Mir liegt etwas schwer im Magen, ich habe einen Ring, der unter der Königin Fenster lag, in der Hast mit hinuntergeschluckt.«

Da packte sie der Diener gleich beim Kragen, trug sie in die Küche und sprach zum Koch: »Schlachte doch diese ab, sie ist wohlgenährt.«

»Ja«, sagte der Koch und wog sie in der Hand, »die hat keine Mühe gescheut, sich zu mästen, und schon lange darauf gewartet, gebraten zu werden.« Er schnitt ihr den Hals ab, und als sie ausgenommen ward, fand sich der Ring der Königin in ihrem Magen. Der Diener konnte nun leicht vor dem Könige seine Unschuld beweisen, und da dieser sein Unrecht wiedergutmachen wollte, erlaubte er ihm, sich eine Gnade auszubitten, und versprach ihm die größte Ehrenstelle, die er sich an seinem Hofe wünschte.

Der Diener schlug alles aus und bat nur um ein Pferd und Reisegeld, denn er hatte Lust, die Welt zu sehen und eine Weile darin herumzuziehen. Als seine Bitte erfüllt war, machte er sich auf den Weg und kam eines Tags an einem Teich vorbei, wo er drei Fische bemerkte, die sich im Rohr gefangen hatten und nach Wasser schnappten. Obgleich man sagt, die Fische wären stumm, so vernahm er doch ihre Klage, daß sie so elend umkommen müßten. Weil er ein mitleidiges Herz hatte, so stieg er vom Pferde ab und setzte die drei Gefangenen wieder ins Wasser. Sie zappelten vor Freude, streckten die Köpfe heraus und riefen ihm zu: »Wir wollen dir's gedenken und dir's vergelten, daß du uns errettet hast.«

Er ritt weiter, und nach einem Weilchen kam es ihm vor, als hörte er zu seinen Füßen in dem Sand eine Stimme. Er horchte und vernahm, wie ein Ameisenkönig klagte: »Wenn uns nur die Menschen mit den ungeschickten Tieren vom Leib blieben! Da tritt mir das dumme Pferd mit seinen schweren Hufen meine Leute ohne Barmherzigkeit nieder!« Er lenkte auf einen Seitenweg ein, und der Ameisenkönig rief ihm zu: »Wir wollen dir's gedenken und dir's vergelten.«

Der Weg führte ihn in einen Wald, und da sah er einen Rabenvater und eine Rabenmutter, die standen bei ihrem Nest und warfen ihre Jungen heraus. »Fort mit euch, ihr Galgenschwengel«, riefen sie, »wir können euch nicht mehr satt machen, ihr seid groß genug und könnt euch selbst ernähren.« Die armen Jungen lagen auf der Erde, flatterten und schlugen mit ihren Fittichen und schrien: »Wir hilflosen Kinder, wir sollen uns selbst ernähren und können noch nicht fliegen! Was bleibt uns übrig, als hier Hungers zu sterben!« Da stieg der gute Jüngling ab, tötete das Pferd mit seinem Degen und überließ es den jungen Raben zum Futter. Die kamen herbeigehüpft, sättigten sich und riefen: »Wir wollen dir's gedenken und dir's vergelten.«

Er mußte jetzt seine eigenen Beine gebrauchen, und als er lange Wege gegangen war, kam er in eine große Stadt. Da war großer Lärm und Gedränge in den Straßen, und kam einer zu Pferde und machte bekannt, die Königstochter suche einen Gemahl, wer sich aber um sie bewerben wolle, der müsse eine schwere Aufgabe vollbringen, und könne er es nicht glücklich ausführen, so habe er sein Leben verwirkt. Viele hatten es schon versucht, aber vergeblich ihr Leben darangesetzt. Der Jüngling, als der die Königstochter sah, ward von ihrer großen Schönheit so verblendet, daß er alle Gefahr vergaß, vor den König trat und sich als Freier meldete.

Alsbald ward er hinaus ans Meer geführt und vor seinen Augen ein goldener Ring hineingeworfen. Dann hieß ihn der König diesen Ring aus dem Meeresgrund wieder hervorzuholen, und fügte hinzu: »Wenn du ohne ihn wieder in die Höhe kommst, so wirst du immer aufs neue hinabgestürzt, bis du in den Wellen umkommst.« Alle bedauerten den schönen Jüngling und ließen ihn dann einsam am Meere zurück.

Er stand am Ufer und überlegte, was er wohl tun sollte, da sah er auf einmal drei Fische daherschwimmen, und es waren keine andern als jene, welchen er das Leben gerettet hatte. Der mittelste hielt eine Muschel im Munde, die er an den Strand zu den Füßen des Jünglings hinlegte, und als dieser sie aufhob und öffnete, so lag der Goldring darin. Voll Freude brachte er ihn dem König und erwartete, daß er ihm den verheißenen Lohn gewähren würde.

Die stolze Königstochter aber, als sie vernahm, daß er ihr nicht ebenbürtig war, verschmähte ihn und verlangte, er sollte zuvor eine zweite Aufgabe lösen. Sie ging hinab in den Garten und streute selbst zehn Säckel voll Hirse ins Gras. »Die muß er morgen, ehe die Sonne hervorkommt, aufgelesen haben«, sprach sie, »und darf kein Körnchen fehlen.«

Der Jüngling setzte sich in den Garten und dachte nach, wie es möglich wäre, die Aufgabe zu lösen, aber er konnte nichts ersinnen, saß da ganz traurig und erwartete, bei Anbruch des Morgens zum Tode geführt zu werden. Als aber die ersten Sonnenstrahlen in den Garten fielen, so sah er die zehn Säcke alle wohl gefüllt nebeneinander stehen, und kein Körnchen fehlte darin. Der Ameisenkönig war mit seinen tausend und tausend Ameisen in der Nacht angekommen, und die dankbaren Tiere hatten die Hirse mit großer Emsigkeit gelesen und in die Säcke gesammelt.

Die Königstochter kam selbst in den Garten herab und sah mit Verwunderung, daß der Jüngling vollbracht hatte, was ihm aufgegeben war. Aber sie konnte ihr stolzes Herz noch nicht bezwingen und sprach: »Hat er auch die beiden Aufgaben gelöst, so soll er doch nicht eher mein Gemahl werden, bis er mir einen Apfel vom Baume des Lebens gebracht hat.«

Der Jüngling wußte nicht, wo der Baum des Lebens stand, er machte sich auf und wollte immer zugehen, solange ihn seine Beine trügen, aber er hatte keine Hoffnung, ihn zu finden. Als er schon durch drei Königreiche gewandert war und abends in einen Wald kam, setzte er sich unter einen Baum und wollte schlafen. Da hörte er in den Ästen ein Geräusch, und ein goldener Apfel fiel in seine Hand. Zugleich flogen drei Raben zu ihm herab, setzten sich auf seine Knie und sagten: »Wir sind die drei jungen Raben, die du vom Hungertod errettet hast; als wir groß geworden waren und hörten, daß du den goldenen Apfel suchtest, so sind wir über das Meer geflogen bis ans Ende der Welt, wo der Baum des Lebens steht, und haben dir den Apfel geholt.«

Voll Freude machte sich der Jüngling auf den Heimweg und brachte der schönen Königstochter den goldenen Apfel, der nun keine Ausrede mehr übrig blieb. Sie teilten den Apfel des Lebens und aßen ihn zusammen: Da ward ihr Herz mit Liebe zu ihm erfüllt, und sie erreichten in ungestörtem Glück ein hohes Alter.

Brüder Grimm

Das Jaköbchen und der Zuckertütenbaum

Das Jaköbchen wäre gewiß ein großer Taugenichts geworden, weil er so gern heimlich naschte, denn: junge Naschkatzchen, alte Spitzbuben, heißt es. Aber da ist ihm noch zu rechter Zeit etwas Merkwürdiges passiert, nämlich die Geschichte mit dem Zuckertütenbaum, die ich erzählen will, und seitdem waren seine Unarten von ihm weggeschnitten wie Wasserreiser von einem Baume.

Das Jaköbchen war schon eine ganze Weile in der Dorfschule und hatte es jedesmal, wenn wieder ein Schub kleine Buben und Mädchen in dieselbe aufgenommen wurden, erlebt, daß sie am ersten Schultage von dem Lehrer eine Zuckertüte bekamen, wie er sie vor Zeiten auch bekommen hatte. Und jedesmal hatte er ihnen einen Teil davon abgeschwatzt oder wegstibitzt oder sie so lange geängstigt, bis sie ihm davon gegeben hatten. Aber er hatte niemals darüber nachgedacht, woher diese Zuckertüten eigentlich kamen. Endlich überlegte er sich das doch einmal, und als er mit Überlegen fertig war, sagte er zu einem Jungen so laut, daß es der Lehrer hören konnte: »Sepp, was für ein reicher Mann muß der Lehrer sein, daß er alle Jahre so viele Zuckertüten verschenken kann! Ich werde auch Lehrer.«

»Jaköbchen«, sagte der Lehrer und lachte, »Lehrerbrot ist sauer Brot, besonders wenn es viele solche Schlingel in der Schule gibt, wie du einer bist. Und die Zuckertüten kaufe ich nicht, die kommen vom Zuckertütenbaum, der im Schulhof wächst.«

»Wo denn da?« fragte das Jaköbchen und machte große Augen.

»Das glaube ich wohl, daß du ihn noch nicht gesehen hast«, war die Antwort. »Er wächst nur in zwei Nächten des Jahres, und in einer einzigen Stunde bloß. Wenn die Stunde da ist, so nehme ich das Papier von einer alten Zuckertüte, und das vergrabe ich in die Erde; dann wächst ein Stengel heraus, das wird der Baum, von dem ich die Tüten schüttle. Wenn auf dem Turm die Stunde ausschlägt, tut es einen Knall und fort ist alles. Mehr darf ich nicht davon sagen.«

Jetzt war es um die Ruhe des Jaköbchen geschehen. Er dachte an nichts mehr als an den Zuckertütenbaum. Ja, wenn er an den einmal kommen könnte! Was waren alle Birnen-, Apfel- und Pflaumenbäume, selbst die Aprikosenbäume im Pfarrgarten gegen solch einen Baum! Aber er wuchs nur in zwei Nächten, und die hatte der Lehrer nicht bezeichnet.

»Ich mache sie doch ausfindig, aber heimlich«, sagte das Jaköbchen. »Kein Junge bekommt nachher etwas davon. Ich kann mir schon denken, daß es zwei

Nächte um Ostern und um Michaelis sind, denn nach Ostern und nach Michaelis kommen die Neuen in die Schule, und da werden die Tüten verteilt. Wenn es nur erst Ostern würde!«

Der Winter verging, und Ostern kam. Die Leute backten die Osterkuchen und kochten die bunten Ostereier, wenn der Osterhase etwa keine legen sollte; und das Jaköbchen dachte: »In der Osternacht passe ich das erste Mal auf, und dann alle Nächte, bis die Schule anfängt. In einer davon sehe ich den Tütenbaum gewiß.« Und als die Abendglocken am stillen Samstag ausgeläutet hatten, sagte der Junge zu seiner Mutter: »Die Muhme hat gesagt, ich soll diese Nacht bei ihr sein; das darf ich doch wohl?«

Die Mutter nickte, und das Jaköbchen ging.

Es war eine warme Frühjahrsnacht, und das Jaköbchen verbarg sich auf dem Kirchhof hinter einem großen Leichenstein, bis der Lehrer das Kirchhoftor zugeschlossen hatte und die Tür zum Schulhofe auch. Dann kroch er auf einen alten Fliederbaum bei der Kirchhofsmauer, von dem konnte er über die Mauer in den Schulhof gelangen, das hatte er schon oft probiert. Aber heute saß er bloß mäuschenstill in dem Fliederbaum und wartete.

Eine Stunde nach der anderen verging, und es geschah nichts. Es war dunkel und still, bloß die Sterne schienen, und die Glocke brummte dann und wann vom Turme. Endlich schlug es zwölf, und bald darauf klapperte es an der Schulhaustür, und richtig – da kam der Lehrer heraus, in Schlafrock und Samtkäppchen und mit einer Laterne. Er stellte die Laterne in den Hof, sah sich nach einem Spaten um und grub dann ein Loch. Hierauf nahm er ein buntes Papier aus der Tasche, das legte er in die Grube und schüttete die Erde darüber. Und nun stellte er sich mit dem Rücken gegen die Mauer und wartete.

»Jetzt kommt's«, dachte das Jaköbchen und hielt den Atem an.

Da wuchs ein Stengel aus der Erde, blau wie blaues Zuckerhutpapier, der wurde größer und größer und endlich ein Stamm. Aus dem Stamm brachen Äste und Zweige, aus den Zweigen Blattknospen, die sprangen auf, und nun gab es Blätter – alles blau wie von blauem Zuckerhutpapier. Und dann kam die Hauptsache.

Zwischen den Blättern entstanden dicke Knospen; als die aufbrachen, knackte es ein bißchen. Die Blüten, die herauswuchsen, glichen erst kleinen bunten Winden, bis sie allmählich so groß wurden wie ordentliche Zuckertüten. Sie waren von buntfarbigem Zuckertütenpapier. Aber wie die leuchteten! Ähnlich den bunten Papierlaternen, mit denen man illuminiert, nur viel, viel heller. Sie wurden dann freilich wieder dunkel, nämlich nach und nach vom Stiel aus, wie Gläser, in die roter Wein gegossen wird; das kam gewiß daher, daß vom Kelchboden aus das Zuckerwerk wuchs. Zuletzt faltete sich der Papierrand zusammen, und die Tüten waren fertig.

Da stand der Zuckertütenbaum im dunklen Schulhofe und glomm bloß noch ein wenig wie alte Weiden mit faulem Holz; und dem Jaköbchen auf dem Fliederbaum pochte das Herz, als ob es zerspringen wollte. So etwas hatte noch kein Junge gesehen, bloß er! Indem kam aber der Lehrer von der Mauer hinzu, nahm sein Käppchen ab und sprach:

»Lieber Zuckertütenbaum,
gib mir ein paar Tüten
für die Knaben und Mägdelein,
die ich nun soll hüten!«

Damit setzte er das Käppchen auf und schüttelte, und das Jaköbchen hörte die Tüten fallen und sah hernach, wie der Alte mit der Laterne sie zu einem Haufen zusammenlas. Er holte dann einen Korb, tat die Tüten hinein, nahm noch einmal das Käppchen ab und sagte:

»Schöner Zuckertütenbaum,
Dank für deine Gaben:
Zehnmal von zehn Mägdelein,
achtmal von acht Knaben.«

Und nun drehte er sich herum und ging in das Haus.

Das Jaköbchen wartete, bis im Schulhof kein Licht mehr zu sehen war, dann stieg er über die Mauer; das war nicht schwer, denn gerade unter dem Fliederbaum gab es ein paar Löcher in derselben. Und nun schlich er bis an den wunderbaren Baum. So recht wohl war ihm doch nicht zumute, aber er sah immer auf die großen Tüten in den bläulich glimmenden Zweigen, die so schwer herunterhingen, und bekam wieder Herz. Was mochte da alles drinstecken!

Er faßte mit einem raschen Griff an den Stamm und schüttelte; aber mit einemmal ließ er los und wäre fast umgefallen, denn es gab einen Schlag durch seinen ganzen Körper, daß er ganz schwindlig wurde. Eine Tüte war nicht gefallen.

»Eh«, dachte das Jaköbchen, »ich muß gewiß erst den Spruch sagen.«

»Lieber Zuckertütenbaum,
gib mir ein paar Tüten
für die Knaben und Mägdelein,
die ich nun soll hüten.«

Darauf trat er mit aller Macht gegen den Stamm, daß die Zweige raschelten und die blauen Lichter durcheinanderflimmerten. Diesmal erhielt er einen noch schlimmeren Schlag; es dauerte eine Weile, ehe er sich wieder recht besinnen konnte. Und noch immer war keine Tüte gefallen.

Jetzt wurde das Jaköbchen ärgerlich. »Ich weiß schon, wie ich's mache«, sagte er, ging an den Stall hinter und kam mit einer langen Stange zurück. »He«, sprach er, »wenn du schlägst, schlage ich wieder.« Er nahm sich eine recht dicke Tüte aufs Korn, holte aus und schlug, was er konnte. Er sah die Tüte herunterfliegen, aber zugleich brummte die Glocke vom Turm »eins«, vor seinen Augen flog es wie ein Blitz auf, ein Knall – und das Jaköbchen wußte nichts mehr von sich.

Als der Junge aufwachte, war der Mond aufgegangen, und er sah ein Stückchen hin die Tüte liegen. Von dem Baume war nichts mehr zu erblicken. Er erhob

Das Jaköbchen und der Zuckertütenbaum
von Victor Blüthgen

sich, nahm die Tüte und kletterte rasch über die Mauer, dann über das Kirchhofsgatter auf die Dorfstraße, und nun konnte er sich nicht mehr bezwingen: Er mußte die Tüte, die ihm gar nicht so dick mehr vorkam, öffnen. Wie er sie gegen den Mondschein hielt und hineinsah, guckte etwas Struppiges heraus. »O weh«, sagte das Jaköbchen, »was ist das?« – und damit schleuderte er die Tüte auf den Weg. Das struppige Ding in der Tüte bewegte sich und fing an zu wachsen –

Es ward eine Rute, wie sie in der Schule hinter der schwarzen Tafel steckte.

Der Junge lief, was er laufen konnte, denn er ahnte nichts Gutes. »Heda«, rief es hinter ihm her, »wart ein bißchen!« – und ehe er sich dessen versah, war die Rute auf seinem Rücken und tanzte lustig darauf herum. Klipp klapp, ging das; und es tat ganz ordentlich weh! Das Jaköbchen konnte vor Schrecken nicht einmal schreien, sondern rannte nur immer vorwärts, dem Hause seiner Eltern zu. Erst als er von der Mauer in den Hof sprang, hörten die Schläge auf, und die Rute war verschwunden.

Zum Glück bellten die Hunde nicht; sie waren gar nicht zu sehen. Ein Fenster stand offen, und durch das gelangte das Jaköbchen, ohne daß jemand etwas merkte, in seine Kammer. Er zog seine Kleider aus und legte sich zu Bett, und er nahm das Deckbett so hoch über das Gesicht wie möglich, denn es gruselte ihn.

»Gott sei Dank«, dachte er, »wenigstens ist die Rute nicht mehr da.«

Mit einemmal krabbelte etwas unter das Deckbett. »Rück ein bißchen«, sagte es, »ich will auch noch Platz haben.« Und das Jaköbchen fühlte, wie die struppige Rute ihn anrührte, und rückte so weit wie nur möglich an die Wand. Vor Angst lag er ein paar Stunden, ehe er einschlief.

Frühmorgens schlüpfte die Rute hinaus – er merkte nicht, wohin. Er zog sich an und ging zu seiner Mutter. »Bist du denn nicht bei der Muhme gewesen?« fragte die.

»Nein«, sagte das Jaköbchen, »ich bin gestern abend wiedergekommen und zu Bette gegangen.« Aber kaum hatte er das gesagt, so rappelte etwas hinten in seiner Rocktasche. »Das ist die Rute!« dachte das Jaköbchen, »die will dich für deine Lüge auszahlen!« Und in voller Angst gestand er der Mutter, was er die Nacht getrieben hatte. Die lachte ihn aus und meinte, er werde wohl geträumt haben, und als er sagte, die Rute wäre in seiner Rocktasche, da lachte sie erst recht. Gern hätte er sie ihr gezeigt, aber er getraute sich nicht, sie anzufassen.

Die beiden waren jetzt immer beieinander, das Jaköbchen und die Rute; nachts schlief sie bei ihm im Bett, und am Tage machte sie sich klein und wohnte in seiner Rocktasche, und wenn er irgendeinen seiner alten Streiche oder sonst etwas Unrechtes begehen wollte, so fühlte er sie in der Tasche rappeln und hatte zu nichts mehr den Mut. Alle Welt war erfreut, wie das Jaköbchen jetzt verändert war; ihn selber aber wurmten die verlorene Freiheit und der Spott seiner alten Kumpane, und er sann, wie er sich der Rute entledigen könne.

»Ich habe es!« sagte er eines Tages, nahm ein Stück Bindfaden und machte eine Schlinge daraus, die legte er ganz unversehens um den Rockflügel, in dem die Tasche mit der Rute war, und schnürte die Tasche ganz zu. »Gefangen!« schrie er, zog den Rock aus und freute sich, wie er es in der Tasche zappeln sah. »Wie du mir, so ich dir, jetzt sollst du einmal sehen, wie es tut.«

Er trug den Rock in den Holzstall, legte die Tasche auf den Klotz und fing an, mit dem Beil daraufzuschlagen. Zuerst bloß mit dem Rücken, und dazu schrie er: »Windelweich! Windelweich!« Und endlich sagte er: »Nun will ich dir das Lebenslicht ausblasen.« Er kehrte das Beil um, zerhackte die Stelle, wo die Rute saß, kreuz und quer, bis die Fetzen herumhingen und von der Rute die Stücke herausfielen. Er trieb dann den Tag über sein altes Wesen, und als er nach Hause kam, belog er seine Mutter und sagte, er wäre in die Dornen gefallen, davon wäre ihm der Rock ganz zerfetzt worden. Des Nachts streckte er sich behaglich im Bett, denn zum erstenmal war die Rute nicht neben ihm.

Mitten in der Nacht wachte er auf, denn es pochte etwas an das Fenster. »He, Freundchen, aufgemacht!« rief eine dünne Stimme. Die Rute war es, die wieder gewachsen sein mußte; er wagte nicht ungehorsam gegen sie zu sein. Zitternd stand das Jaköbchen auf und öffnete; wie der Wind fuhr sie herein, und der Junge bekam eine richtige Tracht aufgezählt. »So, jetzt bin ich müde«, sagte die Rute, »und wir wollen wieder schlafen.« Und sie krochen beide in das Bett.

»Ich bringe sie doch um«, dachte das Jaköbchen grimmig. Und nach ein paar Tagen hatte er wieder einen Plan fertig.

Er nahm eine noch festere Schlinge und eine Schere mit sich und ging an einen Weiher, von dem man nicht anders sagte als: er hätte gar keinen Grund, so tief wäre er. Da tat er, als ob er baden wollte, und zog den Rock aus; aber er badete nicht, sondern schnürte wieder die Tasche zu, dreimal herum, schnitt den ganzen Rockflügel ab und band einen großen Stein an das Schlingenende. Nun warf er alles zusammen in den Weiher, und es ging gleich unter.

»Jetzt habe ich es dir eingetränkt«, lachte das Jaköbchen vergnügt und rieb sich die Hände. Aber das Jaköbchen hatte sich auch diesmal umsonst gefreut, denn des Nachts klopfte es wieder ans Fenster und begehrte Einlaß. Und als der Junge das Bett über die Ohren zog und dachte: »Sieh, wie du hereinkommst«, fuhr es klirrend durch die Fensterscheibe; natürlich die Rute!

»Komm heraus«, sagte sie.

»Ich will nicht«, antwortete das Jaköbchen. Aber als die Rute böse wurde und ihm drohte, besann er sich und kroch heraus. Die Rute war ganz naß, und das Wasser spritzte herum, als der Junge seine Schläge bekam. »Mich friert«, sprach sie, als sie zu ihm in das Bett kroch; »es war so kalt im Wasser, und du mußt mich wärmen.« Und das Jaköbchen fühlte die nassen Reiser an seinen Beinen.

Aber er dachte doch: »Einmal probiere ich's noch; zum drittenmal gilt alles. Das Wasser war das Richtige nicht, es hat gewiß einen Boden, und eine Rute ertrinkt nicht. Feuer aber, das ist es, was sie nicht vertragen kann, und davon soll sie umkommen.«

Und des anderen Tages gleich ging er zu einem Bäcker, der eben den Backofen heizte, und sah zu.

»Es brennt wie in der Hölle«, sagte das Jaköbchen; »man muß den Rock ausziehen, sonst schwitzt man zu sehr.«

Er hängte den Rock auf ein Schüreisen und wartete, bis der Bäcker einmal hinausgegangen war, dann nahm er das Schüreisen, schob rasch den Rock in die Glut, ließ den Schieber vor das Loch fallen und machte sich davon.

Als der Bäcker den Schieber wieder aufzog, flog ein glühendes Ding heraus mit einem langen Schwanze, dicht an seinem Gesicht vorbei, daß er schnell drei Kreuze schlug, weil er dachte, das müsse der Böse sein. Aber es war nur die Rute. Hui! ging es hinter dem Jaköbchen her, der eben in den Pfarrgarten steigen wollte, wo die Frühkirschen reif waren, und die Hiebe flogen auf seinen Rücken, daß die Funken herumstoben. »Au weh!« jammerte der Junge, »das brennt, das brennt!«

»Soll's auch«, rief die Rute und schlug, bis er umfiel.

Er war nun krank und mußte im Bett liegen, und die Rute lag auch mit im Bett. Als er wieder gesund war, machte er keinen Versuch mehr, die Rute abzuschaffen. Er sah ein, daß ihm nichts von der Rute half und daß er brav werden müsse. Um seine alten Kameraden kümmerte er sich gar nicht mehr und wurde schließlich wirklich der beste und fleißigste Junge im Dorfe. Wenn man ihn fragte, was ihn so verändert habe, so wurde er rot und schwieg, denn er schämte sich zu sagen, daß ihn die Rute dazu gebracht habe. Später aber hatte er seine Freude daran, daß er von allen angestaunt und gelobt wurde. Er wäre um die Welt nicht wieder der Alte geworden.

Der Sankt Michaeltag kam heran, und in der Nacht vorher konnte das Jaköbchen nicht einschlafen. Er mußte immer und immer wieder an den Zuckertütenbaum denken; und er dachte, daß dies gewiß die zweite Nacht sei, in der er blühen würde, und hatte gar nicht unrecht. Diesmal sah er nun zwar nichts davon, aber dafür geschah etwas anderes.

Gegen Mitternacht war es, da kroch die Rute neben ihm auf die Bettdecke heraus und sprach: »Leb wohl, Jaköbchen, denn unsere Kameradschaft hat heute ein Ende; du brauchst mir nur noch das Fenster zu öffnen.«

»Ach«, sagte der Junge, »sehe ich dich niemals wieder?«

Aber er bekam keine Antwort, und wie er das Fenster aufgeriegelt hatte, wischte die Rute hinaus.

»Schade«, dachte das Jaköbchen; »sie war ein guter Kamerad, und sie hat mir's nicht nachgetragen, daß ich sie dreimal habe umbringen wollen.« Und er kam sich ordentlich einsam vor. Eben trat er vom Fenster weg und wollte es schließen, da fuhr etwas herein und fiel mit einem Klaps auf die Dielen. Der Junge erschrak und sprang auf die Seite. Als er das Licht machte, sah er, daß es eine richtige Zuckertüte war; ein weißer Zettel klebte darauf, der zeigte die gedruckten Worte: »Für meinen guten Kameraden.«

In einer Ecke des Schulhofs wuchs ein merkwürdiges Gesträuch. Niemand hatte erst acht darauf, aber es ging so schnell mit dem Wachsen, daß der Lehrer schon nach einem Jahr die Strafruten davon schnitt. Und als das Jaköbchen sich eines Tages die vielen Reiser besah, aus denen es aufgesproßt war, kamen die ihm so bekannt vor, und er hätte wetten mögen, daß es seine alte Rute sei, woraus der Strauch entstanden war.

Victor Blüthgen

Die goldene Schlange

Es waren einmal eine Romni und ein Rom. Sie hatten zehn Kinder, und mit denen wohnten sie in einem alten Holzhaus neben dem Wald. Der Rom war redlich, er arbeitete fleißig und schaute gut auf seine Frau und seine Kinder. Es ging ihnen nicht schlecht. Eines Tages aber wurde der Mann krank und konnte bald nicht mehr arbeiten. Er starb innerhalb einer Woche. Nun blieb die arme Frau mit ihren zehn kleinen Kindern zurück. Sie weinten sehr um den Vater, die Kinder und sie.

»Was soll ich jetzt tun«, dachte die Frau, »ich habe nichts zu essen für die Kinder. Sie sind aber noch so klein! Ich werde wohl betteln gehen müssen.« Es war Winter; bei den Bauern konnte sie daher nicht arbeiten, und so mußte sie betteln gehen. In den Häusern, wo es eine gute Bäuerin gab, bekam sie Brot, Milch, Eier, ein wenig Mehl und auch Erdäpfel geschenkt. So kam sie mit den Kindern noch recht und schlecht über den Winter. Als es dann wärmer wurde, ging sie zu einer Bäuerin und bat um Arbeit. Sie sagte zu ihr: »Ich werde dir auf dem Feld helfen. Nimm mich auf, damit meine Kinder etwas zu essen haben, damit ich ihnen etwas kochen kann und sie nicht verhungern müssen.«

Darauf sagte die Bäuerin, die ein gutes Herz hatte: »Ich werde dir helfen. Du kannst zu mir kommen, um im Stall und auf den Wiesen zu arbeiten. Ich werde dir immer etwas geben, damit du für die Kinder kochen kannst.«

Die Romni arbeitete sehr fleißig. Als es auf den Sommer zuging und im Wald schon Pilze und Beeren wuchsen, ging auch die Romni in den Wald Pilze und Beeren sammeln, damit sie diese verkaufen konnte. Die Beeren trug sie zu reichen Leuten, die ihr dafür Kleider gaben und Essen. Jetzt konnte sie die Kinder wenigstens durchbringen, und es ging ihnen nicht mehr so schlecht.

Eines Tages ging die Romni zu Mittag in den Wald. Sie nahm ihren Kübel und ihren Korb und ging fort. Sie ging weit in den Wald hinein. An einer bestimmten Stelle fand sie Pilze und füllte damit ihren Korb. Später pflückte sie viele Beeren auf einer großen Lichtung. Müde geworden, sagte sie sich dann: »Ich werde mich ein wenig ausruhen.« Und sie dachte an ihren Mann und schlief ein.

Plötzlich hörte sie etwas rascheln. Sie wurde wach, und was sah sie: eine goldene Schlange. Da erschrak sie sehr: »Ach, was soll ich jetzt tun, diese Schlange ist so lang und so groß, und sie kommt auf mich zu.«

Die Schlange hob ihren Kopf und begann zu sprechen: »Hab keine Angst«, sagte sie zu ihr, »ich tu dir nichts! Erschlag mich nicht, ich tu dir nichts, ich werde dich auch nicht beißen.« Die Romni schaute sie erschrocken an, aber auf einmal verlor sie alle Angst vor ihr.

Jetzt sagt die Schlange zu ihr: »Ich kenne dich. Du bist sehr fleißig und hast immer gut auf deine Kinder geschaut. Du hast dich nie mit anderen Männern eingelassen und immer ein anständiges Leben geführt. Ich werde dir helfen«, sagte sie. »Komm mit mir und sammle, wo ich krieche, hinter mir die Blätter zusammen.«

Da sagte die Frau: »Wie soll ich sie einsammeln? Mein Korb ist voller Pilze und mein Kübel voller Beeren. Etwas anderes kann ich nicht nehmen als meine Schürze. Dort werde ich die Blätter hineinklauben.«

»Es ist gut«, sagte die Schlange, »komm und sammle sie hinter mir.«

Die Schlange kroch und kroch durch den Wald, und sie kamen in immer dunkleren Wald hinein. Die Romni aber sammelte fleißig hinter ihr die Blätter zusammen. Obwohl die Schürze schon schwer war, machte sie trotzdem alles, wie es die Schlange zu ihr gesagt hatte. Schließlich kamen die beiden zu einem dicken Baum, der ein großes Loch hatte. Vor diesem Baum blieb die Schlange stehen und sagte zur Romni: »Nimm alles, was du zusammengesammelt hast, und folge mir in diesen Baum hinein. Ich werde dir dort etwas zeigen.«

Die Romni erschrak und dachte: »Soll ich hineingehen oder nicht?« Und so sagte sie zur Schlange: »Ach, Schlange, hör zu, es ist schon finster. Wenn ich mit dir gehe, was werden dann meine zehn kleinen Kinder zu Hause tun? Sie werden weinen, weil sie nicht wissen, wo ich bin.«

Da antwortete die Schlange: »Mach dir keine Sorgen, sie haben heute keine Angst. Folge mir ruhig. Nachher wirst du glücklich nach Hause gehen können.«

Dann traten sie durch die Öffnung in den Baum hinein. Drinnen erstrahlte alles in einem hellen Licht, und an einem Tisch saß eine alte Frau. Die Alte sagte: »Gott mit dir, Romni! Ich kenne dich, du mich aber nicht.«

»Ich weiß nicht, wer du bist«, sagte die Romni. »Ich bin sehr müde. Aber wenn ich mich ein wenig hinsetzen könnte, würde ich mich gern mit dir unterhalten.« Die Romni setzte sich zu der Alten, die Schlange legte sich unter den Tisch, und die beiden Frauen unterhielten sich. Die Romni erzählte von all dem Leid, das sie erlebt hatte, und von ihren zehn Kindern.

Die alte Frau sagte: »Romni, du hast ein gutes Herz. Gib mir ein paar von deinen Pilzen und Beeren, denn ich bin hungrig. Geh zum Ofen und mach eine gute Suppe und einen Beerenstrudel.«

Die Romni sagte: »Freilich koche ich für dich, wenn du hungrig bist, denn ich bin nicht gierig.« Und sie ging zum Ofen und kochte für die Alte. Diese aß sich satt, und auch die Schlange aß. Die Romni dachte sich: »Na, diese Schlange ißt! Aber eine Schlange ißt doch nicht Suppe und Strudel. Was kann das nur sein?«

Als sie satt waren, war es längst Nacht. Da sagte die Schlange zu ihr: »Heute kannst du nicht mehr nach Hause gehen. Am besten ist es, wenn du hier schläfst und morgen nach Hause gehst. Stell deinen Korb und deinen Kübel hierher, schau, dort ist ein Bett, dort kannst du schlafen.«

Aber es war nur ein Bett da.

Die Romni sagte: »Ich werde nicht im Bett schlafen und die arme, alte Frau unten im Stroh schlafen lassen. Im Stroh werde ich schlafen, und im Bett soll die Alte schlafen, denn sie ist ärmer als ich.« So legte sich also die Alte ins Bett, die Schlange blieb unterm Tisch, und die Romni legte sich ins Stroh nieder bis zum Morgen.

Als sie in der Früh erwachte, waren die Alte und die Schlange verschwunden. »Habe ich das alles geträumt«, dachte die Romni, »oder ist alles wahr gewesen? Was war das?« Sie sah in ihren Korb, in dem noch ein paar Pilze, und in den Kübel, in dem noch einige Beeren lagen. Jetzt wußte sie, daß alles wirklich gewesen war. Also ging sie und öffnete ihre Schürze, und was sah sie da? Aus den Blättern, die sie hinter der Schlange gesammelt hatte, waren lauter goldene Münzen geworden. Sie nahm alles und ging nach Hause. Die goldene Schlange hatte ihr geholfen, weil sie so ein gutes Herz für alle hatte. Und jetzt konnte sie glücklich mit ihren zehn Kindern leben.

Märchen der Roma aus dem Burgenland

Die Wunderblume Romanial

Es war einmal ein König, der hatte drei Söhne. Sie waren noch klein und spielten im Garten. Einmal hatten sie einen riesigen Adler gefangen, an dessen einen Fuß sie eine Schnur banden, die sie am Stamm eines Orangenbaums befestigten, wenn sie unter diesem Baum spielten. Die beiden Älteren schlugen ihn mit Stöcken und Gerten, und manchmal quälten sie ihn so lange und grausam, bis er blutete. Nun war aber der Jüngste, der Bernadet, ganz anders als seine Brüder: Er streichelte ihn, er liebkoste ihn immer, er brachte ihm Leckerbissen, und er konnte seinen Brüdern nicht mehr zusehen, wie sie ihn so mißhandelten.

»Das geht nicht mehr so weiter!« sagte er eines Tages. Und als die Nacht hereinbrach und er sah, daß alles schlief, geht er in den Garten und sagt zum Adler: »Ich komme, um dich loszubinden. Dann brauchst du nicht mehr die Quälereien meiner Brüder zu erdulden.«

Er bindet ihn los, und der Adler sagt voller Dankbarkeit zu ihm: »Gott vergelt' es dir, was du für mich getan hast! Aber auch ich will es dir vergelten. Schau, zieh mir aus dem rechten Flügel die längste Feder aus: Aus dem Kiel machst du ein Pfeifchen, das du nicht verlieren darfst. Wenn du dich jemals in Angst und Not befinden solltest, so lasse nur das Pfeifchen hören, und ich werde dir zu Hilfe eilen.«

Der Bernadet tat, wie ihm geheißen, und der Adler tut drei Sprünge, um die Flucht zu ergreifen, er breitet seine Flügel aus – und hoch in die Lüfte geht seine Reise, so daß keiner ihn mehr sah.

Am nächsten Morgen weinten die beiden anderen Königssöhne den ganzen Tag, sie stampften vor Zorn auf den Boden, warfen sich auf die Erde, und das alles, weil der Adler geflohen war und sie nicht verstehen konnten, wie.

Nach kurzer Zeit begann ein Krieg, in den der König ziehen mußte und in welchem er alles daransetzen mußte, um ihn zu gewinnen. Weil er aber so mutig war und vor nichts Angst hatte und immer an der Spitze stehen wollte, kehrte er mit einer Menge Wunden heim. Die Ärzte unternahmen alles, was ihr Wissen erlaubte, um sie zu heilen. Es heilten auch alle wieder schnell zu mit Ausnahme einer sehr großen, die er an einem Bein davongetragen hatte und die immer schlechter wurde, je mehr Arzneien man auftrug.

Und die Ärzte konnten nur noch sagen: »Wenn wir nicht die Wunderblume Romanial auflegen können, wird das Bein niemals gesunden.«

»Und wo wächst diese Blume Romanial?« fragte darauf der König.

»Das ist es ja gerade, was wir nicht wissen«, antworteten sie ihm. »Wir wissen nur, daß es die Blume ist, die alles heilt, wenn unsere Bücher nicht trügen.«

Und der König ruft seine Söhne zu sich und sagt zu ihnen: »Meine Söhne! Ihr seht, die Ärzte sagen, daß es für mich keine Heilung gibt, wenn man mir nicht die Wunderblume Romanial auf die Wunde legen kann. Es scheint, daß diese Blume noch keiner gesehen hat: An euch ist es jetzt, so lange zu suchen, bis ihr sie findet. Der, welcher sie mir bringt, soll nach meinem Tod meine Krone erhalten.«

Die drei Brüder nehmen jeder einen großen Beutel von Zwanziger-Goldstücken und ein Pferd und sind schon unterwegs!

Sie kommen an eine Wegkreuzung, von der drei Wege abzweigten, und sagen:

»Jeder von uns schlägt einen ein, und nach Jahr und Tag wollen wir uns hier wieder treffen.«

So hielten sie es, und jeder zog in einer Himmelsrichtung davon, und sie wanderten und wanderten, und sie suchten und suchten die Blume Romanial und fragten jedermann nach ihr. Aber niemand konnte ihnen von ihr berichten. Sie durchquerten Meere und Länder, und es vergingen die Wochen und die Monate, und sie hatten heute soviel erreicht wie gestern: An keinem Ort war auch nur die Spur dieser guten Blume zu entdecken.

Schon war der zwölfte Monat angebrochen, da fiel am Ende dem Bernadet ein, was ihm der Adler aufgetragen hatte: daß er auf dem Pfeifchen blasen solle, wann immer er in Angst und Not wäre. Er bläst darauf, und im Nu erscheint der Adler.

»Was wünschst du von mir, Bernadet?«

»Was ich wünsche? Mein Vater hat eine Wunde an einem Bein, die nicht heilen kann, solange man nicht die Blume Romanial darauflegt. Und er hat uns ausgesandt, sie zu suchen, mich und die beiden anderen Brüder. Und wer von uns sie ihm bringt, der soll seine Krone erhalten. Seit elf Monaten suche ich sie nun überall und konnte sie nirgends finden. Laß sehen, ob du weißt, wo sie ist, und ob du mich dorthin führen kannst.«

Sie standen am Ufer des Meeres, und sie konnten darin im Zwielicht einen mächtigen Felsen sehen, der in Form eines Schnabels vier oder fünf Glockentürme hochragte und vollkommen kahl, von Nebeln eingehüllt, bläulich schimmerte. Er glich dem Hauptmast eines untergegangenen Schiffes.

»Siehst du jenen Felsen?« fragte der Adler.

»Ja«, antwortete der Bernadet.

»Dort wächst ein Strauch, den es sonst nirgendwo gibt, und dieser Strauch trägt die Blume Romanial, die du suchst.«

Nun verließ den Bernadet vollständig der Mut, und er sagte: »Aber wie sollte es denn möglich sein, dorthin zu kommen? Dorthin fährt kein Schiff, und sollte es eines geben, wer ist dann schon in der Lage, auf diesen Felsen zu steigen und bis auf seinen Gipfel zu gelangen?«

»Oh, mein Lieber, darüber brauchst du dir keine Sorge zu machen! Im Nu sind wir dort! Setz dich nur auf mich und halte dich gut fest! Denn solltest du fallen, findet dich keine Menschenseele mehr. Und habe keine Angst!«

Der Bernadet setzt sich auf den Adler und klammert sich fest an.

»Bist du soweit?« sagte der Adler.

»Ich bin soweit«, antwortete er.

Der Adler begann seinen Flug, und immer höher und höher ging es hinauf und geradewegs auf den Felsen zu.

Und was sagt ihr nun? Er machte nicht früher halt, als bis sie da oben angelangt waren. Dort war gerade Platz für ihn und den Bernadet, der sich fest an ihn schmiegte, zitternd wie Espenlaub, und nicht von seinem Rücken steigen wollte aus Angst, er könnte schwindlig werden oder ein Fuß könnte ihm ausgleiten; denn dann wäre er hinuntergefallen, von einem Felsvorsprung auf den anderen schlagend, bis er ganz erschlagen mit aller Wucht ins Meer getaucht wäre, das unter ihnen wütend schäumte. Seine Wellen kamen mit solchem Zorn angebraust, daß unter ihrem Ansturm der Fels erzitterte.

»Heilige Muttergottes! Liebes Jesukind mein«, rief weinend der Bernadet. »An einen schönen Ort hast du mich geführt! Es ist um mich geschehen! Das ist meine letzte Stunde!«

»Nichts da!« sagte der Adler, der ihm Mut machen wollte. »Habe nur keine Angst! Sei kein Feigling, es ist wahrhaftig kein Grund dazu!«

Genau vor ihren Füßen öffnete sich eine tiefe Spalte.

»Schau einmal in diese Spalte«, sagte der Adler, »mal sehen, was du auf ihrem Grund entdecken kannst.«

Der Bernadet sieht hinein und sagt nach einer Weile: »Oh! Das hübscheste Ding, das allerniedlichste Ding, das man sehen kann! Eine Blume! ... Die schönste Blume, die jemals gesehen wurde! ... Welch ein süßer Duft von ihr ausgeht! ... Er dringt durch und durch!«

»Hier hast du die Blume Romanial«, sagte der Adler. »Mal sehen, ob du in diese Spalte steigst und ob du sie erreichen kannst.«

Der Bernadet macht sich Kopf voraus daran, in die Spalte zu kriechen, wobei er tüchtig mit den Armen herumrudert. Schon ist er nicht mehr zu sehen, so tief steckt er bereits drin. Aber wie er sich so hineinzwängt, wird die Spalte immer enger, je weiter er vordringt, und plötzlich kam ein Augenblick, wo der Junge nicht mehr weiter konnte. Nur noch eine Handbreit trennte ihn von der Blume. So gut er sich auch strecken und recken wollte, immer war die gute Blume eine Handbreit tiefer.

»Ich kann sie nicht erreichen«, sagte er schließlich. »Es fehlt mir eine Handbreit«.

»Nun, so komm heraus.« Und der Adler hält ihm einen Fuß hin und sagt folgendes:

»Schau, trenne mir diesen Fuß vom Schenkel ab, mit ihm kletterst du wieder so weit, wie du vorhin gekommen warst, und mit diesem Fuß wirst du bis zur Blume reichen können. Die Klauen werden sie dann bei der Wurzel packen. Wenn du sie hast, kletterst du wieder heraus – und die Blume ist dein.«

»Ich soll dir diesen Fuß abschneiden? Also das mache ich um nichts in der Welt!« sagte der Bernadet. »Ich soll dich für immer verstümmeln? ... Niemals!«

»Glaube, Bernadet, denn glauben geziemt dir. Bin es nicht ich, der dir das sagt? Gib du deine Sorge um mich auf und habe keine Angst um diesen Fuß. In dem Augenblick, in dem wir die Blume Romanial besitzen, wird der Fuß wieder genauso aussehen wie vorher.«

So weit war der Adler gekommen, als der Bernadet ein Taschenmesser nahm, das er mit sich führte, den Fuß ergriff und ihn von dem Schenkel abschnitt. Dann kroch er mit ihm wieder in die Spalte, und auf ging's! – immer tiefer hinunter.

Als er zu der Stelle gekommen war, an der er nicht mehr weiter gekonnt hatte, streckt er seine Hand, die den Fuß des Adlers hält, so weit er kann aus: Und keine Handbreit fehlt ihm mehr, um die Blume Romanial zu erreichen – schon berührt er sie. Die Klauen schließen sich sofort um den Stamm, der Bernadet gibt sich einen Ruck, und jetzt hält er sie in der Hand!

Sofort war er mit der Blume in seiner Hand an der Oberfläche. Oh, wie lieblich, wie schön sie war! Mit welcher Freude betrachtete er sie und sog ihren Duft ein! Als wollte er sie mit den Augen verschlingen und als wollte seine Nase sich nie wieder von ihr trennen! Ach, was für eine Blume! Sie bildete ein Sträußchen aus drei Blüten von der Farbe des Himmels – die vornehmste Sache der Welt – mit drei Reihen der wundervollst gestalteten glänzendsten, frischesten Blätter, die über und über von einem feinen Staub bedeckt waren, so fein wie der von Samenkörnern.

»Pflücke eine der drei Blüten«, sagte der Adler, »reibe damit die Schnittstelle ein und halte den abgeschnittenen Fuß daran.« Der Bernadet tat, wie ihm geheißen, und im selben Augenblick, in dem der Fuß die Schnittfläche berührte, war er wieder fest an den Schenkel gewachsen, und niemand hätte mehr sagen können, daß er jemals davon getrennt war.

Dem Bernadet standen die Haare zu Berge.

»Siehst du«, sagte der Adler, »daß du keine Angst um den Fuß haben mußtest? Fürchte dich nicht: Solange du mir glaubst, wird es dir gut ergehen. Was du jetzt zu tun hast, ist, daß du die beiden Blüten, die dir geblieben sind, voreinander trennst. Verstecke sie, so gut du sie verstecken kannst, und zeige niemals mehr als eine davon her. Und paß auf: Überlege dir reiflich, wann du sie brauchen willst, denn wenn sie einmal geholfen hat, dann verliert sie ihre Wunderkraft.«

»Ich brauche sie jetzt nur noch, um das Bein meines Vaters zu heilen.«

»Oh, wir wissen nicht, ob du sie nicht auch noch für andere Dinge brauchen wirst. Für den Augenblick kannst du dich aber wieder auf meinen Rücken setzen, sodann werden wir uns sofort auf den Weg machen, damit du nicht zu spät kommst.«

Der Bernadet trennt die Blüten voreinander, er versteckt sie, so gut er es kann, schwingt sich auf den Riesenvogel, und er machte einen Satz, spannte seine Flügel weit aus und flog mit ihm ans Land, wo er ihn verließ.

Der Adler kehrte in die Lüfte zurück, und der Bernadet bestieg sein Pferd, das noch unter jenen Bäumen auf ihn wartete, an denen er es festgebunden hatte, und ohne weiteren Aufenthalt begab er sich zu der Wegkreuzung. Dort langte er eine Stunde vor Beginn des Morgens jenes Tages an, an dem die drei Brüder beschlossen hatten, sich wieder zu treffen. Aber es war noch keiner zu sehen.

Gegen Mittag traf der Älteste ein.

»Bernadet«, sagte er, als er diesen sah, »du schon da? Du hast gewonnen! Und ich komme mit leeren Taschen. Wie bin ich dahingestiefelt, wie habe ich herumgefragt, wie bin ich manchmal dem Tod entgangen, immer habe ich gesucht und gesucht und gefragt und gefragt, jedermann, der mir begegnete – und ich habe sie nicht gefunden, dieses Miststück von Blume! Ich weiß nichts von ihr! Und du, Bernadet? Wie ist es dir ergangen?«

»Ich«, sagte der Junge, »habe sie, Gott sei gelobt, gefunden und bringe sie mit.«

»Was sagst du da?! Du hast sie bei dir? Das wollen wir sehen!«

»Da siehst du sie«, sagte der Bernadet und zog eine der Blüten aus dem Versteck.

»Oh, wie ist sie schön! Nein, sieh nur!« sagte der Älteste mit Augen, die ihm beinahe herauszuspringen drohten.

Und sogleich hatte ihn der Neid in seinen Klauen und ließ ihn voll Gift und Tücke bei sich sagen:

»Um dich ist's jetzt geschehen! Jetzt kannst du dir die Krone von weitem betrachten! Ansehen, ja! ... aber sie dir gehören? ... ha! Den Teufel wird sie dir gehören! Kannst dir einen Knoten in die Nase machen. Söhnchen, der Älteste zu sein! Die Welt steht auf dem Kopf: Der Jüngste wird regieren, und den Ältesten soll der Teufel holen, wenn er ihn mag!« So sehr quälten ihn diese Gedanken in seinem Kopf, daß er, um sich auf dem schnellsten Wege davon zu befreien, den Bernadet ergreift, ihm die Blume wegnimmt, ihn tötet und unter einem Sandhügel eingräbt, den es da gab.

Bei Sonnenuntergang trifft der zweite Bruder ein.

»Du hast sie nicht, gell?« sagt der Älteste schon von weitem.

»Nein«, antwortet jener.

»Weil ich sie habe und es auch mir zufallen mußte, sie zu finden, weil ich der Älteste bin.«

»Und der Bernadet?«

»Zum Kuckuck mit ihm! Gehen wir, er wird uns schon einholen, wenn er will. Schließlich wollen wir hier nicht tot umfallen vor Warten ... Er hätte sich eben beeilen müssen so wie wir!«

Sie gehen zu ihrem Haus, kommen dort an, und der Älteste weist die Blume Romanial vor. Und im selben Augenblick, in dem man sie auf die Wunde seines Vaters legt, trocknet sie, schließt sich, und es bleibt nur eine Narbe zurück.

Der glückliche König sagte zum Ältesten:

»Dein soll die Krone werden, wenn ich sterbe.«

»Und der Bernadet?« fragte man.

Der Zweite sagte, daß man von ihm nichts wüßte, daß er sich an dem angegebenen Tag an der Weggabelung nicht eingefunden hätte.

Nun sagte der Älteste, wobei er die Worte im Mund zerkaute: »Sprecht mir nicht von ihm. Er ist nicht erschienen, er ist ohne uns ausgekommen, so können auch wir gut ohne ihn auskommen. Und schließlich war ich auch nicht sein Hüter.«

Dieser Spitzbube war wohl sicher, daß jener tot war und unter dem Sandhügel nicht hervorkriechen würde; da der Bernadet jedoch schönes langes Haar hatte, lugte eines, nachdem er ihn eingegraben hatte, ein kleines bißchen aus dem Sand heraus.

Und was sagt ihr mir nun?

Dieses Haar begann zu wachsen und zu wachsen und wurde zu einem Schilfrohr mit ein paar ansehnlichen Schäften und leuchtenden grünen spitzen Blättern. Und wenn der Wind durch sie strich, ertönte ein leises und süßes Flüstern, als wollten sie zum Herzen sprechen. Ein Hirtenjunge kommt vorbei und sieht jenes Rohr.

»Nein, so etwas!« ruft er aus, »hier ist ein Schilfrohr ganz einsam aus dem Boden gewachsen!... Und wie hübsch es ist! Nein, wie lang doch sein Schaft ist! Und ich bin schon so lange auf der Suche nach einer Flöte, da paßt mir dieses Rohr wie der Ring zum Finger.«

Darauf schneidet er es ab, macht daraus eine Flöte, versucht, ob sie sich auch spielen läßt, und sie ertönte ganz lieblich. Der Kleine bläst und bläst, und das Flötchen tönt und tönt, und so, als wollte es vor Lust am Tönen zerspringen.

Und ihr müßt mir glauben, daß jenes Flötchen tönend anhob zu sagen:

»O Hirt, mein guter Hirt!
Spielst mich, und kein Leid mir wird.
Begruben mich im Sand so fein.
Die Ursach war ein Blümelein.«

Dem Hirtlein drohten die Sinne zu schwinden und das Herz stillezustehen. Er versuchte es noch einmal; er versuchte es zehn, zwanzig, ja hundert Mal, und jedesmal, wenn er es von neuem versuchte, ertönte es von neuem:

»O Hirt, mein guter Hirt!
Spielst mich, und kein Leid mir wird.
Begruben mich im Sand so fein.
Die Ursach war ein Blümelein.«

Dieser Hirtenjunge kam eines Tages seine Flöte spielend am Haus des Königs vorüber. Der König sah gerade aus dem Fenster und bemerkte, daß das Flötchen dieses Hirten im selben Augenblick, in welchem es erklang, sagte:

»O Hirt, mein guter Hirt!
Spielst mich, und kein Leid mir wird.
Begruben mich im Sand so fein.
Die Ursach war ein Blümelein.«

Das war ihm etwas ganz Neues! Er ruft das Hirtlein und sagt zu ihm: »Was soll das bedeuten? Wie ist es möglich, daß dieses Flötchen spricht?«

»Ich weiß es nicht zu sagen«, antwortete der Junge. »Ich blase nur, und sofort ertönt diese Stimme.«

»Wir wollen einmal sehen, ob das auch geschieht, wenn ich es blase.« Der König führt es an seinen Mund und beginnt zu blasen.

Und wie es so ertönte, begann das Flötchen zu sprechen:

»O Vater, lieber Vater, weh!
Ihr spielt, ohne daß Leid mir entsteh.
Begruben mich im Sand so fein.
Die Ursach war ein Blümelein.«

Jetzt ruft der König die Königin herbei und sagt zu ihr: »Laß sehen! Spiele du jetzt diese Flöte:«

»Was soll das?«

»Spiele, sag ich dir, aber schnell!«

Die Königin nimmt sie, und kaum waren die ersten Töne erklungen, beginnt die Flöte zu sprechen:

»O Mutter, liebe Mutter, weh!
Ihr spielt, ohne daß Leid mir entsteh.
Begruben mich im Sand so fein.
Die Ursach war ein Blümelein.«

»Ja, was zum Teufel soll das nun bedeuten?« meinte ganz verwundert der König. »Wer hat jemals schon eine Flöte sprechen hören?« Da kommt ihm ein entsetzlicher Gedanke, und er ruft nach seinen beiden Söhnen.

»Spielt auf dieser Flöte!« befahl er.

Der Älteste rührte sich nicht von der Stelle. Der Zweite verlor nicht viele Worte, ergreift sie, führt sie an den Mund und bläst. Und das Flötchen beginnt zu sprechen:

»O Bruder, guter Bruder, weh!
Ihr spielt, ohne daß Leid mir entsteh.
Begruben mich im Sand so fein.
Die Ursach war ein Blümelein.«

»Nun ist die Reihe an dir«, sagte der König zu dem Ältesten.

»Ich habe keine Lust zu spielen«, antwortet dieser mürrisch.

»Dann wirst du sie eben bekommen!«

»Will es Euch nicht in den Kopf: Ich spiele nicht!«

Nun wurde der König fürchterlich zornig und schrie: »Spiele jetzt, oder der Teufel soll dich holen! Aber schnell!«

Da blieb dem Schurken keine andere Wahl mehr, als die Flöte an seinen Mund zu führen.

Und mit den ersten Tönen hob das Flötchen an zu sprechen:

»O Bruder, schlechter Bruder, weh!
Berührst mich, so daß Leid mir entsteh.
Begrubst mich auch im Sand so fein.
Die Ursach war das Blümelein.

Der König zögerte nicht lange: Er begibt sich mit dem ganzen Hofstaat und dem Hirtenjungen zu jenem Sandhügel, aus welchem jenes Rohr gewachsen war. Sie gruben und fanden den Bernadet unter dem Sand, gesund und munter.

Da er nur eine der Blüten gezeigt hatte und man ihm nur diese gestohlen hatte, war ihm die zweite noch geblieben. Und solange er diese bei sich trug, gab es kein Übel, das ihn töten konnte. Und hätte er tausend Jahre unter diesem Sand gelegen, wäre er tausend Jahre am Leben geblieben.

Er erzählte alles, was ihm zugestoßen war, und bat seinen Vater, er wolle um der Liebe Gottes und seiner heiligen Mutter willen seinen ältesten Bruder nicht töten lassen. Der Vater war damit zufrieden, diesen für den Rest seiner Tage in das finstere Verlies seines Schlosses zu werfen, und gab dem Bernadet noch in dieser Stunde seine Krone. Und der wurde einer der besten Könige, die es je gegeben hatte. Und das Märchen ist jetzt aus, und wenn wir uns hier nicht mehr wiedersehen, so mögen wir uns in der Glorie wiederfinden. Amen.

Märchen aus Mallorca

Der Wunderbaum

Es gab eine Zeit, da hatten die Indianer noch keine Kassawa* zu essen. Sie litten alle Hunger. Die Tiere und die Vögel hatten auch nichts zu essen. Sie hatten auch Hunger. Nur der Tapir ging regelmäßig jeden Morgen aus und kehrte des Abends zurück und war immer rund und fett. Die anderen sahen, was er fallen ließ: Bananenschalen, Zuckerrohrstreifen und anderes, und sie sagten zueinander: »Der Tapir muß einen guten Futterplatz gefunden haben. Laßt uns ihn belauern!«

Am nächsten Morgen schickten sie die Beutelratte aus, um ihm zu folgen und herauszubringen, wie er es anstellte, in solch gutem Zustand zu sein. Die Ratte tat, was ihr aufgetragen war, und folgte dem Tapir einen langen, langen Weg in den Wald hinein. Dort machte er halt unter einem riesigen Baum und sammelte Früchte, die herabgefallen waren. Dieser Baum war der Allepantepo. Es war ein wunderbarer Baum, denn alle Früchte, die man sich nur wünschen konnte, wuchsen auf seinen Zweigen: Bananen, Kassawa, Yams, Pflaumen, Ananas und alle die anderen Früchte, die die Karaiben lieben. Sobald der Tapir sich vollgefressen hatte, erkletterte die Ratte den Baum und knabberte am Mais, um ihren Hunger zu stillen. Als sie nichts mehr essen konnte, kam sie herunter und brachte ein Korn mit, um den anderen zu zeigen, daß sie Erfolg gehabt hatte.

Daraufhin folgten die Indianer der Ratte, die sie zu dem Baum zurückführte. Als sie ihn erreichten, waren viele Früchte zu Boden gefallen. Nachdem sie alle aufgelesen hatten, versuchten sie, den Baum zu erklettern, aber er war zu dick und glatt. Daher beschlossen sie, ihn umzuhauen. Sie machten ein Gerüst rund um den Stamm und fingen an, mit ihren Steinäxten zu hacken. Sie arbeiteten zehn Tage, aber der Baum wollte nicht fallen – so dick war Allepantepo! So schlugen sie weiter noch einmal zehn Tage, und noch immer wollte der Baum nicht fallen.

In dieser Zeit hatte ihre Arbeit sie durstig gemacht. Da gaben die Indianer allen Tieren Kalabassen zum Wasserschöpfen, nur dem Tapir gaben sie ein Sieb. Als sie an das Ufer kamen, tranken alle aus ihren Gefäßen. Nur der Tapir blieb durstig, denn aus seinem Sieb floß das Wasser so schnell heraus, wie er es hineinschöpfte. Das war ein Teil seiner Strafe dafür, daß er so habgierig gewesen war und das Geheimnis des Wunderbaumes für sich behalten hatte.

Nach Ablauf von abermals zehn Tagen, in denen sie ununterbrochen hackten, fiel endlich der Baum. Die Indianer nahmen als ihren Anteil alle Kassawa, Zuckerrohr, Yams, Bananen, Bataten, Kürbisse und Wassermelonen. Das Aguti und die Paka und andere Tiere schlüpften in die Zweige, um sich alles zu holen, was sie gern hatten. Als der Tapir endlich vom Flußufer zurückkam, hatte man nur noch die Pflaumen für ihn übriggelassen, und mit diesen muß er zufrieden sein bis auf den heutigen Tag.

Was die Indianer nahmen, brachten sie nach Hause und pflanzten es auf ihre Felder. Aber der Bunia-Vogel erklärte ihnen, wie jede Frucht fortzupflanzen und zu kochen ist, und daß einige, wie beispielweise die bittere Kassawabrühe, gekocht werden müßten, bevor sie genießbar sind, während andere Früchte roh gegessen werden können.

Südamerikanisches Indianermärchen der Karaiben-Kalinya

Die Mohnblume

Wir sind im Irrtum, wenn wir glauben, daß die Blumen nichts können als knospen, blühen, duften und verwelken; denn diese Ansicht, so weit verbreitet sie auch sein mag, hat uns doch nur unser eigener Egoismus aufgedrängt, der uns gern weismachen möchte, alles in der Natur sei allein für uns da, und da wir eben nur das äußere Leben der Blumen wahrnehmen könnten, hätten sie auch gar kein inneres. Wie gesagt aber, dem ist nicht so, und wie jede Blume ihren eigenen Charakter hat, die eine bescheiden ist, die andere stolz und eitel, diese heiter und glänzend, jene düster und unscheinbar, oder wie sie sich sonst noch in Farben und Gewohnheiten äußern mögen, so hat auch jede ihr eigenes Wünschen, Streben, Jauchzen, Trauern und Lieben; alle aber haben sie einen überwiegenden Patriotismus, das heißt eine Anhänglichkeit nicht allein an das Land, sondern sogar an die Stelle, auf der sie aufgewachsen sind, so daß sie anderswo gar nicht existieren könnten: ein Gefühl, welches man in neuerer Zeit bei den Menschen oft hat vermissen wollen. Aber auch ein Organ der Mitteilung haben die Blumen; und wer nur ihre Sprache verstünde, dem könnten sie manches Gedicht, manches Märchen ins Ohr hauchen, der würde gern manche Nacht (denn das ist besonders die Zeit ihrer Mitteilungen, wie wir bald sehen werden) auf der blumigen Flur lauschen, und all die bunten Bilderchen, die ihm vorgeführt würden, möchten ihm leicht wie ein schöner poetischer Traum erscheinen.

Der Erzähler des vorliegenden Märchens lag auch einmal in einer duftigen mondhellen Nacht auf dem blühenden Teppich des Waldes und lauschte – oder träumte, was ihm mancher eher glauben wird –, da hörte er auf einmal tausend Stimmchen aus den Blumen aufsteigen. Wahrscheinlich hatte ein freundliches Elfchen, dem er einmal unbewußt irgendwie einen Dienst geleistet hatte, ihm sein Gehör für die Nacht geliehen. Melancholisch flüsterte das Schilfgras dem Nachbar ein langes lyrisches Gedicht ins Ohr, und der Nachbar hörte aufmerksam zu. Dazwischen plapperte die Klatschrose, die bei den Blumen die Chronique scandaleuse ist und die Klatschliteratur repräsentiert. Nicht weit ab kicherten rote Moosblüten zusammen und hatten sich gewiß eben etwas recht Launiges erzählt. Die Glockenblume war zwar stumm, aber sie bestätigte fortwährend die Reden der Nachbarn, indem sie rechts und links mit dem Kopfe nickte. Das war nun mit dem Zittergras ganz anders, denn das schüttelte ständig mit dem Kopfe und wollte nichts glauben von alledem, was es um sich hörte. Mochten sie nun den Lauscher bemerkt haben und ihn, nach dem alten Sprichwort, für seine Unbescheidenheit bestrafen wollen, oder mag es überhaupt ein Lieblingsthema der Blumen sein, kurz, diesmal drehte sich ihre Unterhaltung meist um die Ungerechtigkeiten und die lieblose Art, die sich die Menschen gegen sie zuschulden kommen ließen.

»O weh«, rief klagend eine Schar von Thymianblüten, »da hat uns wieder der plumpe Fuß eines Menschen unsere liebsten Geschwister zerknickt.«

»Ja, sie achten uns gar nicht«, sagte eine Pechnelke, die so gern bemerkt worden wäre und sich deshalb recht hoch auf ihrem schlanken Stiel emporstreckte, »wie wir uns auch zärtlich an sie schmiegen und festhalten. Wenn sie uns noch vernichteten, weil wir ihnen schädlich sind, wie der Schierling; aber nichts ist schwerer zu tragen als ihre Mißachtung, in der sie es nicht einmal für wert halten, ihren Fuß von uns zu wenden.«

»Nicht doch«, flüsterte begütigend ein Vergißmeinnicht dazwischen; »sollte man doch nach euren Reden die Menschen für gar ungerecht gegen uns halten! Und doch kann ich eure Vorwürfe widerlegen. Sind wir ihnen nicht der liebste Schmuck bei festlichen Gelegenheiten, und wählen sie uns nicht immer als Boten für ihre heiligsten Gefühle, für die Liebe?«

»Die Zeiten sind längst vorbei«, sagte höchst verstimmt der Sauerampfer. »Halten sich die Menschen nicht in ihrem aufgeblasenen Stolze für berechtigt, selbst dem Schöpfer ins Handwerk zu pfuschen, ja ihn zu verbessern, indem sie uns in jämmerlichen, papiernen, gemalten Dingern nachahmen, ja verschönert nachbilden wollen? Und womit schmücken sie sich denn jetzt, mit uns oder mit jenen verächtlichen Abbildern? Und zu Liebesboten nehmen sie uns auch nur, wenn sie nichts Besseres haben; sonst ist aber diese Blumensprache längst aus der Mode gekommen, man nennt sie Sentimentalität und macht sie lächerlich.«

»Ich ließe mir das alles gefallen«, nahm die Lilie das Wort; »wie können die Menschen unsere Gefühle achten, da sie sie nicht kennen? Aber sie müßten sie nicht ableugnen, wo sie ihnen augenscheinlich entgegentreten. Erinnert euch nur. Wenn die Nacht vorüber ist und wir beim Morgenlicht um uns schauen, dann fehlt immer eine oder die andere von unsern Gespielen, die entweder schon in der Abenddämmerung ihr Haupt neigte, oder die ein wilder Nachtwind entblätterte. Dann betrauern wir sie, und Tränen hängen in unsern Augen. Die Menschen sehen das; aber ohne sich zu bemühen, es zu verstehen, leugnen sie, daß diese Tropfen ein Zeichen unseres Gefühles und unseres Schmerzens sind, und sagen, das wäre der Tau, den der Morgennebel über uns ausgeschüttet habe.«

Dieser Beweis von der Ungerechtigkeit der Menschen mußte so schlagend sein, daß für den Augenblick keine etwas zu erwidern oder hinzuzufügen hatte. Da bildete sich nicht weit von mir eine Gruppe um eine glänzende, hoch aufgeschossene Mohnblume. Schon lange hatte ich bemerkt, daß ihre Umgebung die Köpfe zusammengesteckt und an dem für mich so wenig schmeichelhaften Disput gar keinen Teil genommen hatten. Als nun diese Pause eintrat, rief die Schlüsselblume, indem sie laut ihr Glöckchen schwang: »Still, still, ihr Schwestern, die Mohnblume will uns etwas erzählen.«

»Die Mohnblume erzählt«, hieß es, »still! still!« Und alles horchte, denn auch das Schilfgras hatte eben sein langes Gedicht vollendet.

Die Mohnblume streckte sich auf ihrem schlanken Stiel, sah um sich und neigte sich dann einige Male hin und her. Ich hatte erwartet, daß sie sich erst lange bitten lassen würde, Heiserkeit vorschützen und mindestens viele Entschuldigungen vorausschicken würde; aber das muß dermalen bei den Blumen noch nicht Sitte gewesen sein, denn die Mohnblume fing frisch weg an zu erzählen: »Ihr wollt mich anhören? Wohlan, so will ich euch erzählen, wie nach alten grauen Sagen, die sich in meinem Geschlecht von einer Generation zur andern fortgepflanzt haben, wir Mohnblumen einem ganz eigenen Vorfalle unsere Existenz verdanken; denn ihr dürft ja nicht glauben, daß bei Erschaffung der Welt wir Blumen alle auf einmal über die Erde ausgestreut waren. O nein, da kam eine nach der andern, und es ging damals ungefähr ebenso her, wie es jetzt noch im Frühling hergeht.«

»Wie geht es denn im Frühling her?« unterbrach sie eilig die Klatschrose.

»Das kannst du noch vorher vom Gänseblümchen erfragen«, erwiderte die Mohnblume, »denn das ist immer schon früh dabei, dann aber stör mich auch in meiner Erzählung nicht wieder.«

Das Gänseblümchen, das meist wenig berücksichtigt wurde, ja sogar bei vielen für etwas simpel gilt, während seine Cousine, das Tausendschönchen, weil es etwas mehr Erziehung genossen hat, schon höher angeschrieben steht, war zugleich erfreut und verlegen, daß es auch einmal das Wort führen sollte, und ein leichtes Rot zog sich über die weißen Blätterchen, wie man das zu öftern wohl schon an dieser kleinen Blume bemerkt hat. Dann hob es das Haupt dankbar zur hohen Gönnerin empor und erzählte, ohne weiter eine Frage zu erwarten.

»Was wir dem Winter zuleide getan haben, daß er uns armen Blumen so gar gram ist, das kann ich euch nicht sagen, und darüber sind die Meinungen sehr verschieden. Das nur steht fest, daß er uns nicht leiden kann und nicht eher ruht, als bis er uns alle von der Erde vertrieben hat. Aber sein Reich dauert ja auch nicht ewig, und nach ihm kommt unser bester Freund, der Frühling. Der sieht sich nun ganz betrübt um, wenn von allen den bunten Kindern, die er beim Scheiden dem Sommer so angelegentlichst empfohlen hat, keins mehr da ist, und muß sein Haar in lange graue Schleier hüllen, weil er noch kein Blümchen oder Blatt hat, sich einen Kranz zu flechten. Da fährt er denn mit seiner lieben warmen Hand leise über die Erde und winkt und ruft seine Lieblinge, von denen noch keiner das Haupt herausstrecken mag, denn sie sind noch gar erschreckt, so sehr hat sie der rauhe Winter eingeschüchtert. Auch ist diese Furcht nicht unbegründet, denn man hat Beispiele, daß der Winter, wenn er schon weit fort war, umgekehrt ist und die Blumen auf den Kopf geschlagen hat. Einige Blumen zwar, die ein besonders freundliches Gemüt haben, wollen den Frühling nicht lange warten lassen und kommen eiligst hervor. So auch das gute Veilchen. Aber wenn es um sich schaut und die Erde noch so sehr kahl aussieht und von all den Schwestern erst so wenig erwacht sind, dann fürchtet es sich und steckt scheu das Köpfchen wieder unter die grünen Blätter. Die Menschen nennen das Bescheidenheit, es ist aber vielmehr Furcht; und dann erwacht in dem Veilchen die große Sehnsucht nach Gefährtinnen, die sie in ihren lieblichen Düften aushaucht. Armes Veilchen! Diese Sehnsucht bleibt unbefriedigt, und wenn die andern Blumen gekommen sind, ist seine Zeit längst erfüllt. Weil es sich aber immer wieder zu ihnen hingezogen fühlt, kommt es zuweilen im Herbst noch auf einige Tage hervor, und sein Sehnen ist gestillt. Das ist aber auch der Grund, warum es dann nicht mehr so lieblich duftet wie bei seinem ersten Erblühen.«

»Nun seht ihr, so geht es im Frühling zu«, nahm die Mohnblume ihre Erzählung wieder auf, »und so ähnlich ging es auch bei der Schöpfung. Eine Blume kam nach der andern. In der Zeit aber, in die meine Sagen reichen, waren schon die meisten versammelt, und es war gar schön auf der Erde, denn überall herrschten Freude und Eintracht. Tiere und Menschen wohnten friedlich beieinander, und da war nichts als Jubel vom Morgen bis zum Abend. Ein Wesen nur, das einzige in der weiten, weiten Schöpfung, teilte nicht dies allgemeine Glück und wandelte traurig über die junge Erde: Es war die Nacht. Warum sie traurig war, werdet ihr fragen. Ja, seht, sie war einsam in dieser Welt, wo jedes andere Wesen einen Gefährten hatte; und gibt es ein Glück, wenn wir es nicht mitteilen können? Dazu kam noch, daß die Nacht mehr und mehr empfand, was sie sich so gerne verheimlicht hätte, daß sie das einzige Wesen war, dem die andern sich nicht liebend nahen mochten. Denn wie sie auch ihre freiwilligen Lämpchen anzündete, sie mußte doch den Menschen und Tieren die Schönheiten der Erde verbergen, und das wendete alle von ihr ab. Nicht daß sie ihr ins Angesicht geklagt hätten; aber in dem Jubel, mit dem die Morgensonne begrüßt wurde, sprach es sich deutlich genug aus, wie wenig man der Nacht zugetan war. Das betrübte sie natürlich, denn sie war gut und liebevoll, und sie hüllte ihr Haupt in den dichtesten Schleier, um ihren bittern Kummer auszuweinen. Das rührte nun uns mitleidige Blumen gar sehr, und wie sich alles von ihr wendete, suchten wir, wie wenig wir auch ihren Schmerz stillen konnten, ihr Freude zu machen, soviel es unsere Kräfte erlaubten. Aber wir hatten nichts zu bieten als nur Farben und Düfte, und an den Farben hat die Nacht seit jeher keine große Freude gehabt. So sparten wir für sie unsere schönsten Düfte auf; ja, einzelne, zum Beispiel die Nachtviole, dufteten bei Tage gar nicht, um alle ihre Wohlgerüche der Nacht darzubringen, und diese Gewohnheit hat sie denn auch, wie bekannt, seitdem bewahrt. Doch alles das konnte die Trauernde nicht trösten, und sie warf sich in ihrem Schmerz vor den Thron des Schöpfers.

›Allmächtiger Vater‹, hob sie an, ›du siehst, wie alles glücklich ist in deiner Schöpfung, ich allein ziehe freudelos, einsam und ungeliebt über die Erde und habe kein Wesen, dem ich mich in meinem Kummer anschließen kann. Der Tag flieht vor mir, wie sehnsüchtig ich ihm auch nacheile, und wie er wenden sich alle Geschöpfe von mir ab. Darum, allmächtiger Vater, erbarme du dich meines Schmerzes und gib mit einen Gefährten!‹

Da lächelte in Mitleid der Schöpfer, erhörte das Gebet der Nacht, schuf den Schlaf und gab ihn ihr zum Genossen. Erkennt man es nicht, daß der Schöpfer ihn lächelnd schuf, daran, daß er nur geliebt ist, nur Segen austeilt, nur Glück und

Trost? Die Nacht nahm den Freund in ihre Arme, und nun ging eine ganz andere Zeit für sie an. Nicht allein daß sie nicht mehr einsam war, sondern es wurden ihr auch die Herzen aller zugetan, seit der Schlaf, der Liebling aller Lebenden, mit ihr kam, wenn sie den Tag von der Erde verscheuchte. Bald fanden sich noch andere freundliche Wesen in ihrem Gefolge, die Kinder der Nacht und des Schlafes – die Träume. Die zogen mit den Eltern über die Erde und hatten bald Freundschaft mit den Menschen geschlossen, die damals auch noch in ihrem Herzen wie Kinder waren. Aber leider änderte sich das bald. Leidenschaften erwachten in den Menschen, und in ihrem Gemüte wurde es trüber und trüber. Kinder verderben leicht in böser Gesellschaft, und so kam es denn, daß auch einzelne Träume durch den Umgang mit den Menschen leichtsinnig, trügerisch und unfreundlich wurden. Der Schlaf bemerkte diese Veränderung seiner Kinder und wollte die ungeratenen schon aus seiner Gesellschaft ausstoßen, da baten die Geschwister für sie und sagten: ›Laß uns die Brüder, sie sind nicht so schlimm, wie sie scheinen, und wir versprechen dir, nach Kräften wieder gutzumachen, wo sie sich in ihrem Mutwillen einmal vergehen.‹ Der Vater erhörte den Wunsch seiner guten Kinder, uns so blieben auch die bösen Träume in seiner Gesellschaft, die aber, wie die Erfahrung gelehrt hat, sich wunderbarerweise immer am meisten zu den bösen Menschen hingezogen fühlen.

Mit den Menschen wurde es jedoch schlimmer und schlimmer. Einst lag ein Mann in einer herrlichen Nacht auf dem duftenden Rasen, und der Schlaf und die Träume waren zu ihm getreten, aber die Sünde ließ sie nicht Macht über ihn bekommen. In seiner Seele stieg ein furchtbarer Gedanke auf, der Gedanke an Brudermord. Vergebens schüttelte der Schlaf aus seinem Zauberstab die beruhigenden Tropfen auf ihn aus, vergebens umgaukelten ihn die Träume mit ihren bunten Bildern, immer wieder entzog er sich ihrer sanften Herrschaft. Da rief der Schlaf seine Kinder zu sich. ›Laßt uns fliehen‹, sprach er, ›dieser Mensch ist unserer Gaben nicht wert!‹ Und sie flohen. Als sie fern waren, nahm der Schlaf seinen Zauberstab, halb im Zorn, daß sich diesmal seine Kraft so schlecht bewährt hatte, und steckte ihn in die Erde. Oben darauf hängten die Träume spielend ihre leichten, lustigen, bunten Bilderchen, die sie dem Menschen hatten schenken wollen. Das sah die Nacht, und sie hauchte Leben in den Stab, daß er Wurzeln schlüge in die Erde. Er ergrünte und barg nach wie vor in sich die Tropfen, die den Schlaf herbeirufen. Und die Gaben der Träume gestalteten sich zu zarten, bunten flatternden Blättern. So sind wir Mohnblumen entstanden.«

Die Erzählung war beendigt, und dankend beugten sich die Blumen von allen Seiten zur Erzählerin. Da dämmerte der Morgen heran. Als es nun hell wurde, flatterten die Blätter einer Rose zerstreut durch den Wald und hielten still bei jeder Blume, an der sie vorbeikamen, jeder einen wehmütigen Abschied zuflüsternd. Und Tränen hingen in allen Blumen.

Gustav zu Putlitz

Der Vogel Phönix

Es war einmal ein König, und der war krank, und alle Ärzte kamen überein, daß er nicht zu retten sei, wenn er nicht den Vogel Phönix singen hörte. Der König hatte aber drei Söhne, die rief er vor sich und sprach zu ihnen: »Wer von euch mir den Vogel Phönix bringt, dem schenke ich das ganze Königreich.« Da zogen sie alle drei aus und blieben zusammen, bis sie an einen Baum kamen, der an einem Kreuzweg stand. In den Baum schnitten sie alle drei ihre Namen hinein und verabredeten sich, wer zuerst zurückkehre, der solle an dem Baum warten, bis die anderen kämen und sie alle zusammen zu ihrem Vater heimziehen könnten. Dann ging jeder seines Wegs.

Als der erste ein Stück gegangen war, begegnete ihm ein Bär, der fragte ihn: »Wohin geht die Reise?«

»Was geht das dich an?« sprach der Prinz und zog seines Wegs weiter; aber der Bär brummte und ließ ihn gehen.

Der zweite war noch nicht weit, als ihm derselbe Bär begegnete und ihn fragte: »Wohin geht die Reise?«

»Kümmere dich um dich!« sagte der Prinz, ließ den Bären stehen und ging seines Wegs weiter. Der Bär brummte etwas in den Bart und ließ ihn laufen.

Dem jüngsten, welcher Ferdinand hieß, begegnete der Bär ebenfalls und fragte ihn: »Wohin geht die Reise?«

Da antwortete der Jüngling: »Mein Vater ist krank und kann nicht gesund werden, wenn er nicht den Vogel Phönix singen hört. Ich bin mit meinen Brüdern ausgezogen, ihn zu holen.«

»Laß die anderen gehen«, sprach der Bär, »und verlaß dich auf mich, und setz dich auf meinen Rücken.«

Das tat er, und der Bär fing an zu laufen, daß dem Jüngling fast Hören und Sehen verging; so lief er zwölf ganze Stunden und kam gegen die Mitte der Nacht in einer schönen Stadt an. Da blieb der Bär stehen und sprach: »In dieser Stadt wohnt der König, der den Vogel Phönix hat. Geh nun in das Schloß hinein, such dir einen Dienst und sieh, daß du in das Vogelhaus dringst; da steht der Vogel Phönix in einem hölzernen Käfig, und darin mußt du ihn wegtragen. Setz ihn nur ja nicht in einen andern, sonst bekommt es dir schlecht.«

Der Prinz tat, wie ihm der Bär gesagt hatte. Er suchte sich am folgenden Morgen Dienst im Schloß, und das Glück wollte ihm wohl, denn er wurde zum untersten Käfigputzer in dem Vogelhaus ernannt. Weil er aber seinen Dienst sehr gut versah, so rückte er schnell vorwärts und bekam immer höhere Stellen, bis er endlich nach dem Tode des obersten Vogelrats zum ersten Vogelrat ernannt wurde. Da dachte er, es sei nun Zeit, den Vogel Phönix zu rauben; und als der König einmal auf der Jagd war, da ging er in das Vogelhaus, um sein Vorhaben auszuführen.

Als er aber den schönen Vogel schon in der Hand hatte, da meinte er, der hölzerne Bauer sei doch zu schlecht, ein kostbares Tier müsse auch in einem kostbaren Käfig wohnen, und er nahm einen der prächtigsten goldnen Käfige, setzte den Vogel hinein und floh mit ihm. Kaum war er aber vor dem Tor, als der Vogel Phönix anfing, aus Leibeskräften zu schreien, als sei ihm einer mit einem Messer am Halse. Da liefen die Schloßdiener alle zusammen – der Prinz Ferdinand wurde gefaßt und ins Gefängnis geworfen. Da hatte er Zeit, über seinen tollen Streich nachzusinnen! Er bereute ihn aus Herzensgrunde und rief ein über das andere Mal: »Ach, lieber Bär, hätte ich dir doch gefolgt!«

Da stand plötzlich der Bär vor ihm und machte ihm Vorwürfe über seinen Ungehorsam. Ferdinand bat ihn, er möge es doch verzeihen und ihm noch einmal helfen, er wolle es ja nicht wieder tun und ihm in allen Stücken folgen.

»Wir wollen sehen«, sprach der Bär. »Wenn du morgen vor den König geführt wirst, dann sage ihm aufrichtig, daß du deinem kranken Vater den Vogel Phönix hättest bringen wollen, und wenn er dir ihn gebe, dann würdest du ihm die Schönste unter der Sonne holen.« Das tat Ferdinand, der König war's zufrieden, und der Prinz wurde losgelassen.

Als er vor das Tor des Schlosses kam, stand der Bär schon da, Ferdinand setzte sich auf seinen Rücken, und fort ging's wie der Sturmwind so schnell und wieder zwölf Stunden lang ohne Aufhören weiter. Da standen sie vor einer andern Stadt, die war noch größer und schöner als die erste. Es war aber halbe Nacht, als sie ankamen. Da stieg Ferdinand von des Bären Rücken, und der sprach: »In dieser Stadt wohnt ein König, der hat drei Töchter, und die jüngste davon ist die Schönste unter der Sonne. Suche nun in das Zimmer zu dringen, wo die Prinzessinnen schlafen; du erkennst die rechte daran, daß sie die schlechtesten Kleider anhat. In diesen Kleidern sollst du sie forttragen, aber ja ihr keine schönen anziehen, denn sonst ist es um dich geschehen.«

Der Prinz ging in das Schloß, verdingte sich als Knecht und stieg von Stelle zu Stelle, bis er Kammerherr der Prinzessinnen wurde. Da dachte er, jetzt sei es Zeit, die Schönste unter der Sonne zu rauben, drang nachts in ihr Zimmer, nahm sie auf seinen Arm und wollte mit ihr weggehen. Da fiel das Licht der Nachtlampe auf ihr holdseliges Gesicht, und es tat dem Prinzen leid, daß das schöne Mädchen so schlecht angezogen sei. Er ging hin und nahm sich prächtige goldene und silberne Kleider, die in Menge an der Wand hingen, zog die der Prinzessin an und wollte fliehen. Indem erwachte aber die Schönste unter der Sonne, und als sie sich in den Armen des Kammerherrn fand, schrie sie laut auf. Alsbald kamen ihre Schwestern und der König und die Königin, die in dem Zimmer daneben schliefen – der Prinz wurde wieder gefangen und in einen tiefen Turm geworfen. Nun, als das Kind ertrunken war, hätte er gern den Brunnen zugedeckt; aber das war zu spät.

»Ach, lieber Bär!« rief er, »wer dir doch gefolgt hätte!«

»Ja, das sagst du schon wieder, und du folgst doch nie!« rief der Bär, der im selben Augenblicke vor ihm stand. »Jetzt helf ich dir noch einmal, und dann ist's am Ende. Wenn du morgen vor den König kommst, dann erzähle ihm alles aufrichtig und sage ihm, wenn er dir die Schönste unter der Sonne gäbe, dann wolltest du ihm das schnellste Pferd verschaffen.«

Der Prinz tat wie gesagt, und der König sprach, das solle ein Wort sein, und gab ihn frei. Vor dem Tor des Schlosses stand der Bär schon wieder, und der Prinz setzte sich auf seinen Rücken, und fort ging's, schneller als eine Flintenkugel fliegen kann.

Als sie zwölf Stunden älter waren, standen sie gegen Mitternacht vor einer Stadt, die war zweimal so groß wie die vorige. Da sprach der Bär: »Geh in die Stadt und in das Schloß, da wohnt der König, der das schnellste Pferd hat, das steht im Stall bei den anderen, und du kannst es daran erkennen, daß es einen hölzernen Sattel auf dem Rücken hat, da die anderen goldene und silberne Sättel haben. Laß ihm aber den hölzernen Sattel auf und mache keine dummen Streiche mit den anderen schönen Sätteln, sonst wirst du sehen, was es gibt, und dann helfe ich dir nicht mehr.«

Ferdinand versprach alles, was der Bär haben wollte, ging in die Stadt und suchte am folgenden Morgen Dienst bei dem König. Der hatte aber gerade einen Stalljungen nötig, und der Prinz ließ sich den Dienst schon gefallen. Er war auch so fleißig und fegte den Stall so schön rein, daß ihn der König bald darauf zum Stallmeister machte, und da war er weit genug. Eines Abends, als der König gerade ein großes Gastmahl hielt, ging er in den Stall und band das schnellste Pferd los. Als er aber den hölzernen Sattel auf dem schönen Tier sah, dachte er wieder, das sei doch Jammer und Schande, der König habe noch goldne Sättel genug und zudem könne das Pferd ja nicht sprechen; und er band den hölzernen Sattel ab und schnallte einen goldnen auf. Kaum war er aber mit dem Pferde vor der Tür, da machte es mannshohe Sprünge und schrie: »Diebe! Diebe! Der Stallmeister will mich stehlen!«

Und da lief gleich das ganze Schloß zusammen – der Prinz wurde gepackt und in den Turm gesperrt. Das hatte er nun davon.

Er fing aber sein altes Spiel wieder an und weinte und rief: »Ach, lieber Bär, hätte ich doch gefolgt!« Aber der Bär hatte Baumwolle in die Ohren gestopft und wollte nichts hören. Als Ferdinand nun die ganze Nacht und den ganzen Tag hindurch lamentiert hatte, da stand der Bär wieder vor ihm und sagte unwirsch: »Habe ich dir's nicht gesagt? Aber wer nicht hören will, der muß fühlen, und wem nicht zu raten ist, dem ist nicht zu helfen; morgen kannst du Hochzeit halten mit des Seilers Tochter!«

Da fiel Ferdinand dem Bären um den Hals und sprach: »Ach, du goldiger Bär, ich bitte dich, sei mir wieder gut und verzeih mir nur diesmal noch, ich will ja gern alles tun, was du haben willst.«

»Das plaudere du den Gänsen vor, aber mir nicht«, sprach der Bär und wollte gehen; aber der Prinz weinte so jämmerlich, daß es der gute Bär nicht übers Herz bringen konnte und sagte: »Nun, ich will's denn noch einmal versuchen, aber ich sage dir, es ist das allerletzte Mal. Wenn du vor Gericht kommst, dann sage dem König: Wenn er dir das schnellste Pferd gebe, dann wolltest du ihm den kostbarsten Stein bringen.«

Da ward Ferdinand wieder froh und dankte dem guten Bären aus Herzensgrund. Als er am folgenden Tage vor Gericht kam, tat er, wie der Bär ihn geheißen, und es ging gut, denn der König hätte schon lange gern den kostbarsten Stein gehabt und ließ ihn darum gern los. Vor dem Schloß aber erwartete der Bär ihn; der Prinz setzte sich auf seinen Rücken, und weg waren beide.

Nachdem sie sich zwölf Stunden lang Bewegung gemacht hatten, hielt der Bär vor einem hohen Berge an und sprach: »Der Berg wird sich gleich öffnen und eine Stunde lang offen bleiben. Geh dann hinein, und habe keine Furcht, wieviel Löwen und Tiger auch auf dich zustürzen mögen, denn sie können dir nichts anhaben. Am Ende der Höhle, in die du kommst, findest du den kostbarsten Stein auf einem kleinen hölzernen Stühlchen; nimm ihn schnell, komm gleich wieder und halte dich nur ja nicht bei den Haufen anderer Edelsteine auf, denn sonst ist es um dich geschehen und ich kann dir nicht mehr helfen, wenn du auch nur eine halbe Minute länger als eine Stunde ausbleibst.«

Ferdinand gelobte, dem Bären in allen Stücken zu folgen; einige Augenblicke später aber öffnete sich die Höhle, und er ging hinein. Da kam zuerst ein Löwe auf ihn zugestürzt, aber er ließ sich das nicht anfechten, und der Löwe lief an ihm vorbei. Da kamen Tiger, Wölfe, Bären und allerlei Ungeheuer, aber er ging seines Weges weiter bis an das hölzerne Stühlchen; da nahm er den kostbarsten Stein und steckte ihn schnell in die Tasche. Jetzt wollte er eilends wieder zurück; aber da lagen überall auf seinem Wege so viele Edelsteine, daß er der Versuchung nicht widerstehen konnte und sich immer wieder bückte und alle Taschen vollstopfte. So war er bist fast an den Eingang der Höhle gekommen, und da lag noch ein großer Haufen der schönsten Edelsteine. Als er sich aber hinzubückte, bekam er von unsichtbarer Hand eine so gewaltige Ohrfeige, daß er bis fünfzig Schritte vor die Höhle flog und ohnmächtig liegen blieb.

Als er erwachte, saß der Bär neben ihm und sprach: »Nun bedanke dich bei mir für die Ohrfeige, denn wenn ich dir die nicht gegeben hätte, dann säßest du in der Höhle, die sich noch in derselben Minute geschlossen hat. Teile nun die Edelsteine und gib dem Könige den kostbarsten und von jeder Sorte die Hälfte, dann bekommst du das schnellste Pferd.«

Das tat der Prinz, und der Bär trug ihn zurück bis an das Schloß. Da ging Ferdinand hinein und gab dem König die Edelsteine, der König übergab ihm dafür das Pferd, und der Prinz flog darauf wie ein Pfeil durch die Luft und zu dem König, unter dessen Töchtern die Schönste unter der Sonne war. Als er vor dem Königsschloß ankam, ließ er sein Pferd draußen stehen, trat hinein und sprach: »Herr König, ich habe das schnellste Pferd mitgebracht; kommt mit Euren Töchtern heraus und seht es; ich will Euch eine Probe seiner Schnelligkeit geben.« Da freute sich der König und kam mit seiner ganzen Familie heraus; aber die Töchter standen zu seiner Seite auf dem Schloßhof. Ferdinand sprang auf das schnellste Pferd und ritt mit ihm an dem König vorbei und zu den Prinzessinnen, die es streichelten und liebkosten. Als aber die Schönste unter der Sonne das auch tun wollte und ganz nahe bei dem Pferde stand, da faßte Ferdinand sie schnell, hob sie zu sich auf das Roß, und fort waren sie, und der König hatte das Nachsehen. Anfangs sträubte sich die Prinzessin gegen Ferdinand; als er ihr aber sagte, wie lieb er sie habe, gab sie sich zufrieden und sagte, sie wolle keinen anderen Mann als ihn.

So kamen sie zu dem König, der den Vogel Phönix hatte, und waren schon miteinander eins, wie sie es machen wollten, um zusammenzubleiben. Sie ritten vor des Königs Schloß, und als der sie kaum sah, eilte er gleich heraus und begrüßte sie freundlich. Da übergab ihm Ferdinand die Schönste unter der Sonne und bekam den Vogel Phönix dafür. Kaum hatte er ihn aber, da sprang die Schönste unter der Sonne herauf zu ihm auf das schnellste Pferd; er aber sprach: »Wohl bekomm's Herr König !« – und weg waren sie.

Als sie ein Stück Wegs weiter waren, begegnete ihnen der Bär, und der sprach: »Das hättest du gut gemacht, aber eile dich, daß du nach Hause kommst, und halte dich unterwegs nicht auf, es mag kommen, was will, sonst bist du verloren.«

Ferdinand versprach's, bedankte sich bei dem Bären und ritt weiter in Lust und Vergnügen; er hatte ja auch alles, was er nur wünschen konnte: die Schönste unter der Sonne, Edelsteine von unermeßlichem Wert, das schnellste Pferd und den Vogel Phönix, wodurch er das ganze Königreich seines Vaters erhielt.

So gelangte er an den Baum und sah an den Namen, daß noch keiner seiner Brüder zurückgekehrt sei. Weil es aber ein so sehr heißer Tag war, übermannte ihn die Müdigkeit, und er wollte sich schlafen legen. »Tu das nicht«, sprach die Schönste unter der Sonne. »Du weißt ja, was der Bär gesagt hat!«

»Ei, was kann das ausmachen, ob ich ein wenig schlafe oder nicht«, sagte er und legte sich hin.

Als er aber so dalag, kamen seine Brüder zurück, die hatten gar nichts mit zurückgebracht und waren bettelarm. Als sie ihn sahen und den Vogel Phönix bei ihm und das schnellste Pferd und die Schönste unter der Sonne neben ihm, da fraß der Neid in ihren Herzen, und sie nahmen ihm alles und banden ihn und warfen ihn in eine Löwengrube; dann teilten sie die Dinge unter sich und zogen heim und brachten ihrem Vater den Vogel Phönix.

Unterdessen lag Ferdinand in der Löwengrube und wußte jetzt, was das Schlafengehen auf sich hatte. Keine Rippe war ihm mehr ganz am Leibe. »Ach. lieber Bär, hätte ich dir nur diesmal noch gefolgt!« rief er, und da stand der Bär im selben Augenblick oben an der Löwengrube und sprach heimlich mit den heimkehrenden Löwen, sie sollten dem Prinzen nichts tun.

Dann rief er hinab: »Nun, was hab ich dir gesagt? Jetzt bist du Löwenfutter. Gesegnete Mahlzeit, ihr Herren Löwen!«

Da wurde es Ferdinand kalt und heiß, und er rief: »Ach, liebster, bester Bär, ich war ja so müde! Ach, verzeih mir's noch einmal! Du hast ja ein so gutes Herz! Ach, denk nur, die Schönste unter der Sonne stirbt vor Leidwesen, und du wirst doch nicht dulden können, daß ein so großes Unrecht geschehe und daß meine Brüder triumphieren!«

»Ach was, das ist gerechte Strafe«, sagte der Bär und tat, als ob er fortgehen wollte; aber er tat es doch nicht, und als Ferdinand wieder recht bat, ließ er sich erweichen, brachte ihm Speise und Trank und verpflegte ihn, so daß er in Zeit von vier Wochen wieder gesund wurde. Dann setzte sich Ferdinand auf seinen Rücken, und der Bär eilte fort mit ihm bis an das Schloß, wo Ferdinands Vater wohnte.

Da setzte er ihn ab und sprach: »Nun geh hinein und sieh, wie du fertig wirst; ich rate dir nicht mehr.«

Da ging Ferdinand hinein und fragte, ob kein Dienst frei sei? »Doch, wohl«, sage der Schloßmeister; »ich habe gestern meinen Stallknecht fortgeschickt, und dessen Stelle kannst du haben.«

»Gut«, sprach Ferdinand und ging mit ihm in den Stall, und da stand das schnellste Pferd und ließ den Kopf hängen und war ganz mager und hager, denn es hatte noch gar nichts fressen wollen. Als Ferdinand es sah, ging er zu ihm, streichelte es und sprach mit ihm. Aber kaum hörte das Tier seine Stimme, als es lustig wieherte und fraß und ganz munter wurde. Das wunderte den Schloßmeister, und er ging zum König, der noch immer krank war, und erzählte es ihm.

»Den Menschen muß ich sehen!« sprach der König. Da führte der Schloßmeister den Prinzen zu ihm. Der König erkannte ihn nicht, weil Ferdinand so sehr bleich und abgezehrt aussah; aber er sprach zu ihm: »Da du das Pferd so schnell geheilt hast, kannst du auch den Vogel Phönix heilen, der dort im Bauer sitzt und nicht singen will, und die Schönste unter der Sonne, die am Fenster sitzt und nicht sprechen will. Wenn du das fertigbringst, dann bekommst du tausend Gulden.«

Da ging Ferdinand zu dem Vogel Phönix und sagte: »Hänschen, sing mir ein Stückchen!« Und da fing der Vogel an, so wunderschön zu singen, daß der König aus dem Bette sprang und ganz gesund war. Dann ging der Prinz auch zur Schönsten unter der Sonne und sprach: »Erzähle du dem König, wer ich bin und wer du bist.«

Da fing die Schönste unter der Sonne an und erzählte alles; und als der König hörte, daß der Stallknecht sein Sohn sei, fiel er ihm um den Hals, und da war seiner Freude kein Ende.

»Jetzt aber sage mir auch, was soll mit deinen Brüdern geschehen?« sprach der König.

»Sie sollen aus dem Lande«, sprach Ferdinand.

Da wurden sie alsbald des Landes verwiesen, aber Ferdinand hielt Hochzeit mit der Schönsten unter der Sonne und bekam das ganze Königreich.

Nach einiger Zeit schenkte ihm seine Frau ein sehr schönes Söhnchen, und da fehlte ihm nichts mehr zu seinem Glück. Als er nun eines Tages mit ihr und dem Kind am Fenster stand, da sahen sie in der Ferne den Bären kommen. Ferdinand hatte darüber große Freude, ging ihm bis in den Schloßhof entgegen und führte ihn herauf und ließ eine köstliche Mahlzeit anrichten.

Der Bär aber sprach: »Das alles mundet mir nicht.«

»Sag nur, was du haben willst, und es wird gleich da sein«, sprach Ferdinand.

»Willst du mir gewiß geben, was ich verlange?« fragte der Bär, und das wurde ihm fest versprochen. »Gut«, sprach der Bär, »dann gib mir dein Kind, aber hau es mit deinem Schwert in zwei Teile, damit ich es besser verschlingen kann.«

Da meinten Ferdinand und seine Frau, die Erde täte sich vor ihnen auf; sie fielen dem Bären zu Füßen und baten ihn, doch etwas anderes zu wünschen, aber der Bär blieb bei seinem Begehren.

»Wenn du nicht anders willst, dann müssen wir wohl«, sprach Ferdinand, »denn wir sind dir zuviel Dank schuldig«, und seine Frau stimmte unter Tränen ein. Da holte er das Kind und legte es auf den Tisch, wandte die Augen ab und hob das Schwert; aber im selbigen Augenblick fiel dem Bären die Haut ab, und er stand als ein schöner Prinz da.

»Jetzt bin ich erlöst«, sprach er, und da hatten sie alle erst rechte Freude, und um so mehr, je größer ihr Herzeleid gewesen war. Der Prinz blieb noch einige Tage bei ihnen, dann ging er nach Haus, verkaufte sein Königreich, kam bald wieder und baute sich ein großes Schloß neben dem Schlosse Ferdinands, und da leben sie in Frieden und Einigkeit, wenn nichts dazwischengekommen ist, wahrscheinlich noch heute.

Friedrich Hofmann

Die Gänsemagd

Es lebte einmal eine alte Königin, der war ihr Gemahl schon lange Jahre gestorben, und sie hatte eine schöne Tochter, wie die erwuchs, wurde sie weit über Feld auch an einen Königssohn versprochen. Als nun die Zeit kam, wo sie vermählt werden sollten und das Kind in das fremde Reich abreisen mußte, packte ihr die Alte gar viel köstliches Gerät und Geschmeide ein: Gold und Silber, Becher und Kleinode, kurz alles, was nur zu einem königlichen Brautschatz gehörte, denn sie hatte ihr Kind von Herzen lieb. Auch gab sie ihr eine Kammerjungfer bei, welche mitreiten und die Braut in die Hände des Bräutigams überliefern sollte, und jede bekam ein Pferd zur Reise, aber das Pferd der Königstochter hieß Falada und konnte sprechen. Wie nun die Abschiedsstunde da war, begab sich die alte Mutter in ihre Schlafkammer, nahm ein Messerlein und schnitt damit in ihre Finger, daß sie bluteten; darauf hielt sie ein weißes Läppchen unter und ließ drei Tropfen Blut hineinfallen, gab sie der Tochter und sprach: »Liebes Kind, verwahr sie wohl, sie werden dir unterweges nottun.«

Also nahmen beide voneinander betrübten Abschied, das Läppchen steckte die Königstochter in ihren Busen vor sich, setzte sich aufs Pferd und zog nun fort zu ihrem Bräutigam. Da sie eine Stunde geritten waren, empfand sie heißen Durst und rief ihrer Kammerjungfer: »Steig ab und schöpfe mir mit meinem Becher, den du aufzuheben hast, Wasser aus dem Bach, ich möchte gern einmal trinken.«

»Ei, wenn Ihr Durst habt«, sprach die Kammerjungfer, »so steigt selber ab, legt Euch ans Wasser und trinkt, ich mag Eure Magd nicht sein!«

Da stieg die Königstochter vor großem Durst herunter, neigte sich über das Wässerlein im Bach und trank und durfte nicht aus dem goldnen Becher trinken.

Da sprach sie: »Ach Gott!« Da antworteten die drei Blutstropfen: »Wenn das deine Mutter wüßte, das Herz im Leibe tät ihr zerspringen.« Aber die Königsbraut war demütig, sagte nichts und stieg wieder zu Pferd.

So ritten sie etliche Meilen weiter fort, und der Tag war warm, daß die Sonne stach, und sie durstete bald von neuem; da sie nun an einen Wasserfluß kamen, rief sie noch einmal ihrer Kammerjungfer: »Steig ab und gib mir aus meinem Goldbecher zu trinken!« Denn sie hatte aller bösen Worte längst vergessen.

Die Kammerjungfer sprach aber noch hochmütiger: »Wollt Ihr trinken, so trinkt allein, ich mag nicht Eure Magd sein.«

Da stieg die Königstochter hernieder vor großem Durst und legte sich über das fließende Wasser, weinte und sprach: »Ach Gott!« Und die Blutstropfen antworteten wiederum: »Wenn das deine Mutter wüßte, das Herz im Leibe tät ihr zerspringen!«

Und wie sie so trank und sich recht überlehnte, fiel ihr das Läppchen, worin die drei Tropfen waren, aus dem Busen und floß mit dem Wasser fort, ohne daß sie es in ihrer großen Angst merkte.

Die Kammerjungfer hatte aber zugesehen und freute sich, daß sie Gewalt über die Braut bekäme, denn damit, daß diese die Blutstropfen verloren hatte, war sie schwach und machtlos geworden. Als sie nun wieder auf ihr Pferd steigen wollte, das da hieß Falada, sagte die Kammerfrau: »Auf Falada gehör ich, und auf meinen Gaul gehörst du«, und das mußte sie sich gefallen lassen. Dann hieß sie die Kammerfrau auch noch die königlichen Kleider ausziehen und ihre schlechten anlegen, und endlich mußte sie unter freiem Himmel schwören, daß sie am königlichen Hof keinem Menschen davon sprechen wollte, und wenn sie diesen Eid nicht abgelegt hätte, wäre sie auf der Stelle umgebracht worden. Aber Falada sah das alles an und nahm's wohl in acht.

Die Kammerfrau stieg nun auf Falada und die wahre Braut auf das schlechte Roß, und so zogen sie weiter, bis sie endlich in dem königlichen Schloß eintrafen. Da war große Freude über ihre Ankunft, und der Königssohn sprang ihnen entgegen, hob die Kammerfrau vom Pferde und meinte, sie wäre seine Gemahlin, und sie wurde die Treppe hinaufgeführt, die wahre Königstochter aber mußte unten stehen bleiben. Da schaute der alte König aus dem Fenster und sah sie im Hofe halten, wie sie fein war, zart und gar schön; und ging alsbald hin ins königliche Gemach und fragte die Braut nach der, die sie bei sich hätte und da unten im Hofe stände, und wer sie wäre?

»Ei, die hab ich mir unterwegs mitgenommen zur Gesellschaft, gebt der Magd was zu arbeiten, daß sie nicht müßig steht.«

Aber der alte König hatte keine Arbeit für sie und wußte nichts, als daß er sagte: »Da hab ich so einen kleinen Jungen, der hütet die Gänse, dem mag sie helfen!« Der Junge hieß Kürdchen, dem mußte die wahre Braut helfen Gänse hüten.

Bald aber sprach die falsche Braut zu dem jungen König: »Liebster Gemahl, ich bitte Euch, tut mir einen Gefallen!«

Er antwortete: »Das will ich gerne tun.«

»Nun, so laßt mir den Schinder rufen und dem Pferd, worauf ich hergeritten bin, den Hals abhauen, weil es mich unterwegs geärgert hat.« Eigentlich aber fürchtete sie sich, daß das Pferd sprechen möchte, wie sie mit der Königstochter umgegangen wäre.

Nun war das so weit geraten, daß es geschehen und der treue Falada sterben sollte, da kam es auch der rechten Königstochter zu Ohr, und sie versprach dem Schinder heimlich ein Stück Geld, das sie ihm bezahlen wollte, wenn er ihr einen kleinen Dienst erwiese. In der Stadt war ein großes, finsteres Tor, wo sie abends und morgens mit den Gänsen durch mußte. Unter das finstere Tor möchte er dem Falada seinen Kopf hinnageln, daß sie ihn doch noch mehr als einmal sehen könnte. Also versprach das der Schindersknecht zu tun, hieb den Kopf ab und nagelte ihn unter dem finsteren Tor fest.

Des Morgens früh, als sie und Kürdchen unterm Tor hinaustrieben, sprach sie im Vorbeigehen:

»O du Falada, da du hangest«,

da antwortete der Kopf:

»O du Jungfer Königin, da du gangest,
wenn das deine Mutter wüßte,
ihr Herz tät ihr zerspringen.«

Da zog sie still weiter zur Stadt hinaus, und sie trieben die Gänse aufs Feld. Und wenn sie auf der Wiese angekommen war, saß sie hier und machte ihre Haare auf, sie waren eitel Silber, und Kürdchen sah sie und freute sich, wie sie glänzten, und wollte ihr ein paar ausraufen. Da sprach sie:

»Weh! Weh! Windchen,
nimm Kürdchen sein Hütchen,
und laß'n sich mit jagen,
bis ich mich geflochten und geschnatzt
und wieder aufgesatzt.«

Und da kam ein so starker Wind, daß er dem Kürdchen sein Hütchen wegwehte über alle Land, daß es ihm nachlief, und bis es wiederkam, war sie mit dem Kämmen und Aufsetzen fertig, und er konnte keine Haare kriegen. Da war Kürdchen bös und sprach nicht mit ihr, und so hüteten sie die Gänse, bis es Abend wurde, dann fuhren sie nach Haus. Den andern Morgen, wie sie unter dem finstern Tor hinaustrieben, sprach die Jungfrau:

»O du Falada, da du hangest«,

es antwortete:

»O du Jungfer Königin, da du gangest,
wenn das deine Mutter wüßte,
das Herz tät ihr zerspringen!«

Und in dem Feld setzte sie sich wieder auf die Wiese und fing an, ihr Haar auszukämmen, und Kürdchen lief und wollte danach greifen, da sprach sie schnell:

»Weh! Weh! Windchen,
nimm dem Kürdchen sein Hütchen,
und laß'n sich mit jagen,
bis ich mich geflochten und geschnatzt
und wieder aufgesatzt.«

Da wehte der Wind und wehte ihm das Hütchen vom Kopf weit weg, daß es nachzulaufen hatte, und als es wiederkam, hatte sie längst ihr Haar zurecht, und es konnte keins davon erwischen, und sie hüteten die Gänse, bis es Abend wurde.

Abends aber, nachdem sie heimkamen, ging Kürdchen vor den alten König und sagte: »Mit dem Mädchen will ich nicht länger Gänse hüten.«

»Warum denn?« sprach der alte König.

»Ei, das ärgert mich den ganzen Tag.«

Da befahl ihm der alte König, zu erzählen, wie's ihm denn mit ihr ginge. Da sagte Kürdchen: »Des Morgens, wenn wir unter dem finstern Tor mit der Herde durchkommen, so ist da ein Gaulskopf an der Wand, zu dem redet sie:

›Falada, da du hangest‹,

da antwortet der Kopf:

›O du Königsjungfer, da du gangest,
wenn das deine Mutter wüßte,
das Herz tät ihr zerspringen!‹«

Und so erzählte Kürdchen weiter, was auf der Ganswiese geschähe und wie es da dem Hut im Winde nachlaufen müßte.

Der alte König befahl ihm aber, den nächsten Tag wieder hinauszutreiben, und er selbst, wie es Morgen war, setzte sich hinter das finstere Tor und hörte da, wie sie mit dem Haupt des Falada sprach; und dann ging er ihr auch nach in das Feld und barg sich in einem Busch auf der Wiese. Da sah er nun bald mit seinen eigenen Augen, wie die Gänsemagd und der Gänsejunge die Herde getrieben brachten und nach einer Weile sie sich setzte und ihre Haare losflocht, die strahlten von Glanz. Gleich sprach sie wieder:

»Weh! Weh! Windchen,
faß Kürdchen sein Hütchen,
und laß'n sich mit jagen,
bis ich mich geflochten und geschnatzt
und wieder aufgesatzt.«

Da kam ein Windstoß und fuhr mit Kürdchens Hut weg, daß es weit zu laufen hatte, und die Magd kämmte und flocht ihre Locken still fort, welches der alte König alles beobachtete. Darauf ging er unbemerkt zurück, und als abends die Gänsemagd heimkam, rief er sie beiseite und fragte, warum sie das alles so täte.

»Das darf ich Euch und keinem Menschen sagen, denn so hab ich unter freiem Himmel geschworen, weil ich sonst um mein Leben wäre gekommen.«

Er aber drang in sie und ließ ihr keinen Frieden. »Willst du mir's nicht erzählen«, sagte der alte König endlich, »so darfst du's doch dem Kachelofen erzählen.«

«Ja, das will ich wohl«, antwortete sie. Damit mußte sie in den Ofen kriechen und schüttete ihr ganz Herz aus, wie es ihr bis dahin ergangen und wie sie von der bösen Kammerjungfer betrogen worden war. Aber der Ofen hatte oben ein Loch, da lauerte ihr der alte König zu und vernahm ihr Schicksal von Wort zu Wort. Da war's gut, und Königskleider wurden ihr alsbald angetan, und es schien ein Wunder, wie sie so schön war; der alte König rief seinen Sohn und offenbarte ihm, daß er die falsche Braut hätte, die wäre bloß ein Kammermädchen, die wahre aber stände hier als die gewesene Gänsemagd. Der junge König aber war herzensfroh, als er ihre Schönheit und Tugend erblickte, und ein großes Mahl wurde angestellt, zu dem alle Leute und guten Freunde gebeten wurden, obenan saß der Bräutigam, die Königstochter zur einen Seite und die Kammerjungfer zur andern, aber die Kammerjungfer war verblendet und erkannte jene nicht mehr in dem glänzenden Schmuck.

Als sie nun gegessen und getrunken hatten und guten Muts waren, gab der alte König der Kammerfrau ein Rätsel auf: Was eine solche wert wäre, die den Herrn so und so betrogen hätte, erzählte damit den ganzen Verlauf und fragte: »Welchen Urteils ist diese würdig?«

Da sprach die falsche Braut: »Die ist nichts Besseres wert, als splitternackt ausgezogen in ein Faß, inwendig mit spitzen Nägeln beschlagen, geworfen zu werden, und zwei weiße Pferde davorgespannt müssen sie Gasse auf, Gasse ab zu Tode schleifen!«

»Das bist du«, sprach der alte König, »und dein eigen Urteil hast du gefunden, und danach soll dir widerfahren«, welches auch vollzogen wurde.

Der junge König vermählte sich aber mit seiner rechten Gemahlin, und beide beherrschten ihr Reich in Frieden und Seligkeit.

Brüder Grimm

Hirsedieb

In einer Stadt wohnte ein sehr reicher Kaufmann, der hatte am Haus einen großen und prächtigen Garten, in dem auch ein Stück Land mit Hirse besät war.

Da nun dieser Kaufmann einmal in seinem Garten herumspazierte – es war zur Frühjahrszeit, und der Same stand frisch und kräftig –, so sah er zu seinem größten Ärger und Verdruß, daß verwichene Nacht von frecher Diebeshand ein Teil von seinem Hirsesamen abgegrast worden war, und gerade dieses Gartenäckerlein, darauf er alle Jahre Hirse hinsäte, war ihm ganz besonders lieb, wie manchmal die Menschen eine ausschließliche Vorliebe für eine Sache haben. Er beschloß, den Dieb zu fangen und dann nachdrücklich zu strafen oder dem Gericht zu übergeben.

Daher er seine drei Söhne, Michel, Georg und Johannes, zu sich rief und sprach: »Heute nacht war ein Dieb in unserm Garten und hat mir einen Teil Hirsesamen abgegrast, was mich höchlich ärgert. Dieser Frevler muß gefangen werden und soll mir büßen! Ihr, meine Söhne, mögt nun wachen die Nächte hindurch, einer um den andern, und welcher den Dieb fängt, soll von mir eine stattliche Belohnung bekommen.«

Der Älteste, Michel, wachte die erste Nacht; er nahm sich etliche geladene Pistolen und einen scharfen Säbel, auch zu essen und zu trinken mit, hüllte sich in einen warmen Mantel und setzte sich hinter einen blühenden Holunderbusch, hinter dem er bald hart und fest einschlief.

Wie er am hellen Morgen erwachte, war ein noch größeres Stück Hirsesamen abgegrast als in voriger Nacht. Und wie nun der Kaufmann in den Garten kam und das sah und merkte, daß sein Sohn, anstatt zu wachen und den Dieb zu fangen, geschlafen hatte, ward er noch ärgerlicher und schalt und höhnte ihn als einen braven Wächter, der ihm samt seinen Pistolen und Säbel selbst gestohlen werden könne!

Die andre Nacht wachte Georg; dieser nahm sich nebst den Waffen, die sein Bruder vorige Nacht bei sich geführt, auch noch einen Knittel und starke Stricke mit. Aber der gute Wächter Georg schlief ebenfalls ein und fand am Morgen, daß der Hirsedieb wieder tüchtig gegrast hatte. Der Vater ward ganz wild und sagte: »Wenn der dritte Wächter ausgeschlafen hat, wird die Hirsesaat vollends zum Kuckuck sein, und es wird dann keines Wächters mehr bedürfen!«

Die dritte Nacht kam nun an Johannes die Reihe. Dieser nahm trotz allem Zureden keine Waffen mit; doch hatte er sich im geheimen mit recht probaten

Waffen gegen den Schlaf versehen; er hatte sich Disteln und Dornen gesucht und diese, als er sich abends in den Garten an seinen Wächterplatz verfügt, vor sich aufgebaut. Wenn er nun einnicken wollte, stieß er allemal mit der Nase an die Stacheln und wurde gleich wieder munter.

Als die Mitternacht herbeikam, hörte er ein Getrappel, es kam näher und näher, machte sich in den Hirsesamen, und da hörte Johannes ein recht fleißiges Abraufen. »Halt«, dachte er, »da hab ich dich!« Und er zog einen Strick aus der Tasche, schob leise die Dornen zurück und schlich dem Dieb vorsichtig näher. Als er hinzukam – wer hätte das vermutet? –, war der Dieb – ein allerliebstes kleines Pferdchen.

Johannes war innerlich erfreut; hatte auch mit dem Einfangen gar keine Mühe; das Tierchen folgte ihm willig zum Stall, den Johannes fest verschloß. Und nun konnte er noch ganz gemach in seinem Bette ausschlafen.

Früh, als seine Brüder aufstiegen und hinunter in den Garten gehen wollten, sahen sie mit Staunen, daß Johannes in seinem Bette lag und schlief. Da weckten sie ihn und höhnten ihn mit allerlei Neckreden, daß er der beste Wächter sei, da er sogar nicht einmal die Nacht ausgehalten habe auf seiner Wache. Aber Johannes sagte: »Seid ihr nur ganz stille, ich will euch den Hirsedieb schon zeigen.« Und sein Vater und seine Brüder mußten ihm zum Stalle folgen, wo das wunderseltsame Pferdlein stand, von dem niemand zu sagen wußte, woher es gekommen und wem es zugehöre. Es war allerliebst anzusehen, von zartem und schlankem Bau und dazu ganz silberweiß. Da hatte der Kaufmann eine große Freude und schenkte seinem wackern Johannes das Pferdchen als Belohnung, der nahm es freudig an und nannte es Hirsedieb.

Bald vernahmen die Brüder, daß eine schöne Prinzessin verzaubert wäre im Schloß, das auf dem gläsernen Berg stehe, zu welchem niemand wegen der großen Glätte emporklimmen könne. Wer aber glücklich hinauf und dreimal um das Schloß herumreite, der erlöse die schöne Prinzessin und bekomme sie zur Gemahlin. Gar unendlich viele hätten schon den Bergritt probiert, wären aber alle wieder herabgestürzt und lägen tot umher.

Diese Wundermär erscholl durchs ganze Land, und auch die drei Brüder bekamen Lust, ihr Glück zu versuchen, nach dem gläsernen Berg zu reiten und – womöglich die schöne Prinzessin zu gewinnen.

Michel und Georg kauften sich junge, starke Pferde, deren Hufeisen sie tüchtig schärfen ließen, und Johannes sattelte seinen kleinen Hirsedieb, und so ging es auf zum Glücksritt.

Bald erreichten sie den gläsernen Berg, der Älteste ritt zuerst, aber ach – sein Roß glitt aus, stürzte mit ihm nieder, und beide, Roß und Mann, vergaßen das Wiederaufstehen.

Der Zweite ritt, aber ach – sein Roß glitt aus, stürzte mit ihm nieder, und beide, Mann und Roß, vergaßen auch das Aufstehen.

Nun ritt Johannes, und es ging trapp trapp trapp trapp trapp – droben waren sie, und wieder trapp trapp trapp trapp trapp – und sie waren dreimal ums Schloß herum, als wenn Hirsedieb schon hundertmal diesen gefährlichen Weg gelaufen wäre. Nun standen sie vor der Schloßtüre; diese ging auf, und es trat die reizendschöne Prinzessin heraus; sie war ganz in Seide und Gold gekleidet und breitete freudig die Arme gegen Johannes aus. Und derselbe stieg schnell vom Pferdlein und eilte, die holde Prinzessin und somit sein ganzes überaus großes Glück zu umfangen.

Und die Prinzessin wandte sich zum Pferdlein, liebkoste dasselbe und sprach: »Ei, du kleiner Schelm, warum warst du mir denn entlaufen, daß ich nicht mehr die einzige Nachtstunde, die mir vergönnet war, unten auf der grünen Erde zu weilen, genießen konnte, da du mich nicht mehr den gläsernen Berg hinunter und wieder herauftrugst? Nun darfst du uns nimmermehr verlassen.«

Und da ward Johannes gewahr, daß sein Hirsediebchen das Zauberpferdlein seiner himmelschönen Prinzessin war. Seine Brüder kamen wieder auf von ihrem Fall, Johannes aber sahen sie nicht wieder, denn der lebte glücklich und allen Erdensorgen entrückt mit seinem Engel im Zauberschloß auf dem gläsernen Berge, aber auch zu diesem Berge fand kein Menschenkind mehr den Weg, weil der Zauber gelöst und die Prinzessin von ihrem Bann befreit worden war durch ihr kluges Rößlein, das den rechten Befreier und Gemahl ihr zugetragen.

Ludwig Bechstein

Halbhähnchen

Es war einmal ein Mann, der hatte zwei kleine Söhne. Eines Tages gab er jedem ein halbes Ei. Der eine hat seine Hälfte gekocht und dann gegessen, aber der andere hütete die seine sorgfältig und machte es sich zur Pflicht, sie auszubrüten. Nach geraumer Zeit kam ein halbes Hähnchen heraus, das fraß viel Korn und wurde bald sehr stark.

Eines Tages, als Halbhähnchen auf einem Misthaufen herumkratzte, fand es eine Börse mit hundert Talern.

»Leih mir diese hundert Taler«, sagte da ein Mann, der gerade vorüberging. »Ich bin der Pächter von Grand-Herlin, in acht Tagen bekommst du sie zurück.«

»Einverstanden«, erwiderte Halbhähnchen.

Und es gab ihm die hundert Taler. Acht Tage vergingen, vierzehn Tage vergingen, das Geld war immer noch nicht zurückgezahlt.

Schließlich wurde Halbhähnchen ungeduldig wegen der großen Verspätung und beschloß, hinzugehen und das Geld zurückzufordern. Also machte es sich auf den Weg. Unterwegs begegnete ihm ein Wolf. »Wohin des Wegs, Halbhähnchen?«

»Ich gehe zum Pächter von Grand-Herlin, um meine hundert Taler zurückzufordern, die ich ihm geliehen habe. Komm doch mit.«

»Einverstanden.«

»Dann krieche nur in meinen Hintern.«

Etwas weiter begegnete ihm ein Fuchs: »Wohin des Wegs, Halbhähnchen?«

»Ich gehe zum Pächter von Grand-Herlin, um meine hundert Taler zurückzufordern, die ich ihm geliehen habe. Komm doch mit.«

»Einverstanden.«

»Dann krieche nur in meinen Hintern.«

Wieder etwas weiter begegnete ihm ein Bach. »Wohin des Wegs, Halbhähnchen?«

»Ich gehe zum Pächter von Grand-Herlin, um meine hundert Taler zurückzufordern, die ich ihm geliehen habe. Komm doch mit.«

»Einverstanden.«

»Dann krieche nur in meinen Hintern.«

Und noch ein wenig weiter begegnete ihm ein Bienenschwarm. »Wohin des Wegs, Halbhähnchen?«

»Ich gehe zum Pächter von Grand-Herlin, um meine hundert Taler zurückzufordern, die ich ihm geliehen habe. Komm doch mit.«

»Einverstanden.«

»Dann kriecht nur in meinen Hintern.«

Trotz seiner schweren Bürde kam Halbhähnchen bald auf den Meierhof von Grand-Herlin. »Guten Tag, Pächter«, sagte es zum Hausherrn, »ich möchte meine hundert Taler abholen, die du mir schon vor mehr als acht Tagen zurückzahlen wolltest.«

»Ich habe sie heute nicht, aber wenn du in meinem Hühnerstall übernachten willst, gebe ich sie dir morgen.«

»Einverstanden.«

Aber der Hühnerstall war voll von Truthähnen, die machten Miene, sich auf Halbhähnchen zu stürzen, um es totzumachen. Dieses verlor jedoch nicht den Kopf und rief: »Fuchs, Fuchs, aus dem Hintern heraus! Sonst ist es mit dem Halbhähnchen aus!«

Sofort sprang der Fuchs heraus, erwürgte alle Truthähne bis auf einen, den er in den Wald mitnahm.

»Sperrt Halbhähnchen in den Schweinestall«, sagte der Pächter am folgenden Morgen, als er seinen Gläubiger lebendig vor sich sah. Gesagt, getan. Die dicken Säue gingen in den Angriff über und wollten Halbhähnchen verschlingen. Da rief es schnell: »Wolf, Wolf, aus dem Hintern heraus! Sonst ist es mit dem Halbhähnchen aus!«

Im Handumdrehen hatte der Wolf den dicken Säuen den Garaus gemacht und, so viele nur in seinen Bauch hineingingen, gefressen. Als der Pächter die Stalltür öffnete, traute er seinen Augen nicht. Seine Säue tot und Halbhähnchen lebendig. Er wurde sehr zornig und ließ Halbhähnchen in den Backofen werfen, der gerade zum Brotbacken geheizt worden war. Aber das schlaue Halbhähnchen rief sofort: »Bach, Bach, aus dem Hintern heraus! Sonst ist es mit dem Halbhähnchen aus!«

Und der Bach brauchte nicht lange, um das Feuer zu löschen und den Backofen zu überschwemmen.

Da nahm der wütende Pächter ein großes Messer, das war neu geschliffen, und wollte dem armen Halbhähnchen die Kehle durchschneiden. Aber da rief es schnell: »Ihr Bienen, ihr Bienen, aus dem Hintern heraus! Sonst ist es mit dem Halbhähnchen aus!«

Und da kamen alle Bienen heraus und fingen an zu summen: Bsss! Bsss! Und schwirrten um den Kopf des Pächters. Sie stachen ihn überall, wo es gerade hintraf, und so sehr, daß er daran starb. Da nahm Halbhähnchen seine Börse wieder an sich und brachte sie seinem Herrn. Fortan lebten sie immer sehr glücklich.

Französisches Märchen

Die Gans

Es waren einmal zwei Schwestern, die in bitterer Not steckten und sich nur dadurch auf das kümmerlichste ernährten, daß sie sich von früh bis spät die Finger naß machten und dann das bißchen Gespinst verkauften. Trotz diesem elenden Leben aber gelang es der Kugel der Armut doch nicht, beim Zusammentreffen mit der der Ehre diese hinauszustoßen, weswegen der Himmel, der sich in der Belohnung des Guten stets ebenso freigebig wie in der Züchtigung des Bösen zeigt, die armen Mädchen auf den Gedanken brachte, auf den Markt zu gehen, dort einige Gebund Garn feilzubieten und dann für die paar Groschen, die sie dafür bekämen, eine Gans zu kaufen. Gesagt, getan, sie brachten die Gans nach Hause und pflegten sie mit so vieler Liebe und Sorgfalt wie eine leibliche Schwester, indem sie dieselbe sogar in ihrem eigenen Bette schlafen ließen. So geschah es nun, daß endlich einmal für die armen Mädchen heiteres Wetter eintrat; denn ganz unversehens fing die Gans an, von hinten Goldtaler von sich zu geben, so daß die Schwestern nach und nach einen großen Kasten damit anfüllten, und da sie nun Geld hatten wie Mist, den Kopf höher zu tragen und auch in ihrem Äußeren viel stattlicher auszusehen begannen als früher; weshalb zwei von ihren Bekannten, die sich eines Tages zum Klatschen zusammengefunden hatten, folgendermaßen zueinander sprachen:

»Habet Ihr gesehen, Gevatterin Vasta, wie es jetzt mit der Lilla und Lolla geht? Es ist noch nicht lange her, so hatten sie kaum ein paar Lumpen, um sich die Blöße zu bedecken, jetzt gehen sie in Staat und Prunk einher wie die vornehmen Damen; man sieht auch an ihren Fenstern immer Hühner und Töpfe mit Fleisch, die einen ordentlich anlachen. Was mag da wohl vorgegangen sein? Sie müssen entweder das Faß der Ehre angezapft oder einen Schatz gefunden haben.«

»Ich bin außer mir vor Verwunderung, Gevatterin Perna«, erwiderte Vasta, »denn da ich eben glaubte, daß sie ganz heruntergekommen wären, sehe ich sie gerade obenauf, so daß es mir scheint, als träume ich.«

Nach diesen und nach vielen andern ähnlichen Reden machten sie, vom Neide getrieben, ein Loch in die Wand, die sich zwischen ihrem Hause und dem der Schwestern befand, um sie zu belauschen und zu sehen, ob sie vielleicht ihrer Neugier einige Nahrung geben könnten. Sie spähten auch wirklich so lange, bis sie eines Abends, als die Sonne mit dem Lineal der Strahlen auf die Bänke des indischen Meeres schlug, um den Tagesstunden das Zeichen der Feierzeit zu geben, Lilla und Lolla ein Laken auf die Erde breiten, eine Gans daraufsetzen und diese einen solchen Durchfall von Talern von sich geben sahen, daß sie Maul und Augen aufsperrten.

Als nun der Morgen erschien und Apoll mit seinen goldenen Ruten die Schatten vom Himmel verscheuchte, besuchte Vasta die beiden Mädchen, und nach tausenderlei Umschweifen in die Länge und in die Breite kam sie endlich auf die Hauptsache, indem sie sie bat, ihr doch auf ein paar Stunden die Gans zu leihen, um einige junge Gänschen, die sie gekauft, ans Haus zu gewöhnen; und so viel und so lange sprach sie, bis die beiden einfältigen Dinger, teils weil sie aus Gutmütigkeit nichts abschlagen konnten, teils um in der Gevatterin keinen Verdacht zu erwecken, dieser die Gans liehen, unter der Bedingung jedoch, daß sie dieselbe aufs baldigste wiederbrächte. Die Nachbarin suchte nun sogleich ihre andere Gevatterin auf, und ohne Verzug breiteten sie dann auf die Erde ein Laken, auf das sie die Gans setzten, die jedoch, statt in ihrem Hintern eine dukatenprägende Münze zu zeigen, alsbald einen Abtrittkanal auftat und das Weißzeug der armen Frauen dergestalt mit Gilbkraut färbte, daß sich der Geruch davon ebenso durch das ganze Haus verbreitete wie des Sonntags der aus den Bratpfannen. Als die Gevatterinnen dies wahrnahmen, dachten sie, daß die Gans bei gutem Futter einen bessern Stoff zu dem Lapis philosophorum* ansetzen würde. Sie gaben ihr daher so reichlich zu fressen, daß es ihr bis zum Kropf herauf stand, und setzten sie dann wieder auf ein reines Laken; wenn aber die Gans sich früher als gar nicht hartleibig erwiesen hatte, so bekam sie jetzt sogar einen Durchfall, zu dem auch die Unverdaulichkeit das ihrige beitragen mochte. Hierüber gerieten nun aber die Frauen in einen solchen Zorn, daß sie der Gans den Hals umdrehten und sie durch das Fenster in ein Sackgäßchen schleuderten, durch das gewöhnlich niemand ging und wohin man den Unrat zu werfen pflegte.

Der Zufall aber, der, wenn man es am wenigsten erwartet, die seltsamsten Dinge zutage fördert, fügte es nun so, daß der Sohn eines Königs, der auf die Jagd gegangen war, es plötzlich dergestalt in den Leib bekam, daß er den Degen und das Roß einem Diener zu halten gab, hierauf in jenes Gäßchen trat, um seine Notdurft zu verrichten, und, nachdem er fertig war, sich der frischgetöteten Gans als Reinigungsmittel bediente, da er gerade kein Papier in der Tasche hatte. Die Gans jedoch, welche keineswegs tot war, fuhr mit ihrem Schnabel dem armen Prinzen dergestalt ins Fleisch, daß er ein lautes Geschrei erhob, worauf zwar seine Leute in aller Eile herbeikamen und die Gans losreißen wollten, indes gelang es ihnen nicht; denn sie hatte sich wie eine gefiederte Salmacis* an einen behaarten Hermaphrodit* gehängt, so daß der Prinz, der es nicht länger vor Schmerz aushalten konnte und die vergeblichen Bemühungen seiner Diener sah, sich auf ihren Armen in den königlichen Palast tragen und dann die geschicktesten Doktoren herbeirufen ließ. Diese nun konsultierten angesichts der verletzten Stelle lange hin und her und wandten alle nur erdenklichen Mittel an, um der Sache Abhilfe zu leisten, indem sie Salben aufstrichen, Zangen anlegten und Pulver aufstreuten; da inzwischen die Gans festsaß wie eine Filzlaus, die man nicht durch Quecksilber, und wie ein Blutegel, den man nicht durch Essig losbekommen kann, so ließ der Prinz öffentlich bekanntmachen, daß, wer ihn von diesem beschwerlichen Anhängsel seines Hinterteils zu befreien vermöchte, wenn es ein Mann wäre, das halbe Königreich erhalten, wäre es aber ein Frauenzimmer, sie seine Gemahlin werden sollte.

Alsbald sah man die Leute scharenweise herbeikommen und ihre Nase in Dinge stecken, bei denen sie nichts helfen konnten; denn je mehr Mittel angewendet wurden, desto fester biß sich die Gans und desto mehr kniff sie den armen Prinzen, dermaßen, daß es schien, als hätten alle Rezepte Galens, alle Aphorismen des Hippokrates und alle Heilmittel Mesués sich gegen die pars posterior* des Aristoteles zur Qual des Unglücklichen verschworen. Das Schicksal fügte es jedoch, daß nach so vielen Leuten, welche herbeikamen, um ihre Geschicklichkeit zu versuchen, endlich auch Lolla, die jüngere der beiden Schwestern, erschien, und kaum hatte sie die Gans erblickt, so erkannte sie dieselbe auch auf der Stelle und rief aus: »Mein Bullechen, mein Bullechen!« Als nun die Gans die Stimme ihrer treuen Pflegerin vernahm, ließ sie sogleich ihre Beute los und lief ihr entgegen, indem sie ihr schmeichelte und sie küßte und den Hintern eines Prinzen sehr gern mit dem Mund einer Bäuerin vertauschte.

Beim Anblick dieses seltsamen Vorfalles wollte der Prinz wissen, wie diese Sache zusammenhing, und da er auf diese Weise hinter den Streich der beiden Gevatterinnen kam, ließ er sie aus dem Lande peitschen und auf ewige Zeiten verbannen, heiratete hierauf Lolla, die ihm die zahllose Schätze machende Gans als Aussteuer mitbrachte, und gab auch Lilla einem steinreichen Mann. So nun lebten sie sämtlich in Glück und Freude trotz der Gevatterinnen, welche den beiden Schwestern den ihnen vom Himmel gewiesenen Weg zum Reichtum versperren wollten und ihnen gerade dadurch einen andern zur Glückseligkeit eröffneten, so daß es sich am Ende klar erwies:

»Es bringen Hindernisse oftmals Hilfe nur.«

Giambattista Basile

Die Geschichte vom Zauberpferd

Herr! Man erzählt: Es herrschte einmal vor undenklichen Zeiten in Persien ein König namens Sabur, der war der größte und mächtigste unter allen Herrschern seiner Zeit und besaß unermeßliche Länder und Reichtümer, die von einer schlagkräftigen Armee verteidigt wurden. Er war aber ebenso berühmt wegen seiner schönen Tugenden wie wegen seiner furchtbaren Macht und Größe, denn er war nicht allein ein Mann von vielseitigen Kenntnissen, gewandt und voll Unternehmungsgeist, sondern sein Herz war auch ebenso weich und teilnahmsvoll wie sein Verstand scharf und durchdringend; seine Hand war ebenso mildtätig und freigebig gegen die Armen wie für den Bösen furchtbar und strafend. Er war ein Trost für den Unglücklichen und Beladenen, und der Verstoßene und Verfolgte fand stets eine Freistätte bei ihm. Seine Verwandten liebte er zärtlich, gegen die Fremden war er milde, und nie wurde ein Fall bekannt, daß ein Unterdrückter ihn vergebens um Recht gegen die Gewalt angefleht hätte. Er war Vater von drei Mädchen und einem Sohne.

Dieser König feierte jährlich zwei Feste, Niradj und Mihrdjan. An diesen Festtagen pflegte er alle seine Paläste zu öffnen, Geschenke zu machen, Amnestien zu veröffentlichen, Pförtner und andere Aufseher zu entfernen, so daß alle seine Untertanen freien Zutritt zu ihm hatten, um ihn zu begrüßen, zu beglückwünschen und Geschenke darzubringen. Dieser König war ein großer Liebhaber von Philosophie und Geometrie. Nun traf es sich an einem dieser Festtage, daß drei äußerst gelehrte und erstaunlich weise Männer mit kostbaren, bewundernswerten Geschenken in seine Stadt kamen. Sie waren alle drei aus verschiedenen Ländern und sprachen auch verschiedene Sprachen. Der eine war ein Inder, der andere ein Grieche und der dritte ein Perser. Der Inder ging zuerst zum König, warf sich vor ihm nieder und übergab ihm, indem er zum Feste Glück wünschte, ein höchst bewunderungswürdiges Geschenk. Es war eine mit kostbaren Edelsteinen verzierte goldene Bildsäule, die ein goldenes Horn in der Hand hielt.

Nachdem der König dasselbe von allen Seiten genau betrachtet hatte, sagte er zu dem Inder: »Weiser Mann, zu welchem Zweck soll dies dienen?«

»Herr«, erwiderte der Inder, »dies Bildnis hat die Eigenschaft, daß es sogleich in das goldene Horn stößt, wenn ein Spion in die Stadt kommt. Der Spion wird sogleich zu zittern anfangen und tot niederfallen.«

Der König, im höchsten Grade überrascht von den Worten des Inders, sagte zu ihm: »O Weiser! Bei Gott, wenn du wahr sprichst, so werde ich alle deine Wünsche erfüllen.«

Hierauf trat der griechische Weise vor, warf sich dem König zu Füßen und überreichte ihm ein silbernes Becken, in dessen Mitte ein goldener Pfau saß, rund herum umgeben von vierundzwanzig Jungen. Nachdem der König es betrachtet hatte, fragte er den Weisen, was der Zweck dieses Werkes sei. »Herr!« erwiderte der Grieche, »dieser Pfau hier wird nach Ablauf jeder Stunde eines seiner Jungen picken und so die Tageszeit anzeigen. Nach einem Monat aber wird er jedesmal den Schnabel öffnen, und darin wird der Mond erscheinen.«

Als der König das hörte, sagte er: »O Weiser, sprichst du wahr, so soll jeder deiner Wünsche erfüllt werden.«

Sodann trat der persische Weise hervor, beugte sich zur Erde und überreichte dem König ein Pferd aus Ebenholz, mit Gold und Edelsteinen beschlagen, vollkommen ausgerüstet, mit prächtigem königlichen Sattel, Zaum und Steigbügel, dem nur die Sprache fehlte. Der König war sehr erstaunt beim Anblick dieses kunstreich gebildeten Pferdes und fragte, wozu dieses leblose Pferd diene. »Mein Gebieter!« antwortete der Weise, »dieses Pferd legt mit seinem Reiter in einem Tag eine Strecke von einem Jahr zurück, denn es fliegt durch die Luft.«

Der König war im höchsten Grade erstaunt über das Zusammentreffen dieser drei Wunder an einem Tage und sagte zu dem Perser: »Bei dem erhabenen Gott, dem Schöpfer und Erhalter der Menschen durch Getränke und Nahrung, wenn du die Wahrheit gesprochen hast und deine Rede sich bewährt, so gewähre ich dir im voraus jede Bitte, die du an mich stellen magst.« Er bewirtete dann die Weisen drei Tage lang, um ihre Gaben zu prüfen. Jeder brachte sein Werk mit und machte den König mit dessen Bewegungen bekannt. Das Bildnis stieß alsbald ins Horn, der Pfau pickte die Jungen, und der Weise schwang sich aufs Pferd, stieg in die Höhe und ließ sich wieder herunter.

Der König geriet beinahe außer sich vor Freude und sagte zu den Weisen: »Ihr habt eure Versprechen erfüllt und die Wahrheit eurer Worte durch die Tat bewiesen; nun ist es an mir, auch mein Versprechen in Erfüllung gehen zu lassen. Fordere jeder von mir, was er will, er soll es auf der Stelle haben.«

Die Weisen hatten aber schon von den drei Prinzessinnen gehört, sie sagten daher: »Wenn der König, unser Herr, mit uns zufrieden ist, unsere Geschenke annimmt und uns erlaubt, etwas zu erbitten, so möchten wir, daß der König, der doch gewiß sein Wort nicht brechen wird, uns seine drei Töchter gebe und uns zu seinen Schwiegersöhnen annehme.«

Der König sagte: »Ich werde eurer Bitte willfahren«, und er ließ sogleich beim Kadi die Ehekontrakte abfassen.

Die Prinzessinnen hatten aber hinter einem Vorhang dem Schauspiel zugesehen, und als die jüngste ihren künftigen Gemahl, den Perser, betrachtete, entdeckte sie, daß er ein hundertjähriger Greis war, mit einer Stirne voll Runzeln und Falten, mit borstigem Haupthaar, während die Haare der Augenbrauen und des Bartes ausgefallen waren. Seine Augen waren rot und triefend und seine Wangen so abscheulich gelb und eingefallen, daß man jeden Knochen seines Gesichts sehen konnte. Er hatte eine Nase wie Bedindjan*; seine paar Zähne waren teils ausgefallen, teils locker, seine Lippen blau und lappig wie Kamelnieren und seine ganze Haut eingeschrumpft und lederfarben. In der Tat, er war ein Wunder an Häßlichkeit und von einer ganz unbekannten Rasse; der abscheulichste unter allen Menschen, glich er ganz und gar einem Teufel, so daß selbst die Vögel vor ihm in ihr Nest flohen. Das Mädchen aber war das schönste und liebenswürdigste ihrer Zeit; niedlicher als eine Gazelle, zarter als ein Zephir*, übertraf sie den Mond an Glanz und milder Schönheit; sie beschämte alle Baumzweige, wenn sie sich sanft wiegte, und keine Gazelle kam ihr gleich in der Geschwindigkeit und Kühnheit der Wendungen. Sie war schöner und anmutiger als ihre Schwestern.

Als diese Prinzessin nun ihren Bräutigam sah, eilte sie in ihr Gemach, streute Erde auf ihr Haupt, zerriß ihre Kleider und fing an, unter lautem Weinen und Wehklagen sich Gesicht und Brust zu zerschlagen. Ihr Bruder, der sie weit mehr als seine anderen Schwestern liebte, kam eben von der Reise zurück. Wie er nun ihr Geschrei und Weinen hörte, eilte er zu ihr hinein, schlug sich an die Brust und fragte sie, was ihr denn zugestoßen sei, sie solle ihm die Wahrheit sagen und nichts verhehlen. Sie brach in die Worte aus: »Mein teurer Bruder! Gewiß, wenn deinem Vater durch mich das Schloß zu eng geworden, will ich es gerne verlassen. Hat er an mir etwas seiner Tochter Unwürdiges gesehen, will ich mich von ihm entfernen, oder will er nicht länger mehr für mich sorgen, so gibt es für mich ja einen Gott, der mich führen und nicht verlassen wird.« Ihr Bruder, der den Sinn dieser Reden nicht recht begreifen konnte, bat sie, ihm alles deutlicher zu sagen, denn noch wisse er den Grund nicht, warum sie so bewegt und betrübt sei. Sie antwortete: »Wisse, teurer Bruder! Mein Vater hat mich mit einem Zauberer verlobt, der ihm ein schwarzes hölzernes Pferd geschenkt und ihn mit seiner Zauberkunst überlistet hat. Ich aber mag diesen Alten nicht, ich will nicht seinetwillen auf die Welt gekommen sein.«

Ihr Bruder sprach ihr Trost und Mut zu, verließ sie dann und eilte zu seinem Vater, den er fragte: »Wer ist der Zauberer, mit welchem du meine jüngste Schwester verlobt hast, und was hat er dir für ein Geschenk gebracht, daß du seinetwillen deine Tochter vor Gram sterben lassen willst? Das soll nicht sein!« Der Weise, der diese Rede mit anhörte, ergrimmte in seinem Herzen über den Prinzen. Der König aber sprach zu seinem Sohne:

»Wenn du das Pferd und seine Kunst gesehen haben wirst, so wirst du vor Erstaunen fast den Verstand verlieren.« Er befahl dann den Dienern, es herbeizuführen, und als der Prinz es sah, gefiel es ihm, und da er ein guter Reiter war, schwang er sich sogleich in den Sattel und stieß ihm die Spitzen der Steigbügel in den Leib. Als sich aber das Pferd nicht von der Stelle bewegte, sprach der König zu dem Weisen:

»Geh und zeige ihm, wie man es in Bewegung setzt, dann wird er sich wohl deinem Wunsche nicht mehr widersetzen.«

Der Weise, der schon einen tödlichen Haß auf den Prinzen geworfen hatte, ging zu ihm hin und zeigte ihm einen Wirbel an der rechten Seite des Pferdes, der dazu diente, das Pferd steigen zu machen, und verließ ihn. Der Prinz rieb den Wirbel, und nun stieg das Pferd mit ihm in die Höhe und flog mit so reißender Schnelligkeit dahin, daß er bald gar nicht mehr gesehen wurde.

Der König ward besorgt um seinen Sohn und fragte den Weisen: »Wie kann er nun aber das Pferd wieder zur Erde lenken?«

»Herr«, versetzte der Weise, »diese Kunst besitze ich nicht, auch ist's seine und nicht meine Schuld, wenn du ihn bis zum Auferstehungstag nicht mehr wiedersiehst. Aus Dünkel und Hochmut verschmähte er, mich zu fragen, auf welche Weise das Pferd dahin gebracht wird, wieder niederwärts zu fliegen, und ich selbst dachte im Augenblick nicht daran, es ihm zu sagen.«

Der König geriet über diese Worte in so heftigen Zorn, daß er den Weisen schlagen und einsperren ließ. Er selbst riß die Krone von seinem Haupte, schlug sich ins Gesicht und auf die Brust, jammerte und weinte. Die Tore des Palastes wurden geschlossen und alle Festlichkeiten eingestellt; nicht allein der König, seine Gemahlin und die Töchter waren von diesem großen Unglück so schmerzlich berührt, sondern auch alle Stadtbewohner teilten ihren Kummer über den Verlust des Prinzen. So war auf einmal Lust in Trauer und Glück in Unglück verwandelt und aus einem Freudentage ein Trauertag geworden.

Der Prinz ward indessen von dem Pferde bis in die Nähe der Sonne emporgetragen, er war dem Tode nahe und darauf gefaßt, zwischen den Himmelskörpern umzukommen. Da dachte er: Wenn ich doch sterben muß, so will ich wenigstens sehen, ob der, welcher den Wirbel zum Aufsteigen gemacht, nicht auch einen gemacht hat, durch den das Pferd dazu gebracht wird, daß es sich wieder herablasse. Der Prinz war nämlich ein kluger, scharfsinniger und entschlossener Mann. Er streckte daher seine Hand nach der linken Seite des Pferdes aus und fand einen zweiten Wirbel, den er sogleich rieb. Augenblicklich bemerkte er auch, daß das Pferd sich niedersenkte, und als er wieder rieb, erblickte er bald die Erde wieder, und so näherte er sich der Erdoberfläche immer mehr, und er war außer sich vor Freude und dankte Gott für seine Rettung. Dann rieb er wieder den rechten Wirbel ein wenig und flog in geringer Höhe weiter.

Als es Abend war, erblickte er ein hohes Schloß mitten in einer blühenden Ebene, durch die murmelnde, silberklare Bäche flossen, wo herrliche Blumen standen und muntere Gazellen umhersprangen. Gleich darauf sah er eine große Stadt mit einer festen Zitadelle, Türmen und hohen Mauern, und auf der anderen Seite der Stadt war ein sehr hohes, großes und festes Schloß, vor dem er vierzig gepanzerte Sklaven, mit Schwertern, Bogen und Lanzen bewaffnet, umhergehen sah. Er dachte bei sich selbst: Oh, wüßte ich doch nur, in welchem Lande ich mich befinde. Nach einigem Nachdenken aber entschloß er sich, die Nacht auf der Terrasse des Schlosses zuzubringen und sich nach und nach mit den Bewohnern desselben zu befreunden. Sogleich bemühte er sich nun, das Pferd zu dem Schlosse hinzulenken und es auf die Terrasse niederzulassen. Die Nacht war schon hereingebrochen, als ihm dies gelang und er, äußerst hungrig und durstig, abstieg. Er untersuchte die Terrasse von allen Seiten, bis er endlich eine Treppe fand, die in das Innere des Schlosses hinabführte. Er stieg die Treppe hinunter und kam auf einen Platz vor der Tür des Schlosses, dessen Boden mit weißem Marmor gepflastert und vom Monde beleuchtet war; hier sah er sich überall um und bemerkte ein Licht, das aus dem Innern des Schlosses schimmerte. Als er darauf zuging, kam er an eine Tür, vor der ein Sklave schlief gleich einem von Solimans Geistern, lang wie ein Baum und breit wie eine steinerne Bank. Zu seiner Seite brannte ein Licht und lag ein Schwert, das wie eine Feuerflamme funkelte; nebenan aber stand ein Tischchen mit steinernen Pfeilern. Der Prinz zauderte einige Augenblicke, bald aber faßte er sich und sprach: »Ich rufe Gott um Hilfe an! Du, o Gott, der du mich soeben vom Untergange befreit hast, gib mir nun auch die Kraft, mir über dieses Schloß Auskunft zu verschaffen.«

Mit diesen Worten streckte er die Hand nach dem Tischchen aus, ergriff es und ging damit auf die Seite, hob die Decke weg und fand herrliche Speisen und aß und trank, bis er satt war. Dann ruhte er ein wenig aus, trug das Tischchen wieder an seinen vorigen Platz, nahte sich dann auf den Zehen dem Schlafenden und zog ihm das Schwert aus der Scheide. Damit ging er vorwärts, ohne zu wissen, was die Bestimmung über ihn verhängen werde; bald erblickte er wieder eine Tür, die mit einem Vorhang bedeckt war. Er ging darauf zu, hob den Vorhang auf und trat in das Zimmer, wo ein Thron aus weißem Elfenbein stand, mit Perlen, Rubinen und andern Edelsteinen besetzt, und an dem Fuße desselben lagen vier schlafende Sklavinnen; er näherte sich dem Thron, um zu sehen, wer auf ihm liege, und fand ein schlafendes Mädchen, schön wie der leuchtende Mond, von ihren langen Haaren umwallt. Er bewunderte ihre Schönheit und Anmut, ihren Wuchs und ihr Ebenmaß. Ihre Stirn leuchtete wie der Mond, ihre Wangen, von einem zarten Male angehaucht, glichen Anemonen. Als der Prinz sie sah, kümmerte er sich nicht mehr um Gefahr und Tod. Er näherte sich ihr zitternd und bebend und küßte sie auf ihre rechte Wange. Sie erwachte sogleich und öffnete ihre Augen und blickte den Prinzen an, der ihr zu Häupten stand, und sagte zu ihm: »Wer bist du, Jüngling, und wo kommst du her?«

Er antwortete: »Ich bin dein Sklave und dein Geliebter.«

»Wer aber hat dich hierher gebracht?« fragte die Prinzessin weiter.

»Mein Gott und mein Schicksal«, erwiderte der Prinz.

Die Prinzessin, die ihr Vater mit einem der vornehmsten Männer der Stadt verlobt hatte, glaubte, der Prinz sei ihr Verlobter. Sie betrachtete ihn näher, und da er schön wie der leuchtende Mond war, breitete sich über ihr Herz das Netz der Liebe wie ein flammendes Feuer aus, und sie begann sich mit ihm traulich zu unterhalten. Plötzlich erwachten die Sklavinnen, und als sie den Prinzen neben ihrer Herrin sitzen sahen, riefen sie: »O Herrin! Wer ist denn der junge Mann, der bei dir ist?«

»Ich weiß es nicht«, antwortete die Prinzessin, »ich habe ihn so bei mir gefunden, als ich erwachte. Ohne Zweifel ist es mein Verlobter.«

Die Sklavinnen aber sagten: »O Herrin, beim erhabenen Gott! Dein Verlobter kann nicht einmal dieses Mannes Diener sein.« Und mit diesen Worten gingen sie zu dem noch immer schlafenden Sklaven, weckten ihn auf und riefen ihm zu: »So bewachst du das Schloß, daß Leute hereinkommen, während wir schlafen?«

Als der Sklave dies hörte, sprang er erschrocken auf und wollte nach seinem Schwert greifen, da er es aber nimmer fand, ging er voll Angst und Betäubung zu seiner Herrin. Sowie er den Prinzen neben der Prinzessin sitzen sah, rief er ihm entgegen: »Wer hat dich hierher gebracht, du Betrüger! Du Dieb! Du Niedriggeborener!« Bei diesen Schimpfreden sprang der Prinz mit dem Schwert in der Faust wie ein Löwe auf; aber der Sklave entfloh und eilte zitternd und bebend in die Gemächer des Königs und erzählte ihm, was vorgefallen.

Der König erschrak, machte sich auf, ergriff sein Schwert und sagte zu dem Sklaven: »Wehe dir, du Hund, was ist das für eine schlimme Nachricht?«

»Herr«, erwiderte der Sklave, »der Schlaf hat uns überwältigt, und als wir erwachten, sahen wir auf einmal einen Mann von vornehmem Aussehen und schöner Gestalt neben meiner Gebieterin sitzen; weder ich noch eine der Sklavinnen konnten begreifen, wie er hereingekommen, ob er von oben oder von unten gekommen ist.«

Der König eilte selbst mit dem Schwert in der Hand in die Gemächer der Prinzessin, um diesen Vorfall zu untersuchen. Als er in ihr Zimmer trat und den Prinzen neben seiner Tochter sitzen sah, geriet er in eine unglaubliche Wut; er zog sein Schwert, drang auf ihn ein und wollte ihm den Kopf spalten. Der Prinz aber erhob sich von dem Throne, streckte ihm sein Schwert entgegen und sagte: »Beim erhabenen Gott! Wäre mir dies Haus nicht durch meinen Eintritt heilig, so würde ich dich denen, die in deiner Väter Gruft liegen, nachsenden!«

Der König sagte: »Wer bist du, Betrüger? Und wer ist dein Vater, daß du es wagen darfst, in solchem Tone mit mir zu reden und meine Tochter in ihrem Schlosse zu überfallen? Weißt du nicht, daß ich der größte König der Erde bin? Bei dem erhabenen Gott, ich will dich der Welt zum Beispiel und Schrecken den martervollsten Tod sterben lassen, du Dieb! Du Niedriggeborener!«

Der Prinz lächelte und sagte: »Herr! Du setzest mich in Erstaunen durch deinen schwachen Verstand und dein grobes Benehmen! Könntest du dich auch meiner bemächtigen und mich umbringen lassen, was würde es dir nützen? Würden da die Leute nicht sagen, der König hat einen jungen Mann bei seiner Tochter gefunden und ihn töten lassen? So würden Spott und Schande über dich kommen, und kein Mensch hätte mehr Ehrfurcht vor dir. Übrigens sind wir auch Könige und Söhne von Königen, und wenn wir wollten, wäre es uns ein Leichtes, dich vom Throne ins Verderben zu stürzen! Doch Gott sei davor, daß je etwas Böses von mir bekannt werde. Kannst du übrigens deiner Tochter einen besseren Mann wünschen? Und wenn sie Prinzessin ist, so bin ich ein Sohn des Königs von Persien!«

Der König fragte ihn: »Warum aber bist du nicht, wie es Sitte ist, zu mir gekommen und hast um sie angehalten?«

Der Prinz erwiderte: »Was geschehen ist, ist geschehen. Doch will ich dir einen Vorschlag machen. Laß von deinen Truppen versammeln, soviel du willst, und ich will ganz allein gegen sie kämpfen; werde ich besiegt, so geschieht es, weil ich eine Schuld begangen, schlage ich sie aber in die Flucht, so wird man mich wohl nicht mehr mit Geringschätzung behandeln. Menschen kann man nicht wie Korn abmähen und messen.«

Der König war sehr zufrieden mit dem Vorschlag, der ihn aus der Verlegenheit riß, wie er den Prinzen töten lassen solle, ohne sich und seine Tochter in Schande zu bringen. »Es sei so!« sprach er, versammelte, sobald der Tag anbrach, seine Truppen, stellte sie in Schlachtordnung und befahl, den Prinzen herbeizuführen und ihm ein Pferd und Waffen zu bringen.

Der Prinz aber sagte: »Ich will mein eigenes Pferd besteigen; befiehl nur, daß man es von der Terrasse, wo es angebunden ist, herabhole.« Als das Pferd herbeigeführt wurde, bewunderte der König die Schönheit und künstliche Arbeit desselben. Der Prinz bestieg es, und die Truppen umringten ihn von allen Seiten, um ihn zu erschlagen. Der Prinz drehte den Wirbel an der rechten Seite des Pferdes, und augenblicklich erhob es sich in die Luft wie ein Vogel.

Der König rief immer: »Ergreift ihn.«

Die Soldaten aber sagten: »O König, wen sollen wir ergreifen? Bei dem erhabenen Gotte, der ist ein Teufel, ein abtrünniger Geist! Gelobt sei Gott, der dich von ihm befreit hat.« Der König und seine Truppen kehrten verwirrt und betäubt ins Schloß zurück. Der König ging in die Gemächer der Prinzessin und erzählte ihr das Vorgefallene, dann schimpfte er über den Prinzen und sagte:

»Gott verdamme diesen schlechten, betrügerischen Zauberer!« Der König glaubte nämlich, durch solche Reden seine Tochter trösten zu müssen, und ahnte nicht, daß ihr Herz für den Prinzen in Liebe entbrannt war. Als er aber die Tränen sah, die ihren Augen entquollen, suchte er sie zu beruhigen und verließ sie. Die Prinzessin aber brach nun in lautes Weinen und Jammern aus, und konnte weder essen noch trinken noch schlafen.

Der Prinz Kamr al Akmar (Mond der Monde, so hieß er) durchflog indessen die Luft, bis er in das Land seines Vaters kam. Er ließ sich auf der Terrasse seines väterlichen Schlosses nieder und stieg vom Pferde; als er die Treppe in das Schloß hinunterging, fand er Asche auf die Pfosten des Schlosses gestreut, so daß er glauben mußte, es sei jemand von seinen Verwandten gestorben; er eilte nach seiner Gewohnheit in die inneren Gemächer und fand hier seinen Vater, seine Mutter und Schwestern in Trauerkleider gehüllt, mit bleichen, schmerzentstellten Gesichtern. Sein Vater sah ihn zuerst; er stieß einen lauten Schrei aus und fiel in Ohnmacht. Und als er nach einer Weile wieder zu sich kam, drückte er seinen Sohn an seine Brust. Die Königin und die Prinzessinnen, die dies sahen, stürzten auf ihn zu, umarmten und küßten ihn und fragten ihn unter Tränen, wie es ihm ergangen sei. Er erzählte ihnen alles, was ihm begegnet war, von Anfang an bis zum Ende.

Als er seine Erzählung geschlossen hatte, sagte sein Vater: »Gelobt sei Gott, der Erhabene, für deine Rettung, du Freude meines Auges und Leben meines Herzens!« Die Nachricht durchflog schnell die Stadt und verbreitete überall Jubel und Freude; man schlug Trommeln und Pauken und wechselte die Trauerkleider mit Freudenkleidern; die Stadt wurde festlich geschmückt, und die Leute drängten sich herbei, um dem König Glück zu wünschen. Dieser ordnete große Festlichkeiten an, erließ alle Strafen, ließ alle Gefangenen frei und gab sieben Tage und sieben Nächte lang Festgelage, bei denen jedermann essen und trinken und sich ergötzen konnte. Dann ritt der König mit seinem Sohn durch die Straßen, damit alle Leute ihn sehen und sich seiner erfreuen konnten.

Als die öffentlichen Festlichkeiten zu Ende waren, gingen die Stadtbewohner wieder nach Hause, der König aber begab sich mit seinem Sohn ins Schloß. Da sie nun so bei Tische saßen, und aßen und tranken und sich belustigten, ergriff eine schöne Sklavin, die Meisterin im Lautenspiele war, die Laute, schlug die Saiten und sang folgende auf die Trennung anspielenden Verse:

»Glaube nicht, daß ich in der Ferne deiner vergesse; denn was könnte ich noch denken, wenn ich dich vergäße? Die Zeit vergeht, aber meine Liebe zu dir ist ewig. Mit ihr werde ich sterben, und mit ihr werde ich wieder auferstehen!«

Als der Prinz diese Verse hörte, ward sein Herz ganz entzündet von der Flamme der Sehnsucht; Schmerz und Trauer überwältigten seine Seele, und er verließ seinen Vater heimlich, bestieg das Pferd aus Ebenholz und flog auf ihm ungesäumt fort, bis er das Schloß der Prinzessin erblickte. Er ließ sich wieder auf der Terrasse nieder und stieg dieselbe Treppe wie früher hinab, wo er auch den Sklaven, wie das erste Mal, schlafend fand; leise ging er an ihm vorbei auf den Vorhang zu, der die Tür des Schlafgemachs der Prinzessin bedeckte; er blieb ruhig hinter dem Vorhang stehen und lauschte. Diese fand er laut weinend und jammernd und Verse rezitierend. Die Mädchen wurden durch das laute Schluchzen und Weinen der Prinzessin aus dem Schlaf aufgeweckt und sagten zu ihr:

»O Gebieterin, warum doch grämst du dich so über einen, der deinen Gram nicht mit dir teilt?«

Die Prinzessin aber sagte: »O ihr unverständigen Mädchen, ist das ein Mann, den man wieder vergessen kann?« Und nun brach sie wieder von neuem in Jammern und Weinen aus, bis sie endlich einschlief. Der Prinz hörte und sah das alles von der Tür aus mit an, und sein Herz pochte so heftig, und seine Brust war beklommen. Er trat in das Zimmer und ging zu dem Thron, wo die Prinzessin lag, und zog sie an der Hand. Die Prinzessin erwachte sogleich bei dieser Berührung, und als sie die Augen aufschlug, sah sie den Prinzen vor sich stehen.

Der Prinz sagte zu ihr: »Warum weinst du und bist so traurig?«

Als sie ihn erkannte, sprang sie auf, fiel ihm um den Hals, küßte ihn und sagte: »Deinetwegen, weil ich von dir getrennt bin.«

Der Prinz sagte: »Laß das Geschehene, ich bin jetzt sehr hungrig und durstig.«

Sie ließ sogleich Speisen und Getränke auftragen und unterhielt sich dann mit ihm bis tief in die Nacht hinein. Als der Morgen anbrach, stand er auf, um Abschied von ihr zu nehmen, ehe der Sklave erwachte. Schems ulnahar (so hieß sie) fragte ihn: »Wohin gehst du?«

»Zu meinem Vater«, sagte er, »doch verspreche ich dir, jede Woche einmal zu dir zu kommen.«

Sie aber fragte: »Ich beschwöre dich bei dem erhabenen Gott, nimm mich mit dir, wohin du auch gehen magst, und laß mich nicht ein zweites Mal die Bitterkeit der Trennung kosten.«

Der Prinz fragte: »Willst du mit mir ziehen?« Und als sie mit einem Ja antwortete, sagte er: »So erhebe dich, daß wir abreisen.«

Schems ulnahar eilte sogleich nach einer Kiste und zog die kostbarsten, mit Gold und Juwelen besetzten Gewänder an. Dann gingen sie leise, ohne daß die Mädchen etwas merkten, hinaus und kamen so auf die Terrasse und stiegen beide auf das Ebenholzpferd. Der Prinz rieb dann den Wirbel, worauf das Pferd wie ein Vogel durch die Lüfte flog, bis sie sich über der Hauptstadt des Königs von Persien befanden. Der Prinz ließ das Pferd in einem Garten außerhalb der Stadt langsam nieder, hob die Prinzessin herab und führte sie in ein Lusthaus und sagte: »Bleibe du einstweilen hier, ich will zu meinen Eltern gehen und sie von deiner Ankunft benachrichtigen. Die Wesire* und die ganze Armee sollen dir entgegeneilen und mit Pracht und Glanz vor dir herziehen.« Hierauf eilte er zu seinem Vater und erzählte ihm sein ganzes Abenteuer. Der König und die Königin freuten sich sehr, und er gab sogleich Befehl, alles zusammenzurufen, und alle Leute strömten hinaus zu dem Garten.

Der persische Weise, den der König bei er ersten Rückkehr des Prinzen wieder in Freiheit gesetzt hatte, hielt sich gewöhnlich beim Gärtner auf und ging oft in dem Garten ein und aus. So traf es sich denn, daß er an dem Tage, wo der Prinz mit der Prinzessin ankam, sie sah und den Prinzen erkannte. Er näherte sich dem Lusthause und fand ein Mädchen, schöner als die leuchtende Sonne, und neben ihr stand das Pferd von Ebenholz. Da dachte er: »Bei dem erhabenen Gott, dieser junge Mann hat mein Herz in Flammen gesetzt wegen seiner Schwester, ich will ihm jetzt Gleiches mit Gleichem vergelten und dieses Mädchen mit meinem Pferde zugleich entführen.« Er klopfte an die Tür des Gemaches, und als die Prinzessin fragte, wer da sei, antwortete er: »Dein Sklave und dein Diener. Dein Herr schickt mich zu dir und läßt dich bitten, mir zu folgen; ich soll dich auf dem Pferde der Stadt näherbringen, weil meine Herrin, die Königin, nicht so weit gehen kann und sich doch so sehr darauf freut, dich zu sehen und zu begrüßen, daß sie sich niemand zuvorkommen lassen will.«

Die Prinzessin zweifelte nicht im mindesten an der Wahrheit dieser Botschaft und öffnete die Tür, wie sie aber seine häßliche Gestalt, seine abscheuliche Gesichtsfarbe und -züge sah, sagte sie: »Hat meine Herrin keinen feinern Diener als dich, um mich zu ihr zu bringen?«

Der Perser antwortete: »Meines Herrn Sklaven sind alle einer schöner als der andere, aber aus Eifersucht wählte er mich aus den Sklaven, den du hier vor dir siehst, denn ich bin einer seiner ältesten Diener.« Die Prinzessin fand dies alles wahrscheinlich. Sie schwang sich aufs Pferd, und der Perser saß hinter ihr auf, rieb den Wirbel, so daß sich das Pferd in die Lüfte schwang und die Richtung nach China nahm.

Zur gleichen Zeit, als der Weise die Prinzessin entführte, brach der Zug zu ihrem Empfang von dem Palast auf. Unter dem Schall von Trommeln, Pauken und Trompeten zog der Prinz mit seinem Vater, seiner Mutter und den Wesiren an der Spitze der Truppen in den Garten ein. Der Prinz trat zuerst in das Lusthaus, um seine geliebte Prinzessin zu holen, als er aber das Gemach leer fand, warf er seinen Turban auf die Erde und schlug sich ins Gesicht und auf die Brust. Als er den Gärtner bemerkte, schrie er ihn an: »Du Betrüger, wo ist die Prinzessin, was hast du mit ihr begonnen? Sage mir die Wahrheit, oder ich schlage dir den Kopf vom Rumpfe!«

Der Gärtner, der in der größten Verlegenheit war, sagte: »Mein Herr! Du sprichst da von etwas, wovon ich gar nichts weiß. Bei meinem Leben und dem geehrten Barte deines Vaters! Ich weiß nicht, was du meinst und habe nichts gesehen von dem, weshalb du mich in Verdacht hast.« Er fragte dann den Gärtner, wer heute in den Garten gekommen sei. Dieser antwortete: »Niemand als der persische Weise.«

Der Prinz wußte, als er dies hörte, daß der persische Weise die Prinzessin entführt, er geriet ganz außer sich und schämte sich auch vor den Leuten. Nach einigem Nachdenken sagte er zu seinem Vater: »Gehe du mit den Truppen in die Stadt zurück, ich weiche nicht von hinnen, bis ich im klaren über diese Sache bin.«

Sein Vater schlug sich weinend auf die Brust und sagte: »Mein Sohn! Fasse dich und tröste dein Herz und wähle dir eine Prinzessin zur Gattin unter allen Prinzessinnen der Erde.« Der Prinz aber antwortete nicht hierauf, sondern ließ ihn allein in die Stadt zurückkehren. Und so ward die Freude wieder in Trauer verwandelt.

Um aber wieder auf den persischen Weisen zurückzukommen, so lenkte dieser das Zauberpferd in China zur Erde und stieg mit der Prinzessin in einer grünen Ebene unter einem Baum an einer Quelle ab. Als sie sich hier niedergelassen hatten, fragte die Prinzessin: »Wo ist dein Herr, und wo sind sein Vater und seine Mutter?«

Er antwortete: »Gott verdamme sie alle; jetzt bin ich dein Herr. Dies Pferd hier gehört mir, ich habe es gemacht. Glaube nur nicht, daß du den Prinzen je wiedersehen wirst, ich bin besser als er und werde jeden deiner Wünsche befriedigen und dich kleiden, wie du es verlangst; ich bin ein reicher Mann und besitze nicht nur viele Sklaven und Sklavinnen, sondern auch viele Güter, und mein Einkommen ist unermeßlich.« Er scherzte dann mit ihr und suchte sich bei ihr einzuschmeicheln, aber sie stieß ihn fünfhundert Meilen weit von sich weg und fing an zu seufzen und zu weinen. Der Weise lag zu Boden und schlief ein – möge Gott ihn nie wieder aufrichten!

Durch die Bestimmung des erhabenen Gottes traf es sich nun, daß der König von China gerade in jener Gegend jagte, und da ihn große Hitze sehr durstig machte, suchte er diese Quelle unter dem Baume auf, um seinen Durst zu löschen und auszuruhen. Als er hier ein weinendes Mädchen sah mit einem Pferde an der Seite, während der Weise auf einer anderen Seite hingestreckt lag, bewunderte er ihre Schönheit und ward ganz entzückt von ihr. Als er sie eine Weile betrachtet hatte, stieß er den Weisen mit dem Fuße, bis er sich erhob, dann fragte er ihn, wer das Mädchen sei, das er mit sich führe?

Er antwortete: »Sie ist meine Frau.«

Die Prinzessin sprang bei diesen Worten auf, küßte die Steigbügel des Königs und sagte: »Er lügt, o Herr, und ist ein listiger Zauberer, der mich durch List und Verrat gestohlen hat.«

E

Die Geschichte vom Zauberpferd aus »Tausend und eine Nacht«

Der König von China sagte: »Gebt diesem Alten sogleich die Bastonade* und führt ihn gefesselt ins Gefängnis.« Die Diener des Königs vollstreckten diesen Befehl. Der König kehrte dann an ihrer Seite in die Stadt zurück. Unterwegs fragte er sie, was denn das für ein Pferd sei. Die Prinzessin antwortete:

»O Herr! Auf dem hölzernen Pferde ritt er vor den Leuten und machte allerlei Kunststücke darauf.«

Als der König das hörte, befahl er seinen Dienern, das Pferd in die Schatzkammer zu führen. Er gab die Jagd auf und sagte: »Wir sind ausgegangen, wilde Tiere zu jagen, und haben dafür eine menschliche Gazelle gefangen.« Er war sehr heiter und vergnügt; als er in seinen Palast kam, ließ er der Prinzessin sein Gemach anweisen, und noch am selben Abend ging er zu ihr, um ihr seine Hand anzubieten. Die Prinzessin stellte sich aber wahnsinnig. Sie schlug die Hände zusammen, stampfte mit den Füßen und zerriß unter wildem Schreien ihre Kleider; der Sultan verließ höchst verwirrt und betrübt über diesen Krankheitsanfall ihr Gemach, stellte Frauen zu ihrer Bedienung auf und verschwendete viel Geld an Ärzte und Astrologen, die die Prinzessin von ihrer Verstandesverwirrung heilen sollten.

Während das mit der Prinzessin vorfiel, wanderte der Prinz von einem Land zum andern und durchstreifte alle Städte, bis ihn der Allwissende und Allhörende wie durch einen Zufall nach China führte. Er kam in die Hauptstadt, und als er die Basare und öffentlichen Plätze besuchte, um zu hören, womit die Leute sich unterhalten, hörte er mehrere Leute auf dem Basar von dem König und einem Mädchen sprechen, das man allgemein bedauerte. Er näherte sich den Leuten und ersuchte sie, ihm diese Begebenheit auch mitzuteilen.

»Wisse«, sagte der eine von ihnen, »unser König ging vor einiger Zeit auf die Jagd, da sah er ein schönes Mädchen mit einem alten Mann, und neben ihnen stand ein Pferd von schwarzem Holze. Als der König den Alten nach dem Mädchen fragte, sagte dieser: ›Sie ist meine Frau.‹ Das Mädchen aber schrie: ›Bewahre Gott, er lügt und ist ein Zauberer, der mich listigerweise aus meines Vaters Hause entfernt hat.‹ Der König ließ den Alten ins Gefängnis werfen; das hölzerne Pferd befahl er in seine Schatzkammer zu führen; das Mädchen aber nahm er mit sich ins Schloß und wollte sie heiraten. Da ward das Mädchen plötzlich verrückt und besessen. Seit einem Jahr wendet der König alles für Ärzte und Astrologen auf, aber noch hat sich keiner gefunden, der ihr hätte helfen können.«

Als der Prinz diese Erzählung hörte, war er außer sich vor Freude und rief: »Gott sei gelobt und gepriesen! Es bringt dir jemand Neuigkeiten, die du nicht gesucht hast.« Der Prinz kleidete sich als Astrologe, machte sich weite herabhängende Ärmel, setzte einen großen Turban auf, färbte seine Augenbrauen und kämmte seinen Bart. Dann nahm er eine Schachtel mit einer Handvoll Sand und ein altes Buch von feinem Pergament unter den Arm; in die eine Hand nahm er einen Stock, in die andere einen Rosenkranz und ging, wie die Astrologen pflegen, die Perlen des Rosenkranzes abzählend, langsam einher und schrie: »Glück unserm Heim und dem eurigen!«

So kam er an das Tor des Palastes, wo er zu dem Pförtner sagte: »Ich möchte, daß du dem König sagst, ein weiser Sterndeuter sei aus Persien gekommen, hat die Geschichte deiner Sklavin gehört und will sie heilen.« Der Pförtner eilte von dannen, kam wieder zurück ans Tor und führte ihn zum König. Der Prinz benahm sich ganz wie ein echter Sterndeuter, sprach vieles Vernünftige und Verständliche und murmelte eine Menge Worte untereinander her, die keiner der Anwesenden verstehen konnte; er grüßte dann den König und neigte den Kopf zur Erde.

Der König sagte zu ihm: »O Weiser, ich habe ein Mädchen, das seit einem Jahre mit den Händen schlägt und mit den Füßen stampft, wenn du sie heilst, so gebe ich dir, was du begehrst.«

Der Prinz sagte: »Laß mich zu ihr führen, daß ich die Ursache ihrer Krankheit erforsche und sehen kann, zu welcher Klasse von Geistern der gehört, der in ihr haust.« Der König befahl sogleich dem Oberstkämmerer, den verkleideten Prinzen in die Gemächer der Prinzessin zu führen, damit er ihren Zustand untersuche.

Als der Prinz vor die Tür ihres Zimmers kam, hörte er, wie sie unter vielen Tränen Verse rezitierte. Sein Herz entbrannte um ihretwillen, und er trat schnell in das Zimmer, in welchem sie mit geschlossenen Augen ganz entstellt von brennender Liebe lag und sagte: »Gott möge dich aus diesem Zustand retten, Schems ulnahar! Mit der Hilfe des Allmächtigen ist die Erlösung da! Ich bin Kamr al Akmar!«

Als sie seine Stimme hörte und ihn erkannte, erhob sie sich, schlang ihre Arme um seinen Nacken und küßte ihn, dann fragte sie den Prinzen, wie er denn zu ihr habe kommen können.

Er aber antwortete ihr: »Es ist jetzt keine Zeit zu langen Gesprächen, denn der Oberstkämmerer steht im Vorgemache, und noch weiß ich nicht, auf welche Weise ich dich befreien soll. Indessen will ich einen Versuch machen, ob es nicht durch List geschehen kann; ist das nicht möglich, so eile ich zu meinem Vater zurück und werde dann an der Spitze aller Truppen nach China kommen und Krieg mit ihm führen, Gott wird dann nach seinem Willen beschließen.«

Er verließ sie dann, ging zu dem König zurück und sagte: »Herr! Ich will dir ein Wunder zeigen!« Der König erhob sich sogleich und ging mit Kamr al Akmar zu der Prinzessin. Diese fing sogleich an zu schreien und zu schäumen, stampfte mit den Füßen und schlug mit den Händen. Hierauf ging der Prinz auf sie zu, murmelte seine Beschwörungen her und schäumte und blies ihr ins Gesicht, biß sie ins Ohr und flüsterte ihr zu: »Stehe jetzt mit Würde auf, gehe zum König hin, küsse ihm die Hand und zeige dich ihm gefällig.«

Als der verkleidete Prinz das Ohr der Prinzessin losließ, sank sie wie ohnmächtig nieder und blieb einige Augenblicke so liegen, dann stand sie auf wie eine vom Schlaf Erwachte und näherte sich dem König, küßte voll Ehrerbietung seine Hand und sagte: »Willkommen, mein Herr und König! Ich bin erstaunt darüber, daß du deine Sklavin heute besuchst.«

Der König war außer sich vor Freude, als er diese Worte hörte, die mit einer süßen Stimme gesprochen wurden. Er wendete sich dann zu dem Prinzen und sagte: »Wünsche dir etwas, ich gewähre dir deine Bitte im voraus!«

Der Prinz entgegnete: »Herr! Die Zeit der Wohltat ist noch nicht da, denn ich fürchte sehr, daß die Krankheit des Mädchens wieder ausbreche. Ich wünschte«, fuhr der Prinz fort, »daß sie von zehn Sklavinnen ins Bad getragen werde; sie darf aber nicht mit dem Fuß den Boden berühren. Dann laß ihr den kostbarsten Schmuck von Edelsteinen umhängen, damit ihr Herz seinen Kummer vergesse und ihr Gemüt sich erfreue. Ist das alles geschehen, so laß sie außerhalb der Stadt an den Ort bringen, wo du sie gefunden hast; denn dort ist der böse Geist in sie gefahren.«

Als der König diese Worte des Prinzen hörte, sagte er ihm: »Gott grüße dich, o Künstler, o Philosoph, ich habe noch keinen so geschickten Arzt gefunden, wie mochtest du nur wissen, daß ich das Mädchen außerhalb der Stadt gefunden.« Er ließ nun sogleich die Befehle des Prinzen vollziehen und kleidete sie mit einem Schmuck, der eine ganze Schatzkammer wert war, dann trug man sie unter den Baum, wohin sich auch der König mit den Wesiren und seinen Truppen sowie mit dem Prinzen begab. Dieser murmelte Beschwörungen her, blickte bald gen Himmel, bald zur Erde und ließ Räucherwerke bereiten. Nach einer Weile hob er den Kopf in die Höhe, trat zu dem König und sagte:

»Herr! Mir ist klar geworden, daß der Teufel, der in dieses Mädchen gefahren, seinen eigentlichen Sitz im Leibe eines Tieres aus schwarzem Ebenholz hat. Wird nun dieses Tier nicht gefunden, daß ich dem bösen Geist auflauern kann, so wird das Mädchen jeden Monat von ihm befallen werden.«

Bei diesen Worten des Prinzen sagte der König: »Du bist ein göttlicher Mann und Meister aller Weisen und Philosophen! Du hast bei Gott recht, denn ich sah mit eigenen Augen, wie neben dem Mädchen und dem alten Räuber ein Pferd von schwarzem Ebenholze stand, das vielleicht das Tier ist, von dem du sprichst.« Der König gab sogleich die nötigen Befehle, und nach kurzer Zeit ward das Pferd herbeigeführt. Der Prinz untersuchte es aufs genaueste, um sich zu überzeugen, daß es unbeschädigt sei, dann befahl er, das Räucherwerk anzuzünden. Hierauf zog er eine Handvoll zerschnittenes Papier aus seinem Turban und sagte:

»Sobald ich auf dem Pferde sitze, setzet das Mädchen hinter mich und werft dies Papier in die Flammen. Wenn dem Pferde dieser Geruch in die Nase kommt, wird es das Maul und die Nüstern aufsperren, um ihn einzusaugen, und dann wird der Teufel aus seinem Leibe fahren, sobald ich diesen Wirbel drehe.« Man befolgte genau seine Befehle und sobald das Mädchen hinter ihm saß, drehte er den Wirbel, und das Pferd erhob sich mit ihm und der Prinzessin wie ein Vogel.

Der König rief seinen Leuten zu: »Haltet sie an! Haltet sie an!«

Als sie ihn aber davonfliegen sahen, sagten sie: »O Herr! Was ist da zu tun, das ist ein Teufel oder ein böser Geist!«

Der König aber, der noch in die Luft starrte, als schon längst jede Spur von dem Pferde verschwunden war, schrie plötzlich laut und fiel in Ohnmacht. Als er wieder zu sich kam, sagte er: »Es gibt keine Macht und keinen Schutz, außer bei Gott, dem Erhabenen! Hat jemals einer einen Menschen fliegen sehen? Bei Gott, das ist höchst wunderbar!« Dann kehrte er mit seinen vor Erstaunen ganz erstarrten Wesiren und Truppen in die Stadt zurück, ließ den weisen Perser aus dem Gefängnis holen und schrie ihn an: »Elender Betrüger! Warum hast du mir die wunderbare Eigenschaft dieses hölzernen Pferdes nicht gesagt, so daß es einem nichtswürdigen Landstreicher gelungen ist, mir dieses Mädchen zu entführen, das noch einen ganzen Schatz an ihrem Körper hängen hat?«

Als der Weise diese Worte hörte, schrie und weinte er laut und schlug sich in das Gesicht und sagte: »O Herr! Wisse, ich habe dieses kunstreiche Pferd gemacht und es Sabur, dem König von Persien, gebracht, der mir dafür die Hand seiner jüngsten Tochter versprach. Sein Sohn aber ist der Räuber des Mädchens und des Pferdes, und er sieht so und so aus.« Hierauf erzählte er ihm seine ganze Geschichte von Anfang bis zu Ende, und der König geriet darüber in solchen Grimm, daß er dem Bersten nahe war, und er betrauerte sein ganzes Leben hindurch den Verlust des Mädchens und des Pferdes.

Der Prinz aber durchflog die Luft, bis er der Residenz seines Vaters nahe war, dann ließ er sich im Schlosse seines Vaters nieder; denn das Sprichwort sagt: »Durch häufiges Fallen lernt man gehen«, und wäre er gleich anfangs vorsichtig gewesen, so wären ihm alle diese Unglücksfälle nicht zugestoßen. Seine Eltern waren über seine Ankunft mit dem Mädchen und dem Pferde nicht wenig erfreut. Diese glückliche Nachricht durchflog schnell die ganze Stadt, und alle, die es hörten, lobten und dankten Gott dem Allmächtigen. Das ganze Volk, die Wesire und die Truppen versammelten sich, um dem König Glück zu wünschen. Auch dem großen König, dem Vater der Prinzessin, schickte man Boten mit Briefen, und dieser sandte die herrlichsten Geschenke an seine Tochter und an seinen Schwiegersohn. Nun ließ der König die Stadt festlich schmücken; sieben Tage und sieben Nächte dauerten die Festlichkeiten, und eine Menge Geldes ward unter die Armen ausgeteilt. Das Zauberpferd ward in die Schatzkammer gestellt, und das ganze Leben der beiden Liebenden war nur eine fortlaufende Kette der süßesten Annehmlichkeiten, bis auch sie der Zerstörer aller Freuden und der Trenner aller Bündnisse, der Tod, überfiel.

Aus »Tausend und eine Nacht«

Die Goldkinder

Es waren ein armer Mann und eine arme Frau, die hatten nichts als eine kleine Hütte und nährten sich vom Fischfang, und es ging bei ihnen von Hand zu Mund. Es geschah aber, als der Mann eines Tages beim Wasser saß und sein Netz auswarf, daß er einen Fisch herauszog, der ganz golden war. Und als er den Fisch voll Verwunderung betrachtete, hob dieser an zu reden und sprach: »Hör, Fischer, wirfst du mich wieder hinab ins Wasser, so mach ich deine kleine Hütte zu einem prächtigen Schloß.« Da antwortete der Fischer: »Was hilft mir ein Schloß, wenn ich nichts zu essen habe?«

Sprach der Goldfisch weiter: »Auch dafür soll gesorgt sein, es wird ein Schrank im Schloß sein, wenn du den aufschließt, so stehen Schüsseln darin mit den schönsten Speisen, soviel du dir wünschst.«

»Wenn das ist«, sprach der Mann, »so kann ich dir wohl den Gefallen tun.«

»Ja«, sagte der Fisch, »es ist aber die Bedingung dabei, daß du keinem Menschen auf der Welt, wer es auch immer sein mag, entdeckst, woher dein Glück gekommen ist; sprichst du ein einziges Wort, so ist alles vorbei.«

Nun warf der Mann den wunderbaren Fisch wieder ins Wasser und ging heim. Wo aber sonst seine Hütte gestanden hatte, da stand jetzt ein großes Schloß. Da machte er ein paar Augen, trat hinein und sah seine Frau, mit schönen Kleidern geputzt, in einer prächtigen Stube sitzen. Sie war ganz vergnügt und sprach:

»Mann, wie ist das auf einmal gekommen? Das gefällt mir wohl.«

»Ja«, sagte der Mann, »es gefällt mir auch, aber es hungert mich auch gewaltig, gib mir erst was zu essen.«

Sprach die Frau: »Ich habe nichts und weiß in dem neuen Haus nichts zu finden.«

»Das hat keine Not«, sagte der Mann, »dort sehe ich einen großen Schrank, den schließ einmal auf.«

Wie sie den Schrank aufschloß, stand da Kuchen, Fleisch, Obst, Wein und lachten einen ordentlich an. Da rief die Frau voll Freude: »Herz, was begehrst du nun?« Und sie setzten sich nieder, aßen und tranken zusammen.

Wie sie satt waren, fragte die Frau: »Aber, Mann, wo kommt all dieser Reichtum her?«

»Ach«, antwortete er, »frage mich nicht darum, ich darf dir's nicht sagen, wenn ich's jemand entdecke, so ist unser Glück wieder dahin.«

»Gut«, sprach sie, »wenn ich's nicht wissen soll, so begehr ich's auch nicht zu wissen.« Das war aber ihr Ernst nicht, es ließ ihr keine Ruhe Tag und Nacht, und sie quälte und stachelte den Mann so lange, bis er in der Ungeduld heraussagte, es käme alles von einem wunderbaren goldenen Fisch, den er gefangen und dafür wieder in Freiheit gelassen hätte. Und wie's heraus war, da verschwand alsbald das schöne Schloß mit dem Schrank, und sie saßen wieder in der alten Fischerhütte.

Der Mann mußte von vorne anfangen, seinem Gewerbe nachgehen und fischen. Das Glück wollte es aber, daß er den goldenen Fisch noch einmal herauszog.

»Hör«, sprach der Fisch, »wenn du mich wieder ins Wasser wirfst, so will ich dir noch einmal das Schloß mit dem Schrank voll Gesottenem und Gebratenem zurückgeben; nur halt dich fest und verrat beileibe nicht, von wem du's hast, sonst geht's wieder verloren.«

»Ich will mich schon hüten«, antwortete der Fischer und warf den Fisch in sein Wasser hinab. Daheim war nun alles wieder in voriger Herrlichkeit, und die Frau war in einer Freude über das Glück; aber die Neugierde ließ ihr doch keine Ruhe, daß sie nach ein paar Tagen wieder zu fragen anhob, wie es zugegangen wäre und wie er es angefangen habe. Der Mann schwieg eine Zeitlang still dazu, endlich aber machte sie ihn so ärgerlich, daß er herausplatzte und das Geheimnis verriet. In dem Augenblick verschwand das Schloß, und sie saßen wieder in der alten Hütte.

»Nun hast du's«, sagte der Mann, »jetzt können wir wieder am Hungertuch nagen.«

»Ach«, sprach die Frau, »ich will den Reichtum lieber nicht, wenn ich nicht weiß, von wem er kommt; sonst habe ich doch keine Ruhe.«

Der Mann ging wieder fischen, und über eine Zeit, so war's nicht anders, er holte den Goldfisch zum drittenmal heraus.

»Hör«, sprach der Fisch, »ich sehe wohl, ich soll immer wieder in deine Hände fallen, nimm mich mit nach Haus und zerschneid mich in sechs Stücke, zwei davon gib deiner Frau zu essen, zwei deinem Pferd, und zwei leg in die Erde, so wirst du Segen davon haben.« Der Mann nahm den Fisch mit nach Haus und tat, wie er ihm gesagt hatte. Es geschah aber, daß aus den zwei Stücken, die in die Erde gelegt waren, zwei goldene Lilien aufwuchsen und daß das Pferd zwei goldene Füllen bekam und des Fischers Frau zwei Kinder gebar, die ganz golden waren.

Die Kinder wuchsen heran, wurden groß und schön, und die Lilien und Pferde wuchsen mit ihnen. Da sprachen sie: »Vater, wir wollen uns auf unsere goldenen Rosse setzen und in die Welt ausziehen.«

Er aber antwortete betrübt: »Wie will ich's aushalten, wenn ihr fortzieht und ich nicht weiß, wie's euch geht?«

Da sagten sie: »Die zwei goldenen Lilien bleiben hier, daran könnt ihr sehen, wie's uns geht: Sind sie frisch, so sind wir gesund; sind sie welk, so sind wir krank; fallen sie um, so sind wir tot.«

Sie ritten fort und kamen in ein Wirtshaus, darin waren viele Leute, und als sie die zwei Goldkinder erblickten, fingen sie an zu lachen und zu spotten. Wie der eine das Gespött hörte, so schämte er sich, wollte nicht in die Welt, kehrte um und kam wieder heim zu seinem Vater. Der andere aber ritt fort und gelangte zu einem großen Wald. Und als er hineinreiten wollte, sprachen die Leute: »Es geht nicht, daß Ihr durchreitet, der Wald ist voll Räuber, die werden übel mit Euch umgehen, und gar, wenn sie sehen, daß Ihr golden seid und Euer Pferd auch, so werden sie Euch totschlagen.«

Er aber ließ sich nicht schrecken und sprach: »Ich muß und soll hindurch.« Da nahm er Bärenfelle und überzog sich und sein Pferd damit, daß nichts mehr vom Gold zu sehen war, und ritt getrost in den Wald hinein. Als er ein wenig fortgeritten war, so hörte er es in den Gebüschen rauschen und vernahm Stimmen, die miteinander sprachen. Von der einen Seite rief's, »da ist einer«, von der andern aber, »laß ihn laufen, das ist ein Bärenhäuter und arm und kahl wie eine Kirchenmaus, was sollen wir mit ihm anfangen!« So ritt das Goldkind glücklich durch den Wald und geschah ihm kein Leid.

Eines Tages kam er in ein Dorf, darin sah er ein Mädchen, das war so schön, daß er nicht glaubte, es könnte ein schöneres auf der Welt sein. Und weil er eine so große Liebe zu ihm empfand, so ging er zu ihm und sagte: »Ich habe dich von ganzem Herzen lieb, willst du meine Frau werden?«

Er gefiel aber auch dem Mädchen so sehr, daß es einwilligte und sprach: »Ja, ich will deine Frau werden und dir treu sein mein Leben lang.«

Nun hielten sie Hochzeit zusammen, und als sie eben in der größten Freude waren, kam der Vater der Braut heim, und als er sah, daß seine Tochter Hochzeit machte, verwunderte er sich und sprach: »Wo ist der Bräutigam?« Sie zeigten ihm das Goldkind, das hatte aber noch seine Bärenfelle um. Da sprach der Vater zornig: »Nimmermehr soll ein Bärenhäuter meine Tochter haben«, und wollte ihn ermorden.

Da bat ihn die Braut, was sie konnte, und sprach: »Er ist einmal mein Mann, und ich habe ihn von Herzen lieb«, bis er sich endlich besänftigen ließ.

Doch kam's ihm nicht aus den Gedanken, so daß er am andern Morgen früh aufstand und seiner Tochter Mann sehen wollte, ob er ein gemeiner und verlumpter Bettler wäre. Wie er aber hinblickte, sah er einen herrlichen, goldenen Mann im Bette, und die abgeworfenen Bärenfelle lagen auf der Erde. Da ging er zurück und dachte: »Wie gut ist's, daß ich meinen Zorn bändigte, ich hätte eine große Missetat begangen.«

Dem Goldkind aber träumte, er zöge hinaus auf die Jagd nach einem prächtigen Hirsch, und als er am Morgen erwachte, sprach er zu seiner Braut: »Ich will hinaus auf die Jagd.«

Ihr war angst, und sie bat ihn dazubleiben und sagte: »Leicht kann dir ein großes Unglück begegnen«, aber er antwortete:

»Ich soll und muß fort.« Da stand er auf und zog hinaus in den Wald, und gar nicht lange, so hielt auch ein stolzer Hirsch vor ihm, ganz nach seinem Traume. Er legte an und wollte ihn schießen, aber der Hirsch sprang fort. Da jagte er ihm nach, über Graben und durch Gebüsche, und ward nicht müde den ganzen Tag; am Abend aber verschwand der Hirsch vor seinen Augen. Und als das Goldkind sich umsah, so stand er vor einem kleinen Haus, darin saß eine Hexe.

Er klopfte an, und ein Mütterchen kam heraus und fragte: »Was wollt Ihr so spät noch mitten in dem großen Wald?«

Er sprach: »Habt Ihr keinen Hirsch gesehen?«

»Ja«, antwortete sie, »den Hirsch kenn ich wohl«, und ein Hündlein, das mit ihr aus dem Haus gekommen war, bellte dabei den Mann heftig an.

»Willst du schweigen, du böse Kröte«, sprach er, »sonst schieß ich dich tot.«

Da rief die Hexe zornig: »Was, mein Hündchen willst du töten!« und verwandelte ihn alsbald, daß er dalag wie ein Stein, und seine Braut erwartete ihn umsonst und dachte, »es ist gewiß eingetroffen, was mir so angst machte und so schwer auf dem Herzen lag.«

Daheim aber stand der andere Bruder bei den Goldlilien, als plötzlich eine davon umfiel. »Ach Gott«, sprach er, »meinem Bruder ist ein großes Unglück zugestoßen, ich muß fort, ob ich ihn vielleicht errette.«

Da sagte der Vater: »Bleib hier, wenn ich auch dich verliere, was soll ich anfangen?«

Er aber antwortete: »Ich soll und muß fort.«

Da setzte er sich auf sein goldenes Pferd und ritt fort und kam in den großen Wald, wo sein Bruder lag und Stein war. Die alte Hexe kam aus ihrem Haus, rief ihn an und wollte ihn auch berücken, aber er näherte sich nicht, sondern sprach: »Ich schieße dich nieder, wenn du meinen Bruder nicht wieder lebendig machst.«

Sie rührte, so ungerne sie's auch tat, den Stein mit dem Finger an, und alsbald erhielt er sein menschliches Leben zurück. Die beiden Goldkinder aber freuten sich, als sie sich wiedersahen, küßten und herzten sich und ritten zusammen fort aus dem Wald, der eine zu seiner Braut, der andere heim zu seinem Vater.

Da sprach der Vater: »Ich wußte wohl, daß du deinen Bruder erlöst hattest, denn die goldene Lilie ist auf einmal wieder aufgestanden und hat fortgeblüht.« Nun lebten sie vergnügt, und es ging ihnen wohl bis an ihr Ende.

Brüder Grimm

Das Märchen von Puniakaia

Nuupia war der Vater und Halekou die Mutter von Puniakaia. Das Land seiner Geburt war Kaneohe. Die Eltern von Puniakaia entstammten dem fürstlichen Geschlecht von Koolauloa und Koolaupoko. Puniakaia war ein sehr stattlicher Mann und von Kopf bis Fuß ohne einen Makel. Er besaß eine ansehnliche Gestalt, vorne wie hinten und auch von den Seiten. Während Puniakaia bei seinen Eltern lebte, überkam ihn der Wunsch, fischen zu gehen. Er begleitete seine Mutter an den Strand, und sie fuhren zum Fischen hinaus. Der Fisch, den sie fingen, war ein Pauhuuhu. Diesen Fisch brachten sie lebend nach Hause, und er wurde von Puniakaia an einem sicheren Ort aufbewahrt. Sie fütterten und behüteten ihn, bis er zu einem sehr großen Fisch herangewachsen war und den Namen Uhumakaikai erhielt. Dieser Fisch war der Stammvater aller Fische. Puniakaia zog den Fisch Uhumakaikai auf, bis er ausgewachsen war, und setzte ihn dann in eine Lagune, wo er sich frei bewegen konnte.

Kurze Zeit später erging ein Gebot des Häuptlings, daß jedermann zum Fischen hinauszufahren habe. Unter denen, die der Anweisung folgten, war auch Puniakaia. Als die Fischer am Fischgrund ankamen, rief Puniakaia Uhumakaikai mit folgenden Worten:

»Höre, Uhumakaikai,
fliege hierher, fliege hierher,
ziehe hier entlang, ziehe hier entlang.
Denn ich bin hier, Puniakaia.
Schicke so viele Fische hierher,
bis der Strand vor lauter Fischen zu stinken beginnt.
Die Schweine sollen sie fressen, bis sie sie verschmähen,
und die Hunde sollen sie fressen, bis sie aufgebraucht sind.«

Sobald Puniakaia aufgehört hatte zu rufen, erschien Uhumakaikai und trieb alle Fische zu Puniakaia hin. Der Schwarm der Fische reichte aus der Tiefe des Meeres bis an seine Oberfläche und wurde direkt auf den Strand getrieben. Als die Leute das sahen, begannen sie, die Fische aufzusammeln. Einige wurden eingesalzen, einige an die Leute im Hochland verteilt, und so ging es weiter, von der Spitze bei Makapuu bis zur Landzunge bei Kualoa. Es waren so viele Fische, daß trotz der großen Menge Menschen, die sich an den Fischen bediente, immer noch viele übrigblieben. Die Menschen ließen so viele zurück, daß die Hunde und die Schweine von ihnen fraßen. Gerüchte über diesen bedeutenden Fang kamen schon bald Kaalaea zu Ohren, einer wunderhübschen Frau, deren Schönheit die aller anderen Frauen im ganzen Land von Koolau übertraf. Sie war wie Puniakaia sehr stattlich anzusehen.

Als Kaalaea die Neuigkeiten über den großen Fischfang erreichten, setzte sie sich mit ihren zehn Brüdern in Kanus, wobei jeder sein eigenes nahm, was also elf Kanus macht. Sie fuhren hinüber zu dem Ort, an dem der Fisch aufgesammelt wurde. Nachdem die Kanus angelandet waren, schritt Kaalaea hinauf auf den trockenen Strand und setzte sich in den Sand. Sie sah zu, wie sich die Männer und Frauen an dem Fisch satt aßen.

Während sie so dasaß, schaute sie zu Puniakaia hinüber, und sofort wurde er von ihrer Schönheit und ihrer Anmut gefangengenommen. Er sagte zu seiner Mutter Halekou: »Höre, Halekou, ich werde mir diese Frau zur Ehefrau nehmen, da sie sehr schön ist, ohne Makel und mir in jeder Hinsicht ebenbürtig.«

Halekou gab ihre Zustimmung und sagte: »Ja, sie soll deine Frau werden, da ihr euch in Aussehen und Benehmen gleicht. Geh also und frage sie.«

Puniakaia ging zu Kaalaea und bat sie, seine Ehefrau zu werden. Kaalaea stimmte zu. Puniakaia sprach zu ihr: »Wenn wir zu meiner Mutter kommen, bleibe nicht zurück, sondern setze dich auf ihren Schoß.« Die beiden gingen zu Halekou, Kaalaea trat auf diese zu und setzte sich auf den Schoß ihrer zukünftigen Schwiegermutter. Nach einer Weile befahl Halekou den Männern, ihre zehn Kanus mit Fischen zu beladen, und so geschah es. Nicht nur die zehn Kanus wurden gefüllt, sondern noch viele andere, und dieser Besitz wurde bei der Rückkehr der Brüder als Geschenk an die Menschen verteilt. Halekou begann Kaalaea Geschenke zu geben, wie es sich in dieser Zeit gehörte. Nuupia, Puniakaias Vater, tat es ihr gleich und schließlich auch Puniakaia. Alle drei brachten Kaalaea ihre Geschenke. Obwohl sie ihr die verschiedensten Gaben überreichten und Kaalaea ihrerseits nur sich selbst schenkte, übertraf sie dennoch all die anderen. Nachdem die Geschenke übergeben waren, kehrte Kaalaea zurück in ihre Heimat, zu ihren Brüdern und Eltern.

Einige Zeit später bat Puniakaia seine Mutter um die Erlaubnis fortzugehen, um mit seiner Ehefrau zu leben. Seine Mutter erwiderte: »Mein Sohn, höre, was ich dir zu sagen habe. Du gehst in das Haus deiner Frau, um dort zu leben, aber du wirst nicht wirklich dazugehören, und schon nach kurzer Zeit kehrst du hierher zurück.« Hierauf ging Puniakaia zum Haus von Kaalaea, seiner Frau, wo sie als Mann und Frau zusammenlebten. Zu den Essenszeiten wurde die Mahlzeit gewöhnlich von seinen angeheirateten Brüdern zubereitet. Wenn sie fertig waren, riefen sie nach Puniakaia, worauf dieser sich auf deren Schoß setzte und von ihnen gefüttert wurde. So ging es eine lange Zeit. Alles, was Puniakaia tat, war, zu essen und zu schlafen und niemals seine Frau allein zu lassen.

Eines Tages, als beide im Bett lagen, trat eine Tante von Kaalaea zusammen mit mehreren anderen in die Hütte, wo die beiden Eheleute schliefen. Alle diese Leute waren auf dem Weg zum Krebsfang. Als sie in der Hütte stand, flüsterte die

Tante höhnisch: »Wach auf, Puniakaia, und laß uns Krebse fangen gehen. Was tust du überhaupt den ganzen Tag? Nur schlafen, und wenn du aufstehst, tust du nichts anderes als dir die Augen klarzureiben, Fliegen zu fangen und zu essen!« Während die Tante so sprach, hörte Puniakaia sie durch den sanften Schleier des Halbschlafs, der ihn umfing. Die Tante ahnte dies nicht, sie dachte, er würde fest schlafen.

Ihr Gerede kränkte Puniakaia zutiefst. Als seine angeheirateten Brüder hereinkamen, wollte er weder mit ihnen sprechen noch mit ihnen gemeinsam essen wie zuvor.

Das Benehmen ihres angeheirateten Bruders machte die anderen sehr traurig, und sie dachten darüber nach, was wohl die Ursache dafür sein könnte. Puniakaia tat die nächsten zwanzig Tage lang nichts anderes als Tag und Nacht zu schlafen. Da sie annahmen, daß die Lage langsam ernst werde, riefen Puniakaias angeheiratete Brüder alle Leute zusammen, Männer, Frauen und Kinder, und befragten jeden von ihnen, was es sein könne, das ihren angeheirateten Bruder beleidigt habe. Aber niemand konnte die Frage beantworten. Da dies mißlang, wurde Puniakaia gebeten, den Namen desjenigen zu verraten, der ihn beleidigt hatte. Da verriet Puniakaia den Namen derjenigen. Er sagte: »Diejenige, die mich beleidigt hat, ist die Tante meiner Frau und nicht meine Frau selbst. Einmal, als wir gerade zu Bett lagen, kam die Tante mit mehreren anderen in unsere Hütte und sagte: ›Wach auf, Puniakaia, steh auf und laß uns Krebse fangen, denn was kannst du sonst außer schlafen? Nur aufstehen, dir die Augen klarreiben, Fliegen fangen und essen!‹ Während sie sprach, blieb ich liegen, aber ich konnte sie durch einen sanften Schleier sehen und hören. Das ist der Grund, warum ich traurig und unglücklich bin.«

Als seine angeheirateten Brüder das hörten, befahlen sie, die Tante zu töten. Dieser Befehl wurde sofort ausgeführt, doch kehrte Puniakaia trotzdem zurück nach Hause. Seine Mutter fragte nach dem Grund für seine Rückkehr. Er berichtete ihr alles über die Art, wie er behandelt worden war, während er mit seiner Frau lebte. Als Halekou alles gehört hatte, weinte sie und sagte: »Es ist genau so gekommen, wie ich es dir vorhergesagt habe, du bist im Hause deiner Frau beleidigt worden. Nun hast du es selbst erlebt.«

Nachdem er einige Tage bei seiner Mutter gelebt hatte, entschied sich Puniakaia, nach Kauai auf Besuch zu fahren. Er machte sich auf den Weg und kam an die Landzunge von Kaena nach Waianae, wo er einige Männer traf, die ihre Kanus für die Fahrt nach Kauai vorbereiteten. Puniakaia näherte sich den Männern und fragte: »Wohin fahrt ihr mit eurem Kanu?«

»Nach Kauai.«

»Kann ich mit euch kommen?«

»Warum nicht? Das Kanu gehört dir.« Der Grund, warum die Männer Puniakaia erlaubten, mit ihnen nach Kauai zu kommen, war, daß er so ein stattlich aussehender Mann war.

Sie erreichten Kauai und landeten in Wailua an, wo die höchste Herrscherin lebte. Als sie die stattliche Gestalt von Puniakaia erblickte, gab sie ihm Geschenke von großem Wert, und nach einiger Zeit schlug sie sogar vor, seine Ehefrau zu werden. Sie hatte aber bereits einen Ehemann, der gerade in einiger Entfernung auf der anderen Seite von Kauai weilte.

Eines Tages ging Puniakaia in Begleitung seiner Ehefrau hinunter zum Strand. Dort sah er, wie zwei Männer sich darauf vorbereiteten, zum Fischen hinauszufahren. Er ging zu den Fischern und fragte: »Welche Sorte Fische wollt ihr fangen?«

Die beiden erwiderten. »Oio-Fische, aber die größte Anzahl, die wir jemals davon gefangen haben, waren acht, also nicht sehr viele.«

Puniakaia sagte: »Ich werde derjenige sein, der euch gibt, was ihr wünscht. Vom Meer bis aufs Land, vom Grunde des Meeres bis hinauf zu seiner Oberfläche werden die Leute nur Fische sehen und nicht in der Lage sein, all die Fische davonzutragen. Sie werden einige davon einsalzen, und die Schweine und Hunde werden sich vollfressen, und vieles davon wird verschwendet werden.«

Die beiden Männer erwiderten: »Du hältst uns zum Narren. Wir leben schon unser ganzes Leben hier und haben doch niemals soviel Fisch gesehen.«

Während sie sprachen, hörte dies der wahre Ehemann der Frau, die Puniakaia an den Strand begleitet hatte, und er sagte: »Wettet gegen ihn.«

Wetten wurden abgeschlossen, aber Puniakaia sagte: »Hört, ich werde meine Knochen nicht gegen wertlosen Plunder verwetten. Wenn ich meine Knochen verwette, dann möchte ich dies gegen vier Stück Land tun; eins für meinen Rücken, eins für meine Vorderseite und zwei für meine Seiten.« Damit waren die Männer einverstanden, und Puniakaia erhielt fünfzehn Tage Aufschub, in denen er die Menge fangen mußte, mit der er geprahlt hatte.

Die nächsten elf Tage lebte Puniakaia dahin, ohne sich einmal zum Fischen aufzumachen. Am elften Tag sah er, wie ein Kanu für die Überfahrt nach Oahu vorbereitet wurde, bemannt mit Kriegern aus verschiedenen Teilen der Insel. Einige waren aus Waianae und andere aus Kaumakapili. Puniakaia ging auf sie zu, und er sprach: »Wenn ihr nach Waianae kommt, dann sollen die, die zu diesem Ort gehören, dort bleiben. Ich möchte, daß ihr beiden, die ihr aus Kaumakapili kommt, hoch nach Nuuanu geht und, wenn ihr dort seid, hinunterblickt Richtung Kaneohe. Ihr werdet meine Hütte sehen, mit geöffneter Tür. Geht hinein, und wenn ihr meine Mutter findet, Halekou, sagt ihr, daß ihr Sohn, Puniakaia, sie bittet, in seinem Namen zur Lagune zu gehen. Sie soll den Fisch Uhumakaikai auffordern, nach Kauai zu kommen, da in drei Tagen der Zeitpunkt gekommen ist, bis zu dem ihr Sohn eine bestimmte Anzahl Fische gefangen haben muß. Wenn er es nicht schafft, diese Fische zu fangen, wird er getötet und in einem Imu* gekocht.«

Nachdem Puniakaia seine Bitte vorgebracht hatte, fuhr das Kanu davon. Am Abend desselben Tages erreichte das Kanu den Hafen von Kou. Auf dieser Reise trieben die Götterfreunde von Puniakaia, Keaumiki und Keauka, das Kanu an, daher die rasche Ankunft. Alle Männer, auch die aus Waianae, wußten, daß der Auftrag eilig war, und sie entschieden weiterzufahren, statt an ihrem Ziel zwischenzulanden.

Sie erreichten Kou, verließen das Kanu und begaben sich nach Nuuanu, von wo aus sie in das Tal Richtung Kaneohe blickten. Sie sahen die Hütte mit der geöffneten Tür, wie Puniakaia es beschrieben hatte. Die Männer gingen hinunter zu der Hütte und fanden Halekou, die Mutter von Puniakaia, auf einigen Matten sitzend. Sie grüßten sie ehrfurchtsvoll, und Halekou tat es ihnen gleich. Sie fragte die Männer: »Was hat euch hierhergeführt?«

Diese erwiderten: »Wir kommen im Auftrag eines Jungen mit Namen Puniakaia.«

Als Halekou das hörte, weinte sie, ebenso wie die Häuptlinge und das gemeine Volk, und sagte: »Wir glaubten, Puniakaia sei tot, aber jetzt wissen wir, daß er immer noch lebt. Was hat er euch aufgetragen?«

»Er hat uns gesagt, wir sollen zu dir gehen und dich bitten, zur Lagune zu gehen und nach dem Fisch Uhumakaikai zu rufen. Du sollst ihn auffordern, er möge Fische nach Kauai bringen. Puniakaia hat mit dem König von Kauai eine Wette geschlossen, daß er in fünfzehn Tagen eine bestimmte Menge Fisch fangen kann, und wenn ihm dies nicht gelingt, wird Puniakaia getötet. Jetzt haben wir den zwölften Tag, und es bleiben nur noch drei Tage, um Puniakaia zu retten.« Nachdem Halekou dies gehört hatte, sagte sie: »Ich fürchte, der Fisch wird meinem Ruf nicht folgen, da nur Puniakaia dem Fisch Befehle erteilen kann. Aber ich werde gehen und es versuchen.«

Halekou verteilte als Dank für ihre freundliche Tat unter den Männern ein großes Stück Land. Darauf standen jeweils eine Hütte voller Kapas*, eine Hütte, um darin zu essen, eine Hütte für den Fisch und eine Hütte, um darin zu schlafen. Die Männer entschieden, zu bleiben und ihre alte Heimat aufzugeben, und gleichzeitig gelobten sie feierlich, ihr Leben und ihren Tod in den Dienst von Puniakaia zu stellen.

Dann ging Halekou hinaus, begleitet von den Häuptlingen, bis sie an den Teich kamen, wo Uhumakaikai sein Zuhause hatte. Dieser Teich liegt auch heute noch bei Nuupia. Halekou rief laut: »Ziehe herbei, ziehe herbei, ziehe herbei die Fische, Uhumakaikai; von Kona und Koolau nach Kauai, wo dein Herr Puniakaia jetzt lebt. Sei nicht langsam, trödele nicht; sonst wird dein Herr im Imu gekocht.« Am Ende dieses Rufes war das Wasser aufgewühlt, und Uhumakaikai zog unterhalb von Halekou vorbei. Sie ergriff den Fisch, küßte ihn und ließ ihn wieder frei. Halekou mahnte ihn: »Eile dich, oder dein Herr wird getötet.«

Es war der vierzehnte Tag, und Puniakaia blieb nur noch ein Tag zur Erfüllung seiner Aufgabe. Der Imu, das Holz, die Steine und die Abdeckung waren bereits fertig.

Während der Nacht hatte Puniakaia einen Traum, in dem er eine Stimme vernahm: »Uhumakaikai kommt. Warum hast du mich zurückgelassen und bist allein in ein fremdes Land gegangen? Du liebst mich nicht. Du wärest getötet worden, wenn ich nicht von deiner Not gehört hätte!« Nachdem Puniakaia erwacht war, merkte er, daß er geträumt hatte, und konnte nicht mehr weiterschlafen. Er wanderte umher, wobei er darüber grübelte, was der Traum bedeutete. Nachdem er lange in sich versunken war, überkam ihn ein Gefühl der Zuneigung für Uhumakaikai.

Als am nächsten Tag das Morgenlicht dämmerte, konnte man sehen, wie die Fische nach Kauai zogen. Ein Schwarm von Kona her und einer von Koolau, bis sich beide Schwärme bei Wailua vereinten. An diesem letzten Tag ging Puniakaia in Begleitung seiner Frau aus Kauai hinunter an den Strand. Sie setzten sich nieder und warteten auf die Ankunft von Uhumakaikai. Sie sahen, wie die Oberfläche des Wassers ebenso wie der untere Teil des Meeres schwarz vor Fischen war. Kurz darauf schwamm Uhumakaikai unterhalb von ihm vorbei. Da beugte Puniakaia sich hinab, ergriff ihn und herzte und küßte ihn. Dann sagte er: »Ich wollte dich nicht zurücklassen. Ich ging mit der Absicht, eine Reise um die Insel Oahu zu machen und dann zu dir zurückzukehren; aber statt dessen segelte ich nach Kauai, und es war fast soweit, daß ich dich nicht wiedergesehen hätte. Wenn du nicht gekommen wärst, hätten sie mich getötet.«

Dann ließ Puniakaia Uhumakaikai frei, worauf die Fische sich dem Ufer von Wailua näherten. Sie bedeckten den Strand und reichten weit in das Meer hinein. Die Leute von Wailua und der König, der die Wette abgeschlossen hatte, sahen die Fische, und sie waren sich einig, daß Puniakaia gewonnen hatte. Daraufhin schenkte Puniakaia die gesamte Insel Kauai dem Eigner des Kanus, der ihn nach Kauai gebracht hatte. So wurde dieser König. Puniakaia und seine kauaiische Königin aber kehrten nach Oahu zurück.

Märchen aus Hawaii

Der Apfelbaum

Vor vielen Jahren stand in der Muzslaigasse, Temeswar, nur ein einziges kleines Häuschen; dort wohnte Isaak Schleimhaut mit seiner Frau Sali. Die beiden waren so arm, daß sie oft kein Stückchen Brot hatten und eine dünne Paradeissuppe löffeln mußten. Aber davon wird man bekanntlich nicht satt.

Der Schleimhaut flickte alte Töpfe, und außerdem verkaufte er auch Kochlöffel. Die Sali stopfte und flickte Socken und alte Kleider und was die Leute, die selbst arm waren, ihr so brachten.

Als die beiden wieder einmal abends hungrig zu Bett gingen, erblickte Isaak einen Stern, der am Himmel funkelte und viel heller leuchtete als die anderen Sterne.

»Vielleicht hilfst du uns, wunderbarer Stern, daß wir wieder etwas Geld verdienen können, um Essen zu kaufen«, sprach er, ohne zu ahnen, daß der Stern ihn hören könnte.

Doch der sprach, und Isaak konnte ihn ganz gut verstehen: »Freue dich, morgen wird vor deinem Häuschen ein blühender Apfelbaum stehen. Suche die lila Blüte, sie wird dir weiterhelfen!«

Isaak konnte vor Aufregung kaum schlafen, und als es dämmerte, eilte er schon zum Fenster und sah den blühenden Apfelbaum.

Er schlüpfte in seine Pantoffeln und begann sogleich, die lila Blüte zu suchen. Doch soviel er auch suchte, er konnte sie nicht finden. Da wurde er sehr traurig, denn der Stern ließ sich auch nicht mehr blicken, und alles blieb beim alten.

Eines Nachts aber stand wieder der leuchtende Stern am Himmel, und Isaak eilte zum Fenster. Da hörte er, wie der Stern diesmal sagte: »Suche morgen im Apfelbaum. Unter den grünen Äpfeln gibt es einen einzigen reifen. Den mußt du finden. Pflücke ihn. Schneide ihn dann in zwei Teile. Im Gehäuse liegt ein Wundertaler. Den mußt du in ein Nest mit Kleeblättern legen. Bald wird sich dann der Klee in viele kleine Goldtaler verwandeln. Diese sollst du dann alle in den Tempel bringen. Dort werden sie sich in kleine goldene Vöglein verwandeln. Wenn sie singen, wirst du immer das haben, was du zum Leben brauchst.«

Und so war es auch: Isaak und Sali Schleimhaut mußten keine Not mehr leiden. Doch das heißt nicht, daß sie sich nun auf die faule Haut legten. Sie arbeiteten so wie bisher, verdienten ein bißchen Geld, doch in ihrer Kammer gab es immer einen vollen Topf mit Hühnerfleisch, ein Reindl mit Kartoffeln und einen Teller mit feinem Kuchen. So wurden sie immer satt und waren zufrieden.

Der Apfelbaum aber wuchs und trug Früchte. Und alle Leute, die nun in die Straße zogen und sich dort ein Häuschen bauten, durften von den reifen Äpfeln essen. Denn Isaak wußte: Wer viel hat, muß mit den anderen, die weniger haben, teilen, nur so kann er glücklich sein.

Ostjüdisches Märchen

Die Blumen der kleinen Ida

»Meine armen Blumen sind ganz verwelkt!« sagte die kleine Ida. »Sie waren so schön gestern abend, und nun hängen alle Blätter vertrocknet da! Warum?« fragte sie den Studenten, der auf dem Sofa saß, denn sie mochte ihn sehr gern leiden, er wußte die allerschönsten Geschichten und schnitt lustige Bilder aus: Herzen mit kleinen Damen darin, welche tanzten, Blumen und große Schlösser, deren Türen man öffnen konnte; es war ein munterer Student! »Warum sehen die Blumen so jämmerlich aus?« fragte sie wieder und zeigte ihm einen Strauß, der ganz vertrocknet war.

»Ja, weißt du, was ihnen fehlt?« sagte der Student. »Die Blumen sind diese Nacht auf dem Ball gewesen, deshalb lassen sie heute die Köpfe hängen.«

»Aber die Blumen können ja nicht tanzen!« sagte die kleine Ida.

»Aber doch«, sagte der Student, »wenn es dunkel wird und wir andern schlafen, dann springen sie lustig umher; fast jede Nacht halten sie Ball.«

»Können keine Kinder mit auf diesen Ball kommen?«

»Aber doch«, sagte der Student, »ganz kleine Gänseblümchen und Maiblümchen.«

»Wo tanzen die schönen Blumen?« fragte die kleine Ida.

»Bist du nicht oft vor dem Tor bei dem großen Schlosse gewesen, wo der König im Sommer wohnt und der herrliche Garten mit den vielen Blumen ist? Du hast ja die Schwäne gesehen, die zu dir hinschwimmen, wenn du ihnen Brotkrumen geben willst. Glaube mir, da draußen ist großer Ball.«

»Ich war gestern mit meiner Mutter draußen im Garten«, sagte Ida, »aber alle Blätter waren von den Bäumen, und da war durchaus keine Blume mehr! Wo sind sie? Im Sommer sah ich viele!«

»Sie sind drinnen im Schlosse!« sagte der Student. »Weißt du, sobald der König und alle Hofleute zur Stadt ziehen, laufen die Blumen gleich aus dem Garten in das Schloß und sind lustig. Das solltest du sehen. Die beiden allerschönsten Rosen setzen sich auf den Thron, und dann sind sie König und Königin, alle die roten Hahnenkämme stellen sich zu beiden Seiten auf und stehen und verbeugen sich, das sind die Kammerjunker. Dann kommen die niedlichsten Blumen, und dann ist da großer Ball; die blauen Veilchen stellen kleine Seekadetten vor, sie tanzen mit Hyazinthen und Krokussen, die sie Fräulein nennen. Die Tulpen und die großen Feuerlilien sind alte Damen, die sorgen dafür, daß hübsch getanzt wird und daß es ordentlich zugeht!«

»Aber«, fragte die kleine Ida, »ist da niemand, der den Blumen etwas zuleide tut, weil sie in des Königs Schloß tanzen?«

»Es weiß eigentlich niemand davon!« sagte der Student. »Zuweilen kommt freilich in der Nacht der alte Schloßverwalter, der dort draußen aufpassen soll, mit seinem großen Bund Schlüssel, aber sobald die Blumen die Schlüssel rasseln hören, sind sie ganz still, verstecken sich hinter den langen Vorhängen und stecken den Kopf hervor. ›Es riecht hier nach Blumen‹, sagt der alte Schloßverwalter, aber sehen kann er sie nicht.«

»Das ist lustig!« sagte die kleine Ida und klatschte in die Hände. »Aber würde ich die Blumen auch nicht sehen können?«

»Ja«, sagte der Student, »denke nur daran, wenn du wieder hinauskommst, daß du an das Fenster siehst, so wirst du sie schon erkennen können. Das tat ich heute auch, da lag eine lange gelbe Lilie im Sofa und streckte sich; das war eine Hofdame!«

»Können auch die Blumen aus andern Gärten da hinauskommen? Können sie den weiten Weg machen?«

»Ja gewiß!« sagte der Student, »denn wenn sie wollen, so können sie fliegen. Du hast die schönen Schmetterlinge gesehen, die roten, gelben und weißen, die sehen fast aus wie Blumen; das sind sie auch gewesen. Sie sind vom Stengel ab hoch in die Luft geflogen und haben da mit den Blättern geschlagen, als wenn es kleine Flügel wären, und da flogen sie; und da sie sich gut aufführten, bekamen sie die Erlaubnis, auch bei Tage herumzufliegen, brauchten nicht zu Hause und still auf dem Stiel zu sitzen, und da wurden die Blätter am Ende zu wirklichen Flügeln. Das hast du ja selbst gesehen. Es kann übrigens sein, daß die Blumen eines Gartens noch nie im Schlosse des Königs gewesen sind oder nicht wissen, daß es dort nachts so munter hergeht. Deshalb will ich dir etwas sagen! Dann wird er recht staunen, der Lehrer, der hier nebenan wohnt, du kennst ihn ja wohl? Wenn du in seinen Garten kommst, mußt du einer der Blumen erzählen, daß draußen auf dem Schlosse großer Ball ist, dann sagt diese es allen anderen weiter und sie fliegen fort. Kommt dann der Lehrer in den Garten hinaus, so ist nicht eine einzige Blume da, und er kann gar nicht begreifen, wo sie geblieben sind.«

»Aber wie kann es die Blume den andern erzählen? Die Blumen können ja nicht sprechen!«

»Nein, das können sie freilich nicht!« erwiderte der Student, »aber dann geben sie sich Zeichen! Hast du nicht oft gesehen, daß die Blumen, wenn es ein wenig weht, sich beugen und alle die grünen Blätter bewegen? Das ist ebenso deutlich, als ob sie sprächen!«

»Kann der Lehrer denn die Zeichen verstehen?« fragte Ida.

»Ja, sicherlich! Er kam eines Morgens in seinen Garten und sah eine große Brennessel stehen und mit ihren Blättern einer schönen, roten Nelke Zeichen geben. ›Du bist niedlich, und ich bin dir gut‹, sagte sie, aber dergleichen kann der Lehrer nicht leiden und schlug sogleich der Brennessel auf die Blätter, denn das sind ihre Finger, aber da brannte er sich, und seit der Zeit wagt er es nicht, eine Brennessel anzurühren.«

»Das ist lustig!« sagte die kleine Ida und lachte.

»Wie kann man einem Kinde so etwas erzählen!« sagte der alte Herr, der zum Besuch gekommen war und auf dem Sofa saß. Er konnte den Studenten gar nicht leiden und brummte immer, wenn er ihn die possierlichen, munteren Bilder ausschneiden sah; bald war es ein Mann, der an einem Galgen hing und ein Herz in der Hand hielt, denn er war ein Herzensdieb, bald eine alte Hexe, die auf einem Besen ritt und ihren Mann auf der Nase hatte; das konnte der alte Herr nicht leiden, und dann sagte er, gerade wie jetzt: »Wie kann man einem Kinde so etwas in den Kopf setzen! Das ist die dumme Phantasie!«

Aber der kleinen Ida schien es doch recht drollig zu sein, was der Student von ihren Blumen erzählte, und sie dachte viel daran. Die Blumen ließen die Köpfe hängen, denn sie waren müde, da sie die ganze Nacht getanzt hatten. Da ging sie mit ihnen zu ihrem anderen Spielzeug, das auf einem niedlichen kleinen Tische stand, und das ganze Schubfach war voll schöner Sachen. Im Puppenbett lag ihre Puppe Sophie und schlief, aber die kleine Ida sagte zu ihr: »Du mußt aufstehen, Sophie, und dich damit begnügen, diese Nacht im Schubkasten zu liegen, die armen Blumen sind krank, und da müssen sie in deinem Bette liegen, vielleicht werden sie dann wieder munter!« Da nahm sie die Puppe heraus, die sehr verdrießlich aussah und nicht ein einziges Wort sagte, denn sie war ärgerlich, weil sie ihr Bett nicht behalten konnte.

Dann legte Ida die Blumen in das Puppenbett, zog die kleine Decke ganz über sie herauf und sagte, nun sollten sie hübsch still liegen, dann wolle sie ihnen Tee kochen, damit sie wieder munter würden und morgen aufstehen könnten, und sie zog die Vorhänge dicht um das kleine Bett zusammen, damit die Sonne ihnen nicht in die Augen schiene.

Den ganzen Abend über mußte sie an das denken, was ihr der Student erzählt hatte, und als sie nun selbst zu Bett gehen sollte, mußte sie erst hinter die Vorhänge sehen, die vor den Fenstern herabhingen, wo ihrer Mutter herrliche Blumen standen, sowohl Hyazinthen wie Tulpen, und da flüsterte sie ganz leise: »Ich weiß wohl, ihr sollt diese Nacht tanzen!« Aber die Blumen taten, als ob sie nichts verständen und rührten kein Blatt, allein die kleine Ida wußte doch, was sie wußte.

Als sie zu Bett gegangen war, dachte sie lange daran, wie hübsch es sein müsse, die schönen Blumen draußen im Schlosse des Königs tanzen zu sehen. »Ob meine Blumen wirklich mit dabei gewesen sind?« Aber dann schlief sie ein. In der Nacht erwachte sie wieder; sie hatte von den Blumen geträumt und von dem Studenten, den der alte Herr gescholten hatte, weil er ihr etwas einreden wolle. Es war ganz still in der Schlafstube, wo Ida lag; die Nachtlampe brannte auf dem Tisch, und Vater und Mutter schliefen.

»Ob meine Blumen nun wohl in Sophies Bett liegen?« fragte sie sich selbst, »gern möchte ich es wissen!« Sie erhob sich ein wenig und blickte zur Tür, die angelehnt stand, drinnen lagen ihre Blumen und all ihr Spielzeug. Sie horchte, und da kam es ihr vor, als höre sie, daß drinnen in der Stube auf dem Klavier gespielt werde, aber ganz leise und so hübsch, wie sie es nie gehört hatte.

»Nun tanzen sicherlich alle Blumen drinnen!« sagte sie. »Oh, wie gern möchte ich es doch sehen!« Aber sie wagte nicht aufzustehen, denn dann würde sie ihren Vater und ihre Mutter aufwecken.

»Wenn sie doch nur hereinkommen möchten«, sagte sie; aber die Blumen kamen nicht, und die Musik fuhr fort, hübsch zu spielen. Da konnte sie es nicht mehr aushalten, denn es war allzu schön, sie kroch aus ihrem kleinen Bett hinaus, ging ganz leise zur Tür und sah in die Stube hinein. Wie herrlich war das, was sie zu sehen bekam!

Es war gar keine Nachtlampe drinnen, aber doch ganz hell, der Mond schien durch das Fenster mitten auf den Fußboden, es war fast, als ob es Tag wäre. Alle Hyazinthen und Tulpen standen in zwei langen Reihen im Zimmer, es waren keine mehr am Fenster, dort standen die leeren Töpfe; auf dem Fußboden tanzten alle Blumen niedlich rings umeinander herum, machten ordentlich Kette und hielten einander bei den langen, grünen Blättern, wenn sie sich herumschwenkten. Aber am Klavier saß eine große, gelbe Lilie, welche die kleine Ida bestimmt im Sommer gesehen, denn sie erinnerte sich deutlich, daß der Student gesagt hatte: »Wie gleicht sie dem Fräulein Line!« – aber da wurde er von allen ausgelacht. Nun erschien es der kleinen Ida wirklich auch, als ob die lange, gelbe Blume dem Fräulein gleiche, und sie hatte auch dieselben Manieren beim Spielen, bald neigte sie ihr längliches gelbes Antlitz nach der einen Seite, bald nach der andern und nickte den Takt zur herrlichen Musik. Niemand bemerkte die kleine Ida. Nun sah sie einen großen, blauen Krokus mitten auf den Tisch hüpfen, wo das Spielzeug stand, gerade auf das Puppenbett zugehen und die Vorhänge zur Seite ziehen; da lagen die kranken Blumen, aber sie erhoben sich sogleich und nickten den anderen zu, daß sie auch mittanzen wollten. Der alte Nußknacker, dem die Unterlippe abgebrochen war, stand auf und verneigte sich vor den hübschen Blumen. Diese sahen durchaus nicht krank aus, sie sprangen hinunter zu den anderen und waren recht vergnügt.

Es war gerade, als ob etwas vom Tische herunterfiele; Ida sah dorthin, es war die Fastnachtsrute, die heruntersprang, es schien, als ob sie mit zu den Blumen gehörte. Sie war auch sehr niedlich, und eine kleine Wachspuppe, die einen so breiten Hut auf dem Kopf hatte, wie ihn der alte Herr trug, saß obendrauf. Die Fastnachtsrute hüpfte auf ihren drei roten Stelzfüßen mitten unter die Blumen und trampelte ganz laut, denn sie tanzte Mazurka, und den Tanz kannten die anderen Blumen nicht, weil sie so leicht waren und nicht so stampfen konnten.

Die Wachspuppe auf der Fastnachtsrute wurde auf einmal groß und lang, drehte sich über den Papierblumen herum und rief ganz laut: »Wie kann man dem Kinde so etwas in den Kopf setzen! Das ist die dumme Phantasie!« Und da glich die Wachspuppe dem alten Herrn mit dem breiten Hut ganz genau, sie sah ebenso gelb und verdrießlich aus. Aber die Papierblumen schlugen ihm gegen die dünnen Beine, und da schrumpfte er wieder zusammen und wurde eine ganz kleine Wachspuppe. Das war recht hübsch anzusehen! Die kleine Ida konnte das Lachen nicht unterdrücken. Die Fastnachtsrute fuhr fort zu tanzen, und der alte Herr mußte mittanzen, es half ihm nichts, er mochte sich nun groß und lang machen oder die kleine gelbe Wachspuppe mit dem großen schwarzen Hut bleiben. Da legten die anderen Blumen ein gutes Wort für ihn ein, besonders die, welche im Puppenbett gelegen hatten, und dann ließ die Fastnachtsrute es gut sein. Im selben Augenblick klopfte es ganz laut drinnen im Schubkasten, wo Idas Puppe, Sophie, bei viel anderem Spielzeug lag; der Nußknacker lief bis an die Kante des Tisches, legte sich lang auf seinen Bauch und begann, den Schubkasten ein wenig herauszuziehen. Da erhob sich Sophie und sah ganz erstaunt rings umher. »Hier ist wohl Ball!« sagte sie, »warum hat mir das niemand gesagt?«

»Willst du mit mir tanzen?« fragte der Nußknacker.

»Ja, du bist mir der Rechte zum Tanzen!« sagte sie und kehrte ihm den Rücken zu. Dann setzte sie sich auf den Schubkasten und dachte, daß wohl eine der Blumen sie zum Tanzen auffordern werde, aber es kam keine. Dann hustete sie, hm, hm, hm! – aber dennoch kam keine. Der Nußknacker tanzte ganz allein und nicht schlecht.

Da nun keine der Blumen Sophie zu erblicken schien, ließ sie sich vom Schubkasten gerade auf den Boden herunterfallen, so daß es einen großen Lärm gab. Alle Blumen kamen herbeigelaufen und fragten, ob sie sich verletzt habe, und sie waren alle sehr freundlich zu ihr, besonders die Blumen, die in ihrem Bett gelegen hatten. Aber sie war ganz munter, und Idas Blumen bedankten sich alle für das schöne Bett und nahmen sie mitten in die Stube, wo der Mond schien, tanzten mit ihr, und alle die anderen Blumen bildeten einen Kreis um sie herum. Nun war Sophie froh und sagte, sie könnten gern ihr Bett behalten, sie mache sich nichts daraus, im Schubkasten zu liegen.

Aber die Blumen sagten: »Wir danken dir herzlich, doch wir können nicht lange leben! Morgen sind wir tot; aber sage der kleinen Ida, sie solle uns draußen im Garten, wo der Kanarienvogel liegt, begraben, dann wachsen wir zum Sommer wieder und werden weit schöner!«

»Nein, ihr sollt nicht sterben!« sagte Sophie, und dann küßte sie die Blumen, da ging die Saaltüre auf, und eine Menge herrlicher Blumen kam tanzend herein. Ida konnte gar nicht begreifen, woher sie gekommen waren, das waren sicher alle Blumen draußen vom Schlosse des Königs. Ganz vorn gingen zwei prächtige Rosen, die hatten kleine Goldkronen auf, das waren ein König und eine Königin, dann kamen die niedlichsten Levkojen und Nelken, und sie grüßten nach allen Seiten. Sie hatten Musik mitgebracht, große Mohnblumen bliesen auf Erbsenschoten, so daß sie ganz rot im Gesicht waren. Die blauen Traubenhyazinthen und die kleinen weißen Schneeglöckchen klingelten, gerade als ob sie Schellen hätten. Das war eine merkwürdige Musik. Dann kamen noch viele andere Blumen, und die tanzten allesamt, die blauen Veilchen und die roten Tausendschön, die Gänseblumen und die Maiblumen. Und alle küßten einander, das war allerliebst anzusehen!

Zuletzt sagten die Blumen einander gute Nacht, dann schlich sich auch die kleine Ida in ihr Bett, wo sie von allem träumte, was sie gesehen hatte.

Als sie am nächsten Morgen aufstand, ging sie geschwind zu dem kleinen Tisch, um zu sehen, ob die Blumen noch da seien; sie zog die Vorhänge von dem kleinen Bett zur Seite, ja, da lagen sie alle, aber sie waren ganz vertrocknet, weit mehr als gestern. Sophie lag im Schubkasten, wohin sie Ida gelegt hatte, sie sah sehr schläfrig aus.

»Entsinnst du dich, was du mir sagen solltest?« fragte die kleine Ida, aber Sophie sah ganz dumm aus und sagte nicht ein einziges Wort.

»Du bist gar nicht gut«, sagte Ida, »und sie tanzten doch allesamt mit dir.« Dann nahm sie eine kleine Papierschachtel, worauf schöne Vögel gezeichnet waren, die machte sie auf und legte die toten Blumen hinein. »Das soll euer niedlicher Sarg sein«, sagte sie, »und wenn später die Verwandten kommen, so sollen sie mir helfen, euch draußen im Garten zu begraben, damit ihr im Sommer wieder wachsen und weit schöner werden könnt!«

Die Verwandten waren zwei muntere Jungen, sie hießen Jonas und Adolf; ihr Vater hatte ihnen zwei neue Gewehre geschenkt, die sie mitgebracht hatten, um sie Ida zu zeigen. Sie erzählte ihnen von den armen Blumen, die gestorben waren, und da begruben sie dieselben. Beide Jungen gingen mit dem Gewehr auf den Schultern voraus, und die kleine Ida folgte mit den toten Blumen in der kleinen Schachtel. Draußen im Garten wurde ein kleines Grab gegraben, Ida küßte erst die Blumen, setzte sie mit der Schachtel in die Erde, und Adolf und Jonas schossen mit dem Gewehr über das Grab, denn sie hatten keine Kanonen.

Hans Christian Andersen

Das Märchen von den Katzen

Es war einmal ein Mädchen, dem war die Mutter gestorben, und da hatte der Vater wieder eine Frau genommen. Aber einige Jahre darauf war auch der Vater gestorben, und so lebte das Mädchen allein bei seiner Stiefmutter und einer Stiefschwester. Die Stiefmutter aber war sehr böse zu ihr, und sie erhielt mehr Schläge als Essen und mehr böse Worte als gute. Während ihre Stiefschwester faul herumlag, mußte die Arme alle Arbeit allein machen. Eines Tages schickte sie ihre Stiefmutter fort, sie solle Zichorie holen. Das Mädchen ging und ging, aber es fand nirgends Zichorie. Dagegen sah sie auf dem Feld einen großen Kopf Blumenkohl stehen. Da dachte sie: »Wenn ich schon keine Zichorie gefunden habe, dann will ich doch wenigstens diesen Blumenkohl mit nach Hause nehmen!«

Der Blumenkohl war aber ungewöhnlich groß. Das Mädchen zog und zog, und als sie ihn endlich entwurzelte, da sah sie, daß darunter ein tiefer Schacht war. Es gab auch ein Leiterchen dort, und das Mädchen stieg hinunter, um zu sehen, was da wäre.

Als sie unten angekommen war, sah sie ein Haus, das war voll von Katzen. Alle arbeiteten fleißig: Es war ein Kätzchen, das wusch die Wäsche, ein anderes Kätzchen holte Wasser an einem Ziehbrunnen, ein Kätzchen kochte das Essen, wieder ein anderes Kätzchen spülte das Geschirr, und schließlich war noch ein Kätzchen da, das buk Brot. Das Mädchen ließ sich von einem Kätzchen einen Besen geben und kehrte das Haus aus. Dann nahm es einem anderen Kätzchen einen Teil der schmutzigen Wäsche ab und wusch sie, bis sie schön sauber war. Dann half sie einem andern Kätzchen beim Wasserholen, und schließlich schob sie das Brot in den Backofen.

Indessen war es Mittag geworden, und da kam auf einmal eine große Katze, das war die Mutter von all den Kätzchen, und sie läutete mit einem Glöckchen, bim-bam, und sang dazu:

»Wer fleißig war,
der komme zum Mahl;
wer nichts getan hat,
schau her doch einmal!«

Da kamen die Kätzchen alle angelaufen und sagten: »Mama, wir haben alle fleißig gearbeitet, aber dieses Mädchen hat noch viel mehr geschafft als wir.«

»Brav«, sagte die Katze zum Mädchen, »nun komm auch mit uns zum Essen!«

Sie gingen nun ins Haus und setzten sich zu Tisch. Die Katzenmutter setzte sich inmitten der Kätzchen und teilte das Essen aus. Dem Mädchen gab sie Fleisch, Makkaroni und ein gebratenes Hühnchen, ihren Kindern aber gab sie nur Bohnen. Aber das Mädchen hatte Mitleid mit den kleinen Kätzchen, die nur Bohnen essen sollten, und sie gab ihnen von allem ab, was sie von der großen Katze erhalten hatte: Fleisch, Makkaroni und gebratenes Hühnchen. Als sie von der Tafel aufstanden, trug das Mädchen flink das Geschirr in die Küche, spülte es ab und machte dann das Zimmer sauber.

Dann ging sie zur Katzenmutter und sprach:

»Liebe Frau Katze, ich muß jetzt gehen, sonst sorgt sich meine Stiefmutter.«

»Warte noch ein Weilchen«, sagte die Katze, »denn ich möchte dir noch etwas mitgeben.« Und sie führte das Mädchen in eine Kleiderkammer, die war zur einen Hälfte voll feiner Wäsche, seidener Kleider, zierlicher Schühlein, die andere Hälfte war voll Wäsche aus grobem Linnen, Hauskleider, derber Schuhe und wollener Halstücher. »Nun wähle dir aus, was du willst!« sagte die Katze. Das arme Mädchen, das barfuß war, wollte nur ein Paar grobe Holzpantoffeln erbitten, aber die Katze sagte: »Nein, das gibt es nicht! Du bist brav und gut zu meinen Kätzchen gewesen, und du hast so fleißig gearbeitet. Ich will dir ein schönes Geschenk machen!« Und sie wählte für das Mädchen ein schönes seidnes Kleid, seidene Strümpfe, ein feingewirktes Halstuch, ein Paar hübsche Schuhe aus Atlas aus und half dem Mädchen, die schönen Sachen anzuziehen. Das Mädchen war so überwältigt von den schönen Dingen, daß sie keine Worte fand, um sich zu bedanken. Die Katze aber sagte:

»Wenn du jetzt hinaufsteigst, dann findest du in der Mauer gewisse Löcher; stecke dort deine Finger hinein und dann hebe deinen Kopf in die Höhe!« Damit umarmte sie das Mädchen, das nun auf der Leiter nach oben stieg. Kurz vor dem Ausstieg aus dem Schacht sah sie die Löcher, steckte ihre Finger hinein, und als sie die wieder herauszog, hatte sie an allen Fingern Ringe, goldene Ringe mit kostbaren Edelsteinen geschmückt, ein Ring schöner als der andere. Das Mädchen hob den Kopf, da fiel ihr ein Stern auf die Stirne. So kehrte sie festlich geschmückt wie eine reiche Braut nach Hause zurück. Als ihre Stiefmutter sie so sah, brachte sie vor Staunen kaum den Mund zu.

»Wie bist du zu diesen prächtigen Dingen gekommen?« fragte sie wütend die Stieftochter. »Wo hast du das alles gestohlen?«

»Ach, Stiefmutter«, versetzte drauf das Mädchen, »ich habe ein Haus mit lauter Kätzchen gefunden. Ich habe ihnen bei der Arbeit geholfen, und da hat man mir diese Geschenke gemacht.« Und sie erzählte ihr Wort für Wort, wie es ihr ergangen war.

Am nächsten Morgen konnte die Stiefmutter die Stunde vor Ungeduld nicht erwarten, da sie ihre eigene Tochter zu den Katzen fortschicken konnte. Endlich graute der Tag, und die Alte sprach zu ihrer Tochter: »Auf, meine Tochter, mach dich auf den Weg und geh zu dem Katzengesindel, so wirst auch du so schönen Schmuck haben wie deine Stiefschwester.«

»Ich will nicht«, sagte diese, »ich mag jetzt nicht fortgehen, denn ich habe noch nicht ausgeschlafen, und draußen ist es noch so kalt.«

Aber die Mutter, die auf die Juwelen begierig war, versetzte ihr einige Schläge und trieb sie aus dem Hause. Jene ging schlecht gelaunt auf das Feld, fand auch richtig den großen Blumenkohl, zog ihn schimpfend heraus und stieg die Leiter hinunter. Unten erblickte sie die Katzen, die fröhlich ihre Arbeit taten. Aber sie machte keinerlei Anstalten, ihnen zu helfen. Im Gegenteil: Die erste riß sie am Schwanz, die zweite kniff sie ins Ohr, die dritte zupfte sie am Schnurrbart, einer, die nähte, zog sie den Faden aus der Nadel, derjenigen, die das Wasser aus dem Ziehbrunnen gezogen hatte, verschüttete sie das Wasser. Kurz und gut: Sie tat nichts anderes, als die armen Kätzchen plagen und in ihrer Arbeit stören. Und so trieb sie es den ganzen Vormittag. Die armen Kätzchen miauten vor Schmerz und Schreck, aber das rührte das Mädchen nicht im mindesten.

Endlich war es Mittag geworden, und es kam die Katzenmutter mit der Glocke, bim-bam, und sang:

»Wer fleißig war,
der komme zum Mahl,
wer nichts getan hat,
schau her doch einmal!«

Da kamen die Kätzchen angelaufen und sagten: »Mama, wir hätten ja gern gearbeitet, aber da ist jenes Mädchen gekommen, hat uns an den Schwänzen gezogen und alles mögliche getan, um uns bei der Arbeit zu stören. So haben wir nichts zustande gebracht.«

»Nun gut«, sagte die Katzenmutter, »gehen wir zu Tisch!«

Und sie gingen in das Haus hinein und setzten sich an die Tafel. Dem Mädchen gab die Katze einen Gerstenbrei, den Kätzchen jedoch Fleisch und Nudeln. Aber dem Mädchen schmeckte der Gerstenbrei nicht, und da nahm es den Kätzchen das Fleisch weg.

Als sie mit Essen fertig waren, kümmerte sich das Mädchen gar nicht weiter um das Geschirr, sondern sagte zu der Katzenmutter: »Was ist? Gib mir auch solche Kleider, wie du sie meiner Stiefschwester geschenkt hast!«

Da ließ die Katze sie in die Kleiderkammer eintreten und fragte: »Was willst du?«

Da antwortete das Mädchen: »Ich möchte das schönste Kleid, das kostbarste Tuch und die Schuhe mit den höchsten Absätzen!«

»Nun, dann zieh dich aus, und ich werde dich bekleiden!« sagte die Katze. Und sie zog ihr einen alten Rock an, der vor Dreck starrte, ein schmutziges und zerrissenes Halstuch und klobige Stallpantoffeln. Dann sprach sie zu dem Mädchen:

»Jetzt geh, und bevor du aus dem Schacht steigst, vergiß nicht, deine Finger in die Löcher zu stecken und deinen Kopf zu heben!« Aber das hätte sie gar nicht zu sagen brauchen, denn das Mädchen gierte schon nach den goldenen Ringen mit den kostbaren Edelsteinen.

Ohne ein Wort des Abschieds stieg das Mädchen die Leiter hinauf und steckte seine Finger in die Löcher, doch als sie ihre Hände zurückzog, klebten an den Fingern ekelhafte Würmer, die sich nicht abreißen ließen. Und als sie den Kopf hob, fiel ihr eine Blutwurst in den Mund, von der sie ständig abbeißen mußte, wenn sie nicht ersticken wollte. Als sie befleckt nach Hause kam, schmutziger und häßlicher als ein Ferkel, traf ihre Mutter vor Wut der Schlag. Und auch das Mädchen starb bald aus Zorn über die Blutwurst, von der sie ständig abbeißen mußte. Das gute Mädchen aber erbte das Haus, und es dauerte nicht lange, bis ein hübscher, junger Mann kam, der sie als Frau heimführte.

»Und sie lebten glücklich und liebten sich sehr!
Und wer noch etwas hören will, komm morgen wieder her!«

Italienisches Volksmärchen

Ulrich mit dem Bübel

Nahe beim Fichtelberge an der böhmischen Grenze lebte zu Kaiser Heinrichs des Vierten Zeiten ein wackerer Kriegsmann mit Namen Egger Genebald auf seinem Lehen, das ihm für den welschen Heereszug zuteil ward, hatte im Dienst des Kaisers viele Städte und Flecken geplündert und großes Gut erbeutet, davon er drei Raubschlösser erbaute in einem düstern Walde: Klausenburg auf der Höhe, Gottendorf im Tal und Salenstein am Flusse. In diesen Schlössern zog er mit vielen Reisigen und Knechten aus und ein, mochte sich des Raubens und Plünderns nicht entwöhnen und übte das Faust- und Kolbenrecht, wo er konnte. Oft überfiel er mit seinen Gewappneten aus einem Hinterhalt die Kaufleute und Reisenden, Christen oder Juden, das galt ihm gleich, wenn er ihrer nur mächtig zu werden vermeinte; oft brach er eine liederliche Ursache vom Zaun, seine Nachbarn zu befehden. Ob es ihm gleich vergönnt war, in den Armen einer liebenswürdigen Gemahlin zu rasten, um nach dem Ungemach des Krieges das Glück der Liebe zu schmecken, so hielt er doch die Ruhe für Weichlichkeit; denn nach der Denkungsart seines ehernen Zeitalters waren Schwert und Speer in der Hand des deutschen Adels, was Spaten und Sense in der Hand des friedliebenden Landmannes sind: die Werkzeuge eines ehrlichen Gewerbes. Und traun! Der Ritter nährte sich seines anmaßlichen Berufs unverdrossen.

Da er aber mit diesem Unfug allen seinen Grenznachbarn Überlast machte und keiner sein Eigentum vor ihm sichern konnte, beschlossen sie einen Rat über ihn und verschworen sich, Gut und Blut dranzusetzen, den räuberischen Weih aus dem Neste zu vertreiben und seine Festen zu zerstören. Sie sandten ihm einen Fehde- und Absagebrief, rüsteten ihre Mannschaft und belagerten auf einen Tag seine drei Schlösser, da er im freien Felde gegen die Verbündeten nicht bestehen konnte. Hugo von Kotzau zog mit seinem Volk vor Klausenburg auf der Höhe; der Ritter Rudolph von Rabenstein lagerte sich vor Gottendorf im Tal, und Ulrich Spareck, der Tummler genannt, legte sich mit seinen Bogenschützen vor Salenstein am Flusse.

Als Egger Genebald von allen Seiten sich beängstigt sah und hart bedrängt wurde, faßte er den Anschlag, mit dem Schwert sich freie Bahn durch die feindlichen Haufen zu machen und ins Gebirge zu fliehen. Er sammelte sein Volk um sich her, und nachdem er die Kriegsleute angemahnt hatte, sich hurtig zu halten, um entweder zu siegen oder zu sterben, setzte er seine Gemahlin, die sich der Entbindung versah, auf ein wohlzugerittenes Roß und bestellte einen seiner Leibdiener zu ihrer Aufwartung. Ehe aber noch die Zugbrücke niedergelassen und das eiserne Tor aufgetan wurde, rief er ihn beiseits und sprach: »Hüte meines Weibes im Nachzug als deines Augapfels, solange mein Panier weht und der Federbusch auf meinem Helm emporsteht; sofern ich aber erliege im Streit, so wende dich nach dem Walde und verbirg sie daselbst in der Felsenkluft, die dir wohlbekannt ist. Dort erwürge sie in der Nacht mit dem Schwert, daß sie nicht weiß, wie ihr geschieht. All mein Gedächtnis soll vertilgt werden auf Erden, daß mein ehelich Gemahl oder die Frucht ihres Leibes nicht der Spott meiner Feinde werde.« Nachdem er dieses gesagt hatte, tat er einen mutigen Ausfall aus dem Schlosse, so daß die Feinde in großen Schrecken gerieten und sich schon nach der Flucht umsahen. Da sie aber das geringe Häuflein gewahr wurden, das sich ermächtigte, gegen ein ganzes Heer zu streiten, schöpften sie frischen Mut, stritten als mannhafte Helden, umringten die feindliche Schar, erschlugen den Ritter samt seinen Knechten, daß nicht einer davonkam, außer dem Leibdiener, der im Getümmel des Kampfes die edle Frau davonführte und sie in der Waldhöhle verbarg.

Als sie hineintrat, benahmen ihr Kummer und Angst den Odem, daß ihr eine Ohnmacht zuzog und sie sichtlich dahinstarb. Da dachte der Diener an das Wort seines Herrn, wollte schon das Schwert zücken und seiner holden Gebieterin das Herz damit durchbohren. Doch jammerte ihn des schönen Weibes, und sein Herz wurde in heißer Liebe gegen sie entzündet. Wie sie wieder zur Besonnenheit kam, beweinte sie mit einem Strom von Zähren ihr Unglück und den Tod ihres Gemahls, rang die Hände und wimmerte laut. Da trat der Versucher zu ihr und sprach: »Edle Frau, so Ihr wüßtet, was Euer Gemahl über Euch beschlossen hat, so würdet Ihr Euch nicht so traurig gebärden. Er tat mir Befehl, Euch in dieser Höhle zu ermorden, aber Eure schönen Augen haben mir verwehrt, ihm zu gehorchen. So Ihr mich nun hören wollt, weiß ich guten Rat für mich und Euch. Vergeßt, daß ihr meine Gebieterin wart: Das Geschick hat uns jetzt gleich gemacht. Zieht mit mir gen Bamberg in meine Heimat, dort will ich Euch zu meiner Hausfrau nehmen, Euch ehrlich halten und auch des Kindleins, das ihr unterm Herzen tragt, als des meinen pflegen. Entsagt dem Stande, worin Ihr geboren wart: Hab und Gut ist dahin; die Feinde Eures Herrn würden nur stolzen Spott mit Euch treiben, so Ihr in ihre Hände fielet, und was wolltet Ihr als eine verlaßne, trostlose Wittib* ohne mich beginnen?«

Der edlen Frau stieg das Haar zu Berg, und ein Totenschauer lief ihr längs dem Rücken herab über dem, was sie zu hören bekam. Sie entsetzte sich ebenso sehr über den grausamen Befehl ihres Gemahls wie über die Vermessenheit des Dieners, der sich erfrechte, ihr seine unwürdige Liebe zu erklären. Gleichwohl lag ihr Leben jetzt in der Hand eines Knechtes, der seines Herrn Willen tat und seiner Pflicht Genüge zu leisten vermeinte, wenn er sie dessen beraubte. Sie wußte keinen andern Rat, als ihren Schergen und deklarierten Liebhaber bei Gutem zu erhalten. Darum tat sie sich Gewalt an, eine verschämte falschfreundliche Miene anzunehmen und sprach: »Loser Schalk, hast du mir das Geheimnis meines Herzens aus den Augen gelesen, daß du weißt, nach welchem Buhlen es verlangt? Ach! Du weckst den Funken zur lodernden Flamme auf, der unter der Asche meines zerstörten Glückes für dich glimmt! Aber laß mich jetzt im Winkel meinem erschlagnen Gemahl ein Tränlein weinen, morgen alles Unglücks vergessen und mein Schicksal mit dir teilen.«

Der verliebte Diener, der sich eines so leichten Sieges bei der schönen Frau nicht versehen hatte, war vor Freuden außer sich, da er hörte, daß sie ihm mit heimlicher Liebe bereits zugetan sei, er umfaßte ihre Knie, sich der großen Gunst zu bedanken, und überließ sie ungestört ihrer stillen Traurigkeit. Er bereitete ihr ein Lager von Moos und legte sich zu ihrer Hut quer vor den Eingang der Höhle. Der schönen Witwe kam kein Schlaf in die Augen, wiewohl sie sich stellte, als ob sie sanft schlummere. Sobald sie den frechen Wicht schnarchen hörte, sprang sie hurtig von dem Lager auf, zog gemachsam sein Schwert aus der Scheide, schnitt ihm flugs damit die Gurgel und zugleich den schönsten Traum seines Lebens entzwei. Er hatte kaum zu ihren Füßen die Seele ausgezappelt, so schritt sie hurtig über den Leichnam aus der Höhle und irrte durch den düstern Wald, ohne zu wissen, wo sie der Zufall hinführen würde. Sie vermied sorgfältig das freie Feld, und wenn sich etwas regte oder wenn sie in der Ferne Menschen erblickte, verbarg sie sich tief ins Gebüsch.

Drei Tage und drei Nächte war sie also in großer Betrübnis herumgeirrt, ohne etwas anderes zur Erquickung zu genießen als einige Walderdbeeren, und war sehr ermattet. Ach – da bemerkte sie, daß die Zeit herannahe, daß sie gebären solle. Sie setzte sich unter einen Baum, fing bitterlich an zu weinen und über ihren Zustand laut zu wehklagen. Da stand unversehens ein altes Mütterlein vor ihr, als wenn sie aus der Erde herausgewachsen wäre, die tat ihren Mund auf und fragte: »Edle Frau, was weint Ihr, und womit steht Euch zu helfen?«

Die Bekümmerte empfand großen Trost, daß sie eine menschliche Stimme vernahm. Als sie aber aufschaute und ein häßliches, altes Weib mit zitterndem Haupt, auf einen hainbuchenen Stab gelehnt, neben sich erblickte, die selbst Hilfe zu bedürfen schien und unter ihren roten Augen ein lederfarbenes Wackelkinn ihr entgegenstreckte, mißbehagte ihr der Anblick so sehr, daß sie das Angesicht von ihr wandte und mutlos antwortete: »Mutter, was begehrst du mein Leiden zu erfahren, es steht doch nicht in deiner Macht, mir Hilfe zu leisten.«

»Wer weiß«, versetzte die Alte, »ob ich Euch nicht helfen kann, offenbart mir Euren Kummer.«

»Du siehst«, sprach die Witwe, »wie es mit mir ist, die Zeit meiner Entbindung naht heran, und ich irre in diesem wilden Gebirge einsam und verlassen.«

»Wenn dem so ist«, erwiderte die Alte, »so findet Ihr bei mir freilich schlechten Trost: Ich bin eine Jungfrau meines Zeugnisses, weiß um die Notdurft kreißender Weiber keinen Bescheid, habe mich nie darum gekümmert, wie der Mensch in die Welt eingeht, sondern nur, wie ich mit Ehren herausgehen mag. Folgt mir indes in mein Haus, daß ich Euch pflege, soviel ich kann.«

Die hilflose Frau nahm den guten Willen für die Tat an und gelangte unter der Geleitschaft der Oberältesten ihrer jungfräulichen Zeitgenossenschaft in einer dürftigen Hütte an, wo sie etwas weniger Bequemlichkeit fand als unter freiem Himmel. Doch genas sie unter dem Beistand der Sibylle glücklich eines Töchterleins, welches die Mutter selbst nottaufte und es der keuschen Wirtin zu Ehren Lukrezia nannte. Ungeachtet dieser Politesse* mußte die Wöchnerin doch mit so frugaler Kost vorlieb nehmen, daß die strenge Diät, welche eigensinnige Ärzte den Kindbetterinnen zu verordnen pflegen, sardanapalische Mahlzeiten* dagegen genannt zu werden verdienen. Sie lebte bloß von Kräutersuppen, die ohne Salz und Schmalz gekocht waren, und dabei wurde ihr von dem zähen Mütterlein das schwarze Brot so kümmerlich zugeschnitten, als wenn's Marzipan gewesen wär. Dieser Fastenspeisen wurde die Wöchnerin, die sich wohlauf befand und, nachdem die Milchschauer vorüber waren, große Eßlust verspürte, bald überdrüssig, sie sehnte sich nach einem nahrhaften Fleischgericht oder wenigstens nach einem Eierkuchen, und der letztere Wunsch schien ihr nicht unerreichbar; denn sie hörte jeden Tag in der Morgenstunde eine Henne gackern, die ihr frischgelegtes Ei laut rezensierte.

Die ersten neun Tage unterwarf sie sich jedoch der mageren Kost ihrer Pflegerin standhaft; nachher gab sie ihr aber das Verlangen nach einer kräftigen Hühnerbrühe nicht undeutlich zu versehen, und da die Alte wenig darauf achtete, erklärte sie sich mit deutlichen Worten. »Gutes Weib«, sprach sie, »deine Suppen sind so rauh und streng und das Brot so hart, daß mir der Gaumen davon wund ist. Bereite mir ein Süpplein, das glatt eingehe und wohlgefettet sei, ich will dir's lohnen. Es schreit ein Huhn in deinem Hause, das schlachte und richte mir's zu, daß ich durch eine gute Mahlzeit neue Kräfte zum Abzug mit meinem Kindlein gewinne. Sieh, diese Perlenschnur, die ich um den Hals trage, will ich dafür mit dir teilen, wenn ich weiterziehe.«

»Edle Frau«, antwortete die zahnlose Wirtschafterin, »es steht Euch nicht zu, meine Küche zu meistern, das verträgt keine Hausfrau von einer Fremden. Ich weiß wohl eine Suppe zu kochen und sie niedlich und schmackhaft zu bereiten; hab auch, wie mich bedünken will, die Kochkunst länger getrieben als Ihr. Meine Suppen sind ohne Tadel und schlagen auf die Milch, was verlangt Ihr mehr? Von meinem Hühnlein sollt Ihr nichts schmecken, das ist meine Gespielin und Hausgenossin in dieser Einöde, schläft mit mir in der Kammer und ißt mit mir aus der Schüssel. Behaltet Eure Perlenschnur, ich begehre keinen Teil daran oder Lohn und Gewinn für Eure Pflege.«

Die Kindbetterin sah wohl, daß ihre Wirtin Küchenkritiken nicht liebte, sie schwieg und aß, um sie wieder zufriedenzustellen, über Vermögen von der Kräutersuppe, die ihr diese eben auftrug.

Des folgenden Tages nahm die Alte einen Handkorb an den Arm und den hainbuchenen Stab in die Hand und sprach: »Das Brot ist aufgezehrt bis auf dies Ränftlein, das ich mit Euch teile, ich gehe zum Bäcker, neuen Vorrat zu kaufen. Wahrt indes das Haus, pflegt meines Hühnleins und hütet Euch, es abzuschlachten. Die Eier sind Euch vergönnt, wenn Ihr sie suchen wollt – es pflegt sie gern zu vertragen. Harrt meiner Wiederkehr sieben Tage, das nächste Dorf liegt nur einen Feldweg von hier, für mich sind es aber drei Tagesreisen. Wenn ich in sieben Tagen nicht wiederkomme, so seht Ihr mich nimmer.« Mit diesen Worten trippelte sie fort, doch bei ihrem Schneckengange war sie in der Mittagsstunde noch keinen Bogenschuß von der Hütte, und in der Abenddämmerung verlor ihre nachschauende Kostgängerin sie erst aus den Augen.

Jetzt führte diese das Küchenregiment und spähte fleißig nach einem Ei von dem Leghuhn; sie durchsuchte alle Winkel des Hauses, auch alle Gebüsche und Hecken rings umher, das trieb sie so sieben Tage lang, ohne eines zu finden. Sie harrte hierauf einen Tag und noch einen auf die Alte; da diese aber nicht zum Vorschein kam, verzieh sie sich ihrer Wiederkehr. Die Lebensmittel waren aufgezehrt, darum setzte sie den dritten Tag zum peremtorischen* Termin, wo sie, im Nichterscheinungsfall der Alten, sich ihrer liegenden und fahrenden Habe als eines verlassenen Gutes anzumaßen vornahm. An dem Huhn, das die Eier vertrug, sollte das Eigentumsrecht vorerst ausgeübt werden, welches ohne Gnade zum Topfe verurteilt war. Die neue Besitznehmerin hatte es schon vorläufig in engen Gewahrsam gebracht und unter einen Korb gesperrt. Am frühen Morgen des folgenden Tages schärfte sie ein Messer, das Huhn damit zu schlachten, denn es sollte zur Valetmahlzeit dienen, und setzte Wasser zum Kochen auf den Herd. Indem sie mit diesen Küchenanstalten geschäftig war, verkündigte das eingesperrte Huhn mit großem Geschrei ein frisch gelegtes Ei, welches als Zuwachs der Verlassenschaft der Erbnehmerin sehr willkommen war. Sie gedachte dadurch, ein Frühstück obendrein zu erhalten, ging alsbald, es zu holen, und fand es unter dem Korbe. Ihr Appetit war so lebhaft, daß sie das Abschlachten versparte, bis sie würde das Ei verzehrt haben. Sie sott es hart; aber da sie es aus dem Topfe nahm, war es so schwer wie Blei, und nachdem sie die Schale geöffnet hatte, fand sie nichts Eßbares darin, sondern zu ihrer großen Verwunderung war der Dotter von gediegenem Golde.

Vor Freude über diesen Fund war ihr alle Eßlust verschwunden, ihre einzige Sorge ging nun dahin, das wunderbare Huhn zu füttern, es zu liebkosen und an sich zu gewöhnen. Sie dankte es dem Glück, daß sie die herrliche Eigenschaft desselben noch zu rechter Zeit entdeckt hatte, ehe der Kochtopf die köstliche Eierfabrik zerstörte. Das alchimistische Huhn brachte ihr auch eine ganz andere Meinung von dem alten Mütterlein bei, als sie vorher von ihr gehegt hatte. Bei der ersten Bekanntschaft nahm sie das Weib für eine abgelebte Bäuerin, und als sie ihre ungesalzenen Kräutersuppen versucht hatte, hielt sie dieselbe für eine Bettlerin. Nach der gemachten Entdeckung aber war sie ungewiß, ob sie eine wohltätige Fee, die aus Mitleid ihr ein reichliches Almosen verliehen, oder eine Zauberin, die sie durch Blendwerk äffte, aus ihr machen sollte. Soviel ergab sich aus allen Umständen, daß etwas Übernatürliches hier mit im Spiele war, daher gebot die Klugheit der bedachtsamen Frau, bei ihrem Abzug aus der Wildnis des Fichtelbergs nicht so rasch zu Werke zu gehen, sondern ihr Vorhaben reiflich zu überlegen, um eine unsichtbare Macht, die ihr wohlzuwollen schien, nicht zu erzürnen. Sie war lange unschlüssig, ob sie sich das wunderbare Huhn zueignen und mit sich nehmen oder solchem die Freiheit wieder schenken sollte. Die Eier hatte ihr die Alte zugestanden, und in den drei Tagen war sie die Besitzerin von drei goldenen Eiern; aber was das Leghuhn betraf, war sie zweifelhaft, ob sie einen Diebstahl begehen würde, wenn sie es mit davonnähme, oder ob sie es als eine stillschweigende Schenkung ansehen sollte. Eigennutz und Bedenklichkeit erhoben einen ungleichen Wettstreit gegeneinander, worin, wie gewöhnlich, der erste die Oberhand behielt.

Also blieb es bei der Adjudikation* des Nachlasses der Alten, die reisefertige Dame setzte das Huhn in eine Hühnersteige, band ihr Kindlein in ein Tuch nach Zigeunerbrauch auf den Rücken, und so verließ das Kleeblatt der Einwohner das kleine einsame Haus in der Wüste, in welchem nun, außer einem Heimchen, das darin zirpte, kein Hauch des Lebens mehr übrig war.

Die sorgsame Emigrantin nahm ihren Weg gerade nach dem Walddorfe zu, wohin die Alte zu gehen vorgegeben hatte, und war alle Augenblicke einer Erscheinung von ihr gewärtig, um das Huhn zurückzufordern. Kaum war sie eine Stunde gegangen, so kam sie auf einen gebahnten Weg, der gerade in das Dorf führte. Die Neugierde trieb sie, im Backhaus nach dem alten Mütterlein Nachfrage zu halten, welches hier zuweilen Brot einzukaufen pflege. Allein, niemand wollte etwas von ihr wissen oder sie jemals gesehen haben. Das bewog ihre Hausgenossin, etwas von dem Aufenthalt in der Einsiedelei der Alten zu erzählen. Die Bäuerinnen wunderten sich höchlich über die Begebenheit, keine wußte von dem Haus im Gebirge, und nur ein wohlbetagtes Weib erinnerte sich, von ihrer Großmutter gehört zu haben, daß eine Waldfrau im Gebirge hause, die sich alle hundert Jahre einmal sehen lasse, um ein gutes Werk auszuüben, und dann wieder verschwinde. Dadurch wurde der edlen Frau das Rätsel ziemlich gelöst, sie zweifelte nicht, daß sie gerade den glücklichen Zeitpunkt getroffen habe, wo der unbekannten Bewohnerin des Fichtelberges vergönnt gewesen sei, ihre wohltätige Hand gegen sie aufzutun. Sie hielt das Huhn, welches fortfuhr, jeden Tag ein goldenes Ei zu legen, nun zwiefacher Ehren wert, nicht allein um des reichen Gewinnes willen, welchen es ihr einbrachte, sondern vornehmlich als ein gutes Andenken an ihre treue Pflegerin in dem hilflosen Zustande, worin sie sich befunden hatte, und sie bedauerte nur, daß sie mit der alten Mutter nicht nähere Bekanntschaft gemacht hatte. Dadurch hätte sich die edle Frau allerdings um die wißbegierige Nachwelt ein unsterbliches Verdienst erwerben können; wenn sie ihre Wirtin ausgeforscht und von ihrer Natur und Beschaffenheit genaue Kundschaft eingezogen hätte, so wüßten wir zu sagen, ob sie eine Nonne oder eine Elfe, eine verwünschte Prinzessin, eine weise Frau oder eine Zauberin und Zunftgenossin der Circe oder der Hexe zu Endor gewesen sei.

Ihre Gastfreundin heuerte in dem Walddorfe einen Wagen mit Ochsen bespannt und fuhr damit nach Bamberg, wo sie nebst dem zarten Fräulein, dem Hühnlein und einer Mandel Eier wohlbehalten anlangte und sich daselbst häuslich niederließ. Anfangs lebte sie daselbst sehr zurückgezogen und ließ ihr einziges Geschäft die Erziehung ihres Töchterleins und die Pflege des wundersamen Leghuhns sein. Als sich aber mit der Zeit der Eiersegen mehrte, kaufte sie viele Ländereien und Weinberge, auch Landgüter und Schlösser und lebte als eine reiche Frau von ihren Renten, tat den Armen Gutes und bedachte die Klöster. Wodurch der Ruf ihrer Frömmigkeit und ihres großen Vermögens sich so ausbreitete, daß sie die Aufmerksamkeit des Bischofs auf sich zog, der ihr wohlwollte und ihr viel Achtung und Freundschaft bewies. Fräulein Lukrezia wuchs heran und wurde wegen ihrer Sittsamkeit und Schönheit von Klerus und Laien bewundert, und den geistlichen Herren dienten ihre Reize nicht minder zur angenehmen Augenweide als den weltlichen.

Um diese Zeit berief der Kaiser einen Reichstag nach Bamberg*. Durch so viele Hofhaltungen der Prälaten und Fürsten wurde die Stadt so eingeengt, daß die Mutter nebst ihrer Tochter, um dem Getümmel auszuweichen, auf eines ihrer Landhäuser sich begab. Der wohlwollende Bischof aber machte bei Gelegenheit der Kaiserin von dem Fräulein eine so vorteilhafte Schilderung, daß sie Verlangen trug, diese junge Schönheit am Hof unter ihr Frauenzimmer aufzunehmen. Kaiser Heinrichs Hofhaltung stand nicht in dem Geruch, daß sie eine Schule strenger Zucht und Tugend sei, daher sträubte sich die sorgsame Mutter gegen dieses Vorhaben, soviel sie konnte, und bedankte sich dieser der Tochter zugedachten Ehre. Die Kaiserin bestand gleichwohl auf ihrem Sinn, und des Bischofs Ansehen vermochte so viel über die bedenkliche Frau, daß sie endlich einwilligte. Die keusche Lukrezia erschien bei Hofe und wurde als eine üppige Hofdame aufgeschmückt, bekam das Nadelkästlein der Kaiserin in Verwahrung und trug, nebst andern Jungfrauen von edler Geburt, ihr an Hoffesten die Schleppe nach. Aller Augen warteten auf sie, wenn die Kaiserin hervorging, denn nach dem einmütigen Geständnis der Höflinge war sie die Grazie unter den Nymphen des kaiserlichen Gefolges.

Bei Hof ist jeder Tag ein Fest. Dieser Taumel von abwechselnden Vergnügen, die an die Stelle der einförmigen Lebensart unter mütterlicher Aufsicht traten, erfüllten ihre Seele mit unausredbarem Wonnegefühl, sie glaubte, wo nicht in den Schoß der Seligkeit, dennoch in den Vorhof desselben, den empyreischen Himmel, versetzt zu sein. Zum Nadelgelde hatte ihr, außer dem Gehalt vom Hofe, die gutmütige Mutter noch ein Schock Eier von dem magischen Huhn ausgesetzt. Daher fehlte es ihr nicht, sich jeden Wunsch des Herzens gewähren zu können, der für junge Schöne denkbar ist, welche Amors Pfeil noch nicht verwundet hat und die das höchste Ideal ihrer Glückseligkeit mit kindischem Ergötzen in dem Flitterglanze des Putzes suchen, den sie nicht um einen Heiligenschein vertauschen würden. Sie tat es an Kleiderpracht allen Jungfrauen ihrer Gebieterin zuvor, die sie zwar heimlich darum beneideten und ins Angesicht ihren feinen Geschmack lobten, ihr nach Hofes Sitte freundlich liebkosten und allen Verdruß und Unwillen tief ins Herz verschlossen; denn die Kaiserin war ihr mit Huld und Gunsten zugetan. Die Grafen und Herren schmeichelten und liebkosten ihr nicht minder, doch ohne alle Gleisnerei, jedes Wort kam aus dem Herzen: Frauenlob ist glatt wie Öl in der Männer Munde, aber wie Essig scharf und beizend auf der weiblichen Zunge.

Da ihr unaufhörlich des Hofes süßer Weihrauch duftete, wär's in Wahrheit ein größeres Wunder gewesen als ein güldnes Hühnerei, wenn die helle Politur ihrer reinen weiblichen Seele von dem Roste der Eitelkeit nicht wäre angefressen worden. Die süße Näscherei verwöhnte sie zum immerwährenden Verlangen, sich was Schönes vorsagen zu lassen, und sie forderte als eine ihr zugehörige Gerechtsame das Geständnis, sie sei die schönste aller Jungfrauen am Hofe. Diese schmeichelnde Idee wurde bald Mutter und gebar die buhlerische Koketterie, sie ging darauf aus, Fürsten und Grafen und die Edlen des Hofes an ihren Siegeswagen zu spannen, und wo sie es vermöchte, das gesamte römische Reich deutscher Nation im Triumph aufzuführen. Sie wußte diese stolze Absicht unter der Maske der Bescheidenheit zu verbergen, dadurch gelang ihre Freibeuterei nur desto besser: Sie setzte, wenn sie nur wollte, jedes empfindsame Herz in Brand, und diese Sucht zu sengen und zu brennen, schien das einzige Erbstück, das aus der väterlichen Hinterlassenschaft auf sie gekommen war. Wenn sie ihre Absicht erreicht hatte, zog sie sich mit sprödem Kaltsinn zurück, täuschte die Hoffnung aller, die um ihre Gunst buhlten, und sah mit mutwilliger Schadenfreude, wie geheimer Kummer die Unglücklichen folterte und Gram und Bleichsucht an ihren vollen Wangen zehrte. Sie selbst aber hatte mit der ehernen Mauer der Unempfindlichkeit ihr Herz umschlossen, welche keiner ihrer Champions zu überwältigen vermochte, um sich hineinzustehlen und zur Wiedervergeltung es gleichfalls in Flammen zu setzen. Sie wurde geliebt und liebte nicht wieder, entweder weil ihre Stunde noch nicht gekommen war oder weil der Ehrgeiz die zärtliche Leidenschaft überwand oder weil ihre Gemütsart so schwankend und unbeständig war wie die offene See, daß der Keim der Liebe in dem hüpfenden unruhigen Herzen nicht anwurzeln konnte. Die versuchtesten Minnesöldner, die wohl merkten, daß dem Terrain nichts abzugewinnen sei, ließen es daher nur immer bei einem blinden Angriff bewenden, schlugen oft Lärm und defilierten bald wieder in aller Stille seitab; machten es bald wie unsere luftigen Herren, die an jedes weibliche Herz anpochen, wenn's in einem schönen Busen schlägt, aber Hymens* reine Fackel, wie die Raubtiere in den afrikanischen Wüsteneien das Feuer, scheuen. Die Minderkundigen hingegen, die mit dämischem Zutrauen in vollem Ernst den Angriff wagten, wurden mit Verlust ihrer Ruhe und Zufriedenheit, weil das Fräulein ihrer Schanze wohl wahrte, abgeschlagen.

Seit mehreren Jahren folgte dem Hoflager des Kaisers ein junger Graf von Klettenberg, der, einen kleinen körperlichen Fehler ausgenommen, der liebenswürdigste Mann bei Hofe war. Er hatte eine verrenkte Schulter und davon den Beinamen Ulrich mit dem Bühel*; seine übrigen Talente und gefälligen Eigenschaften aber machten, daß auch der strenge Areopagus* der Damen, die die Wohlgestalt eines Adonis zu meistern wagen, über diese Unvollkommenheit hinwegsah und sie bei ihm durch keinen Tadel rügte. Er stand bei Hof in gutem Ansehen und wußte dem schönen Geschlecht soviel Verbindliches zu sagen, daß ihm alle Damen, die Kaiserin selbst nicht ausgenommen, günstig waren. Sein Witz war unerschöpflich, neue Vergnügen zu ersinnen und den gewöhnlichen Hoflustbarkeiten neuen Reiz und Hochgeschmack mitzuteilen, daß er sich im Frauenzimmer unentbehrlich gemacht hatte. Wenn der Hof bei üblem Wetter oder bei den bösen Launen des Kaisers, deren ihm der Vater Papst gar viele machte, in träger Langeweile schmachtete, so wurde Graf Ulrich berufen, den Geist des Mißmuts zu verscheuchen und Fröhlichkeit und Scherz in die kaiserliche Hofpfalz wieder einzuführen.

Obgleich ein Damenzirkel das eigentliche Element war, worin er lebte und webte, so wußte er doch dem schalkhaften Amor immer auszuweichen, daß ihn dieser nicht mit der Harpune seines unwiderstehlichen Wurfpfeils erreichte und er der Leine hätte folgen müssen. Schäkerhafte Minne war sein Freudenspiel; aber wenn ihm ein Weib Fesseln zugedacht hatte, zerriß er sie wie Simson die sieben neuen Bastseile, womit ihn seine betrügliche Buhlerin band. Er wollte nur, ebenso wie die stolze Lukrezia, Fesseln anlegen, aber keine tragen. Es konnte nicht fehlen, daß zwei so gleichgestimmte Seelen, die der Zufall einander so nahegebracht hatte, daß sie unter einem Himmel lebten, unter einem Dache wohnten, in einem Gemach tafelten und unter einer Laube Schatten suchten, endlich zusammentreffen und ihre Talente aneinander versuchen mußten.

Lukrezia faßte den Anschlag, an dem Grafen eine Eroberung zu machen, und weil er im Rufe war, daß er der wankelmütigste Liebhaber bei Hofe sei, beschloß sie, ihn fester zu halten als ihre übrigen Champions, die sie nach den Jahreszeiten, wie die Modewelt ihrer Kleider, zu wechseln pflegte, und ihn nicht eher zu entlassen, bis sie den Ruhm erlangt hätte, den unbeständigen Wandelstern fixiert zu haben. Ihn aber trieb der Ehrgeiz, mit dem schönsten Hoffräulein eine Intrige anzuspinnen, alle Nebenbuhler auszustechen und sie seine Überlegenheit in der Kunst zu lieben empfinden zu lassen, und wenn sie vor ihm die Segel würden gestrichen haben, dann flugs den Anker zu lichten und auf den Fittichen der Winde in den Hafen eines anderen liebevollen Herzens einzulaufen. Beide Mächte rüsteten sich zum wechselseitigen Angriff, und die Operationen gingen auf dem Blumengefilde der Liebe von der einen und der andern Seite nach Wunsch vonstatten.

Es schmeichelte dem Fräulein ungemein, daß der Liebling des Hofes, auf den sie schon lange eine geheime Absicht gehabt hatte, jetzt freiwillig kam, ihren Zauberreizen zu huldigen, und daß sie Gelegenheit fand, an ihm Rache zu üben, da er ihr bisher widerstanden hatte. Seine Blicke, die vordem flüchtig an ihr vorübereilten, waren nun allein auf sie gerichtet; er folgte ihr untrennbar wie der Tag der Sonne. Alle Feten, die er dem Hofe gab, hatten auf sie Bezug; er zog allein ihren Geschmack bei der Anordnung derselben zu Rate, was sie guthieß, wurde mit großer Pracht und Tätigkeit ins Werk gerichtet, und was nicht ihren Beifall hatte, wenn es auch die Kaiserin selbst proponiert* hatte, kam nicht zustande. Die feinen Nasen spürten leicht aus, welcher Gottheit dieser Ambra duftete, und man sagte öffentlich, der Hof sei ein Horn, welches laute, wie Fräulein Lukrezia den Ton angebe. Die blühendsten weiblichen Physiognomien wurden gelb und bleich vor Neid über diese ausgezeichnete Liebschaft, bei welcher alle stumme Zuschauerinnen abgeben mußten, die ihr Herz so gern bei dem Grafen angebracht hätten oder an dem seinigen Anteil zu haben glaubten. Er opferte aber seine Eroberungen samt und sonders der schönen Bambergerin auf, und sie schenkte zur Vergeltung auch ihren Gefangenen die Freiheit wieder, umstellte das Herz keines Höflings mehr mit Netz und Schlingen ihrer entgegenkommenden Zärtlichkeit, und ihr prüfendes Auge forschte nicht mehr nach den lüsternen Blicken verstohlener Anbeter.

Bis hierher schritt die Intrige des zärtlichen Paares ganz in der systematischen Ordnung fort, an die sich beide Teile gebunden hatten, sie glänzten beide im Vollmond wechselseitigen Genusses. Nun war es Zeit, daß dieser sich wieder zur Abnahme neigte und zwar dergestalt, daß die eine Hälfte ganz dem beobachtenden Seherauge verschwand und im Schatten zu stehen kam, indes die andere ihren Schimmer auch noch im letzten Viertel beibehielt. Es kam jetzt darauf an, das Minnespiel durch einen Meisterstreich zu enden, der die eine Partei vor den Augen des Hofes sicherte, daß sie nicht die betrogene sei. Des Grafen Eitelkeit hatte anfangs nichts mehr beabsichtigt, als das Übergewicht über alle Nebenbuhler zu gewinnen, um sich damit zu brüsten, und wenn ihm dieses gelungen wäre, seine Eroberung zu verlassen und eine neue zu suchen. Jene Absicht war erreicht; aber unvermerkt hatte der schlaue Amor, der selten ungestraft mit sich scherzen läßt, das Spiel des Stolzes und der Eitelkeit in eine ernsthafte Herzensangelegenheit verwandelt: Die schöne Lukrezia hatte sein Herz erbeutet und ihn an ihren Triumphwagen angekettet. Sie blieb ihrem Plane treuer. Da ihr Herz noch nicht teilgenommen hatte und sie erwog, daß ihre Reputation als Herzensbezwingerin auf dem Spiele stehen würde, wenn ein Insurgent* ihr den Gehorsam aufkündigte, ehe sie ihn in Freiheit setzte, und die Lacher nicht auf ihrer Seite sein dürften, wenn ihr Paladin die Fesseln zerbräche, welches sie insgeheim befürchtete, so beschloß sie, ihm den Abschied zu geben, als er am eifrigsten sich um die Fortdauer ihrer Gunst bewarb.

Unversehens ergab sich die Gelegenheit zu dieser Katastrophe. Graf Ruprecht von Kefernburg, ein Landsmann und Grenznachbar Graf Ulrichs von Klettenberg, zog nach Goslar, Kaiser Heinrichs gewöhnlichem Aufenthalt, um eine frische, rotwangige Base an den Hof zu führen. Hier sah er die schöne Lukrezia, und sie sehen und lieben war der gewöhnliche Fall aller Ritter und Edeln, die von den vier Winden des vaterländischen Himmels in die altväterische Reichsstadt, welche damals das deutsche Paphos war, einritten. Seine Physiognomie hatte für die Damen wenig Empfehlendes, und die Pflegerin seiner Kindheit hatte der Mutter Natur unbedachtsamer Weise ins Amt gegriffen, ihrem Zögling mehr verliehen, als ihm jene beschied, und ihn mit einem Auswuchs auf dem Rücken begabt, der so charakteristisch war, daß er, zum Unterschied seiner Namensvettern, Ruprecht mit dem Höcker zubenamt wurde. Körperliche Gebrechen wurden in jenen Zeiten nicht durch Schneiderkunst verhehlt, sondern öffentlich zur Schau ausgestellt, in Ehren gehalten und sogar von den Geschichtsschreibern der Nachwelt sorgfältig aufbewahrt. Die Hinker, die Stammler, die Schielenden, die Einäugigen, die Speckwänste und die Darrsüchtigen sind noch in gutem Andenken, wenn das Gedächtnis ihrer Taten längst erloschen ist. Der Kefernburger besaß ein großes Maß von Dreistigkeit und Selbstheit. Ob ihn gleich seine Gestalt eben nicht zu großen Erwartungen in den Regionen der Liebe berechtigte, so demütigte sie ihn doch so wenig, daß ihm die Bürde auf den Schultern gleichsam zum Schwunggewichte der Eigenliebe diente, wenigstens hielt er sie nicht für eine Klippe, woran die Hoffnung seines Liebesglückes scheitern könnte. Mutig wagte er einen Angriff auf das Herz der schönen Lukrezia, und da sie eben diesen Janustempel, der eine Zeitlang geschlossen war, wieder geöffnet hatte, so nahm sie sein Opfer mit scheinbarem Wohlgefallen an, und unter diesem glücklichen Aspekt war Goslar ihm Elysium. Der gute Graf aus der Provinz wußte freilich nicht, daß die schlaue Hofgrazie ihr Herz nur wie einen Triumphbogen gebrauchte, durch welchen sie die Scharen, die ihre Fesseln trugen, durchpassieren ließ, der aber gar nicht von der Beschaffenheit ist, einen ständigen Aufenthalt darin zu suchen.

Der zeitige Inhaber ihres Herzens ahnte seinen Fall, wie ein wankender Minister, der nicht die Entschließung hat, seinen Posten zu resignieren, sich hält, solange er kann, und zögert, bis man ihn gehen heißt. Wenn es in seiner Macht gestanden hätte, mit seiner wankelmütigen Gebieterin zu brechen, so wäre es ihm vielleicht gelungen, das Spiel noch zu seinem Vorteil zu drehen, den Anschein eines Verstoßenen zu verbergen und das Auge der Lauerer irrezuführen. Er würde sich der ersten besten Liebschaft in die Arme geworfen haben. Die runde, rotwangige Thüringerin kam wie gerufen, ihm zu diesem Gaukelspiel die Hand zu bieten. Allein sein ganzes Minnesystem hatte sich durch die Dazwischenkunft einer ernsten Leidenschaft ganz verschoben, und er hatte nun gleiches Schicksal mit den Schauspielern auf unseren Liebhabertheatern, die sich in die verliebten Rollen so hineinstudieren, daß sie ihre theatralische Laufbahn mit der Hochzeit zu beschließen pflegen. Der Schmetterling, der das Licht oftmals ungestraft umgaukelt hatte, blieb daran kleben, und die heiße Flamme vereitelte die letzten Zuckungen seines Strebens nach Freiheit.

Diesen Verlust der Freiheit nahm er erst wahr, da er an seinem Landsmann, dem Kefernburger, einen Nebenbuhler entdeckte, den er zwar eben nicht fürchtete, durch welchen er aber doch belehrt wurde, daß seine Geliebte das Gefühl wahrer Zärtlichkeit mit ihm nicht teile. Zum erstenmal im Leben empfand er die Qualen unvergoltener Liebe, umsonst versuchte er's, sich durch rauschende Vergnügen zu zerstreuen und einer Leidenschaft sich zu entschlagen, die ihm das Leben vergällte; er wurde bald inne, daß ihm die Kraft fehle, dies Vorhaben ins Werk zu richten. Er war nicht mehr der Simson, der mit den Locken den Nagel aus der Wand oder den Dorn, der ihn verwundet hatte, aus dem Herzen hervorziehen konnte; er war der Simson, der, seiner Stärke beraubt, in dem Schoße der Tyrischen Buhlschaft ruhte, die ihn überlistet hatte. Ohne Leben und Tätigkeit schlich er trübsinnig umher, erschien selten und so einsilbig bei Hofe, daß er den Damen Langeweile machte, einige bekamen sogar Vapeurs*, wenn er sich nur im Vorgemach blicken ließ; denn tiefe Schwermut hing wie die Abendwolke, hinter welche sich die untergehende Sonne verbirgt, ihm von der Stirn herab. Seine Siegesgöttin dagegen schwebte im stolzen Triumph empor, ohne Mitleid mit dem qualenvollen Zustand ihres getreuen Paladins zu empfinden. Sie trieb vielmehr ihre Grausamkeit so weit, daß sie zuweilen in seiner Gegenwart sich nicht scheute, alle ihre Reize auf den scheinbar begünstigten Nebenbuhler spielen zu lassen und mit ihm unverhohlen zu liebäugeln.

Um ihren Triumph aufs höchste zu treiben, gab sie im Frauenzimmer eines Tages ein großes Mahl, und als bei Sang und Saitenspiel die Heiterkeit des Gastgebotes aufs höchste gestiegen war, traten ihre Gespielinnen zu ihr und sprachen:

»Liebe, gib dem Fest einen Namen, daß wir uns des frohen Tages dabei in der Zukunft erinnern.«

Sie antwortete: »Euch kommt es zu, das Fest mit einem Namen zu krönen, so Ihr es würdig achtet, seiner in der Zukunft zu gedenken.« Als aber die frohen Scharen der Gäste in sie drangen, daß sie sich nicht entbrechen konnte, ihrem Verlangen zu willfahren, nannte sie es aus Übermut: Graf Ulrichs Kettenfeier.

In der Liebe ist der Zeitgeschmack so wenig perennierend* wie in jedem anderen Ding. Im letzten Viertel unseres Jahrhunderts wäre Graf Ulrich mit den Schwermutsgefühlen, mit dem stillen Gram und abgehärmten Wangen an seinem Platz gewesen, keine weichgeschaffne weibliche Seele hätte ihm widerstehen können, das Mitleid würde ihm zum Hebel gedient haben, eine Herzensangelegenheit damit in Gang zu bringen. Allein zu seiner Zeit kam er mit dieser Empfindelei um viele Jahrhunderte zu früh und endete damit nichts, als daß er sich den Spöttereien seiner Zeitgenossen preisgab. Der schlichte Menschenverstand sagte ihm so oft, daß er auf diesem Wege seinen Zweck nicht erreichen würde, daß er endlich dem guten Ratgeber Gehör gab, nicht mehr öffentlich den seufzenden Schäfer machte, wieder Leben und Tätigkeit gewann und den Versuch machte, die unbezwingliche Schöne mit ihren eignen Waffen zu bekämpfen.

»Eitelkeit«, sprach er, »ist der anziehende und zurückstoßende Pol dieses Magneten; aus Eitelkeit begünstiget und verstößt die Stolze ihre Buhler, darum will ich diese Leidenschaft also nähren, daß sie laut im Herzen die Stimme erheben und für mich das Wort reden soll.«

Er trat alsbald wieder in seine alte Laufbahn ein, machte wie vorher der spröden Prinzessin den Hof, kam allen ihren Wünschen zuvor und bestürmte sie mit Opfern, die der weiblichen Eitelkeit zu schmeicheln pflegen. Ein reicher Augsburger, der aus Alexandria übers Meer kam, bot der Kaiserin ein herrliches Kleinod zum Kauf an, das sie von sich wies, weil's ihr zu teuer war. Graf Ulrich handelte es an sich, verschrieb seine halbe Grafschaft dafür und machte seiner Herzgebieterin ein Geschenk damit. Sie nahm das Juwel an, heftete damit bei einer Hofgala den Schleier auf die blonden Flechten ihres seidenen Haares, erregte bei allen Putzschwestern am Hofe Herzdrücken und Krämpfe, äugelte dem Ausspender freundlich zu, verwahrte darauf ihre Trophäe in dem Schmuckkästlein, und in wenig Tagen waren der Graf und sein Kleinod vergessen. Er ließ sich gleichwohl nicht irremachen, fuhr fort, durch neue Geschenke die alten bei ihr wieder ins Andenken zu bringen und alles aufzutreiben, ihren eitlen Sinn zu vergnügen. Dieser Aufwand nötigte ihn, die andere Hälfte seiner Grafschaft gleichfalls zu verpfänden, daß ihm davon nichts übrig blieb als Wappen und Titel, worauf kein Wucherer etwas leihen wollte. Indessen fiel seine übermäßige Verschwendung täglich mehr in die Augen, weshalb die Kaiserin ihn selbst darüber zur Rede stellte und ihn abmahnte, sein väterliches Erbgut nicht so unweislich zu vergeuden.

Da offenbarte ihr der Graf sein Anliegen und sprach: »Allergnädigste Frau, Euch ist meine Liebschaft unverborgen, Lukrezia, die zarte Dirn, hat mir das Herz gestohlen, daß ich ohne sie nicht leben mag. Aber wie sie's mit mir treibt, wie sie mich mit trüglicher Minne neckt, davon weiß Euer ganzer Hof zu sagen. Möchte mir wohl schier die Geduld darüber ausreißen, dennoch kann ich nicht von ihr ablassen. All mein Hab und Gut habe ich darangesetzt, ihre Gunst zu erlangen; aber ihr Herz ist mir verschlossen wie der Freudenhimmel einer abgeschiedenen Seele unter dem Kirchenbann, ob mir ihr Auge gleich oftmals Minneglück vorlügt. Darum begehr ich von Euch, daß Ihr, wo sie keine rechtliche Einrede hat, meine Hand zu verschmähen, sie mir zum ehelichen Gemahl beilegt.« Die Kaiserin verhieß, die Werbung für ihn bei dem Fräulein zu übernehmen und sie zu überreden, seine Liebestreue nicht länger auf die Probe zu stellen, sondern mit reiner Gegenliebe zu belohnen.

Ehe sie noch Zeit gewann, bei der stolzen Lukrezia sich für ihn zu verwenden, begehrte Graf Ruprecht mit dem Höcker bei ihr Gehör und redete also: »Huldreichste Kaiserin, eine Jungfrau aus Euren Gefolge, die keusche Lukrezia, hat meinen Augen gefallen und mir ihr Herz zugewandt, darum komm ich, um Vergünstigung zu bitten, sie als meine Braut heimzuführen und nach der Ordnung der christlichen Kirche mich mit ihr zu vermählen, so Ihr anders Gefallen tragt, ihre Hand in die meinige zu legen und die edle Jungfrau von Euch zu lassen.«

Ihre Hoheit war begierig zu vernehmen, was der Graf für Ansprüche an ein Herz habe, das bereits eines andern Eigentum sei, und war sehr unwillig, da sie vernahm, daß ihre Favoritin mit zwei Edeln des Hofes zu gleicher Zeit ein Liebesverständnis unterhalten habe, welches zu damaliger Zeit ein verpönter Handel war, woraus nichts minder als ein Zweikampf auf Leben und Tod zu befürchten stand, denn in dergleichen Fällen pflegte kein Nebenbuhler dem andern seine vermeinte Gerechtsame ohne Blutvergießen zu zedieren*. Doch beruhigte sie sich einigermaßen, da beide Parteien sie zur Oberschiedsrichterin in der Sache erwählt hatten und zu vermuten stand, daß sie ihrer Entscheidung sich mit pflichtschuldigstem Gehorsam unterwerfen würden.

Sie berief das Fräulein zu sich in ihr heimliches Gemach und ließ sie mit harten Worten an: »Du Balg«, sprach sie, »welche Verwirrung stiftest du am Hofe mit deiner frevelhaften Minne? Die Junker sind alle wild auf dich, laufen mich mit Lamenten und Bitten an, dich von mir zur Ehe zu begehren, weil sie nicht wissen, wie sie mit dir dran sind. Du ziehst jeden stählernen Helm an dich wie ein Magnet das Eisen, treibst dein leichtfertiges Spiel mit Ritter und Knappen und verschmähst doch das Gelübde ihrer Huldigung. Ziemt es einer sittsamen Jungfrau, mit zwei Parten zu gleicher Zeit zu liebäugeln und sie am Narrenseil zu führen? Ins Angesicht ihnen zu liebkosen, ihre Hoffnung zu ermuntern und hinterm Rücken ihnen den Gecken zu stechen? Das mag dir nicht ungenossen ausgehen. Einer von den beiden ehrsamen Gesellen soll dir zuteil werden, Graf Ulrich mit dem Bühel oder Graf Ruprecht mit dem Höcker. Flugs wähle, bei Vermeidung meiner Ungnade.«

Lukrezia erbleichte, da ihre Frau, die Kaiserin, also ihre Liebeleien rügte und ihr den Text so scharf las. Sie hatte nicht vermutet, daß diese kleinen Buschkleppereien der Liebe von der höchsten Instanz im heiligen römischen Reiche würden gerichtet werden. Darum tat sie der strengen Domina einen demütigen Fußfall, benetzte ihre Hand mit milden Zähren, und nachdem sie sich von ihrer Bestürzung erholt hatte, redete sie also: »Zürnt nicht, großmächtige Frau, wenn mein geringer Reiz Euren Hof beunruhigt; ich wasche meine Hände in Unschuld. Ist's nicht überall der Höflinge Art, daß sie den jungen Dirnen frei ins Auge sehen? Wie kann ich's ihnen wehren? Aber ich habe sie mitnichten zu Hoffnungen ermuntert, die ihnen den Besitz meines Herzens verheißen. Dieses ist noch mein freies Eigentum, damit nach meinem Willen zu schalten. Darum wollet Ihr Eure demütige Magd verschonen, ihr durch Zwang und Geheiß einen Gemahl aufzudingen, dem das Herz widersteht.«

»Deine Worte sind in den Wind geredet«, antwortete die Kaiserin, »du sollst mich mit deiner Ausrede nicht eintreiben, daß ich anderen Sinnes werde. Ich weiß wohl, daß du aus deinen Basiliskenaugen der Liebe süßes Gift in das Herz der Grafen und Edeln meines Hofes ergossen hast, nun magst du die Minneschuld abbüßen und selbst die Fesseln tragen, womit du die Buhlen gebunden hast; denn ich will mein Haupt nicht eher sanft legen, bis ich dich habe unter die Haube gebracht.«

Als die gedemütigte Lukrezia den großen Ernst der Kaiserin sah, wagte sie keinen Widerspruch weiter, um sie nicht noch mehr zum Zorn zu reizen, sondern sann auf eine List, um durch diese Falltür zu entrinnen. »Huldreiche Gebieterin«, sprach sie, »Euer Befehl ist für mich das elfte Gebot, dem ich so gut Gehorsam schuldig bin wie den übrigen zehn. Ich ergebe mich in Euren Willen, nur erlaßt mir die Wahl unter den beiden Ehewerbern. Sie sind mir beide wert, und ich mag keinen erzürnen. Darum vergönnt, daß ich ihnen eine Bedingung vorlege, unter welcher ich den, der solcher Genüge leistet, zum ehelichen Gemahl anzunehmen mich nicht weigern will; wofern Ihr mir bei Kaiserwort und Ehre verheißt, daß ich meiner Zusage quitt und ledig sei, wenn sie nicht durch deren Erfüllung zum Ritterdank meine Hand verdienen wollen.«

Die Kaiserin war mit dieser scheinbaren Unterwürfigkeit der schlauen Lukrezia wohl zufrieden und billigte den Vorschlag, durch eine Aufgabe die Liebhaber zu hetzen, ihre Standhaftigkeit zu prüfen und dem Würdigsten als eine Siegesbeute sich zu ergeben. Sie gestand ihr bei Kaiserwort und Ehren die Bedingung zu und sprach: »Sage an, um welchen Preis der wackerste der beiden Sponsen dein Herz verdienen soll.«

Das Fräulein erwiderte lächelnd: »Um keinen andern Preis als um den, daß sie Bühel und Höcker ablegen, die sie zur Schau tragen. Mögen sie zusehen, wie sie sich der Bürden entledigen. Ich begehre mit keinem Ehewerber den Ring zu wechseln, der nicht sei gerad wie eine Kerze und schlank wie eine Tanne. Euer Kaiserwort und Ehre sichern mich, daß weder Bühel noch Höcker die Braut heimführen werde, bis der Bräutigam des Tadels ledig ist.«

»Oh, du arglistige Schlange!« sprach die zornmütige Fürstin, »hebe dich weg aus meinen Augen, du hast mein Kaiserwort mir trüglich abgelockt, doch darf ich's nicht zurücknehmen, weil ich es geredet habe.« Sie wendete ihr mit Unwillen den Rücken zu, daß sie also überlistet war, und mußte der schlauen Lukrezia das Spiel gewonnen geben. Beiläufig wurde sie dadurch belehrt, daß ihr eben nicht die glücklichsten Talente verliehen waren, in Liebesangelegenheiten eine Unterhändlerin abzugeben, doch tröstete sie sich leicht damit, daß die Inhaberin eines Thrones jene entbehren könnte. Sie ließ beiden Prätendenten den schlechten Erfolg ihrer guten Dienste wissend machen, und Graf Ulrich war über diese traurige Botschaft untröstlich. Insonderheit fand er es kränkend, daß die stolze Lukrezia solchen Mutwillen trieb und ihm gleichsam sein Leibesgebrechen vorwarf, dessen er sich nicht mehr bewußt war, weil ihn niemand bei Hofe daran erinnert hat.

»Konnte die freche Dirne«, sprach er, »keinen glimpflicheren Vorwand finden, mich ehrlich wie den großen Haufen ihrer Anbeter zu verabschieden, nachdem sie mich rein ausgeplündert hat? Mußte sie gerade durch die Bedingung, die es mir unmöglich macht, den Besitz ihres Herzens zu erlangen, das meinige noch mit einem giftigen Natternstich verwunden? Hab ich es wohl um sie verdient, daß sie mich als einen Verworfenen mit den Füßen von sich stößt?«

Voll Scham und Verzweiflung verließ er das Hoflager, ohne Abschied zu nehmen, wie ein Ambassadeur*, wenn ein naher Friedensbruch bevorsteht, und politische Klüglinge weissagten aus diesem plötzlichen Verschwinden der Übermütigen des Grafen strenge Rache. Sie aber kümmerte das wenig, sie saß wie eine lauernde Spinne im Mittelpunkt ihres luftigen Gewebes in stolzer Ruhe und hoffte, daß bald wieder eine herumschwirrende Mücke an einem ihrer ausgespannten Fäden zucken und ihr zur neuen Beute anheimfallen würde. Graf Ruprecht mit dem Höcker hatte sich zum Sittenspiegel das Sprüchlein dienen lassen: Gebrannt Kind lernt das Feuer scheuen; er ging ihr aus dem Garne, ehe er seine Grafschaft in ihr Schmuckkästlein deponiert hatte, und sie ließ ihn davonflattern, ohne ihm die Schwingen auszuraufen. Eigennutz war nicht ihre Leidenschaft. Bei einem goldenen Eierschatze im Hinterhalt und im blühenden Lenz des Lebens wär er auch die seltsamste denkbare Verirrung des Geistes gewesen. Nicht der Besitz der Güter, sondern die Aufopferung des Grafen machte ihr Freude, daher konnte sie den bösen Leumund des Gerüchtes und die Vorwürfe der Kaiserin nicht ertragen, die ihr täglich vorhielt, daß sie den Grafen zugrundegerichtet habe. Darum faßte sie den Entschluß, des ungerechten Mammons sich auf eine Art zu entledigen, die der Eitelkeit dennoch schmeichelte und ihren Ruf auf eine vorteilhafte Art ausbreitete. Sie stiftete ein adliges Jungfrauenkloster auf dem Rammelsberg bei Goslar und dotierte dieses so reichlich wie Madame Maintenon, mit König Ludwigs Spesen, das Fräuleinstift Sankt Cyr, ihr geistliches Elysium in der religiösen Epoche ihres Lebens. Ein solches Denkmal der Andacht damals, vermochte einer Laïs* den Geruch der Heiligkeit zu erwerben. Die milde Stifterin wurde als ein Muster der Tugend und Frömmigkeit gepriesen, und alle Flecken und Narben ihres sittlichen Charakters waren dadurch vor den Augen der Welt verschwunden. Selbst die Kaiserin verzieh es, daß sie ihrem Günstling so übel mitgespielt hatte, da sie inne ward, zu welcher Absicht die fromme Räuberin den Gewinn ihrer Freibeuterei anwendete, und um den verarmten Grafen einigermaßen zu entschädigen, wirkte sie einen Panisbrief* vom Kaiser für ihn aus, den sie ihm nachschicken wollte, sobald der Ort seines Aufenthaltes ihr kund würde.

Indessen zog Graf Ulrich über Berg und Tal, hatte der trüglichen Minne abgelobt und abgeschworen, und weil er im Zeitlichen kein Glück mehr zu machen vermutete, wandelte ihn ein plötzlicher Überdruß der Welt an, er schlug sich zur Partei der Malkontenten* unter den Weltkindern und wurde Sinnes, zum Heil seiner Seele eine Wallfahrt zum heiligen Grabe zu tun und nach seiner Rückkehr sich in ein Kloster zu verschließen. Ehe er aber die Grenze des deutschen Vaterlandes überschritt, hatte er noch einen schweren Strauß von Dämon Amor auszuhalten, der ihn wie einen Besessenen marterte, wenn er die alte Wohnung zu verlassen exorzisiert* wird. Das Bild der stolzen Lukrezia drängte sich bei aller Mühe, es auszulöschen, seiner Phantasie von neuem unwiderstehlich auf und folgte überall seinen Schritten wie ein Plagegeist. Die Vernunft befahl dem Willen, die Undankbare zu hassen; aber der störrische Subaltern lehnte sich gegen seine Gebieterin auf und versagte ihr den Gehorsam. Die Abwesenheit goß bei jedem Schritte der weitern Entfernung ein Tröpflein Öl ins Feuer der Liebe, daß diese nimmer verlöschte, die schöne Natter war des Ritters Gedankenspiel auf dem Wege der traurigen Wanderschaft. Oft stand er in der Versuchung, zu den Fleischtöpfen Ägypti umzukehren und nicht in dem gelobten Land, sondern in Goslar das Heil seiner Seele zu suchen. Mit gefoltertem Herzen, das unter dem Kampf zwischen Welt und Himmel erlag, setzte er seine Reise fort; aber wie ein Schiff, das mit konträrem Winde segelt.

In diesem qualenvollen Zustand streifte er in den Tiroler Gebirgen herum und hatte beinahe die welsche Grenze unfern von Rovereto erreicht, als er sich in einem Wald verirrte, ohne eine Herberge anzutreffen, wo er übernachten konnte. Er band sein Pferd an einen Baum und legte sich daneben ins Gras, denn er war sehr ermüdet; minder von den Beschwerlichkeiten der Reise als von dem inneren Seelenkampf. Der Tröster in Beschwerden, der güldne Schlaf, drückte ihm bald die Augen zu und machte ihn auf einige Zeit seines Ungemachs vergessen. Da schüttelte ihn plötzlich eine kalte Hand wie die Hand des Todes und weckte ihn aus seinem tiefen Schlummer. Als er erwachte, fiel ihm die Gestalt eines hageren alten Weibes ins Gesicht, die sich über ihn her beugte und ihm mit einer Handlaterne unter die Augen leuchtete. Bei diesem unerwarteten Anblick überlief ihm die Haut mit einem kalten Schauer, er meinte, er sähe ein Gespenst. Doch verließ ihn seine Herzhaftigkeit nicht ganz, er raffte sich auf und sprach: »Weib, wer bist du, und warum unterfängst du dich, meine Ruhe zu stören?«

Die Alte antwortete: »Ich bin die Kräuterfrau der Signora Dottorena aus Padua, die hier auf ihrer Meierei lebt und mich ausgesandt hat, ihr Kräuter und Wurzeln zu suchen von großer Kraft und Wirkung, wofern sie in der Mitternachtsstunde gegraben werden. Ich fand Euch auf meinem Wege und hielt Euch für einen Erschlagenen, der unter die Mörder gefallen wär. Darum rüttelt' und schüttelt' ich Euch baß, um zu sehen, ob noch Leben in Euch sei.«

Durch diese Rede hatte sich der Graf vom ersten Schrecken wieder erholt und fragte: »Ist die Wohnung deiner Gebieterin fern von hier?«

Die Alte erwiderte: »Ihr Landhaus liegt dort allernächst im Grunde, ich komme eben davon her. So Ihr eine Nachtherberge von ihr begehrt, wird sie Euch solche nicht versagen. Aber hütet euch, das Gastrecht zu verletzen: Sie hat eine liebreizende Tochter, die dem Mannsvolk nicht abhold ist und mit funkelnden Augen den Fremdlingen ins Herz sieht. Die Mutter bewahrt ihre Keuschheit wie ein Heiligtum. Sofern sie bemerken würde, daß ein unbescheidener Gast der Signora Ughella zu tief in die Augen sähe, verzauberte sie ihn auf der Stelle; denn sie ist eine mächtige Frau, welcher die Kräfte der Natur und die unsichtbaren Geister unter dem Himmel zu Gebote stehen.«

Der Reisige achtete wenig auf diese Rede, er trachtete nur nach einem guten, gastfreundlichen Bett, um der nötigen Ruhe zu pflegen, und ließ sich um das übrige unbekümmert. Er zäumte ungesäumt sein Pferd auf und war bereit, der hageren Wegweiserin zu folgen. Sie geleitete ihn durch Büsche und Gesträuche in ein angenehmes Tal hinab, durch welches ein rascher Bergstrom brauste. Auf einem mit hohen Ulmenbäumen bepflanzten Weg gelangte der ermüdete Pilger, indem er sein Pferd am Zügel führte, an die Gartenwand des Landhauses, welches, vom aufgehenden Mond beleuchtet, schon in der Entfernung einen reizenden Anblick gewährte. Die Alte öffnete eine Hintertür, durch welche der Ankömmling in einen wohlangelegten Lustgarten gelangte, in dem die plätschernden Gewässer der Springbrunnen die schwüle Abendluft erfrischten. Auf einer Terrasse des Gartens lustwandelten einige Damen, diese angenehme Kühlung und den Anblick des freundlichen Mondes in der wolkenfreien Sommernacht zu genießen.

Die Alte erkannte darunter die Signora Dottorena und introduzierte bei ihr den fremden Gast, welchen die Eigentümerin des Landhauses, da sie an seiner Rüstung sah, daß er nicht gemeinen Standes war, mit Anständigkeit empfing. Sie führte ihn in ihre Wohnung ein und ließ eine niedliche Abendmahlzeit nebst allerlei Erfrischungen auftragen.

Beim hellen Schimmer der Wachskerzen hatte der Graf Gelegenheit, seine Wirtin nebst ihrer Hausgenossenschaft während der Mahlzeit mit aller Bequemlichkeit zu betrachten. Sie war eine Frau von mittlerem Alter und edler Physiognomie. Aus ihren braunen Augen sahen Klugheit und Würde hervor, und ihr welscher Mund öffnete sich mit Anmut und Wohllaut zum Sprechen. Signora Ughella, ihre Tochter, war die reinste weibliche Form, welche die warme Phantasie des Künstlers hervorzubringen vermag. Zärtlichkeit war der Ausdruck ihrer ganzen Figur, und der schmelzende Blick ihrer Augen durchdrang unwiderstehlich wie der elektrische Strahl aus den Wolken jeden Panzer und Harnisch, der ein empfindsames Herz umschloß. Das Gefolge der beiden Damen bestand aus drei Jungfrauen, die den Nymphen der keuschen Diana, von Raffaels Pinsel, an Anmut glichen. Außer Sir John Bunkel*, dem glücklichen Mädchenspäher, der hinter jeder schroffen Felsenwand in Schlüften und Höhlen ein Gynäzeum* von reizenden Dirnen entdeckte, ist es keinem Sterblichen so gut geworden wie dem Grafen Ulrich von Klettenberg, von einem so angenehmen Abenteuer überrascht zu werden, wie dieses war, da er sich so unverhofft aus der nächtlichen Einsamkeit einer unbekannten Wildnis an einen Lustort, den die Liebesgötter zum Aufenthalt schienen erkoren zu haben, versetzt sah. Er glaubte wenig an Zauberei und achtete nicht darauf; demungeachtet hatten Nacht und Einsamkeit, die Erscheinung der Alten und ihre Reden einigen Eindruck auf ihn gemacht, daß ihm etwas Übernatürliches von dem ländlichen Palaste ahnte, in welchen er eingeführt wurde. Anfangs trat er mit Mißtrauen in die reizende Versammlung der Damen ein, die er daselbst vor sich fand; in der Folge war aber an der Signora Dottorena so wenig wie an ihren Gesellschafterinnen etwas von magischer Zauberei zu bemerken, daß er wegen dieses irrigen Verdachtes den Bewohnerinnen der schönen Villa im Herzen Abbitte und Ehrenerklärung tat und ihnen keine anderen Künste als die Bezauberungen der Liebe, wozu sie insgesamt ungemeine Talente zu besitzen schienen, beimaß. Die freundliche Aufnahme, deren er genoß, erfüllte sein Gemüt mit Ehrfurcht und Achtung gegen die liebreiche Wirtin und ihr reizendes Gefolge; doch Freund Amor, der in diesem Tempel zu präsidieren schien, hatte keine Macht über ihn, eine neue Schalkheit auszuüben. Er verglich insgeheim die jugendlichen Schönheiten, mit welchen er umgeben war, mit der Wohlgestalt der unüberwindlichen Lukrezia, und sein Herz entschied zu ihrem Vorteil.

Nach einer köstlichen Ruhe, die er genossen hatte, wollte er sich in aller Frühe wieder empfehlen und seine Reise weiter fortsetzen; aber die Frau vom Hause ersuchte ihn auf eine so verbindliche Art zu bleiben, und Signora Ughella bat mit einem so unwiderstehlichen Blick, ihrer Mutter diese Gefälligkeit nicht zu versagen, daß er Gehorsam leisten mußte. Es fehlte nicht an mancherlei Zeitkürzungen und abwechselndem Vergnügen, den Gast aufs angenehmste zu unterhalten: Man tafelte, promenierte, scherzte und koste auf eine Art, daß der feine Höfling dadurch Gelegenheit bekam, sich von dieser Seite aufs vorteilhafteste zu zeigen. Abends gaben die Damen eine musikalische Akademie, sie waren insgesamt in der Tonkunst wohl erfahren, und die welschen Kehlen bezauberten das Ohr des deutschen Dilettanten. Zuweilen wurde unter der Begleitung einer Spitzharfe und Querflöte ein kleiner Ball eröffnet, und im Tanzen suchte Graf Ulrich seinen Meister. Seine Gesellschaft schien den Damen ebenso angenehm zu sein, wie ihm die ihrige behagte; und wie das gesellschaftliche Vergnügen sich immer lieber mit einem kleinen Zirkel als mit dem lästigen Geräusch zahlreicher Assembleen vereinbart, auch Vertraulichkeit das Band der Zunge dort leichter löst und der traulichen Offenherzigkeit den Zugang gestattet, so gewannen die Gespräche zwischen Wirtin und Gast, da sie sich nicht über die Gemeinplätze der Wetterbeobachtungen, der Moden und politischen Angelegenheiten hinwälzten, täglich mehr Anziehendes und Zutrauliches.

An einem Morgen nach dem Frühstück lustwandelte die Signora mit ihrem noch unbekannten Gaste im Garten und führte ihn abseits in eine Laube. Sie hatte seit der ersten Bekanntschaft mit dem Fremdling eine geheime Schwermut an ihm bemerkt, welche der wonnige Aufenthalt in ihrem kleinen Tempel nicht hatte vermindern können. Signora war ein Frauenzimmer, so klug und verständig sie auch war, konnte sie doch das Attribut ihres Geschlechts, den Hang zur Neugierde, mit aller Weisheit nicht verleugnen; und sosehr nach dem beglaubigten Zeugnis ihrer Kräuterfrau die unsichtbaren Geister unter dem Himmel ihr zu

Gebote stehen mochten, so hatten sie, allem Vermuten nach, von dem fremden Gast im Hause ihr nichts offenbart. Sie wußte nicht, wer er war, von wannen er kam und wo er hingedachte, und alles das wünschte sie gleichwohl zu wissen, ihre Neugier zu vergnügen. Also ersah sie diese Gelegenheit ihn auszuforschen, und da er ihr Verlangen nur von ferne merkte, war er willig und bereit, solchem Genüge zu leisten, und erzählte ihr mit historischer Treue seinen ganzen Lebenslauf, verschwieg ihr auch nicht den Liebeshandel mit der stolzen Lukrezia und schüttete ihr sein ganzen Herz aus.

Diese Vertraulichkeit nahm sie sehr günstig auf, erwiderte solche mit ähnlicher Offenherzigkeit und offenbarte ihm ihre Domestica* gleichfalls. Er erfuhr dadurch, daß sie aus einem angesehenen adligen Geschlecht aus Padua abstamme, als eine frühzeitige Waise von ihren Vormündern sei gezwungen worden, einen reichen Arzt von hohem Alter zu heiraten, der in natürlichen Geheimnissen große Erfahrung gehabt, aber über dem mißlungenen Prozeß, sich zu verjüngen, welcher dem rätselhaften Grafen Cagliostro, der Sage nach, besser geglückt war und ihm zu einem nestorischen Alter von dreihundert Jahren soll verholfen haben, den Geist aufgegeben. Durch ihres Mannes Tod sei sie die Erbin eines beträchtlichen Vermögens und des Nachlasses seiner Schriften geworden. Weil ihr eine zweite Verbindung einzugehen nie gelüstet hätte, wäre sie in der Einsamkeit ihres Wittums darauf verfallen, die Schriften des Erblassers zu studieren, wodurch es ihr gelungen sei, verschiedene nicht gemeine Kenntnisse in den verborgenen Wirkungen der Natur zu erlangen. Zugleich habe sie die Arzneikunst betrieben und sich dadurch einen solchen Ruhm erworben, daß die hohe Schule ihrer Vaterstadt ihr den Doktorhut aufgesetzt und einen öffentlichen Lehrstuhl zugestanden habe. Die natürliche Magie sei inzwischen immer das Lieblingsfach ihrer Studien gewesen, weshalb sie das Volk für eine Zauberin halte. Den Sommer pflege sie nebst ihrer Tochter und deren Gespielinnen auf diesem angenehmen Meierhofe zuzubringen, welchen sie um der Alpenkräuter willen in den Tiroler Gebirgen erkauft habe; im Winter halte sie sich zu Padua auf und lehre daselbst die Geheimnisse der Natur. Ihr Haus sei dort um der jungen Lecker willen allen Mannspersonen verschlossen, ausgenommen der Hörsaal, der den Zöglingen des Hippokrates offenstehe. Auf dem Lande sei ihr dagegen jeder Gast willkommen, der die Ruhe des Hauses nicht störe.

Die Signora lenkte hierauf wieder auf die unglückliche Liebe des Grafen ein und schien gutmütig an seinen Schicksalen teilzunehmen; insonderheit konnte sie ihm ihre Verwunderung nicht verbergen, daß er der Undankbaren noch mit so fester Anhänglichkeit ergeben sei. »Edler Graf«, sprach sie, »Euch steht schwerlich zu helfen, da Ihr lieber der Liebe Schmerzen dulden als die Süßigkeit der Rache schmecken wollt, die der Verschmähten Labsal ist. Wenn Ihr die Grausame hassen könntet, so wär es leicht, Euch ein Mittel anzuzeigen, wie Ihr sie zu Schande und Spott machen und Ihr zwiefach alles Unrecht, das sie Euch bewiesen hat, vergelten könntet. Ich weiß ein Limonadenpulver zu bereiten, das die Eigenschaft hat, heiße Liebesglut in dem Herzen derjenigen Person gegen die anzufachen, von welcher der Liebesbecher dargereicht wird. Wenn Eure Spröde nur mit den Lippen von dem Zaubertranke kostete, würde alsbald ihr Herz gegen Euch entbrennen; wenn Ihr sie nun ebenso verächtlich von Euch stießet, wie sie Euch getan hat, Euer Ohr für ihre Liebkosungen verschlösset und ihrer Seufzer und Tränen spottetet, so wäret Ihr vor den Augen des deutschen Kaiserhofes und aller Welt an ihr gerächt. Wofern Ihr aber den raschen Minnetrieb nicht bezähmt hättet und die ungestüme Flamme den brennbaren Zunder wieder entzündete, daß Ihr die Unbesonnenheit beginget, das untrennbare Bündnis mit der Sirene einzugehen, so würdet Ihr eine Furie zum Weibe bekommen, die Euer Herz mit der Schlangengeißel ihrer Wut zerfleischte; denn wenn die Kraft des Pulvers verdunstet ist, bleiben Haß und Groll in der toten Kohle der ausgebrannten Leidenschaft zurück. Wahre Liebe, die durch süße Einigung zwei gleichgestimmte Seelen ineinanderschmilzt, bedarf keines Limonadenpulvers, die Gefühle der Zärtlichkeit zu erwärmen. Darum, wo Ihr wahrnehmt, daß die feurigste Liebe oft die kältesten Ehegatten macht, möget Ihr gedenken, daß nicht die Sympathie, sondern das Limonadenpulver die Liebenden zusammengepaart hat; es findet guten Vertrieb in Eurem Vaterlande und geht stark über die Alpen.«

Graf Ulrich bedachte sich ein wenig und antwortete darauf: »Die Rache ist süß; aber süßer noch die Liebe, welche mich an die Unerbittliche fesselt. Ich empfinde das Beleidigende ihres Übermutes tief in meiner Seele, dennoch kann ich sie nicht hassen. Ich will sie fliehen wie eine Schlange, die mich verwundet hat; aber diesen Mutwillen nicht rächen, sondern ihr verzeihen und ihr Bild, dieweil ich lebe, in meinem Herzen tragen.«

Die welsche Dame machte die Bemerkung, daß die Empfindlichkeit ihres Volkes sich anders arte als die deutsche und daß eine Beleidigung von der Art nach ihres Landes Brauch und Sitte unverzeihlich sei. Doch billigte sie des Grafen gutmütige Denkungsart und riet ihm mit einem so liebevollen Herzen, lieber über das Tiroler Gebirge zu den Füßen seiner Herzensgebieterin wieder zurückzueilen und ihre Mißhandlungen zu erdulden, als das Vorhaben auszuführen, eine in seiner Lage unfruchtbare Wallfahrt zum heiligen Grabe zu tun. So begründet er indessen diesen guten Rat fand, so wenig bezeigte er Lust, von dem einmal gefaßten Entschlusse abzustehen, worüber die kluge Frau ohne weitere Einrede lächelte.

Nach einigen Tagen kam er, sich bei der freundlichen Wirtin und ihrer schönen Gesellschafterin zu beurlauben, und sie vergönnte ihm jetzt den Abzug nach seinem Gefallen. Am Vorabend des zur Reise anberaumten Tages waren die Damen alle sehr heiter, selbst die Signora, welche ihre Würde und Ernsthaftigkeit nicht leicht ablegte. Diesmal bezeigte sie gleichwohl ein Verlangen, mit ihrem Gast zum Valet noch eine Sarabande zu tanzen. Der Graf hielt sich dadurch sehr geehrt und tat sein Bestes, sich als ein guter Tänzer zu signalisieren, welches der Dame so wohl zu gefallen schien, daß sie die Touren des Tanzes mehrmals wiederholte, bis beide Parten ermüdet waren und dem Grafen der Schweiß auf der Stirne stand.

Als der Tanz geendigt war, führte ihn die flinke Tänzerin, unter dem Schein, sich ein wenig abzukühlen, in ein gesondertes Kabinett, und nachdem sie die Tür zugetan hatte, nestelte sie ihm, ohne ein Wort zu sagen, das Wams auf, was den Grafen von der ehrbaren Frau wunder nahm; doch ließ er es geschehen, weil er in dem Augenblick nicht wußte, wie er sich in diesem Falle, der ihm noch bei keinem Frauenzimmer vorgekommen war, verhalten sollte. Diese Verlegenheit machte sich die Signora Dottorena zunutze, touchierte mit gewandter Hand die Schulter des Grafen, rückte und drehte daran hin und her und zog bald darauf etwas aus dem Wams hervor, das sie flugs in der Schublade einer Truhe verbarg, die sie sogleich verschloß. Die ganze Operation war in wenigen Sekunden getan, worauf die Tochter des Äskulap den duldsamen Patienten vor den Spiegel führte und sprach: »Seht da, edler Graf! Die Bedingung, unter welcher die spröde Lukrezia Euch den Besitz ihres Herzens zugesichert hat, ist erfüllt. Meine Hand hat dem kleinen Makel Eurer körperlichen Vollkommenheit abgeholfen: Ihr seid jetzt so schlank wie eine Tanne und so gerade wie eine Kerze. Laßt Eure Traurigkeit nun schwinden und zieht getrosten Mutes nach Goslar; denn der Eigensinn des Fräuleins hat keinen Vorwand mehr, Euch zu täuschen.«

Graf Ulrich staunte seine eigne Gestalt lange schweigend im Spiegel an, das Übermaß der Verwunderung und Freude machte ihn jetzt so stumm wie vorhin die Verlegenheit. Er ließ sich auf ein Knie nieder, faßte die wohltätige Hand, welche die Anomalie seines körperlichen Ebenmaßes so glücklich weggenommen hatte, und fand endlich Worte, die innigste Dankbegierde seiner Wohltäterin kundzumachen. Sie führte ihn wieder in den Saal zur Gesellschaft zurück. Signora Ughella und ihre drei Gespielinnen klatschten vor Freuden in die Hände, da sie den herrlichen jungen Mann erblickten, der nun ganz ohne Tadel war.

Vor Ungeduld, seine Rückreise anzutreten, konnte er die Nacht kein Auge schließen. Es gab für ihn kein heiliges Land mehr: Seine Sinne und Gedanken waren nur auf Goslar gerichtet. Er erwartete den Anbruch der Morgenröte mit sehnlichem Verlangen, verabschiedete sich von der Signora Dottorena und ihren Gesellschafterinnen. Eilig beflügelte er die Füße des Rosses durch den Stachel seiner ritterlichen Sporen und trabte voll schmeichelhafter Hoffnung immer den Weg nach Goslar zurück. Die Sehnsucht, mit der schönen Lukrezia wieder einerlei Luft zu atmen, unter dem Dache zu hausen, in einem Gemach zu tafeln und den Schatten eines Baumes mit ihr zu teilen, ließ ihm nicht Zeit, an den lehrreichen Wahlspruch des Kaiser Augusts zu denken: Eile mit Weile! Als er bei Brixen die Bergstraße herabritt, glitt sein Rosinant aus, und er tat einen schweren Fall, daß er den Arm an einem Stein zerschellte. Dieser Aufenthalt auf der Reise bekümmerte ihn sehr. Er fürchtete, Lukrezia möchte in seiner Abwesenheit ihr Herz versagt haben, von einem glücklichen Eroberer sich zum Altar fortreißen lassen und solchergestalt es ihm unmöglich machen, sie beim Worte zu halten. Um sich auf jeden Fall sicherzustellen, schrieb er einen Brief an seine große Gönnerin, die Kaiserin, worin er ihr authentischen Bericht von seinem Abenteuer und auch von dem erlittenen Unfall erteilte, nebst angefügter demütiger Bitte, nichts davon bis zu seiner Ankunft laut werden zu lassen, und schickte damit einen reitenden Boten eilends zum Hofe.

Ihrer Hoheit war aber das Talent der Verschwiegenheit nicht verliehen: Ein Geheimnis drückte sie auf dem Herzen wie ein enger Schuh auf dem Leichdorn. Daher machte sie die empfangene Depesche beim nächsten Courtage der sämtlichen Antischamber kund, und da der erste Kämmerling und Hofschmeichler aus Liebedienerei gegen die schöne Lukrezia einen untertänigen Zweifel in die Sache setzte, kommunizierte sie ihm die *species facti ad statum legendi** im Original, um sich von der Wahrheit zu überzeugen. Dadurch fiel die Relation auch in Graf Ruprechts Hände, der alsbald mit sich zu Rate ging, ob es nicht tunlich sei, auf gleiche Weise der Bedingung des Fräuleins Genüge zu leisten und dabei seinem Rivalen noch obendrein den Rang abzulaufen. Er berechnete die Zeit, welche mutmaßlich bis zur Wiederherstellung des zerschellten Armes seines Mitkompetenten erforderlich sein dürfte, und fand, daß er den Weg von Goslar nach Rovereto, um der Signora Dottorena einen fliegenden Besuch zu machen und von ihr das *beneficium restitutionis in integrum** gleichmäßig zu erhalten – Aufenthalt und Rückweg mit eingerechnet –, eher beendigen könne, wenn er sich nur etwas spute, als die Wundärzte in Brixen ihren Patienten entlassen würden.

Gedacht, getan! Er ließ seinen Wettrenner satteln, saß auf und machte den Ritt mit der Eilfertigkeit eines Zugvogels, der im Herbst in einem anderen Weltteil ein wärmeres Klima sucht. Es kostete wenig Mühe, den Aufenthalt der Dame, die er suchte, zu erfragen: Sie war allenthalben im Lande wohlbekannt. In Ermangelung der Kräuterfrau introduzierte er sich selbst unter dem *Incognito* eines irrenden Ritters und genoß eben die freundliche Aufnahme seines Vorgängers. Der sittsamen Hauspatrona mißfielen indessen gar bald des neuen Gastes freie Manieren, die vornehme Frechheit, die ihm aus den Augen sah, und sein zuverlässiger entscheidender Ton; ob sie sich's gleich nicht austat und seiner höfischen Insolenz* mit vieler Schonung begegnete.

Es war schon einigemal des Abends kleiner Ball nach der musikalischen Akademie gegeben worden, und Graf Ruprecht hatte immer gehofft, daß ihn die Signora auffordern würde; allein sie schien keinen Geschmack mehr am Tanzen zu finden und gab eine bloße Zuschauerin dabei ab. Ungeachtet er keine Mühe sparte, ihre Gunst zu gewinnen, und die artigsten Schmeicheleien nach seiner Weise ihr vorsagte, so wurden sie doch ihrerseits nur mit kalter Höflichkeit erwidert. Dagegen schien sein Glücksstern bei Fräulein Ughella aufgegangen zu sein, ihr Blick munterte ihn auf, dem Berufe zu folgen, welchen er als ein Hofjunker zu haben vermeinte, auf jeden Schleier, der ein Paar schmachtende Augen verbarg, Jagd zu machen, wie ein Seekaper auf jedes Segel, das in seinem Gesichtskreise wehet. Obgleich seine Figur nicht eben sehr anziehend war, so war er doch die einzige Mannsperson in der Gesellschaft auf dem Landhause, und aus Vorliebe für das andere Geschlecht nahm es Donna Ughella, wenn sie keine Vergleichung unter mehreren anstellen konnte, eben nicht so genau mit der Körperform: Ihr Herz mußte beschäftigt sein, wenn sie nicht vor Langeweile sterben sollte. Graf Ruprecht konnte ihren Reizen nicht widerstehen, und da er einer von den leichtsinnigen Kundleuten war, die ein Quentlein gegenwärtigen Genusses gern für einen Zentner zukünftige Hoffnung eintauschen, so vergaß er der spröden Lukrezia und erklärte einstweilen die reizende Ughella zur Dame seines Herzens.

Die scharfsinnige Patrona entdeckte bald, daß ein Clodius* in ihrer Villa das Heiligtum der Vesta verwirre; sie empfand dieses sehr hoch, beschloß, dem Spiel ein Ende zu machen und die Verletzung der Gerechtsame ihres Hauses zu ahnden. Eines Abends proponierte sie einen Ball und forderte unverhofft den Paladin des Fräuleins zum Tanz auf. Dieser Ehre hatte er sich beinahe verziehen, desto größer war die Freude, die er empfand, daß die Zeit der vermutbaren Entbindung von seiner bisherigen Leibesbürde ihm so überraschend kam. Er machte alle die Meisterschritte in der Tanzkunst, die der eigensinnige Vestris* der schönen Lilienkönigin zu versagen sich erdreistete und für diese Künstlerlaune eine wohlverdiente Bastonade nicht empfing, deren er so würdig war.

Nach geendigter Sarabande winkte Signora ihrem Tänzer, ebenso wie vormals dessen Vorgänger, ihr in das an den Salon stoßende Kabinett zu folgen, und voll der freudigsten Ahnung folgte ihren Schritten Graf Ruprecht mit dem Höcker. Sie nestelte ihm, wie gewöhnlich, das Koller auf, welche etwas mißständige Handlung für eine ehrbare Frau ihn so wenig in Verlegenheit setzte, daß er ihrer geschäftigen Hand vielmehr zu Hilfe kam. Flugs öffnete die Dottorena ihre Truhe und zog aus einer Schublade eine Substanz hervor, die einem korpulenten Eierkuchen ähnlich sah, schob ihm diese rasch in den Busen und sprach: »Unbescheidener, nimm dies zur Ahndung des verletzten Gastrechts, winde dich in ein Knäuel und runde dich wie ein Plauel*!« Indem sie dieses sagte, öffnete sie ein Riechfläschchen und sprengte ihm eine narkotische Essenz ins Gesicht, davon er betäubt zurück auf ein Sofa sank. Als er wieder zu einiger Besinnung kam, fand er sich von ägyptischer Finsternis umgeben, die Wachskerzen waren erloschen, und alles um ihn her war leer und öde. Bald aber regte sich was an der Tür, der Flügel tat sich auf, da trat ein hageres, altes Weib herein mit einer brennenden Laterne und leuchtete ihm unter die Augen, welche er alsbald nach der Beschreibung aus Graf Ulrichs Depesche für die Kräuterfrau der Signora Dottorena erkannte. Da er sich vom Sofa erhob und inne ward, mit welchem ansehnlichen Zuwachs von Korpulenz er begabt war, geriet er in Wut und Verzweiflung, erfaßte die hagere Matrone beim Leibe und sprach: »Alte Unholdin, sag an, wo ist deine Frau, die schändliche Zauberin? Daß ich mit dem Schwerte die an mir erwiesne Bosheit räche, oder ich erwürge dich hier auf der Stelle.«

»Lieber Herr«, antwortete die Alte, »erzürnt Euch nicht über eine geringe Magd, die keinen Teil hat an der von ihrer Frau an Euch verübten Schmach. Die Signora ist nicht mehr hier, sondern nebst ihrem Gefolge, sobald sie aus dem Kabinett kam, davongezogen. Unterfangt Euch nicht, sie aufzusuchen, daß Euch nicht noch etwas Ärgeres widerfahre; wiewohl Ihr sie auch schwerlich finden würdet. Ertragt mit Geduld, was nicht zu ändern steht. Die Signora ist eine mitleidige Frau, wenn sie ihren Unwillen gegen Euch vergessen hat und Ihr nach Verlauf von drei Jahren hier wieder einsprecht und Euch vor ihr demütigt, kann sie alles, was sie krumm gemacht hat, wieder so schlicht und gleich machen, daß Ihr durch einen Fingerreif würdet schlüpfen können.« Der wohlbepackte Lastträger gab, nachdem seine Galle ausgetobt hatte, diesem Vorschlag Gehör, ließ sich bei frühem Morgen von dem Meier und seinen Knechten in den Sattel heben und ritt nach seiner Heimat, woselbst er im Verborgnen blieb, bis der Termin würde abgelaufen sein, welchen ihm die botanische Matrone zur Wiederaussöhnung mit ihrer Signora gesetzt hatte.

Graf Ulrich war indes genesen und zog triumphierend in Goslar ein; denn er trug keinen Zweifel, daß seine große Gönnerin bei der stolzen Lukrezia seine Rechte aufs beste werde gewahrt haben. Als er zum Hof ritt, der Kaiserin aufzuwarten, war ein solcher Zulauf des Volks, die wunderbare Veränderung, die sich dem Gerücht nach an dem Grafen Ulrich mit dem Bühel sollte begeben haben, in Augenschein zu nehmen, daß eine schwarze Abgesandtschaft des Königs von Abessinien die Neugierde der löblichen Bürgerschaft nicht mehr hätte reizen können. Die Kaiserin empfing ihn mit allen Merkmalen ihrer Huld und führte ihm das Fräulein wie eine Braut geschmückt entgegen, um sie aus ihrer Hand als einen Ritterdank, daß er der mißlichsten Bedingung Genüge geleistet, zu empfangen. Ihr Mund willigte in die Verbindung mit dem Grafen ein, und im Taumel des ersten Entzückens untersuchte er nicht, ob dieses Geständnis auch mit den Gesinnungen des Herzens übereinstimme. Noch weniger hatte er daran gedacht, wovon er seiner zukünftigen Gemahlin standesmäßigen Unterhalt verschaffen würde, da seine Grafschaft verpfändet war; oder welches Wittum er ihr in dem Ehekontrakt anweisen könnte. Er befand sich in keiner geringen Verlegenheit, als die Kaiserin, die sich dieser Freierei eifrigst unterzog, ihn befragte, welche Gegensteuer er dem Fräulein für den Brautschatz verschreiben wolle, womit sie dieselbe auszusteuern gedächte; und er gestand, daß er kein Eigentum weiter besitze als sein Ritterschwert, welches er gegen die Feinde des Kaisers also zu gebrauchen gedenke, daß es ihm Ruhm und Belohnung erwerben werde. Das Fräulein wurde befragt, ob sie an dieser idealischen Gegensteuer ihr wolle genügen lassen, und der Graf befürchtete schon, daß sie einen neuen Vorwand dadurch suchen würde, der Verbindung zu entschlüpfen. Aber seit der Wiederkehr des Grafen schienen sich ihre Gesinnungen gegen den getreuen Amadis merklich geändert zu haben, sie nahm das Wort und sprach:

»Ich bin nicht in Abrede, edler Graf, einer schweren Liebesprobe Euch unterworfen zu haben. Dieweil Ihr Euch nun dadurch nicht von Eurer Liebe abwendig machen lassen, sondern selbst das Unmögliche möglich zu machen versucht habt, so ist es billig, daß ich mich in Eure Hand ergebe, ohne Eure Hoffnung länger aufzuhalten. Ich begehre kein anderes Heiratsgut Euch zuzubringen als mein Herz und das bißchen Armut von dem Nachlaß meiner Mutter, wenn sie dereinst die Welt segnen wird; dagegen verlange ich auch keine Gegensteuer oder Leibgeding als das Eure, welches Ihr mir bereits zugesaget habt.«

Die Kaiserin und all ihr Hofgesinde verwunderten sich höchlich über diese edle Gesinnung des Fräuleins, und Graf Ulrich wurde dadurch innigst gerührt. Er erfaßte ihre Hand, drückte sie kräftig an seinen Busen und sprach: »Habt Dank, edles Fräulein, daß Ihr meine Hand jetzt nicht verschmäht; ich will ehrlich dran sein, Euch als mein Ehegemahl zu nähren, wie es einem Ritter ziemt, durch diese Faust und mein gutes Schwert.«

Hierauf ließ die Kaiserin den Bischof rufen, das liebende Paar einzusegnen, und auf ihre Kosten wurde das Beilager bei Hofe mit großem Pomp vollzogen. Nachdem das hochzeitliche Geräusch vorüber war, die Heirat bei Hofe und in der Stadt lange genug bekrittelt und beschwatzt, der neuen Ehe auch, nach Maßgabe der mancherlei Gesinnungen des teilnehmenden Publikums, die Nativität* gestellt war und nun niemand mehr von den Neuvermählten Notiz nahm, gedachte Graf Ulrich an sein Versprechen und rüstete sich, ins Heer zu ziehen, seiner Gemahlin ein Erbgut zu erwerben. Sie wollte ihn aber nicht entlassen und sprach: »Im Spieljahr der Ehe kommt es Euch zu, meinem Willen nachzuleben, hernach möget Ihr das Haus regieren und tun, was Euch gefällt. Jetzt begehr ich, daß Ihr mich gen Bamberg zu meiner Mutter geleitet, daß ich sie heimsuche und daß Ihr Eure Schwieger als Eidam grüßt.«

Er antwortete: »Ihr habt wohl geredet, traute Gemahlin, Euer Wille geschehe.«

Drauf machte sich das edle Paar auf und zog gen Bamberg, und in dem mütterlichen Hause war große Freude und viel Jubilierens bei der Ankunft der geliebten Gäste. Das einzige, was dem Grafen daselbst nicht behagte, war, daß alle Morgen in der Nähe seines Schlafgemaches ein Huhn gackerte, das ihn aus dem Schlafe störte, der in den Armen seiner zarten Gemahlin ihm so süß war. Er konnte sich nicht enthalten, seinen Verdruß darüber ihr zu eröffnen, und schwor, dem Huhn den Hals umzudrehen, wenn er es in seine Gewalt bekäm. Lukrezia antwortete ihm lächelnd: »Mitnichten sollt Ihr das Hühnlein abwürgen, das jeden Tag ein frisches Ei legt und dem Hause guten Gewinn bringt.«

Der Graf wunderte sich, wie eine verschwenderische Hofdame so plötzlich in eine wirtschaftliche Hausfrau sich habe umwandeln können, und erwiderte auf diese Rede: »Ich habe Euch meine Grafschaft aufgeopfert, die Ihr verschleudert habt, Pfaffen und Nonnen damit zu mästen, und Ihr wollt mir nicht ein elendes Huhn zum Gegenopfer verleihen, daran erkenn ich Euch, daß Ihr mich nicht liebt.«

Die junge Frau streichelte ihrem Gemahl die vor Unwillen aufschwellende Wange und sprach: »Vernehmt, lieber Herzgespiel, daß dieses Hühnlein, das Eure Ruhe stört, jeden Morgen ein goldnes Ei legt, darum ist es meiner Mutter lieb und wert, ißt mit ihr aus der Schüssel und schläft bei ihr in der Kammer. Seit neunzehn Jahren hat es das Haus mit diesen köstlichen Eiern versorgt. Daraus mögt Ihr urteilen, ob ich um Lohn der Kaiserin Söldnerin war; ob mich der Eigennutz nach Euren Geschenken lüstern machte und ob sie etwas über mein Herz vermochten. Ich nahm sie, nicht um Euch zu plündern, sondern Eure Liebe zu prüfen, und schüttete sie in den Schoß der heiligen Kirche, um mich von dem Verdachte des Eigennutzes zu befreien. Ich wollte, daß die Liebe allein unsre Herzen verbinden sollte, darum nahm ich Eure Hand ohne Erbgut und gab Euch die meine ohne Brautschatz; nun soll's weder Euch an der Grafschaft, noch mir an der Aussteuer fehlen.«

Graf Ulrich erstaunte über die Rede seiner Gemahlin; seine Seele schwankte zwischen Glauben und Zweifel. Um den ungläubigen Thomas zu überzeugen, rief sie die Mutter herbei, offenbarte ihr, daß sie das Eiergeheimnis an ihren Gemahl verraten habe, und überließ es ihr, denselben von der Wahrheit zu überzeugen. Die gute Mutter schloß ihre Truhen auf, und der verwunderte Eidam stand wie verzaubert da, als er den unermeßlichen Reichtum erblickte. Er gestand, daß der Brautschatz eines güldnen Eiersegens ein herrlicher Fund für einen Grafen ohne Grafschaft sei; jedoch beschwor er mit einem teueren Eide, daß aller Welt Schätze dem Übermaß der Liebe gegen seine Gemahlin keinen Zusatz zu geben vermöchten. In kurzem war die verpfändete Grafschaft wieder eingelöst und noch eine andere dazugekauft, ohne daß es seiner ritterlichen Talente zu dieser Akquisition bedürfte. Er ließ Wehr und Harnisch ruhen und verlebte seine Tage in Ruhe beim Genuß des unwandelbarsten Minneglückes; denn die schöne Lukrezia bewies durch ihr Beispiel, daß die spröden Schönen zuweilen die gefälligsten Gattinnen werden.

Johann Carl August Musäus

Der Kater, der eigentlich ein Schutzengel war

Es war einmal ein Bub ohne Vater und Mutter, der allein im Wald lebte. Wovon hat er gelebt, werdet ihr fragen. Nun, das ist eine Geschichte. Als der Vater und die Mutter gestorben waren, konnte der kleine Juan gerade laufen, aber er hätte sich noch nicht die Hose zumachen können. Doch hat sich da ganz plötzlich ein Kater eingefunden, der den kleinen Burschen wie einen Herrn bedient hat. Er hat für ihn gekocht, hat für ihn Kleider genäht, kurz: alles besorgt, was sein Herr und das Haus gebraucht haben.

Als der Bursche größer geworden war, hat der Kater ihn auch belehrt, und er hat ihm nicht nur gezeigt, wie man den Garten bestellt und wie man Wild fängt, sondern er hat ihm sogar Lesen und ein wenig Schreiben beigebracht.

Nun lebten in jener Gegend Räuber, welche reiche Kaufleute entweder überfallen oder von ihnen einen Schutzzoll kassiert haben. Die Räuber lebten in einer Höhle, die gut verschlossen war. Aber der Kater war schlau, er lauerte den Räubern auf und achtete darauf, wo sie den Schlüssel hingelegt haben, wenn sie ihre Höhle verließen. Und als die Räuber weggegangen waren, hat er den Schlüssel genommen, die Höhle aufgesperrt und ist hineingegangen. Und unter den vielen Schätzen, welche die Räuber aufgehäuft hatten, ist ihm eine goldene Halskette besonders aufgefallen. Da hat der Kater die Kette schnell genommen, ist aus der Höhle wieder hinaus und hat sie zugesperrt und den Schlüssel dort versteckt, wo ihn die Räuber immer hingelegt haben.

Bei Juan angekommen, hat er gesagt: »Schau einmal: was für eine schöne goldene Kette!«

»Wo hast du sie her?« hat sein Herr ihn gefragt.

»Ich habe sie auf dem Weg gefunden.«

»Die dürfen wir aber nicht behalten«, hat Juan gesagt, »weil sie uns nicht gehört.«

»Ja, aber«, hat der Kater gesagt, »wie sollen wir denn wissen, wer der rechtmäßige Besitzer ist? Was man auf dem Weg findet, fällt an den Finder.«

»Nein«, hat Juan gesagt, »wir wollen das dem König bringen, dem unser Land gehört.«

»Gut, wenn du meinst.«

Der Kater aber, was macht er? Er läuft zum König und sagt: »Mein Herr, der Graf Juan, erlaubt sich, Euch diese goldene Kette zum Geschenk zu senden!«

Der König war ebenso erfreut wie erstaunt über dieses kostbare Geschenk, und er hat den Kater mit der Weisung entlassen, er danke dem Grafen vielmals für seine Freigebigkeit.

Der Kater aber ist wieder zu der Räuberhöhle gelaufen und hat gewartet, bis die ganze Bande zu einem Raubzug ausgezogen ist. Dann hat er den Schlüssel aus dem Versteck geholt, die Höhle aufgesperrt und ist hineingegangen. Und unter den vielen Schätzen hat ihm vor allem ein Ring mit einem Smaragd gefallen. Den hat er genommen, die Höhle zugesperrt und den Schlüssel wieder versteckt.

Daheim hat er zu seinem Herrn gesagt: »Schau einmal: was für ein schöner Ring!«

»Wo hast du ihn her?« hat Juan gefragt.

»Ich habe ihn auf dem Wege gefunden«, hat der Kater geantwortet.

»Dann nimm ihn«, sagt Juan, »und trage auch den Ring zum König, denn er gehört uns nicht, und wir werden kaum in Erfahrung bringen, wem er gehört hat!«

Der Kater hat also den Ring mit dem Smaragd wieder zum König gebracht und gesagt: »Mein Herr, der Graf Juan, erlaubt sich, Euch diesen Smaragd-Ring zum Geschenk zu machen.«

»Sag einmal«, mein der König, »dein Herr ist wohl sehr reich?«

Der Kater hat sich hinter den Ohren gekratzt und hat gemeint: »Man bräuchte wohl ein halbes Jahr, um alles Geld zu zählen.«

»Caramba!« ruft der König, »ich hätte nicht gedacht, daß es in unserer Gegend so reiche Leute gibt, die sich solche Geschenke erlauben können! Ich könnte das nicht.« Das Katerchen aber hat sich verabschiedet und ist wieder heimgelaufen.

An einem andern Tag hat sich der Kater wieder vor der Höhle auf die Lauer gelegt, hat gewartet, bis die Bande ausgezogen war. Dann hat er wieder den Schlüssel aus dem Versteck geholt, die Höhle aufgesperrt und ist hineingegangen. Da hat er einen goldenen und mit Juwelen verzierten Becher gesehen. Den hat er genommen, hat die Höhle wieder zugesperrt, den Schlüssel versteckt und ist heimgelaufen.

Daheim hat er seinem Herrn gesagt: »Schau einmal: was für ein schöner Becher!«

»Wo hast du den wieder her?« hat Juan gefragt.

»Ich habe ihn auf dem Weg gefunden.«

»Du hast aber ein großes Glück! Das ist wirklich ein schöner Becher!«

»Du könntest daraus trinken«, hat der Kater gemeint.

»Nein«, sagt der Bursche, »er gehört mir nicht. Geh und bring ihn dem König!«

»Wie du willst«, sagt der Kater.

Er hat also den goldenen Becher genommen, ist zum König gegangen und hat gesagt: »Mein Herr, der Graf Juan, erlaubt sich, Euch diesen Becher zum Geschenk zu machen.«

»Ei verflucht!« hat der König ausgerufen, »das ist ein kostbares Stück. Was muß dein Herr für ein Reicher sein, daß er es sich leisten kann, solche Geschenke zu machen!«

»Nun ja«, erwidert das Katerchen, »wem der Himmel beisteht, dem wachsen auf den Bäumen goldene Früchte.«

»Du da«, sagt der König, »sag einmal: Ist dein Graf verheiratet? Hat er Kinder? Wie steht's?«

»Nein, mein Herr ist ein junges, hübsches Herrchen, noch ledig.«

»Hm hm«, meint der König, »ich hätte da eine junge und schöne Tochter. Was meinst du, ob da nichts zu machen wäre?«

»Gern«, sagt der Kater, »will ich da einmal mit meinem Herrn reden. Wo fände er auch gleich eine passende Frau?«

Der Kater ist also zu seinem Herrn heimgelaufen: »Du, der König läßt dich fragen, ob du nicht seine Tochter heiraten willst? Sie ist jung und hübsch! Ich habe sie selber gesehen.«

Juan hat gesagt: »Du bist ja närrisch! Wie soll ich armer Tropf die Tochter des Königs heiraten? Wovon sollen wir denn überhaupt leben?«

»Da laß nur mich machen!« hat der Kater erwidert, »wem der Himmel wohl will, dem regnet es Dukaten in den Suppentopf.«

Nun aber waren die Räuber wieder einmal von einem Raubzug heimgekehrt, und wie sie gemustert haben, was sie alles erbeutet hatten, und wie sie ihr gestohlenes Gut zu dem andern legen wollten, haben sie bemerkt, daß die kostbare Halskette, der Ring mit dem Smaragd und der Becher gefehlt haben. Da hat ihr Kapitän gesagt: »Brüder, einer von uns ist ein Dieb und bestiehlt uns heimlich. Der Lump soll ein Loch in den Leib bekommen, wo es ihm die Natur nicht gegeben hat!«

Da hat einer von den Räubern, der seinen Hauptmann noch nie hat leiden können, gesagt: »Brüder, ich frage euch: Wer ist neulich noch einmal in die Höhle zurückgekehrt, als wir schon unterwegs waren? War das nicht der Kapitän?«

»Du Hund!« hat der Hauptmann geschrien, »dir werde ich gleich zeigen, wer andere verdächtigen kann.«

Kurz und gut, es ist ein Streit ausgebrochen, und die Räuber haben aufeinander eingestochen, eingehauen und geschossen, bis auch der letzte als Toter dort lag.

Da ist das Katerchen hingegangen, hat von dem Gold soviel genommen, wie er gebraucht hat, und hat damit in einer andern Gegend ein Schloß gekauft, dessen Besitzer gerade gestorben war.

In dieses Schloß hat er auch den Rest des Räuberschatzes gebracht. Dann hat er seinen Herrn gerufen und hat gesagt: »Wie ich herausgebracht habe, ist ein alter Onkel von dir gestorben. Du bist der einzige Erbe und kannst nun in seinem Schloß wohnen!«

»Ist das auch wahr?« hat Juan gefragt.

»Komm mit und schau es dir an!«

Als Juan in das Schloß umgezogen war, hat der Kater gemeint:

»Nun, ist die Sache nicht jetzt ganz anders? Was sagst du: Möchtest du nicht doch die Tochter des Königs heiraten?«

»Ja, wenn du es für gut hältst, will ich mich auf dich verlassen«, hat Juan gesagt.

Der Kater ist zum König gelaufen, und hat gesagt: »Mein Herr, der Graf Juan, lädt Euch und Eure Tochter auf sein Schloß ein. Und wenn es allen recht ist, wird er gern Eure Tochter heiraten.«

Da war der König sehr vergnügt, und er ist am andern Tag mit seiner Tochter auf das Schloß gefahren, wo Juan gewohnt hat. Der Königstochter hat der hübsche Bursche sehr gefallen und dem Juan die Prinzessin. Und so hat man die Hochzeit vorbereitet und drei Tage lang große Feste gefeiert.

Am Abend des dritten Tages aber hat der Kater seinen Herrn gerufen und hat gesagt: »Mein Juan, ich bin dein Schutzengel, der dich liebt und der dich armen Waisenbuben hat glücklich machen wollen. Bis hierher habe ich dich begleitet. Nun auf Wiedersehen im Himmel!«

Juan war erst recht traurig, aber dann hat er sich mit seiner Braut getröstet.

Sie waren glücklich und vergnügt!
Ich aber hab nichts abgekriegt.

Märchen aus Haiti

Die Blume, die sang

Es waren einmal Eltern, die drei Söhne hatten, und da sie sehr arm waren, gingen die drei in die Welt, um ihr Leben zu verdienen. Und sie gingen drei verschiedene Wege. Alle verdienten viel Geld, aber die zwei älteren gaben alles aus, was sie verdienten. Nur der jüngste Bruder sparte sein Geld. Und als die drei Geschwister sich trafen, um nach Hause zurückzukehren, fragten sie den Jüngsten, ob er Geld mitbringe. Und er sagte ja und zeigte es ihnen. Dann haben die anderen, voll Neid, ihn umgebracht, um ihm das Geld wegzunehmen, und sie haben ihn auf dem Felde begraben.

Dann gingen sie nach Hause und sagten dem Vater, daß der jüngste Bruder gestorben sei. Und die Eltern waren sehr traurig. Und dort, wo der jüngste Bruder begraben war, wuchs eine Blume. Und eines Tages ging ein Indio dort vorbei und nahm die Blume und fing an hineinzublasen. Und wenn er blies, sang die Blume:

»Blas mich, Indianer, blas mich,
blase mich mit großem Schmerz.
Meine Brüder brachten mich um,
bin jetzt einer Blume Herz.«

Und der Indianer, sehr überrascht, brachte seiner Frau die Blume, und auch sie hat geblasen. Und die Blume sang:

»Blas mich, Indianerin, blas mich,
blase mich mit großem Schmerz.
Meine Brüder brachten mich um,
bin jetzt einer Blume Herz.«

Dann brachten sie die Blume zu ihrem Gevatter, der der Vater des verstorbenen Burschen war, und auch er hat die Blume geblasen. Und die Blume sang:

»Blas mich, mein Vater, blas mich,
blase mich mit großem Schmerz.
Meine Brüder brachten mich um,
bin jetzt einer Blume Herz.«

Dann hat der Vater der Mutter die Blume gegeben, und auch sie hat geblasen. Und die Blume sang:

»Blas mich, Mutter, blas mich,
blase mich mit großem Schmerz.
Meine Brüder brachten mich um,
bin jetzt einer Blume Herz.«

Dann fragten sie den Indio, wo er die Blume gefunden habe, und er führte sie zu dem Ort. Dort haben sie das Grab geöffnet, und sie haben den jüngsten Bruder lebendig gefunden.

Mexikanisch-europäisches Märchen

Die goldene Gans

Es war ein Mann, der hatte drei Söhne, davon hieß der jüngste der Dummling und wurde verachtet und verspottet und bei jeder Gelegenheit zurückgesetzt. Es geschah, daß der älteste in den Wald gehen wollte, Holz hauen, und eh er ging, gab ihm noch seine Mutter einen schönen feinen Eierkuchen und eine Flasche Wein mit, damit er nicht Hunger und Durst erlitte. Als er in den Wald kam, begegnete ihm ein altes graues Männlein, das bot ihm einen guten Tag und sprach: »Gib mir doch ein Stück Kuchen aus deiner Tasche, und laß mich einen Schluck von deinem Wein trinken, ich bin so hungrig und durstig.«

Der kluge Sohn aber antwortete: »Geb ich dir meinen Kuchen und meinen Wein, so hab ich selber nichts, pack dich deiner Wege«, ließ das Männlein stehen und ging fort. Als er nun anfing, einen Baum zu behauen, dauerte es nicht lange, so hieb er fehl, und die Axt fuhr ihm in den Arm, daß er mußte heimgehen und sich verbinden lassen. Das war aber von dem grauen Männchen gekommen.

Darauf ging der zweite Sohn in den Wald, und die Mutter gab ihm, wie dem ältesten, einen Eierkuchen und eine Flasche Wein. Dem begegnete gleichfalls das alte graue Männchen und hielt um ein Stück Kuchen und einen Trunk Wein an. Aber der zweite Sohn sprach auch ganz verständig: »Was ich dir gebe, das geht mir selber ab, pack dich deiner Wege«, ließ das Männlein stehen und ging fort. Die Strafe blieb nicht aus, als er ein paar Hiebe am Baum getan, hieb er sich ins Bein, daß er mußte nach Haus getragen werden.

Da sagte der Dummling: »Vater, laß mich einmal hinausgehen und Holz hauen.«

Antwortete der Vater: »Deine Brüder haben sich Schaden dabei getan, laß dich davon, du verstehst nichts davon.« Der Dummling aber bat so lange, bis er endlich sagte: »Geh nur hin, durch Schaden wirst du klug werden.« Die Mutter gab ihm einen Kuchen, der war mit Wasser in der Asche gebacken, und dazu eine Flasche saures Bier.

Als er in den Wald kam, begegnete ihm gleichfalls das alte graue Männchen, grüßte ihn und sprach: »Gib mir ein Stück von deinem Kuchen und einen Trunk aus deiner Flasche, ich bin so hungrig und durstig.«

Antwortete der Dummling: »Ich habe aber nur Aschenkuchen und saures Bier, wenn dir das recht ist, so wollen wir uns setzen und essen.« Da setzten sie sich, und als der Dummling seinen Aschenkuchen herausholte, so war's ein feiner Eierkuchen, und das saure Bier war ein guter Wein.

Nun aßen und tranken sie, und danach sprach das Männlein: »Weil du ein gutes Herz hast und von dem Deinigen gerne teilst, so will ich dir Glück bescheren. Dort steht ein alter Baum, den hau ab, so wirst du in den Wurzeln etwas finden.« Darauf nahm das Männlein Abschied.

Der Dummling ging hin und hieb den Baum um, und wie er fiel, saß in den Wurzeln eine Gans, die hatte Federn von reinem Gold. Er hob sie heraus, nahm sie mit sich und ging in ein Wirtshaus, da wollte er übernachten. Der Wirt hatte aber drei Töchter, die sahen die Gans, waren neugierig, was das für ein wunderlicher Vogel wäre, und hätten gar gern eine von seinen goldenen Federn gehabt. Die älteste dachte, »es wird sich schon eine Gelegenheit finden, wo ich mir eine Feder ausziehen kann«, und als der Dummling einmal hinausgegangen war, faßte sie die Gans beim Flügel, aber Finger und Hand blieben ihr daran festhängen. Bald danach kam die zweite und hatte keinen andern Gedanken, als sich eine goldene Feder zu holen; kaum aber hatte sie ihre Schwester angerührt, so blieb sie festhängen. Endlich kam auch die dritte in gleicher Absicht; da schrien die andern: »Bleib weg, ums Himmelswillen, bleib weg.«

Aber sie begriff nicht, warum sie wegbleiben sollte, dachte, »sind die dabei, so kann ich auch dabei sein«, und sprang herzu, und wie sie ihre Schwester angerührt hatte, so blieb sie an ihr hängen. So mußten sie die Nacht bei der Gans zubringen.

Am andern Morgen nahm der Dummling die Gans in den Arm, ging fort und kümmerte sich nicht um die drei Mädchen, die daranhingen. Sie mußten immer hinter ihm drein laufen, links und rechts, wie's ihm in die Beine kam.

Mitten auf dem Felde begegnete ihnen der Pfarrer, und als er den Aufzug sah, sprach er: »Schämt euch, ihr garstigen Mädchen, was lauft ihr dem jungen Bursch durchs Feld nach, schickt sich das?« Damit faßte er die jüngste an die Hand und wollte sie zurückziehen; wie er sie aber anrührte, blieb er gleichfalls hängen und mußte selber hinterdrein laufen.

Nicht lange, so kam der Küster daher und sah den Herrn Pfarrer, der drei Mädchen auf dem Fuß folgte. Da verwunderte er sich und rief: »Ei, Herr Pfarrer, wohinaus so geschwind? Vergeßt nicht, daß wir heute noch einen Kindstaufe haben«, lief auf ihn zu und faßte ihn am Ärmel, blieb aber auch festhängen.

Wie die fünf so hintereinander hertrabten, kamen zwei Bauern mit ihren Hacken vom Feld. Da rief der Pfarrer sie an und bat, sie möchten ihn und den Küster losmachen. Kaum aber hatten sie den Küster angerührt, so blieben sie hängen und waren ihrer nun siebene, die dem Dummling mit der Gans nachliefen.

Er kam darauf in eine Stadt, da herrschte ein König, der hatte eine Tochter, die war so ernsthaft, daß sie niemand zum Lachen bringen konnte. Darum hatte er ein Gesetz gegeben, wer sie könnte zum Lachen bringen, der sollte sie heiraten. Der Dummling, als er das hörte, ging mit seiner Gans und ihrem Anhang vor die Königstochter, und als diese die sieben Menschen immer hintereinander herlaufen sah, fing sie überlaut an zu lachen und wollte gar nicht wieder aufhören. Da verlangte sie der Dummling zur Braut, aber dem König gefiel der Schwiegersohn nicht, er machte allerlei Einwendungen und sagte, er müßte ihm erst einen Mann bringen, der einen Keller voll Wein austrinken könnte. Der Dummling dachte an das graue Männchen, das könnte ihm wohl helfen, ging hinaus in den Wald, und auf der Stelle, wo er den Baum abgehauen hatte, sah er einen Mann sitzen, der machte ein ganz betrübtes Gesicht. Der Dummling fragte, was er sich so sehr zu Herzen nähme.

Da antwortete er: »Ich habe so großen Durst und kann ihn nicht löschen, das kalte Wasser vertrage ich nicht, ein Faß Wein habe ich zwar ausgeleert, aber was ist ein Tropfen auf einem heißen Stein?«

»Da kann ich dir helfen«, sagte der Dummling, »komm nur mit mir, du sollst satt haben.« Er führte ihn darauf in des Königs Keller, und der Mann machte sich über die großen Fässer, trank und trank, daß ihm die Hüften wehtaten, und ehe ein Tag herum war, hatte er den ganzen Keller ausgetrunken.

Der Dummling verlangte abermals seine Braut, der König aber ärgerte sich, daß ein schlichter Bursch, den jedermann einen Dummling nannte, seine Tochter davontragen sollte, und machte neue Bedingungen: Er müßte erst einen Mann schaffen, der einen Berg voll Brot aufessen könnte. Der Dummling besann sich nicht lange, sondern ging gleich hinaus in den Wald, da saß auf demselben Platz ein Mann, der schnürte sich den Leib mit einem Riemen zusammen, machte ein grämliches Gesicht und sagte: »Ich habe einen ganzen Backofen voll Raspelbrot gegessen, aber was hilft das, wenn man so großen Hunger hat wie ich: Mein Magen bleibt leer, und ich muß mich nur zuschnüren, wenn ich nicht Hungers sterben soll.«

Der Dummling war froh darüber und sprach: »Mach dich auf und geh mit mir, du sollst dich sattessen.« Er führte ihn an den Hof des Königs, der hatte alles Mehl aus dem ganzen Reich zusammenfahren und einen ungeheuern Berg davon backen lassen. Der Mann aber aus dem Walde stellte sich davor, fing an zu essen, und in einem Tag war der ganze Berg verschwunden.

Der Dummling forderte zum drittenmal seine Braut, der König aber suchte noch einmal Ausflucht und verlangte ein Schiff, das zu Land und zu Wasser fahren könnte: »Sowie du aber damit angesegelt kommst«, sagte er, »so sollst du gleich meine Tochter zur Gemahlin haben.«

Der Dummling ging geradeswegs in den Wald, da saß das alte graue Männchen, dem er seinen Kuchen gegeben hatte, und sagte: »Ich habe für dich getrunken und gegessen, ich will dir auch das Schiff geben; das alles tu ich, weil du barmherzig gegen mich gewesen bist.« Da gab er ihm das Schiff, das zu Land und zu Wasser fuhr, und als der König das sah, konnte er ihm seine Tochter nicht länger vorenthalten. Die Hochzeit ward gefeiert, nach des Königs Tod erbte der Dummling das Reich und lebte lange Zeit vergnügt mit seiner Gemahlin.

Brüder Grimm

Der Schuhu und die fliegende Prinzessin

Erstes Kapitel

Es war ein armer Schneider, der lebte mit seiner Frau und seinen neun Kindern vom Kleidermachen; er wurde ständig schmaler, doch sein Beutel nicht dicker, und wie er sich auch plagte, er blieb immer auf der Hefe sitzen. Eines Morgens, als er wieder mit krummem Rücken auf dem Tisch hockte, trat die Nachbarin, es war die Frau des Barbiers, aus der Kammer und sagte zu ihm: »Dein Weib liegt im Bett, sie wird wieder ein Kind zur Welt bringen.«

»Das soll sie«, sagte der Schneider; »ich will indessen gehen und alle Vettern und Freunde einladen, denn es wird erwartet, daß wir einen Taufschmaus geben. Weil es aber das zehnte Kind sein wird, will ich den Bürgermeister zum Paten bitten.« Er nahm eine Menge Windelchen, Deckchen und Lätzchen aus dem Kasten; derlei Zeugs hatte er, von den anderen Kindern, genug übrig; dann lief er gaßauf und gaßab, klopfte bei denen, die er kannte, und sprach: »In meinem Haus ist was Kleines fällig, ihr seid eingeladen.«

Alle kamen, auch der Bürgermeister, der gern Bier trank.

Sie saßen Hintern an Hintern, tranken ein Faß Bier leer und warteten auf das Kind. Endlich steckte die Frau des Barbiers den Kopf durch die Tür und machte dem Schneider Zeichen mit der Hand. »Nun«, sagte der Schneider, »ist es da?«

»Ich glaube«, sagte die Frau des Barbiers.

»Du liebe Torheit«, sagte der Schneider, »ja oder nein?«

»Es ist da«, sagte die Frau des Barbiers, »aber ich frage mich, ob wir mit es beide die gleiche Sache meinen.«

»Was soll ich denn meinen?« rief der Schneider, »mein Kind natürlich.«

»Ach Gott«, sagte die Frau des Barbiers, »es ist mir unmöglich, hierauf eine vernünftige Antwort zu geben.«

Der Schneider ließ sie stehen und lief zu seiner Frau, die im Bett lag, ein Ei im Arm. »Das hast du bekommen?« fragte der Schneider.

»Ja«, sagte die Frau.

»Das ist dumm«, sagte der Schneider. »Das ist das letzte, womit ich gerechnet habe.«

»Vielleicht schlüpft es noch aus«, sagte die Frau.

»Das hilft uns jetzt auch nicht viel«, sagte der Schneider; »die Gäste sitzen wie unter den Dornen, sie haben schon jeden Tropfen Bier ausgetrunken.«

»Das ganze Faß«, sagte die Frau des Schneiders und rang die Hände; dabei fiel ihr das Ei aus dem Bett. Es rollte über die Dielen und verschwand unter dem

Schrank. Der Schneider stocherte eine Weile lang mit seiner Elle unter dem Schrank herum, aber das Ei war bis an die Wand gerollt, und er konnte es nicht erreichen. Da ließ er es liegen und ging zurück zu den Gästen.

»Was ist«, sagte der Bürgermeister ungeduldig, »wo bleibt mein Patenkind?«

»Ach entschuldigen Sie«, sagte der Schneider, »Ihr Patenkind ist unter den Schrank gerollt.«

Da glaubte der Bürgermeister, er triebe seinen Scherz mit ihm, und ging sehr zornig nach Hause. Die Freunde und Vettern aber sahen des Bürgermeisters Zorn und fürchteten sich, und sie gingen ebenfalls nach Hause, einer nach dem andern.

Der Schneider hätt nicht sollen hoffen
auf das, was neun Mal eingetroffen.

Zweites Kapitel

Im nächsten Frühjahr fand die Schneidersfrau das Ei beim Großreinemachen. Sie brachte es zu ihrem Mann, der, Bein über Bein, dasaß, und fragte ihn, was sie damit tun solle. »Wirf es weg«, sagte er.

»Du Gottloser«, sagte die Frau, »das dulde ich nie und nimmer, es hat uns ein Faß Bier gekostet.«

»Du hast recht, Frau«, sagte der Schneider, »ich will es als Stopfei verwenden.«

Er nahm eine alte Hose, die er flicken wollte, ließ das Ei ins Bein gleiten, ergriff Nadel und Faden und durchstach den Stoff am Knie, dort, wo das Loch war. Als die Nadelspitze das Ei berührte, ertönte eine dünne Stimme und sagte: »Vater, Sie kitzeln mich.«

Der Schneider blickte nach rechts, nach links und unter den Tisch, aber die Werkstatt war leer.

Er fuhr fort zu nähen; wieder ließ sich die Stimme vernehmen und sagte: »Hihi, Vater, Sie kitzeln mich ganz schlimm.«

»Wer spricht?« fragte der Schneider.

»Ich«, sagte die Stimme, »Ihr Sohn.«

»Wo bist du?« fragte der Schneider.

»In dem Ei«, sagte die Stimme, »aber es ist nun an der Zeit, daß ich ausschlüpfe.«

»Das kommt spät genug«, sagte der Schneider vorwurfsvoll.

»Gut Ding will gut Weile«, sagte das Ei.

Und es fuhr fort und sagte:

»Sieden Sie mich bis zum Abend in Brunnenwasser, hiernach legen Sie mich auf die Straße, und wenn Sie so verfahren sind, können Sie mich vom Schmied aufschlagen lassen.«

Der Schneider ging zum Brunnen und holte einen Kessel voll Wasser. Den brachte er auf dem Feuer zum Kochen. Er warf das Ei hinein und sott es bis zum Abend.

Zu der Stunde, da die Herden von der Weide kamen, nahm er das Ei aus dem Kessel und legte es auf die Straße. Die Rinder trotteten blökend in ihre Ställe, und jedes von ihnen trat auf das Ei. Nach den Rindern kamen die Ziegen und Schafe, zuletzt kam das Federvieh. Als die letzte Ente auf das Ei getreten war, hob der Schneider es auf und betrachtete es, und er fand einen ganz zarten Sprung in seiner Schale. »Bist du noch nicht fertig?« fragte er.

»Nein«, sagte das Ei, »so leicht ist einer wie ich nicht zur Welt zu bringen. Tragen Sie mich zum Schmied; wenn er ein starker Mann ist, werden wir sehen.«

Der Schneider trug das Ei zum Schmied und bat ihn, es zu öffnen. Der Schmied sah, daß es schon einen Sprung hatte. Er drückte es mit seinem rußigen Daumen, das Ei blieb aber heil und unverdorben. Da erboste sich der Schmied miteins über das Ei. Er warf es auf den Amboß und schlug mit dem Hammer darauf wie auf kalt Eisen. Es gab ein lautes Krachen, und die Brocken flogen dem Schneider um die Ohren. »Ist das Ei entzwei?« fragte er.

»Nein«, versetzte der Schmied, »der Hammer.«

Er ergriff den größten Hammer, den er hatte, schwang ihn mit beiden Armen über dem Kopf und ließ ihn mächtig auf das Ei herniedersausen. Die Schalen zerbrachen. Und so, wohlgelagert, ausgekocht und abgehärtet, kam des Schneiders Sohn auf einem Amboß zur Welt. Er war ein winziger Vogel, bedeckt mit einem weichen, weißen Flaum von Daunen; da saß er nun und betrachtete seinen Vater mit einem unschuldvollen Aufschlag seiner goldenen Augen.

Das kluge Küken nimmt sich Zeit.
Der kommt späte, der kommt weit.

Drittes Kapitel

Der Schneider erkannte, daß sein Sohn ein Schuhu war.

»Welche Rute habe ich mir da wieder aufgebunden«, rief er; »nicht getan damit, daß neun hungrige Kinder mir die Not ins Haus bringen, kommt das zehnte und bringt mir die Schande.« Er schalt den Schuhu mit diesen und anderen bitteren Worten und sagte, daß er ihn nicht zum Sohn wolle, und hieß ihn in die weite Welt gehen oder wohin es ihm beliebte.

»O Vater«, sprach der Schuhu, »verstoßen Sie mich nicht, ich bin ja noch immer nicht fertig. Mein Auge ist noch empfindlich, mein Federkleid noch nicht gewachsen, mein Schnabel noch weich; ich will gern in die Welt, aber dort muß man gut sehen, fliegen und hacken.«

»Aber die Leute«, rief der Schneider.

»Nehmen Sie mich ruhig in Ihr Haus«, sprach der Schuhu; »alle werden mich erblicken, und keiner wird mich sehen; denn ich werde mich ganz still verhalten und tun, als sei ich eine Uhr.«

Der Schneider steckte den Schuhu in die Tasche und nahm ihn in sein Haus. Dort stellte er ihn auf den Kamin. Der Schuhu kniff eine Auge zu und rollte langsam das andere im Kreis, so daß es, immer wenn die Uhr vom Kirchberg die volle Stunde schlug, nach oben zeigte. Auf die Art verbrachte er die Zeit, bis er fertig war, nachdenkend und schweigsam.

Wenn er das Auge nach oben rollte, dachte er über die Dinge des Himmels nach. Wenn er das Auge nach unten rollte, dachte er über die Dinge der Erde nach. Wenn er das Auge nach links rollte, dachte er über die notwendigen Dinge nach, und, rollte er es nach rechts, über die überflüssigen. So versäumte er keinen Gegenstand und blieb keine Sache unbedacht.

Alle Kunden des Schneiders aber hielten ihn für eine Uhr, und selbst der Schneider gewöhnte sich, auf seinen Sohn zu blicken, wenn er das Gefühl hatte, die Mittagssuppe ließe auf sich warten.

Er kann sie noch am Hals nicht fassen
und sorgt, daß sie ihn in Ruhe lassen.

Viertes Kapitel

Aber der Bürgermeister hatte die Kränkung nicht vergessen, die, wie er glaubte, der Schneider ihm zugefügt hatte. Eines Tages erschien er in der Werkstatt. Er brachte ein Stück feinsten Tuches mit, nicht größer, als eine Hand groß ist; das gab er dem Schneider und befahl ihm, daraus einen Mantel zu nähen. »Das kann ich nicht«, sagte der Schneider.

»Wie?« sprach der Bürgermeister, »du kannst keinen Mantel nähen? Du willst's nicht. Aber wenn mein Mantel in einer Woche nicht fertig ist, lasse ich dir den Kopf abschlagen; darauf mach dir eine Kerbe ins Ohr.«

Das sprach er, weil er so sehr gekränkt war; übrigens kaufte er häufig so ein.

»Mein letztes Geld ist verloren«, sagte der Schneider zu dem Schuhu, der alles mit angehört hatte, »und zwar durch dich.«

»Es wird Ihnen zur Feueresse hereinfliegen«, sagte der Schuhu zu dem Schneider, »und zwar durch mich.« Er erklärte seinem Vater, was er tun müsse.

Gaßauf, gaßab lief der Schneider, klopfte bei denen, die er kannte, und borgte ihnen so viel Geld ab, wie sie ihm geben konnten. Für das Geld kaufte er feines Tuch. Von dem Tuch nähte er einen prächtigen Mantel.

Über acht Tage kam der Bürgermeister wieder. Der Schneider holte den Mantel hervor und legte ihn dem Bürgermeister um die Schultern, und der Mantel wallte in breiten Falten zur Erde wie das Gewand eines Königs. Der Bürgermeister war mit seinem Streich sehr zufrieden; denn daß der Schneider das Tuch selbst bezahlen sollte, das hatte er gewollt. Weil er aber dem Schneider schlecht gesonnen war, fragte er: »Wo sind die Flicken von dem Tuch? Alle Schneider sind Diebe, doch ich bestehe darauf, daß du mir den Rest herausgibst.«

»Das ist nur billig«, sagte der Schneider. Er hob einen schweren Ballen auf den Tisch und sagte: »Hier ist der Rest.«

»Brav«, sagte der Bürgermeister überrascht. »Sehr brav.« Er nahm den Ballen unter den Arm, warf einen kupfernen Heller auf den Boden und drehte dem Schneider den Rücken.

»Warten Sie«, sagte der Schneider, »Sie bekommen noch Geld wieder.«

»Auf den Heller?« fragte der Bürgermeister.

»Auf den Heller«, sagte der Schneider mit einem Bückling, und er drückte dem Bürgermeister einen goldenen Dukaten in die Hand.

Das war kein schlechter Markt für den Bürgermeister. Aber es drückte ihm das Herz ab, daß er des Schneiders Geheimnis nicht kannte, wie der aus einem Heller einen Dukaten machen konnte und aus einem handgroßen Stück Tuch einen Mantel. Er drang in ihn mit Bitten und Drohen, daß er es ihm verriete. Endlich gab der Schneider nach. Er zeigte auf den Schuhu, der auf dem Kamin stand, stark gewachsen und in einem neuen, kraftvollen Gefieder, das schwarz war und mit gelben Flammen.

»Ich habe einen Schuhu«, sagte er, »der macht aus wenig viel.«

Der Bürgermeister wollte dieses wunderbare Tier unbedingt besitzen. Er erbot sich, dem Schneider, wenn der ihm den Schuhu ließe, das Tuch und die Arbeit für den Mantel zu bezahlen und hundert Dukaten obendrein. Der Schneider sträubte sich zum Schein, dann willigte er in den Handel. Der Bürgermeister rührte den Daumen. Dann wickelte er den Schuhu in den Mantel und trat vor die Tür.

»Seien Sie vorsichtig«, sagte der Schuhu aus dem Mantel heraus zu dem Bürgermeister; »Sie werden im Regen ersaufen.«

»Ersaufen?« fragte der Bürgermeister, »es nieselt doch nur ein bißchen.«

»Ja«, sagte der Schuhu aus dem Mantel, »aber ich mache aus wenig viel.«

»Aber wenn ich nicht gehe«, sagte der Bürgermeister, »komme ich zu spät zum Frühstück, und wenn ich zu spät zum Frühstück komme, erhalte ich vielleicht eine Maulschelle von meiner Frau.«

»Falsch«, sagte der Schuhu aus dem Mantel, »sie schlägt Sie tot.«

»Wie kann sie das?« fragte der Bürgermeister.

»Das kann sie«, sagte der Schuhu aus dem Mantel; »ich mache aus wenig viel.«

»O du Schreckensvogel«, sagte der Bürgermeister, »mag dich der Teufel füttern.« Er schmiß den Schuhu samt dem Mantel zur Erde und rannte durch den nassen Regen zu seinem Haus und bekam seine Maulschelle und war froh, daß er nicht ersoffen und nicht totgeschlagen war.

»Gewonnen«, sagte der Schuhu.

»Gewonnen«, rief der Schneider; »ach, was für einen falschen Sohn habe ich gezeugt, er ist schlauer als der Bürgermeister.« Und er verriegelte die Tür seiner Werkstatt von innen und ließ den Schuhu auf der Gasse stehen.

Drum glaubt nicht, daß die Dank von hätten,
die den Frosch aus dem Sumpfe retten.

Fünftes Kapitel

Als des Schuhus Bleibens in seiner Vaterstadt, wie wir erzählt haben, nicht mehr war, nahm er Abschied von ihr und ging nach Gotha, um sich dort einen Herrn zu suchen. Denn er wollte seine Gaben, von denen er keine geringe Meinung hatte, gebrauchen, und große Gaben verlangen einen großen Herrn.

Der Großherzog von Coburg-Gotha wohnte in einem breiten Schloß mit zwei Türmen, von denen einer fertig war, einer nicht, das ist bei Schlössern nicht anders. Vor dem Schloß stand ein Wachposten. Und nach genügender Zeit, also gerade so viel Tage, nachdem er losgegangen war, wie er oder ein anderer Wanderer brauchte, um von da, wo er herkam, bis dorthin, wo er eintraf, zu gelangen, erschien der Schuhu bei dem Wachposten und bat, ihn dem Großherzog zu melden.

Der Wachposten ging zum Großherzog und berichtete, daß da ein Schuhu sei und Dienst nehmen wolle.

Glücklicherweise hatte der Großherzog unter seinen Beamten einen Doktor, welcher die Schuhusprache beherrschte. An den erinnerte er sich und befahl ihm, mit dem Schuhu zu sprechen und herauszufinden, ob dieser Vogel wirklich so weise ist, wie von seiner Gattung gesagt wird. Der Doktor, der den Titel eines großherzoglichen Hofschuhulogen trug, ging mit dem Wachposten in den Hof, wo der Schuhu wartete. Er stellte sich vor ihn hin, bewegte die Schöße seines grauen Rocks wie Flügel und starrte ihn über seine krumme Nase hinweg mit runden Augen an.

Dies ist, was sie redeten:

Schuhu:	Guten Tag, mein Herr.
Schuhuloge:	Guyau-uo.
Schuhu:	Ich bin der Schuhu, des Schneiders Sohn. Ich möchte zum Großherzog.
Schuhuloge:	Hu, hu, ouau auff!
Schuhu:	Ich kann bei Nacht sehen, alle Rätsel auflösen und gute Ratschläge erteilen; dabei esse ich nicht unmäßig und verlange keinen hohen Lohn.
Schuhuloge:	Gusch.
Schuhu:	Wird man mich vorlassen?
Schuhuloge:	Gusch. (Zu dem Wachposten): Das ist, sofern es überhaupt ein Schuhu ist, ein besonders dummer Schuhu. Kein Wort von seinem Gestammel ist mir verständlich.
Wachposten:	Wirklich, er hört sich halb so eindrucksvoll an wie Sie. Im Anfang glaubte ich fast, ich verstünde ihn.
Schuhuloge:	Ausgeschlossen. Die Schuhusprache zu erlernen, ist das Schwerste, was ein Mensch erreichen kann, und Krönung eines langen, plagevollen Lebens.
Schuhu:	Spricht man hier nicht deutsch oder wenigstens coburgisch?

Schuhuloge:	Burr, burr, miau. Ko-ka. Hu, schu-hu! Trr! Pfft, auff!
Schuhu:	Wie?
Schuhuloge:	Grygy kekekek.
Schuhu:	Ich denke, ich gehe lieber.
Schuhuloge:	Tue das, mein Freund.

Der Doktor den Schuhu mißversteht,
weil er alles von ihm wissen tät.

Sechstes Kapitel

Der Großherzog von Coburg-Gotha führte aber Krieg gegen seinen Bruder, den Kaiser von Mesopotamien.

Die Sache verhielt sich so, daß diese Herrscher, die mächtigsten ihrer Zeit, viel Gemeinsames miteinander hatten. Bei ihrer Geburt glichen sie sich derart, daß keiner sich selbst ähnlicher sah als dem anderen; niemand vermochte zu sagen, welcher von ihnen früher auf die Welt gekommen war und welcher später, und man taufte sie, da man sie nicht auseinanderhalten konnte, beide auf den Namen Friedrich. Die beiden Friedriche wuchsen zu hübschen Kindern heran, die sich zärtlich liebten. Sie schliefen im selben Bett, ritten dasselbe Pferd und tranken von einer Amme; was dem einen beliebte, behagte dem anderen, worüber der erste weinte, darüber greinte der zweite, und sie waren unzertrennlich, als hätten sie, so wie sie nur einen einzigen Namen hatten, nur eine einzige Seele.

Aber als sie älter wurden und jeder Friedrich ein Reich und einen Bart bekam, hörte ihre Liebe auf und änderte sich in Haß. Denn es gefiel dem einen, dem Kaiser von Mesopotamien, seinen Bart rot zu färben; der andere hingegen, der Großherzog von Coburg-Gotha, färbte ihn grün.

Das hatte schreckliche Folgen.

Die rote Farbe nämlich wird aus den Kiemen der Purpurschnecke gewonnen, die grüne aus dem Saft von Spinat; und während sich der Boden von Coburg-Gotha mit Spinatfeldern bedeckte, wanderten innerhalb der Pfähle von Mesopotamien riesige Schneckenherden. Schnecken aber essen bekanntlich nichts lieber als Spinat. Und nicht selten kam es vor, daß ein Rudel von Schnecken die mesopotamische Grenze überschritt, um in den coburgischen Spinatfeldern zu weiden.

Dann raufte der Großherzog Friedrich seinen grünen Bart und schickte ein Regiment Soldaten, das schlug die Schnecken tot.

Dann raufte der Kaiser Friedrich seinen roten Bart und schickte zwei Regimenter, die schlugen des Großherzogs Soldaten tot.

Und aus so beschaffenen Dingen entsprang der Krieg, der mehr Dachsparren zu Kohle, mehr Jünglinge zu Invaliden und mehr Lateinschulen zu Pferdeställen machte, als jeder noch so berühmte Feldzug vor ihm.

Schnee sich eher mit Feuer paart
als roter Bart und grüner Bart.

Siebentes Kapitel

Große Gaben verlangen einen großen Herrn, und der Schuhu wandte sich, da der Großherzog von Coburg-Gotha ihn nicht angenommen hatte, zum Kaiser von Mesopotamien. Er schlurfte ein paar Tage die Landstraßen hinunter, die sich, von dunkelgrünen Spinatfeldern gesäumt, nach Morgen zogen. Mitten auf einer Landstraße, am Fuß eines Berges, stand ein goldener Thron. Darauf saß der Mann, den er suchte, und trieb das Kaiserhandwerk.

»Dieser Berg«, sagte der Kaiser, »hat mich gekränkt, und ich werde ihn verurteilen, aber damit es in der Ordnung hergeht, werde ich ihm vorher den Prozeß machen. Ich höre die Anklage und die Verteidigung.« Er winkte dem Obersten Schneckenhirten, der unter seinen Ratgebern der wichtigste war.

Der Oberste Schneckenhirt trat vor, deutete auf den Berg und sprach:

»Der Angeklagte ist ein großer Frevler und Verbrecher. Denn als unser glorvolles mesopotamisches Heer auf seinem Zug gegen die Soldaten des Großherzogs, welche es unfehlbar besiegt und durchaus zum Tode gebracht hätte, an diese Stelle kam, bewirkte der Angeklagte durch holperige, steile und tückische Beschaffenheit, daß sich das Leibroß unserer erlauchten Majestät den Knöchel brach.«

Hier begann der ganze Hof ein Murren und rief:

»Abscheulich.«

Der Oberste Schneckenhirt fuhr fort, wo er aufgehört hatte:

»Ich klage diesen Berg an der Beschädigung eines Pferdes, des heimlichen Einverständisses mit dem Feind und der Kränkung der geheiligten kaiserlichen Person.«

»Recht treffend«, sagte der Kaiser. »Was hat der Angeklagte zu erwidern?«

Der Berg schwieg.

»Sprich, Berg«, sagte der Kaiser.

Der Berg schwieg.

»Das ist ein deutlicher Beweis deiner Schuld«, sagte der Kaiser, »Aber ich frage dich zum dritten Mal.« Und mit erhobener Stimme fragte er den Berg: »Bekennst du dich schuldig?«

Es gab ein kleines Echo, und der Berg erwiderte: »Schuldig.«

»Gut«, sagte der Kaiser. »Du bist der erdenklichsten Greuel angeklagt, überführt und geständig. Du sollst ausgetilgt sein aus der Gegenwart und aller Zukunft.«

Er hob den rechten Arm. Da kamen die Soldaten mit Schaufeln und Schubkarren und stürzten sich über den Berg; sie hackten, kratzten und gruben und trugen ihn ab, bis da, wo er gewesen, nicht mehr die kleinste Wölbung sich erhob. Die Erde, die sie fortnahmen, warfen sie auf einen Haufen, der allmählich zu der gleichen Größe heranwuchs, die der bestrafte Berg gehabt hatte; er behielt auch, weil die Leute in der Gegend zu faul oder zu unwissend waren, sich einen neuen Namen auszudenken, dessen Namen. Die ganz alten Landkarten zeigen aber den Berg an einer etwas anderen Stelle als die jüngeren, und nicht, weil sie sich irren.

Der Kaiser richtet Groß und Klein.
Das muß so sein.

Achtes Kapitel

Der Kaiser von Mesopotamien bestieg sein lahmes Roß, um in seine Hauptstadt zurückzureiten. Da trat der Schuhu zu ihm, verbeugte sich auf höfliche Weise und sprach: »Ich bin der Schuhu, des Schneiders Sohn; ich kann bei Nacht sehen, alle Rätsel auflösen und gute Ratschläge erteilen, und ich will Ihnen dienen, wenn es Ihnen so gefällt.«

»Lieber Junge«, sagte der Kaiser, »ich habe schon zehntausend Gelehrte in meinem Dienst; was die zusammen nicht wissen, weiß Gott nicht.«

»Ich bin klüger als alle zehntausend«, sagte der Schuhu bescheiden, »und esse nicht mehr als einer.«

»Wollen sehen«, sagte der Kaiser. »Wenn du klüger bis als alle zehntausend, sollst du eine deinem Rang entsprechende Wohnung haben und dich von meinem Brot sättigen.«

Sie gelangten vor die Hauptstadt Ktesiphon und hielten auf einer langen und breiten Wiese. Dorthin ließ der Kaiser seine zehntausend Gelehrten rufen. Die Gelehrten kamen in Sänften, auf Mauleseln oder baren Fußes; sie lagerten sich im Gras, saßen auf Baumstümpfen oder standen in Gruppen beieinander. Einige trugen grobe Kutten, andere schwarz und goldene Kleider, alle aber hatten große, schöne Augen, und die Ebene war voll von ihnen bis zum Horizont.

»Was ist das«, fragte der Schuhu; »es kommt aus einer weißen Kugel und geht in eine schwarze Kugel?«

Die zehntausend Gelehrten bewegten die Frage unter ihren Hüten. Sie drehten und wendeten sie und prüften sie von allen Seiten, aber sie paßte zu keiner Antwort, die sie wußten. Nach zwei Stunden sagten sie:

»Wir wissen es nicht.«

»Das bin ich«, sagte der Schuhu. »Denn als ich geboren wurde, kam ich aus einem Ei, und wenn ich sterben werde, werde ich in die Erde gehen.«

»Oh«, sagten die zehntausend Gelehrten.

»Aber was ist das«, fragte der Schuhu, »es kommt nicht zustande, außer es ist wohlgelagert, ausgekocht und abgehärtet?«

Die zehntausend Gelehrten dachten nach, bis ihnen der Schweiß von den Scheiteln rann. Aber ihre Mühe war ganz vergeblich, und nach fünf Stunden sagten sie:

»Wir wissen es nicht.«

»Das bin ich«, sagte der Schuhu. »Denn ich lag sieben Monate unter dem Schrank, wurde in Brunnenwasser gesotten und vom Schmied gehämmert, bevor ich fertig war.«

»Oh«, sagten die zehntausend Gelehrten.

»Aber was ist das«, fragte der Schuhu; »es fällt im Winter vom Himmel und schmilzt in der Hand?«

»Das wissen wir sehr wohl«, sagten die zehntausend Gelehrten sofort; »das bist du.«

»Nein«, sagte der Schuhu. »Das ist eine Schneeflocke.«

»Oh«, sagten die zehntausend Gelehrten, »diese Antwort war in unseren Köpfen.«

»Gewiß«, sagte der Schuhu, »aber ihr habt vergessen, sie herauszunehmen.«

Nachdem der Schuhu diese Probe seines Witzes abgelegt hatte, lobte ihn der Kaiser, nahm ihn in seinen Dienst und gab ihm eine Stelle als Nachtwächter im siebzehnten kaiserlichen Garten.

In jedem Land, in jedem Stand
wird die Weisheit anerkannt.

Neuntes Kapitel

Im Süden, wo das Meer blauer ist als der Himmel, lag, zwischen Ägypten und der Barbarei, aber etwas näher an Ägypten, die Stadt Tripolis. Der König von Tripolis war sehr reich. Sein Schloß stand inmitten von Weinbergen, Jasminwäldern und Melonenbeeten über dem Hafen, dessen weiße Mauern von bronzenen Kanonen bewacht wurden. Seine Kamele waren die stolzesten, seine Ziegen die fettesten, seine Austern die perlenreichsten.

In seinem Schloß hatte er drei Säle mit Büchern. Der erste Saal enthielt Bücher zum Lachen. Der zweite Saal enthielt Bücher zum Weinen. Der dritte Saal enthielt Kochbücher. In diesen Sälen verbrachte er die Stunden, die er nicht schlief.

Besonderen Wert legte er auf Betten. Er besaß Betten aus Ebenholz, Betten aus Elfenbein, Betten aus Malachit und Betten, die aus den Schalen großer Muscheln geschnitzt waren. In diesen Betten verbrachte er die Stunden, die er nicht las.

Die Vorfahren des Königs von Tripolis waren Seeräuber gewesen, aber er selbst war zu reich, als daß er einen Beruf hätte ausüben müssen. Er lebte und freute sich, daß er lebte.

Er hatte auch eine wunderschöne Tochter, die konnte fliegen; deshalb nannte man sie die fliegende Prinzessin.

Eines zeitigen Frühlingstages sagte sie zu ihrem Vater:

»Ich muß nach Mesopotamien fliegen.«

»Warum?« fragte der König.

»Ich kann es schwer sagen«, erwiderte die fliegende Prinzessin, »aber ich muß hin, das ist sicher.«

»Wenn du hin mußt«, sagte der König von Tripolis, »dann gibt es keine Worte zu verlieren; nimm dir Rosinenbrote mit, denn der Weg ist nicht kurz. Ich aber will mich aufs Ohr legen und ein Mittagsschläfchen halten.« Er legte sich in ein Bett aus gelblichem Mondstein, zog die Decke, die mit Pfauendaunen gefüllt war, übers Gesicht und schlief drei Tage und drei Nächte.

Besser als du, das ist gewiß,
lebt der König von Tripolis.

Zehntes Kapitel

Die Prinzessin flog nach Mesopotamien, gelangte nach der Hauptstadt Ktesiphon und schwebte über ihren Kuppeln und Gärten. Dabei sang sie ein Lied, denn sie wollte hören, wie ihr zumute war.

Der Schuhu, der an diesem wie auch an jedem anderen Mittag in einem hohlen Baum des siebzehnten kaiserlichen Gartens schlief, erwachte von dem Gesang. Er steckte den Kopf aus dem Baum. Aber die Sonne schien sehr hell und blendete ihn, und er konnte, weil Schuhus am Tage ohnehin schlecht sehen, gar nichts erkennen. So schloß er wieder die Augen und lauschte.

Das Lied lautete so:

Wenn der Wind geht im April,
lieg ich auf dem Winde,
meine Seele bleibt nicht still,
wenn der Wind geht im April.
Weiß nicht, was ich suchen will,
weiß nicht, ob ichs finde.
Wenn der Wind geht im April,
lieg ich auf dem Winde.

»Was für ein wundervolles Lied«, sagte der Schuhu zu sich selber. »Aus seinen Worten entnehme ich, daß die Sängerin ein empfindsames Fräulein ist, und da sie nicht leicht zufriedenzustellen ist, wird sie nicht dumm sein. Aus ihrer hohen und doch anmutigen Stimme entnehme ich, daß sie von zierlicher Statur ist, doch nicht mager. Aus dem Umstand aber, daß der Gesang von oben kommt, entnehme ich, daß sie fliegen kann.«

Er öffnete seine Augen nicht mehr und verbrachte den ganzen Tag damit, sich das angenehme Bild, das er sich von der Sängerin gemacht hatte, vorzustellen. Am Abend jedoch kletterte er aus seiner Wohnung und flog über dem Park die Runde.

Die Prinzessin hatte sich mittlerweile in dem goldenen Himmel von Ktesiphon treiben lassen, ohne daß ihr etwas begegnet wäre, das ihr verraten hätte, weshalb sie eigentlich hier war. Sie entschloß sich heimzufliegen; da versank unversehens die Sonne in dem Fluß Tigris, und sie mußte sich ein Unterkommen suchen. Sie entdeckte den hohlen Baum, den der Schuhu verlassen hatte. In den kroch sie hinein. Und sie legte ihr Gesicht in die Beuge ihres weißen Arms und wollte eben einschlafen, als sie aus der Luft her ein Lied vernahm, das der Schuhu auf seiner Runde sang.

Das Lied lautete so:

Ohne Leben möchte ich sein
oder ohne Liebe,
denn du lässest mich allein.
Ohne Leben möchte ich sein.
Keine Macht, die mir die Pein
aus dem Herzen triebe.
Ohne Leben möchte ich sein
oder ohne Liebe.

Die Prinzessin steckte den Kopf aus dem Baum. Aber die Nacht war schon gekommen, und alles war dunkel.

»Was für ein wundervolles Lied«, sagte die Prinzessin zu sich selber. »Aus seinen Worten entnehme ich, daß der Sänger eine traurige Seele hat, und es muß für jedes Fräulein angenehm sein, sich als Ursache solch heftiger Trauer zu wissen. Aus seiner tiefen und doch wohltönenden Stimme entnehme ich, daß er kräftig, doch nicht plump gebaut ist. Aus dem Umstand aber, daß der Gesang von oben kommt, entnehme ich, daß er fliegen kann.«

Sie verbrachte die ganze Zeit bis zum Morgen damit, sich das angenehme Bild, das sie sich von dem Sänger gemacht hatte, vorzustellen; bei den ersten Strahlen der Sonne kam sie aus dem Baum und flog nach Tripolis zurück.

So hatte der Schuhu die fliegende Prinzessin nicht gesehen, und die fliegende Prinzessin hatte den Schuhu nicht gesehen, und doch konnten sie von dem Tag an nicht aufhören, an einander zu denken. Sie dachten an einander, wenn sie aufwachten und wenn sie einschliefen. Die Zeit wurde ihnen lang und schwer.

Lieb weiß von Lieb nicht viel. Sie wissen
nur, daß sie immer lieben müssen.

Elftes Kapitel

Ungefähr in dem Jahr entdeckten der Kaiser von Mesopotamien und der Großherzog von Coburg-Gotha, daß sie gleich stark waren und einander nie würden besiegen können.

Der Kaiser ließ seinen Obersten Schneckenhirten zu sich kommen und sprach zu ihm: »Mein Bruder hat ebenso viele Soldaten in seinem Heer wie ich. Wenn ich eine Schlacht gewinne, gewinnt er eine andere, wenn ich ihm eine gute Stadt verbrenne, verbrennt er mir eine ebenso gute, und auf hundert zerstampfte Spinatpflanzen kommen immer hundert erschlagene Schnecken. Was soll ich tun?«

Der Großherzog von Coburg-Gotha aber rief seinen Ersten Spinatgärtner und stellte ihm die gleiche Frage.

Der Oberste Schneckenhirt öffnete seinen Bart und erwiderte dem Kaiser: »Majestät müssen sich einen Bundesgenossen suchen.«

»Welchen?« fragte der Kaiser.

»Den König von Tripolis«, erklärte der Oberste Schneckenhirt.

»Dein Grund?« fragte der Kaiser.

»Der König von Tripolis«, sagte der Oberste Schneckenhirt, »ist reich, und derjenige, dem er Geld leiht, kann sich Kampfwagen und Elefanten kaufen und wird unfehlbar triumphieren. Freilich ist wahr, daß er nicht gern Geld ausleiht.«

»Gut und schlecht«, sagte der Kaiser. »Dein Rat?«

»Mein Rat ist«, sagte der Oberste Schneckenhirt, »daß Sie sich um die Tochter des Königs von Tripolis bewerben sollen, welche die fliegende Prinzessin genannt wird. Wenn Sie sie geheiratet haben, sind Sie des Königs Schwiegersohn, und er wird Ihnen beistehn.«

Der Erste Spinatgärtner aber gab dem Großherzog die gleiche Antwort mit den gleichen Worten, denn er war in Gotha nicht dümmer als der Oberste Schneckenhirt in Ktesiphon.

So kam es, daß an dem Morgen, der auf diese Unterredungen folgte, beide Beamten nach Tripolis abreisten, um für ihre Fürsten um die Hand der fliegenden Prinzessin anzuhalten. Der Oberste Schneckenhirt spannte zwei Schimmel vor eine Kutsche. Der Erste Spinatgärtner spannte zwei Delphine vor ein Schiff. Sie bestiegen ihre Fahrzeuge und fuhren, so schnell ihre Tiere sie ziehen wollten, los, der eine zu Wasser, der andere zu Lande.

Als aber der Oberste Schneckenhirt über den Kamm des Libanon rollte, erblickte er den Ersten Spinatgärtner, der auf dem silbernen Spiegel des Mittelmeers dahinfuhr. Und der erste Spinatgärtner sah die Kutsche des Obersten Schneckenhirten auf dem Gebirg vor dem feurigen Rot des aufsteigenden Tages.

Der Oberste Schneckenhirt spannte seine zwei Begleitschimmel zu den anderen vor die Kutsche; denn er hatte im Sinn, als erster in Tripolis einzutreffen. Der Erste Spinatgärtner spannte seine zwei Begleitdelphine zu den anderen vor das Schiff; denn er hatte dasselbe im Sinn.

Der Oberste Schneckenhirt begegnete einem Esel, den spannte er auch noch vor die Kutsche.

Der Erste Spinatgärtner begegnete einem Walfisch, den spannte er auch noch vor das Schiff.

Der Oberste Schneckenhirt begegnete einem Rudel Wölfe, das spannte er auch noch vor die Kutsche.

Der Erste Spinatgärtner begegnete einem Schwarm Möwen, den spannte er auch noch vor das Schiff.

Sie kamen ziemlich schleunig voran, aber keiner schleuniger als der andere.

Der Schuhu und die fliegende Prinzessin
von Peter Hacks

Der Oberste Schneckenhirt begegnete noch einem Hirsch, einem Zebra, einem Strauß und einer blinden Katze, die spannte er alle vor und ließ sie tüchtig rennen. Der Erste Spinatgärtner begegnete noch einer Seeschlange, einer Robbe, einem Albatros und einer einzelnen Sardine, welche der Fischer nicht gefangen hatte, weil sie für die Maschen des Netzes zu klein gewesen war; die spannte er alle vor und ließ sie tüchtig schwimmen.

Das war eine Jagd.

Und genau in dem gleichen Augenblick sah man, wenn man neben dem König von Tripolis im Hafen stand, von hinten eine Staubwolke herankommen und eine Wasserwolke von vorn. Die Wolken trafen sich auf dem weißen Steinpflaster unterhalb des Schlosses. Aus der Staubwolke stieg der Oberste Schneckenhirt, aus der Wasserwolke der Erste Spinatgärtner. Und beide öffneten ihre Bärte und schrien: »Ich war zuerst da.«

»Mir ist ganz schwindlig von dem Sausen«, sagte der König von Tripolis zu den Gesandten; »ich muß erst ein Mittagsschläfchen machen, danach will ich Sie empfangen.« Er legte sich in ein Bett von bemaltem Porzellan und schlief drei Tage und drei Nächte. Dann bat er sie in sein Schlafzimmer:

Die Herren waren so schnell gelaufen,
daß sie lange mußten verschnaufen.

Zwölftes Kapitel

»Mein kaiserlicher Herr von Mesopotamien«, begann der Oberste Schneckenhirt seine Rede, »wünscht, die Prinzessin von Tripolis zu seiner Frau und Kaiserin zu machen.«

»Warum denn nicht«, sagte der König, »ich habe nichts dagegen.«

»Ich aber«, fiel der Erste Spinatgärtner ein, »empfehle dringend, die Prinzessin meinem Herrn, dem Großherzog von Coburg-Gotha, zu vermählen.«

»Das wäre mir recht lieb«, sagte der König.

»Oh«, riefen die Gesandten, »Sie können sie doch nicht mit beiden verheiraten.«

»Ich kann sie mit keinem von beiden verheiraten«, sagte der König. »Sie ist es doch, die geheiratet werden soll; da müssen Sie sie schon selbst fragen.«

Da empörten sich die Gesandten und riefen: »Ein so wichtiges Geschäft darf man nicht den Kindern überlassen.«

»Warum nicht?« fragte der König.

»Weil wir über Gründe verfügen«, sagten die Gesandten, »welche ein Kind nicht zu beurteilen vermag.«

Sie griffen in ihre Wämser und zogen zwei Kästchen heraus, denn jeder von ihnen hatte eines auf seinem Busen bei sich getragen. Sie öffneten die Kästchen mit ehrfürchtigen Mienen. In dem Kästchen des Obersten Schneckenhirten lag ein Diamant, so groß wie eine Faust. In dem Kästchen des Ersten Spinatgärtners lag eine Perle von nicht kleinerem Umfang. Nie war im Osten oder Westen ein Diamant erblickt worden, der ein reineres Feuer hatte, und nie eine Perle von solch makellosem Schimmer.

»Dieses einmalige Kleinod«, sprachen die Gesandten zu dem König von Tripolis, »sendet Ihnen mein Herr als Zeichen seiner Freundschaft.«

Der König besah die Geschenke und dankte den Überbringern mit Worten von ausgezeichneter Höflichkeit. Danach seufzte er. Er kletterte aus seinem Bett, hüllte sich in einen seidenen Schlafrock und bat die beiden, ihm zu folgen.

Sie gingen miteinander durch viele Säle und Korridore. Sie gelangten zum Fuß des Schloßturmes; in dem Turm führte eine Wendeltreppe bis zur Spitze. Sie klommen die Wendeltreppe hinauf. Als sie endlich oben ankamen, standen sie vor einer Tür, die aus Zedernholz geschnitzt war und mit Silber beschlagen. Der König zog an dem Türgriff, und die Tür öffnete sich knarrend.

Hinter der Tür lag ein kleiner Raum, erfüllt von dämmerigem Licht. Der König kramte eine Weile unter den Sachen, die es da gab, und als er gefunden hatte, was er suchte, drückte er dem Obersten Schneckenhirten einen Diamanten in die Hand und dem Ersten Spinatgärtner eine Perle, und weder der noch jene war kleiner als der Kopf eines Affen. »Bringen Sie das meinen Vettern, Ihren Majestäten«, sagte er.

Die Gesandten nahmen die Kostbarkeiten, starr vor Bewunderung. Als ihnen aber das Herz wiedergekommen war, öffneten sie ihre Bärte und fragten:

»Warum halten Sie ihre Schatzkammer nicht verschlosssen?«

»Ach«, sagte der König von Tripolis sehr verlegen, »es ist ja die Rumpelkammer.«

Wie sie so zueinander sprachen, sahen sie die Prinzessin draußen vor dem Turm herumfliegen. Der König winkte ihr. Sie kam zur Luke herein, und da stand sie, schön wie der Morgen mit ihrer perlmuttfarbenen Haut und ihrem goldenen Haar. Der Oberste Schneckenhirt und der Erste Spinatgärtner machten ihre Verbeugungen. Der König aber erklärte ihr, daß die beiden Herren gekommen seien, um die höchst ehrenvollen Heiratsanträge des Großherzogs und des Kaisers auszurichten.

»Es geht nicht«, sagte die Prinzessin; »ich heirate einen anderen.«

»So?« fragte ihr Vater. »Wen denn?«

»Ich weiß nicht, wer er ist«, sagte die Prinzessin; »ich hörte ihn lediglich ein Lied singen, als er eines Nachts über den siebzehnten kaiserlichen Garten zu Ktesiphon hinwegflog. Aber seine Stimme war die angenehmste, mit der jemals, von Göttern oder Menschen, ein Lied gesungen wurde. Sie war dunkel wie das Innere eines Walfischs und sanft wie das Schnurren eines Löwen.«

»Liebst du ihn?« fragte der König. Die Prinzessin erwiderte:

»Er ist mein erster und letzter Gedanke.«

Der Oberste Schneckenhirt und der Erste Spinatgärtner aber mußten, wiewohl reich beschenkt, unverrichteter Dinge in ihre Länder zurückkehren.

Der, was er brauchet, nennt sein eigen,
wie soll er ein Verständnis zeigen?

Die Nachricht gelangte zu den heiratslustigen Fürsten, daß die fliegende Prinzessin ihre Hand und ihren Thron verschmäht hatte, und zwar um einer Person willen, nach deren Beschreibung die Fürsten sogleich den Schuhu erkannten.

»Die Lage wird immer verwickelter«, sagte der Großherzog von Coburg-Gotha zu dem Ersten Spinatgärtner. »Wenn ich meinem Bruder, dem Kaiser, den Schaden zufügen will, den er um der Farbe seines Bartes willen verdient, muß ich mich zuvor mit dem König von Tripolis verbünden. Wenn ich mich mit dem König von Tripolis verbünden will, muß ich zuvor seine Tochter heiraten. Wenn ich die Prinzessin heiraten will, muß ich zuvor den Schuhu tot und ihr aus dem Kopf schlagen. Wenn ich aber den Schuhu totschlagen will, muß ich mich mit meinem Bruder aussöhnen und mit ihm gemeinsame Sache machen, damit diesem gefiederten Ungeheuer kein Schlupfwinkel bleibe und die bewohnte Erde ihm feindlich sei.«

»Trefflich gefolgert«, bestätigte der Erste Spinatgärtner.

»Um den Krieg gegen den Kaiser zu gewinnen, müssen Sie mit dem Kaiser Frieden schließen; so ist das Leben.«

Der Großherzog von Coburg-Gotha schrieb einen Brief an den Kaiser von Mesopotamien, worin er denselben an ihre heiter verbrachte Jugend erinnerte, ihn seiner geschwisterlichen Gefühle versicherte und ihm einen Pakt vorschlug wider den Schuhu, des Schneiders Sohn. Der Kaiser antwortete mit einem Schreiben, das in nicht weniger zärtlichem Ton gehalten war. Danach eilten die Brüder zueinander und trafen sich an einem Platz an der Grenze.

Sie umarmten sich und vermischten ihre Bärte, als sie sich auf die Wange küßten.

Sodann berieten sie sich und beschlossen, den Schuhu zu fangen, zu braten und zu verspeisen; bis sie ihn aber gegessen hätten, wollten sie gegeneinander Frieden halten. Bruder legte die Hand auf Bruders Lende, und beide gelobtens feierlich.

»Der Braten wird uns munden«, sagte der Kaiser Friedrich, »besonders wenn wir die Schüssel mit einer Zehe Knoblauch ausgerieben haben.«

»In Coburg«, sagte der Großherzog Friedrich, »ißt man keinen Knoblauch; infolgedessen werden wir den Schuhu mit Estragon würzen.«

»Tort und Dampf«, sagte der Kaiser, »ich ziehe Knoblauch vor.«

»Ich Estragon«, sagte der Großherzog.

Sie zogen ihre Schwerter und blickten sich finster an.

Und alle ihre Mannen, Ritter, Dienstleute, Knappen und Vasallen zogen auch ihre Schwerter und riefen:

»Hie Knoblauch!« und: »Hie Estragon!«

Doch bevor sie sich auf den Hals kamen, warfen sich der Oberste Schneckenhirt und der erste Spinatgärtner zwischen die Haufen. Sie entblößten ihre ergrauten Brüste, um anzudeuten, daß sie sich lieber durchbohren lassen als diesen brudermörderischen Streit dulden würden.

»Euer Feind ist der Schuhu«, sagten sie.

»Richtig«, sprachen die Friedriche, »das hatten wir vergessen. Wir wollen also in großer Freundschaft den Schuhu fangen, rupfen und mit oder ohne Zutat braten; sobald wir ihn aber heruntergekaut und unsere Rache gesättigt haben, wollen wir den Krieg wieder aufnehmen.«

»So sei es«, sagten alle.

Sie eilten nach Ktesiphon und umzingelten den siebzehnten Garten. Sie sägten jeden einzelnen Baum um und zertraten jedes einzelne Kraut, und als sie sich in der Mitte begegneten und mit den Nasen aufeinander stießen, entdeckten sie, daß der Garten leer war und der Schuhu ausgeflogen.

Der Busch erhielt den Todesschlag,
weil in ihm kein Vogel stak.

Vierzehntes Kapitel

»Er ist uns entronnen«, brüllte der Kaiser, »und ich wette meinen purpurnen Bart gegen einen Strohwisch, daß er sich auf dem Weg nach Tripolis befindet.«

Die Wette hätte er gewonnen. Der Schuhu war wirklich auf dem Weg nach Tripolis, obwohl er von dieser Tatsache selbst nichts wußte.

Aber die Sehnsucht nach dem Fräulein, dessen Stimme er gehört hatte, war in seinem Herzen so groß geworden, daß er zu sich gesprochen hatte: »Ich will ins Ungewisse ziehen und sie suchen. Da sie, wie sie sagte, auf dem Wind zu mir kam, kann ich vielleicht, wenn ich dem Wind entgegengehe, zu ihr gelangen. Hier habe ich zwar Dienst, Wohnung und Speise, und eine Wanderung in die Welt bringt mir sicherlich viele Mühsale und Beschwerden. Aber ohne meine Geliebte arbeite ich nicht gern, der Schlaf meidet mich, und das Essen bleibt mir vor dem Magen stehen. Lieber will ich auf dem Weg zu ihr geplagt sein als sorgenlos hier; denn das Unglück, sie zu entbehren, ist das schrecklichste von allen.«

Und er hatte Ktesiphon in der Nacht, bevor die fürstlichen Brüder da eintrafen, verlassen.

Er reist immer dem Wind entgegen. Kam er an einen Sumpf, so umging er ihn nicht, sondern durchwatete ihn. Kam er an einen Felsen, so wich er ihm nicht aus, sondern überkletterte ihn. Kam er an einen Fluß, so nahm er nicht die nächste Brücke, sondern er überflog ihn, und seine Bahn durchschnitt die Landschaft gleich einer Lanze, die man ins Gras geworfen hat.

Der Kaiser und der Großherzog befahlen ihren Truppen, unverwandten Fußes die Verfolgung aufzunehmen. Aber die Soldaten des Kaisers waren von dem langen Kriegführen müde. Sie traten vor ihn und sprachen:

»Diese Nacht wollen wir uns ausschlafen, morgen früh werden wir den Schuhu verfolgen.«

Da schickte der Kaiser die Hauptleute aus, die zerschlugen alle Betten in den Häusern. Und der Kaiser sagte zu den Soldaten:

»Nun schlaft.«

Da ritten die Soldaten in die Nacht hinaus. Aber nach einer Stunde kamen sie zurück und traten vor den Kaiser und sprachen:

»Unsere Rosse sind müde. Diese Nacht müssen sie ausruhn, morgen früh werden wir den Schuhu verfolgen.«

Da schickte der Kaiser wieder die Hauptleute, die verbrannten alle Ställe. Und er sagte zu den Soldaten:

»Wo wollt ihr die Rosse anbinden?«

Da ritten die Soldaten in die Nacht hinaus. Aber nach einer Stunde kamen sie zurück und traten vor den Kaiser und sprachen:

»Wir haben unsere Frauen weinen hören.«

»Wenn ihr wollt«, sagte der Kaiser, »bringe ich auch noch eure Frauen um.«

Da wurden die Soldaten gehorsam und faßten einen Zorn gegen den Schuhu und jagten ihm hinterher.

Die Hunde, faul oder nicht faul,
haben scharfe Zähne im Maul.

Fünfzehntes Kapitel

Der Schuhu war ans mittelländische Meer gelangt und auf ein Schiff gestiegen; nun segelte er, dem Wind entgegen, in schnurgerader Linie übers Wasser.

Da tauchten hinter ihm, am rechten Rande des Wassers, viertausend Segel auf. Das war die Flotte des Kaisers von Mesopotamien. Und fünftausend Segel erschienen am linken Rande des Wassers, das war die Flotte des Großherzogs von Coburg-Gotha.

Die Flotten kamen näher, und als sie in Hörweite gekommen waren, schrie der Kaiser von Mesopotamien, der auf der Brücke seines Flaggschiffes stand, dem Schuhu zu:

»Du boshafter Verräter, ergib dich, denn wir wollen dich braten.«

Der Großherzog von Coburg-Gotha, der auf der Brücke seines Flaggschiffes stand, schrie auch und setzte hinzu:

»Wenn wir dich gebraten haben, fressen wir dich.«

Der Schuhu antwortete:

»Wo habt ihr denn euer großes Messer, daß ihr so aufschneidet?«

Hierauf schrien die beiden Fürsten und erwiderten:

»Du altes Galgenhuhn.«

Mit diesem Gespräch eröffneten sie die Seeschlacht.

Die Korvetten, Schaluppen und Barkassen der Verbündeten umringten des Schuhus Schiff; sie zogen sich mit langen Haken an seine Seite, und die gepanzerten Soldaten sprangen über das Geländer und stürzten sich auf den Schuhu. Der Schuhu hackte mit dem Schnabel auf sie ein. Immer wenn er ein Dutzend Soldaten am Kragen hatte, warf er sie ins Wasser. Das ging aus dem Ton weiter, bis die Enterschiffe leer von Kriegern waren und das Meer voll von ihnen.

Da befahlen die Fürsten den Schiffen zurückzuweichen und eine Wendung zu machen. Jetzt lagen sie, eins am anderen, wie der Wall einer Festung. Die Kanoniere nahmen die ledernen Mützen von den Kanonen und feuerten eine tödliche Salve gegen das Schiff des Schuhus.

Jedoch der Schuhu stand auf dem hinteren Deck, fing die Kanonenkugeln mit seinen ausgebreiteten Flügeln und schleuderte sie zurück in die Reihe des Feindes. Auf die Art versenkte er zwanzig Kriegsgaleeren.

Da ergriff der Kaiser von Mesopotamien das größte von seinen Schiffen und schmiß es dem Schuhu an den Kopf, so daß er über dem Ohr eine Beule bekam.

Da riß der Schuhu eine Insel aus dem Meeresgrund und schmiß sie auf die Flotte, so daß alle Schiffe zerbrachen und versanken.

Kein Soldat wurde gerettet. Nur der Kaiser und der Großherzog, welche keine Rüstung trugen, erreichten einen dahintreibenden Kochlöffel. An den klammerten sie sich; und der Wind blies sie, ihre Mäuler in die Wellen tauchend, dorthin zurück, wo sie hergekommen waren.

Der Schuhu lachte bei dem Anblick; denn in den damaligen Zeiten war es üblich, vor dem Braten einen Trunk zu tun.

Der mutige Schuhu kann sicher fahren,
Kaiser und Herzog in den Haaren.

Sechzehntes Kapitel

An der Stelle, wo das Meer endete und das feste Land anfing, verließ der Schuhu sein Schiff und kam in die Stadt Tripolis. Da war eine marmorne Treppe, die ging er hinauf, da stand der Palast des Königs. Der Palast hatte drei Türen. Er öffnete die mittelste und trat ein. Der König von Tripolis saß in einem Ohrenstuhl, und die Prinzessin lief mit einer goldenen Gießkanne herum und tränkte die Kakteen.

»Guten Tag«, sagte der Schuhu.

Die Prinzessin hörte seine Stimme und erkannte sie wieder, und sie erschrak so vor Glück, daß ihr das Herz stillstehen blieb und sie wie tot auf den Rücken fiel. »Was machst du nur?« sagte der König, ihr Vater. Er erhob sich aus dem Stuhl, nahm der Prinzessin die Gießkanne aus der Hand und besprengte sie mit Wasser. Die Prinzessin schlug die Augen auf und sprach:

»Er ist es.«

Der Schuhu hörte ihre Stimme und erkannte sie wieder, und er erschrak so vor Glück, daß ihm das Herz stillstehen blieb und er wie tot auf den Rücken fiel. »Nu, nu«, sagte der König. Er schlurfte ärgerlich durch das Zimmer und begoß den Schuhu.

Der Schuhu schlug die Augen auf und betrachtete die Prinzessin, und die Prinzessin betrachtete den Schuhu, und ihre Blicke versenkten sich ineinander.

»Wie schön er ist«, sagte die Prinzessin.

»Wie schön sie ist«, sagte der Schuhu.

Und sie erschraken so vor Glück, daß ihnen wieder das Herz stillstand und sie zum andernmal auf den Rücken fielen.

»Auf die Art kommt nie eine Unterhaltung zustande«, sagte der König von Tripolis. Er befahl seinen Dienern, den Schuhu in eine Kammer zu tragen. Dort legten sie ihn ins Bett, gaben ihm ein Glas Zuckerwasser zu trinken und sorgten, daß er sich erholte; ebenso machten sie es mit der Prinzessin.

Am nächsten Morgen erwachten der Schuhu und die Prinzessin und fanden sich bei neuen Kräften. Sie liefen voller Zuversicht zu dem Zimmer, wo sie sich getroffen hatten. Als sie aber hereinkamen, der Schuhu zur rechten Tür und die Prinzessin zur linken, wurden sie, ob sie wollten oder nicht, wiederum so glücklich, daß sie es nicht aushalten konnten. Das Herz schlug ihnen hoch bis in den Hals. Sie gingen aufeinander zu und faßten sich bei den Händen. Und dann hörten ihre Herzen zu schlagen auf, und sie fielen beide auf den Rücken und lagen lange so da.

»Das halte ich für eine Übertreibung der Gefühle«, sagte der König, nachdem er sie zu sich gebracht hatte.

»Wenn es euch gestern so ergangen ist, kann ich das verstehen, denn eure Trennung war lang; aber euer heutiges Wiedersehen war nach einer Trennung von nicht mehr als einer Nacht.«

»Die Trennung war kurz«, sagte der Schuhu, »aber die Liebe ist groß.«

Und er fügte hinzu:

»Ein schwerer Stein braucht nicht von hoch zu fallen und erschlägt doch einen Ochsen.«

So groß ist ihrer Liebe Gewicht,
daß es beinah ihr Herz zerbricht.

Siebzehntes Kapitel

Was sollen wir viel von der Hochzeit erzählen? Sie heirateten eine volle Woche lang und hatten ihr Wohlgefallen aneinander; wer es genau wissen will, muß in den Liedern der Sänger von Tripolis nachlesen und in den Rechnungen der Marzipanbäcker.

Danach lebten sie eine Weile zusammen als Mann und Frau, und der König von Tripolis wurde um eben die gleiche Weile älter.

Eines Tages kam ein Bauer zu dem König. Er trug seine Stiefel in der Hand, um den Fußboden nicht schmutzig zu machen, und erzählte, was ihm begegnet war.

»Ich sah eine Katze im Meer unter dem Wasser schwimmen und einen Karpfen jagen. Der Karpfen verließ das Meer und stieg auf einen hohen Baum. Auf dem Baum saß ein Sperling, der fürchtete sich vor dem Karpfen; er stürzte sich von seinem Zweig und grub sich, den Kopf vornüber, tief in die Erde.«

Über diese Geschichte des Bauern mußte die fliegende Prinzessin lachen, und der König schenkte ihm ein Goldstück. Der Schuhu aber versetzte ihm einen Tritt in den Hintern und stieß ihn aus der Tür.

»Warum trittst du ihn in den Hintern?« fragte der König.

Der Schuhu blieb stumm und wollte nicht antworten, aber der König beharrte in seiner Neugier. »Du bist ergrimmt über das Geschwätz, und du bist klug«, sagte er. »Was bedeutet es?«

»Ein großes Unglück für unser Land«, sagte der Schuhu.

»Was für ein Unglück?« fragte der König.

»Ach«, sagte der Schuhu, »es bedeutet nicht mehr und nicht weniger, als daß Sie heute nachmittag sterben müssen.«

»Wenn das so ist«, sagte der alte König, »aber erst will ich ein Mittagsschläfchen machen.« Er legte sich in ein Bett von Korallen und schlief drei Tage und drei Nächte; dann erwachte er, küßte seine Tochter auf beide Wangen und starb.

Der König stirbt, wie er gelebt.
Einen Glücklichen man begräbt.

Achtzehntes Kapitel

In jenen Tagen gab es noch einen großen Potentaten auf der Erde, den Starosten von Holland. Er herrschte, wo die Sonne untergeht. Das Land war kalt; auf seinen Feldern wuchs wenig, und was wuchs, schmeckte nach Nebel.

Außer seinem Königreich aber besaß er viele Unterkönigreiche. Sie lagen, wo die Sonne aufgeht. Ihre Luft war milde; auf ihren Feldern wuchs viel, und was wuchs, schmeckte nach Sonne. In keiner Gegend der Welt wurden mehr Schiffe gebaut als in Holland. Sie fuhren leer nach den Unterkönigreichen und kamen voll zurück. Als der Starost von Holland vierzig Jahre alt geworden war, kamen seine Räte vor ihn und sprachen:

»Jeder junge Prinz muß einmal in allen seinen Besitztümern gewesen sein. So will es der Brauch.«

Da gab ihnen der Starost recht und ließ ein Schiff mit Butterbroten und Zuckerhüten beladen, damit umsegelte er die Erde. Auf dem Rückweg kam er in Tripolis vorbei und machte seinen Besuch und setzte sich in den Ohrenstuhl, in dem der verstorbene König gesessen hatte.

Der Starost von Holland war ein schöner Herr. Er trug Stulpenstiefel und einen Rock aus grünem flandrischem Tuch, und er rauchte eine lange Pfeife aus bräunlichem Meerschaum.

»Was gibt es Neues von den Zimtinseln?« fragte der Schuhu, des Schneiders Sohn, der jetzt König war.

»Zimt«, sagte der Starost.

»Was gibt es Neues aus Pfefferland?« fragte der Schuhu.

»Pfeffer«, sagte der Starost.

»Was gibt es Neues aus Holland?« fragte der Schuhu.

»Mich«, sagte der Starost.

Der Schuhu mußte gähnen und sagte zu der fliegenden Prinzessin: »Ich bin heute so müde, fast wie mein Schwiegervater, dein Vater.«

»Seltsam«, sagte die Prinzessin. »Ich bin heute so munter.«

»Es wird am Wetter liegen«, versetzte der Starost von Holland und streute sich eine Handvoll Zucker auf sein Butterbrot.

Es mag der Tor die Welt durchrennen.
Man lernt sie nicht mit den Füßen kennen.

Neunzehntes Kapitel

Der Schuhu ging gähnend auf sein Zimmer und legte sich zu Bett. Nach zwei Stunden kam die Prinzessin und legte sich zu ihm, und sie redeten die folgenden Worte miteinander:

Prinzessin:	Ich schwöre, daß ich nur dich liebe.
Schuhu:	Was sprichst du da?
Prinzessin:	Ich schwöre, daß mein ganzen Fühlen dir gehört.
Schuhu:	Laß das gut sein.
Prinzessin:	Wahrhaftig, ich will graue Haare und scharfe Falten bekommen, wenn ich je meine Treue zu dir vergäße.
Schuhu:	Ach Frau, das war ein Schwur zu viel.

Die Prinzessin weinte. Die Tränen rollten ihr die Backe hinab und in des Schuhus Federn.

In dem Augenblick fiel der Docht der Kerze, die in einem zinnernen Leuchter brannte, um und ersoff in dem flüssigen Wachs. Alles war dunkel. Aber weil noch ein Funken Wärme in ihm glimmte, entzündete sich der Docht und begann aufs neue zu brennen, ohne daß ihn jemand angesteckt hatte.

»Was bedeutet das?« fragte die Prinzessin.

»Das bedeutet«, sagte der Schuhu, »daß du mich nicht mehr liebst, aber eines Tages wieder lieben wirst.« Er stieg aus dem Bett, flog durchs Fenster und verschwand in dem mondlosen Himmel.

Am nächsten Tag aß die Prinzessin nichts und weinte vom Morgen bis zum Abend.

Am Tag darauf weinte sie immer noch und aß ein Ei mit Weißbrot.

Am folgenden Tag heiratete sie den Starosten von Holland. Es gab viel Jubel und Gelächter, und die Sänger und die Bäcker hatten eine feine Zeit.

Das hat die Prinzessin unternommen:
vom Pferd auf den Esel zu kommen.

Mit ihrem neuen Mann war die Prinzessin sehr glücklich. Sie frühstückten den lieben Tag lang, so hatten sie immer etwas zu tun.

Zweimal in der Woche gingen sie zum Hafen, und der Starost von Holland zählte die Schiffe.

Dienstags zählte er die Schiffe, die mit der Sonne kamen, und donnerstags diejenigen, die ihr entgegenfuhren. Die ihr entgegenfuhren, waren so leer, daß sie eben mit dem Kiel auf dem Wasser entlangglitten, oder es, bei stärkerem Wind, gar nicht mehr berührten. Die mit ihr kamen, waren so voll geladen, daß oftmals nur noch ihre Mastspitzen aus dem Meer ragten. Die leeren machten die anmutigere Erscheinung, aber die vollen sah der Starost lieber.

Es ging gut, solange es gut ging; dann verlor die Prinzessin ihr Interesse an den Schiffen, und vom dauernden Frühstücken wurde sie dick. Sie erinnerte sich daran, daß sie fliegen konnte. Sie flog um das Schloß herum und stieg in Kreisen immer höher und stieg bis zu einem sehr hohen Punkt des Himmels, so wie Tauben tun, wenn sie nach etwas Ausschau halten.

Der Starost von Holland nahm die Pfeife aus dem Mund und sagte: »Flieg nicht.«

Die Prinzessin kam herunter und sagte: »Mein lieber Mann, ich bin die fliegende Prinzessin.«

Der Starost von Holland legte ihr eine Kette ans Bein und schmiedete sie an einen riesenhaften Edamer Käse; als er damit fertig war, ging er zum Hafen.

Da blieb die Prinzessin lange Zeit an den Käse gefesselt, und keiner dachte an sie; denn der Starost konnte ganz gut alleine frühstücken und seine Schiffe beaufsichtigen.

Eines Tages sah sie eine braune Wolke in der Luft heraufziehen. Sie vergegenwärtigte sich, daß eine Wolke Regen bedeutet, und daß sie hier im Freien hilflos lag, ohne Schutz und Dach. Ihr Herz füllte sich mit Reue, und ihre Augen wurden wie eine Wolke vor dem Regen. Die Wolke aber kam näher und näher und zog sich über die Sonne.

Dann senkte sie sich zur Erde. Und die Prinzessin erkannte, daß die Wolke nichts anderes war als ein Schwarm von Sperlingen, und an der Spitze des Schwarms flog der Schuhu, der die Vögel zu ihr geführt hatte. Der Schuhu setzte sich neben sie auf einen Stein. Die Sperlinge stürzten sich auf den Käse und pickten in seine Rinde; als sie den letzten Krümel aufgepickt hatten, hatten sie keinen Grund mehr zu bleiben und flatterten in alle Richtungen davon.

Das Messer, das sie zum Alteisen
geworfen, tut sich scharf erweisen.

»Nun, wie ist es dir ergangen?« fragte die Prinzessin den Schuhu.

»Ich war in meiner Vaterstadt. Ich klopfte ans Haus des Bürgermeisters. Der Bürgermeister kam heraus, erblickte mich, schlug die Hände über dem Kopf zusammen und rief: ›Bist du das, Schuhu? Straft mich Gott mit deinem Wiederkommen? Kehr um, Schamloser, laß unsere brave Stadt in Frieden, oder die Büttel sollen dich zum Tor hinauspeitschen.‹ Die Frau des Bürgermeisters aber trat hinzu und versetzte mir eine Maulschelle.«

»Warst du nicht bei deinem Vater, dem Schneider?« fragte die Prinzessin.

»Davon erzähl ich ja. Mein Vater ist jetzt dort Bürgermeister.«

»Was erlebtest du noch?« fragte die Prinzessin.

»Ich lief durch das Großherzogtum Coburg-Gotha, dieses Land fand ich ganz verwüstet. Es leben dort keine Menschen mehr, die Felder sind nicht bestellt, und der Boden ist übersät mit den Gehäusen toter Schnecken. Denn seit so viele Soldaten im mittelländischen Meer ertrunken waren, gab es in Coburg-Gotha niemanden, um Spinat zu pflanzen, und niemanden in Mesopotamien, um die Purpurschnecken zu hüten. Die Schnecken wurden hungrig. Sie krochen, wohin sie wollten, und fraßen, was sie bekamen; als sie alles aufgefressen hatten, starben sie aus Mangel an Futter. Im Kaiserreich Mesopotamien traf ich es um kein Haar besser. Endlich, in der Mitte eines großen Waldes, stieß ich auf zwei arme Köhler. Sie wohnten in einer Hütte von Zweigen, ihre Nahrung war Baumrinde und nichts zuzubrocken. Aber sie nahmen mich freundlich auf und gaben mir, sowie ich sie darum fragte, Nachricht von dem Schicksal des Großherzogs und des Kaisers. Diese selbstherrschenden Brüder hatten sich, an einem Kochlöffel treibend, aus dem Meer gerettet, und als sie an Land gekrochen waren, hatte ihnen das Wasser alle Schminke aus den Bärten geweicht. Der Bart des Großherzogs war nicht mehr grün und der des Kaisers nicht mehr rot, und beide Bärte zeigten plötzlich dieselbe Farbe.«

»Welche Farbe war das?« fragte die Prinzessin.

»Gelb.«

»Und was folgerten sie daraus?« fragte die Prinzessin.

»Sie vertrugen sich und hatten keinen weiteren Streit miteinander und lebten von dem Tag an einträchtig wie Brüder.«

»Woher wußten die Köhler ihre Geschichte?« fragte die Prinzessin.

»Sie waren es selbst.«

»Was erlebtest du noch?« fragte die Prinzessin.

»Ich gelangte zu einem großen Berg, der Kaukasus genannt wird und so groß ist wie die halbe Welt. Den stieg ich hinauf. Je höher ich stieg, desto wilder und schrecklicher wurde die Landschaft. Erst gab es keine Bäume mehr, dann keine Kräuter und Gräser, dann endete alles Leben, selbst das von Moosen und Flechten. Ich kletterte über nackte Felsen bis in die Wolken. Ich kletterte über die Wolken hinaus. Die Kuppe des Berges ist eine schöne, gewölbte Ebene; auf ihr gibt es Quellen, an deren Rändern Veilchen wachsen, und die Leute da leben von ein paar Bäumen mit Pfirsichen, Mandeln und Oliven.«

»Sind die Leute nett?« fragte die Prinzessin.

»Sie streuen keinen Zucker auf Butterbrot.«

»Genug«, sagte die Prinzessin. »Was wirst du jetzt tun?«

»Ich denke«, sagte der Schuhu, »ich werde zu dem Berg zurückfliegen.«

»Nimmst du mich mit?« fragte die Prinzessin.

»Wenn du willst«, sagte der Schuhu, »aber der Berg ist wirklich sehr hoch.«

»Ich denke, ich will«, sagte die Prinzessin.

Und dann flogen sie zu dem Berg zurück, und wenn sie sich nicht den Hals gebrochen haben, lebten sie, bis sie starben.

Peter Hacks

Viktoria und die Weide

Eines frühen Morgens pflanzte ein Bauer im Garten eine Weidenrute. Am Abend desselben Tages brachte seine Frau ein Töchterchen zur Welt, das sie Viktoria nannten. Die Kleine wuchs wie die Weide im Garten, bald wurde aus ihr ein bildschönes Mädchen. Der Vater war gestorben, als Viktoria noch in der Wiege lag. So sorgte die Mutter allein für sie. Das Mädchen sagte niemandem ein böses Wort und tat keiner Fliege etwas zuleide. Jeder hatte sie gern, am meisten aber der kleine Veit, ein Junge aus der Nachbarschaft, der ebenfalls keinen Vater mehr besaß. Weil er aus armem Hause stammte, mußte er von Kindheit an in Dienst gehen. Bei Viktorias Mutter fand er eine Anstellung. Er half im Haus und weidete die Kühe. Dabei hatte er immer noch Zeit, ein Sträußchen für Viktoria zu winden, ihr Erdbeeren zu bringen oder ihr ein Liedchen vorzuspielen. So schön wie er konnte kein Junge die Flöte blasen; Viktoria hätte ihm von früh bis spät lauschen können. Sie liebten sich wie Bruder und Schwester und waren immer beisammen.

Aber die Jahre vergingen, aus der Weidenrute wurde ein stattlicher Baum, aus Viktoria ein hübsches Mädchen und aus Veit ein schmucker Bursche. Es schickte sich nicht mehr, daß er für Viktoria Erdbeeren holte und ihr auf der Flöte vorspielte. Es war an der Zeit, daß er sich nach einer Stellung bei einem Großbauern umsah.

Aber Veit wollte nicht als Knecht zum Großbauern gehen.

»Ich versuche mein Glück lieber in der weiten Welt«, sagte er zu seiner Mutter. »Vielleicht kehr ich als Herr heim, und dann wird alles anders.«

Die Mutter und Viktoria weinten, als sie das hörten, und versuchten, es ihm auszureden, aber Veit ließ sich nicht von seinem Entschluß abbringen. Gleich am nächsten Tage machte er sich auf, den Stock in der Hand, das Ränzchen mit seiner Flöte, Pflaumenkuchen von der Mutter und einem Goldstück von Viktoria auf dem Rücken. Viktoria hatte das Goldstück als Patengeschenk bekommen; es sollte Veit Glück bringen.

»Komm bald zurück, wir warten auf dich.«

Abend für Abend saß Viktoria mit Veits Mutter im Garten unter der Weide, Abend für Abend dachten sie an ihn und fragten sich, wo er wohl gerade umherwandere. Nach einem Jahr bekamen sie Nachricht vom anderen Ufer des Meeres, nach zwei Jahren vom anderen Ende der Welt, und dann war es, als hätte der Erdboden Veit verschluckt. Im Dorf vergaß man ihn, nur die Mutter und das Mädchen weinten um ihn.

Viktoria war sehr schön geworden, und jeder Bursche hätte sie gern zur Frau gehabt. Aber sie dachte nicht ans Heiraten, sorgte sich um das Haus, pflegte ihre Mutter und hatte ihre Freude am Garten und an der Weide vor dem Fenster. Weit und breit wuchs nicht so eine Weide, und niemand, nicht einmal die größten Lausbuben, wagten eine Rute davon abzuschneiden. Sie wollten Viktoria nicht betrüben.

Die Weide wurde mit den Jahren noch stattlicher, Veit aber kam noch immer nicht und gab auch keine Nachricht.

»Er kommt nie wieder«, sprach die Mutter und weinte.

Und doch ist er zurückgekehrt. Eines Tages hielt vor Viktorias Häuschen ein fremder Reiter an. Viktoria goß gerade den Garten; ihre und Veits Mutter saßen unter der Weide auf der Bank und spannen. Der Unbekannte stieg vom Pferd und fragte: »Gute Leute, hättet ihr wohl ein Nachtlager für mich?«

»Warum nicht«, antwortete Viktorias Mutter. »Kommt nur herein und setzt Euch. Viktoria bringt Euch etwas zu essen, sicherlich seid Ihr hungrig.«

Als Viktoria dem Reiter ins Gesicht schaute, blieb ihr fast das Herz stehen. Der Fremde erinnerte sie an jemanden, aber an wen, das wußte sie nicht. Wie im Traum eilte sie, Brot, Milch und Käse zu holen.

Der Reiter setzte sich inzwischen auf die Bank neben Veits Mutter.

»Zu Hause habe ich auch eine Mutter wie Euch. Aber wir haben uns jahrelang nicht gesehen, wer weiß, ob sie mich wiedererkennt.«

Veits Mutter schüttelte den Kopf.

»Wie sollte sie ihr eigenes Kind nicht erkennen? Ich wüßte es sofort, wenn mein Veit vor mir steht. Aber er steckt wer weiß wo in der Welt.«

»Vielleicht machte er sein Glück und kehrt bald heim«, sagte der Reiter. »Ich kannte auch einen Veit, er war mein Freund.«

»Und wie sah Euer Freund aus?« fragte Viktorias Mutter. Der Fremde lächelte.

»Er war so groß wie ich, hatte die gleichen Augen und Haare, kurz, er wirkte fast wie mein Bruder. Er hat mir oft von zu Hause erzählt und von den Leuten, bei denen er diente. Sie hatten eine schöne Tochter, genau wie Ihr. Als er fortzog, gab sie ihm ein Goldstück, das sollte ihm Glück bringen. Es hat ihm wirklich Glück gebracht. Heute ist er ein reicher Mann. Er schenkte mir zur Erinnerung eine Flöte und brachte mir das Spielen bei.«

Der Reiter zog die Flöte aus der Tasche und begann zu spielen. Bei den ersten Tönen kam Viktoria aus der Kammer gelaufen und rief: »Veit, bist du es?«

»Ja, ich bin es«, antwortete Veit, denn er war es wirklich. »Dein Goldstück hat mir Glück gebracht, und nun bin ich wieder hier.«

Wie sich Veits Mutter da freute, läßt sich gar nicht beschreiben. Und mit ihr freuten sich Viktoria und deren Mutter.

Veit hatte Viktoria nicht vergessen. Die ganze Zeit hatte er nur an sie gedacht.

»Wenn du willst, bleibe ich für immer bei dir«, sagte er, und Viktoria lächelte ihn an und sprach: »Und ob ich will! All die Jahre habe ich auf dich gewartet.«

Am Tag darauf bat Veit Viktorias Mutter um die Hand ihrer Tochter. Die Hochzeit war so fröhlich, wie es sich für eine Hochzeit gehört, und danach lebten Viktoria und Veit in Glück und Freude. Veit kaufte Pferde und Land und hätte auch gern ein neues Häuschen erworben. Aber Viktoria wollte sich nicht von dem Garten mit der Weide trennen.

»Wo sollten wir hinziehen? Hier geht es uns bis ans Lebensende gut, du wirst sehen«, sagte sie, und Veit gab sich damit zufrieden. Mit Viktoria wäre er auch in der ärmsten Hütte glücklich gewesen.

Nur eines bereitete ihm Sorgen. In einer Mondnacht wachte er auf, da lag Viktoria neben ihm wie tot. Sie war kalt wie Eis, und das Herz schlug nicht.

Veit sprang auf und weckte die Schwiegermutter.

»Schnell, Viktoria ist etwas zugestoßen!«

»Aber Veit, das hast du sicher nur geträumt. Komm, laß uns nachschauen.«

Und wirklich, als Veit mit ihr ins Zimmer kam, schlief Viktoria friedlich und atmete tief, als wäre nichts geschehen.

Als das zum ersten Mal geschah, war Veit erschrocken. Als es das zweite Mal passierte, dachte er lange darüber nach. Beim dritten Mal aber ließ es ihm keine Ruhe mehr, und am Morgen fragte er Viktoria:

»Sag, was geschieht mit dir in der Nacht? Plötzlich liegst du wie tot da, atmest nicht, und dein Herz steht still. Ich habe Angst um dich!«

Beim ersten Mal fertigte ihn Viktoria mit einem Lachen ab, beim zweiten Mal erfand sie eine Ausrede, beim dritten Mal sagte sie ihm die Wahrheit.

»Sorge dich nicht, Veit, das hat nichts zu bedeuten. Es ist nur ein Traum, wenn der Mond über dem Garten steht, höre ich, wie mich unsere Weide vor dem Fenster ruft. Ich stehe auf und gehe zu ihr, und es ist keine Weide mehr, sondern eine schöne Frau im langen, grünen Rock. Sie nimmt mich an der Hand und führt mich in einen wunderschönen Garten, wo die Bäume, Sträucher und Blumen lebendig sind, wo sie sprechen und singen. Ich freue mich mit ihnen, bis der Mond hinter dem Wald verschwindet, dann komme ich wieder zu dir.«

Aber Veit gefielen diese Träume nicht. Er bangte um seine Frau, er fürchtete, die Frau im grünen Rock könnte Viktoria für immer entführen. Am liebsten hätte er die Weide gefällt.

Aber Viktoria wollte davon nichts hören.

»Laß die Weide in Frieden, Veit. Wenn du sie umhaust, fügst du mir Böses zu!«

Veit wollte seine Frau, die ein Kind erwartete, nicht betrüben und sprach nicht mehr davon. Und als ihnen ein Sohn geboren wurde, vergaß er die Geschichte.

Aber in einer Mondnacht fand er Viktoria wieder wie tot, nicht einmal das Weinen des Kindes weckte sie. Am nächsten Tag ging er in den Wald zu einer Kräuterfrau.

»Gib mir Rat, Alte, was soll ich tun? Am liebsten würde ich die Weide fällen!«

»Nur das nicht, Söhnchen«, rief die Frau erschrocken, »du würdest es bereuen. Solange die Weide in eurem Garten grünt, geht es Viktoria gut. Ich rate dir, laß die Weide in Ruh und hab Geduld.«

Aber Veit hörte nicht auf die Alte. Tag und Nacht dachte er an die Weide.

Eines Nachts fand er Viktoria wieder wie tot neben sich und sagte sich, diese Qual müsse ein Ende haben.

Kaum dämmerte der Morgen, ergriff er die Axt, lief in den Garten und hieb auf die Weide ein.

Als er das erste Mal zuschlug, hörte er aus dem Zimmer einen Seufzer, beim zweiten Mal vernahm er ein Weinen, und beim dritten Mal rauschte die Weide, als atme jemand zum letzten Male aus. Im Zimmer sank Viktoria leblos zu Boden wie ein gefällter Baum. Das Kind in der Wiege begann zu weinen, Viktorias Mutter klagte laut.

Erst jetzt begriff Veit, was er getan hatte. Aber seine Selbstvorwürfe erweckten Viktoria nicht wieder zum Leben. Nur einmal zeigte sie sich ihm im Traum.

»Sei nicht traurig, Veit. Was geschehen ist, ist geschehen. Denk an unser Kind, schneide die Weidenruten ab und pflanze sie im Garten ein. Die Weide säge zu Brettern und baue daraus eine Wiege. Solange unser Söhnchen darin liegt, wird seine Mutter ihn wiegen. Und wenn er größer ist und aus den Ruten Flöten schneidet, wird seine Mutter mit ihm sprechen, sobald er darauf spielt.«

Veit tat, was ihm Viktoria geraten hatte. Aus den Ruten wuchs eine schöne grüne Weide.

Als er größer geworden war, saß Veits Sohn den ganzen Tag im Garten und spielte auf der Flöte aus Weidenruten, die mit ihm sprach, wie seine eigene Mutter. Jeden Frühling kam sie aufs neue zu ihm, und ihre Stimme erklingt in den Weidenflöten bis zum heutigen Tag.

Märchen aus Böhmen

Die Schwalbe und der Goldtaler

Es war einmal ein Buchhändler, und das war ein sehr armer Mann, denn er besaß nichts außer den vielen Büchern, die niemand kaufen wollte. Denn das war damals schon so wie heute: Jene, die viel Geld haben, lesen keine Bücher, und jene, die gern ein Buch lesen würden, haben kein Geld, um sich ein solches zu kaufen.

So ging es auch unserem Buchhändler recht schlecht, er hauste zwischen den vielen alten schönen Büchern, stellte sie mal her, mal hin, und zwischendurch wischte er mit einem großen Lappen den Staub weg.

Wenn er mittags für eine Stunde den Laden schloß, hockte er sich auf einen Stapel Bücher und löffelte seine dünne Kümmelsuppe, denn mehr gab es bei ihm nicht; und wenn es Abend wurde, legte er sich auf die Bücher schlafen, denn er hatte nicht einmal ein richtiges Bett.

Dabei war der Samuel Klein – so hieß der Buchhändler – ein sehr belesener und auch sonst kluger Mann; doch was half ihm seine Klugheit, wenn er sie nicht an den Mann bringen oder, sagen wir mal so, verkaufen konnte?

Nun, so ganz allein lebte der Klein auch nicht, denn eines schönen Tages kam eine Schwalbe und baute sich ihr Nest genau über seinem Fenster.

Ja, nun pflegte der Klein manchmal von der Lektüre seiner vielen Bücher aufzusehen: »Was macht die dort oben? Warum verläßt die nicht mehr ihr Nest?« fragte er sich, als die Schwalbe ihre Eier ausbrütete.

Eines Morgens glänzte auf dem armseligen Tisch, auf dem er die beschädigten Bücher klebte, ein richtiger Goldtaler. Erst dachte der Klein, das müßte wohl eine Täuschung sein, denn wer bringt schon einem armen jüdischen Buchhändler soviel Geld ins Haus. Doch dann merkte er, daß da tatsächlich ein Goldtaler lag, und so versteckte er ihn zwischen die Bücher.

Am nächsten Morgen war wieder ein Goldtaler da, und so fort: jeden Tag ein Goldtaler. Das war die Belohnung der Schwalbe, weil der Klein immer zu Mittag hinunter zur Bega lief und dort, aus dem weichen Flußschlamm, die schönsten Regenwürmer hervorholte und sie der Schwalbe brachte. Wie man sieht, wird manchmal auch eine kleine Tat groß belohnt, denn oft werden große Taten gar nicht belohnt.

Als die jungen Schwalben fliegen konnten, näherte sich auch schon der Herbst, und da sagte eines Tages die Schwalbe zum Klein: »Morgen fliegen wir fort übers Meer, aber im nächsten Jahr kehren wir wieder zurück. In dieser Zeit darfst du das Nest nicht berühren.«

Nun, dumm war der Klein nicht, und so befolgte er den Rat der Schwalbe und fand weiterhin an jedem Morgen einen Goldtaler auf seinem Tisch.

Als dann die Schwalben im Jahr darauf wieder da waren, hatte sich das Häuschen des Buchhändlers sehr verändert: Es war frisch geweißelt worden, und über der Tür prangte ein neues Schild mit großen Goldbuchstaben.

Ja, auch die Kundschaft war eine andere als zu früheren Zeiten, als hier höchstens ein armer Student ein Buch kaufte und dann auch noch lang um den Preis feilschte. Jetzt kamen die feinen Stadtdamen herangefahren und kauften schöne und teure Bücher, denn sie mußten prächtig und kostbar sein, um im Bücherschrank zu glänzen. Denn diese Kundschaft pflegte keine Bücher zu lesen.

Doch auch das störte den Samuel Klein nicht, er verkaufte seine Bücher zu hohen Preisen und machte dabei gute Geschäfte. Er vergaß aber eines nicht: daß die Schwalbe ihm zum Reichtum verholfen hatte, und so ging er auch jetzt, in schwarzem Anzug und mit Hut auf dem Kopf, jeden Mittag zum Fluß und holte fette Würmer für die Schwalbe, die wiederum ihre Eier ausbrütete.

Man sagt: »Schwalben bringen Glück«; dem Samuel Klein, dem Buchhändler, haben sie Glück und Reichtum gebracht. Aber er hat gewußt, daß alles vergänglich ist und so, wie es kommt, eines Tages auch wieder verschwinden kann. Und darum freute er sich jeden Tag von neuem an dem Wunder, das geschehen war; und so lebte er noch viele Jahre zufrieden mit seinen schönen Büchern.

Ostjüdisches Märchen

Ein König und eine Königin

Es waren einmal ein König und eine Königin, die hatten drei Söhne. Eines Abends, als sie bei Tisch saßen, sprach der Älteste: »Mein Vater und meine Mutter, ich werde in die Welt hinausziehen.«
Am darauffolgenden Abend sagte der Mittlere: »Mein Vater und meine Mutter, ich gehe mit meinem Bruder, um mir irgendwo eine Arbeit zu suchen.« Ob der König wollte oder nicht, sie zogen fort, die Reisebündel mit Geld wohlgefüllt.

Zwei Tage später sagt der Jüngste. »Mein Vater und meine Mutter, ich werde es meinen Brüdern gleichtun.«

»Wohin willst du denn gehen?« fragte die Königin, »deine Brüder werden dich töten und deine Asche in alle Winde verstreuen.« Ob der König nun wollte oder nicht, die Königin versah den Sohn mit allem Nötigen, so daß er sich aufmachen konnte, um seinen Brüdern nachzueilen.

Als er die Stadt verließ und den Weg einschlug, den die beiden anderen gegangen waren, begegnete er auf der Straße einem alten Weiblein, das dort saß und ihn fragte: »Wohin des Weges, mein Sohn?«

»Ich gehe, um meine Brüder zu suchen«, antwortete der Jüngste.

»Ach, Kind, du gehst ins Verderben!« warnte ihn die Alte. »Steig ab und sattle dieses mein Pferd, nimm das Beutelchen hier und folge diesem Weg, so wirst du deine Brüder einholen; aber deine Brüder werden dich töten. Nimm diesen Beutel, denn deine Brüder werden dir die Glieder ausrenken, eines nach dem anderen. Mach dir keine Sorgen. Dein Pferd wird dich zu mir bringen, und ich werde dich vom Tode erwecken und aus dir einen noch prächtigeren Burschen machen, als du ohnehin schon bist.« (Das alte Weiblein war eine Jungfrau, und das Pferd war ein Engel.)

Der Jüngste machte sich auf den Weg und holte seine Brüder ein. Die Brüder sagten zu ihm: »Wie hast du denn unsere Eltern herumgekriegt, Hurensohn?« Und weil sie sahen, daß er mehr Geld bei sich trug als sie, beschlossen sie, ihn zu töten. Sie packten ihn und brachten ihn um, und damit er nicht wieder zum Leben erwache, renkten sie ihm alle Glieder aus, Gelenk um Gelenk. Und dem Pferd nahmen sie den Sattel ab und jagten es hinaus in die Felder, und dann gingen sie ihres Weges.

Doch bald darauf kehrte das Pferd wieder zurück, sammelte Knöchelchen um Knöchelchen ein, saugte das Blut auf, das sich auf den Boden ergossen hatte und verwahrte alles zusammen in dem Beutelchen. Sodann machte es sich auf den

Rückweg und begegnete nach kurzem Lauf dem alten Mütterchen. In dem Augenblick, da es bei ihm anlangte, erwachte der Jüngling wieder zum Leben, und sie sprach zu ihm: »Hab ich dir nicht gesagt, daß dich deine Brüder töten werden? Aber sei unbesorgt! Mach dich noch einmal auf und folge ihnen. Nimm aber dieses Bettuch mit, lege es unter die Satteldecke und folge demselben Weg.«

Als er nun im Begriffe war, sie ein weiteres Mal einzuholen, sagte einer der Brüder: »Das ist doch der Jüngste? Wir werden ihn töten, wir werden ihn verbrennen und die Asche in den Wind streuen, damit er nicht mehr hinter uns herläuft; und das Pferd, das wollen wir weit vom Weg fortjagen.«

Und kaum hatte er sie erreicht, da töteten sie ihn, verbrannten ihn und streuten seine Asche in den Wind. Und dann begaben sie sich in eine nahegelegene Stadt.

Hierauf kehrte das Pferd zurück, sammelte die Asche ein, die so schwer war, daß sie der Wind nicht zu verwehen vermochte, und schüttete sie in das Laken. Das Pferd machte kehrt und lief so lange, bis es der Alten begegnete. Nun band das Mütterchen das Tuch auf, und mittels einer Gerte bewirkte es, daß der Jüngste wieder in sich zurückkehrte. Sie sagte zu ihm: »Geh nun nicht mehr auf die Suche nach deinen Brüdern. Deine Brüder haben geheiratet und würden dich zum Sklaven machen.« Der Jüngste aber bestand darauf. Da sagte die Alte zu ihm: »Nimm diese Flinte; denn es gibt auf dieser Welt weder Vogel noch Raubtier, die nicht das Leben ließen, sobald du darauf schießt, um sie zu erlegen.« Hierauf wagte er sich ganz allein in die Wildnis, ohne Pferd, aber immer der Hilfe des Mütterchens gewärtig.

Drei Jahre lang durchstreifte er die Wildnis, wobei er sich von Vögeln ernährte. Eines Tages erblickte er von weitem ein rotes Haus, und weil er schwach war und halb verhungert, glaubte er, daß es eine Stadt sei. Er ging weiter, und da war ein Meer, und mitten darin schwamm ein Entlein. Er konnte es nicht schießen, denn das Meer hatte einen hohen Seegang. Aber als er schließlich nach langem Umherlaufen das Entlein in der Ferne erblickte, kam es näher, denn es war neugierig zu erfahren, wer derjenige sei, der da am Ufer des Meeres stand. Nun sagte das Entlein: »Schieß nicht auf mich! Ich will dir eine Tugend verleihen, die dich reich machen wird. Denn hier wärst du ohne mich verloren; hier ist nämlich die Stadt eines Teufels, der so böse ist, daß es keinen böseren auf der Welt gibt. Morgen mittags, um zwölf, werden drei Mädchen hierher kommen, um zu baden. Verstecke das Kleid derjenigen, die am unglücklichsten aussieht, denn diese wird dein Glück sein. Sobald das Mädchen sich gebadet hat, wird es kommen und sich auf die Suche nach seinem Kleid machen. Gib es ihr aber erst dann zurück, wenn sie allein ist. Sobald die anderen fort sind, wird sie sagen: ›Den, der mir das Kleid versteckt hat, will ich heiraten, damit er es mir zurückgibt, denn sonst werde ich von meinen Eltern verbrannt.‹«

So wie es das Entlein vorausgesagt hatte, geschah es auch. Der Jüngling gab dem Mädchen das Kleid, und das Mädchen sprach zu ihm: »Um zu meinem Schloß zu gelangen, mußt du in jene Richtung weitergehen, und sobald du dich dreimal um dich selbst drehst und in die Hände klatschst, wird ein großes Schloß vor dir erstehen, darin wohne ich. Diese Zauberkraft sei dir gegeben, und sobald du in Bedrängnis gerätst, sprich: ›Gott und die Tugend, die Gott Schönheit der Welt verlieh‹, und erbitte von mir, was immer du willst. Mein Vater und meine Mutter sind die allerschlimmsten Heiden, die es auf der Welt gibt.« Und dann fügte es hinzu: »Jetzt gehe ich, denn meine Stunde hat geschlagen.«

Der Jüngling blieb zurück, trauriger als die Nacht. Da kam das Entlein dorthin, wo er sich befand, und sagte zu ihm: »Gutes Jüngelchen, bis heute habe ich dich begleitet; und ich sage dir noch, daß sie deinen Schatz niemals töten werden, denn sie werden in große Bedrängnis geraten.« Und es sprang in die Höhe wie Puffmais und flog davon.

Nun kam das Mädchen noch einmal zurück und sagte zu dem Jüngsten: »Sobald das Schloß vor dir auftaucht, wird ein alter Mann herauskommen. Fürchte dich nicht, sondern sage, daß du auf der Suche nach Arbeit bist; denn mein Vater wird dir Arbeit geben und dich in die Küche schicken, bis das Abendessen vorüber ist. Du darfst mich nicht ansehen, sonst wird meine Mutter glauben, du hättest mit mir gesprochen. Ich werde kommen, um das Essen zuzubereiten; aber sie werden mich nur aus Argwohn schicken, um zu sehen, ob sie mich sprechen hören. Mein Vater wird dir auftragen, einen goldenen Ring herauszuholen, der mir vor drei Jahren ins Meer gefallen ist. Er wird dir zeigen, wohin der Ring fiel. Du mußt von ihm ein Bettuch verlangen, das unbefleckt ist, und sobald es zehn Uhr abends wird, sprich: ›Tugend, die Gott dir gegeben hat, und Schönheit der Welt, die er mir gegeben hat.‹ Darauf werde ich sagen: ›Was begehrst du, mein Gebieter?‹ Nun packe mich und schlage mir den Kopf ab und fange mein Blut auf, so daß kein einziger Tropfen davon auf den Boden fällt, und dann werfe mich in das Meer, denn ich werde dir den Ring herausholen.«

So wie das Mädchen es vorausgesagt hatte, geschah es, und alles, was sie ihm aufgetragen hatte, führte er auch aus. Als er sie ins Meer warf, da wurde der Jüngling trauriger als die Nacht; keinen einzigen Vogel gab es auf dem Meer, der ihn hätte trösten können.

Mitternacht ging vorüber, das Wasser kräuselte sich, und da tauchte das Mädchen auf, mit einem kleinen Fisch in der Hand, an dessen Schwanzflosse der Ring steckte. Voll Freude breitete der Jüngling das Laken aus, das Mädchen wälzte sich darauf und wurde noch schöner, als es zuvor gewesen war, und lief zurück zum Schloß.

Als der Jüngling annehmen konnte, daß das Mädchen schlafe, machte er sich mit dem Fischlein in der Hand auf den Weg zum Schloß. Dort angelangt, klopfte er an das Tor: »Patron, hier ist der Ring.«

Da schenkte ihm der Alte einen Palast, voll mit Gold und Silber, und sagte zu ihm: »Geh in die Küche und iß dein Frühstück.« Der Jüngling aber rührte keine einzige der Speisen an, sondern wartete, bis Schönheit der Welt sie ihm vorlegte.

Als es Nacht wurde, kam der Alte mit einem Ochsengespann, einem Pflug und verschiedenerlei Sämereien, und er befahl dem Jüngling, daß er ihm am nächsten Tag Luzernen, Melonen, Kürbisse, Kalebassen, junge Maiskolben und all die anderen Pflanzen bringe, die er in der Nacht aussäen würde. Der Jüngling begab sich hinaus auf das freie Feld und begann zu weinen. Um zehn Uhr abends kam das Mädchen, um ihn zu trösten, und es sagte zu ihm: »Sei unbesorgt! Morgen um zwölf wirst du alle Früchte für die Ernte vorfinden. Und ich sage dir auch, daß sie uns die Erlaubnis zu heiraten geben werden, um uns zu überraschen und dich zu töten. So wird dir mein Vater einen Ring geben, damit du von uns dreien jene erwählst, die du heiraten möchtest. Doch du wirst uns plötzlich nicht mehr voneinander unterscheiden können, darum nimm irgendeine von den beiden, die außen stehen, nicht die, welche in der Mitte steht, denn die werde ich sein. Ich werde alle in Schlaf versetzen, damit wir fliehen können. Nimm diesen Schlüssel, stecke ihn in deine Tasche, und nimm auch dieses Zaumzeug und stecke es ebenfalls hinein. Dann gehe zu jener Pferdekoppel, wo wir gesät haben, dort findest du zwei Pferde und eine Sau. Das Zaumzeug lege demjenigen Pferd an, welches dir als erstes begegnet, und der Sau schneide die Klauen ab.«

Tags darauf um zwölf erschien der Jüngling vor dem Alten mit all den Früchten aus dem Saatgut, das er ihm gegeben hatte; er brachte Melonen, Kürbisse, Kalebassen, jungen Mais, Luzernensamen und all das, was sonst noch aus den Samen, die er ihm gegeben hatte, gewachsen war. Hierauf ließ der Alte die beiden Pferde und die Sau auf das Feld, denn sie sollten das gute Futter fressen.

Sodann sagte der Alte zu ihm: »Nimm nun diesen Ring! Du sollst dir nämlich eines von den Mädchen erwählen und es heiraten, damit du der Gebieter dieser Stadt wirst.«

Der Jüngling nahm den Ring und stellte sich vor sie hin, um sie zu betrachten. Ob sie wollte oder nicht, er gab den Ring der Ältesten, die an dem einen Ende der Reihe stand.

Der Alte verheiratete sie auf der Stelle, je eher je lieber. Auch die Alte freute sich, aber sie traute der Sache nicht so recht und witterte Verrat, denn sie war das schlaueste Weib auf dieser Welt.

Es wurde Nacht, und alle legten sich schlafen. Das Mädchen schlief nicht und sah, daß die Alte auch wach geblieben war. Da flüsterte es einen Zauberspruch, damit die Alte einschlafe, und die Alte fiel in Schlaf. Nun stand der Jüngling auf und begab sich zur Pferdeweide, klapperte mit dem Schlüssel und griff nach dem langsameren der beiden Pferde, das mit jedem Schritt vier zurücklegte, anstatt jenes Pferd einzufangen, das mit jedem Schritt fünf Meilen hinter sich brachte. Und der Sau schnitt er eine der Klauen ab. Nun stand das Mädchen auf und spuckte dreimal auf den Boden und begab sich dorthin, wo der Jüngling war. »Kind, habe ich dir nicht gesagt, du sollst das Pferd einfangen, welches zuerst kommen werde? Was hast du mit der Sau gemacht?«

»Eine Klaue habe ich ihr abgeschnitten.«

»Mehr nicht?«

Hierauf steckte das Mädchen noch eine Handvoll Asche, einen Kamm und einen Spiegel zu sich, und dann machten sie sich auf den Weg.

Die Alte erwachte und sagte zu dem Alten: »He, Alter, wach auf, denn Schönheit der Welt läuft uns davon!«

»Rufe sie!« befahl der Alte, »sieh zu, daß sie nicht davonläuft!«

»Schönheit der Welt!« rief die Alte.

»Mütterchen!« war die Antwort.

Da sagte der Alte: »Laß mich schlafen!« Und er verabreichte der Alten eine Tracht Prügel, und danach ließ er sie abermals rufen.

Die Alte, die recht hartnäckig war, rief zweimal nach ihr, und die Antwort kam mit immer leiser werdender Stimme – »Müt ... ter ... chen!« – und verstummte.

Die Alte begann von neuem: »Schönheit der Welt!«, aber niemand antwortete.

Da ging der Alte auf die Pferdekoppel und fing das Pferd ein, das sie ihm gelassen hatten; es war jenes, welches mit jedem Schritt fünf Meilen zurückzulegen vermochte.

Am Nachmittag des darauffolgenden Tages sagte das Mädchen zu dem Jüngling: »Mein Vater wird uns einholen, aber sei unbesorgt.« Sogleich verwandelte sich das Pferd in ein altes Skelett, die Flinte in eine Viehweide, und sie selber wurden zu zwei Vögeln, die zu beiden Seiten des Weges auf den Bäumen saßen und sangen. Der Alte kam heran, ritt an dem Gerippe vorbei, aber sein Pferd wollte nicht mehr weitergehen. So kehrte der Alte in das Schloß zurück, wo die Alte schon ungeduldig wartete. Kaum stand er neben ihr, da fragte sie ihn auch schon: »Was hast du dort gesehen?« Der Alte gab ihr zur Antwort, daß er ein altes Gerippe gesehen habe und eine Viehweide und zwei Vögel, die sangen.

»Merkst du denn nicht, du alte Schlafmütze, daß jenes alte Gerippe und jene Weide das Pferd und die Flinte des Burschen sind? Nicht einmal das hast du mitgebracht! Und von den beiden Vögeln, die gerade sangen, war der eine meine Tochter und der andere der Bursche.«

Sodann bestieg die Alte die Sau, der man eines der beiden Hinterbeine abgeschnitten hatte. Und nach zwei Tagen war sie schon nahe daran, sie einzuholen, und da sagte das Mädchen zu dem Burschen: »Mama holt uns ein. Sei unbesorgt!« Sie nahm eine Handvoll Asche und warf sie hinter sich, und es entstand eine große Wolke, welche die Alte nicht zu durchdringen vermochte.

Nach drei Tagen verflüchtigte sich die Wolke, und die Alte nahm die Verfolgung wieder auf. Nach vier Tagen sagte die Alte: »Nur wenn sie Zauberer sind, werden sie mir entkommen!« Abermals sagte das Mädchen zu dem Jüngling: »Mama ist gleich da! Mache dir keine Sorgen!«

Als die Alte ihnen nun schon ganz dicht auf den Fersen war, warf das Mädchen den Spiegel hinter sich, und es entstand ein großes Gebirge, so daß die Alte weder vor noch zurück konnte.

Nach vielen Tagen vermochte sie darüberzugelangen, und wiederum war sie nahe daran, die beiden einzuholen. Das Mädchen sprach zu dem Jüngling: »Schon wieder ist uns Mama auf den Fersen. Was sollen wir jetzt tun? Uns fällt nichts mehr ein. Aber sei unbesorgt!« Nun warf das Mädchen den Kamm hinter sich, und ein Gebirge erhob sich, das die Alte unter keinen Umständen hätte überqueren können. Als sie das sah, sandte sie den beiden einen Fluch hinterher, indem sie rief: »Geh! Denn der, welcher dich mit sich führt, soll dich vergessen!«

Da setzten der Jüngling und das Mädchen gemächlich ihre Reise fort, ohne sich die geringsten Sorgen zu machen, wohin sie der Weg führte; und anstatt in eine andere Stadt kamen sie in die Stadt der Eltern des Jünglings. Am Rande der Stadt angelangt, sprach der Jüngling: »Ich werde etwas holen, worin ich dich mitnehmen kann.«

Das Mädchen bat ihn: »Geh nicht zu dem Haus deiner Eltern, denn deine Brüder werden dich in die Arme schließen, und du wirst mich vergessen. Dasselbe kann dir durch ein Hündchen geschehen.«

Dieser Bursche achtete nicht auf die Bitte des Mädchens, sondern begab sich zu dem Haus der Eltern. Die Brüder wollten ihn umarmen, um herauszufinden, wodurch er wieder lebendig geworden war. Als sich der Jüngling zum Tisch setzte, kam ein Hündchen herbeigesprungen, um ihn zu umarmen, und da vergaß er, was er tun wollte, und auch die Not, in der er sich zuvor befunden hatte, und er kehrte nicht zurück.

Das Mädchen wußte, daß ihm dies widerfahren war, und es sprach: »Ich werde mich in den Bergen umhertreiben, bis mein Gemahl sich wieder an mich erinnert.«

Wie nun das Mädchen so umherzog, gelangte es in den Bergen zu einem Häuschen, in dem ein sehr armes altes Weiblein wohnte. Das lebte von den Almosen, die ihm der König schenkte.

Sobald die Alte das Mädchen, dieses wunderschöne Kind, sah, sprach sie zu ihm: »Töchterchen, wo kommst du denn her? Du bist nicht aus der Stadt.«

Das Mädchen sagte darauf zu ihr: »Bin auf der Suche nach einem Häuschen, um Unterkunft zu finden, und ich sterbe vor Hunger.«

So ging das Weiblein zum Schloß des Königs und bat ihn um das Almosen. Da der König gerade viele Gäste zu einem Hochzeitsfest eingeladen hatte, schenkte er ihr ein Huhn. Und sie nahm es für das Mädchen mit, um es ihm zu essen zu geben. Daheim angekommen, machte sich die Alte daran, das Huhn zu rupfen, und das Mädchen sammelte alle Federn ein. Es warf sie in den Wind und ließ daraus ein Hühnchen und ein Hähnchen entstehen, die sollten an jedem Morgen singen.

Der König, der gerade daranging, den jüngsten Sohn mit einer Prinzessin, der Tochter seines Gevatters, zu verheiraten, und der wollte, daß das Fest ganz besonders schön ausfalle, ließ auch die Alte einladen, denn er wußte, daß sie einen Hahn besaß, der wunderschön sang, und daß er solch einen Gesang noch nie gehört hatte.

Die Alte wollte nicht hineingehen, weil sie so arm war.

»Laß uns doch gehen, Mütterchen«, sagte das Mädchen, »denn ich habe große Lust, bei diesem Fest dabeizusein.«

Die Alte erwiderte: »Wie soll ich denn gehen? Ich habe weder Kleid noch Stiefelchen.«

Da sagte das Mädchen zu ihr: »Geh ins Haus, denn dort findest du Kleider und Stiefel zum Aussuchen und Anziehen.«

Die Alte trat ein, blickte nach oben und fand sich in einem Schloß wieder, wie nicht einmal der König eines hatte. Das Hühnchen und das Hähnchen spazierten auf dem Tisch umher.

»Gehen wir!« sagte das Mädchen, und sie begaben sich zum Schloß des Königs.

Der König war ganz außer sich, als er das Mädchen sah, so schön war es. Der Jüngste, an der Seite der Braut, sah immerzu nach dem Mädchen hin, denn es spazierte vor ihm auf und ab.

Und schon kam der Geistliche, um das Paar zu trauen, da sagte Schönheit der Welt: »Laßt uns doch zu meinem Schloß gehen, um sie dort zu trauen, denn ich habe so großes Verlangen, der Hochzeit beizuwohnen.«

Der König war einverstanden, war sie doch so schön, daß sogar er Lust bekam, sich mit ihr zu verheiraten. Sie gingen zu dem Schloß und Schönheit der Welt sagte: »Bevor sich der Jüngste vermählt, wollen wir euch von einer Begebenheit erzählen.«

Sodann holte sie das Hühnchen und das Hähnchen hervor und setzte sie auf den Tisch. Der Jüngste hörte aufmerksam zu, als das Hühnchen zu dem Hahn sprach: »Weißt du noch Hähnchen, wie du mir das Kleid versteckt hattest und ich zu dir sprach: ›Wenn du mir das Kleid wiedergibst, will ich dich heiraten‹?«

»Kann mich nicht erinnern«, antwortete das Hähnchen.

Bei alledem klopfte dem Jüngsten das Herz im Leibe, und er spitzte gehörig die Ohren, um ja nichts von der Geschichte zu überhören.

»Erinnerst du dich, wie wir uns in jener Nacht davonmachten und ich zu dir sagte, du mögest das Pferd aufzäumen, welches als erstes kommen würde, und wie du jenes nahmst, welches mit jedem Schritt vier Meilen zurücklegte, und wie uns tags darauf am Nachmittag mein Vater eingeholt hat? Das Pferd wurde zu einem alten Gerippe, die Flinte zu einer Viehweide, und wir wurden zu zwei Vögeln, die zu beiden Seiten des Weges in den Bäumen saßen und sangen. Und dann, weißt du noch, wie mehrere Tage danach meine Mutter uns auf den Fersen war und ich eine Handvoll Asche nach ihr warf und daraus eine große Wolke wurde?«

Das Hähnchen antwortete: »So halb und halb fällt's mir wieder ein.«

»Nun, du erinnerst dich schon«, sagte das Hühnchen. »Weißt du noch, daß wir meine Mutter hinter jenem Gebirge dort zurückließen, und daß meine Mutter rief: ›Geh! Denn der, welcher dich mit sich führt, soll dich vergessen!‹?«

»Heute noch wird mir alles wieder einfallen!«

»Wir sind in diese Stadt gekommen«, sagte das Hühnchen, »und ich bat dich, nicht zum Haus deiner Eltern zu gehen, denn sobald dich jemand in die Arme schließen würde, müßtest du mich vergessen.«

Da sagte das Hähnchen: »Ja, jetzt erinnere ich mich wieder an alles!«

In diesem Augenblick sprang der Jüngste von seinem Platz auf und rief: »Mein Vater und meine Mutter, diese ist meine Braut und nicht jene, die ich soeben heiraten wollte.«

Daraufhin schickte der Jüngste seine Braut fort und ging mit Schönheit der Welt und heiratete sie. Und dann begann der Tanz, und mir scheint, sie tanzen heute noch.

Argentinisches Märchen

Der Dank des Karpfen

Es ist lange her, da lebten einmal irgendwo ein altes Mütterchen und ein junger Mann. Jeden Tag drehte der Junge Seile, ging damit in die Stadt und bot sie von Haus zu Haus feil. Und so arm waren sie, daß sie nur zu essen hatten, wenn er Reis und Bohnenmus hatte kaufen können.

Eines Tages ging der junge Mann wie immer mit seinen Seilen in die Stadt, um sie zu verkaufen. Als der Abend sich senkte, machte er sich auf den Heimweg. Es gab nun einen Mann, der in der Stadt Karpfen verkaufte. Dieser Karpfenhändler hatte alle Karpfen, die er mitgebracht hatte, restlos verkauft bis auf einen einzigen, der übriggeblieben war und ihm Kopfzerbrechen bereitete. »Irgendwie möchte ich auch diesen einen noch verkaufen!« dachte der Karpfenhändler bei sich. Und weil dieser Karpfen ein schöner bunter Karpfen war, rief er: »Billig abzugeben! Will niemand kaufen? Will niemand kaufen?« Da kam ein Käufer und sagte: »Wenn Ihr ihn billig abgebt, möchte ich ihn kaufen.«

Darauf entgegnete der Fischhändler: »Ich lasse ihn Euch billig, kauft nur!«

»Wieviel soll er kosten?«

»Nun, sagen wir, ich gebe ihn Euch für drei Kan ab.«

»Drei Kan sind mir zu teuer, gebt ihn mir für zwei Kan!«

Als jener so sprach, antwortete er: »Ich kann zwar eigentlich nicht mehr im Preis heruntergehen, aber nun gut, Ihr sollt ihn so billig haben!« und verkaufte ihn für zwei Kan.

Gerade in diesem Augenblick kam der Junge hinzu und fragte jenen Kunden: »Wozu habt Ihr solch einen Karpfen gekauft?«

»Ich mag zwar eigentlich bunte Karpfen nicht, aber da er billig war, habe ich ihn gekauft und gedenke ihn heute abend, vielleicht zu Suppe gekocht, zu essen.«

Der junge Mann aber hielt das für eine Quälerei, denn der Fisch lebte noch, und sprach: »Wollt Ihr diesen Karpfen nicht an mich verkaufen?«

Da fragte jener: »Warum wollt Ihr ihn kaufen?«

»Ich habe eigentlich keinen besonderen Grund dafür, aber verkauft ihn mir bitte!«

»Ich habe den Kauf abgeschlossen und sehe keinen Anlaß, ihn wieder zu verkaufen.«

Da blieb dem jungen Mann nichts anderes übrig als zu bitten: »Wenn ich Euch ein Aufgeld gebe – wollt Ihr ihn mir dann verkaufen?«

»Falls Ihr einen Aufpreis zahlt, bin ich bereit, ihn zu verkaufen. Wieviel zahlt Ihr?«

»Für wieviel habt Ihr ihn gekauft?«

»Für zwei Kan.«

»Gut, dann will ich Euch drei Kan geben.«

»Unter diesen Umständen verkaufe ich.«

Da schloß der Junge den Kauf ab. Sein Erlös aus dem Verkauf der Seile betrug gerade drei Kan. »Nun habe ich zwar keinen einzigen Mon mehr, aber ich habe einen Karpfen retten können«, dachte er bei sich und war zufrieden. In einem Teich am Wegesrand gab er ihm die Freiheit wieder und ermahnte ihn: »Laß dich nicht wieder fangen!« Der Karpfen tauchte voller Freude ins Wasser, und der junge Mann kehrte darauf nach Hause zurück.

Währenddessen war die Dunkelheit hereingebrochen, und weil der Sohn noch nicht nach Hause gekommen war, machte sich die Mutter Sorgen: »Was kann geschehen sein? Immer ist er heimgekommen, solange es noch hell war!« Da kehrte der Sohn mit schlechtem Gewissen zurück.

Als die Mutter ihn nun fragte: »Mein Sohn, mein Sohn, warum kommst du diesmal so spät?«, berichtete er ausführlich, wie er vorhin den Karpfen gekauft hatte.

»Frau Mutter, aus diesem Grund bin ich ohne auch nur Reis zu kaufen zurückgekommen; heute abend können wir nur heißes Wasser trinken. Bitte, seid nicht ungehalten!« Und er bat um Verzeihung.

Die Mutter aber entgegnete: »Es ist schon gut, darein müssen wir uns eben schicken!« So konnten sie also an diesem Abend keinen Reis essen, sondern allein heißes Wasser trinken und dann schlafen gehen. Als nun die alte Frau Wasser heiß machte, klopfte draußen jemand an die Tür.

»Wer kann das sein?« dachte sie sich, und als sie die Tür öffnete, stand ein allerliebstes Mädchen da. »Was willst du?« fragte die Alte.

Da bat das allerliebste Mädchen: »Ich habe gehofft, bis zum nächsten Ort gehen zu können, aber der Tag hat sich geneigt, und ich kann nicht weiter wandern. Wollt Ihr mir deshalb für diese Nacht bei Euch ein Obdach gewähren?«

»Nun, ein Obdach könnten wir dir schon geben«, erwiderte die alte Frau, »aber wir sind arm und haben überhaupt nichts zu essen; wir beide, mein Sohn und ich, können uns heute abend nur von heißem Wasser ernähren. Wenn du es aber trotzdem wünschst, werden wir dir ein Obdach geben.«

»Ich möchte es trotzdem, bitte nehmt mich auf!«

Als nun die Mutter ihren Sohn fragte, meinte er: »Da sie sagt, daß sie auch ohne Bewirtung bleiben möchte, wollen wir sie beherbergen.« Und sie nahmen sie also auf.

Als es Morgen wurde und sie dachten, das Mädchen werde wieder fortgehen, da wollte sie nirgendwohin gehen. »Da ich keinen Platz habe, wohin ich mich wenden könnte, wäre es Euch recht, mich bei Euch als Magd oder was auch immer zu behalten?«, so bat sie.

Die alte Frau aber erwiderte: »Ach, du sprichst unvernünftiges Zeug! Wie wir schon gestern abend gesagt haben, sind wir eine so arme Familie, daß wir nicht einmal Reis zu essen haben. Es wäre kein Gewinn für dich, wenn du hierbliebest.

Zwar sind wir, Mutter und Sohn, ganz allein und hätten dich, die du auch ganz allein bist, gerne aufgenommen, aber da du solch ein allerliebstes Mädchen bist, wäre es besser, wenn du zu einem wohlhabenden Haus gingst.«

Aber das Mädchen sprach: »Ich bin mit allem zufrieden! Laßt mich bei Euch bleiben!« und bat unaufhörlich.

»Du bist ein eigenwilliges Kind! Wenn es dir dann nichts ausmacht, daß wir nichts zu essen haben, so bleib!« gab jene schließlich nach und ließ sie bleiben.

Nun stürzte sich das Mädchen in die Arbeit: Am Morgen stand sie in aller Frühe auf, und am Abend arbeitete sie unermüdlich bis tief in die Nacht hinein, so daß sie zu einer Berühmtheit im Dorfe wurde. Dann sprach das Mädchen: »Wäre es Euch recht, mich zur Schwiegertochter zu bekommen?«

Weil es ein so überaus gutes Kind war, antwortete das alte Mütterchen: »Wenn du wirklich den Wunsch hast, die Frau meines Sohnes zu werden, so wüßte ich mir nichts Besseres; ich will meinen Sohn fragen, wie er darüber denkt.« Sie fragte also ihren Sohn. Auch er meinte, sie solle seine Frau werden, und so wurden sie ein Paar. Nach einer Weile aber war diese junge Frau wegen ihrer überaus schönen Erscheinung und wegen ihres Fleißes so berühmt geworden, daß es auch dem Fürsten zu Ohren kam.

Eines Tages kam der Dorfschulze: »Hört, ich komme mit einer Botschaft unseres Fürsten! Das schöne Mädchen, das bei Euch lebt, sollt Ihr zum Hof des Fürsten in Dienst geben!«, so sprach er. Der Sohn und sein altes Mütterchen erschraken gewaltig – was sollten sie tun? Wenn sie dem Befehl des Fürsten nicht gehorchten, befürchteten sie, daß sie dann nicht sicher sein könnten, am Leben zu bleiben; und sie beratschlagten mit der Schwiegertochter, was zu tun sei.

Die junge Frau aber erklärte: »Auf keinen Fall werde ich am Hof dieses Mannes als Magd in Dienst treten!«, und so blieb dem jungen Mann nichts anderes übrig, als zum Hof des Fürsten zu gehen, um die abschlägige Antwort zu überbringen.

Da befahl der Fürst: »Daß ihr sie nicht als Magd in Dienst geben wollt, will ich euch nachsehen, wenn du mir bringst, was ich sage. Zuerst bringe mir ein Seil, aus Asche gefertigt!«

Da sprach der junge Mann zu sich: »Jeden Tag drehe ich Seile und handle damit, doch ein Seil aus Asche – so etwas habe ich noch nie gemacht. Es ist überhaupt unmöglich, ein Seil aus Asche oder etwas Ähnlichem zu drehen! Was soll ich nur tun?« Mit bleichem Gesicht kehrte er heim.

»Was ist geschehen?« fragte ihn seine Frau.

Da berichtete der Mann: »Er sagte, er wolle uns verzeihen, wenn ich ein Seil aus Asche drehen könnte; aber ein Seil aus Asche gedreht ist ein Ding der Unmöglichkeit! Deshalb habe ich mir auf dem ganzen Heimweg den Kopf zerbrochen, was ich tun könnte. Aber was kann ich tun?«

»Das ist ganz einfach!« sprach da seine Frau. »Verfertige du ein Seil, ein bißchen dicker als gewöhnlich. Ich werde ein Aschenseil daraus herstellen.«

Da drehte der Mann eilig ein Seil. Dieses zündete seine Frau auf einer Steinplatte an und ließ es gänzlich zu Asche werden. Dann sagte sie: »Bring ihm dies!«, und als er hinblickte, schien es, als sei es wirklich aus Asche gedreht. Vorsichtig brachte er es zum Hof des Fürsten. Doch wieder kehrte daraufhin der Mann mit bleichem Gesicht zurück.

Diesmal war ihm befohlen worden: »Bring mir eine Trommel, die klingt, ohne daß man sie schlägt! Wenn du es nicht kannst, gibt es keine Verzeihung!«

Da dachte seine Frau wieder nach. Als der nächste Morgen anbrach, nahm sie von einem Sieb des Drahtnetz weg, klebte über beide Seiten Papier, bohrte dann in eine Ecke ein kleines Loch und steckte eine große Anzahl Bienen hinein. Nun schüttelte sie das Sieb, die Bienen drinnen wurden wild und stießen gegen das Papier, daß es dröhnte: Dondoko – dondoko! Ihr Mann freute sich und brachte es zum Hofe des Fürsten. Doch wiederum wurde ihm gesagt, daß es noch keine Verzeihung gebe.

Diesmal wurde ihm befohlen: »Klebe das Innere von einem Kürbis mit Papier aus, überziehe es dann mit Lack, bestreue es mit Goldstaub und bringe ihn mir!«

Wieder kehrte der Mann voller Besorgnis zurück, und wieder dachte seine Frau einen Augenblick nach. Dann erklärte sie, es sei ganz leicht, und schickte den Mann in die Berge, um Lack zu holen. Sie selbst blieb inzwischen zu Hause, legte Papier und Kleister in einen Topf und kochte beides aus. Dann goß sie das aufgelöste Papier in einen Kürbis, und als das Papier an der Innenseite des Kürbisses haftete, hängte sie ihn über das Feuer und erhitzte ihn. Als dann der Mann den Lack brachte, ließ sie ihn in den Kürbis hinein- und dann wieder herauslaufen und nochmals hinein- und nochmals herauslaufen und lackierte ihn auf diese Weise. Nachdem nun der Lack haftete, legte sie auf der Innenseite des Kürbis Goldstaub auf, indem sie ihn hineinblies. Dann rief sie: »Mann, Mann, er ist schon fertig!«, und übergab ihm den Kürbis.

Am nächsten Morgen brachte ihn der Mann sofort zum Hofe des Fürsten. Da dachte sich der Fürst: »Es ist unmöglich, einen Kürbis innen mit Papier zu bekleben und Lack aufzutragen und anderes mehr!«, und er nahm den Kürbis in die Hand und prüfte ihn. Aber da gab es keinen Riß und keine Klebestelle. Deshalb sprach er: »Dies ist Betrug!« und zerbrach den Kürbis. Aber dieser war vollkommen mit Papier beklebt, auch Lack war aufgetragen und auch Goldstaub klebte darauf. Als er dies sah, erschrak der Fürst gewaltig und fragte: »Was für ein außergewöhnlicher Kerl du bist! Wie in aller Welt hast du das bewerkstelligt?«

Der Mann aber antwortete wahrheitsgemäß: »Ich habe dies nicht vollbracht. Es ist alles das Werk meiner Frau!«

»Sie ist eine kluge Frau! Wie schwierige Aufgaben ich auch gestellt habe – es war umsonst. Deshalb will ich euch verzeihen! Halte deine Frau in Ehren! Und da ich euch drei Rätsel aufgegeben habe, will ich euch auch belohnen!«, so sprach der Fürst, schenkte dem Mann eine Menge Gold und ließ ihn von dannen ziehen.

Von nun an lebten der Mann, seine alte Mutter und seine Frau ihr ganzes Leben hindurch in Freuden. Seine Frau aber war der Karpfen, den er einst gerettet hatte: Er hatte sich verwandelt und war gekommen, um seinen Dank zu erstatten.

Japanisches Volksmärchen

Anhang

Anmerkungen

Das Zauberross

Seite 7
Klafter – Längenmaß: 1,90 Meter

Seite 7
Werst – Längenmaß: 1,067 Kilometer

Die Geschichte von Abu Muhammad, dem Faulpelz

Seite 22
Wesir – Minister in islamischen Staaten

Seite 22
Hidschaz (Hedschas) – nordwestlicher Landesteil Saudi-Arabiens vom Golf von Akaba bis zum Asir-Gebirge

Seite 25
Dirhem – eine Münze

Seite 30
Ritl – Mengenmaß

Seite 31
Plejaden – Siebengestirn (nach den gleichnamigen Sagengestalten), Sternhaufen im Sternbild Stier

Seite 32
Kaaba – mohammedanisches Heiligtum in Mekka

Die goldene Wurzel

Seite 40
Weife – Garnspule

Seite 40
Fasolen – Bohnen

Seite 40
Bettzieche – Bettbezug

Seite 42
Harpyie – Hexe, Unholdin; in der griechischen Mythologie Sagengestalten, halb Mädchen, halb Vogel, die Menschen entführen und Unheil bringen; werden meist häßlich oder ekelerregend dargestellt

Das Wunderpferd

Seite 80
Wesir – Minister in islamischen Staaten

Seite 80
Zeriba – Pferch für Haustiere

Seite 80
Sheikh (Scheich) – »Ältester«, Ehrentitel führender Persönlichkeiten in traditionellen islamischen Gesellschaften

Die Laus

Seite 83
Ramier – Name eines Waldes zwischen Lectoure und Fleurance

Seite 83
Klafter – Längenmaß: 1,90 Meter

Seite 83
Cagolouisdor – »qui schie des Louisdors«, Goldstückscheißer

Das Märchen von Komanditchen

Seite 112
Hausenblase – Schwimmblase des Störs, des »Hausen«

Die Kuh Bukolla

Seite 137
Trollweib – Frau eines Trolls, eines Dämons des nordischen Volksglaubens

Rübezahls Mittagstisch

Seite 184
Terzerol – Taschenpistole

Die Geschichte der zwei neidischen Schwestern

Seite 196
Großwesir – oberster Minister in islamischen Staaten

Seite 205
Bülbülhesar – tausend Nachtigallen

Seite 208
Derwisch – islamischer Bettelmönch

Der Wunderbaum

Seite 263
Kassawa – Maniok, südamerikanisches Wolfsmilchgewächs; die Knollen des Strauches enthalten neben Stärke einen giftigen Milchsaft, der durch Wässern und Rösten oder Kochen entfernt wird; die Knollen werden wie Kartoffeln gegessen oder zu Brot verbacken

Die Gans

Seite 288
Lapis philosophorum – Stein der Weisen

Seite 288
gefiederte Salmacis – eine Nymphe, die sich in Hermaphrodit verliebt, in den Brunnen springt, in dem er badet, ihn wider seinen Willen umarmt und – durch die Gunst der Götter – für ewig mit ihm vereint bleibt

Seite 288
Hermaphrodit – Zwitterwesen

Seite 289
pars posterior – Hinterteil

Die Geschichte vom Zauberpferd

Seite 291
Bedindjan – gurkenförmiges Gemüse

Seite 292
Zephir – sanfter Wind

Seite 298
Wesir – Minister in islamischen Staaten

Seite 303
Bastonade – Schläge auf die Fußsohlen

Das Märchen von Puniakaia

Seite 314
Imu – Erdofen, eine Grube, die von Vulkangestein begrenzt ist und durch glühende Steine erhitzt wird. Zwischen die Steine wurden Fisch oder Fleisch und Zutaten gelegt und abgedeckt – so wurde das Essen gegart, nicht gebraten

Seite 315
Kapa – Kleidungsstück aus Rinde; hergestellt aus dem Kleidungsstoff Tapa:
Im ersten Arbeitsgang wurden Streifen der Maulbeerbaumrinde flachgeklopft, dann zum Trocknen ausgebreitet. Die so entstandenen Fasermatten wurden zugeschnitten und mit Palmfasern verbunden, anschließend wusch man den Stoff mehrfach im Meer und breitete ihn schließlich zum Bleichen in der Sonne aus. In einigen Gegenden erfolgte dann noch eine farbliche Gestaltung

Ulrich mit dem Bühel

Seite 330
Wittib – Witwe

Seite 332
Politesse – Höflichkeit

Seite 332
sardanapalische Mahlzeiten – nach der Sage soll Sardanapal, der letzte König der Assyrer, ein besonders üppiges und schwelgerisches Leben geführt haben

Seite 333
peremtorisch – endgültig, zwingend

Seite 334
Adjudikation – Zuerkennung

Seite 335
Reichstag zu Bamberg – fand im Jahre 1057 statt

Seite 336
Hymen (Hymenaios, Hymenäus) – griechischer Hochzeitsgott

Seite 336
Bühel – Hügel, im übertragenen Sinne »Buckel«

Seite 336
Areopagus – Hohes Gericht

Seite 337
proponieren - vorschlagen

Seite 338
Insurgent - Empörer

Seite 339
Vapeurs - üble Laune

Seite 340
perennierend - beständig, ausdauernd

Seite 341
zedieren - abtreten

Seite 343
Ambassadeur - Gesandter, Botschafter

Seite 343
Laïs - Name zweier griechischer Hetären (Freundinnen, Buhlerinnen)

Seite 343
Panisbrief - Versorgungsbrief

Seite 344
Malkontente - Unzufriedene, Mißvergnügte

Seite 344
exorzisieren - austreiben

Seite 345
Sir John Bunkel - Verfasser des Buches »Leben, Bemerkungen und Meinungen Johann Bunkels, nebst dem Leben verschiedener merkwürdiger Frauenzimmer«, das 1778 in vier Teilen in deutscher Übersetzung erschien

Seite 345
Gynäzeum (Gynaikeion) - im griechischen Haus der Wohnraum der Frauen, das »Frauenzimmer«

Seite 347
Domestica - Hausangelegenheiten

Seite 350
species facti ad statum legendi - schriftliche Darstellung eines Tatvorgangs (Rechtssprache)

Seite 350
beneficium restitutionis in integrum - die Rechtswohltat der Wiedereinsetzung in den vorherigen Stand

Seite 350
Insolenz - Anmaßung, Unverschämtheit

Seite 351
Clodius - ein Gegner Ciceros;
Clodius wurde 62 v. Chr. der Entweihung einer religiösen Feier angeklagt, zu der ausschließlich Frauen zugelassen waren

Seite 351
Vestri(s) - berühmte italienische Tänzerfamilie

Seite 351
Plauel (Bleuel) - rundes Holz zum Flachsbrechen

Seite 353
Nativität - Stand der Gestirne in der Geburtsstunde sowie das dadurch - gemäß dem Glauben der Astrologie - vorherbestimmte Schicksal eines Menschen

Quellenverzeichnis

Seite 7
Das Zauberross
Aus: »Finnische und estnische Märchen. Herausgegeben von August von Löwis of Menar; erschienen in der Reihe »Märchen der Weltliteratur«, © by Eugen Diederichs Verlag, München

Seite 11
Der fliegende Baum
von Rafik Schami
Aus: Rafik Schami, Der fliegende Baum; © 1997 Carl Hanser Verlag, München – Wien

Seite 19
Schwan, kleb an
von Ludwig Bechstein
Nach: Ludwig Bechstein's Märchenbuch, Verlag von Georg Wigand, Leipzig 1853

Seite 22
Die Geschichte von Abu Muhammad, dem Faulpelz
Aus: Arabische Märchen. Herausgegeben und übertragen von Max Weisweiler; erschienen in der Reihe »Märchen der Weltliteratur«, © by Eugen Diederichs Verlag, München

Seite 35
Vogel Phönix
von Hans Christian Andersen
Aus: Hans Christian Andersen, Sämtliche Märchen, aus dem Dänischen von Thyra Dohrenburg, © Artemis & Winkler Verlag, Düsseldorf/Zürich [6]1996

Seite 37
Die goldene Wurzel
von Giambattista Basile
Nach: Der Pentamerone oder: Das Märchen aller Märchen von Giambattista Basile. Aus dem Neapolitanischen übertragen von Felix Liebrecht, Verlag Josef Max und Kompanie, Berlin 1846

Seite 44
Der Vogel, der goldene Eier legte
Aus: Märchen der Berber. Herausgegeben und aus der Berbersprache übersetzt von Uwe Topper; erschienen in der Reihe »Märchen der Weltliteratur«, © by Eugen Diederichs Verlag, München

Seite 47
Die hölzerne Elster
Aus: Märchen aus Österreich. Herausgegeben von Leander Petzoldt; erschienen in der Reihe »Märchen der Weltliteratur«, © by Eugen Diederichs Verlag, München

Seite 51
Das Märchen vom Goldlaub
von Franz Graf von Pocci
Aus: Goldene Kinderzeit; Lieder, Gedichte und Erzählungen aus alter Zeit. Ausgewählt und zusammengestellt von Almut Gaugler; © 1993 by Edition Stuttgart im VS Verlagshaus Stuttgart GmbH & Co.

Seite 53
Fioravante und die schöne Isolina
von Italo Calvino
Aus: Italo Calvino, Die Braut, die von Luft lebte und andere italienische Märchen, © 1993 Carl Hanser Verlag, München – Wien

Seite 59
Die drei Federn
von Ludwig Bechstein
Nach: Ludwig Bechstein's Märchenbuch, Verlag von Georg Wigand, Leipzig 1853

Seite 61
DAS BIRKENMÄDCHEN
Aus: Märchen aus der Mandschurei. Aus dem Chinesischen und Mongolischen übersetzt, herausgegeben und kommentiert von Jörg Bäcker; Eugen Diederichs Verlag, München 1988; in der Reihe »Märchen der Weltliteratur«

Seite 68
VON DEM FISCHER UN SYNER FRU
von den Brüdern Grimm
Nach: Kinder- und Hausmärchen, gesammelt durch die Brüder Grimm, Verlag von Braun und Schneider, München o. J.

Seite 77
DAS WUNDERPFERD
Aus: Nubische Märchen. Herausgegeben und übersetzt von Andreas und Waltraut Kronenberg; erschienen in der Reihe »Märchen der Weltliteratur«, © by Eugen Diederichs Verlag, München

Seite 83
DIE LAUS
Aus: Französische Märchen. Volksmärchen des 19. und 20. Jahrhunderts. Herausgegeben von Ré Soupault; erschienen in der Reihe »Märchen der Weltliteratur«, © by Eugen Diederichs Verlag, München

Seite 87
DER GESTIEFELTE KATER
von Erich Kästner
Aus: Erich Kästner, Der Gestiefelte Kater; © 1950 Atrium Verlag, Zürich

Seite 98
DIE MILCHWEISSE TAUBE
Aus: Schottische Volksmärchen. Gesammelt und herausgegeben von Hannah Aitken und Ruth Michaelis-Jena; erschienen in der Reihe »Märchen der Weltliteratur«, © by Eugen Diederichs Verlag, München

Seite 101
PIKTORS VERWANDLUNGEN
von Hermann Hesse
Aus: Hermann Hesse, Gesammelte Werke, Band 6; © Suhrkamp Verlag, Frankfurt am Main 1970

Seite 105
DIE ROSENKÖNIGIN
von Ludwig Bechstein
Nach: Ludwig Bechsteins Märchenbuch, Leipzig 1857

Seite 109
DAS MÄRCHEN VON KOMANDITCHEN
von Clemens Brentano
Nach: Clemens Brentano, Märchen II, herausgegeben von Richard Benz, München und Leipzig 1914

Seite 137
DIE KUH BUKOLLA
Aus: Märchen aus Island. Herausgegeben und übersetzt von Kurt Schier; erschienen in der Reihe »Märchen der Weltliteratur«, © by Eugen Diederichs Verlag, München

Seite 140
DER DIAMANTENVOGEL
Aus: Spanische Märchen. Herausgegeben und übertragen von Harri Meier und Felix Karlinger; erschienen in der Reihe »Märchen der Weltliteratur«, © by Eugen Diederichs Verlag, München

Seite 147
DAS MÄRCHEN
von Johann Wolfgang von Goethe
Aus: Märchen, Edition Deutsche Hausbücher. Herausgegeben von Almut Gaugler, © 1993 by Edition Stuttgart im VS Verlagshaus Stuttgart GmbH

Seite 169
GAGLIUSO
von Giambattista Basile
Nach: Der Pentamerone oder: Das Märchen aller Märchen von Giambattista Basile. Aus dem Neapolitanischen übertragen von Felix Liebrecht, Verlag Josef Max und Kompanie, Berlin 1846

Seite 173
DAS FEUERZEUG
von Hans Christian Andersen
Nach: H. C. Andersen's Sämmtliche Märchen. Deutsch von Julius Reuscher, Ernst Julius Günther, Leipzig 1874

Seite 179
RÜBEZAHLS MITTAGSTISCH
von Robert Reinick
Nach: Robert Reinicks Märchen, Lieder und Geschichten, Belhagen & Klasing in Bielefeld und Leipzig 1943

Seite 192
DER GOLDENE VOGEL
Aus: Märchen aus Österreich. Herausgegeben von Leander Petzoldt; erschienen in der Reihe »Märchen der Weltliteratur«, © by Eugen Diederichs Verlag, München

Seite 196
DIE GESCHICHTE DER ZWEI NEIDISCHEN SCHWESTERN
Nach: Tausend und eine Nacht. Arabische Erzählungen. Zum erstenmale aus dem Urtext vollständig und treu übersetzt von Dr. Gustav Weil, Verlag von Th. Knaur Nachf., Berlin o. J.

Seite 233
GOLDHÄHNCHEN
von Ludwig Bechstein
Nach: Ludwig Bechstein's Märchenbuch, Verlag von Georg Wigand, Leipzig 1853

Seite 237
DER KLUGE ZAUBERVOGEL
Aus: Mongolische Märchen. Aus dem Mongolischen übersetzt von Walther Heissig; erschienen in der Reihe »Märchen der Weltliteratur«, © by Eugen Diederichs Verlag, München

Seite 241
DIE WEISSE SCHLANGE
von den Brüdern Grimm
Nach: Kinder- und Hausmärchen gesammelt durch die Brüder Grimm, Wilhelm Hertz, Berlin 1873

Seite 244
DAS JAKÖBCHEN UND DER ZUCKERTÜTENBAUM
von Victor Blüthgen
Nach: Hesperiden. Victor Blüthgens Märchen für jung und alt, Union Deutsche Verlagsgesellschaft; Stuttgart, Berlin, Leipzig o. J.

Seite 252
DIE GOLDENE SCHLANGE
Aus: Der Rom und der Teufel – O rom taj o beng. Märchen, Erzählungen und Lieder der Roma aus dem Burgenland; © by Drava Verlag/Zalozba Drava, Klagenfurt/Celovec 2000

Seite 255
DIE WUNDERBLUME ROMANIAL
Aus: Märchen aus Mallorca. Herausgegeben und übersetzt von Felix Karlinger und Ulrike Ehrgott; erschienen in der Reihe »Märchen der Weltliteratur«, © by Eugen Diederichs Verlag, München

Seite 263
DER WUNDERBAUM
Aus: Südamerikanische Indianermärchen. Herausgegeben und übersetzt von Felix Karlinger und Elisabeth Zacherl; erschienen in der Reihe »Märchen der Weltliteratur«, © by Eugen Diederichs Verlag, München

Seite 265
DIE MOHNBLUME
von Gustav zu Putlitz
Nach: Was sich der Wald erzählt, Berlin 1853

Seite 270
DER VOGEL PHÖNIX
von Friedrich Hofmann
Nach: Der Kinder Wundergarten, Märchen aus aller Welt; ausgewählt und herausgegeben von Dr. Friedrich Hofmann, Verlag von Abel & Müller, Leipzig o. J

Seite 277
DIE GÄNSEMAGD
von den Brüdern Grimm
Nach: Kinder- und Hausmärchen gesammelt durch die Brüder Grimm, Verlag von Braun und Schneider, München o. J.

Seite 282
HIRSEDIEB
von Ludwig Bechstein
Nach: Ludwig Bechstein's Märchenbuch, Verlag von Georg Wigand, Leipzig 1853

Seite 285
HALBHÄHNCHEN
Aus: Französische Märchen. Volksmärchen des 19. und 20. Jahrhunderts. Herausgegeben von Ré Soupault; erschienen in der Reihe »Märchen der Weltliteratur«, © by Eugen Diederichs Verlag, München

Seite 287
DIE GANS
von Giambattista Basile
Nach: Der Pentamerone oder: Das Märchen aller Märchen von Giambattista Basile. Aus dem Neapolitanischen übertragen von Felix Liebrecht, Verlag Josef Max und Kompanie, Berlin 1846

Seite 290
DIE GESCHICHTE VOM ZAUBERPFERD
Nach: Tausend und eine Nacht. Arabische Erzählungen. Zum erstenmale aus dem Urtext vollständig und treu übersetzt von Dr. Gustav Weil, Verlag von Th. Knaur Nachf., Berlin o. J.

Seite 307
DIE GOLDKINDER
von den Brüdern Grimm
Nach: Kinder- und Hausmärchen gesammelt durch die Brüder Grimm, Wilhelm Hertz, Berlin 1873

Seite 311
DAS MÄRCHEN VON PUNIAKAIA
Aus: Märchen aus Hawaii. Herausgegeben und übersetzt von Gabriele Hartinger-Irek und Roland Irek; erschienen in der Reihe »Märchen der Weltliteratur«, © by Eugen Diederichs Verlag, München

Seite 317
DER APFELBAUM
Aus: Ostjüdische Märchen. Gesammelt, übersetzt und herausgegeben von Claus Stephani; erschienen in der Reihe »Märchen der Weltliteratur«, © by Eugen Diederichs Verlag, München

Seite 319
DIE BLUMEN DER KLEINEN IDA
von Hans Christian Andersen
Nach: H. C. Andersen's Sämmtliche Märchen. Deutsch von Julius Reuscher, Ernst Julius Günther, Leipzig 1874

Seite 325
DAS MÄRCHEN VON DEN KATZEN
Aus: Italienische Volksmärchen. Herausgegeben und übersetzt von Felix Karlinger; erschienen in der Reihe »Märchen der Weltliteratur«, © by Eugen Diederichs Verlag, München

Seite 329
ULRICH MIT DEM BÜHEL
von Johann Carl August Musäus
Nach: Musäus, Volksmärchen der Deutschen, Haendcke und Lehmkuhl, Hamburg 1878

Seite 355
DER KATER, DER EIGENTLICH EIN SCHUTZENGEL WAR
Aus: Märchen aus der Karibik. Herausgegeben und übersetzt von Felix Karlinger und Johannes Pögl; erschienen in der Reihe »Märchen der Weltliteratur«, © by Eugen Diederichs Verlag, München

Seite 359
DIE BLUME, DIE SANG
Aus: Märchen aus Mexiko. Herausgegeben und übersetzt von Felix Karlinger und Maria Antonia Espadinha; erschienen in der Reihe »Märchen der Weltliteratur«, © by Eugen Diederichs Verlag, München

Seite 361
DIE GOLDENE GANS
von den Brüdern Grimm
Nach: Kinder- und Hausmärchen gesammelt durch die Brüder Grimm, Wilhelm Hertz, Berlin 1873

Seite 364
DER SCHUHU UND DIE FLIEGENDE PRINZESSIN
von Peter Hacks
Aus: Peter Hacks, Die Erzählungen. Edition Nautilus, Hamburg 1995

Seite 391
VIKTORIA UND DIE WEIDE
Märchen aus Böhmen. Urquelle: Tschechische Volksballaden; K. E. Erben u. a.

Seite 395
DIE SCHWALBE UND DER GOLDTALER
Aus: Ostjüdische Märchen. Gesammelt,

übersetzt und herausgegeben von Claus Stephani; erschienen in der Reihe »Märchen der Weltliteratur«, © by Eugen Diederichs Verlag, München

Seite 397
Ein König und eine Königin
Aus: Märchen aus Argentinien und Paraguay. Herausgegeben und übersetzt von Felix Karlinger und Johannes Pögl; erschienen in der Reihe »Märchen der Weltliteratur«, © by Eugen Diederichs Verlag, München

Seite 404
Der Dank des Karpfen
Aus: Japanische Volksmärchen. Herausgegeben von Horst Hammitzsch, aus dem Japanischen übertragen von Ingrid Schuster und Fritz Rumpf; erschienen in der Reihe »Märchen der Weltliteratur«, © by Eugen Diederichs Verlag, München

Kurzbiographien der Dichter und Kurzbeschreibungen der Märchensammlungen

Hans Christian Andersen

Am 2. April 1805 wird der dänische Dichter als Sohn eines Schuhmachers in Odense geboren. Einsamkeit und Armut prägen seine Kindheit, doch mit seiner Phantasie schafft er sich mit wenig Möglichkeiten seine eigene kleine Welt. Sein Traum ist es, einmal Opernsänger zu werden. So geht er – obwohl er nur unregelmäßig die Schule besuchte – 1819 nach Kopenhagen, um eine Ausbildung am Königlichen Theater zu beginnen. In dessen Direktor findet er einen Gönner, der sich seiner annimmt.

Als König Friedrich IV. die besondere Begabung des Jungen auffällt, schickt er ihn auf die Lateinschule in Slagelse und ermöglicht ihm ein Studium an der Universität. Mit seinem Roman »Improvisatoren« gelingt ihm 1835 der Durchbruch; er bekommt sogar ein staatliches Dichtergehalt.

Zu dieser Zeit entdeckt er auch sein eigentliches Arbeitsthema: die Märchen. Zwar werden sie hauptsächlich von Kindern gelesen, doch ihr tieferer Sinn eröffnet sich erst dem Erwachsenen. »Ich greife eine Idee auf, die für Ältere gedacht ist, und erzähle sie dann den Kleinen, während ich daran denke, daß Vater und Mutter zuhören, und ihnen muß man etwas für den Verstand geben«, bekennt Hans Christian Andersen selbst.

Am 4. August 1875 stirbt der bedeutende Märchensammler und -dichter in Kopenhagen.

Giambattista Basile

Der italienische Schriftsteller und Märchensammler wird 1575 bei Neapel geboren. Von 1604 bis 1607 ist er im Söldnerdienst für die Republik Venedig. Dann kehrt er nach Neapel zurück. In den Jahren 1612 und 1613 steht er in höfischem Dienst beim Herzog von Mantua, der ihn später auch adelt. Am 23. Februar 1632 stirbt Giambattista Basile in Giugliano bei Neapel. Seinen bleibenden Ruhm verdankt der Dichter seinen unter dem Pseudonym Gian Alesio Abbattutis veröffentlichten Werken »Le muse napolitane« (1635) und seinem genialen Märchenzyklus »Lo conto de li conti o vero lo trattenimiento de li peccerille« (postum 1634 bis 1636 veröffentlicht), der 1846 in Deutschland unter dem Titel »Der Pentamerone« erscheint.

Grundlage dieses Zyklus ist ein Eingangsmärchen, in dem eine Prinzessin um ihren mit Tränen erlösten Gatten betrogen wird. Dessen »falsche« Gemahlin steht nun kurz vor der Niederkunft. Damit ihr die Zeit nicht zu lang wird, läßt diese märchensüchtige Mohrin sich an fünf Tagen von fünf Frauen insgesamt fünfzig Märchen erzählen, die jeweils eine moralische Weisheit enthalten. Zum Schluß erzählt Zoza, die Betrogene, ihr eigenes Schicksal, entlarvt so die Mohrin, gewinnt als »echte« Gattin den Edelmann zurück und besiegelt den Tod ihrer Widersacherin. So siegt in der Rahmenhandlung – wie in den einzelnen Märchen selbst – das Gute über das Böse.

Ludwig Bechstein

Am 24. November 1801 wird Ludwig Bechstein in Weimar geboren. Ab 1818 arbeitet er als Apothekerlehrling in verschiedenen Städten. Zehn Jahre später bekommt Bechstein von Herzog Bernhard von Sachsen-Meiningen ein Stipendium für seine »Sonettenkränze«. Danach folgt das Studium der Philosophie, Geschichte und Literatur in Leipzig und München. 1831 wird der Dichter herzoglicher Kabinettsbibliothekar in Meiningen, zwei Jahre später I. Bibliothekar der öffentlichen Bibliothek. Im Jahre 1840 erfolgt die Ernennung zum Hofrat, 1844 setzt er seine Bibliotheksarbeit am hennebergischen Gesamtarchiv fort, wo er vier Jahre später zum Archivar avanciert. Am 14. Mai 1860 stirbt Ludwig Bechstein in Meiningen.

Bekannt ist er heute vor allem als Sammler und Herausgeber deutscher Märchen und Sagen.

Victor Blüthgen

Dieser Dichter wurde am 4. Januar 1844 in Zörbig in Sachsen geboren und lebte bis 1920. Seine Erzählungen und Märchen weisen manchmal sehr »lehrreiche« Elemente auf, doch in den Märchen seiner »Hesperiden« schlägt er einen leichten, erzählenden Ton an, der vordergründig zur guten Unterhaltung dient.

Clemens Brentano

Am 8. September 1778 wird Clemens Brentano in Ehrenbreitstein als Sohn einer italienischen Kaufmannsfamilie geboren. Im Jahre 1794 tritt er in das elterliche Geschäft ein und übt den Beruf eines Kaufmanns aus. Drei Jahre später beginnt er dann in Halle das Studium der Berg- und Kameralwissenschaften.

1798 bis 1802 geht Brentano zuerst in Jena, später dann in Göttingen seinen literarischen Neigungen nach. Er trifft Wieland, Schlegel, Goethe, Herder und beginnt eine Freundschaft mit Achim von Arnim, der später seine Schwester Bettina heiratet. Er selbst heiratet 1803 in Marburg Sophie Mereau. Nach seiner Übersiedelung nach Heidelberg erlebt der Dichter zusammen mit seinem Freund Arnim die Blütezeit der Heidelberger Romantik. 1806 stirbt seine Frau Sophie. Ein Jahr später geht Brentano mit Augusta Busmann eine neue, aber unglückliche Ehe ein, die bald wieder getrennt wird. In den Jahren 1806 bis 1808 entsteht gemeinsam mit Achim von Arnim die bekannte Volksliedersammlung zeitgenössischer und überlieferter Lieder und Gedichte »Des Knaben Wunderhorn«. In der Zeit von 1808 bis 1816 lebt Brentano vor allem in Berlin.

Nach seiner Rückkehr zum katholischen Glauben und dem Verzicht auf weltliches Dichtertum lebt Brentano von 1819 bis 1824 bei der stigmatisierten Nonne Anna Katherina Emmerick in Dülmen in Westfalen und zeichnet deren Visionen auf. Nach ihrem Tod führt der Dichter von 1825 bis 1842 ein unstetes Leben. Während dieser Zeit steht er hauptsächlich in Kontakt zu den katholischen Spätromantikern. Zugleich entstehen neben anderen Märchen auch »Die drei Nüsse« (1834), »Geschichte vom braven Kasperl und dem schönen Annerl« sowie das »Märchen von Gockel und Hinkel« (1838).

Im Jahre 1842 wird der todkranke Brentano von seinem Bruder nach Aschaffenburg geholt, wo er am 28. Juli stirbt.

Italo Calvino

Am 15. Oktober 1923 wird Italo Calvino in Santiago de las Vegas, Kuba, als Sohn eines Agrarwissenschaftlers geboren. Seine Kindheit verbringt er in San Remo, Ligurien. Nach dem Gymnasialabschluß im Jahre 1942 beginnt er mit dem Studium der Agrarwissenschaften in Turin, das er aber schon bald wieder zugunsten eines Philosophie- und Literaturstudiums aufgibt. Ein Jahr später schließt sich Calvino der Partisanenbewegung an und nimmt an den Kämpfen in Ligurien teil.

Nach der Befreiung Italiens vom Faschismus beendet er sein Studium in Turin und promoviert 1947. Danach findet er eine Anstellung als Lektor beim Turiner Verlag Einaudi. Er tritt in die KPI ein und arbeitet an Vittorinis Zeitschrift »Il Politecnico« und an der Turiner Ausgabe der »Unità« mit. 1956 tritt er aus der KPI aus.

Drei Jahre später gründet er zusammen mit Vittorini die Zeitschrift »Il Menabó«, die er bis 1967 herausgibt. Ab 1964 arbeitet er zusätzlich wieder als Lektor bei Einaudi. Italo Calvino lebt als freier Schriftsteller in Paris und Rom. Er stirbt am 19. September 1985 in Siena. Unter anderem wird er auch durch seine modernen Märchen bekannt (»Fiabe italiane«, Einaudi 1956), die Phantasie und Wirklichkeit auf eindrucksvolle Weise miteinander verbinden.

Johann Wolfgang von Goethe

Am 28. August 1749 wird der Dichter in Frankfurt am Main geboren. Er studiert ab 1765 in Leipzig Jura, kehrt 1768 wegen einer schweren Erkrankung nach Hause zurück und vollendet sein Studium 1770/1771 in Straßburg. 1772 arbeitet er vorübergehend als Praktikant beim Reichskammergericht in Wetzlar, lebt im übrigen aber nach wie vor in seiner Heimatstadt

Frankfurt. Seine Verlobung mit Elisabeth Schönemann 1775 wird noch im selben Jahr wieder gelöst.

Auf Einladung des Weimarer Erbprinzen Karl August geht Goethe Ende 1775 nach Weimar, wo er als Legationsrat in den Staatsdienst eintritt. 1779 wird er zum Geheimen Rat ernannt, drei Jahre später in den Adelsstand erhoben.

1786 bis 1788 unternimmt er eine Italienreise, die ihn bis nach Sizilien führt – für seine Entwicklung wohl die wichtigste Reise.

Ab 1794 verbindet ihn eine enge Freundschaft mit Friedrich Schiller, die bis zum Tode Schillers im Jahre 1805 währt. 1795 erscheint Goethes zyklisches Erzählwerk »Unterhaltungen deutscher Ausgewanderten«, das unter anderem auch die Erzählung »Das Märchen« enthält.

Im Jahre 1806 heiratet der Dichter Christiane Vulpius, die Mutter seines Sohnes August, der 1789 geboren wurde, und mit der Goethe seit seiner Rückkehr aus Italien in einer Hausgemeinschaft lebt.

Am 22. März 1832 stirbt der Dichter Johann Wolfgang von Goethe in Weimar.

Brüder Grimm

Jacob Ludwig Karl Grimm wird am 4. Januar 1785 in Hanau geboren. Ein Jahr später, am 24. Februar 1786, kommt sein Bruder Wilhelm Karl Grimm auf die Welt. Beide Brüder verbindet von Anfang an eine enge Beziehung. Schon früh entwickeln sie eine Form der Lebens- und Arbeitsgemeinschaft, die trotz ihrer unterschiedlichen Charaktere bis zu ihrem Tode anhält.

Beide studieren in Marburg Rechtswissenschaften. Ihr Hauptstreben gilt jedoch – nach dem Vorbild Brentanos und Arnims – dem Sammeln von Märchen, Mythen und Sagen. Sie lassen sich Märchen erzählen, sie recherchieren und suchen alte Stoffe, wobei ihnen ihre Bibliothekarsarbeit sicherlich von Nutzen ist. So entstehen die Kinder- und Hausmärchen der Brüder Grimm, mit denen die Kinder vieler Generationen aufgewachsen sind.

Im Jahre 1830 werden die Grimms als Professoren an die Göttinger Universität berufen, doch aufgrund ihrer Teilnahme am politischen Protest der liberalen »Göttinger Sieben« Ende 1837 vom Dienst suspendiert. Vier Jahre später holt sie Friedrich Wilhelm IV. als Mitglieder der Akademie der Wissenschaften nach Berlin, wo sie ungestört ihren Forschungen und Recherchen nachgehen können. In diese Zeit fällt auch ihre Arbeit am »Grimmschen Wörterbuch«.

Am 16. Dezember 1859 stirbt Wilhelm Karl Grimm in Berlin, sein Bruder folgt ihm am 20. September 1863.

Peter Hacks

Am 21. März 1928 wird Peter Hacks als Sohn eines Rechtsanwaltes und Notars in Breslau geboren. Nach dem Abitur in Wuppertal (1946) zieht die Familie nach Dachau. Ab 1947 studiert Hacks Philosophie, Soziologie, Germanistik und Theaterwissenschaften und promoviert 1951 zum Dr. phil.

1955 kehrt er der Bundesrepublik Deutschland den Rücken und geht in die damalige DDR nach Ost-Berlin. Dort wird er Mitglied des Brecht-Ensembles, wechselt aber fünf Jahre später als Theaterdichter und Dramaturg an das Deutsche Theater. Doch bereits 1963 muß er wegen Querelen mit der SED um sein Stück »Die Sorgen und die Macht« das Deutsche Theater verlassen.

Peter Hacks arbeitet von nun an als freischaffender Schriftsteller und schreibt erfolgreich Dramen, Essays, Gedichte, Erzählungen und Kinderbücher.

Hermann Hesse

Am 2. Juli 1877 wird Hermann Hesse als Sohn eines baltischen Missionars in Calw geboren. In den Jahren 1881 bis 1886 wohnt er mit seinen Eltern in Basel, dann kehrt die Familie nach Calw zurück, wo Hesse das Real-Lyzeum besucht. Danach geht er auf die Lateinschule in Göppingen und macht das Württembergische Staatsexamen (Juli 1891). Dann wird er Seminarist an der evangelischen Klosterschule in Maulbronn, hält es dort aber nur sieben Monate aus und flieht Hals über Kopf, weil er »entweder Dichter oder gar nichts werden will«.

Nach einem Selbstmordversuch im Juni 1892 hält er sich bis August in der Nervenheilanstalt in Stetten auf und wird danach in das Gymnasium in Cannstatt aufgenommen, wo er im Juli 1893 die Obersekundareife erreicht. Im Oktober desselben Jahres beginnt er eine Buchhändlerlehre in Esslingen, die er bereits nach drei Tagen wieder aufgibt.

Nach einem fünfzehnmonatigen Praktikum in der Calwer Turmuhrenfabrik Perrot beginnt er 1895 erneut mit einer Buchhändlerlehre – diesmal in Tübingen –, die er im Oktober 1898 beendet. Zu dieser Zeit erscheinen seine ersten Publikationen.

Im Jahr 1899 siedelt Hesse nach Basel über. Dort ist er bis 1901 als Sortimentsgehilfe in der Reich'schen Buchhandlung tätig. Danach arbeitet er bis 1903 als Buchhändler im Baseler Antiquariat Wattenwyl. 1904 heiratet er Maria Bernoulli und zieht mit ihr in einen leerstehenden Bauernhof nach Gaienhofen am Bodensee, wo er als freier Schriftsteller und Mitarbeiter an zahlreichen Zeitungen und Zeitschriften arbeitet.

Im Jahre 1912 – nach dem Erscheinen vieler seiner bekannten Werke – verläßt Hesse Deutschland für immer und übersiedelt nach Bern in das Haus seines verstorbenen Freundes, des Malers Albert Welti.

Bei Kriegsbeginn (1914) meldet sich Hesse freiwillig, wird aber als dienstuntauglich zurückgestellt und später der Deutschen Gesandtschaft in Bern zugeteilt, wo er bis 1919 im Dienst der »Deutschen Gefangenenfürsorge« tätig ist.

Im April 1919 trennt er sich von seiner in einer Heilanstalt untergebrachten Frau, bringt die drei gemeinsamen Kinder bei Freunden unter und siedelt nach Montagnola im Tessin in die Casa Camuzzi über, die er bis 1931 bewohnt.

1923 geht er zu einem Kuraufenthalt nach Baden bei Zürich, den er fortan alljährlich im Spätherbst wiederholt. Im selben Jahr wird er von Maria Bernoulli geschieden.

1924 wird Hesse Schweizer Staatsbürger und heiratet Ruth Wenger. Die Ehe wird 1927 wieder geschieden. Vier Jahre später zieht Hesse innerhalb von Montagnola in ein neues, ihm auf Lebzeiten gestelltes Haus, das H.C. Bodmer für ihn erbaut hat. Er heiratet die Kunsthistorikerin Ninon Dolbin.

Von 1939 bis 1945 gelten Hesses Werke in Deutschland als unerwünscht; 1942 wird dem S. Fischer Verlag die Druckerlaubnis für »Das Glasperlenspiel« verweigert, das daraufhin ein Jahr später bei Fretz & Wasmuth in Zürich erscheint. 1946 wird Hermann Hesse der Nobelpreis für Literatur verliehen; 1955 erhält der Schriftsteller den Friedenspreis des Deutschen Buchhandels. Am 9. August 1962 stirbt Hermann Hesse in Montagnola.

»Je tiefer ich Hermann Hesses Werk kennenlernte, um so bewunderungswürdiger erscheint es mir. Hesse besitzt alle Eigenschaften, die ich in der Kunst stets aufs höchste schätzte: jene seltene und kostbare Verbindung von Eleganz und Tiefe, von künstlerischer Disziplin und schöpferischer Kraft. Er besitzt außerdem einen ausgesprochenen Sinn für Humor, was für einen deutschen Schriftsteller eine Ausnahme darstellt. Er ist fähig, über sich selbst zu lachen, doch ohne Bitterkeit oder Zynismus, sondern mit heiter-ironischer Distanz.« So äußerte sich André Gide im Jahre 1948 über den Schriftsteller Hermann Hesse.

Friedrich Hofmann

Am 18. April 1813 wird der Dichter in Coburg in Thüringen geboren, den Tod findet er am 14. August 1888 in Ilmenau.

Über sein Leben ist nur wenig bekannt. Aus dem Gedicht »Dem Andenken Friedrich Hofmanns«, mit dem Victor Blüthgen Hofmanns Buch »Der Kinder Wundergarten« einleitet, geht hervor, daß der Dichter ein strebsamer Mann war, der sich ganz der Barmherzigkeit, dem Wohle der Armen und Waisen widmete:

»Er war nicht reich – bei fremden Pforten
bat er im Lande weit und breit,
und klopfte hier und klopfte dorten,
ein Bettler der Barmherzigkeit.
Ihm war der Mosesstab beschieden,
das rechte Wort, das Stein erweicht.
So trieb er's, ohne zu ermüden,
bis sich sein Haar zu Schnee gebleicht ...«

Erich Kästner

Am 23. Februar 1899 wird Erich Kästner in Dresden geboren. 1913 tritt er in das Freiherrlich von Fletscher'sche Lehrer-Seminar in Dresden ein. Vier Jahre später erfolgt seine Einberufung zum Militärdienst, aus dem er 1918 wieder entlassen wird. 1919 macht er sein Abitur und bekommt von der Stadt Dresden ein Stipendium. Er studiert Germanistik, Geschichte, Philosophie und

Theatergeschichte in Leipzig, Rostock, Berlin und wieder in Leipzig. 1925 promoviert er zum Dr. phil.

Zwei Jahre später siedelt er als Theaterkritiker nach Berlin über und arbeitet unter anderem als freier Mitarbeiter bei der »Weltbühne«, der »Vossischen Zeitung« und dem »Berliner Tagblatt«. 1928 erscheint sein berühmtes Kinderbuch »Emil und die Detektive«.

Am 10. Mai 1933 verbrennen die Nationalsozialisten Kästners Bücher. Doch er emigriert nicht; bis zu seinem totalen Berufsverbot (1942) verfaßt er humoristische Unterhaltungsliteratur. Diese Zeit der »inneren Emigration« – so meint Kästner selbst – läßt ihn ins »Provinzielle« abgleiten.

Doch nach dem Krieg gewinnt der Autor neue Geltung und erhält 1957 den Georg-Büchner-Preis. Am 29. Juli 1974 stirbt Erich Kästner in München.

Er gilt als Moralist und Satiriker, der neben unterhaltsamen und satirischen Romanen, zeit- und gesellschaftskritischer Lyrik und Kabarettdichtungen auch Tagebücher und Erinnerungen schrieb. Bekannt wurde er aber vor allem durch seine beliebten Kinderbücher und seinen Roman »Fabian«.

Marcel Reich-Ranicki sagt über ihn: »Erich Kästner ist ein wehmütiger Satiriker und ein augenzwinkernder Skeptiker. Nie wollte er aufhören zu glauben, daß die Menschen besser werden könnten, ›wenn man sie oft genug beschimpft, bittet, beleidigt oder auslacht‹. Er, der Autor düsterer und resignierter, bissiger und bitterer Gedichte, war in Wirklichkeit Deutschlands hoffnungsvollster Pessimist und der deutschen Literatur positivster Negationsrat.«

Johann Carl August Musäus

Der Dichter wird am 29. März 1735 als Sohn eines Landrichters in Jena geboren. Er studiert von 1754 bis 1758 Theologie in Jena und wird 1763 Pagenhofmeister in Weimar. Sechs Jahre später ernennt ihn Regentin Amalia zum Professor am dortigen Gymnasium. Am 28. Oktober 1787 stirbt Musäus in Weimar.

Der Dichter gilt als großer Erzähler und wurde vor allem durch seine »Volksmärchen der Deutschen« bekannt, die teilweise einen ironischen Ton anklingen lassen, wie der Leser ihn auch von seinem Zeitgenossen Christoph Martin Wieland kennt.

Franz Graf von Pocci

Am 7. März 1807 wird der Dichter in München als Sohn eines Generalleutnants und Oberhofmeisters geboren. Von 1825 bis 1828 studiert er Jura in Landshut und München. Im Jahre 1830 wird er zum Zweiten Zeremonienmeister Ludwigs I. von Bayern ernannt. In dieser Position begleitet er den König und den Kronprinzen Maximilian auf ihren Reisen nach Italien.

Vier Jahre später heiratet er Gräfin Albertine von Marschall. 1847 wird er Hofmusikintendant, doch damit ist seine Karriere noch nicht zu Ende: 1863 erfolgt die Ernennung zum Oberzeremonienmeister, und 1864 avanciert er zum Oberstkämmerer.

Am 7. Mai 1876 stirbt Franz Graf von Pocci in München.

Bekannt wurde der Künstler nicht nur durch seine Märchen, Lieder und Gedichte, auch als Zeichner – oft mit »spitzer Feder« – machte sich Pocci einen großen Namen.

Gustav zu Putlitz

Dieser Dichter wurde 1821 auf Retzin bei Perleberg geboren und starb im Jahre 1890 ebenda.

Robert Reinick

Am 22. Februar 1805 wird der Dichter in Danzig geboren. Schon in jungen Jahren verliert er zuerst die Mutter, bald darauf den Vater. Der Waisenjunge wird von einem Prediger an Sohnes statt angenommen. Nach dem Abschluß des Gymnasialunterrichtes geht er nach Berlin und tritt in die Schule des Malers Begas ein, zu groß ist sein Wunsch, Künstler zu werden.

Zu dieser Zeit pflegt er Freundschaft mit Kugler und Chamisso. Aus Eifer für die Wissenschaft und besonders für die Pflanzenkunde schließt er sich dem Weltumsegler Otto von Kotzebue an. Als er nach dreijähriger Reise zurückkehrt, lebt er in Berlin als Inspektor des Botanischen Gartens und widmet sich den Wissenschaften und der Dichtkunst.

Im Oktober 1831 geht er nach Düsseldorf und schließt sich der neueröffneten Schule Wilhelm Schadows an. Es folgt die

Bekanntschaft mit Mendelssohn-Bartholdy und Immermann.

Seiner angegriffenen Gesundheit wegen verbringt er die Jahre 1838 bis 1841 in Italien, danach in verschiedenen Bädern und Heilanstalten.

Ab 1844 kehrt er für immer nach Dresden zurück, wo er mit seiner Frau ein häusliches Leben führt, viel malt und dichtet. Doch sein Gesundheitszustand verschlechtert sich immer mehr, und weder Ärzte noch Badekuren können ihm helfen. Eine gesprungene Pulsader führt nach zwei Tagen – am 7. Februar 1852 – zu seinem Tod. Sein bekanntes Buch »Märchen, Lieder und Geschichten« erscheint postum im Jahre 1873.

Rafik Schami

Am 23. Juni 1946 wird Rafik Schami (eigentlich Suheil Fadél) in Damaskus in Syrien geboren. 1965 gründet er die Wandzeitung »Al-Muntalek« im alten Stadtviertel von Damaskus, die er bis 1970 leitet. Ein Jahr später wandert er in die Bundesrepublik Deutschland aus. Er studiert Chemie und arbeitet nebenher in Fabriken und als Aushilfskraft in Kaufhäusern, Restaurants und auf Baustellen. Außerdem publiziert er in Zeitschriften und Anthologien in arabischer und deutscher Sprache.

1979 beendet er sein Chemie-Studium mit der Promotion. Im darauffolgenden Jahr wird er Mitbegründer der Literaturgruppe »Südwind« und des »PoLiKunst-Vereins«. Bis 1983 arbeitet er gleichzeitig als Mitherausgeber und Autor der Reihe »Südwind-Gast arbeiterdeutsch«; dann von 1983 bis 1985 als Mitherausgeber und Autor der Reihe »Südwind-Literatur«.

Seine Arbeit als freier Schriftsteller setzt Rafik Schami bis heute fort. Für sein Schaffen bekam der syrisch-deutsche Erzähler viele namhafte Auszeichnungen.

Tausend und eine Nacht

Die berühmte Erzählungssammlung der Weltliteratur »Alf Laila wa-Laila« liegt in arabischer Sprache in unterschiedlichen Fassungen vor, hat ihren Ursprung aber in verschiedenen Ländern des Vorderen Orients. So kommen die Märchen und Geschichten zum Beispiel aus Persien, Syrien, Ägypten oder haben arabischen und teilweise auch jüdischen Ursprung.

Die Entstehung dieser Sammlung im Vorderen Orient ist ebenso verwirrend wie die Geschichte ihrer Übersetzungen in die Sprachen der europäischen Länder. So wie man »Tausend und eine Nacht« heute kennt, existierte die Sammlung im eigentlichen Sinne nicht, denn der Bestand der Märchen änderte sich in Zahl, Form und Inhalt im Laufe der Zeit: Die Märchenerzähler – damals ein sehr angesehener Beruf – gingen auf ihr Publikum ein, veränderten je nach Stimmung die Erzählung, fügten immer wieder andere Variationen hinzu und zogen mit diesen »neuen Fassungen« weiter. Aber auch der Zeitgeist der jeweiligen Übersetzungen spiegelt sich in den Texten wider. Dadurch entstand eine farben- und motivprächtige Erzählungssammlung, die heute zu den schönsten der Welt zählt.

Eingebettet in die Rahmengeschichte, deren Heldin Scheherezade ihrem Gatten Nacht für Nacht Geschichten erzählt, um so »ihren Kopf zu retten«, entfaltet sich ein romantisch-exotisches Orientbild, dessen Märchen und Erzählungen von Königssöhnen, Kalifen, Feen, Kaufleuten, Seefahrern, Geistern, Dämonen und Königstöchtern den Leser sofort gefangen nehmen.

Alphabetisches Verzeichnis der Märchen

Inhalt

Die Sammlung wurde für inmediaONE] – Bertelsmann Direktvertriebe entwickelt

© 2001 VS Verlagshaus Stuttgart im Bertelsmann Lexikon Verlag, Gütersloh/München
Idee und Konzeption: VS Verlagshaus Stuttgart
Redaktion und Textbearbeitung: Burkhard Brehm, Almut Gaugler
Projektleitung und Herstellung: Barbara Ottmann
Reproduktion: Schwabenrepro GmbH, Stuttgart
Satz: INKA Satz & Grafik, Rudersberg
Einbandgestaltung: Luanda Schlegl und Klaus Dempel
Druck und Bindung: Ernst Uhl GmbH, Radolfzell
ISBN 3-577-12572-1 B